Die Haftung des Treugebers in Kommanditgesellschaften und Investmentkommanditgesellschaften

Europäische Hochschulschriften Recht

European University Studies in Law

Publications Universitaires Européennes de Droit

Band/Volume 6180

Markus Wrogemann

Die Haftung des Treugebers in Kommanditgesellschaften und Investmentkommanditgesellschaft-en

PETER LANG

Bibliografische Information der Deutschen Nationalbibliothek
Die Deutsche Nationalbibliothek verzeichnet diese Publikation in der Deutschen Nationalbibliografie; detaillierte bibliografische Daten sind im Internet über http://dnb.d-nb.de abrufbar.

Zugl.: Trier, Univ., Diss., 2020.

Die vorliegende Arbeit wurde im Wintersemester 2019/2020 vom Fachbereich Rechtswissenschaft der Universität Trier als Dissertation angenommen.

Gedruckt auf alterungsbeständigem, säurefreiem Papier.
Druck und Bindung: CPI books GmbH, Leck

D 385
ISSN 0531-7312
ISBN 978-3-631-82108-4 (Print)
E-ISBN 978-3-631-82344-6 (E-PDF)
E-ISBN 978-3-631-82345-3 (EPUB)
E-ISBN 978-3-631-82346-0 (MOBI)
DOI 10.3726/b17020

Diese Publikation wurde begutachtet.

www.peterlang.com

Inhaltsverzeichnis

§ 1 Einleitung

Die vorliegende Arbeit befasst sich mit der Haftung von mittelbar an Kommanditgesellschaften oder Investmentkommanditgesellschaften beteiligten Treugebern. Die Treugeberhaftung bildet einen Teilaspekt der allgemeinen Problematik mittelbarer Gesellschaftsbeteiligungen, der im Nachgang der Weltwirtschaftskrise ab dem Jahr 2007 vor allem aufgrund der hohen Anzahl an Insolvenzen geschlossener Fonds erhebliche praktische Bedeutung erlangt hat. Diese Haftungsfragen beschäftigen die höchsten Gerichte bis heute, wobei sich bereits bestimmte höchstrichterliche Rechtsprechungsgrundsätze der Innen- und Außenhaftung von Treugebern herausgebildet haben: So hat der BGH die vertragliche Gleichstellung von direkt beteiligten Kommanditisten und nur mittelbar beteiligten Treugebern im Innenverhältnis der Gesellschaft anerkannt (sog. „Gleichstellungsgrundsatz").[1] Hierauf aufbauend unterwirft der BGH mittelbar beteiligte Treugeber einer unmittelbaren Haftung im Innenverhältnis gegenüber der Kommanditgesellschaft gleich einem Gesellschafter.[2] Einer unmittelbaren Außenhaftung der Treugeber gegenüber Gesellschaftsgläubigern hat die Rechtsprechung dagegen eine Absage erteilt.[3] Insoweit soll es bei einer nur indirekten, über die Ausgleichsansprüche des Treuhänders vermittelten mittelbaren Außenhaftung verbleiben.[4] Diese Grundsätze sind sowohl im Ergebnis als auch in der Begründung teilweise höchst fragwürdig und bedürfen einer weiteren kritischen Untersuchung und Fortentwicklung. Dies zeigt sich nicht zuletzt an den aktuellen gewichtigen Ansichten in der Literatur, die der Rechtsprechung in verschiedener Weise diametral entgegenstehen: Beispielsweise wird der Treugeber einerseits einer unmittelbaren Außenhaftung als echter „Kommanditist hinter dem Kommanditisten" unter direkter Anwendung der gesetzlichen Haftungsregelungen unterworfen.[5] Andererseits wird gerade aufgrund der durch die Rechtsprechung fortentwickelten und sukzessive gestärkten mittelbaren Außenhaftung des Treugebers eine unmittelbare Außenhaftung als Nichtgesellschafter in Analogie zur personengesellschaftsrechtlichen Haftung befürwortet.[6] Wiederum andererseits wird schon der von der Rechtsprechung angenommene Gleichstellungsgrundsatz und die maßgeblich hierauf basierende umfassende mittelbare Außenhaftung kritisiert.[7]

1 Vgl. BGH, NJW 1987, 2677; BGH, NJW 2001, 2718; BGH, NZG 2009, 57.
2 Vgl. BGH, NZG 2011, 1432; BGH, NZG 2012, 1342, 1343, Rz. 12 f.; BGH, NZG 2012, 1345, 1346; BGH, NZG 2013, 379, 381; BGH, WM 2013, 603, 605.
3 BGH, NZG 2009, 57, 58 f.; BGH, NZG 2009, 380; BGH, NZG 2009, 779; BGH, NZG 2010, 1029; BGH, NZG 2011, 588; BGH, NZG 2012, 744.
4 BGH, NZG 2009, 57, 58 f.
5 Vgl. *Kindler*, in: FS K. Schmidt, 871 ff.
6 Vgl. *Schäfer*, ZHR 177 (2013), 619 ff.
7 Vgl. etwa *Klöhn*, VGR 2012, 143 ff.

Diese weitgehenden Diskrepanzen beruhen nicht zuletzt darauf, dass schon der übergeordnete Themenkomplex der mittelbaren Gesellschaftsbeteiligungen im Allgemeinen und der Treuhand an Gesellschaftsanteilen im Besonderen sowie die damit verbundene allgemeine Frage der Teilhabe von Nichtgesellschaftern an der Mitgliedschaft zu den problemträchtigsten Aspekten des Gesellschaftsrecht zählen dürfte.[8] Dies ergibt sich vor allem aus dem Zusammentreffen zweier nicht aufeinander abgestimmter Rechtsgebiete: der gesetzlich nicht oder allenfalls rudimentär[9] geregelten Treuhand einerseits und dem Gesellschaftsrecht mit vergleichsweise hoher Regelungsdichte andererseits.[10] Schon 1931 maß *Siebert* der Treuhand eine herausragende Stellung im Wirtschaftsverkehr bei und machte die „Beziehung von rechtlicher Form und wirtschaftlichem Zweck zueinander" als Grundproblem aus.[11] Eine umfassende gesetzliche Regelung blieb jedoch aus[12] und die rechtsdogmatische Erfassung und Durchdringung der Treuhand konnte mit der wirtschaftlichen Entwicklung nicht schritthalten, wodurch es zu einer „Diskrepanz zwischen Dogmatik und Wirklichkeit" kam.[13]

Eine fehlende oder mangelnde dogmatische Aufarbeitung der Treuhand an Gesellschaftsanteilen kann demgegenüber aufgrund der zahlreichen hierzu erschienenen Werke nicht attestiert werden,[14] wobei die Frage der Treugeberhaftung regelmäßig gar nicht oder nur äußerst knapp behandelt wird. Dennoch ist auch die Treuhand an Gesellschaftsanteilen nach wie vor durch eine „postmoderne Unübersichtlichkeit" geprägt, wie sie *Schiemann*[15] bereits 1998 feststellte und sie auch 13 Jahre später noch von *Armbrüster*[16] bestätigt wurde. Dies gilt insbesondere in Bezug auf die sog. *qualifizierte Treuhand*, bei der ein Treugeber auch in vertraglicher Verbindung zur Gesellschaft steht und einem unmittelbar beteiligten Kommanditisten grundsätzlich gleichgestellt sein soll. Diese Rechtsstellung des Treugebers ist seit Einführung des Kapitalanlagegesetzbuchs am 22.07.2013 für die mittelbare Beteiligung an geschlossenen Investmentkommanditgesellschaften gem. § 152 I 3 KAGB zwingend vorgesehen. Entgegen vorschnellen Stimmen in der

8 Vgl. *Bälz*, ZGR 1980, 1, 11 („ausgedehnte Sonderproblematik der Verbindung von Treuhand und Gesellschaftsrecht").

9 Siehe etwa die äußerst knappe Regelung zum „Treuhänderkommanditisten" in § 152 I 2KAGB.

10 So *Krenzel*, S. 16; *Kümmerlein*, S. 3.

11 *Siebert*, S. 3 f.

12 Diese wurde 1931 auf dem 36. DJT diskutiert, vgl. *Siebert*, S. 414 ff.

13 So *Henssler*, AcP (196) 1996, 37, 40.

14 Vgl. etwa die Werke von *Wolff*, *Ebermann*, *Kümmerlein*, *Markwardt*, *Maulbetsch*, *Hofmann*, *Söll*, *Sojka*, *Kapitza*, *Krenzel*, *Armbrüster*, *Tebben*, *F. Peters*, *Lenders*, *Kiss*, *Suberg*, *Eden* und die Ausätze von *Beuthien*, ZGR 1974, 26 ff.; *Bälz*, ZGR 1980, 1 ff.; *Ulmer*, in: FS Odersky, 873 ff.; *Roth/Thöni*, in: FS 100 Jahre GmbHG, 245 ff. sowie die umfangreiche Kommentierung bei *K. Schmidt*, in: MüKo-HGB, vor § 230, Rn. 33 ff.

15 *Schiemann*, in: FS Zöllner, 503, 518.

16 *Armbrüster*, S. 1.

Literatur sind Erklärungsansätze zur qualifizierten Treuhand durch diesen einen Satz keineswegs nur noch „Makulatur“.[17] Ganz im Gegenteil ist die Frage nach dem Verständnis dieser Form der mittelbaren Gesellschaftsbeteiligung aktueller denn je.[18] Diesbezüglich ist auch im Jahr 2019 ein durchdachtes Gesamtkonzept in der Rechtsprechung nicht erkennbar. Die in der Literatur vertretenen Positionen reichen von der völligen Ablehnung einer internen Mitberechtigung von Treugebern[19] bis zur Annahme einer einheitlichen Gesamtorganisation eines geschlossenen Fonds in Gestalt einer virtuellen „Innen-KG“[20].

Qualifizierte Treuhandbeteiligungen finden sich regelmäßig in Publikumspersonengesellschaften. Geschlossene Fonds in Gestalt der Publikums-KG bildeten schon bisher den Hauptanwendungsfall der treuhänderischen Gesellschaftsbeteiligung. Überhaupt gilt die Publikums-KG als „Kind der Abschreibungsbranche“[21]. Anfang der 1970er Jahre überstieg das jährlich eingeworbene Eigenkapital dieser Fonds erstmals das neu aufgenommene Aktienkapital und lag 1980 bei ca. 3 Milliarden DM. Nur sieben Jahre später konstatierte *Priester* bereits das Ende der großen Zeit der Publikumspersonengesellschaften.[22] Entgegen dieser Einschätzung stieg die Kapitalaufnahme bis auf ca. 11,8 Milliarden Euro im Jahr 2005 und fiel erst durch die Wirtschaftskrise auf etwa 5,85 Milliarden Euro im Jahr 2011. Wie sich die wirtschaftliche Bedeutung geschlossener Fonds in Personengesellschaftsform in Zukunft entwickeln wird, bleibt abzuwarten. Entsprechende Gesellschaften unterliegen nunmehr einer umfassenden aufsichtsrechtlichen Regulierung durch das KAGB und es besteht ein Rechtsformzwang (§§ 91, 139 KAGB) hin zur Investmentkommanditgesellschaft. Eine mittelbare Beteiligung durch Treuhand ist nur an der geschlossenen InvKG zulässig (§ 152 I 2 KAGB).

Neben der Kapitalsammlung dient die Treuhandgestaltung einer Vielzahl weiterer Zwecke. Entsprechend groß ist die Variationsbreite der möglichen Gestaltungen und der zugrundeliegenden Motive. Klassischerweise werden der Treuhand die Funktionen der Vereinfachung, Verbergung und Umgehung zugeschrieben, was vor allem durch die letzteren Beiden dazu geführt hat, dass der Treuhand teilweise das „Stigma der Verwerflichkeit“[23] anhängt. All diese unterschiedlichen Gestaltungen und Interessen der betroffenen Personenkreise sind im Rahmen der Untersuchung der Haftung zu berücksichtigen.

Zunächst sind Grundlagen und Begriffsbestimmungen hinsichtlich der Treuhand im Allgemeinen und der Treuhand an Kommanditanteilen im Besonderen zu

---

17 *Paul*, in: W/B/A, § 152 KAGB, Rn. 8.

18 Vgl. *Klebeck/Kunschke*, in: B/S/V, 405, § 152 KAGB, Rn. 44 ff., 53 ff.

19 *Wiedemann*, ZIP 2012, 1786, 1786 ff.; *ders.*, WM 2014, 1985, 1988.

20 *K. Schmidt*, NZG 2011, 361, 365 ff.; *ders.*, ZHR 178 (2014), 10 ff.

21 *K. Schmidt*, GesRt, § 57 I. 2. a), S. 1666.

22 *Priester*, EWiR § 161 HGB, 1/87.

23 *Ehlke*, DB 1985, 795, 795; ähnlich OLG Hamburg, DB 1984, 1515, 1516 („Häufigkeit unsolider GmbH-Gründungen“ durch Treuhand).

klären (§ 2). Sodann erfolgt eine Betrachtung der Rechtsstellung des Treugebers im Verhältnis zum Treuhänder, zur Gesellschaft und zu Mittreugebern (§ 3). Die Untersuchung der Treugeberhaftung beginnt im Treuhandinnenverhältnis zum Treuhänder (§ 4) und setzt sich in der Prüfung der unmittelbaren (§ 5) sowie mittelbaren (§ 6) Außenhaftung gegenüber Gesellschaftsgläubigern fort. Abschließend wird die unmittelbare (§ 7) und mittelbare (§ 8) Innenhaftung im Verhältnis zur Gesellschaft begutachtet.

§ 2 Grundlagen und Begriffsbestimmungen

A. Begriff der Treuhand

Die Treuhand ist im deutschen Recht nicht als selbständiger Vertragstypus ausgestaltet.[24] Bereits im Jahr 1931 wurde eine umfassende gesetzliche Regelung diskutiert.[25] Nach wie vor existiert jedoch keine Legaldefinition.[26] Dennoch lassen sich vereinzelt Normen finden, in denen Vertragskonstruktionen vorgesehen sind, die vom Gesetzgeber ausdrücklich als Treuhandverhältnis bezeichnet werden.[27] Ein Beispiel hierfür bildet die Restschuldbefreiung nach §§ 286 ff. InsO. Gemäß § 287 II InsO hat der Schuldner die Abtretung seiner pfändbaren Forderungen an einen vom Gericht zu bestimmenden Treuhänder zu erklären. Im Verbraucherinsolvenzverfahren und sonstigen Kleinverfahren übernimmt der Treuhänder gemäß § 313 I InsO die Aufgaben des Insolvenzverwalters, soweit diese nicht den Insolvenzgläubigern zugewiesen werden (§ 313 II, III InsO). § 292 InsO regelt die Rechtsstellung des Treuhänders im Insolvenzverfahren. Allgemeine Aussagen zum Treuhandverhältnis, also zur Rechtsstellung gegenüber dem Treugeber und Dritten, finden sich auch hier nicht.

Eine tatsächliche gesetzliche Regelung eines rechtsgeschäftlichen Treuhandverhältnisses bildete das Gesetz über die Kapitalanlagegesellschaften (KAGG), jedoch ohne den Begriff der Treuhand zu verwenden. Kapitalanlagegesellschaften im Sinne dieses Gesetzes waren Gesellschaften, die bei ihnen eingelegtes Geld in eigenem Namen für gemeinsame Rechnung der Anteilsinhaber verwalten (§ 1 KAGG). Das eingelegte Geld bildet ein Sondervermögen, welches, je nach Ausgestaltung des Rechtsverhältnisses zwischen Gesellschaft und Anteilsinhabern, im Eigentum der Gesellschaft oder im Miteigentum der Anleger stehen kann (§ 6 I KAGG). In beiden Fällen wird die Kapitalanlagegesellschaft als Treuhänderin tätig, einmal im Rahmen einer Vollrechtstreuhand und einmal im Rahmen einer Ermächtigungstreuhand.[28] Das KAGG wurde im Jahr 2004 mit dem Auslandsinvestmentgesetz zum Investmentgesetz (InvG) zusammengefasst. Die entsprechenden Vorschriften

---

24 Vgl. *Schilken*, in: Staudinger (2014), Vorb. §§ 164 ff., Rn. 48.

25 So *Beuthien*, ZGR 1974, 26, 28; *Henssler*, AcP 196 (1996), 37, 40; *Eden*, S. 1. Nachweise zu den Verhandlungen des 36. DJT bei *Siebert*, S. 414 ff.

26 *Asmus*, S. 281; *Beuthien*, ZGR 1974, 26, 28 f.; *Coing*, S. 13; *Henssler*, AcP 196 (1996), 37, 37; *Grundmann*, S. 28; *Eden*, S. 3; *Heermann*, in: MüKo-BGB, § 675, Rn. 107 ff.; *Martinek*, in: Staudinger (2006), § 675, Rn. B 214; **aA** *Löhnig*, S. 135, der in § 675 I BGB die „treuhandrechtliche Generalnorm" sieht.

27 Zum Beispiel §§ 39 II Nr. 1, 318 III AO; § 42 DepotG.

28 Siehe dazu *Coing*, S. 23 ff.

fanden sich dann in §§ 30, 31 InvG, die auch den Begriff der Treuhänderschaft zumindest in der Überschrift verwendeten.[29]

Nach Aufhebung des Investmentgesetzes zum 21.07.2013 durch Einführung des Kapitalanlagegesetzbuchs, findet sich nun eine Legaldefinition des „Treuhandkommanditisten" in § 152 I 2 KAGB.[30] Die Vorschrift erschöpft sich jedoch darin, die bloße Zulässigkeit einer mittelbaren Beteiligung von Anlegern an einer Publikumsinvestmentkommanditgesellschaft zu bestätigen. Trotz Gestaltung als Legaldefinition lässt sich daher auch aus dieser Vorschrift nichts in Bezug auf die Ausgestaltung der Pflichten in einem Treuhandverhältnis, insbesondere bezogen auf einen Kommanditanteil als Treugut, gewinnen. Das Fehlen einer umfassenden gesetzlichen Regelung steht der Zulässigkeit der rechtsgeschäftlich begründeten Treuhand keinesfalls entgegen. Die Zulässigkeit ergibt sich ohne weiteres aus der Vertragsfreiheit.[31]

I. Allgemeine Definition

Eine bereits 1933 als „uralt"[32] bezeichnete allgemeine Definition, welche Gemeingut aller Rechtskulturen sei, findet sich bei *Siebert*: Demnach sei ein rechtsgeschäftlich bestellter Treuhänder „allgemein eine natürliche oder juristische Person, die von einem anderen (oder für einen anderen) Vermögensrechte zu eigenem Recht erworben hat, diese Rechte aber nicht, oder wenigstens nicht ausschließlich, in eigenem Interesse ausüben soll".[33] Mangels Kodifikation eines Treuhandbegriffs und der rasanten wirtschaftlichen Entwicklung, insbesondere nach 1945, behalf sich die Praxis mit der Lösung von Einzelfällen. Die dogmatische Erfassung und Durchdringung im Schrifttum konnte nach Ansicht *Hensslers* nicht Schritt halten und führte zu einer „Aushöhlung anerkannter Rechtsgrundsätze, ja zu einer Diskrepanz zwischen Dogmatik und Wirklichkeit."[34] In neuerer Zeit lässt sich allerdings wieder eine intensivere Befassung mit der Treuhanddogmatik feststellen. Insbesondere im Bereich der Treuhand an Gesellschaftsanteilen finden sich diverse Veröffentlichungen im Schrifttum.[35] Einen allgemein anerkannten Begriff der Treuhand hat auch diese neuerliche Diskussion nicht hervorgebracht.[36]

29 Vgl. *Schmitz*, in: B/S/L, § 31 InvG, Rn. 1 ff., § 30, Rn. 4 ff.; *Nietsch*, in: E/D/D/H, § 31, Rn. 1 ff.; *Beckmann*, in: B/S/V, § 30 InvG, Rn. 4; *Patzner*, in: P/D/K, § 31 InvG, Rn. 1 ff.

30 Vgl. *Paul*, in: W/B/A, § 152, Rn. 3 ff.

31 *Dilcher*, in: Staudinger, 12. Auflage, Einl. zu §§ 104–185, Rn. 59; *Ellenberger*, in: Palandt, Überbl. v. § 104, Rn. 25.

32 *Siebert*, S. 1.

33 *Siebert*, S. 1, 10 f.; *Henssler*, AcP 1996, 37, 41.

34 *Henssler*, AcP 1996, 37, 40.

35 Vgl. die Nachweise unter § 1.

36 *Schubert*, in: MüKo-BGB, § 164, Rn. 50; *Ellenberger*, in: Palandt, Überbl v § 104, Rn. 25; *K. Schmidt*, in: MüKo-HGB, vor § 230, Rn. 35; *Eden*, S. 3; *F. Peters*, S. 15.; *Schaub*, DStR 1995, 1634, 1634; *Beuthien*, ZGR 1974, 26, 29.

Weitgehende Einigkeit besteht darüber, dass ein Treuhandverhältnis zumindest die Einräumung von Rechten (Treugut) zugunsten einer Person (Treuhänder) gegenüber Dritten (Außenverhältnis) zum Gegenstand hat, wobei diese Person in der Ausübung dieser Rechte durch schuldrechtliche Abrede (Innenverhältnis) mit der übertragenden Person (Treugeber) beschränkt ist.[37]

Die rechtsgeschäftliche Treuhand weist somit zwei konstituierende Elemente auf: ein persönliches bzw. obligatorisches und ein sachliches bzw. dingliches.[38] Die treuhänderische Pflichtenbindung im Innenverhältnis zwischen Treuhänder und Treugeber führt zum Auseinanderfallen von Interessenträgerschaft und Interessenwahrnehmung und ist kennzeichnend für jede Form der Treuhand. Die Zuordnung des Treuguts als sachliches Element kann sehr unterschiedliche Ausprägungen erfahren.[39]

Würde man versuchen alles, was in der Praxis bereits als Treuhand bezeichnet wurde, in einer Definition zu vereinigen, ergäbe sich ein derart konturloser Begriff, der zur Abgrenzung und Beschreibung eines einheitlichen Rechtsinstituts schlichtweg ungeeignet wäre.[40] Die genauere Bestimmung des Treuhandbegriffs erfolgt daher anhand verschiedener Arten der Treuhand.

II. Arten der Treuhand

Einzelne Treuhandkonstellationen lassen sich nach der Rechtsstellung des Treuhänders, ihrem Zweck, ihrer Publizität und ihrer Entstehung näher kategorisieren.

1. Rechtsstellung des Treuhänders

Nach dem Umfang der dem Treuhänder eingeräumten Berechtigung am Treugut lassen sich die Vollrechtstreuhand, die Ermächtigungstreuhand und die Vollmachtstreuhand unterscheiden.[41]

---

37 Vgl. *Schubert*, in: MüKo-BGB, § 164, Rn. 50; *Lenders*, S. 7; *Tebben*, S. 46 ff.; Peters, S. 15 f.

38 So ausdrücklich auch *Coing*, S. 85; *Henssler*, AcP 1996, 37, 47; *K. Schmidt*, in: MüKo-HGB, vor § 230, Rn. 50; BFH, NZG 2010, 639, 640. *Löhnig*, S. 832 f. verzichtet hingegen nunmehr ganz auf das dingliche Element und erachtet auch rein tatsächliche Machtpositionen neben der Treuhandabrede für ausreichend. Ähnlich auch *Grundmann*, S. 87 ff., 166 ff. und *Tebben*, S. 50 f., die lediglich eine geldwerte Position fordern.

39 Siehe dazu § 2 A. II.

40 Vgl. *Gernhuber*, JuS 1988, 355, 355.

41 Vgl. *Siebert*, S. 146 ff., 294 ff.; *Coing*, S. 90, 94 ff.; *Blaurock*, S. 123; *Eden* S. 5 f.; *Markwardt*, S. 13 ff.; *Armbrüster*, S. 13 ff.; *Schilken*, in: Staudinger (2014), § 164, Rn. 48; *Maier-Reimer*, in: Erman, vor § 164, Rn. 17; *Schubert*, in: MüKo-BGB Vorb. § 164 Rn. 51; *K. Schmidt*, in: MüKo-HGB, vor § 230, Rn. 35; *ders.*, Gesellschaftsrecht, § 61 III. 1. b); *Ganter*, in: MüKo-InsO, § 47, Rn. 354; *Roth/Thöni*, in: FS 100 Jahre GmbHG, 245, 250.

a) Vollrechtstreuhand

Nur bei der Vollrechtstreuhand wird der Treuhänder Inhaber des Rechts, welches er für den Treugeber wahrzunehmen hat. Der Treuhänder handelt im Außenverhältnis somit im eigenen Namen. Die Treuhandabrede entfaltet grundsätzlich nur relative Wirkung im Innenverhältnis zum Treugeber (§ 137 BGB).[42] Daneben wird der Vollrechtstreuhand auch quasidingliche Wirkung in Insolvenz (§ 47 InsO)[43] und Zwangsvollstreckung (§ 771 ZPO)[44] zuerkannt.

b) Ermächtigungs- und Vollmachtstreuhand

Im Gegensatz zur Vollrechtstreuhand bleibt bei der Ermächtigungs- und Vollmachtstreuhand der Treugeber selbst Inhaber des Treuguts. Im ersteren Fall wird der Treuhänder gemäß § 185 I BGB ermächtigt über das dinglich fremde Treugut im eigenen Namen zu verfügen.[45] Im letzteren Fall erfolgt lediglich eine durch die Treuhandabrede pflichtgebundene Bevollmächtigung des Treuhänders gemäß §§ 164 ff. BGB.[46]

Ob die Ermächtigungstreuhand und Vollmachtstreuhand überhaupt als Treuhandverhältnis zu qualifizieren sind, ist umstritten. So wird *teilweise* vertreten, dass der Treuhänder im eigenen Namen verfügen müsse und somit die Bevollmächtigung kein Treuhandverhältnis darstelle.[47] Nach *anderer Ansicht* scheide auch die Ermächtigung als Treuhandverhältnis aus, da der Treuhänder das Treugut zu eigenem Recht erwerben müsse.[48] Die Vollrechtstreuhand wird daher auch als „echte Treuhand“[49] oder „Volltypus der Treuhand“[50] bezeichnet und die Ermächtigungs- und Vollmachtstreuhand entsprechend als „unechte Treuhand“, „treuhandähnlich“[51] oder „Quasitreuhand“.[52] Andere Stimmen in

---

42 Vgl. BGH, NJW 1968, 1471, 1471 (m. Anm. *Kötz*); *Beuthien*, ZGR 1974, 26, 59 f.; *Henssler*, AcP 1996, 37, 67; *Blaurock*, S. 127 f.

43 *Ganter*, in: MüKo-InsO, § 47, Rn. 354 ff.; *Bäuerle*, in: Braun, § 47 InsO, Rn. 66 ff.; *Leithaus*, in: Andres/Leithaus, § 47 InsO, Rn. 12; abgelehnt für rein schuldrechtliche Vereinbarungen in BGH, NJW 2003, 3414, 3415; BGH, NJW 2008, 1152, 1152.

44 *Schmidt/Brinkmann*, in: MüKo-ZPO, § 771, Rn. 24 ff.; *Lackmann*, in: Musielak, § 771, Rn. 21; Kindl, in: Saenger, § 771, Rn. 9; abgelehnt für rein schuldrechtliche Treuhand in BGH, NJW 1971, 559, 560;

45 *Beuthien*, ZGR 1974, 26, 29.

46 *K. Schmidt*, in: MüKo-HGB, vor § 230, Rn. 35;

47 *Coing*, S. 97 f.; *Eden*, S. 5 f.; *Beuthien*, ZGR 1974, 26, 29; *Schaub*, DStR 1995, 1634, 1634; *Markwardt*, S. 13.

48 *Henssler*, AcP 196 (1996), 37, 42; *Krenzel*, S. 11 f.; *wohl auch Gernhuber*, JuS 1988, 355, 355 f.; *Medicus/Petersen*, BR, § 21 I. 1., Rn. 488.

49 *Lenders*, S. 7 f.

50 *K. Schmidt*, in: MüKo-HGB, vor § 230, Rn. 35

51 *Henssler*, AcP 1996, 37, 42

52 So *Coing*, S. 97 f. zur Vollmachtstreuhand.

der *Literatur* stellen vordergründig auf das treuhänderische Innenverhältnis ab. Demnach stelle sich die spezifisch treuhänderische Pflichtenbindung bei Ermächtigungs- und Vollmachtstreuhand ebenso dar wie bei der Vollrechtstreuhand.[53]

In *Literatur* und *Rechtsprechung* werden im Zusammenhang mit der Treuhand hauptsächlich die Problemkreise um die sog. „quasidinglichen Wirkungen" der Treuhandabrede erörtert.[54] Es geht dabei meist um die Frage des Schutzes des Treugebers vor abredewidrigen Verfügungen durch den Treuhänder und der Behandlung des Treuguts in Zwangsvollstreckung und Insolvenz, namentlich um Ansprüche des Treugebers aus § 771 ZPO und § 47 InsO. Hierbei ist es offensichtlich, dass sich erhebliche Unterschiede in den verschiedenen rechtlichen Konstruktionen von echter und unechter Treuhand ergeben. Jedoch sind an die Einordnung von Ermächtigung und Bevollmächtigung als Treuhandverhältnisse als bloße Begrifflichkeit keinerlei rechtliche Wirkungen geknüpft. So bemerkt *Gernhuber*[55] zur Vollmachtstreuhand zutreffend, dass weder der Zugang zu einer Regelung, der sonst verschlossen bliebe, noch ein Verständnishorizont, der verdeckte Zusammenhänge erschließt, eröffnet würden. Gleiches gilt dann auch für die Ermächtigungstreuhand.[56] Lediglich die Vollrechtstreuhand weist zwingend die Besonderheit einer überschießenden Rechtsmacht des Treuhänders im Außenverhältnis gegenüber der schuldrechtlichen Beschränkung im Innenverhältnis zum Treugeber auf; mithin eine Diskrepanz von äußerer rechtlicher Gestaltung und tatsächlichem wirtschaftlichen Interesse. Im Falle von Ermächtigung und Vollmacht ergibt sich die rechtliche Stellung des Treuhänders unmittelbar aus den gesetzlichen Vorschriften der § 185 I BGB bzw. §§ 164 ff. BGB. Die dingliche Zuordnung des Treuguts zum Treugeber ist eindeutig. Durch die Bezeichnung als (unechte) Ermächtigungs- und Vollmachtstreuhand ist somit nichts gewonnen. Ganz im Gegenteil trägt sie zur weiteren Konturlosigkeit des Treuhandbegriffs bei. Aus Gründen der terminologischen Klarheit und Verständlichkeit ist ein enger Treuhandbegriff vorzuziehen.

Letztlich kann diese Frage in Rahmen dieser Arbeit offen bleiben. Nur die fiduziarische Vollrechtstreuhand führt zu den Besonderheiten des Auseinanderfallens von rechtlicher und wirtschaftlicher Zuordnung der Beteiligung und damit zum speziellen Problem der Haftung des Treugebers.[57]

---

53 *Grundmann*, S. 83 ff.; *Lenders*, S. 8. Noch weitergehend *Löhnig*, S. 832 ff., siehe dazu unten § 2 A. II. 1. c).

54 Vgl. *Gernhuber*, JuS 1988, 355, 358 sowie die Nachweise in § 2 A. II. 1. a).

55 *Gernhuber*, JuS 1988, 355, 355.

56 Ähnlich auch *F. Peters*, S. 18.

57 vgl. *Lenders*, S. 20.

c) Rein schuldrechtliche Treuhand

Im neueren Schrifttum, namentlich bei *Löhnig*[58] und *Grundmann*[59], wird nunmehr ganz auf eine dingliche Komponente der Treuhand verzichtet. Neben der schuldrechtlichen Treuhandabrede soll lediglich noch ein „treuhänderisches Machtmittel" treten, das dem Treuhänder die Wahrnehmung von fremden Interessen kraft rein tatsächlicher Einwirkungsmacht ermöglicht. Hierbei müsse es sich nicht um ein Vermögensrecht als Treugut handeln. Ausreichend seien auch rein tatsächliche Positionen wie etwa Besitz oder Informationen.[60] Diese Ansichten erstrecken den Begriff der Treuhand noch über die Ermächtigungs- und Vollmachtstreuhand hinaus. Entscheidendes Merkmal eines Treuhandvertrags soll nur die Hauptpflicht im Innenverhältnis, also die Wahrung ausschließlich fremder Interessen sein. Dagegen sprechen wiederum die gleichen Argumente wie bei der Diskussion um Ermächtigungs- und Vollmachtstreuhand. Die besondere Treuhandproblematik, welche sich aus dem Gegensatz von rechtlicher und wirtschaftlicher Zuordnung des Treuguts ergibt, stellt sich in diesem Bereich nicht. Ein enger Treuhandbegriff erscheint insoweit vorzugswürdig im Sinne der Klarheit und Verständlichkeit. Durch die bloß namentliche Einbeziehung solcher Gestaltungen ist nichts gewonnen.

Zuzugeben ist hingegen, dass es sich bei der rechtsgeschäftlichen Treuhand um einen schuldrechtlichen Vertrag handelt. Typusprägendes Merkmal solcher Verträge ist das Innenverhältnis mit seinen charakteristischen Hauptpflichten und nicht die dingliche Zuordnung des Vertragsgegenstands.[61] Problematisch erscheint, dass ohne Einbeziehung einer dinglichen Komponente der Inhalt des Treuhandvertrags auf die Treuepflicht bzw. Interessenwahrungspflicht als Hauptpflicht im Innenverhältnis beschränkt wäre. Eine solche Pflicht ist als vertragliche Nebenpflicht i. S. d. § 241 II BGB in gewisser Weise jedem Schuldverhältnis immanent. *Grundmann* geht davon aus, dass die Interessenwahrungspflicht als Hauptpflicht des Treuhandvertrags den Treuhänder über die Treuepflicht im weiteren Sinne (§ 241 II BGB) zur Wahrung der Interessen des Treugebers vollständig ohne Rücksicht auf eigene Interessen verpflichte.[62] Entscheidend sei nicht, dass der Treuhänder handelt, sondern allein wie er dies tue.[63] Wie sich aber eine Interessenwahrungspflicht ohne konkrete Handlungspflicht praktisch auswirken soll, bleibt unklar. Wiederum soll auf diese Problematik hier nicht weiter eingegangen werden.

---

58 *Löhnig*, S. 159 ff., 832 ff.

59 *Grundmann*, S. 79 ff. (insb. 87 ff.).

60 So *Löhnig*, S. 160 f., S. 832 f.; ähnlich, aber weniger weitgehend *Grundmann*, S. 82 ff., der eine geldwerte Position fordert; zust. *Tebben*, S. 50 f.

61 Vgl. *Tebben*, S. 50 f.

62 *Grundmann*, S. 92 ff.

63 *Grundmann*, S. 93.

2. *Zweck*

Nach ihrem Zweck sind *eigennützige* und *fremdnützige* Treuhandverhältnisse zu unterscheiden. Die Kategorisierung erfolgt jeweils nach dem überwiegenden Interesse aus Sicht des Treuhänders. In beiden Fällen besteht wohl auch immer ein Interesse auf der jeweiligen Gegenseite: Bei der eigennützigen Sicherungstreuhand besteht auch ein untergeordnetes Interesse des Treugebers insoweit, als dass er ohne die Sicherung keinen Kredit erlangen würde. Im Falle der fremdnützigen Verwaltungstreuhand wird der Treuhänder regelmäßig entgeltlich tätig.

a) Eigennützige Treuhand

Die eigennützige Treuhand liegt primär im Interesse des Treuhänders. Es handelt sich um Fälle der Sicherungstreuhand, Nutzungstreuhand und Erfüllungstreuhand.

aa) Sicherungstreuhand

Bei der Sicherungstreuhand wird dem Treuhänder eine Vollrechtsposition am Treugut übertragen. Diese dient als Sicherheit für eine Forderung gegen den Treugeber. Bis zur Verwertungsreife unterliegt der Treuhänder allerdings den schuldrechtlichen Beschränkungen, die sich aus der Treuhandabrede ergeben. Sicherungsübereignung und Sicherungsabtretung sollen somit regelmäßig Fälle der Sicherungstreuhand darstellen.[64] Die Einordnung der Sicherungstreuhand als Treuhandverhältnis ist allerdings nicht unumstritten.[65] Auch der Gesetzgeber unterscheidet in § 39 II Nr. 1 S. 2 AO zwischen Treuhand einerseits und Sicherungseigentum andererseits. Zumindest für den Bereich der Kreditsicherung durch Sicherungsübertragung mit Besitzkonstitut (§ 930 BGB) erscheint die Einordnung als Treuhandverhältnis eher als missverständlich. Hierbei steht nicht die innere Treubindung und damit das Auseinanderfallen von rechtlicher und wirtschaftlicher Zuordnung, oder die Wahrnehmung fremder Interessen im Vordergrund. Der Sicherungsnehmer nimmt regelmäßig keinen Einfluss auf die Verwaltung des Treuguts oder die Interessen des Sicherungsgebers.

Entscheidend ist in diesen Fällen vielmehr das Verhältnis vom Sicherungsnehmer zu den Gläubigern des Sicherungsgebers im Falle von dessen Insolvenz.[66] Das Interesse des Sicherungsnehmers beschränkt sich auf die vorrangige Befriedigung. Soweit *Siebert*[67] davon ausgeht, dass der Sicherungsgeber eher als Treuhänder des

64 Vgl. *Ellenberger*, in: Palandt, Überbl v § 104, Rn. 25; *Schubert*, in: MüKo-BGB, § 164, Rn. 51; *K. Schmidt*, in: MüKo-HGB, § 230, Rn. 39; *Coing*, S. 89; *Bauer/Stürner*, Sachenrecht, § 4 I 2; *Breuer*, MittRhNotK 1988, 79, 90 ff.

65 Ablehnend *Löhnig*, S. 121 ff.; *Grundmann*, S. 19 ff.; *Reich*, AcP 169 (1969), 247, 254 f.; *Wiegand*, in: Staudinger (2011), Anh. zu §§ 929 ff., Rn 9; *Schiemann*, in FS Zöllner, 503, 507; krit. bereits *Siebert*, S. 169 f., 403; *wohl* auch *Armbrüster*, S. 42, 92.

66 Vgl. *Schiemann*, in FS Zöllner, 503, 507.

67 *Siebert*, S. 170; ebenso *Reich*, AcP 169 (1969), 247, 254.

Sicherungsnehmers anzusehen sei, da er das in seinem Besitz verbleibende Treugut verwaltet, kann dem nicht gefolgt werden. Der Sicherungsgeber wird regelmäßig davon ausgehen, dass das Treugut wieder auf ihn zurückfällt, und handelt somit im eigenen Interesse. Gegen eine Einordnung der Sicherungsübereignung als Treuhandverhältnis spricht weiterhin, dass an Sicherungsgeschäft und Verwaltungstreuhand – unabhängig von der Bezeichnung – völlig unterschiedliche Rechtsfolgen geknüpft sind. Bei Insolvenz des Treugebers kann sich der Treuhänder zum einen bevorzugt befriedigen (Sicherungstreuhand), zum anderen muss er das Treugut zurückübertragen (Verwaltungstreuhand).[68]

Geht es aber um die Sicherungsabtretung von Rechten, insbesondere solchen, die eine Teilhabe an einem Rechtsverhältnis vermitteln, also insbesondere Gesellschaftsanteile, so überzeugt eher die Einordnung als Treuhandverhältnis. Der Sicherungsnehmer nimmt hier die Vollrechtsstellung als Gesellschafter ein. Er übernimmt also auch alle Rechte und Pflichten, insbesondere auch die Verwaltungsrechte, welche grundsätzlich nicht von der Mitgliedschaft abgespalten werden können.[69] Dem Sicherungsgeber ist es in diesem Fall kaum möglich, sich vollständig aus der Verwaltung des Treuguts herauszuhalten. Hier steht die Wahrnehmung der Gesellschafterposition im Interesse und nach Weisung[70] des Sicherungsgebers, auf den sie im Normalfall zurückfallen soll, und damit die Treubindung des Sicherungsnehmers als Treuhänder zumindest gleichrangig neben dem Sicherungsinteresse des Sicherungsnehmers.

bb) Nutzungstreuhand

Im Falle der Nutzungstreuhand wird der Treuhänder ebenfalls Vollrechtsinhaber bezüglich des Treuguts. Im Innenverhältnis ist er aber dahingehend beschränkt, nur die Nutzungen zu ziehen. Es handelt sich somit um eine Treuhand mit Nießbrauchsfunktion.[71] Dementsprechend steht die Nutzungstreuhand in der Gestaltungspraxis in Konkurrenz zum Nießbrauch.[72]

cc) Erfüllungstreuhand

Bei der Erfüllungstreuhand handelt es sich um eine Leistung erfüllungshalber mit Verwertungsabrede. Der Schuldner (Treugeber) überträgt ein Rechtsgut auf seinen Gläubiger (Treuhänder), aus welchem dieser sich zur Erfüllung seiner Forderung befriedigen soll.[73] Praktisch bedeutsam ist hier vor allem die Abtretung

---

68 *K. Schmidt/Brinkmann*, in: MüKo-ZPO, § 771 ZPO, Rn. 24 ff.

69 Siehe hierzu aber § 3 B. II.

70 Zum Weisungsrecht des Treugebers siehe § 3 A. I.

71 *K. Schmidt*, in: MüKo-HGB, vor § 230, Rn. 40; *ders.*, Gesellschaftsrecht, § 61 III. 1. c), S. 1827; *Eden*, S. 8; *Armbrüster*, S. 44 ff.

72 Vgl. *Lenders*, S. 21 sowie unten § 2 B. VII. 3.

73 *Gernhuber*, JuS 1988, 355, 356.

einer Forderung an den Gläubiger.[74] Ob tatsächlich auch ein Treuhandverhältnis vorliegt, hängt maßgeblich vom Inhalt der Verwertungsabrede ab.

b) Fremdnützige Treuhand

Fremdnützige Treuhandkonstellationen stellen sich meist als *Verwaltungstreuhand* dar und dienen überwiegend dem Interesse des Treugebers.[75] Hierbei kommt es nicht notwendig zur Vollrechtsübertragung. Die Verwaltungstreuhand wird dann gewählt, wenn der Treugeber sein Recht nicht selbst ausüben kann oder will.[76] Mit dieser Konstruktion werden daher im Wesentlichen die Zwecke der Vereinfachung, Umgehung und Verbergung verfolgt.[77]

c) Kombinationsformen

Eine Kombination aus eigennütziger und fremdnütziger Treuhand bildet die *doppelseitige Treuhand* oder *Doppeltreuhand.* Hierbei tritt der Treuhänder zum einen als Sicherungsnehmer gegenüber dem Schuldner als Sicherungsgeber auf (Sicherungstreuhand). Zum anderen handelt der Treuhänder lediglich als Verwaltungstreuhänder im Interesse des Kreditgebers oder anderen Gläubigern, als den wahren Sicherungsnehmern.[78] Somit überlagert die Verwaltungstreuhand gegenüber dem Kreditgeber die Sicherungstreuhand. Der Treuhänder handelt regelmäßig in fremdem Interesse. Dies legt es nahe diese Konstellation auch als Treuhandverhältnis zu begreifen, obwohl es sich dem Zweck nach um ein Sicherungsgeschäft handelt. In der Praxis findet die doppelseitige Treuhand beispielsweise Anwendung bei der gleichzeitigen Verwaltung eines Warenlagers für den Kreditnehmer und den Kreditgeber,[79] der Finanzierung von Gesellschaftsbeteiligungen[80] oder der Sanierung von Unternehmen.[81]

3. Publizität

Die Frage nach der Publizität von Treuhandverhältnissen kann sich naturgemäß nur dann stellen, wenn das Treugut Gegenstand eines Rechtsverhältnisses ist,

---

74 *Armbrüster*, S. 42.

75 *K. Schmidt*, Gesellschaftsrecht, § 61 III. 1. c); *ders.*, in: MüKo-HGB, vor § 230, Rn. 38; *Ellenberger*, in: Palandt BGB, Überbl v § 104, Rn. 25; *Lenders*, S. 20; *Coing*, S. 89; *Eden*, S. 6 f.

76 *Bassenge*, in: Palandt, § 903, Rn. 35.

77 *Siebert*, S. 76 f.; *Kümmerlein*, S. 83; *Blaurock*, S. 123; *Liebich/Mathews*, S. 95 ff.; *Henssler*, AcP 1996, 37, 38; *Eden*, S. 7; *K. Schmidt*, in: MüKo-HGB, vor § 230,Rn. 40;

78 Vgl. BGH, NJW 1990, 45; *Ganter*, in: MüKo-InsO, § 47, Rn. 386 ff.; *Bassenge*, in: Palandt, § 903, Rn. 35; *Eden*, S. 7; *Coing*, S. 89; *Siebert*, S. 365 f.

79 Vgl. BGH, NJW 1954, 190.

80 Vgl. *Armbrüster*, S. 47.

81 Vgl. OLG Hamburg, WM 1997, 1846; *Breuer*, MittRhNotK 1988, 79, 89.

welches mit Dritten begründet worden ist.[82] Insoweit ist zwischen *offener* und *verdeckter* Treuhand zu unterscheiden. Entscheidend für die Einordnung soll allein die Kenntnis oder Unkenntnis des jeweiligen unmittelbar betroffenen Dritten im Rechtsverhältnis bezüglich des Treuguts, nicht etwa die Kenntnis oder Unkenntnis des allgemeinen Rechtsverkehrs sein.[83] Besondere praktische Bedeutung gewinnt diese Unterscheidung bei Treuhandkonten und der hier interessierenden Treuhand an Gesellschaftsanteilen. Abzustellen wäre insoweit nur auf die Kenntnis oder Unkenntnis der Bank bzw. der Mitgesellschafter. Die Unterscheidung nach der Publizität ist zunächst jedoch nur eine rein tatsächliche. Rechtliche Auswirkungen hat die Einordnung nicht. Klar ist, dass Mitgesellschafter ein originäres Interesse daran haben, über eventuell bestehende treuhänderische Bindungen ihrer Treuhänder Bescheid zu wissen. So hängt etwa die Möglichkeit eine Zustimmung zur Treuhandbegründung zu erklären oder zu verweigern offensichtlich von der Kenntnis über das (künftige) Treuhandverhältnis ab.[84] Aber auch über die unmittelbar betroffenen Mitgesellschafter hinaus kann gerade auch die Kenntnis des allgemeinen Rechtsverkehrs, namentlich etwa der Gesellschaftsgläubiger, zumindest auf Wertungsebene entscheidende Bedeutung für die Frage nach der Haftung des Treugebers zukommen.[85] Keine Auswirkung soll die Publizität auf die steuerrechtliche Anerkennung eines Treuhandverhältnisses haben. Eine entsprechende Mitteilung an das zuständige Finanzamt ist nicht erforderlich.[86] Richtigerweise ist die offene Treuhand nicht mit der *einvernehmlichen* oder *qualifizierten* Treuhand gleichzusetzen.[87] Die bloße Offenlegung der treuhänderischen Bindung durch den Treuhänder ist ein rein tatsächlicher Akt, der bereits keine irgendwie geartete Tätigkeit der Mitgesellschafter oder sonstiger Dritter voraussetzt. Dass mit der Offenlegung zugleich eine Billigung einhergeht, kann schon auf Grund des rechtsgeschäftlichen Charakters der Billigung nicht angenommen werden.[88] Ebenso hat die Offenlegung auch keinen Einfluss auf die Rechtsstellung des Treugebers gegenüber der Gesellschaft, welche durch die Begriffe „*einfach*“ und „*qualifiziert*“ beschrieben wird.[89]

---

82 *Gernhuber*, JuS 1988, 355, 357.

83 BGHZ, NJW 1953, 1548, 1549; *Beuthien*, ZGR 1974, 26, 31; *Schaub*, DStR 1996, 1634, 1634; *Gernhuber*, JuS 1988, 355, 357; **aA** *Breuer*, MittRhNotK 1988, 79, 80

84 Zur Erforderlichkeit einer Zustimmung siehe § 2 B. III.

85 Vgl. etwa § 6 C. III. 6. g).

86 BFH, GmbHR 2008, 1229; anders die Vorinstanz FG Köln, DStRE 2005, 1072.

87 Vgl. zu diesen Begriffen § 2 B. II. 2.

88 So auch *Armbrüster*, S. 20 f., *Lenders*, S. 25 f.; *Tebben*, ZGR 2001, 586, 586, Fn. 1; *K. Schmidt*, in: MüKo-HGB, vor § 230, Rn. 43; **aA** wohl BGH, NJW 1953, 1548, 1549; *Henssler*, AcP 196 (1996), 37, 81; *Schäfer*, in: MüKo-BGB, § 705, Rn. 91 f.

89 Siehe § 2 B. II. 2. sowie § 3 B.

4. *Entstehung*

Nach der Entstehung des Treuhandverhältnisses lassen sich *Übertragungs-*, *Erwerbs-* und *Vereinbarungstreuhand* unterscheiden. Im letzteren Fall entsteht das Treuhandverhältnis durch die bloße Vereinbarung, dass der Treuhänder über das Treugut nunmehr für den Treugeber verfügen soll. Bei der Erwerbstreuhand erwirbt der Treuhänder das Treugut von einem Drittem. Wird das Treugut hingegen vom Treugeber unmittelbar auf den Treuhänder übertragen, liegt eine Übertragungstreuhand vor. Nach *früher vertretener Ansicht* sollte ein Treuhandverhältnis nur in Form der Übertragungstreuhand begründet werden können (sog. *Unmittelbarkeitsprinzip*).[90] Als Treugut kämen demnach solche Rechtsgüter nicht in Betracht, die von Dritten erworben werden oder bereits vorher dem Treuhänder zugeordnet waren. Hintergrund dieser Auffassung ist die Behandlung von Treuhandverhältnissen in Zwangsvollstreckung und Insolvenz. Die Möglichkeit des Treugebers im Falle der Zwangsvollstreckung in das Treugut Drittwiderspruchsklage nach § 771 ZPO zu erheben oder im Falle der Insolvenz des Treuhänders einen Aussonderungsanspruch gemäß § 47 InsO geltend zu machen, erschien den Vertretern dieser Ansicht nur dann gerechtfertigt, wenn das Treugut vorher schon im Vermögen des Treugebers stand. Heute besteht wohl *Einigkeit* dahin gehend, dass das Unmittelbarkeitsprinzip nicht konstituierend für die rechtsgeschäftliche Treuhand ist.[91] Die Bedeutung des Unmittelbarkeitsprinzips beschränkt sich auf die genannte Problematik von Zwangsvollstreckung und Insolvenz.[92]

III. Zusammenfassung

Im Rahmen dieser Arbeit soll die Haftung des Treugebers von Kommanditanteilen untersucht werden. Eine solche Erörterung ist nur dort notwendig, wo sich die Haftung nicht unmittelbar aus dem Gesetz ergibt. Dies ist immer dann der Fall, wenn der Treugeber nicht selbst Gesellschafter, sondern nur mittelbar an der Gesellschaft beteiligt ist. Insofern verengt sich der relevante Treuhandbegriff auf die fremdnützige echte Verwaltungstreuhand.

---

90 RGZ 84, 214, 217; RGZ 94, 305, 308; *Maier-Reimer*, in: Erman, vor § 164, Rn. 16; *Liebich*, S. 43 f.

91 Vgl. RGZ 160, 52, 59 (mit der Bezeichnung „Treuhandverhältnis im weiteren Sinne" bei Nichtbeachtung des Unmittelbarkeitsprinzips); BGHZ 31, 258, 264; BGH, NJW 1959, 1223 (Anerkennung von Anderkonten); BFH, NJW-RR 1998, 825 (steuerrechtliche Anerkennung der Vereinbarungstreuhand); *Siebert*, S. 205 ff.; *Coing*, S. 46 f., 115; *Kümmerlein*, S. 8; *Maulbetsch*, S. 116 f.; *Beuthien*, ZGR 1974, 26, 29; *Eden*, S. 25 f.; *Tebben*, S. 29; *Peters*, S. 19; *Armbrüster*, S. 15; *K. Schmidt*, in: MüKo-HGB, vor § 230, Rn. 52 ff.; *ders.*, Gesellschaftsrecht, § 61 III. 2., S. 1828.

92 Vgl. BGH, NJW 2003, 3414, 3415 (kein Aussonderungsrecht bei Vereinbarungstreuhand); *Ganter*, in: MüKo-InsO, § 47, Rn. 357, 390c; *Herrler*, in: Palandt, § 903, Rn. 41 ff.

B. Die Treuhand am Kommanditanteil

Treuhandrecht und Gesellschaftsrecht treffen in sehr vielfältigen Gestaltungen und aufgrund vieler verschiedener Interessenlagen der beteiligten Parteien aufeinander. Die Treuhand an Gesellschaftsanteilen im Allgemeinen und an Kommanditanteilen im Besonderen ist eine weit verbreitete Art der mittelbaren Gesellschaftsbeteiligung. Diese Treuhandverhältnisse weisen eine Reihe von Besonderheiten auf, insbesondere aufgrund der Spannungslage zwischen Gesellschaftsvertrag und Treuhandvertrag. Die Besonderheit liegt vor allem darin, dass ein Gesellschaftsanteil als Treugut keine Sache, sondern ein subjektives Recht in Form einer Gesamtheit von Rechten und Pflichten innerhalb der Gesellschaft darstellt. Das Treugut selbst vermittelt daher die Teilhabe an einem weiteren Rechtsverhältnis. So tritt neben das Innenverhältnis zwischen Treuhänder und Treugeber und das Außenverhältnis zum allgemeinen Rechtsverkehr zusätzlich das gesellschaftsrechtliche Innenverhältnis der beteiligten Personen. Besteht das Motiv für die treuhänderische Beteiligung in der Vereinfachungs- und Sammlungsfunktion bei einer Vielzahl von Treugebern, kann ein weiteres Innenverhältnis der Treugeber untereinander hinzukommen.[93] Zunächst soll aufgezeigt werden, welche Motive eine mittelbare Beteiligung durch Treuhand in welcher Gestaltung sinnvoll erscheinen lassen. Weiterhin erfolgt eine Abgrenzung zu anderen Formen der mittelbaren Gesellschaftsbeteiligung und anderen Formen treuhänderischer Interessenwahrnehmung in Gesellschaften.

I. Motive

Der fremdnützigen Verwaltungstreuhand werden typischerweise die Motive der Vereinfachung, Verbergung und Umgehung zugeschrieben.[94] Obwohl sich durchaus weitere Gründe für eine treuhänderische Beteiligung an Gesellschaften finden lassen und die Vereinfachung insgesamt die bedeutendste Rolle spielen dürfte, haben gerade die unterstellten Zwecke der Verbergung und Umgehung zu einer insgesamt negativen Sicht auf entsprechende Treuhandgestaltungen geführt.[95]

1. Vereinfachung

Die vereinfachende Funktion der Treuhand kommt dann zum Tragen, wenn der Gesellschaftsanteil mehreren Personen zusteht, diese aber – jeder einzeln oder

93 Vgl § 3 C.

94 *Siebert*, S. 76 f.; *Beuthien*, ZGR 1974, 26, 31; *Kümmerlein*, S. 86 ff.; *Markwardt*, S. 3 ff.; *Liebich/Mathews*, S. 95 ff.; *Armbrüster*, S. 49 ff.; *K. Schmidt*, in: MüKo-HGB, vor § 230, Rn. 41; *Eden*, S. 7.

95 Vgl. OLG Hamburg, DB 1984, 1515, 1516 („Häufigkeit unsolider GmbH-Gründungen"); *Ehlke*, DB 1985, 795, 795 („Stigma der Verwerflichkeit").

in verbundener Personenmehrheit – aus rechtlichen oder tatsächlichen Gründen nicht Gesellschafter sein können, wollen oder sollen.

a) Nicht rechtsfähige Personenmehrheiten

So kann ein Kommanditanteil nicht im Gesamtgut einer ehelichen Gütergemeinschaft i. S. v. § 1416 BGB stehen. Vielmehr bildet der Anteil Sondergut des an der KG beteiligten Ehegatten (§§ 1417, 717, 719 BGB).[96] Soll das gesamte Vermögen der Ehegatten einheitlich verwaltet werden, kommt nur die Teilung oder die Einsetzung eines Treuhänders in Betracht. Somit wären beide Ehegatten über ihr Weisungsrecht gegenüber dem Treuhänder für die Verwaltung zuständig. Die praktische Bedeutung ist gering, da schon die eheliche Gütergemeinschaft selten gewählt wird.[97] Darüber hinaus sehen viele Gesellschaftsverträge die Pflicht zur Vereinbarung von Gütertrennung vor.[98]

Nach *früherer Ansicht* konnten auch die GbR und der nicht rechtsfähige Verein mangels Rechts- und Registerfähigkeit nicht selbst Gesellschafter einer Personenhandelsgesellschaft sein.[99] Mit Anerkennung der Rechtsfähigkeit der Außen-GbR[100] ist diese auch selbst gesellschafter- und registerfähig.[101] Sofern eine GbR Kommanditistin ist, sind aber gemäß § 162 I 2 HGB sämtliche Gesellschafter dieser GbR und jede spätere Änderung in der Zusammensetzung ihrer Gesellschafter einzutragen. Insofern kann durch den Einsatz eines Treuhänders als Kommanditist für die GbR nach wie vor eine erhebliche Vereinfachung erzielt werden.[102] Gleiches gilt für den nicht rechtsfähigen Verein.[103]

---

96 Vgl. *Westermann*, in: HdbPersG, Band I, Rn. 149c; *Roth*, in: Baumbach/Hopt, § 105, Rn. 29; *Schäfer*, in: Staub, § 105 Rn. 101.

97 So *Beuthien*, ZGR 1974, 26, 32;

98 *Kümmerlein*, S. 52, Fn. 12.

99 So noch BGH, NJW 1967, 826. Zur Treuhandlösung nach alter Rechtslage: *Beuthien*, ZGR 1974, 26, 32; *Markwardt*, S. 5 f.; *Blaurock*, S. 108 f.; *Krenzel*, S. 20 f. Zur Gesellschafterhaftung des Treugebers analog § 128 HGB bei Grundbuchtreuhand, vgl. BGH, NZG 2011, 1023.

100 BGH, NJW 2001, 1056. Zum Streit um die Rechtsfähigkeit der GbR: *Schäfer*, in: MüKo-BGB, Vorb. § 705, Rn. 9 ff. mwN.; *K. Schmidt*, NJW 1997, 2201, 2203 f.; *ders.*, Gesellschaftsrecht, § 8 III. 4. d), S. 203 ff.; *Mülbert*, AcP 199 (1999), 38 ff.

101 *Roth*, in: Baumbach/Hopt, § 105, Rn. 28; BGH, NJW 2001, 3121, 3122 f.

102 Vgl. auch § 2 B. VI. 2. zur parallelen Problematik der Grundbuchfähigkeit der GbR und des Grundbuchtreuhänders.

103 Vgl. *Roth*, in: Baumbach/Hopt, § 105, Rn. 28; *K. Schmidt*, in: MüKo-HGB, § 105, Rn. 87; *ders.*, NJW 2001, 993, 1002; *Ulmer*, in: Staub (4. Aufl.), § 105, Rn. 97; **aA** *Lessner/Klebeck*, ZIP 2002, 1385, 1389.

b) Anteilszersplitterung durch Erbfolge

Auch in ursprünglich nur wenige Gesellschafter umfassenden Gesellschaften, etwa einer Familien-KG (oder ursprünglich oHG, vgl. § 139 I HGB), kann es durch einen oder mehrere Erbgänge zur Zersplitterung von Gesellschaftsanteilen kommen, sofern dem Erblasser daran gelegen ist seine Erben gleichmäßig zu bedenken. Die Nachfolge nur eines Erben in die Gesellschafterstellung kann, aufgrund der Pflichtteilsansprüche anderer Erben, negative Auswirkungen auf die Liquidität der Gesellschaft haben, sofern der Anteil die wesentliche Erbmasse darstellt. Die Zersplitterung führt überdies zu höherem Verwaltungsaufwand. Diese Schwierigkeiten können durch Einsetzung von Treuhändern als Kommanditisten vermieden werden, die die Anteile entweder für alle Erben oder jeweils für die Erben eines Familienstamms verwalten.[104] Hierdurch können die Erben weiterhin ihre Einwirkungsmacht auf die Gesellschaft (Stimm-, Kontrollrechte) bündeln und koordinieren und dadurch effektiver nutzen.[105] Ebenso können die Erben im Gesellschaftsvertrag verpflichtet werden ihre Verwaltungsrechte durch einen Treuhänder als gemeinsamen Vertreter wahrnehmen zu lassen. In diesem Fall werden die Erben selbst Gesellschafter.[106] Eine solche *Vertreterklausel* wird bei der KG allgemein als zulässig angesehen.[107] Unklar ist jedoch, in wie weit die Kommanditisten von der Ausübung ihrer Rechte neben dem Vertreter ausgeschlossen werden können bzw. welche Rechte ihnen zwingend verbleiben müssen.[108]

c) Alternative zur Testamentsvollstreckung

Die Verwaltungstreuhand bietet weiterhin eine Alternative zur Testamentsvollstreckung, welche im Bereich der Personengesellschaftsanteile problematisch ist. So wird die Verwaltung eines oHG-Anteils durch den Testamentsvollstrecker *fast einhellig* abgelehnt,[109] da die Leitung der Gesellschaft durch den Testamentsvollstrecker

---

104 Vgl. *Blaurock*, S. 73 f.; *Beuthien*, ZGR 1974, 26, 33; *Schiemann*, in: FS Zöllner, 503, 518.

105 So *Armbrüster*, S. 56 f.

106 Vgl. hierzu § 2 B. VI. 3.

107 BGH, NJW 1967, 826 (nur Ls.) = BGHZ 46, 291 ff.; *Roth*, in: Baumbach/Hopt, § 163, Rn. 10 f.; § 166, Rn. 18; *Ulmer*, in: Staub (4. Aufl.), § 119, Rn. 64; *Armbrüster*, S. 57 f.; *Blaurock*, S. 79 ff.; *Wiedemann*, S. 389; *Beuthien*, ZGR 1974, 26, 33; *Kümmerlein*, S. 53 ff.; *Immenga*, ZGR 1974, 385, 392 ff.

108 Offen gelassen in BGHZ 46, 291 ff.; BGH, NJW 1956, 1198, 1199 f. (Unzulässigkeit eines vollständigen Ausschlusses des Stimmrechts der Kommanditisten, bei einer von ihnen selbst vereinbarten Vertreterklausel); ausf. *Eden*, S. 18 ff.; Huber, JZ 1968, 791, 794;

109 RGZ 170, 392, 394; BGH, NJW 1957, 1026, 1027 f.; BGH, NJW 1989, 3152, 3154; *Beuthien*, ZGR 1974, 26, 34; *Kümmerlein*, S. 61 ff.; *Schäfer*, in: Staub, § 139 HGB, Rn. 57 ff.; *Emmerich* in: Heymann, § 139, Rn. 22 ff.; *Schäfer*, in: MüKo-BGB, § 705, Rn. 113; **aA** *Esch*, NJW 1984, 339, 339 ff.; *Marotzke*, AcP 187 (1987), 223, 236 ff.; *Zimmermann*, in: MüKo-BGB, § 2205, Rn. 36 ff.; bejahend zur GbR BGH, NJW 1996, 1284, 1285 f., jedoch ohne Bezugnahme auf die entgegenstehende Rechtsprechung und wohl

mit seiner fehlenden persönlichen Haftung und seine beschränkte Rechtsmacht zur Verpflichtung des Erben (§§ 2206 ff. BGB) mit dessen unbeschränkter Gesellschafterhaftung unvereinbar sei.[110] Anerkannt war bereits, dass der Testamentsvollstrecker über die verkehrsfähigen Vermögensrechte (§§ 717 S. 2 BGB; 105 III, 161 II HGB), namentlich die Ansprüche auf ein Abfindungs- oder Auseinandersetzungsguthaben, verfügen kann.[111] Zudem soll die Testamentsvollstreckung auch in Bereichen zulässig sein, in denen es zwar nicht um die Leitung der Gesellschaft geht, aber um die Wahrnehmung und Erhaltung von Vermögensrechten.[112] Mangels zwingender Geltung des § 128 HGB für die GbR, erscheint die Zulassung der Testamentsvollstreckung am GbR-Anteil im Wege höchstrichterlicher Rechtsfortbildung grundsätzlich möglich.[113] Sofern die angeordnete Testamentsvollstreckung unzulässig ist, kommt eine Umdeutung (§ 140 BGB) in eine Auflage an den Erben in Betracht, den Anteil auf einen Treuhänder zu übertragen (fiduziarische Verwaltungstreuhand) oder diesem zur Rechtsausübung zu überlassen (unechte Treuhand).[114] Die Zulässigkeit der Testamentsvollstreckung an einer Kommanditbeteiligung ist heute *wohl allgemein anerkannt*.[115] Der Einsatz eines Treuhänders kommt daher nur noch dann in Betracht, wenn der Erbe bereits Mitglied der Gesellschaft gewesen ist und der einheitliche Anteil somit nur zum Teil der Testamentsvollstreckung unterläge. Dies geriete anderenfalls mit dem Grundsatz der Einheitlichkeit der Mitgliedschaft in Konflikt.[116]

---

begrenzt auf eine Testamentsvollstreckung begrenzt auf die Vermögensrechte aus dem Anteil.

110 Vgl. *K. Schmidt*, Gesellschaftsrecht, § 45 V. 8. b), S. 1352; *Roth*, in: Baumbach/Hopt, § 139, Rn. 21; nach anderer Ansicht solle der Anteil bereits nicht zum Nachlass gehören, so BGH, NJW 1981, 749, 750 (zur GbR).

111 *K. Schmidt*, Gesellschaftsrecht, § 45 V. 8. a), S. 1350 ff.; *Zimmermann*, in: MüKo-BGB, § 2205, Rn. 31 ff.

112 BGH, NJW 1996, 1284, 1285; BGH, NJW 1998,1313; *Armbrüster*, S. 69.

113 So zutreffend *Schäfer*, in: MüKo-BGB, § 705, Rn. 114.

114 BGH, NJW 1954, 1026, 1028; BGH, NJW 1954, 636, 637 (zur Zulässigkeit einer solchen Auflage bei Einzelunternehmen); *Beuthien*, ZGR 1974, 26, 34; *Armbrüster*, S. 70; *Zimmermann*, in: MüKo-BGB, § 2205, Rn. 27 f.

115 BGH, NJW 1989, 3152, 3154 f.; *Roth*, in: Baumbach/Hopt, § 139, Rn. 24 ff.; *K. Schmidt*, Gesellschaftsrecht, § 45 V. 8. b), S. 1352; *Schäfer*, in: MüKo-BGB, § 705, Rn. 109; anders noch *Ulmer*, NJW 1984, 1496, 1497 ff.

116 BGHZ 24, 106, 113 ff.; BGHZ 108, 187, 199; *Roth*, in: Baumbach/Hopt, § 124, Rn. 16; § 139, Rn. 26; *Armbrüster*, S. 70; **aA** BGH, NJW 1996, 1284, 1286. Allg. zum Grundsatz der Einheitlichkeit der Mitgliedschaft: BGH, NJW 1987, 3184, 3186; *Armbrüster*, S. 245 ff, m. w. N.

d) Vielzahl von Kapitalgebern

Das Motiv der Vereinfachung durch Treuhand spielt insbesondere beim Einsatz von Kommanditgesellschaften zur Kapitalsammlung eine bedeutende Rolle.[117] Es handelt sich hierbei um kapitalistisch strukturierte sog. „*kupierte*" Publikumskommanditgesellschaften,[118] meist in der Form der GmbH & Co. KG,[119] die von vorn herein auf die Aufnahme einer Vielzahl von Anlegern ausgelegt sind. Die Anleger selbst sind hierbei als Treugeber nur mittelbar über einen Treuhänderkommanditisten an der KG beteiligt und stehen regelmäßig in keinerlei persönlicher Beziehung zueinander oder zum Komplementär.[120] Dies erleichtert zum einen die gesellschaftsinterne Meinungsbildung und Abhaltung von Gesellschafterversammlungen. Zum anderen werden die Treugeber als reine Kapitalanleger regelmäßig kein Interesse daran haben Mitwirkungsrechte innerhalb der Gesellschaft selbst auszuüben.[121] Ebenso werden Verwaltungsaufwand und Kosten bezüglich der Handelsregistereintragung bei Beitritt und Wechsel von Gesellschaftern vermieden (§§ 161 II, 107, 143 II HGB)[122] und auch die Anonymität der Anleger kann grundsätzlich gewahrt werden.[123] Es können ferner Anteilscheine über die mittelbaren Beteiligungen ausgegeben werden, welche nicht dem (abdingbaren) Zustimmungsvorbehalt (§§ 161 II, 105 III HGB, 719 I BGB) unterliegen und die Abtretung erleichtern. Sie verkörpern als reine Beweisurkunden anders als Aktien keine Mitgliedschafts- oder Anteilsrechte, sind aber ähnlich verkehrsfähig.[124] Gegenüber der vom Gesetzgeber zur Kapitalsammlung vorgesehenen AG und KGaA, stellt sich die Publikums-KG, bei gleicher Haftungsbeschränkung der Anleger und Trennung von Anlegern und Management, aufgrund der geringeren Regelungsdichte und

---

117 Vgl. BGH, NJW 1980, 1163; BGH, NJW 1987, 2677; BGH, NJW-RR 1992, 930; BGH, NZG 2009, 57; BGH, NZG 2009, 380; BGH, BB 2011, 1807; *Klöhn*, VGR 2012, 143, 145 f.

118 So die Bezeichnung bei *Bälz*, ZGR 1980, 1, 12, die sich im Schrifttum durchgesetzt hat. Vgl. zum Gegenentwurf der wenig bedeutsamen „integrierten" Publikums-KG § 2 B. VI. 3.

119 *Grunewald*, in: MüKo-HGB, § 161, Rn. 111; *Gummert/Horbach*, in: MüHdbGesR II, § 61, Rn. 1. Bei geschlossenen Immobilienfonds spiele die GmbH & Co. KG aufgrund der Gewerbesteuerpflicht (§ 15 III Nr. 2 EStG, § 2 I 2 GewStG) und der Pflicht zur Versteuerung von Veräußerungsgewinnen, aufgrund der Gewinnermittlung nach § 4 I 1 EStG, keine Rolle, so *Kapitza*, S. 19; dagegen *Armbrüster*, S. 88.

120 *Bälz*, ZGR 1980, 1, 11 f.; *Lenders*, S. 23; *Kapitza*, S. 22.

121 So *Armbrüster*, S. 50; *Schiemann*, in: FS Zöllner, 503, 506; *Lenders*, S. 23.

122 Keine Vereinfachung bzgl. der Registereintragung sehen, *Bälz*, ZGR 1980, 1, 13 und *Lenders*, S. 23 f., da die Gesellschaft ohnehin ein internes Treugeberregister führen müsse. Wie hier aber auch *Wiesner*, in: FS Ulmer, 673, 673.

123 Das Anonymitätsinteresse betonen *Söll*, S. 140; *Kapitza*, S. 22 und *Kiss*, S. 23 für den geschlossenen Immobilienfonds, ebenso *Krenzel*, S. 69 zur kupierten Publikums-KG im Allgemeinen. Siehe auch § 3 C. II. zum Recht auf Anonymität der Anleger bzw. einen entsprechenden Auskunftsanspruch

124 Vgl. *Beuthien*, ZGR 1974, 26, 36; *Kümmerlein*, S. 67 f.; *Armbrüster*, S. 83.

der größtenteils disponiblen Vorschriften des KG-Rechts, als die flexiblere Variante der Anlagegesellschaft dar.[125] Für die Nutzung steuerlicher Verlustzuweisungen, welche vor allem in den 1970er Jahren den Hauptgrund für die Beteiligung an Publikumspersonengesellschaften, insbesondere geschlossenen Immobilienfonds bildete, kommen von vornherein nur Personengesellschaften in Betracht, da diese, anders als Kapitalgesellschaften, nicht selbst Steuersubjekt sind, sondern das wirtschaftliche Ergebnis den Gesellschaftern zugerechnet wird (vgl. § 15 I 1 Nr. 2 EStG sowie §§ 1 KStG, 20 EStG). Um als reiner Kapitalanleger einer werbenden kupierten Publikums-KG in den Genuss dieser steuerlichen Vorteile zu kommen, ist die Qualifizierung als Mitunternehmer i. S. d. § 15 I 1 Nr. 2 EStG erforderlich.[126] Der Anleger muss hierfür das Unternehmerrisiko des Treuhänders übernehmen und auch Unternehmerinitiative aufweisen, etwa ein Weisungsrecht gegenüber dem Treuhänder bzgl. der Ausübung der Stimm-, Kontroll-, und Widerspruchsrechte.[127] Ein steuerrechtlich anzuerkennendes Treuhandverhältnis und damit eine Zurechnung des Gesellschaftsanteils zum Treugeber (§ 39 II Nr. 1 S. 2 AO) ist nur gegeben, wenn die mit der rechtlichen Eigentümer- bzw. Inhaberstellung verbundene Verfügungsmacht so zugunsten des Treugebers eingeschränkt ist, dass das rechtliche Eigentum bzw. die rechtliche Inhaberschaft aufgrund der tatsächlichen Beherrschung als „leere Hülle“ erscheint.[128] Der Vorteil gegenüber der Publikums-oHG und GbR besteht in der beschränkten Haftung des Kommanditisten, welche sonst grundsätzlich nur durch individuelle Haftungsbeschränkung mit dem jeweiligen Gläubiger möglich ist.[129]

Die grundsätzliche Zulässigkeit von Publikumspersonengesellschaften ist in Rechtsprechung und Literatur sowie durch §§ 91, 139 KAGB nun auch gesetzlich anerkannt.[130] Im Anschluss an die *BGH-Entscheidung vom 14.12.1972*[131] entwickelten

---

125 Vgl. *Lenders*, S. 22; *Bälz*, ZGR 1980, 1, 3; *Bremer*, ZGR 1973, 410, 412; *Gummert/Horbach*, in: MüHdbGesR II, § 61, Rn. 7; *K. Schmidt*, Gesellschaftsrecht, § 57 I. 2. a), S. 1667 f.

126 Vgl. *Wacker*, in: Schmidt, § 15 EStG, Rn. 296.

127 Vgl. BFHE 122, 400 (Ls. in NJW 1977, 1896); BFH, DStR 1993, 910, 911; BFH, GmbHR 2000, 244; *Wiedemann*, BB 1975, 1591, 1597; *Söll*, S. 168 f.

In der Publikumspersonengesellschaft soll auch ein einheitliches Weisungsrecht aller Treugeber eine ausreichende Mitunternehmerinitiative darstellen, so BFH v. 21.04.1988, BStBl. II 1989, 722, 724 f.; *Eden*, S. 352; ebenso für die GmbH BFH, Urt. v. 21.05.2014 – I R 42/12, Tz. 56 ff.

128 BFH, DStRE 2010, 494, 496; BFH, Urt. v. 21.05.2014 – I R 42/12, Tz. 50.

129 *Roth*, in: Baumbach/Hopt, § 128, Rn. 38; *Sprau*, in: Palandt, § 714, Rn. 18; *Armbrüster*, S. 87. Keine Erwähnung findet diese Möglichkeit für die oHG bei *Grundmann*, S. 487 und *Kapitza*, S. 19.

130 Vgl. zur früheren Diskussion *Hopt*, ZGR 1979, 1, 3; *Bälz*, ZGR 1980, 1, 4 ff.; *Gummert/Horbach*, in: MüHdbGesR II, § 61, Rn. 11; ablehnend etwa *Grossfeld*, S. 42 ff.; kritisch auch *Reuter*, in: FS Stimpel, 645, 661 f. Grundsätzliche Zweifel an der Zulässigkeit der „kupierten“ Publikums-KG äußerte in neuerer Zeit noch *Lenders*, S. 24.

131 BGH, NJW 1973, 1604.

Literatur und *Rechtsprechung* ein Sonderrecht der Publikumspersonengesellschaften, um den durch die gesetzlich nicht vorgesehene körperschaftliche Struktur und den öffentlichen Vertrieb von Anteilen entstandenen Lücken im Anlegerschutz zu begegnen.[132] Große wirtschaftliche Bedeutung erlangten Publikumspersonengesellschaften Anfang der 1970er Jahre vor allem aufgrund der steuerrechtlichen Anreize.[133] Insbesondere war der Verlustausgleich bis zur Einführung des § 15a EStG im Jahr 1980 unbegrenzt möglich, weshalb die Publikumspersonengesellsschaft auch als „Kind der Abschreibungsbranche"[134] betrachtet wird. Es wird angenommen, dass in diesem Zeitraum das durch Publikumskommanditgesellschaften aufgenommene Eigenkapital erstmals das neu gezeichnete Aktienkapital überstieg.[135] 1980 habe das eingeworbene Kapital etwa 3 Milliarden DM und 1982 bereits 4 Milliarden DM betragen.[136] Die genannten steuerlichen Privilegien wurden in der Folgezeit immer weiter beschnitten. Seit der Einführung des § 15b EStG im Jahr 2005 sei die Zahl der Neugründungen spürbar zurückgegangen.[137] Nach Angaben des Branchenverbands „Verband Geschlossene Fonds e. V."[138], ist das eingeworbene Eigenkapital von 11,8 Mrd. Euro in 2005 auf 5,85 Mrd. Euro in 2011 zurückgegangen und es sind noch etwa 1,9 Millionen deutsche Anleger an geschlossenen Fonds beteiligt.[139]

Seit dem 22.07.2013 unterliegen auch geschlossene[140] Fonds in Form der Publikumspersonengesellschaft erstmals einer umfassenden aufsichtsrechtlichen Regulierung durch das KAGB. Anders als das Investmentgesetz, welches einen zumindest partiell „formellen Fondsbegriff" verwendete (vgl. §§ 1; 2 I, V InvG),

---

132 Übersicht bei *Schlarmann*, BB 1979, 192 ff.; außerdem *Roth*, in: Baumbach/Hopt, Anh § 177a, Rn. 52 ff.

133 Nachweise bei *Bremer*, ZGR 1973, 410, 410 f. und *Gummert/Horbach*, in: MüHdbGesR II, § 61, Rn. 3 f.; vgl. auch *Bälz*, ZGR 1980, 1, 4; *Hofmann*, S. 2 ff. Ausführlich zur Besteuerung der Treuhand an Gesellschaftsanteilen *Eden*, S. 157 ff.

134 *K. Schmidt*, GesRt, § 57 I. 2. a), S. 1666.

135 So *Bälz*, ZGR 1980, 1, 1 unter Berufung auf die *FAZ* vom 28.12.1971, S. 13; ebenso *Grunewald*, in: MüKo-HGB, § 161, Rn. 112; *Blaurock*, S. 73, Fn. 75.

136 So *Hofmann*, S. 2 unter Berufung auf den *Spiegel* v. 22.11.1982, S. 37 und die *FAZ* v. 26.07.1983, S. 10.

137 *Gummert/Horbach*, in: MüHdbGesR II, § 61, Rn. 3 ff. mit ausführlicher Darstellung zur steuerrechtlichen Entwicklung in Bezug auf die Publikums-KG. Auch *Priester*, EWiR § 161 HGB, 1/87 konstatierte bereits das Ende der großen Zeit der Publikumspersonengesellschaften.

138 Nach Einführung des KAGB umbenannt in „Bundesverband Sachwerte und Investmentvermögen" (BSI).

139 Siehe Pressemitteilungen und Branchenstatistiken auf www.VGF-Branchenzahlen.de (jetzt: www.Sachwerteverband.de); vgl. auch *Markwardt*, BB 2011, 643, 643.

140 Auch offene Spezial-Investmentvermögen können jetzt als Investmentkommanditgesellschaft mit veränderlichem Anlagekapital gegründet werden, vgl. §§ 91, 124, 133 KAGB.

definiert das KAGB Investmentvermögen in § 1 I KAGB rein materiell. Weiterhin ist ein numerus clausus der zulässigen Rechtsformen vorgesehen, welcher auf Sondervermögen, Investmentaktiengesellschaft und Investmentkommanditgesellschaft beschränkt ist (vgl. §§ 91, 139 KAGB).[141] Eine Publikumspersonengesellschaft, welche mit dem Zweck der Kapitalsammlung zur gemeinsamen Kapitalanlage gegründet wird, muss daher zwingend eine Investmentkommanditgesellschaft i. S. d. §§ 124 ff.; 149 KAGB sein. Eine Publikums-GbR oder -oHG ebenso wie eine mehrgliedrige „GmbH & Still"[142], welche allein zu diesem Zweck betrieben werden, dürften nun allgemein unzulässig sein.[143] Die Geschäftsführer einer Investmentkommanditgesellschaft bedürfen einer Erlaubnis nach § 20 KAGB und auch der Vertrieb von (Treuhand-) Anteilen an der Investment-KG ist reguliert und bedarf der Anzeige nach §§ 316, 321 KAGB.

Für die mittelbare Beteiligung über einen Treuhandkommanditisten sieht das Gesetz in § 152 I 3 KAGB zwingend vor, dass die Treugeber im Innenverhältnis die gleiche Rechtsstellung wie ein Kommanditist einnehmen müssen. Üben die Treugeber daher selbst Rechte in der Gesellschaft aus, kann dies einer eventuell angestrebten Vereinfachung der internen Verwaltung entgegenstehen.[144]

2. *Verbergung*

Die Verbergungsfunktion der Treuhand an Gesellschaftsanteilen dient dazu die Identität der Person zu verschleiern, die das tatsächliche wirtschaftliche Interesse an der Tätigkeit einer Gesellschaft innehat. Die unerwünschte Publizität der Kommanditistenstellung ergibt sich aus der notwendigen Handelsregistereintragung (§ 162 I HGB). Die treuhänderische Bindung des Gesellschaftsanteils ist dagegen nach *ganz überwiegender Ansicht* nicht eintragungsfähig.[145] Die Gründe für eine Verbergung der Beteiligung sind vielfältig. Es lassen sich im Wesentlichen zwei Konstellationen unterscheiden: Entweder soll der Träger des wirtschaftlichen

---

141 Vgl. *Klebeck/Kunschke*, in: B/S/V, 405, § 149 KAGB, Rn. 48 ff.; *Emde/Dreibus*, BKR 2013, 89, 93 ff.; *Zetzsche/Preiner*, WM 2013, 2101, 2102 f.

142 Vgl. zu dieser Gestaltung die Urteile zur „Göttinger Gruppe" (BGH, NJW 2005, 1784; BGH, NZG 2005, 261) sowie *K. Schmidt*, GesRt, § 62 II. 2. e), S. 1849 f.

143 Zweifelnd aber *Wiedemann*, NZG 2013, 1041, 1046. Zu möglichen Rechtsfolgen eines Verstoßes gegen den Rechtsformzwang, vgl. *Freitag*, NZG 2013, 329, 330; *Klebeck/Kunschke*, in: B/S/V, 405, § 149 KAGB, Rn. 72 f.

144 Zu den Rechten des Treugebers bei interner Gleichstellung siehe § 3 B. II. und § 3 D.

145 *Armbrüster*, S. 59; *Blaurock*, S. 124, 159 f.; *K. Schmidt*, in: MüKo-HGB, § 230, Rn. 57; *Roth*, in: Baumbach/Hopt, § 105, Rn. 34; § 106, Rn. 6; *Märtens*, in: E/B/J/S, § 106, Rn. 11; *Kindler*, in: K/K/R/M, § 106 HGB, Rn. 2; OLG Hamm, NJW 1963, 1554, 1555 (Treuhand an einzelkaufmännischem Geschäft); **aA** *Kümmerlein*, S. 144 f.; *Ulmer*, in: Staub (4. Auflage), § 106, Rn. 17; *Schäfer*, in: Staub (5. Auflage), § 105, Rn. 102, § 106, Rn. 16.

Interesses verborgen bleiben oder es soll eine Person namentlich in der Firma erscheinen, die selbst kein wirtschaftliches Interesse an der Gesellschaft hat.

Im ersten Fall kann es etwa darum gehen, dass die direkte Beteiligung an einer Gesellschaft negative Auswirkungen auf den Ruf des Beteiligten haben könnte. Dies liegt beispielsweise nahe, wenn ein Markenproduzent an einer Gesellschaft beteiligt ist, die „no-name"-Produkte zu günstigeren Preisen herstellt und vertreibt[146] oder neue Produkte unter anderem Namen getestet werden sollen.[147] Gleiches gilt, wenn ein Großhändler oder Hersteller sich am Einzelhandel beteiligen will, ohne dass andere Einzelhandelskunden von der konkurrierenden Betätigung erfahren.[148] Weiterhin ist an die Verdeckung der eigenen Wirtschaftsmacht gegenüber der Konkurrenz zu denken oder gar an eine verdeckte Beteiligung an konkurrierenden Gesellschaften, bei denen die Mitgesellschafter einer Aufnahme nicht zustimmen würden.[149] Schließlich dient die treuhänderische Beteiligung dem allgemeinen Anonymitätsinteresse des privaten Kapitalanlegers. Hierbei ist wiederum die zwingende Gleichstellung mit dem Kommanditisten im Innenverhältnis nach § 152 I 3 KAGB ebenso wie die bereits vor Einführung des KAGB übliche, frei gewählte vertragliche interne Gleichstellung zu beachten, welche dem Anonymitätsinteresse möglicherweise entgegenstehen kann.[150] Weiterhin kann die Beteiligung gezielt gegenüber Gläubigern verschleiert werden. Außerdem kann ein Gesellschafter bei drohender Insolvenz einen Treuhänder vorschieben, um seine Kreditwürdigkeit nicht zu schädigen.[151] Denkbar ist weiterhin auch die Verdeckung der Beteiligung des Treugebers zur Erlangung staatlicher Subventionen, die dem Treugeber selbst nicht zustünden.[152] Weiterhin sieht *Armbrüster* in der verdeckten treuhänderischen Beteiligung auch die Möglichkeit zur Anlage von Schwarzgeld und zur Geldwäsche durch den Treugeber.[153]

Im zweiten Fall stellt nicht die Verschleierung der Beteiligung einer bestimmten Person den primären Zweck dar, sondern gerade die offene Beteiligung einer bloß vorgeschobenen Person ohne besonderes wirtschaftliches Eigeninteresse. Verschleiert wird nicht die Identität einer Person, sondern die tatsächliche Interessenlage. Es geht also um die Person des Treuhänders, mit dessen Name eine besondere

---

146 BGH, WM 1961, 1103, 1105; *Lenders*, S. 24; *Schaub*, DStR, 1995, 1634, 1635; *Armbrüster*, S. 61.

147 *Breuer*, MittRhNotK 1988, 79, 81.

148 Vgl. *Kuhn*, S. 21 f.; *Beuthien*, ZGR 1974, 26, 37; *Kümmerlein*, S. 72.

149 Vgl. *Armbrüster*, S. 63; *Ulmer*, in: FS Odersky, 873, 877; *K. Schmidt*, Gesellschaftsrecht, § 61 III. c), S. 1827.

150 Siehe dazu § 3 C. II.

151 *Armbrüster*, S. 62, *Söll*, S. 140; keinen besonderen Nutzen in der Anonymität sehen *Maulbetsch*, S. 25 und *Bälz*, ZGR 1980, 1, 13.

152 *Armbrüster*, S. 81.

153 *Armbrüster*, S. 63.

Kreditwürdigkeit,[154] möglicherweise auch besondere Sachkunde, Fähigkeiten oder Vertrauenswürdigkeit verbunden werden. Die Beteiligung eines nur beschränkt haftenden Treuhänderkommanditisten ist freilich kaum geeignet die Kreditwürdigkeit der Gesellschaft zu erhöhen. Weiterhin lässt sich kaum ein Grund finden, weshalb sich der Treuhänder, ohne entsprechende Beteiligung am Gewinn, den mit der Beteiligung verbundenen Haftungsrisiken aussetzen sollte.[155] *Armbrüster* geht daher wohl zutreffend von keiner besonderen praktischen Bedeutung der Kreditverschaffung durch Treuhand aus.[156]

Vom Fall der Verdeckung gegenüber Mitgesellschaftern abgesehen, stellt sich die Frage, ob die Beteiligung des Treuhänders an der Gesellschaft nicht einvernehmlich nur zum Schein erklärt wurde und somit ein Scheingeschäft im Sinne von § 117 BGB vorliegt.[157] Die Parteien möchten zwar die Stellung des Treugebers meist möglichst nah an die eines Gesellschafters angleichen. Die Übernahme der Gesellschafterstellung durch den Treuhänder und die damit verbundenen Rechtsfolgen sind dennoch ernstlich gewollt. Die Verdeckung der Position des Treugebers soll durch die Einschaltung eines Mittelsmanns (Strohmanns) und nicht durch ein nur simuliertes Rechtsgeschäft erfolgen. Der *BGH* hat die Treuhand zur Verdeckung bereits früh als legitimes Gestaltungsmittel im Gesellschaftsrecht anerkannt.[158] Auch die *Literatur* geht nahezu einhellig nicht von einem Scheingeschäft aus.[159]

3. *Umgehung*

Die Umgehungsfunktion von Treuhandgeschäften hat wohl maßgeblich, und mehr noch als die Verbergungsfunktion, zu einer sehr negativen und kritischen Sicht auf das Institut der Treuhand in der *früheren Rechtsprechung* und *Literatur* geführt.[160] Von einer grundsätzlichen Unzulässigkeit kann jedoch nicht ausgegangen werden.

154 Es wird auch von der „Kreditverschaffungsfunktion" der Treuhand gesprochen, so *Markwardt*, S. 7 f. Vgl. auch *Krenzel*, S. 20; *Grundmann*, S. 15; *Kuhn*, S. 25 f.; *Ballerstedt*, JZ 1960, 513, 514.

155 So auch *Krenzel*, S. 20, Fn. 44.

156 *Armbrüster*, S. 81 f.

157 Siehe auch *Lenders*, S. 26 ff.

158 Vgl. BGHZ 10, 44 = NJW 1953, 1548 zur verdeckten Beteiligung einer GmbH an einer KG über einen Treuhänderkomplementär, jedoch ohne auf die Möglichkeit eines bloßen Scheingeschäfts einzugehen. Das Berufungsgericht war noch von einer Gesellschafterstellung der Treugeberin ausgegangen.

159 *Armbrüster*, S. 125; *Lenders*, S. 28; *Eden*, S. 45; *Liebich/Mathews*, S. 88; *Singer*, in: Staudinger (2012), § 117, Rn. 17 ff., 20; *Ellenberger*, in: Palandt, § 117, Rn. 5; **aA** *Schönle*, GmbHR 1960, 17, 22; ähnlich, aber letztlich ablehnend *Siebert*, BB 1954, 417, 419.

160 Vgl. OLG Hamburg, DB 1984, 1515, 1516 („Häufigkeit unsolider GmbH-Gründungen"); *Ehlke*, DB 1985, 795, 795 („Stigma der Verwerflichkeit"); ebenso *Henssler*, AcP 1996, 37, 38 und *Fleck*, in: FS 100 Jahre GmbH-Gesetz, 391, 409 zur Verwendung der ihrer Meinung nach negativ besetzten Begriffe „Strohmann" und „Hintermann" durch BGHZ 31, 258 = NJW 1960, 285.

Es ist grundsätzlich durchaus legitim, rechtliche Gestaltungsvarianten zu wählen, bei denen wirtschaftliche Interessenlage und formale Rechtslage auseinanderfallen, und etwaige aus diesem Auseinanderfallen resultierende Vorteile auszunutzen. Daher ist in diesen Fällen immer zu prüfen, ob eine unzulässige Gesetzesumgehung vorliegt und sich die umgangene Norm daher nach ihrem Schutzzweck nicht auch auf den Umgehungstatbestand bezieht.[161] Eine Umgehung kann sich allerdings neben der gewählten Gestaltung auch bereits aus der Verbergung des Treuhandverhältnisses insoweit ergeben, als dass eine Anwendung der zu umgehenden Vorschriften auf den Treugeber die Kenntnis von seiner Existenz erfordert.[162] Bei verdecktem Treuhandverhältnis wird sich die Frage einer unzulässigen Gesetzesumgehung in der Praxis daher meistens nicht stellen.

Ein Beispiel für die Umgehungsfunktion der Treuhand bildet die Beteiligung von Minderjährigen. Ein Minderjähriger kann nur mit Genehmigung des Familiengerichts (§§ 1822 Nr. 3, 1643 I BGB) Mitglied einer Personengesellschaft werden, die ein Erwerbsgeschäft betreibt. Dies gilt auch, wenn der Minderjährige nur als Kommanditist beitritt.[163] Um dieser Genehmigungspflicht zu entgehen, kommt die bloß mittelbare Beteiligung des Minderjährigen über einen Treuhänder in Betracht.[164] Der Schutzzweck der Genehmigungspflicht gebietet es den Minderjährigen von dem mit der Gesellschafterstellung verbundenen Haftungsrisiko freizuhalten.[165] Aufgrund der Haftung des Treugebers gegenüber dem Treuhänder (§§ 675, 670 BGB)[166] wird die Genehmigungspflicht nach *wohl einhelliger Ansicht* auch auf die mittelbare Beteiligung als Treugeber erstreckt.[167] Dies soll selbst dann gelten, wenn die Ansprüche des Treuhänders gegenüber dem Treugeber vertraglich ausgeschlossen wurden.[168] Unklar bleibt meist die Frage, auf welchen Vertrag sich

161 Vgl. *Singer*, in: Staudinger (2012), § 117, Rn. 20 sowie allg. zum Verbot von Umgehungsgeschäften *Armbrüster*, in: MüKo-BGB, § 134, Rn. 11 ff.

162 *Lenders*, S. 29.

163 BGH, NJW 1955, 1067, 1067 ff.; NJW 1962, 2344 (jedoch keine Genehmigung bei Änderung des Gesellschaftsvertrags einer oHG; **aA** *Götz*, in: Palandt, § 1822, Rn. 9); *Roth*, in: Baumbach/Hopt, § 105, Rn. 26; *K. Schmidt*, in: MüKo-HGB, § 105, Rn. 145; *Lieder*, in: Oetker, § 105, Rn. 17; *Kroll-Ludwigs*, in: MüKo-BGB, § 1822, Rn. 16, 21 ff.; *Blaurock*, S. 72; Kümmerlein, S. 75; *Armbrüster*, S. 75; **aA** noch *Ulmer*, in: Hachenburg, 7. Auflage, § 2, Rn. 73.

Für Genehmigungsfreiheit bei reiner Vermögensverwaltung OLG München, NZG 2009, 104, 105; OLG Bremen, NZG 2008, 750; **aA** *Grunewald*, in: MüKo-HGB, § 161, Rn. 23.

164 Vgl. auch *Schiemann*, in: FS Zöllner, 503, 506 f.

165 Vgl. *Götz*, in: Palandt, § 1822, Rn. 9.

166 Siehe hierzu § 4 A.

167 *Blaurock*, S. 72; *Armbrüster*, S. 76; *Roth*, in: Baumbach/Hopt, § 105, Rn. 32; *Breuer*, MittRhNotK 1988, 79, 81; *Schäfer*, in: MüKo-BGB, § 705, Rn. 93.

168 *Beuthien*, ZGR 1974, 26, 37 f.; *Kümmerlein*, S. 76 f.; zur Zulässigkeit des Anspruchsausschlusses siehe § 4 A. II.

die Genehmigung des Vormundschaftsgerichts beziehen muss. Der Wortlaut von § 1822 Nr. 3 BGB bezieht sich auf den Gesellschaftsvertrag. An diesem ist der Minderjährige als Treugeber grundsätzlich nicht beteiligt. Dem Schutz des Minderjährigen ist mit einer Prüfung hinsichtlich des Treuhandvertrages genüge getan. Näher liegt es daher, die Genehmigungspflicht auf den Treuhandvertrag zu beziehen.[169] Somit könnte es bei fehlender Genehmigung zum Beitritt des Treuhänders zur Gesellschaft kommen ohne die Möglichkeit eines Rückgriffs auf den minderjährigen Treugeber. Im Falle der gegenüber den Mitgesellschaftern offen gelegten Treuhand wird man wohl von einem einheitlichen Rechtsgeschäft im Sinne des § 139 BGB ausgehen können.

In gleicher Weise lassen sich auch stellvertretungsrechtliche Probleme durch Treuhand lösen, sofern die Eltern als gesetzliche Vertreter des zu beteiligenden Minderjährigen selbst Mitglied in der Gesellschaft sind oder werden sollen, was wohl häufig der Fall sein dürfte. Gemäß §§ 1629 II, 1795, 181 BGB können sie ihr Kind nicht vertreten. Es müsste ein Ergänzungspfleger bestellt werden (§1909 I 1 BGB). Weiterhin kommt eine treuhänderische Umgehung bei arbeitsvertraglichen oder gesellschaftsrechtlichen Wettbewerbsverboten,[170] Beteiligungsverboten (etwa § 14 V BNotO), verbotener Nebentätigkeit von Beamten[171] und genehmigungspflichtigen Tätigkeiten (etwa nach GewO, GastG,[172] ApoG[173]) in Betracht.[174]

Teile der Literatur gehen davon aus, dass auch die kupierte Ausgestaltung von Publikumskommanditgesellschaften auf die Ausschaltung der Mitwirkungsrechte der Anleger gerichtet ist und somit umgehenden Charakter hat.[175] Da zur steuerrechtlichen Anerkennung des Treugebers als Mitunternehmer eine gewisse Einflussmöglichkeit erforderlich ist[176] und nach der Rechtsprechung des *BGH*[177] der Treugeber nicht schlechter als bei einer unmittelbaren Beteiligung als

---

169 So wohl auch *Kümmerlein*, S. 78; ebenso *Blaurock*, S. 72, der aber alternativ auch die Möglichkeit einer Genehmigung des Gesellschaftsvertrags sieht.

170 *Schaub*, DStR 1995, 1634, 1635; *Armbrüster*, S. 61 und 435. Allg. zu gesellschaftsrechtlichen Wettbewerbsverboten bei Personengesellschaften: *Armbrüster*, ZIP 1997, 261 ff.

171 *Schiemann*, in: FS Zöllner, 503, 507; *Armbrüster*, S. 73.

172 Beispiel bei *Markwardt*, S. 8 f.

173 Beispiel bei Blaurock, S. 71. Gem. § 8 ApoG darf eine Apotheke jedoch nicht als KG betrieben werden.

174 Zu den früher bedeutsamen Treuhandfällen der Gründung von Einpersonenkapitalgesellschaften siehe *Kuhn*, S. 157 ff.; *Armbrüster*, S. 66 f.
Zur Umgehung früherer Umwandlungsverbote (§ 1 II 1 UmwG 1956 idF vom 06.11.1969) durch Treuhand: *Kümmerlein*, S. 79 ff.; *Armbrüster*, S. 77.
Zur Treuhand bei einem Formwechsel von der GmbH zur GmbH & Co. KG: *Eden*, S. 141 ff.

175 *Hofmann*, S. 21; ähnlich *Schlitt*, S. 260; zweifelnd zu dieser Einordnung *Lenders*, S. 23, Fn. 64; *Armbrüster*, S. 54 f.

176 Vgl. BFH, NJW 1985, 93, 96; BFH, DB 1989, 1006.

177 BGH, NJW 1980, 1162, 1163.

Kommanditist stehen darf, kann dem bereits nicht zugestimmt werden. Gegen diese Einschätzung spricht weiterhin auch die in der Praxis weit verbreitete Gleichstellungsklausel hinsichtlich der Rechtsstellung von Treugeber und Kommanditist in treuhänderischen Beteiligungsverträgen. Nach der für den Bereich der Kapitalanlage zwingenden gesetzlichen Regelung in § 152 I 3 KAGB kommt eine Ausschaltung von Mitwirkungsrechten der Anleger nicht mehr in Betracht.

4. Minderung der Steuerbelastung

Die steuerliche Nutzung von Verlusten aus Beteiligungen an Abschreibungsgesellschaften in Form der kupierten Publikums-KG wurde bereits oben dargestellt.[178] Steuerrechtliche Gründe für die Einschaltung von Treuhändern können aber auch abseits der Publikumsgesellschaften eine Rolle spielen. Der Kommanditanteil als Treugut kann bei der fremdnützigen Verwaltungstreuhand regelmäßig dem Treugeber gemäß § 39 II Nr. 1 S. 2 AO zugerechnet werden. Aus der allgemeinen Mitwirkungspflicht gemäß § 90 AO ergibt sich die Pflicht zur Offenlegung des Treuhandverhältnisses.[179] Zu beachten ist, dass die Nennung der Treuhand in § 39 II Nr. 1 S. 2 AO lediglich beispielhaften Charakter hat, da der Begriff der Treuhand mangels eines feststehenden gesetzlichen Inhalts grundsätzlich nicht subsumtionsfähig ist.[180] Etwas anderes könnte nunmehr im Bereich der treuhänderischen Beteiligung nach § 152 I 2, 3 KAGB gelten, da die Rechtsstellung des Treugebers insoweit eine gesetzliche Ausgestaltung erfahren hat.

Die Zurechnung der Einkünfte aus dem Treugut erfolgt ohnehin unabhängig von der Zurechnung des Treuguts.[181] Die Einkünfte aus dem Kommanditanteil sind dem Treugeber nur zuzurechnen, wenn der Treugeber den Tatbestand der Einkünfteerzielung selbst oder durch den Treuhänder erfüllt (vgl. § 38 AO).[182] Hierfür muss der Treugeber selbst als Mitunternehmer i. S. v. § 15 EStG anerkannt werden[183] und daher neben dem Unternehmerrisiko auch Unternehmerinitiative aufweisen.[184] Letztere ergibt sich aus dem Weisungsrecht des Treugebers.[185] Das Bestehen des Treuhandverhältnisses hat der Treuhänder nachzuweisen (§ 159 AO). Das wesentliche Beweismittel stellt der Treuhandvertrag dar. Darüber hinaus muss auch die tatsächliche Durchführung entsprechend dem Treuhandvertrag

---

178 § 2 B. I. 1. d).

179 *Armbrüster*, S. 79; FG Münster, DStRE 2002, 786, 787.

180 Vgl. *Ratschow*, in: Klein, § 39 AO, Rn. 60; *Koenig*, in: Koenig, § 39 AO, Rn. 60.

181 Vgl. *Ratschow*, in: Klein, § 39 AO, Rn. 61; *Koenig*, in: Koenig, § 39 AO, Rn. 61; *Wacker*, in: Schmidt, § 15 EStG, Rn. 295 ff.; *Rödder*, DB 1988, 195, 196.

182 Vgl. *Ratschow*, in: Klein, § 39 AO, Rn. 9; § 38 AO, Rn. 5.

183 Vgl. *Wacker*, in: Schmidt, § 15 EStG, Rn. 296.

184 Vgl. BFHE 122, 400 (Ls. in NJW 1977, 1896); BFH, DStR 1993, 910, 911; BFH, GmbHR 2000, 244; *Wiedemann*, BB 1975, 1591, 1597; *Söll*, S. 168 f.

185 Vgl. *Rödder*, DB 1988, 195, 200 ff.; *Breuer*, MittRhNotK 1988, 79, 93 f.; *Kirsten/Matheja*, Rn. 40; *Eden*, S. 189 ff.

nachgewiesen werden, etwa durch Aufnahme des Treuguts in die Bilanz des Treugebers, sofern dieser bilanzpflichtig ist.[186]

So kann der Inhaber des Kommanditanteils diesen künftig – ganz oder teilweise – treuhänderisch für andere Personen – etwa den Ehegatten oder die Kinder (auch im Zuge der vorweggenommenen Erbfolge[187]) – halten, um die Progression zu mildern und den Grundfreibetrag (§ 32a I Nr. 1 EStG) mehrfach auszunutzen. Sind dieselben Personen an mehreren Gesellschaften beteiligt, kann durch Einschaltung eines Treuhänders die Personenidentität verschleiert werden, um die Anerkennung von Aufwendungen für gegenseitig erbrachte Leistungen als Betriebsausgaben zu sichern oder die Annahme einer Betriebsaufspaltung zu verhindern, wobei dies freilich nur unter Verletzung der Mitwirkungspflicht gem. § 90 AO geschehen kann und möglicherweise eine Strafbarkeit nach § 370 AO nach sich zieht.

5. *Schieds- und Schlichtungsfunktion*

Sind zwei Gesellschafter zu gleichen Teilen an einer Gesellschaft beteiligt, kann es leicht zu Pattsituationen bei Abstimmungen kommen. Auch hier kann eine treuhänderische Lösung gewählt werden, indem einer dritten Person ein geringfügiger Gesellschaftsanteil übertragen wird und diese dann den entscheidenden Ausschlag gibt.[188] Der Treuhänder fungiert in insoweit als Schiedsrichter. Es liegt auf der Hand, dass der Treuhänder in dieser Konstellation nicht an Weisungen eines oder beider Gesellschafter gebunden sein darf.

Die Umwandlung der Gesellschafterstellung in eine mittelbare Beteiligung durch Treuhand kann wiederum dann vereinbart werden, wenn die Beteiligten das Geschäft mit einem Gesellschafter nicht fortsetzen wollen, ein Ausschluss aber nicht möglich oder nicht gewollt ist. Dem Treuhänder kommt dann die Rolle eines Schlichters zu. Die Umwandlung in eine mittelbare Beteiligung stellt ein milderes Mittel gegenüber dem Ausschluss dar. Der betroffene Gesellschafter darf jedoch nicht vollkommen entmündigt werden. Der *BGH* hat eine Vereinbarung, welche den Gesellschafter von der Auswahl des Treuhänders und der Ausübung seines Weisungsrechts ausschloss, als sittenwidrig eingestuft.[189]

6. *Sicherung*

Sämtliche vorangehend dargestellte Motive für die Treuhandschaft an Kommanditanteilen stellen Fälle der fremdnützigen Verwaltungstreuhand dar. Daneben

186 Ausf. *Eden*, S. 161 ff.; außerdem *Breuer*, MittRhNotK 1988, 79, 93 f.

187 Vgl. *Armbrüster*, S. 78.

188 BGH, NJW 1960, 963, 964; *Blaurock*, S. 75.

189 BGH, BJW 1965, 2147, 2147 f.; zum ähnlich gelagerten Fall einer Herabstufungsklausel vom persönlich haftende Gesellschafter zum Kommanditisten siehe BGH, NJW 1973, 651, 651 f.

spielt aber auch die eigennützige Sicherungstreuhand an Gesellschaftsanteilen eine Rolle.[190] So kann der Schuldner seinen Gesellschaftsanteil sicherungshalber auf seinen Gläubiger als Treuhänder übertragen, etwa zur Sicherung von Gehaltsforderungen eines Angestellten des Unternehmens.[191] Ebenso kann im Falle einer Beteiligungsfinanzierung die Gesellschafterstellung unmittelbar für den Gläubiger als Treuhänder begründet werden und erst nach Tilgung des Kredits auf den Treugeber übertragen werden.[192] Bei der Veräußerung eines Gesellschaftsanteils mit aufschiebend bedingter Abtretung kann der Erwerber bis zur vollständigen Bezahlung als Treugeber bereits wirtschaftlich in die Stellung des Veräußerers einrücken. Der Abtretende wird zum Sicherungstreuhänder des Erwerbers. Der Erwerber trägt somit bereits vor der Anteilsübertragung das wirtschaftliche Risiko.[193]

Die (Sicherungs-) Übertragung eines Personengesellschaftsanteils bedarf allerdings der Zustimmung aller übrigen Gesellschafter, sofern keine anderweitige Regelung im Gesellschaftsvertrag getroffen wurde. Der Sicherungsnehmer, welcher als Treuhänder in die Gesellschaft eintreten müsste, verfolgt regelmäßig keine unternehmerischen Interessen. Ihm ist daran gelegen aus der Beteiligung möglichst hohe Vermögenswerte zu realisieren, um seine Forderung gegen den Sicherungsgeber zu befriedigen. Dies wird den Interessen der übrigen Gesellschafter in den meisten Fällen zuwider laufen, weshalb mit einer Zustimmung kaum gerechnet werden kann. Aufgrund der fehlenden Geschäftsführungsbefugnis des Kommanditisten ist bei der Sicherungstreuhand am Kommanditanteil eher mit einer Zustimmung zu rechnen als bei anderen Personengesellschaftsanteilen, wobei auch fremde Einblicke in die Verhältnisse der Gesellschaft regelmäßig unerwünscht sein dürften. Diesen Problemen kann jedoch mit entsprechender Gestaltung des Treuhandvertrags begegnet werden. So kann der Sicherungsgeber zur Ausübung der Mitverwaltungsrechte bevollmächtigt werden. Eine vollständige Verdrängung des Sicherungsnehmers von der Ausübung dieser Rechte ist hingegen nicht möglich.[194]

Durch die Einsetzung einer neutralen Person oder Gesellschaft als *doppelseitigen Treuhänder* können Haftungsgefahren für den Sicherungsnehmer und unerwünschte Publizität des Sicherungsgeschäfts für den Sicherungsgeber vermieden sowie eine ordnungsgemäße und interessengerechte Verwaltung des Anteils für den Sicherungsgeber und seine Mitgesellschafter erreicht werden.[195] Diese Lösung wird allerdings regelmäßig eine Verwaltungsgebühr für den Treuhänder nach sich ziehen.

190 Zur Frage der Einordnung der Sicherungsgeschäfte als Treuhandverhältnisse siehe oben § 2 A. II. 2. a) aa).

191 So der Fall in RGZ 79, 182.

192 *Armbrüster*, S. 42.

193 *Pohlmann*, NJW 1999, 190, 192 (zur Abtretung eines GmbH-Anteils).

194 Siehe dazu unten § 3 A. II.

195 Vgl. *Eden*, S. 409.

Mit dem Pfandrecht steht eine weitere Alternative zur Verfügung. Die Bestellung eines Pfandrechts an Personengesellschaftsanteilen bedarf wegen § 1274 II BGB ebenfalls der Zustimmung der Mitgesellschafter.[196] Da es nicht zum Gesellschafterwechsel kommt, kann eher mit der Zustimmung gerechnet werden. Als Pfandnehmer ist der Gläubiger zwar weniger geschützt, da der Sicherungsgeber weiterhin (negativ) auf die Werthaltigkeit des Pfandrechts einwirken kann.[197] Gleichzeitig muss er aber keine weiteren mit der Gesellschafterstellung verbundenen Pflichten und Haftungsrisiken übernehmen. Für aus der Gesellschafterstellung resultierende Aufwendungen könnte der Gläubiger als Treuhänder zwar Ersatz vom Schuldner verlangen (§§ 675, 670 BGB).[198] Dessen fragwürdige Zahlungsfähigkeit ist jedoch gerade der Grund für die Sicherungsabtretung. Mit der Verpfändung kann weiterhin ein Bekanntwerden des Kreditgeschäfts vermieden werden. Die Verwertung eines verpfändeten Anteils stellt sich allerdings deutlich komplizierter dar.[199] Ganz ohne Zustimmung der Mitgesellschafter möglich ist die Sicherungsabtretung oder Verpfändung von Gewinn- und Auseinandersetzungsansprüchen (§§ 717 S. 2 BGB, 105 III, 161 II HGB).[200] Der Sicherungsnehmer erlangt damit jedoch keinen Einfluss auf Beschlüsse über die Gewinnfeststellung, -verteilung und -auszahlung. Verbreitet wird der Sicherungstreuhand an Personengesellschaftsanteilen aus den genannten Gründen kaum praktische Bedeutung beigemessen.[201]

II. Treuhand als mittelbare Gesellschaftsbeteiligung

Die Treuhand am Kommanditanteil dient der Herstellung einer nur mittelbaren Beteiligung an einer Kommanditgesellschaft. Diese Form wird stets dann gewählt, wenn dem Treugeber als Inhaber des tatsächlichen wirtschaftlichen Interesses an der Beteiligung eine direkte Beteiligung durch Erwerb eines Anteils nicht möglich oder von diesem nicht gewollt ist.[202] Die Gründe hierfür können wie vorangehend

---

196 *Roth*, in: Baumbach/Hopt, § 124, Rn. 20; § 135, Rn. 15 f.

197 Gem. § 1276 II BGB bedarf eine Änderung des verpfändeten Rechts zwar der Zustimmung des Pfandgläubigers. Auf Gesellschafterbeschlüsse soll § 1276 BGB aber keine Anwendung finden, *K. Schmidt*, in: MüKo-HGB, § 135, Rn. 35 ff.; *Eden*, S. 407; **aA** *Schäfer*, in: MüKo-BGB, § 719, Rn. 53; *Roth*, ZGR 2000, 187, 191.

198 Siehe dazu § 4 A. I.

199 Vgl. *Eden*, S. 405; *Breuer*, MittRhNotK 1988, 79, 92.

200 *Roth*, in: Baumbach/Hopt, § 124, Rn. 19.

201 Vgl. *Kümmerlein*, S. 9, Fn. 15; *Gernhuber*, JuS 1988, 355, 357, Fn. 15; *Armbrüster*, S. 44; *Blaurock*, S. 67; *K. Schmidt*, in: MüKo-HGB, vor § 230, Rn. 39; *Roth/Thöni*, in: FS 100 Jahre GmbH-Gesetz, 245, 248; *Ulmer*, in: FS Odersky, 873, 876 f.; anders für Personenhandelsgesellschaften *Ulmer*, in: Staub (4. Aufl.), § 105 Rn. 101.
Eingehend zu Kommanditanteilen als Sicherungsmittel *Eden*, S. 404 ff. Einen solchen Fall behandelt etwa BGHZ 77, 392 = NJW 1980, 2708.

202 *Tebben*, S. 33.

dargestellt vielfältig sein.[203] Die Gesellschafterstellung nimmt der Treuhänder ein. Dieser kann den Weisungen des Treugebers aufgrund der Treuhandabrede unterworfen sein und diesem darüber hinaus auch bestimmte Rechte innerhalb der Gesellschaft zur Ausübung überlassen (beispielsweise durch eine Stimmrechtsvollmacht).[204] Das Treugut bildet der Kommanditanteil in seiner Gesamtheit. Eine solche mittelbare Gesellschaftsbeteiligung durch Treuhand ist nur durch die Vereinbarung einer fiduziarischen Vollrechtstreuhand möglich. Nur so wird der Treuhänder selbst Gesellschafter und der Treugeber kann wirtschaftlich partizipieren ohne selbst unmittelbar in die Gesellschaft eingebunden zu sein.

1. *Kommanditanteil als Treugut*

Die Besonderheit eines Kommanditanteils als Treugut besteht, wie auch bei Gesellschaftsanteilen im Allgemeinen, darin, dass es sich nicht nur um eine Sache handelt, sondern um eine Rechtsposition, welche notwendig eine Betroffenheit Dritter, namentlich der Mitgesellschafter und der Gesellschaft, herstellt. Dies wirft neben Fragen nach der Publizität des Treuhandverhältnisses für diese betroffenen Dritten auch die Frage auf, ob und in wie weit der Treugeber notwendig in rechtliche Beziehungen zu diesem Personenkreis tritt oder ihm dies überhaupt optional möglich ist.[205] Ebenso ist eine Betroffenheit weiterer Treugeber bezogen auf denselben Gesellschaftsanteil denkbar. Der Treuhänder kann den Anteil anteilig für mehrere Treugeber halten. Die einzelnen Treuhandverhältnisse können vollständig isoliert nebeneinander bestehen (zweigliedrige Treuhand) oder Bezug zueinander aufweisen (mehrgliedrige Treuhand).

2. *Einfache und qualifizierte Treuhand*

Wie oben dargestellt,[206] stellt das Motiv der Verbergung der Beteiligung ein wesentliches Motiv der Begründung einer treuhänderischen Gesellschaftsbeteiligung. Insoweit ist zwischen *offener* und *verdeckter* Treuhand zu unterscheiden. *Ulmer*[207] hat darüber hinaus die Begriffe der *einfachen* und *qualifizierten* Treuhand geprägt, wobei die einfache Treuhand verdeckt und ohne Zustimmung der Mitgesellschafter begründet wird und die qualifizierte Treuhand offen und mit Zustimmung. Dies schaffe die Möglichkeit unmittelbare Rechtsbeziehungen zwischen Treugeber und Gesellschafter zu begründen. Diese Einteilung bedarf einer geringen Modifikation. Bei der einfachen Treuhand bestehen Rechtsbeziehungen

---

203 Siehe § 2 B. I.

204 Zum Rechtsverhältnis zwischen Treuhänder und Treugeber im Allgemeinen siehe § 3 A. Zur Stimmrechtsvollmacht sogleich unter § 3 A. II. 1.

205 Zu den Rechtsverhältnissen des Treugebers siehe § 3.

206 Siehe § 2 B. I. 2.

207 *ders.*, in: FS Odersky, 873, 878; *ders.*, ZHR 156 (1992), 377, 388 ff.; jetzt auch *Schäfer*, in: MüKo-BGB, § 705, Rn. 91 ff.

nur zwischen Treuhänder und Treugeber. Im Verhältnis zur Gesellschaft steht der Treugeber wie ein beliebiger Dritter. Dieses Verhältnis wird meistens – aber nicht notwendig – verdeckt sein. Entgegen der Einteilung *Ulmers*[208] kann auch die einfache Treuhand offen und mit oder – je nachdem, ob man sie für die Vereinbarungstreuhand für erforderlich hält[209] – ohne Zustimmung der Mitgesellschafter erfolgen. *Armbrüster*[210] unterscheidet daher weiterhin die mit Zustimmung eingegangene *einvernehmliche* Treuhand. Die *qualifizierte* Treuhand liegt nur dann vor, wenn dem Treugeber gegenüber der Gesellschaft eigene Rechte eingeräumt werden, entweder durch Zustimmung zur Ausübung oder Übertragung der Rechte des Treuhänders oder durch Begründung eigener unmittelbarer Rechte.[211] In diesem Fall nähert sich die Rechtsstellung des Treugebers der eines Gesellschafters an. Der Treugeber wird so behandelt, als ob er Gesellschafter sei, und wird somit vom lediglich mittelbaren Beteiligten zum „mittelbaren Gesellschafter".[212]

III. Begründung und Zustimmung

Die Begründung eines auf eine Kommanditbeteiligung bezogenen Treuhandverhältnisses vermag grundsätzlich die Interessen der Mitgesellschafter zu berühren. Es fragt sich daher, ob und in welchen Fällen die Zustimmung der Mitgesellschafter zur Begründung des Treuhandverhältnisses erforderlich ist. Diese Frage kann sich jedoch nur bei der *einfachen Treuhand* stellen. Sofern der Treugeber im Rahmen eines qualifizierten Treuhandverhältnisses mit unmittelbaren Rechtsbeziehungen zur Gesellschaft beteiligt wird,[213] muss notwendig eine Zustimmung der Gesellschafter und Gesellschaft vorliegen. Diese wird in den allermeisten Fällen bereits antizipiert im Gesellschaftsvertrag erteilt worden sein.

1. Differenzierung nach Art der Begründung

Nach der Art der Begründung des Treuhandverhältnisses am Kommanditanteil lassen sich zunächst – wie auch bei der Treuhand im Allgemeinen – Übertragungs-, Erwerbs- und Vereinbarungstreuhand unterscheiden.[214] Bei der *Übertragungstreuhand* überträgt der Treugeber den Anteil auf den Treuhänder. Im Falle der *Erwerbstreuhand* erwirbt der Treuhänder den Anteil für den Treugeber, entweder von einem ausscheidenden Gesellschafter oder durch Beteiligung am Gründungsgeschäft

208 Auch *Ulmer*, ZHR 156 (1992), 377, 388 erkennt diese Möglichkeit, unterscheidet aber nicht entsprechend terminologisch.
209 Siehe § 2 B. III.
210 *Armbrüster*, S. 20.
211 Siehe § 3 B.
212 So BGH, NJW 1992, 2023, 2025 (GmbH); vgl. BGH, NJW 1987, 2677; *Eden*, S. 28; *Tebben*, ZGR 2001, 586, 590 ff.
213 Siehe dazu § 2 B. II. 2. sowie § 3 B.
214 Vgl. § 2 A. II. 4.

oder nachträglichem Beitritt. In beiden Fällen müssen die Mitgesellschafter dem Beitritt des Treuhänders zustimmen, sofern im Gesellschaftsvertrag nicht die freie Übertragbarkeit der Anteile vorgesehen ist. Im Falle der *Vereinbarungstreuhand* kommt es nicht zu einer Änderung der dinglichen Rechtslage, da der Treuhänder bereits Gesellschafter ist.

Verbreitet wird daher die Frage der Zustimmungsbedürftigkeit der Treuhandbegründung nur bezogen auf die Vereinbarungstreuhand erörtert, da bei Übertragungs- und Erwerbstreuhand schon die Zustimmung zur Anteilsübertragung erforderlich sei.[215] Diese Zustimmung bezieht sich allerdings immer nur auf den Treuhänder, der als (formaler) Gesellschafter aufgenommen werden soll. Die Frage ist aber, ob den Mitgesellschaftern auch bei der Beteiligung eines nur mittelbaren Gesellschafters ein Zustimmungsvorbehalt zusteht. Insoweit geht es also um eine Pflicht des beitretenden Treuhänders zur Offenlegung der treuhänderischen Bindung.[216]

Die Frage der Zustimmung zur Treuhandbegründung stellt sich somit bei allen Begründungsarten gleichermaßen. Der einzige Unterscheid besteht darin, dass es sich – sofern man eine Zustimmung für erforderlich hält – bei Übertragungs- und Erwerbstreuhand um eine Offenbarungspflicht des Treuhänders handeln würde, bei deren Nichtbeachtung auch eine Anfechtung der Zustimmung zum Beitritt des Treuhänders wegen arglistiger Täuschung gemäß § 123 BGB in Betracht käme,[217] und nur bei der Vereinbarungstreuhand um eine tatsächliche Zustimmung zur Eingehung des Treuhandvertrags. Eine Differenzierung nach Begründungsarten ist daher nicht sinnvoll.

2. Differenzierung nach Zustimmungsbedürftigkeit der Anteilsübertragung

Sinnvoller erscheint es bei der Frage der Zustimmungsbedürftigkeit der Treuhandbegründung danach zu unterscheiden, ob eine Zustimmung zur Anteilsübertragung erforderlich ist. Sofern schon die Übertragung der Gesellschafterstellung ohne Beteiligung der übrigen Gesellschafter möglich ist, wird sich kaum eine Mitwirkung an der bloß mittelbaren Beteiligung begründen lassen.

a) Zustimmung erforderlich

Sofern die Zustimmung der Mitgesellschafter zur Anteilsübertragung erforderlich ist, differenziert *eine Ansicht* danach, ob dem Treugeber Rechte eingeräumt werden, die nur dem Interesse des einzelnen Gesellschafters dienen, oder ob

---

215 Vgl. etwa *Tebben*, S. 237; *Roth*, in: Baumbach/Hopt, § 105, Rn. 32; *K. Schmidt*, in: MüKo-HGB, vor § 230, Rn. 53.

216 So auch *Armbrüster*, S. 131 f.

217 So etwa *Eden*, S. 31 und *Kümmerlein*, S. 32 f.

ihm Rechte eingeräumt werden, die im Interesse der Gesellschaft ausgeübt werden müssen.[218] Hiergegen spricht bereits, dass sich der Treuhandvertrag auf den gesamten Gesellschaftsanteil bezieht und nicht auf einzelne Gesellschafterrechte. Dennoch wird vertreten, dass eine Zustimmung etwa dann nicht erforderlich sei, wenn der Treuhänder kraft ausdrücklicher vertraglicher Regelung nicht den Weisungen des Treugebers unterliegt.[219] Dem ist zu entgegnen, dass auch in diesem Fall die unbedingte Interessenwahrungspflicht des Treuhänders gegenüber dem Treugeber besteht. Nach der *hier vertretenen Ansicht* ist es zudem äußerst zweifelhaft, ob das Weisungsrecht überhaupt vollständig vertraglich ausgeschlossen werden kann.[220] Eine solche Differenzierung kann somit keine sachgerechte Lösung hervorbringen.[221]

Die *wohl herrschende Meinung* geht im Falle der zustimmungsbedürftigen Anteilsübertragung auch von der Zustimmungsbedürftigkeit des Treuhandvertrags aus.[222] Dies wird zum einen damit begründet, dass die Treuhand verfügungsähnliche Wirkung habe, da das Interesse auf eine gesellschaftsexterne Person verlagert werde, welche den Mitgesellschaftern als wirtschaftlicher Gesellschafter aufgedrängt werde.[223] Weiterhin lasse sich mit dem Auseinanderfallen von formaler und wirtschaftlicher Rechtsstellung argumentieren. Hierin wird *zum Teil* eine besondere, treuhandspezifische Gefährdungslage für die Mitgesellschafter gesehen, da die Richtigkeitsgewähr des gesellschafterlichen Handelns aufgrund der Entkoppelung von Einwirkungsmacht und Haftung nicht mehr gewährleistet sei. Die Treuhandbegründung sei kein „Minus“[224] zur Anteilsübertragung, sondern ein „Aliud“.[225]

Unklar bleibt meist, welche Rechtsfolge eine fehlende Zustimmung zur Treuhandbegründung haben soll. Dies gilt insbesondere da, wo für die Fälle der

218 *Beuthien*, ZGR 1974, 26, 43 ff; ähnlich *Krenzel*, S. 198.

219 *Eden*, S. 33.

220 Siehe § 3 A. I. 1.

221 So auch *Tebben*, S. 238; vgl. auch *Schaub*, DStR 1996, 1634, 1637 zur GmbH.

222 RGZ 159, 272, 281 f.; BGH, GmbHR 2006, 875; OLG Hamburg NJW-RR 1993, 868 (jeweils zur GmbH); *K. Schmidt*, in: MüKo-HGB, vor § 230, Rn. 54; *Emmerich*, in: Heymann, § 105, Rn. 48; *Blaurock*, S. 153; *Kümmerlein*, S. 30 ff.; *Roth*, in: Baumbach/Hopt, § 105, Rn. 32; *Schilling*, in: Staub (4. Aufl.), § 161, Rn. 42; *Krenzel*, S. 192 ff.; **aA** etwa *Servatius*, in: Henssler/Strohn, § 705 BGB, Rn. 26; *Casper*, in: Staub (5. Aufl.), § 161, Rn. 49.

223 *Blaurock*, S. 153; *Kümmerlein*, S. 29 f.

224 Einordnung der Treuhandbegründung als „Minus“ zur Anteilsübertragung bei *Kümmerlein*, S. 35; vgl. auch *Beuthien*, ZGR 1974, 26, 47; *Armbrüster*, S. 185; *Eden*, S. 30; *Schaub*, DStR 1996, 1634, 1636 (zur GmbH).

225 So *Tebben*, S. 235, 238 im Ergebnis allerdings gegen die Zustimmungsbedürftigkeit. Ähnlich *Krenzel*, S. 193, der eine besondere Gefahr in der Treuhandbegründung nur sieht, sofern man die gesellschaftliche Treuepflicht nicht auf den Treugeber erstreckt.

Übertragungs- und Erwerbstreuhand nicht deutlich zwischen der Zustimmung zur Anteilsübertragung und der Zustimmung zum Treuhandvertrag bzw. einer Pflicht zur Offenlegung unterschieden wird. In Betracht käme insoweit eine entsprechende Anwendung des dinglich wirkenden gesellschaftsrechtlichen Zustimmungserfordernisses zur Anteilübertragung auf den Treuhandvertrag, mit der Folge der schwebenden Unwirksamkeit.[226] Der *überwiegende Teil* der Befürworter eines Zustimmungserfordernisses geht dagegen lediglich von einer Verletzung der Treuepflicht aus, welche zur Entziehung der Geschäftsführungsbefugnis (§§ 117, 161 II HGB), Entziehung der Vertretungsmacht (§§ 127, 161 II HGB) oder zur Ausschließung des Treuhänders (§§ 140, 161 II HGB) führen kann.[227]

Richtigerweise fehlt es bereits an einer vergleichbaren Interessenlage zwischen Anteilsübertragung und Treuhandbegründung und damit an den Voraussetzungen einer Analogie. Die Zusammensetzung des Gesellschafterkreises ist nicht betroffen. Die Gesellschafter haben in allen möglichen Fällen der Aufnahme des Treuhänders zugestimmt. Dieser ist Gesellschafter mit allen Rechten und Pflichten und insbesondere selbst an die innergesellschaftliche Treuepflicht gebunden. Von der Treuhandbegründung selbst sind die Mitgesellschafter somit zunächst in keiner Weise betroffen. Es kommt richtigerweise nur auf das Verhalten des Treuhänders in der Gesellschaft an. Auch ist ein Auseinanderfallen von formaler Rechtsstellung und wirtschaftlichem Interesse, wie es bei der Treuhand entsteht, bei der Anteilsübertragung nicht möglich. Daher ist der Schutzzweck des Zustimmungserfordernisses nicht betroffen. Nach allgemeinen schuldrechtlichen Gesichtspunkten ließe sich nicht erklären, wie Pflichten aus dem schuldrechtlichen Gesellschaftsverhältnis zur Unwirksamkeit eines anderen grundsätzlich gleichgeordneten schuldrechtlichen Vertrags führen sollten. Der Treuhandvertrag kann somit in jedem Fall wirksam begründet werden (vgl. § 137 S. 1 BGB).

Weiterhin erscheint es vorzugswürdig mit einer *Mindermeinung*[228] auch keine Treuepflichtverletzung des Treuhänders bei fehlender Zustimmung zur

---

226 So *Eden*, S. 34; *Krenzel*, S. 194 ff. (sofern es sich nicht um eine rein kapitalistische mittelbare Beteiligung ohne Einfluss auf die Gesellschaft handele); ähnlich *Kümmerlein*, S. 30 ff., der bei Vereinbarungstreuhand scheinbar von schwebender Unwirksamkeit des Treuhandvertrags ausgeht, bei Übertragungs- und Erwerbstreuhand aber nur eine Treuepflichtverletzung bzgl. der fehlenden Offenlegung sieht, da das Zustimmungserfordernis nicht im Sinne einer Wirksamkeitsvoraussetzung auf den Treuhandvertrag erstreckt werden könne (*ders.*, S. 32).

227 *Beuthien*, ZGR 1974, 26, 47; *Busse*, BB 1961, 261, 262; *Roth*, in: Baumbach/Hopt, § 105, Rn. 32; wohl auch *Kümmerlein*, S. 32.
Blaurock, S. 153 geht zwar von der Wirksamkeit des Treuhandvertrags, aber wenig überzeugend von der Unmöglichkeit seiner Erfüllung aus; vgl. auch *Tebben*, S. 239, Fn. 89 (im Ergebnis aber gegen eine Treuepflichtverletzung bei fehlender Zustimmung).

228 *Markwardt*, S. 47 f.; *Tebben*, S. 240; *Schäfer*, in: MüKo-BGB, § 705, Rn. 88; *ders.*, in: FS Odersky, 873, 891 (GmbH); *Armbrüster*, S. 118, 133; *Schäfer*, in: Staub, § 105, Rn. 104;

Treuhandbegründung anzunehmen und eine Zustimmungspflicht somit gänzlich abzulehnen. Wie bereits oben ausgeführt sind die Mitgesellschafter durch die Treuhandbegründung nicht unmittelbar betroffen. Es kommt entscheidend nur auf das konkrete Handeln des Treuhänders im Interesse des Treugebers an.[229] Insoweit ist der Treuhänder als Gesellschafter an die Treuepflicht gebunden. Auch die Richtigkeitsgewähr für die Handlungen des Treuhänders ist weiterhin gegeben. Der weisungsberechtigte Treugeber trägt nämlich nicht nur die Einwirkungsmacht, sondern – wie der weitere Verlauf dieser Untersuchung zeigen wird[230] – gleichzeitig auch die (mittelbare) Haftung und Verantwortung. Er ist in gleichem Maße am Wohlergehen der Gesellschaft interessiert wie ein echter Gesellschafter. Zu befürchten wäre daher nur ein für die Gesellschaft nachteiliges Handeln, welches nicht die Schwelle einer Treuepflichtverletzung erreicht. So könnte der Treugeber etwa kurzfristige Gewinninteressen verfolgen, während die Gesellschafter eine langfristig ausgerichtete Strategie befürworten. Derartige Diskrepanzen können aber in gleichem Maße auch zwischen den Gesellschaftern auftreten, etwa bei Kündigungsabsicht eines Gesellschafters.[231] Die bloße Treuhandbegründung ohne Zustimmung der Mitgesellschafter stellt somit grundsätzlich keine Treuepflichtverletzung dar. Ebenso muss die treuhänderische Bindung bei Erwerbs- und Übertragungstreuhand nicht ohne weiteres offengelegt werden.[232] Sofern sich die Gesellschafter dennoch gegen den Einfluss von Treugebern schützen möchten, kann ein Verbot von Treuhandbegründungen im Gesellschaftsvertrag zulässigerweise verankert werden (§ 137 S. 2 BGB). Ein Verstoß hiergegen kann im Einzelfall einen wichtigen Grund für die Entziehung von Geschäftsführungsbefugnis und Vertretungsmacht oder einen Ausschluss aus der Gesellschaft rechtfertigen, sofern der Kommanditist entgegen der gesetzlichen Konzeption an der Geschäftsführung beteiligt oder zur Vertretung berechtigt ist (§§ 163, 164 S. 1, 170 HGB).[233]Übernimmt der Treuhänder die geschäftsleitende Funktion erst nach Treuhandbegründung, ist es zudem äußerst zweifelhaft, ob diese Funktion von der Treuhandvereinbarung und damit vom Weisungsrecht des Treugebers erfasst ist. Ein ähnlich gelagertes Problem ergibt sich, wenn der Treuhänderkommanditist auch Geschäftsführer der Komplementär-GmbH in einer GmbH & Co. KG ist. In

Servatius, in: Henssler/Strohn, § 705 BGB, Rn. 26; wohl auch *Heidel*, in: Heidel/Schall, § 105, Rn. 52.

229 Insoweit übereinstimmend *Eden*, S. 49.

230 Siehe § 6.

231 Vgl. das Beispiel bei *Tebben*, S. 239.

232 Siehe dazu sogleich § 2 B. IV.

233 Eine besondere Gefahr der Treuhand sieht hierbei *Krenzel*, S. 191. Auch die Entziehung der einem Kommanditisten entgegen § 164 HGB eingeräumten Geschäftsführungsbefugnis bedarf gemäß § 117 HGB eines wichtigen Grundes, vgl. BGHZ 17, 392, 395, *Jickeli*, in: MüKo-HGB, § 117, Rn. 3.

diesem Fall ist die Geschäftsführertätigkeit vorbehaltlich besonderer vertraglicher Vereinbarungen nicht von der Treuhand am Kommanditanteil erfasst.

Einigkeit besteht letztlich darüber, dass in Ausnahmefällen auch in der bloßen Treuhandbegründung eine Treuepflichtverletzung liegen kann. Dies etwa bei Beteiligung eines Konkurrenten der Gesellschaft als Treugeber. Diese ließe den Treuhandvertrag allerdings unberührt. Denkbar ist im Einzelfall auch die Nichtigkeit des Treuhandvertrags nach §§ 134, 138 BGB.[234] Sittenwidrigkeit i. S. d. § 138 BGB kann jedoch nur in engen Grenzen angenommen werden, etwa bei kollusivem Zusammenwirken in Schädigungsabsicht zum Nachteil der Gesellschaft.[235]

b) Anteile frei übertragbar

Sofern der Gesellschaftsvertrag die freie Übertragbarkeit der Anteile vorsieht, ist nach *fast einhelliger Ansicht*[236] auch die Begründung eines Treuhandverhältnisses ohne Zustimmung möglich und stellt keinen Verstoß gegen die Treuepflicht dar. Dies ist konsequent, sofern man in der Treuhandbegründung ein Minus zur Anteilsübertragung erblickt. Geht man allerdings davon aus, dass die Treuhandbegründung durch das Auseinanderfallen von Rechtsinhaberschaft und Interessenträgerschaft eine eigene besondere Gefährdungslage für die Gesellschaft erzeugt,[237] so müsste man konsequenterweise auch bei freier Anteilsübertragung eine Zustimmung zur Treuhandbegründung fordern.[238] Da nach der *hier vertretenen Ansicht*[239] eine Zustimmung zur Treuhandbegründung schon dann nicht erforderlich ist, wenn die Anteilsübertragung zustimmungsbedürftig ist, muss dies im Falle der freien Übertragbarkeit der Anteile erst recht gelten.

IV. Offenbarungspflicht

Nach der *hier vertretenen Ansicht*[240] besteht keine Zustimmungspflicht der Mitgesellschafter des Treuhänders zur Treuhandbegründung. Darüber hinaus fragt sich,

---

234 Vgl. *Tebben*, S. 241; *Schäfer*, in: MüKo-BGB, § 705, Rn. 88

235 Vgl. *Armbrüster*, S. 128; *Schäfer*, in: Staub (5. A.), § 105, Rn. 104; *Ulmer*, in: Staub (4. A.), § 105, Rn. 103; *Kümmerlein*, S. 30 f.; zu weitgehend wohl *Eden*, S. 46, der schon allein die Begründung der Treugeberstellung für einen Konkurrenten als sittenwidrig iSd § 138 BGB ansieht. Allgemein zur Annahme der Sittenwidrigkeit bei Einwirkung Dritter *Armbrüster.*, in: MüKo-BGB, § 138, Rn. 96; *Hefermehl*, in: Soergel, § 138, Rn. 35.

236 *Schäfer*, in: MüKo-BGB, § 705, Rn. 88; *Schmidt*, in: MüKo-HGB, vor § 230, Rn. 53, 54; *Beuthien*, ZGR 1974, 26, 47; *Kümmerlein*, S. 34 f.; *Schaub*, DStR 1996, 1634, 1636 (zur GmbH); **aA** wohl nur *Krenzel*, S. 193.

237 So *Tebben*, S. 235, der letztendlich aber ein Zustimmungserfordernis generell verneint.

238 Insoweit konsequent *Krenzel*, S. 193.

239 Siehe § 2 B. III. 2. a).

240 Siehe § 2 B. III. 2.

ob der Treuhänder nicht zumindest verpflichtet ist, seine treuhänderische Bindung offen zu legen. In Betracht kommt eine generelle sowie eine nur anlassbezogene Offenbarungspflicht. Gegen eine generelle Offenlegungspflicht spricht bereits, dass jeder Gesellschafter einer Vielzahl unterschiedlicher Dritteinflüsse in rechtlicher oder tatsächlicher Hinsicht unterliegen kann. Zu nennen wären etwa Stimmbindungsverträge oder der Einfluss von engen Vertrauten, Familienmitgliedern oder Beratern. Entsprechende Einflüsse lassen sich weder kontrollieren noch unterbinden.[241] In manchen Fällen ist sich der betroffene Gesellschafter möglicherweise nicht einmal bewusst konkret beeinflusst worden zu sein. Weiterhin ist es aus Sicht der Gesellschaft grundsätzlich unerheblich, wie sich die Willensbildung des einzelnen Gesellschafters vollzieht. Diese ist allein der gesellschaftsfreien Privatsphäre zuzurechnen.[242] Die Gesellschaft ist grundsätzlich auch nicht vor irrationalem Verhalten oder vor auf sachfremden Erwägungen beruhenden Entscheidungen eines Gesellschafters geschützt. Gebunden ist der einzelne Gesellschafter nur an die Treuepflicht. Hieran ändert auch die Treuhändereigenschaft nichts.

Die treuhänderische Bindung stellt dagegen jedoch einen institutionalisierten Dritteinfluss dar. Dieser ist ohne weiteres zu erkennen und zu benennen. Geht es daher um der Gesellschaft konkret drohende Nachteile, die nicht allein durch ein an der Treuepflicht orientiertes Verhalten des Treuhänders kompensiert werden können, so kann im Einzelfall eine Pflicht zur Offenlegung des Treuhandverhältnisses bestehen. Ein Beispielsfall findet sich bei *Kümmerlein*:[243] Ein Mitglied einer Familien-KG geht eine treuhänderische Bindung zu einem Konkurrenzunternehmen ein und erhöht sukzessive seinen Anteil an der KG, um ihn sodann vollständig auf den Konkurrenten zu übertragen, welcher dann umgehend als Mehrheitskommanditist auftritt. Als weiteres Beispiel wird weiterhin der Fall genannt, dass der Tatbestand eines Stimmrechtsausschlusses in der Person des Treugebers wurzelt.[244] Hier hat es jedoch bereits der Treuhänder in der Hand seiner Treuepflicht durch einen entsprechenden Stimmverzicht zu genügen.

V. Bedeutung des Kapitalanlagegesetzbuchs

Mit Einführung des Kapitalanlagegesetzbuchs zum 22.07.2013 unterliegen nunmehr auch geschlossene Fonds, die typischerweise als (kupierte) Publikums-KG organisiert sind und denen die wohl größte (wirtschaftliche) Bedeutung hinsichtlich treuhänderischer Beteiligungen an (Kommandit-) Gesellschaften zukommt, einer strengen und umfassenden aufsichtsrechtlichen Regulierung. Die BaFin hat insoweit weitreichende Eingriffsbefugnisse (vgl. §§ 5 I, VI; 7; 314 I KAGB) und es

241 *Armbrüster*, S. 373.
242 So *Armbrüster*, S. 373.
243 *Kümmerlein*, S. 35; ähnlich *Beuthien*, ZGR 1974, 26, 46; *Armbrüster*, S. 374; *Eden*, S. 33.
244 *Armbrüster*, S. 372; OLG Hamburg, DB 1993, 1081, 1082; eingehend zur Frage des Stimmrechtsausschlusses in der Person des Treugebers *Armbrüster*, S. 264 ff.

bestehen Straf- und Ordnungswidrigkeitsvorschriften (§§ 339 ff. KAGB)[245] hinsichtlich der Verwaltung von Investmentvermögen ohne entsprechende Erlaubnis (§ 17 I 1 KAGB) und hinsichtlich der Missachtung inhaltlicher Vorgaben bezüglich der Verwaltung, etwa der Erwerbbarkeit bestimmter Assets (z. B. §§ 219 I, 221 I, 231, 261, I, II KAGB) und Kreditaufnahmegrenzen (§§ 215 I, 221 VI, 254, 263 I, 284 IV KAGB).[246]

Der Anwendungsbereich des KAGB erstreckt sich auf alle Investmentvermögen i. S. v. § 1 I KAGB. Anders als noch im Investmentgesetz (vgl. §§ 2 II, 2 V InvG) sind Investmentvermögen nicht mehr formal als solche zu bilden. Die Definition erfolgt nunmehr allein anhand materieller Kriterien.[247] Ein Investmentvermögen ist demnach jeder Organismus für gemeinsame Anlagen, der von einer Anzahl von Anlegern Kapital einsammelt, um es gemäß einer festgelegten Anlagestrategie zum Nutzen dieser Anleger zu investieren und der kein operativ tätiges Unternehmen außerhalb des Finanzsektors ist. Insofern kann sich eine Vielzahl von Abgrenzungsfragen stellen.[248] Grundsätzlich dürften die sog. geschlossenen Fonds, d. h. solche Publikumspersonengesellschaften, die als Kapitalsammelstelle fungieren, regelmäßig unproblematisch in den Anwendungsbereich des KAGB fallen. In einem Rundschreiben zum Anwendungsbereich des KAGB äußerte sich die *BaFin* allerdings dahingehend, dass bei den für geschlossene Fonds typischen Geschäftsfeldern der Projektentwicklung von Immobilien (Konzeption, Ankauf, Entwicklung und späterer Verkauf) oder dem Betrieb von Anlagen zur Erzeugung regenerativer Energie ein operativ tätiges Unternehmen außerhalb des Finanzsektors vorliege und der Anwendungsbereich damit nicht eröffnet sei. Erwerb Vermietung, Verpachtung und Verwaltung sollen dagegen keine operative Tätigkeit darstellen.[249]

Sofern es sich bei der KG um ein Investmentvermögen handelt, ist die mittelbare Beteiligung über einen „Treuhandkommanditisten“ (Legaldefinition in § 152 I 2 KAGB) nunmehr ausdrücklich gesetzlich zugelassen und geregelt, jedoch beschränkt auf die geschlossene Publikumsinvestmentkommanditgesellschaft (§ 152 I 2 KAGB). Der mittelbar beteiligte Treugeber hat jetzt qua Gesetz im Innenverhältnis von Gesellschaft und Gesellschaftern die gleiche Rechtsstellung wie ein Kommanditist (§ 152 I 3 KAGB). Diese Regelung entspricht der bisher schon weit verbreiteten Gestaltungspraxis qualifizierter Treuhandverträge.

---

245 Die Geldbußen können sich bei tatmehrheitlicher Begehung unter Umständen erheblich summieren, s. *Demleitner*, BB 2014, 2058, 2060.

246 Zu den aufsichtsrechtlichen Folgen s. *Demleitner*, BB 2014, 2058, 2059 ff.

247 Vgl. *Krause*, in: B/S/V, vor 405, Rn. 2 ff.; *Vollhard/Jang*, in: W/B/A, § 1 KAGB, Rn. 2 f.

248 Vgl. *Krause/Klebeck*, RdF 2013, 4, 6 ff.; *Wollenhaupt/Beck*, DB 2013, 1950, 1950 ff.; *Loritz/Rickmers*, NZG 2014, 1241, 1244 ff.

249 BaFin Rundschreiben v. 14.06.2013 – WA 41-Wp 2137–2013/0001, I. 7. a.; vgl. auch *Vollhard/Jang*, in: W/B/A, § 1 KAGB, Rn. 27.

Durch diese gesetzliche Neuerung könnten sich möglicherweise viele Fragen rund um die mittelbare Beteiligung an als Kommanditgesellschaften ausgestalteten Fonds geklärt haben. Dies gilt unmittelbar jedoch bereits nur für die geschlossene Publikumsinvestment-KG. Eine unmittelbare Anwendung scheidet aus für Altfälle, d. h. für gewöhnliche kupierte Kommanditgesellschaften vor Einführung des KAGB, und ferner für die weiterhin mögliche mittelbare Beteiligung an operativ tätigen Gesellschaften, welche keine Investmentvermögen gem. § 1 I 1 KAGB darstellen. Insoweit kann allenfalls die gesetzliche Wertung übertragen werden. Entgegen *Paul* kann jedoch nicht davon ausgegangen werden, dass die Regelungen des § 152 KAGB die Versuche, Erklärungsmodelle für die qualifizierte Treuhandbeteiligung wie sie jetzt § 152 I 3 KAGB vorsieht zu entwickeln, nunmehr „Makulatur" sind.[250] Ganz im Gegenteil ist die Frage nach dem Verhältnis von Treugebern zur Gesellschaft und Gesellschaftern durch die denkbar knapp gefasste gesetzliche Regelung und weitgehend unergiebige Gesetzesbegründung[251] aktueller denn je.[252]

VI. Anderen Formen treuhänderischer Interessenwahrnehmung in Gesellschaften

Treuhandkonstruktionen im Bereich des Gesellschaftsrechts können neben der mittelbaren Gesellschaftsbeteiligung noch einer Vielzahl anderer Zwecke dienen. Nach Art der Treuhand kann es sich bei diesen Gestaltungen um die Vollrechtstreuhand, aber auch die Ermächtigungs- und Vollmachtstreuhand handeln. Das Treugut ist allerdings nicht der Gesellschaftsanteil, sondern ein ganzes Unternehmen (1.), einzelne Gegenstände des Gesellschaftsvermögens (2.) oder einzelne Rechte der Gesellschafter (3.). Der Vollrechtstreuhand am Gesellschaftsanteil in ihrer Wirkung sehr ähnlich ist wiederum die sog. Legitimationszession (4.).

1. Treuhand am Unternehmen

Von der Treuhand am Gesellschaftsanteil ist zunächst die Treuhand am Unternehmen zu unterscheiden. In beiden Fällen handelt es sich im weiteren Sinne um mittelbare Teilhabe an Unternehmen.[253] Mit beiden Gestaltungen kann beispielsweise die Unternehmensführung auf einen Treuhänder übertragen werden. Im ersten Fall wird der Treuhänder geschäftsführender Gesellschafter und die Gesellschaft bleibt Unternehmensträgerin. Letzteren Falls wird der Treuhänder selbst

---

250 *Paul*, in: W/B/A, § 152, Rn. 8; vgl. demgegenüber aber die umfangreichen Ausführungen bei *Klebeck/Kunschke*, in: B/S/V, 405, § 152 KAGB, Rn. 23 ff.

251 Vgl. BT-Drucks. 17/12294, S. 250.

252 Dies belegen die aktuellen Aufsätze zu (stillen) Publikumsinnengesellschaften, vgl. etwa *K. Schmidt*, ZHR 178 (2014), 10 ff.; *ders.*, ZIP 2014, 1457 ff.; *Wiedemann*, WM 2014, 1985 ff.

253 *K. Schmidt*, in: MüKo-HGB, vor § 230, Rn. 34.

Träger des Unternehmens.[254] Die Treuhand am Unternehmen kann sowohl als Vollrechtstreuhand als auch als Ermächtigungstreuhand ausgestaltet werden.[255] Bei der Vollrechtstreuhand muss dem Treuhänder das Eigentum unter Beachtung des Spezialitätsgrundsatzes verschafft werden. Denkbar ist es aber auch, dass der Treuhänder zur Führung des Unternehmens im eigenen Namen ermächtigt wird, ohne Eigentümer der Vermögenssubstanz des Unternehmens zu werden.[256]

2. *Treuhand am Gesellschaftsvermögen*

Ebenso kann sich das Treuhandverhältnis nur auf einzelne Gegenstände des Gesellschaftsvermögens beziehen.[257] Den praktisch wohl häufigsten Fall dürfte dabei die Sicherungstreuhand bilden. Ferner kann bei der Auseinandersetzung einer Gesellschaft im Rahmen eines Liquidationsvergleichs ein sog. *Liquidationstreuhänder* eingesetzt werden. Diesem wird das gesamte Gesellschaftsvermögen treuhänderisch zur Verwertung und Befriedigung der Gläubiger übertragen.[258]

Bei fehlender Grundbuchfähigkeit von Personenmehrheiten kann weiterhin ein sog. *Grundbuchtreuhänder* eingesetzt werden.[259] Dieser wird als Eigentümer im Grundbuch eingetragen. Dies betrifft auch die GbR und den nicht rechtsfähigen Verein.[260] Zwar hatte der *BGH*[261] zwischenzeitlich auch die formelle Grundbuchfähigkeit der GbR und damit die Möglichkeit der Eintragung einer GbR unter ihrem im Gesellschaftsvertrag vorgesehenen Namen anerkannt. Nach der Einführung von § 47 II GBO müssen nunmehr zwingend alle Gesellschafter einer GbR im Grundbuch eingetragen werden. Die Eintragung des Namens und des Sitzes der GbR ist fakultativ möglich gemäß § 15 I lit. C GBV. Jeder Wechsel im Mitgliederbestand zieht somit weiterhin eine Grundbuchänderung nach sich. Der Einsatz eines Grundbuchtreuhänders erscheint daher bei hoher Gesellschafterzahl und häufigem Wechsel im Gesellschafterbestand weiterhin sinnvoll. Durch den Rechtsformzwang für Investmentvermögen i. S. v. § 1 I KAGB dürfte die Publikums-GbR zukünftig erheblich an Bedeutung verlieren. Geschlossene Fonds

---

254 Vgl. *K. Schmidt*, Gesellschaftsrecht, § 61 III. 1. A), S. 1826 f. mit anschaulichem Beispiel; *Hopt*, in: Baumbach/Hopt, § 22, Rn. 6.; *Habermann*, in: Staudinger (2013), § 14, Rn. 61; *Röhricht*, in: Röhricht/Graf v. W., § 1, Rn. 80 zur Treuhandlösung bei der Testamentsvollstreckung.

255 Zur Möglichkeit der Ermächtigungstreuhand am Gesellschaftsanteil siehe unten § 2 A. III. 1.

256 *Eden*, S. 5.

257 *K. Schmidt*, in: MüKo-HGB, vor § 230, Rn. 34.

258 *Roth*, in: Baumbach/Hopt, § 145, Rn. 10; *Armbrüster*, S. 41.

259 Ausführlich *Armbrüster*, S. 29 ff.; BGH, NZG 2011, 1023 ff. (Haftung des Treugebers analog § 128 HGB); vgl. dazu BVerfG, Beschluss v. 18.10.2012 – Az. 1 BvR 2366/11.

260 Vgl. wiederum BGH, NZG 2011, 1023 ff. für den Fall einer GmbH als Grundbuchtreuhänderin für die Anleger einer Publikums-GbR.

261 BGH, NJW 2009, 594.

können grundsätzlich nicht mehr in dieser Rechtsform aufgelegt werden.[262] Für nicht rechtsfähige Vereine, deren Grundbuchfähigkeit weiterhin umstritten ist, bleibt die treuhänderische Gestaltung ebenso aktuell.[263]

3. Treuhand zur Wahrnehmung von Gesellschafterrechten

Von der Treuhand zur mittelbaren Gesellschaftsbeteiligung ist die Treuhand zur Wahrnehmung von Gesellschafterrechten zu unterscheiden. In diesem Fall ist der Treugeber selbst unmittelbar Gesellschafter der Gesellschaft und somit Inhaber der mitgliedschaftlichen Verwaltungs- und Vermögensrechte. Es handelt sich daher um die sog. *unechten* Treuhandformen der Ermächtigungs- und Vollmachtstreuhand.[264] Der Treuhänder wird lediglich ermächtigt oder bevollmächtigt die Mitgliedschaftsrechte im eigenen Namen oder als Vertreter wahrzunehmen. Treugut ist in diesen Fällen nicht die Beteiligung an der Gesellschaft, sondern nur die einzelnen mitgliedschaftlichen Rechte.

Ein Beispiel bildet der sog. „*Mittelverwendungstreuhänder*".[265] Dieser wird bei Kapitalanlagegesellschaften häufig dann eingeschaltet, wenn die Beteiligung selbst nicht bereits durch einen Treuhänder als Gesellschafter vermittelt wird, um etwa das Vorliegen der Voraussetzungen der Leistung der Einlage an die Gesellschaft und die spätere Verwendung dieser Mittel zu überwachen. Hierzu kann etwa ein Konto eingerichtet werden, über das die Gesellschaft kraft Vereinbarung mit der Kontoführenden Bank nur gemeinsam mit dem Mittelverwendungskontrolleur verfügen kann.[266] Der Mittelverwendungskontrollvertrag als vertragliche Grundlage zwischen Treuhänder, Gesellschaft und ggf. den Anlegern kann sich als echter Vertrag zugunsten Dritter i. S. v. § 328 BGB mit dem Anleger als Drittberechtigtem[267] oder als doppelseitiges Treuhandverhältnis darstellen.[268] Hierbei kann es

---

262 Zu Ausnahmen vgl. das BaFin-Schreiben v. 14.06.2013 – Auslegungsschreiben zum Anwendungsbereich des KAGB und zum Begriff des „Investmentvermögens", I. 7. a. Ein Immobilien-Fonds, welcher Immobilien aktiv betreibt und nicht nur passiv Verwaltet (Vermietung, Verpachtung), qualifiziert bspw. nicht als „Investmentvermögen" und wäre daher weiterhin als Publikums-GbR möglich. Aufgrund der Abgrenzungsschwierigkeiten in diesem Bereich und der möglicherweise drastischen Folgen des Betriebs eines Investmentvermögens in nicht zulässiger Rechtsform und ohne Erlaubnis nach § 20 KAGB (vgl. § 339 I Nr. 1 KAGB: Haftstrafe bis zu drei Jahre), kann hiervon nur abgeraten werden.

263 Vgl. *Arnold*, in: MüKo-BGB, § 54, Rn. 21 ff.; *Schöpflin*, in: BeckOK-BGB, § 54, Rn. 28 ff.; *Weick*, in: Staudinger (2005), § 54, Rn. 80.

264 Sofern man diese als Treuhandverhältnisse bezeichnen will, vgl. oben § 2 A. II. 1. b).

265 Vgl. etwa BGH, NZG 2004, 88; BGH, NJW 2010, 1277; BGH, ZIP 2013, 781; *Armbrüster*, S. 34, 83.

266 Vgl. BGH, NZG 2018, 736.

267 So *Medicus/Stürner*, in: P/W/W, § 328, Rn. 20a.

268 Vgl. oben A. III. 2. c).

sich auch um eine Vollrechtstreuhand handeln, sofern dem Mittelverwendungstreuhänder Vermögenswerte übertragen werden.[269] Das Treugut ist in diesem Fall der Vollrechtstreuhand allerdings nicht der Gesellschaftsanteil, weshalb es sich nicht um einen Fall der mittelbaren Gesellschaftsbeteiligung handelt.

Ein weiteres Beispiel bildet die sog. „*integrierte*" Publikums-KG als Pendant zur sog. „*kupierten*" Publikums-KG.[270] Hier nehmen die Anleger selbst die Kommanditistenstellung ein und bevollmächtigen einen Treuhänder ihre Rechte innerhalb der Gesellschaft in fremden Namen wahrzunehmen.[271] In ähnlicher Weise kann auch die Nachfolge mehrerer Erben in einen Gesellschaftsanteil geregelt werden: Im Gesellschaftsvertrag ist dann die Ausübung der Gesellschafterrechte der Erben durch einen gemeinsamen Vertreter vorgesehen (sog. *Vertreterklausel*).[272]

Die Treuhand an Mitgliedschaftsrechten kann außerdem zur Regelung der vorweggenommenen Erbfolge eingesetzt werden. Der Erblasser bildet mit seinen zukünftigen Erben eine Verwaltungsinnengesellschaft nach bürgerlichem Recht (§ 705 BGB) und bringt seine Anteile an anderen werbenden Gesellschaften ein. Der Erblasser übernimmt nur einen geringen Anteil am Gesellschaftsvermögen, lässt sich aber die Stimmrechtsmehrheit und alleinige Geschäftsführung einräumen. Die treuhänderische Bindung bezieht sich nicht auf den Anteil am Gesellschaftsvermögen – dieser verbleibt bei den zukünftigen Erben –, sondern nur auf das Stimmrecht (sog. *Stimmrechtstreuhand*).[273] Ist der Treugeber nur vorübergehend, etwa durch Krankheit, an der Wahrnehmung seiner Rechte gehindert ist, kommt ebenfalls die Einsetzung eines unechten Treuhänders in Betracht.[274]

Derartige Gestaltungen stehen grundsätzlich in Konflikt mit dem Abspaltungsverbot. Dieses ist für die GbR in § 717 S. 1 BGB gesetzlich geregelt, gilt aber für das gesamte Gesellschaftsrecht.[275] Demnach sind die Verwaltungsrechte „mit dem Gesellschaftsanteil notwendig verbunden und können von ihm nicht losgelöst und selbständig übertragen werden."[276] Im Kapitalgesellschaftsrecht ist die Möglichkeit

---

269 *Armbrüster*, S. 34.

270 Vgl. auch § 2 B. I. 1. d).

271 Ausführlich *Bälz*, ZGR 1980, 1, 34 ff.; Kapitza, S. 35. Vgl. auch *Armbrüster*, S. 32 f., der diesen Fall zutreffend als „unechte" Treuhand einordnet, für den Begriff „unecht" aber missverständlich auf Erwerbs- und Vereinbarungstreuhand verweist (*ders.*, S. 32, Fn. 165); *Eden*, S. 322 ff.; *Grundmann*, S, 482 ff.; *Schlitt/Bortfeldt*, in: Reichert, GmbH & Co. KG, § 40, Rn. 31.

272 Vgl. dazu § 2 B. I. 1. b).

273 Ausführliches Beispiel bei *Beuthien*, ZGR 1974, 26, 85.

274 Vgl. *Markwardt*, S. 88; *Blaurock*, S. 124, der für diesen Fall auch eine Lösung durch echte Treuhand sieht (*ders.*, S. 74 f. „Urbild der fiducia cum amico"); ebenso *Coing*, S. 54 und zur GmbH *Heining*, GmbHR 1954, 98, 99; *Däubler*, GmbHR 1966, 243.

275 Vgl. *Wiedemann*, S. 277; *K. Schmidt*, Gesellschaftsrecht, § 19 IV. III., S. 560; *Habersack*, S. 79.

276 BGH, NJW 1952, 178, 179; bestätigt durch BGH, NJW 1956, 1198, 1198 ff.; vgl. außerdem RGZ 82, 167, 169; RGZ 132, 149, 159; *Roth*, in: Baumbach/Hopt, § 119, Rn. 19; *Schäfer*, in: MüKo-BGB, § 717, Rn. 7 ff.; *Ulmer*, in: Staub (4. Aufl.), § 109,

einer Stimmrechtsvertretung ausdrücklich vorgesehen (§§ 47 III GmbHG, 134 III AktG). Im Bereich des Personengesellschaftsrechts existieren keine entsprechenden Regelungen.

Eine frei widerrufliche Vollmacht zur Ausübung von Gesellschafterrechten mit Zustimmung der übrigen Gesellschafter wird allgemein als zulässig angesehen.[277] Lediglich im Kernbereich der Mitgliedschaft (bspw. bei Beschluss über die Erhöhung der Leistungspflichten der Gesellschafter) soll dies unzulässig sein.[278] Eine unwiderruflich erteilte Vollmacht unter gleichzeitigem, schuldrechtlichen[279] Stimmrechtsverzicht (sog. „verdrängende Vollmacht"[280]) soll nach *herrschender Meinung* einer Übertragung gleichkommen und daher mit Rücksicht auf die Wertungen des Abspaltungsverbots unzulässig sein.[281] Eine nur unwiderrufliche Vollmacht (ohne Stimmrechtsverzicht) soll zulässig sein, da jede Vollmacht zumindest aus wichtigem Grund widerrufen werden kann.[282]

Eine Übertragung/Überlassung der Gesellschafterrechte kann weiterhin eine sittenwidrige „Selbstentmündigung" des Treugebers darstellen und zur Nichtigkeit der Treuhandabrede nach § 138 I BGB führen, wenn dem Treugeber nicht bestimmte Befugnisse verbleiben, etwa die Auswahl des Treuhänders und ein

---

Rn. 26; *Wertenbruch*, in: HdbPersG, Band I, Rn. 683 ff.; *Blaum*, in: HdbPersG, Band I, Rn. 2162 ff.
Eingehend zur umstrittenen dogmatischen Begründung des Abspaltungsverbots: *Tebben*, S. 99 f., 115 ff.; *Krenzel*, S. 128 ff.; kritisch *Fleck*, in: FS Fischer, 107, 128 f.

277 *Beuthien*, ZGR 1974, 26, 53/57 f.; *Wiedemann*, S. 350; *Eden*, S. 324 f.; *Breuer*, MittRhNotK 1988, 79, 83; *Markwardt*, S. 88; *Schäfer*, in: MüKo-BGB, § 717, Rn. 9; *Roth*, in: Baumbach/Hopt, § 119, Rn. 19 f., § 166, Rn. 5; *Roth/Thöni*, in: FS 100 Jahre GmbHG, 245, 279.

278 *Eden*, S. 324; *Grunewald*, in: MüKo-HGB, § 161, Rn. 175; *Horn*, in: Heymann, § 164, Rn. 17; *Oetker*, in: Oetker, § 164, Rn. 28; *Blaurock*, S. 79 ff. Umfang und Bedeutung des Kernbereichs sind strittig, vgl. *Roth*, in: Baumbach/Hopt, § 119, Rn. 36;

279 Teilweise wird auch die Möglichkeit eines dinglich wirkenden Stimmrechtsverzichts behauptet, vgl. *Westermann*, Vertragsfreiheit, S. 421 ff.; *Müller-Freienfels*, S. 124 ff. Ein solches kann es richtigerweise nicht geben, vgl. *Armbrüster*, S. 273; *Tebben*, S. 173; *Flume*, AT 1/1, § 14 IV, S. 220, Fn. 38; *Beuthien*, ZGR 1974, 26, 82 f.

280 *Armbrüster*, S. 273.

281 BGH, NJW 1952, 178, 179 f.; BGH, NJW 1956, 1198; BGH, NJW 1970, 468; *Eden*, S. 76; *Armbrüster*, S. 272; *Markwardt*, S. 104, 90 f.; *Breuer*, MittRhNotK 1988, 79, 83; *Schäfer*, in: MüKo-BGB, § 717, Rn. 16; *Schäfer*, in: MüKo-BGB, § 709, Rn. 77; *Beuthien*, ZGR 1974, 26, 53 ff.

282 *Armbrüster*, S. 272 f.; *Tebben*, S. 171; *Beuthien*, ZGR 1974, 26, 82; vgl. allg. *Ellenberger*, in: Palandt, § 168, Rn. 6; **aA** *Ulmer*, in: MüKo-BGB, 5. Aufl., § 709, Rn. 68. Nach weiterer **aA** gebe es keine unwiderrufliche Vollmacht, *Müller-Freienfels*, S. 125 ff.; *Fischer*, GmbHR 1952, 115.

Weisungsrecht gegenüber diesem.[283] Die Vollmachtstreuhand an Mitgliedschaftsrechten hat damit nur geringe praktische Bedeutung.[284]

Im Rahmen von Treuhandverhältnissen an Gesellschaftsanteilen, also bei Erteilung einer Vollmacht durch den Treuhändergesellschafter an den Treugeber, soll eine unwiderrufliche Vollmacht zulässig sein, da sie in ihrem Bestand vom zugrundeliegenden Rechtsverhältnis (Auftrag/Geschäftsbesorgung) abhängig sei.[285] Noch weitergehend wird vertreten, dass das Abspaltungsverbot in diesem Bereich überhaupt nicht eingreife.[286] In diesem Fall handelt allerdings der eigentliche Treugeber (Nichtgesellschafter) als Bevollmächtigter seines Treuhänders (Gesellschafter), um seine eigenen Interessen in der Gesellschaft zu wahren. Insoweit kann nicht mehr von Vollmachts*treuhand* gesprochen werden. Hierbei geht es einzig darum, inwieweit der Treugeber zu seinem eigenen Schutz auf den ihm nur mittelbar zustehenden Gesellschaftsanteil einwirken kann.[287]

4. Legitimationszession

Die Legitimationszession wird als Fall der Ermächtigungstreuhand am Gesellschaftsanteil angesehen.[288] Der Treuhänder wird hierbei zur Ausübung der Mitgliedschaftsrechte im eigenen Namen gemäß § 185 I BGB ermächtigt. Träger der Mitgliedschaft bleibt der Treugeber.[289] Es handelt sich somit um einen Fall der Treuhand am Gesellschaftsanteil, jedoch nicht um einen solchen der mittelbaren Gesellschaftsbeteiligung. Die Legitimationszession bedarf zweier Vorgänge:

zum einen der materiell-rechtlichen Ermächtigung und zum anderen der tatsächlichen Verschaffung der Legitimation nach außen.[290] Es handelt sich somit nicht um eine Übertragung der Mitgliedschaft oder von Mitgliedschaftsrechten, sondern lediglich der Legitimation, also der scheinbaren Gesellschafterstellung nach außen gegenüber Gesellschaft und Gesellschaftern. Die Legitimationszession dient dem

---

283 BGH, NJW 1965, 2147, 2147 f. = JZ 1966, 101 mit Anm. Wiedemann; vgl. dazu auch *Blaurock*, S. 75; *Armbrüster*, S. 231.

284 Vgl. *Grundmann*, S. 490; *Eden*, S. 324; *Blaurock*, S. 123 f.; *Maulbetsch*, S. 18; *Bälz*, ZGR 1980,1, 15.

285 *Fleck*, in: FS Fischer, 107, 115; *Herfs*, S. 103; *Schäfer*, in: MüKo-BGB, § 717, Rn. 26; sowie allg. *Flume*, AT 2, § 53 IV, S. 880 f.

286 *Ebenroth*, EWiR, § 161 HGB, 1/89; *Armbrüster*, S. 273/277 ff.; siehe dazu auch § 3 B. II.

287 Dazu eingehend § 3 B.

288 Vgl. *Eden*, S. 6. Fordert man hingegen eine eigene Rechtszuständigkeit des Treuhänders, kommt es darauf an, ob man die Ermächtigung als Rechtsübertragung oder lediglich als Legitimation versteht, vgl. *Markwardt*, S. 15, Fn. 5. Sieht man die Treuhand rein schuldrechtlich, fällt die Legitimationszession unproblematisch in diesen Bereich, vgl. *Löhnig*, S. 160, Fn. 9 und bereits oben § 2 A. II. 1. c).

289 Vgl. *Beuthien*, ZGR 1974, 26, 29; *Coing*, S. 123 f.; *Kümmerlein*, S. 4 ff.; *Liebich/Mathews*, S. 22.

290 *Eden*, S. 5.

Anonymitätsinteresse des wahren Gesellschafters. Sie kann somit eine alternative Gestaltungsform zur Vollrechtstreuhand am Gesellschaftsanteil darstellen. Bei der *Aktiengesellschaft* ist die Zulässigkeit bereits vom *Reichsgericht*[291] grundsätzlich anerkannt worden. In § 129 III AktG geht nunmehr auch der Gesetzgeber von der Zulässigkeit der Legitimationszession aus.[292] Die Legitimation des Nichtgesellschafters erfolgt durch die Verschaffung des Besitzes an den Aktien bzw. der Eintragung im Aktienregister gemäß § 67 II AktG.[293] § 135 AktG bestimmt nunmehr, dass Kreditinstitute (Abs. I) und andere geschäftsmäßig handelnde Stimmrechtsvertreter (Abs. VIII) nur nach Bevollmächtigung durch den Aktionär für diesen handeln dürfen. Die Legitimationszession habe hierdurch ihre praktische Bedeutung weitestgehend verloren.[294]

Anders als bei der Aktiengesellschaft kommt eine Legitimationszession im Bereich des GmbH-Rechts nur in verdeckter Form in Betracht. Nur wenn der Gesellschaftsanteil übertragen und die gemäß §§ 16 I, 40 I GmbHG erforderliche Änderung der Gesellschafterliste im Handelsregister unterbleibt, kommt es zum auseinanderfallen von Legitimation und Rechtsinhaberschaft. Daher wird die Zulässigkeit der Legitimationszession aufgrund des personalistischen Charakters der GmbH und dem Interesse der Gesellschafter an der Identität ihrer Mitgesellschafter im Gegensatz zur AG *teilweise* abgelehnt.[295] Auch bei der GmbH sei die Legitimationszession in der Praxis gegenüber Stimmrechtsvollmachten und Stimmbindungsverträgen nur von geringer Bedeutung.[296]

Im Bereich des Personengesellschaftsrechts ist fraglich, ob eine Legitimationszession zulässig oder überhaupt möglich ist. *Kümmerlein* geht davon aus, dass die Ermächtigungstreuhand am Personengesellschaftsanteil zwar möglich sei, aber dem Abspaltungsverbot widerspreche.[297] Demgegenüber sieht *Blaurock* das Abspaltungsverbot nicht verletzt, da es grundsätzlich möglich sei gesellschaftsfremden Dritten zusätzliche (auch mitgliedschaftliche) Berechtigungen mit Zustimmung

---

291 RGZ 111, 405, 408; RGZ 118, 230, 233; RGZ 142, 134, 135.

292 Vgl. *Koch, in:*, Hüffer/Koch, AktG, § 129, Rn. 12; *Raiser/Veil*, § 12, Rn. 16.

293 *Armbrüster*, S. 275; *Eden*, S. 6; *Wiedemann*, S. 367 f.

294 *Raiser/Veil*, § 16, Rn. 102.

295 *Flume*, AT 1/2, § 7 II 1, S. 205 f.; *K. Schmidt*, in: Scholz, § 47, Rn. 21; *Raiser/Veil*, § 33, Rn. 38.
Für die Zulässigkeit: OLG Celle, NZG 2007, 391, 391 ff.; *Armbrüster*, S. 275; *Hüffer*, in: GK-GmbHG, § 47, Rn. 55; *Koppensteiner*, in: Rowedder, § 47, Rn. 30; *Römermann*, in: Michalski, § 47, Rn. 53; *Schindler*, in: BeckOK-GmbHG, § 47, Rn. 84 ff.; wohl auch *Roth*, in: Roth/Altmeppen, § 47, Rn. 19; *Zöllner/Noack*, in: Baumbach/Hueck, § 47, Rn. 41 sowie *Zöllner*, in: Baumbach/Hueck, 20.Aufl. (2013), § 16, Rn. 2, der die Legitimationszession grds. ablehnt, den einzig denkbaren Fall aber nicht als solche einstuft (insoweit jetzt anders *Fastrich*, in: Baumbach/Hueck, § 16, Rn. 2.

296 *Schaub*, DStR 1995, 1634, 1638; vgl. außerdem *Eden*, S. 6; *Roth/Thöni*, in: Festschrift 100 Jahre GmbH-Gesetz, 245, 250; *Beuthien*, ZGR 1974, 26, 29.

297 *Kümmerlein*, S. 4 ff.

der übrigen Gesellschafter einzuräumen und die Berechtigung des Treuhänders bei der Ermächtigungstreuhand lediglich neben die fortbestehende Berechtigung des Treugebers trete.[298]

Richtigerweise unterscheidet sich die Legitimationszession nur dadurch von der Bevollmächtigung, dass der Treuhänder im Falle der Legitimationszession im eigenen Namen handelt. Die Berechtigung des Treugebers bleibt bestehen. Es kommt somit nicht zur Trennung von Mitgliedschaft und Mitgliedschaftsrechten. Das Abspaltungsverbot wird daher nicht verletzt. Ebensowenig handelt es sich um eine zusätzliche Berechtigung des Treuhänders, welche wiederum der Zustimmung der Mitgesellschafter bedürfte. Ziel der Legitimationszession ist aber die Übertragung der scheinbaren Gesellschafterstellung, also eine Verschleierung auch gegenüber den Mitgesellschaftern. Eine Übertragung der Mitgliedschaft bedarf der Zustimmung der übrigen Gesellschafter und wird diesen daher nicht verborgen bleiben. Einen Träger der Legitimation, wie etwa der Aktienbesitz oder die Eintragung als Gesellschafter einer GmbH in der Gesellschafterliste, existiert für die Personengesellschaften nicht. Insbesondere erstrecken sich die Rechtsscheinwirkungen des Handelsregisters gemäß § 15 I, II HGB nicht auf das Innenverhältnis.[299]

Überwiegend[300] wird die Legitimationszession (bzw. Ermächtigungstreuhand am Anteil) in Personengesellschaften aufgrund der geringen Bedeutung nicht thematisiert, andererseits für unzulässig befunden.[301] *Armbrüster*[302] geht davon aus, dass ein Auseinanderfallen von Legitimation und Mitgliedschaft im Personengesellschaftsrecht von vorn herein gar nicht möglich sei. Das ist unzutreffend. Zumindest dann, wenn die freie Übertragbarkeit der Mitgliedschaft im Gesellschaftsvertrag zugelassen ist, kann die Inhaberschaft ohne Mitwirkung oder Unterrichtung der Mitgesellschafter wechseln und somit die Legimitation beim ausscheidenden Gesellschafter verbleiben. In diesem Fall kann auch die personalistische Struktur der Personengesellschaften im Gegensatz zur AG nicht gegen die Zulässigkeit der Legitimationszession angeführt werden.[303] Wo schon der Gesellschaftsvertrag die freie Übertragbarkeit der Anteile vorsieht, kann von enger Verbundenheit oder besonderem persönlichen Vertrauen zwischen den Gesellschaftern keine Rede sein.[304] Sofern der *BGH*[305] für den Fall einer unwiderruflichen verdrängenden Stimmrechtsvollmacht eine Übertragung der aktienrechtlichen Vorschriften zur

298 *Blaurock*, S. 124, Fn. 5.

299 So zutreffend *Armbrüster*, S. 275.

300 Vgl. *Eden*, S. 6; *Beuthien*, ZGR 1974, 26, 29; *Markwardt*, S. 15 f.; *Flume*, AT 1/1, § 14 IV, S. 220 ff. (im Gegensatz zu *Flume*, AT 1/2, § 7 II 1, S. 205 f.); *Blaurock*, S. 123 f.; *Maulbetsch*, S. 18; *Bälz*, ZGR 1980,1, 15.

301 *Hueck*, JZ 1952, 115; *Wolff*, S. 34 ff.

302 *Armbrüster*, S. 275.

303 So *Flume*, AT 1/2, § 7 II 1, S. 206 (gegen die Zulässigkeit bei der GmbH).

304 Vgl. *F. Peters*, S. 112.

305 BGH, NJW 1956, 1198, 1198 ff.

Legitimationszession auf die KG abgelehnt hat, spricht dies nicht gegen die Zulässigkeit der Legitimationszession im Personengesellschaftsrecht an sich.[306] Jedoch kann auch eine unwiderrufliche Ermächtigung zur Stimmrechtsausübung einer Übertragung gleichkommen und deshalb gegen das Abspaltungsverbot verstoßen.

VII. Anderen Formen der mittelbaren Gesellschaftsbeteiligung

Der mit der Treuhand am Gesellschaftsanteil verfolgte Zweck der mittelbaren Gesellschaftsbeteiligung kann in ähnlicher Weise auch durch andere rechtliche Gestaltungen erreicht werden. Praktische Bedeutung kommt insoweit vor allem der Unterbeteiligung, der atypisch stillen Gesellschaft und dem Nießbrauch zu.

1. Unterbeteiligung

Schon Begriff und Wesen der Unterbeteiligung werden unterschiedlich beurteilt. Umstritten ist darüber hinaus auch das Verhältnis von Unterbeteiligung und Treuhand.

a) Begriff der Unterbeteiligung

Die Unterbeteiligung ist ebenso wie die Treuhand nicht als eigener Vertragstyp gesetzlich geregelt, wird aber allgemein anerkannt.[307] Sie steht in enger Verwandtschaft zur stillen Gesellschaft und unterscheidet sich von dieser durch den Gegenstand der Beteiligung. Bei der stillen Gesellschaft ist Gegenstand der Beteiligung das Handelsgewerbe bzw. das Unternehmen, bei der Unterbeteiligung hingegen ein Gesellschaftsanteil, mithin nur die Beteiligung an einem Unternehmen. Die Unterbeteiligung wird daher auch als „stille Beteiligung an einem Gesellschaftsanteil" bezeichnet.[308]

Hierbei räumt ein Gesellschafter (Hauptbeteiligter) einem Dritten (Unterbeteiligter) durch einen zur Verfolgung eines gemeinsamen Zwecks geschlossenen Gesellschaftsvertrag eine schuldrechtliche Mitberechtigung an seinem Gesellschaftsanteil ein.[309] Der gemeinsame Zweck liegt regelmäßig darin den Hauptgesellschaftsanteil zu finanzieren, zu halten und zu nutzen.[310] Dem Unterbeteiligten muss

---

306 So aber *Armbrüster*, S. 275, Fn. 1264; dagegen *Eden*, S. 6, Fn. 34.

307 Vgl. nur *K. Schmidt*, in: MüKo-HGB, § 230, Rn. 192.

308 *Horn*, in: Heymann, § 230, Rn. 65; *Gehrlein*, in: E/B/J/S, § 230, Rn. 91; *Kindler*, in: K/K/R/M, § 230 HGB, Rn. 4; vgl. auch *Blaurock*, S. 114; *ders.*, Handbuch, Rn. 30.1, 30.8.

309 *Tebben*, S. 36 f.; *Armbrüster*, S. 22; *K. Schmidt*, Gesellschaftsrecht, § 63 I. 1., S. 1865 f.; *ders.*, in: MüKo-HGB, § 230, Rn. 192; *Horn*, in: Heymann, § 230, Rn. 65; *Blaum*, in: HdbPersG, Rn. 2316; *Westermann*, in: HdbPersG, Rn. 233f ff.; *Roth/Thöni*, in: FS 100 Jahre GmbH-Gesetz, 245, 252; *Eden*, S. 12; *Gayk*, in: MüHdbGesR, § 30, Rn. 1.

310 Vgl. *Tebben*, S. 64; *K. Schmidt*, in: MüKo-HGB, § 230, Rn. 192; *Blaurock*, S. 109; *Paulick*, ZGR 1974, 253, 268.

eine bilanziell darstellbare Einlage zugewiesen werden und er muss zumindest am Gewinn beteiligt sein.[311] Nach *ganz herrschender Ansicht* handelt es sich dabei regelmäßig um eine Innengesellschaft bürgerlichen Rechts,[312] wobei die Unterbeteiligung ebenso der stillen Gesellschaft als Variante der Innen-GbR nahe steht.[313] Nach *überwiegender Ansicht* sollen die Vorschriften der §§ 230–236 HGB daher neben den §§ 705 ff. BGB analoge Anwendung finden.[314] Die Motive der Begründung einer Unterbeteiligung gleichen denen der Treuhand. Genannt werden etwa die Umgehung der Zustimmung der Mitgesellschafter beim Anteilserwerb, die Kapitalbeschaffung ohne direkte Beteiligung oder die Regelung der Gesellschafternachfolge.[315] Wie bei der Vollrechtstreuhand ist nur der Hauptbeteiligte an der Hauptgesellschaft beteiligt, nicht hingegen der Unterbeteiligte. Diesem können aber Geschäftsführungsrechte in der Unterbeteiligungsgesellschaft eingeräumt werden, die Einfluss auch auf die Hauptgesellschaft vermitteln.[316] Weiterhin kann über eine Gewinnbeteiligung hinaus auch eine Beteiligung an der Substanz und somit an den Wertveränderungen des Hauptanteils (stille Reserven, Auseinandersetzungsguthaben, Abfindungsanspruch) vereinbart werden. Insoweit wird von *atypischer Unterbeteiligung* gesprochen.[317]

b) Verhältnis zur Treuhand

In Fällen atypisch ausgestalteter Unterbeteiligung, etwa bei einem nur sehr geringen Anteil des Hauptbeteiligten oder einem umfassenden Weisungsrecht des

---

311 *K. Schmidt*, Gesellschaftsrecht, § 63 I. 1., S. 1865 f.; *ders.*, in: MüKo-HGB, § 230, Rn. 193, 197; im Einzelnen strittig, vgl. die ausf. Darstellung bei *Tebben*, S. 36 ff.

312 BGHZ 50, 316, 320 = NJW 1968, 2003; BGH, WM 1959, 595, 596; BGH, WM 1966, 188, 190; BGH, NJW 1994, 2886, 2887; *Schäfer*, in: MüKo-BGB, vor § 705, Rn. 92; *Hadding/Kießling*, in: Soergel, vor § 705, Rn. 34; *Roth*, in: Baumbach/Hopt, § 105, Rn. 38; *Kindler*, in: K/K/R/M, § 230 HGB, Rn. 4; *Gehrlein*, in: *E/B/J/S*, § 230, Rn. 92; *Paulick*, ZGR 1974, 253, 259 ff.; *Tebben*, S. 44. Nach *anderer Ansicht* handelt es sich um eine stille Gesellschaft i. S. d. §§ 230 ff. HGB: *Schneider*, in: FS Möhring, 115 ff.; *Esch*, NJW 1964, 902, 903 ff.

313 BGHZ 50, 316, 323; *K. Schmidt*, Gesellschaftsrecht, § 63 II. 1., S. 1869; *Roth*, in: Baumbach/Hopt, § 105, Rn. 38.

314 *Schäfer*, in: MüKo-BGB, vor § 705, Rn. 92; *Blaurock*, S. 114; *Tebben*, S. 44 f.; *Schöne*, in: BeckOK-BGB, § 705, Rn. 188 ff.; *Hadding/Kießling*, in: Soergel, vor § 705, Rn. 34; *Westermann*, in: Erman, vor § 705, Rn. 39 f.; *K. Schmidt*, Gesellschaftsrecht, § 63 II. 1., S. 1869; *ders.*, in: MüKo-HGB, § 230, Rn. 204.

315 *Schäfer*, in: MüKo-BGB, vor § 705, Rn. 93; *Armbrüster*, S. 22 f.; *Blaurock*, S. 54 ff.; *K. Schmidt*, in: MüKo-HGB, § 230, Rn. 206.

316 *Gehrlein*, in: E/B/J/S, § 230, Rn. 97; *K. Schmidt*, in: MüKo-HGB, § 230, Rn. 209.

317 *Roth/Thöni*, in: FS 100 Jahre GmbH-Gesetz, 245, 254; *Armbrüster*, S. 22; *K. Schmidt*, Gesellschaftsrecht, § 63 I. 3., S. 1867; *Kümmerlein*, S. 40; *Paulick*, ZGR 1974, 253, 257; *Blaurock*, S. 115 f., der in der atypischen Unterbeteiligung den „typischen“, weil praktisch bedeutsameren Fall sieht.

Unterbeteiligten, rückt die Unterbeteiligung in die Nähe der Verwaltungstreuhand. Andersherum ähnelt die Verwaltungstreuhand der Unterbeteiligung, wenn etwa die Beteiligung für mehrere Treugeber gehalten wird (kupierte Publikums-KG) oder der Treuhänder nur einen Teil seines Anteils für den Treugeber verwaltet (Quotentreuhand/Teiltreuhand[318]). Entscheidend ist die Einordnung beispielsweise bzgl. der Haftungsbeschränkung des § 708 BGB oder bei einem vertraglichen Ausschluss der ordentlichen Kündigung, welche bei der Treuhand möglich ist, bei der Unterbeteiligung aber an § 723 III BGB scheitern würde.[319] Ebenso soll die Unterbeteiligung im Gegensatz zur Treuhand ohne Zustimmung der anderen Hauptgesellschafter begründet und übertragen werden können.[320] In anderen Fällen werden sich aufgrund der Verweisung des § 713 BGB auf die §§ 664–670 BGB kaum Unterschiede ergeben.[321]

Nach *früher herrschender Ansicht* schließen sich Treuhand und Unterbeteiligung gegenseitig aus. Je nach Ausgestaltung des Innenverhältnisses als Auftrag/Geschäftsbesorgung oder als Innengesellschaft sollen entweder Treuhand oder Unterbeteiligung vorliegen.[322] Die Konstruktion eines begrifflich nicht einzuordnenden typengemischten Vertrags sei nicht erforderlich, da auch bei Einordnung in einen konkreten Vertrag breite Gestaltungsvariationen denkbar seien.[323] Die heute *herrschende Meinung*[324] geht im Anschluss an den *BGH*[325] davon aus, dass die Grenzen fließend sind und das Innenverhältnis zwischen Gesellschafter und mittelbar Beteiligtem sowohl Auftrags- als auch gesellschaftsrechtliche Elemente enthalten kann. Hält der Gesellschafter seine Beteiligung insgesamt (mit Verwaltungs- und Vermögensrechten) für Dritte, so soll regelmäßig davon auszugehen sein, dass ausschließlich die Wahrung fremder Interessen vereinbart ist und somit mangels gemeinsamen Zwecks eine Treuhand vorliege.[326] Verwaltet der unmittelbar

---

318 Für die Zulässigkeit einer Teiltreuhand BFH, NZG 2010, 639 (GmbH); *Tebben*, S. 73 ff., insb. auch Fn. 241; *Altmeppen*, ZIP 1993, 1677, 1684; *Gieseke*, DB 1984, 970, 971; *Roth/Thöni*, in: FS 100 Jahre GmbH-Gesetz, 245, 259.

319 Vgl. BGH, NJW 1994, 2886.

320 *Blaurock*, S. 85; *Roth*, in: Baumbach/Hopt, § 105, Rn. 38.

321 Vgl. *Hofman*, S. 50 f.

322 *Wiedemann*, S. 387; *Ulmer*, in: Staub (4. Aufl.), § 105, Rn. 110; aus neuerer Zeit *Tebben*, S. 54 f./75; wohl auch *Gehrlein*, in: E/B/J/S, § 230, Rn. 104.

323 *Tebben*, S. 55.

324 *Eden*, S. 13; *K. Schmidt*, in: MüKo-HGB, vor § 230, Rn. 45; *ders.*, in: MüKo-HGB, § 230, Rn. 202; *ders.*, in: FS Roth, 709, 709 ff; *Roth*, in: Baumbach/Hopt, § 105, Rn. 35, 38; *Schlitt/Bortfeldt*, in: Reichert, GmbH & Co. KG, § 40, Rn. 35; *Blaurock*, Handbuch, Rn. 30.09 ff.; *ders.*, S. 17; OLG Bamberg NZG 2001, 509; *Kümmerlein*, S. 44 f.; *Roth/Thöni*, in: FS 100 Jahre GmbH-Gesetz, 245, 260 f.; *Hüffer*, JuS 1979, 457, 460; *Hofman*, S. 50 f.; *Henssler*, AcP 196 (1996), 37, 44.

325 BGH, NJW 1994, 2886; best. d. BGH, NJW-RR 1995, 165; noch offen gelassen in BGH, WM 1977, 525, 527.

326 Vgl. *K. Schmidt*, in: MüKo-HGB, § 230, Rn. 197, 202; *Kindler*, in: K/K/R/M, § 230, Rn. 5; *Armbrüster*, S. 24; *Schäfer*, in: MüKo-BGB, vor § 705, Rn. 92.

Beteiligte den Anteil eigenständig und hält lediglich die Gewinnrechte für Dritte, so sei regelmäßig von Unterbeteiligung auszugehen. Denkbar sei auch eine atypische Unterbeteiligung dergestalt, dass der Hauptbeteiligte für eine Festvergütung vollständig auf fremde Rechnung arbeitet und jeglichen Gewinn und Verlust an Dritte weiterleitet.[327] Die beiderseitige Teilhabe von Haupt- und Unterbeteiligtem bzw. eine Eigenquote des Hauptbeteiligten stelle für sich kein notwendiges Merkmal der Unterbeteiligung dar.[328] Je nach Ausgestaltung des Vertragsverhältnisses soll in solchen Grenzfällen zugleich Treuhand und Unterbeteiligung vorliegen.[329]

K. Schmidt[330] sieht etwa bei Publikumstreuhandgesellschaften regelmäßig ein Nebeneinander von Treuhand und Unterbeteiligung: Der Gesellschafter halte die Beteiligung gleichzeitig als Hauptbeteiligter für mehrere Unterbeteiligte in einzelnen, jeweils nur zweigliedrigen Unterbeteiligungsverhältnissen. Der Gesamtheit der Unterbeteiligten, welche wiederum eine Innen-GbR unter Einschluss des Hauptbeteiligten bildeten, stehe er als Treuhänder gegenüber. Es bestehe dann ein Einlageverhältnis aus der Unterbeteiligung, ein pflichtenbegründendes Treuhandverhältnis und ein umfassendes mehrgliedriges gesellschaftsrechtliches Organisationsverhältnis.[331]

Die vielzitierte[332] Entscheidung des *BGH*[333] trägt bei genauer Betrachtung nichts wirklich Neues zur Diskussion bei. Es wird lediglich ohne weitere Argumentation festgestellt, dass Unterbeteiligung und Treuhand nicht in einem Ausschließlichkeitsverhältnis stünden. Das zu beurteilende Vertragsverhältnis wird als GbR eingeordnet, trotz wechselnder Bezeichnung als „echtes Treuhandverhältnis" und „Unterbeteiligung" im Vertragswerk. Dass die Einordnung nicht nach der formalen Bezeichnung, sondern nach der materiellen Gestaltung des Vertrages erfolgen muss, ist jedoch eine Selbstverständlichkeit.[334] Ebenso selbstverständlich ist, dass

---

327 *Blaurock*, Handbuch, Rn. 30.17; *Paulick*, ZGR 1974, 253, 266; *Gayk*, in: MüHdbGesR I,§ 30, Rn. 11; *K. Schmidt*, in: MüKo-HGB, § 230 HGB, Rn. 202.

328 *Armbrüster*, S. 23; *Paulick*, ZGR 1974, 253, 266; *Blaurock*, Handbuch, Rn. 30.39; *K. Schmidt*, in: MüKo-HGB, § 230, Rn. 197; *Roth/Thöni*, in: FS 100 Jahre GmbH-Gesetz, 245, 259 f.; *Eden*, S. 13; auch *Tebben*, S. 57 ff., der i. Erg. aber zur Ausschließlichkeit beider Institute gelangt.
Anders die früher **hM**: *Wiedemann*, S. 387; *Esch*, NJW 1964, 902, 902 f.; *Horn*, in: Heymann, § 230, Rn. 66; *Winterstein*, S. 4 f.; *Blaurock*, S. 17; wohl auch noch *Schäfer*, in: MüKo-BGB, vor § 705, Rn. 92.

329 *K. Schmidt*, in: MüKo-HGB, § 230, Rn. 197, 202, 210; *Blaurock*, Handbuch, Rn. 30.11; *Roth/Thöni*, in: FS 100 Jahre GmbH-Gesetz, 245,260.

330 *K. Schmidt*, in: MüKo-HGB, vor § 230, Rn. 45, 77 ff., § 230 HGB, Rn. 210; ausf. zur sog. „Treugeber-Innengesellschaft" *ders.*, NZG 2011, 361, 365 ff.

331 Ebenso *Eden*, S. 13.

332 Siehe etwa BGH, NZG 2012, 984; BFH, DStR 2010, 537; *Schäfer*, in: MüKo-BGB, § 705, Rn. 67; *K. Schmidt*, ZHR 2014, 10,; *ders.*, NZG 2011, 361; *Voigt*, NZG 2011, 256; *Wagner*, NZG 2009, 733; *Loritz*, NZG 2008, 887; *Brömmelmeyer*, NZG 2006, 529;

333 BGH, NJW 1994, 2886.

334 Vgl. die insoweit treffende Kritik von *Tebben*, S. 65 f.

sich die Möglichkeit der Vermischung beider Regelungssysteme für die Vertragsparteien aus der Vertragsfreiheit ergibt.[335]

Abzugrenzen ist lediglich danach, ob nach der materiellen Vertragsgestaltung im Innenverhältnis zwischen Gesellschafter und mittelbar Beteiligtem ein gemeinsamer Zweck und eine entsprechende Zweckförderungspflicht i. S. d. § 705 BGB vorliegt und daneben oder nur alternativ eine spezifisch treuhänderische Bindung besteht, also eine solche Pflichtenbindung, die über die gewöhnliche, jedem Gesellschaftsverhältnis immanente Treuepflicht der Gesellschafter untereinander, hinausgeht.[336] Richtig ist zudem, dass es nicht auf eine Eigenquote des Hauptbeteiligten ankommen kann. Bei dem gemeinsamen Zweck i. S. d. § 705 BGB handelt es sich um einen überindividuellen Zweck und nicht nur um die Summe der gleichgerichteten wirtschaftlichen Interessen der einzelnen Beteiligten. Diese bilden regelmäßig nur das außervertragliche Motiv der Beteiligung. Auch bei Ausschluss Einzelner von der Gewinnbeteiligung kann ein gemeinsam verfolgter Zweck vorliegen. So ist die „societas leonina" heute als Gesellschaft anerkannt.[337] Das bloße Halten und Nutzen des Hauptanteils genügt daher dem Erfordernis eines gemeinsamen Zwecks, weshalb auch bei Vereinbarung einer festen Vergütung Unterbeteiligung vorliegen kann.[338] Ebenso ist das Halten eines Eigenanteils am Gewinn auch als Entgelt im Rahmen eines Treuhandvertrages denkbar.

Entscheidend ist daher die Frage nach der Zweckförderungspflicht des Hauptbeteiligten. Erst die Zweckförderung der Beteiligten macht den Zweck zu einem „gemeinsamen" Zweck[339] und unterscheidet die Gesellschaft von bloßen Austauschverhältnissen.[340] Die Förderung des Zwecks erfolgt durch die Wahrung der Interessen der Unterbeteiligungsgesellschaft bei der Verwaltung des Hauptgesellschaftsanteils als Teil der Selbigen. Somit kommt es darauf an, ob der Hauptbeteiligte fremde oder eigene bzw. gemeinsame Interessen im Rahmen einer Unterbeteiligungsgesellschaft verfolgt. Der Hauptbeteiligte wird als Selbstverwalter tätig, der Treuhänder dagegen als Fremdverwalter.[341] Das halten einer Eigenquote am Gewinn ist zwar kein zwingendes Merkmal der Unterbeteiligungsgesellschaft, wohl aber je nach Höhe der Quote ein Indiz. Ebenso wird man bei umfassender

---

335 Vgl. *Tebben*, S. 54.

336 Vgl. dazu *Löhnig*, S. 123, der ausgehend von einem weiten Treuhandbegriff bereits jeden persönlich haftenden Gesellschafter einer Personengesellschaft in seiner Funktion als Organ zwingend als Treuhänder qualifiziert.

337 Vgl. hierzu *Schäfer*, in: MüKo-BGB, § 705, Rn. 151; *Sprau*, in: Palandt, § 705, Rn. 21; *Habermeier* in: Staudinger (2003), § 705, Rn. 17; *Flume*, AT 1/1, § 3 V, S. 48 ff; *Hueck*, OHG, § 1 I b, S. 4; *Hopt*, Gesellschaftsrecht, Rn. 38; **aA** noch *Keßler*, in: Staudinger (12. Auflage), vor § 705, Rn. 179; *Larenz*, Schuldrecht II, 12. Auflage, § 60 I, S. 372 f.

338 Vgl. etwa BGH, NJW 1987, 3124, 3125 zur Geschäftsführervergütung als Erfolgsbeteiligung.

339 Vgl. *Hüffer*, Gesellschaftsrecht, S. 3.

340 *K. Schmidt*, Gesellschaftsrecht, § 59 I. 3. b), S. 1735.

341 *Wiedemann*, WM 2014, 1985, 1988.

Weisungsgebundenheit des Hauptbeteiligten regelmäßig nicht von einer Wahrnehmung gemeinsamer Interessen und damit einer Zweckförderung innerhalb einer Unterbeteiligungsgesellschaft ausgehen können. Die Grenzen sind fließend. Im Einzelfall sollte allerdings regelmäßig eine Abgrenzung nach den genannten Kriterien möglich sein.

2. *Atypisch stille Gesellschaft*

Der stille Gesellschafter ist typischerweise nur an den Erträgen eines Handelsgewerbes bzw. einer Gesellschaft beteiligt. Atypische Ausgestaltungen sind dahingehend denkbar, dass der Stille auch am Vermögen der Gesellschaft schuldrechtlich beteiligt wird. Weiterhin können ihm Geschäftsführungs- sowie Kontroll- und Informationsrechte in der Gesellschaft eingeräumt werden.[342] Im Innenverhältnis kann dem stillen Gesellschafter beispielsweise die Rechtsstellung eines Kommanditisten eingeräumt werden (sog. *Innen-KG*).[343] In derartigen Konstellationen ähnelt die Rechtsposition eines atypisch stillen Gesellschafters stark der eines mittelbar beteiligten Treugebers. Nach Ansicht des *BGH*[344] sei es oft nur Zufall, ob eine Publikumsgesellschaft als mehrgliedrige atypisch stille Gesellschaft oder als (Treuhand-) Kommanditgesellschaft gegründet werde. Rechte, Pflichten und Risikoverteilung seien sich jeweils sehr ähnlich.[345]

In beiden Gestaltungsformen kommt es lediglich zur schuldrechtlichen Mitberechtigung. Bezugspunkt ist zum einen das gesamte Unternehmen (stille Gesellschaft), zum anderen nur der Kommanditanteil (Treuhand). Eingeräumte Mitwirkungsrechte macht der Stille unmittelbar gegenüber der Gesellschaft geltend. Bei der mehrgliedrigen stillen Publikumsgesellschaft empfiehlt sich zur Vereinfachung der Einsatz eines (Vollmachts-)Treuhänders zur Wahrnehmung der Rechte der stillen Gesellschafter. Denkbar ist ferner auch eine stille Beteiligung, die sich rechnerisch auf das gesamte Geschäftsvermögen bezieht. Der Geschäftsinhaber handelt im Außenverhältnis auf eigenen Namen, im Innenverhältnis aber vollständig auf Rechnung der stillen Gesellschafter. Es handelt sich dann um einen Fall der Verwaltungstreuhand am Unternehmen.[346] Hiervon zu unterscheiden ist der Fall, in dem ein Treuhänder für mehrere Personen eine stille Beteiligung eingeht.[347] Dann handelt es sich um Verwaltungstreuhand an einer stillen Beteiligung.

---

342 Vgl. hierzu etwa *Blaurock*, Handbuch, Rn. 1.30 ff., 4.32; *Gehrlein*, in: E/B/J/S, § 230, Rn. 64 ff.; *K. Schmidt*, in: MüKo-HGB, § 230, Rn. 77.

343 OLG Schleswig, ZIP 2009, 421, 422; *K. Schmidt*, in: MüKo-HGB, § 230, Rn. 81; *Roth*, in: Baumbach/Hopt, § 230, Rn. 3.

344 BGH, NJW 1995,1353, 1357.

345 Vgl. zur mehrgliedrigen atypischen stillen Gesellschaft BGH, NJW 1994, 1156; *Keul*, in: MüHdbGesR II, § 73, Rn. 40 ff.; *K. Schmidt*, in: MüKo-HGB, § 230, Rn. 83.

346 *K. Schmidt*, in: MüKo-HGB, § 230, Rn. 82.

347 *Roth*, in: Baumbach/Hopt, § 230, Rn. 7.

Stille Publikumsgesellschaften in Gestalt der „GmbH/AG & Still“, welche der Kapitalsammlung und gemeinsamen Anlage dienen, dürften nach Einführung des Kapitalanlagesetzbuchs regelmäßig als Investmentvermögen i. S. v. § 1 KAGB qualifizieren und daher in der Rechtsform der stillen Gesellschaft unzulässig sein.[348] Zulässige Rechtsformen für Investmentvermögen sind lediglich das Sondervermögen, die Investment-AG und die Investment-KG, §§ 91, 139 KAGB. Aufgrund der expliziten Anordnung der Zulässigkeit mittelbarer Beteiligungen an der geschlossenen InvKG nur über einen „Treuhandkommanditisten“ in § 152 I 2 KAGB ist zudem zweifelhaft, ob eine stille Beteiligung an Investmentvermögen (in zulässiger Rechtsform) weiterhin möglich ist. Die Regelung der mittelbaren Beteiligung und die Gleichstellung mit Kommanditisten in § 152 I 3 KAGB dient dem Schutz der mittelbar beteiligten Anleger. Auf sie finden die gleichen anlegerschützenden Vorschriften Anwendung, wie sie für unmittelbar beteiligte Kommanditisten gelten (vgl. §§ 152 ff. KAGB). Dieses Schutzniveau wäre für andere Formen der mittelbaren Beteiligung gerade nicht gewahrt, was für eine abschließende Regelung und damit für eine Unzulässigkeit der stillen Beteiligung an Investmentvermögen spricht.[349]

3. *Nießbrauch*

Der Nießbrauch an Personengesellschaftsanteilen ist nach heute *wohl einhelliger Ansicht* zulässig.[350] Ihm wird in der Praxis große Bedeutung zugemessen.[351] Erforderlich für die Bestellung ist die Zustimmung oder Zulassung im Gesellschaftsvertrag. Ob auch die Zulassung der Anteilsübertragung für die Bestellung des Nießbrauchs genügt, ist umstritten, wird aber überwiegend abgelehnt, da die persönliche Verbundenheit der Gesellschafter durch die dingliche Belastung und die damit verbundene Einschränkung der wirtschaftlichen Handlungsfreiheit eines Gesellschafters anders betroffen sei als bei einem Gesellschafterwechsel.[352]

---

348 Zweifelnd *Wiedemann*, NZG 2013, 1041, 1046. Zu möglichen Rechtsfolgen eines Verstoßes gegen den Rechtsformzwang, vgl. *Freitag*, NZG 2013, 329, 330; *Klebeck/Kunschke*, in: B/S/V, 405, § 149 KAGB, Rn. 72 f.

349 **aA** *Klebeck/Kunschke*, in: B/S/V, 405, § 152 KAGB, Rn. 26 f.

350 Vgl. BGH, NJW 1999, 571, 572; *Pohlmann*, in: MüKo-BGB, § 1068, Rn. 23; *Ulmer/Schäfer*, in: MüKo-BGB, § 705, Rn. 96; *K. Schmidt*, in: MüKo-HGB, vor § 230, Rn. 47; *Bassenge*, in: Palandt, § 1068, Rn. 5; *Armbrüster*, S. 26; *Roth*, in: Baumbach/Hopt, § 105, Rn. 44; *Eden*, S. 15; *Schön*, ZHR 158 (1994), 229, 237 ff.; *Kindler*, in: K/K/R/M, § 105, Rn. 23; ablehnend noch *Petzoldt*, GmbHR 1987, 381 ff.; anders *ders.*, DStR 1992, 1171, 1172.

351 *Roth*, in: Baumbach/Hopt, § 105, Rn. 44; *Blaurock*, S. 76; *Mentz*, S. 60 ff.; **aA** *Teichmann*, ZGR 1972, 1, 1.

352 *Eden*, S. 361; *Wertenbruch*, in: E/B/J/S, § 105, Rn. 111; *Roth*, in: Baumbach/Hopt, § 105, Rn. 44; *Wiedemann*, S. 400; *Schön*, ZHR 158 (1994), 229, 254; **aA** *K. Schmidt*, in: MüKo-HGB, vor § 230, Rn. 16; *Emmerich*, in: Heymann, § 105, Rn. 66.

Die Motive zur Bestellung eines Nießbrauchs am Anteil liegen meist in der Verwandtschaft oder enger persönlicher Verbundenheit der beteiligten Personen.[353] Bei vorweggenommener Erbfolge kann sich der ausscheidende Gesellschafter die Nutzungen zur Versorgung bewahren (Versorgungsnießbrauch). Will er sich gleichzeitig noch einen gewissen Einfluss bewahren (Vorbehaltsnießbrauch), müssen Mitverwaltungsrechte vereinbart werden. Ferner können Einkünfte verlagert werden, um eine günstigere Besteuerung zu erzielen oder die Versorgung von Angehörigen verstorbener Gesellschafter sicherzustellen (Vermächtnisnießbrauch).[354] Auch der Sicherungsnießbrauch soll praktische Bedeutung haben.[355] Dies zeigt, dass der Nießbrauch sich in funktioneller Sicht mit der Treuhand an Gesellschaftsanteilen überschneidet, und das sowohl hinsichtlich der Nutzungstreuhand als auch der Verwaltungstreuhand (vorweggenommene Erbfolge, Minderung der Steuerbelastung). Hinsichtlich der Nutzungstreuhand besteht allerdings eine notwendige und vollständige Überschneidung. Hierbei handelt es sich um eine eigennützige Treuhand mit Nießbrauchsfunktion. Rechtlich lässt sich insofern klar unterscheiden, als der Nießbrauch lediglich eine Belastung mit einem dinglichen Nutzungsrecht darstellt, die Nutzungstreuhand hingegen die Vollrechtsstellung hinsichtlich der Mitgliedschaft erfordert.

Problematisch ist das Verhältnis von Sachenrecht und Gesellschaftsrecht. Nach der Konzeption der §§ 1030 ff. BGB steht die Verwaltung der Sache dem Nießbraucher zu (insb. §§ 1036 I, 1066 I BGB). Für den Nießbrauch an Gesellschaftsanteilen ist insbesondere § 1071 BGB von Belang. Das gesellschaftsrechtliche Abspaltungsverbot verbietet hingegen eine Übertragung von Verwaltungsrechten an Nichtgesellschafter. Daher ging eine *frühere Auffassung*[356] davon aus, dass dem Nießbraucher auch die Gesellschafterstellung übertragen werden müsse (sog. „*Vollnießbrauch*“[357] oder „*Vollrechtsnießbrauch*“[358]). Richtigerweise handelt es sich dabei bereits um eine eigennützige Nutzungstreuhand.[359] Dem Nießbraucher stehen zunächst nur die entnahmefähigen Gewinne zu (nicht stille Reserven und Auseinandersetzungsguthaben).[360] Ob und inwieweit dem Nießbraucher Mitwirkungsrechte in der Gesellschaft zustehen oder übertragen werden können, ist nach wie vor umstritten.[361] Zumindest eigene Kontroll- und Informationsrechte in der

353 Vgl. *Blaurock*, S. 75.

354 Vgl. hierzu mit Unterschieden in der Terminologie *Blaurock*, s. 75 ff. und *Pohlmann*, in: MüKo-BGB, § 1068, Rn. 20; *Eden*, S. 360.

355 *Pohlmann*, in: MüKo-BGB, § 1068, Rn. 20.

356 BGH, BB 1975, 295, 295 f.; *Hueck*, OHG, § 27 II 7, S. 400 f.; *Petzoldt*, GmbHR 1987, 381, 382 f.

357 *Pohlmann*, in: MüKo-BGB, § 1068, Rn. 27.

358 Gschwendtner, NJW 1995, 1875, 1875.

359 Vgl. *Blaurock*, S. 77; *Armbrüster*, S. 26.

360 *Pohlmann*, in: MüKo-BGB, § 1068 BGB, Rn. 27 („Ertragsnießbrauch“); *Bassenge*, in: Palandt, § 1068, Rn. 5; BGHZ 58, 316, 317 ff.; BFH, NJW 1995, 1918.

361 Ausf. *Schön*, ZHR 158 (1994), 229 ff.(S. 260 f. für eine gemeinschaftliche Ausübung); BGH, NJW 1999, 571, 572 (kein Stimmrecht bei Grundlagenbeschlüssen); BGH, NJW

Gesellschaft (§§ 118, 166 HGB) werden dem Nießbraucher allgemein zuerkannt[362] und auch die Übertragbarkeit der Verwaltungsrechte entgegen dem Abspaltungsverbot wird allgemein für zulässig gehalten.[363] *Schön*[364] bezweifelt die grundsätzliche Zulässigkeit eines reinen *Ertragsnießbrauchs*, also eines reinen dinglichen Gewinnbezugsrechts ohne Mitwirkungsrechte. Ebenso umstritten ist die Frage der Außenhaftung[365] des Nießbrauchers und seiner Eintragung im Handelsregister.

Die Nießbrauchslösung ist nach alledem nach wie vor mit einiger Rechtsunsicherheit behaftet, wobei sich die Fragen nach dem Umfang der Einflussnahme des Treugebers auf die Geschäftsführung der Gesellschaft in ähnlicher Weise stellen. Durch sorgfältige Vertragsgestaltung kann diesen Problemen jedoch adäquat begegnet werden.

2002, 1647 ff. (kein Stimmrecht eines Nießbrauchers in der Wohnungseigentümerversammlung).

Für ein Stimmrecht bei laufender Verwaltung: *Schäfer*, in: MüKo-BGB, § 705, Rn. 99; *Sprau*, in: Palandt, § 719, Rn. 8; *Flume*, AT 1/1, § 17 IV, S. 361 ff.; *Roth*, in: Baumbach/Hopt, § 105, Rn. 46; *Wegmann*, in: BeckOK-BGB, § 1069, Rn. 17 (teilweise gemeinsame Ausübung).

Gegen ein Stimmrecht: OLG Koblenz, NJW 1992, 2163, 2164 f.; *Pohlmann*, in: MüKo-BGB, § 1068, Rn. 27; *Frank*, in: Staudinger (2009), Anh §§ 1068, 1069, Rn. 70; *Bassenge*, in: Palandt, § 1068, Rn. 5; *Wertenbruch*, in: E/B/J/S, § 105, Rn. 114; *Blaurock*, S. 144; *Eden*, S. 367; *Fastrich*, in: Baumbach/Hueck, § 15, Rn. 53; *K. Schmidt*, ZGR 1999, 601, 607 ff; *Teichmann*, ZGR 1972, 1, 9 ff.

362 *Schäfer*, in: MüKo-BGB, § 705, Rn. 100; *K. Schmidt*, in: MüKo-HGB, vor § 230, Rn. 21; *Bassenge*, in: Palandt, § 1068, Rn. 5; *Schön*, ZHR 158 (1994), 229, 263 f. (gemeinsam); *Wertenbruch*, in: E/B/J/S, § 105, Rn. 114; *Eden*, S. 368 f.; *Westermann*, in: HdbPersG, Rn. 683 d.

363 *K. Schmidt*, ZGR 1999, 601, 610 f.; *Schön*, ZHR 158 (1994), 229, 251 ff.; *Eden*, S. 367; *Richter*, in: MüHdbGesR II, § 27, Rn. 39 f.; *Pohlmann*, in: MüKo-BGB, § 1068, Rn. 25, 90 f.; **aA** *Milatz/Sonneborn*, DStR 1999, 137, 139 (zur GmbH).

364 *Schön*, ZHR 158 (1994), 229, 264 ff.; ebenso *Roth*, in: Baumbach/Hopt, § 105, Rn. 44; überzeugende **aA** bei *Armbrüster*, S. 46, Fn. 235; jetzt wohl auch BGH, NJW 2002, 1647 ff.

Milatz/Sonneborn, DStR 1999, 137, 139 sehen nur den Ertragsnießbrauch bei der GmbH als zulässig an.

365 Bejahend *Schäfer*, in: MüKo-BGB, § 705, Rn. 106; ablehnend *K. Schmidt*, in: MüKo-HGB, vor § 230, Rn. 24; *Eden*, S. 366; *Blaurock*, S. 148 ff.; *Teichmann*, ZGR 1972, 1, 14;

§ 3 Die Rechtsverhältnisse des Treugebers

A. Rechtsverhältnis zum Treuhänder

Durch den schuldrechtlichen Treuhandvertrag verpflichtet sich der Treuhänder zur Verwaltung des Kommanditanteils ausschließlich im Interesse des Treugebers. Der Rechtsnatur nach handelt es sich daher um ein Auftragsverhältnis oder einen Geschäftsbesorgungsvertrag gemäß § 675 BGB.[366] In beiden Fällen finden die §§ 662 ff. BGB Anwendung.[367] Da den Treuhänder als echten Gesellschafter grundsätzlich die primäre, unmittelbare Haftung trifft und die Verwaltung des Anteils, besonders bei einer Vielzahl von Treugebern, einen nicht unerheblichen Zeitaufwand erfordert, ist regelmäßig von einer entgeltlichen Tätigkeit und daher von einem Geschäftsbesorgungsvertrag auszugehen. Dieser muss bei Personengesellschaften grundsätzlichen keinen besonderen Formerfordernissen genügen.[368] Inhaltlich sollten zumindest der Zweck der Treuhand sowie ihre Beendigung und die gegenseitigen Rechte und Pflichten genau geregelt werden.[369]

I. Weisungsrecht, § 665 BGB

Das wohl wichtigste Recht aus Sicht des Treugebers ist das Weisungsrecht gegenüber dem Treuhänder. Hierdurch kann der Treugeber das Abstimmungsverhalten des Treuhänders steuern und damit mittelbar Einfluss auf die Gesellschaft nehmen. Sofern keine ausdrücklichen oder stillschweigenden Regelungen im Treuhandvertrag enthalten sind, ergibt sich ein umfassendes Weisungsrecht aus § 665 BGB. Die Ausgestaltung hängt dabei von den verfolgten Zielen ab. Handelt der Treuhänder lediglich als Strohmann, dient die Treuhand also der Verdeckung oder Umgehung, wird der Treuhänder regelmäßig vollständig den Weisungen des Treugebers unterworfen sein. Dient die Treuhand der Vereinfachung oder auch der Entlastung des Treugebers wird das Weisungsrecht häufig stark eingeschränkt sein bzw. der oder die Treugeber, etwa als reine Kapitalanleger, werden gar kein Interesse an der regelmäßigen Ausübung haben.[370] Auch bei eingeschränktem Weisungsrecht oder

366 Vgl. BGH, BB 1969, 1154, 1154 f.; *K. Schmidt*, in: MüKo-HGB, vor § 230, Rn. 51, 72; *Eden*, S. 24; *Kapitza*, S. 70 f.; *Krenzel*, S. 50 f.; *Maulbetsch*, S. 118.

367 Vgl. *Bälz*, ZGR 1980, 1, 85.

368 Eine Ausnahme bildet die Schenkweise Übertragung der Beteiligung. Diese bedarf der notariellen Beurkundung gemäß § 518 I BGB, vgl. *K. Schmidt*, in: MüKo-HGB, vor § 230, Rn. 54; *Emmerich*, in: Heymann, § 105, Rn. 51. Auch bei Beteiligung an einem geschlossenen Immobilienfonds kann der Treuhandvertrag nach § 311b BGB beurkundungsbedürftig sein, s. dazu *Eden*, S. 37.

369 Ausf. *Eden*, S. 26 ff.

370 Vgl. etwa *Schiemann*, in: FS Zöllner, 503, 518 zum Ausschluss des Weisungsrecht einer Erbengemeinschaft.

Untätigkeit des Treugebers bleibt die Interessenwahrungspflicht des Treuhänders als vertragliche Hauptpflicht bestehen. Er muss seine Handlungen dann am mutmaßlichen Willen des Treugebers ausrichten, wobei ihm insoweit ein Ermessenspielraum zusteht. Ebenso ergibt sich aus § 665 BGB das Recht des Treuhänders von Weisungen abzuweichen, wenn etwa bei einer Beschlussfassung neue Gesichtspunkte auftreten, die das objektive Interesse des Treugebers in anderem Lichte erscheinen lassen.

1. Abdingbarkeit des Weisungsrechts

Insbesondere bei kupierten Publikumspersonengesellschaften, bei denen die Vereinfachungsfunktion der Treuhand im Vordergrund steht, besteht ein Interesse der Initiatoren den Einfluss der Treugeber möglichst gering zu halten und das Weisungsrecht möglichst stark zu beschränken oder ganz auszuschließen. Ob ein vollständiger Ausschluss des Weisungsrechts im Treuhandvertrag zulässig ist, erscheint fraglich. Der *BGH*[371] hat in einem Fall, in dem ein unliebsamer Gesellschafter zum Treugeber hinsichtlich seiner Gesellschafterrechte (unechte Treuhand) gemacht werden sollte, anstatt ihn aus der Gesellschaft auszuschließen, einen vollständigen Ausschluss des Weisungsrechts als gemäß § 138 BGB unzulässige Selbstentmündigung angesehen. Hinzu kam, dass der Treugeber nicht an der Auswahl des Treuhänders beteiligt war. Die *überwiegende Literaturansicht* geht davon aus, dass das Weisungsrecht zumindest nicht vollständig ausgeschlossen werden kann.[372] Insoweit wird *teilweise* auch die Kernbereichslehre herangezogen.[373] *Andererseits*[374] wird vertreten, dass im Falle eines vollständigen Ausschlusses bereits kein Treuhandverhältnis mehr vorliege, sondern eher Unterbeteiligung, da es am typischen Über-/Unterordnungsverhältnis fehle. Dies ist keinesfalls zwingend, besteht doch die Fremdinteressenwahrung des Treuhänders als vertragliche Hauptpflicht unabhängig vom Bestehen oder der Ausübung eines Weisungsrechts.

Für die Möglichkeit eines vollständigen Ausschlusses ließe sich also argumentieren, dass der Treuhänder ohnehin an das Interesse des Treugebers gebunden ist und gegebenenfalls Schadensersatz schuldet, wenn er den Interessen des Treugebers zuwider handelt. Dies wäre jedoch nur ein nachrangiger Schutz. Wirtschaftlicher Inhaber der Beteiligung ist der Treugeber. Ihn treffen mittelbar auch alle wirtschaftlichen Verpflichtungen (§§ 675, 670 BGB). Ohne Weisungsrecht würde sich der Treugeber seiner Handlungsfreiheit berauben. Diese umfassende Bindung würde die Schranken der Privatautonomie in sittenwidriger Weise überschreiten. Der unentgeltlichen Übertragung des Anteils auf den Treuhänder muss weiterhin

371 BGH, NJW 1965, 2147, 2147 f.

372 *Hofmann*, S. 55 ff.; *Schiemann*, in: FS Zöllner, S. 517; *Roth*, in: Baumbach/Hopt, Anh § 177a, Rn. 80.

373 *Krenzel*, S. 88; *Maulbetsch*, S. 157.

374 *Tebben*, S. 267.

ein gewisser Einfluss auf Seiten des Treugebers gegenüberstehen um die vertragliche Parität zu wahren.[375] Für den Bereich der kupierten Publikumsgesellschaften kommt hinzu, dass der Treugeber keinen Einfluss auf die Auswahl des Treuhänders hat.

Sofern es also um wesentliche Entscheidungen geht, die in den grundlegenden Bestand und Umfang der (mittelbaren) Beteiligung eingreifen, muss dem Treugeber das Weisungsrecht verbleiben. Im Ergebnis entspricht dies der dargestellten überwiegenden Ansicht in der Literatur.[376] Ob und wann ein unzulässiger Eingriff in die (mittelbare) Beteiligung vorliegt kann allerdings nur im Einzelfall aufgrund der vorangehend dargestellten gesetzlichen Wertungen entschieden werden. Eine Bezugnahme auf die Kernbereichslehre bietet schon aufgrund der fehlenden Bestimmtheit eines solchen Kernbereichs keinen echten Mehrwert. Überdies ist unklar, ob und in wie weit die Kernbereichslehre in der Praxis noch Geltung hat.[377]

Für die treuhänderische Beteiligung an geschlossenen Investmentkommanditgesellschaften ist nunmehr gesetzlich vorgesehen, dass der Treugeber als mittelbar beteiligter Anleger im Innenverhältnis die gleiche Rechtsstellung wie ein Kommanditist einnimmt (§ 152 I 3 KAGB). Daher ist ein Ausschluss des Weisungsrechts bzw. eines eventuellen eigenen Stimmrechts[378] des Treugebers an den gleichen Voraussetzungen wie bei einem Kommanditisten zu messen.

2. *Zulässigkeit einer Stimmbindung*

Nach den vorangegangenen Ausführungen ist jedem Treuhandverhältnis ein Weisungsrecht in gewissem Umfang immanent. Durch den Treuhandvertrag kommt es somit zu einer Stimmbindung des Treuhänders. Der *BGH*[379] hat die Zulässigkeit und auch die Vollstreckbarkeit (§ 894 ZPO) von Stimmbindungsverträgen anerkannt. In der *Literatur* werden teilweise Bedenken hinsichtlich des Abspaltungsverbots, der Verbandssouveränität und der Treuepflicht geäußert.[380] Einigkeit besteht darüber, dass eine Stimmbindung im Rahmen einer treuhänderischen Beteiligung zulässig ist.[381] Umstritten ist lediglich, ob eine solche Stimmbindung auch ohne Zustimmung

---

375 So zutreffend auch *Tebben*, S. 268.

376 Vgl. erneut *Hofmann*, S. 55 ff.; *Schiemann*, in: FS Zöllner, S. 517; *Roth*, in: Baumbach/Hopt, Anh § 177a, Rn. 80.

377 Vgl. etwa BGH, NZG 2014, 1296 ff.; dazu kritisch *Priester*, NZG 2015, 529; *Enzinger*, in: MüKo-HGB, § 119, Rn. 64 ff.; *Lieder*, in: Oetker, § 119 HGB, Rn. 53.

378 Siehe § 3 B. II. 3., IV.

379 BGH, NJW 1967, 1963, 1964 ff.; BGH, NJW 1983, 1910, 1910 f.; BGH, NJW 1987, 1890, 1892.

380 Vgl. etwa *Schäfer*, in: MüKo-BGB, § 717, Rn. 25; *Roth*, in: Baumbach/Hopt, § 119, Rn. 18; *Flume*, AT 1/1, § 14 IV, S. 220 f.; *Herfs*, S. 321 ff.; *Busse*, BB 1961, 261, 262.

381 *Schäfer*, in: MüKo-BGB, § 717, Rn. 26; *Flume*, At 1/1, § 14 IV, S. 230 ff.; *Tebben*, S. 270; *Eden*, S. 72 ff.; *Maulbetsch*, S. 165 f.

der Mitgesellschafter möglich ist.[382] Da die treuhänderische Beteiligung zwingend zur Stimmbindung führt, stellt sich somit wiederum die Frage, ob die Begründung des Treuhandverhältnisses der Zustimmung der Mitgesellschafter bedarf.[383]

Nach der *hier vertretenen Auffassung* bedarf die Treuhandbegründung und damit auch die Stimmbindung des Treuhänders gegenüber dem Treugeber keiner Zustimmung durch die Mitgesellschafter.[384] Dies ergibt sich insbesondere aus der trotz Treuhand bestehenden Bindung des Treuhänders an die gesellschaftliche Treuepflicht. Das Abspaltungsverbot ist letztlich Ausdruck der Höchstpersönlichkeit der Verwaltungsrechte. Inhaber des Stimmrechts bleibt der Treuhänder als Gesellschafter. Die Wahrung der Verbandssouveränität erfordert den Schutz der Gesellschaft vor äußerer Einflussnahme. Ein solcher Einfluss von außen ist durch das Weisungsrecht des Treugebers grundsätzlich gegeben. Ob hierdurch die Verbandssouveränität in unzulässiger Weise beeinträchtigt wird, hängt letztendlich aber vom Verhalten des Treuhänders ab. Da der Treuhänder aber als Gesellschafter an die gesellschaftliche Treuepflicht gebunden ist, kann grundsätzlich keine unzulässige Beeinträchtigung der Verbandssouveränität angenommen werden.

3. Doppelte Pflichtenbindung des Treuhänders

Der Treuhänder unterliegt im Spannungsfeld von Treuhand- und Gesellschaftsverhältnis einer doppelten Pflichtenbindung. Einerseits hat er eine unbedingte Interessenwahrungspflicht gegenüber dem Treugeber zu erfüllen, andererseits unterliegt er der Treuepflicht in der Gesellschaft.[385] Es fragt sich daher, wie sich der Treuhänder bei einer Weisung zu verhalten hat, deren Befolgung der gesellschaftlichen Treuepflicht zuwider liefe, und welche Auswirkungen eine weisungswidrige Abstimmung durch den Treuhänder hat.

a) Weisungswidrige Abstimmung

Sofern der Treuhänder seine Weigerung zur weisungsgemäßen Abstimmung nicht bereits im Vorfeld zum Ausdruck bringt oder der Treugeber bereits misstrauisch ist und prophylaktisch Erfüllungsklage erhebt, bietet die Vollstreckbarkeit einer Weisung nach § 894 ZPO nur dann Schutz, wenn das weisungswidrige Abstimmungsverhalten des Treuhänders den Beschluss unwirksam oder anfechtbar macht. Ansonsten bleiben dem Treugeber lediglich Schadensersatzansprüche (§§ 280; 826; 823 II BGB i. V. m. § 266 StGB).

---

382 Für Zustimmung: *Schäfer*, in: Staub, § 105, Rn. 105; *Schäfer*, in: MüKo-BGB, § 717, Rn. 26; *Eden*, S. 73; *K. Schmidt*, in: MüKo-HGB, vor § 230, Rn. 63; im Ergebnis auch *Beuthien*, ZGR 1974, 26, 45.

383 Dazu § 2 B. V.

384 Ebenso *Armbrüster*, S. 235 ff.; *Henssler*, AcP 196 (1996), 37, 79.

385 Vgl. *Blaurock*, S. 17; *K. Schmidt*, in: MüKo-HGB, vor § 230, Rn. 36.

Die Stimmabgabe des Treuhänders entgegen einer Weisung des Treugebers muss grundsätzlich wirksam sein.[386] Es ließe sich nicht erklären, wie der schuldrechtliche Treuhandvertrag Auswirkungen auf das Innenverhältnis der Gesellschaft und die Wirksamkeit der Stimmabgabe als Willenserklärung des Treuhänders haben sollte. Ausnahmen müssen dann gelten, wenn die Stimmabgabe gegen die §§ 134, 138 BGB verstößt und mehrheitsbildend ist oder auch die Mitgesellschafter sittenwidrig handeln.[387] Die *wohl herrschende Meinung*[388] geht für den Bereich der qualifizierten Treuhand davon aus, dass auch eine Stimmrechtsausübung, welche den Treugeber evident schädige, unwirksam sei, ohne dass die Voraussetzungen des § 138 BGB vorliegen. Diese Ansicht zieht eine Parallele zu den Grundsätzen über den Missbrauch der Vertretungsmacht. Richtig hieran ist, dass eine Auswirkung des Treuhandverhältnisses auf das Gesellschaftsverhältnis nur bei der offenen Treuhand in Betracht kommt. Eine evidente Pflichtverletzung ist bei verdeckter Treuhand von vorn herein nicht denkbar. Die bloße Offenlegung kann jedoch keine Abweichung von den allgemeinen Grundsäten rechtfertigen. Erst Kenntnis und Billigung des Treuhandvertrags (einvernehmliche und qualifizierte Treuhand) durch die Mitgesellschafter lassen es zu, diese auch mit den Problemen des Treuhandverhältnisses zu belasten. *Armbrüster*[389] sieht in diesem Umstand zunächst sogar die mögliche Rechtfertigung für eine generelle Unwirksamkeit von weisungswidrigen Stimmabgaben durch den Treuhänder, verwirft diesen Gedanken aber zutreffend aus Gründen der Rechtssicherheit und dem Bedürfnis nach einem klaren und einfachen Abstimmungsverfahren. Für die Mitgesellschafter ist es meist nicht ersichtlich, ob der Treuhänder von einer Weisung abweicht, ob eine Abweichung im konkreten Fall gerechtfertigt ist oder überhaupt eine Weisung vorliegt. Beschränkt man die Fälle der Unwirksamkeit der Stimmabgabe allerdings auf solche des evidenten Missbrauchs und orientiert sich an den hohen Anforderungen der Grundsätze über den Missbrauch der Vertretungsmacht,[390] so findet sich trotz bestehender Unsicherheitsmomente ein sachgerechter Interessenausgleich.

---

386 Wohl allg. Ansicht, vgl. *Armbrüster*, S. 237 f.; *Heidel*, in: Heidel/Schall, § 105, Rn. 55; *Fahse*, in: GemK-HGB, vor §§ 161 ff., Rn. 183; *Blaurock*, S. 192; *Henssler*, AcP 196 (1996), 37, 79; *Söll*, S. 178; *Kümmerlein*, S. 116.

387 So *Beuthien*, ZGR 1974, 26, 64; zustimmend auch *Armbrüster*, S. 238; *Kümmerlein*, S. 119 ff.; *Horn*, in: Heymann, § 161, Rn. 182; *Klöckner*, BB 2009, 1313, 1316.

388 *K. Schmidt*, in: MüKo-HGB, vor § 230, Rn. 69; *Ulmer/Schäfer*, in: MüKo-BGB, 6. Aufl. (2013), § 705, Rn. 90; *Westermann*, in: Erman, § 705, Rn. 27; *Schäfer*, in: Staub, § 105, Rn. 108; *Kindler*, in: K/K/R/M, § 105, Rn. 21; *Coing*, S. 167; *Hofman*, S. 105 f.; *Kümmerlein*, S. 124; *Tebben*, S. 188 ff.; *Blaurock*, S. 130 ff.; *Klöckner*, BB 2009, 1313, 1316; **aA** *Hadding*, in: Soergel, § 705, Rn. 29; *Beuthien*, ZGR 1974, 26, 60 ff.; *Huber*, JZ 1968, 791, 792 ff.

389 *Armbrüster*, S. 240 mit Hinweis auf OLG Köln, BB 1996, 2058, 2059. Ähnlich *Flume*, Personengesellschaft, § 14 IV, S. 232, der allerdings lediglich die Möglichkeit der Erfüllungsklage und Vollstreckung nach § 894 ZPO sieht.

390 Zu den Anforderungen etwa *Schramm*, in: MüKo-BGB, § 164, Rn. 215 ff.; BGH, NJW-RR 1992, 1135.

Rechtsprechung zum Thema der weisungswidrigen Stimmabgabe ist nicht ersichtlich.[391] Eine Parallele kann zur treuwidrigen Verfügung des Treuhänders über das Treugut gezogen werden.[392] Der *BGH* lehnt die Anwendung der Grundsätze über den Missbrauch der Vertretungsmacht auf treuwidrige Verfügungen des Treuhänders über das Treugut allerdings grundsätzlich ab.[393] Dies legt den Schluss nahe, dass die Rechtsprechung auch eine weisungswidrige Stimmabgabe des Treuhänders als grundsätzlich wirksam einordnen wird. Jedoch soll ein Beschluss, der gegen Stimmbindungsverträge aller Gesellschafter untereinander verstößt, anfechtbar sein.[394] Eine solche Stimmbindung aller Gesellschafter untereinander ist durchaus mit einer durch alle Gesellschafter konsentierten Bindung des Treuhänders an Weisungen des Treugebers vergleichbar wie sie bei der qualifizierten Treuhand vorliegt.[395] Dies legt es zumindest bei qualifizierter Treuhand nahe, dass auch die Rechtsprechung in bestimmten Fällen zur Unwirksamkeit einer weisungswidrigen Stimmabgabe durch den Treuhänder gelangt.

b) Konflikt von Weisung und gesellschaftlicher Treuepflicht

Als Gesellschafter darf der Treuhänder einer Weisung des Treugebers nicht Folge leisten, sofern er hierdurch gegen seine gesellschaftsrechtliche Treuepflicht verstoßen würde. Eine gegen die Treuepflicht verstoßende Stimmabgabe kann im Einzelfall aufgrund unzulässiger Rechtsausübung nichtig sein.[396] Sofern die treuwidrige abgegebene Stimme auf das Beschlussergebnis durchschlägt, kann auch der Beschluss nichtig bzw. anfechtbar sein.[397] Ein Versammlungsleiter wäre allerdings berechtigt die treuwidrig abgegebene Stimme nicht mitzuzählen.[398]

aa) Treupflichtbindung des Treugebers

Sofern man den Treugeber selbst der mitgliedschaftlichen Treuepflicht gegenüber bzw. in der Gesellschaft unterwerfen will, wäre bereits die treuwidrig abgegebene Weisung an den Treuhänder unwirksam. *Armbrüster* sieht in jedem (auch verdecktem) Treuhandverhältnis über einen Gesellschaftsanteil eine qualifizierte

---

391 So auch *Klöckner*, BB 2009, 1313, 1315.

392 Vgl. *Klöckner*, BB 2009, 1313, 1316.

393 BGH, NJW 1968, 1471, 1471 (m. abl. Anm. *Kötz*).

394 BGH, NJW 1983, 1910, 1911 (GmbH).

395 Vgl. *Flume*, AT 1/1, § 14 IV, S. 232.

396 *Schöne*, in: BeckOK-BGB, § 709, Rn. 54; *Schäfer*, in: MüKo-BGB, § 709, Rn. 112; *Enzinger*, in: MüKo-HGB, § 119, Rn. 94; *Habermeier*, in Staudinger (2003), § 709 BGB, Rn. 27.

397 Für Nichtigkeit: *Schäfer*, in: MüKo-BGB, § 709, Rn. 108; *Westermann*, in Erman, § 709 BGB, Rn. 37 f.; *Roth*, in: Baumbach/Hopt, § 119, Rn. 31.
Für Anfechtbarkeit: *Enzinger*, in: MüKo-HGB, § 119, Rn. 94, 98 ff.; *Freitag*, in E/B/J/S, § 119, Rn. 82; *Lieder*, in: Oetker, § 119, Rn. 67.

398 *Schäfer*, in: MüKo-BGB, § 709, Rn. 112.

gesellschaftsbezogene Einwirkungsmacht begründet, welche die Erstreckung der Treuepflichten auf den Treugeber in Korrelation zu seiner Einwirkungsmacht auf die Gesellschaft rechtfertige.[399] Ebenso wie die *hier vertretene Ansicht*[400] geht auch der *überwiegende Teil der Literatur* dagegen nur bei der qualifizierten Treuhand von einer Geltung der gesellschaftlichen Treuepflicht für und gegen den Treugeber aus.[401]

bb) Keine Treupflichtbindung des Treugebers

Sofern der Treugeber nicht selbst an die gesellschaftsrechtliche Treuepflicht gebunden ist, ist dagegen fraglich, ob der Treuhänder an eine seinen Treupflichten gegenüber der Gesellschaft widersprechende Weisung durch den Treugeber gebunden ist. Sofern er zur Befolgung nicht verpflichtet wäre, käme auch keine Verletzung des Treuhandvertrags und keine Unwirksamkeit der weisungswidrigen Stimmabgabe nach den vorangehend dargestellten Grundsätzen (§§ 134, 138 BGB, evidenter Missbrauch bei einvernehmlicher Treuhand) in Betracht.

Der *BGH*[402] hat hierzu ausgeführt, die Rechtsstellung des Treugebers gegenüber dem Treuhänder finde ihre Grenzen und Schranken in den Grundlagen des Gesellschaftsrechts. In die Rechtsbeziehungen der Gesellschafter untereinander dürfe nicht durch die Abhängigkeit des Treuhänders vom Treugeber eingegriffen werden. Übereinstimmend wird auch in der *Literatur*[403] überwiegend ein Vorrang der gesellschaftsrechtlichen Pflichtenbindung angenommen, wobei die Begründungen variieren und die genauen Rechtsfolgen oft unklar bleiben. Im Bereich der Unterbeteiligung wird *teilweise* von unterschiedlicher Normqualität ausgegangen und der Hauptgesellschaftsvertrag als höherrangige Rechtsquelle eingestuft.[404] *Ulmer*[405] geht davon aus, dass die treupflichtwidrige Stimmabgabe unwirksam und die Weisungsbindung des Treuhänders daher wegen objektiver Unmöglichkeit gegenstandslos sei. Hiergegen spricht, dass der Treuhänder lediglich zur weisungsgemäßen Stimmabgabe verpflichtet ist. Nach wiederum *anderer Ansicht* bestehe in diesem Fall lediglich ein Leistungsverweigerungsrecht.[406]

399 *Armbrüster*, S. 355 ff., 361.

400 S. u. § 3 B. III.

401 *Ulmer*, in: FS Odersky, 873, 878; *Roth*, in: Baumbach/Hopt, § 105, Rn. 34; *Kindler*, in: K/K/R/M, § 105, Rn. 21; *Tebben*, S. 415 ff.; *Schiemann*, in: FS Zöllner, 503, 511; *Zacher*, DStR 1996, 1813, 1817; *Kümmerlein*, S. 162 f.; ähnlich *Beuthien*, ZGR 1974, 26, 58 f.

402 BGH, NJW 1952, 178, 180 = BGHZ 3, 354.

403 So etwa *Blaurock*, S. 134; *Beuthien*, ZGR 1974, 26, 41; *Fleck*, in: FS Fischer, 107, 115 f.; *Kümmerlein*, S. 23, 27; *Wolff*, S. 13; *Roth/Thöni*, in: FS 100 Jahre GmbHG, 245, 280; *Markwardt*, S. 61; *Ehlke*, DB 1985, 795, 800; *K. Schmidt*, in: MüKo-HGB, vor § 230, Rn. 73; *Schäfer*, in: Staub, § 105, Rn. 105.

404 *Rüthers*, AcP 168 (1968), 263, 283; *Friehe*, S. 45 f.

405 *Ulmer*, in: FS Odersky, 873, 888.

406 *K. Schmidt*, GesRt, § 21 II. 4. a) dd), S. 620.

Ein genereller Vorrang der gesellschaftsrechtlichen Pflichtenbindung kann weder für den Bereich der Unterbeteiligung, noch für den der Treuhand überzeugen, handelt es sich doch um zwei gleichrangige Verträge. Es ließe sich nicht erklären, wie die gesellschaftsrechtliche Bindung Auswirkungen auf den Treuhandvertrag nehmen sollte. Auch die Annahme objektiver Unmöglichkeit überzeugt nicht. Die Leistungspflicht aus dem Treuhandverhältnis in bestimmter Weise abzustimmen ist dem Treuhänder keineswegs objektiv unmöglich. Nicht geschuldet ist die Herbeiführung eines bestimmten Abstimmungserfolgs, welche – je nach Verständnis der Treuepflicht als eigene immanente Schranke oder als Ausprägung des rechtsmissbräuchlichen Verhaltens gem. § 242 BGB[407] – tatsächlich unmöglich sein kann.

Die Annahme eines Leistungsverweigerungsrechts ist dagegen schon überzeugender. So weit dürfte es jedoch regelmäßig bereits nicht kommen. Richtigerweise ist davon auszugehen, dass der Gesellschaftsvertrag dem Treuhandvertrag vorgegeben ist, also dessen objektive Grundlage bildet.[408] Die Bezeichnung „Vorrang"[409] ist dabei jedoch unpassend, da sie auf ein rechtliches Stufenverhältnis hindeutet, welches nicht besteht. Wer einen Dritten zur Verwaltung eines Gesellschaftsanteils beauftragt, beauftragt ihn somit auch zur Erfüllung der Pflichten, die die Gesellschafterstellung mit sich bringt. Entgegen der Kritik *Tebbens*[410] folgt dies nicht aus einer Beschränkung der Privatautonomie, sondern ergibt sich regelmäßig aus der interessengerechten Auslegung des Treuhandvertrags nach den allgemeinen Grundsätzen der §§ 133, 157 BGB. Sollte der Treuhandvertrag den Treuhänder explizit verpflichten, gegen die Treupflichten in der Gesellschaft zu verstoßen, so wird eine sittenwidrige Schädigungsabsicht des Treugebers bzw. ein Verleiten zum Vertragsbruch mit der Folge der Nichtigkeit gemäß § 138 BGB vorliegen. Sollte der Treugeber erst später Weisungen entgegen der gesellschaftlichen Treuepflicht erteilen, so wäre der Treuhänder bereits nicht zur Befolgung der Weisung verpflichtet und der Treugeber würde sich zumindest in gemäß § 242 BGB unzulässiger Weise zu seinem früheren Verhalten in Widerspruch setzen.[411] Eine entsprechende Weisung wäre unwirksam.

4. Gespaltene Stimmabgabe

Sofern der Treuhänder den Kommanditanteil für mehrere Treugeber oder auch teilweise für sich selbst hält, stellt sich die Frage, ob eine gespaltene bzw.

407 Vgl. hierzu *Armbrüster*, S. 98, 339; *Schäfer*, in: MüKo-BGB, § 705, 221 ff.

408 So auch *Beuthien*, ZGR 1974, 26, 41; *Blaurock*, S. 181; *Markwardt*, S. 62; *Armbrüster*, S. 244 f.

409 So etwa *Armbrüster*, S. 245; *Beuthien*, ZGR 1974, 26, 41.

410 *Tebben*, S. 181.

411 Allg. zum Grundsatz „venire contra factum proprium" *Schubert*, in: MüKo-BGB, § 242, Rn. 309 ff.

uneinheitliche Stimmabgabe allgemein möglich ist und ob der Treuhänder hierzu berechtigt ist.

a) *Möglichkeit der gespaltenen Stimmabgabe*

Armbrüster[412] greift den Gedanken einer möglichen Perplexität der Stimmabgabe als Willenserklärung[413] auf, verwirft diesen aber für den Bereich der bloßen Abstimmung mit „ja" oder „nein" aufgrund der letztlich möglichen einheitlichen Stimmabgabe mit geringerem Stimmgewicht in diesem Fall. Richtigerweise kommt eine Perplexität aber auch bei mehreren Optionen nicht in Betracht. Der Inhalt der Erklärung, mit je einem Drittel der Stimmkraft für die Optionen A, B und C stimmen zu wollen, ist eindeutig. Anders wäre dies nur, wenn etwa die Stimmanteile zusammengenommen mehr als 100 Prozent ergeben würden. Die eindeutige Formulierung einer geteilten Stimmabgabe als Willenserklärung ist jedoch problemlos möglich, weshalb der Gedanke der Perplexität ist in diesem Zusammenhang verfehlt ist.

b) *Zulässigkeit der gespaltenen Stimmabgabe*

Zweifel an der Zulässigkeit einer gespaltenen bzw. uneinheitlichen Stimmabgabe ergeben sich aus dem Grundsatz der Einheitlichkeit der Mitgliedschaft.[414] Auch ein Treuhänder für mehrere Treugeber hält innerhalb der Gesellschaft nur einen einheitlichen Anteil.[415] Vor diesem Hintergrund lässt sich eine uneinheitliche Ausübung des Stimmrechts kaum dogmatisch überzeugend begründen.[416] Zumindest für den Treuhänderkommanditisten wird die Möglichkeit gespaltener Abstimmung verbreitet anerkannt, da ein praktisches Bedürfnis bestehe.[417] Stünde dem Treuhändergesellschafter diese Möglichkeit nicht offen, wäre er gezwungen gegen Weisungen einzelner Treugeber zu verstoßen und sich entsprechenden Schadensersatzansprüchen auszusetzen. Weiterhin wären die Treugeber in ihrer mittelbaren Einwirkungsmacht stark beeinträchtigt. Gleiches stünde zu befürchten, wenn der Treuhänder nur berechtigt wäre nach einheitlichem Beschluss der Treugeber abzustimmen.[418] Mit der Anerkennung der Treuhand an Gesellschaftsanteilen muss

---

412 *Armbrüster*, S. 250, 260 f.

413 Allg. Ansicht, vgl. BGHZ 48, 163, 173; *Flume*, Juristische Person, § 7 VII, S. 249; *Schäfer*, in: Staub, § 119, Rn. 24; *Roth*, in: Baumbach/Hopt, § 119, Rn. 5.

414 Vgl. allg. *S. Peters*, Einheitlichkeit, S. 50 ff.; *Schäfer*, in: Staub, § 105, Rn. 72; krit. *Lüttge*, NJW 1994, 5 ff.; *Esch*, BB 1993, 64 ff.; *ders.*, BB 1996, 1621 ff.

415 **hM**; vgl. *K. Schmidt*, in: MüKo-HGB, § 105, Rn. 75 f.; *Armbrüster*, S. 246.

416 Vgl. den Versuch von *Bippus*, AcP 195 (1995), 13, 24 ff. und die Kritik hierzu bei *Armbrüster*, S. 248 f.

417 *Schiemann*, in: FS Zöllner, 503, 516; *Hofmann*, S. 67 ff.; *Söll*, S. 192; *Kapitza*, S. 65; *K. Schmidt*, in: MüKo-HGB, vor § 230, Rn. 62; *Fahse*, in: GemK-HGB, § 161, Rn. 59; *Maulbetsch*, S. 164 f.; *Lüttge*, NJW 1994, 5, 7 f.; OLG Köln, DB 1996, 2123, 2123.

418 Vgl. *Blaurock*, S. 82 zur vergleichbaren Situation bei der Repräsentativverfassung.

auch die Möglichkeit der uneinheitlichen Stimmabgabe einhergehen. *Lüttge* argumentiert, ansonsten ließe sich auch das allgemein anerkannte Aussonderungsrecht des Treugebers in der Insolvenz des Treuhänders nicht erklären.[419] Dieses Argument verfängt jedoch nur, wenn man von der Aussonderung des Gesellschaftsanteils bzw. bei mehreren Treugebern des Anteils am Gesellschaftsanteil ausgeht. Allgemein betrachtet kann nur das Auseinandersetzungsguthaben ausgesondert werden, da der insolvente Gesellschafter nach aktueller Rechtslage zwingend aus der Gesellschaft ausscheidet (§§ 131 III Nr. 2, 161 II HGB).[420] *Überwiegend* wird daher auch einem Treugeber nur eine Aussonderung des Abfindungs- bzw. Auseinandersetzungsanspruchs zuerkannt.[421] Bei einvernehmlicher Treuhand seien die Gesellschafter aber unter Umständen aufgrund der Treuepflicht zur Aufnahme des Treugebers oder eines anderen Treuhänders verpflichtet.[422] Zumindest sind jedoch keine zwingenden Gründe gegen eine Zulassung gespaltener Abstimmung im Gesellschaftsvertrag ersichtlich.[423] Nach *K. Schmidt*[424] handele es sich insoweit um eine echte Ausnahme von Grundsatz der Einheitlichkeit.

Entscheidende Bedeutung dürfte dieser Frage daher wohl fast ausschließlich im Bereich der zwar offengelegten, aber nicht konsentierten Treuhand zukommen. Sofern es sich um eine verdeckte Treuhand handelt, die auch weiterhin unerkannt bleiben soll, wird der Treuhänder sich hüten seine Stimme uneinheitlich abzugeben. Ist das Treuhandverhältnis im Einverständnis mit den übrigen Gesellschaftern begründet worden, die Gesellschaft etwa von vorn herein auf die Aufnahme einer Vielzahl von Treugebern ausgerichtet (kupiere Publikums-KG) oder bestehen unmittelbare Rechtsbeziehungen zwischen Treugebern und Mitgesellschaftern (qualifizierte Treuhand), wird sich regelmäßig eine entsprechende Regelung im Gesellschaftsvertrag finden oder zumindest durch Auslegung gemäß §§ 133, 157 BGB ergeben.

Fraglich ist also, ob die übrigen Gesellschafter bei offener (oder nachträglich offengelegter), nicht einvernehmlicher Treuhand eine uneinheitliche Ausübung akzeptieren müssen. Das Interesse der Mitgesellschafter gilt zunächst einem einfachen, klaren und praktikablen Abstimmungsverfahren. In vielen Fällen wird sich die Abstimmung auf „ja" oder „nein" beschränken. In diesem Fall ist dem Treuhänder eine einheitliche Abgabe seiner Stimme mit gemindertem Stimmgewicht möglich.[425] Die freiwillige Minderung des eigenen Stimmgewichts verstärkt

419 *Lüttge*, NJW 1994, 5, 7 f.

420 Vgl. *Ganter*, in: MüKo-InsO, § 47, Rn. 370a.

421 *Beuthien*, ZGR 1974, 26, 67; *Markwardt*, S. 138; *Blaurock*, S. 250 f.; *Eden*, S. 132 f.; **aA** *K. Schmidt*, in: MüKo-HGB, vor § 230, Rn. 81.

422 *Eden*, S. 133; *Blaurock*, S. 251; *K. Schmidt*, in: MüKo-HGB, vor § 230, Rn. 81.; *Krenzel*, S. 222.

423 Vgl. *K. Schmidt*, in: MüKo-HGB, vor § 230, Rn. 62; *Schilling*, in: Staub (4. Aufl.), § 161, Rn. 42; insoweit auch *S. Peters*, Einheitlichkeit, S. 163.

424 *K. Schmidt*, GesRt, § 45 I. 2. B) aa), S. 1313.

425 So zutreffend *Armbrüster*, S. 260 f.

wiederum das Stimmgewicht der anderen Gesellschafter, was diesen grundsätzlich entgegenkommen dürfte. Auch dürfte dies keinen unzumutbaren mathematischen Aufwand erfordern. Im Falle von Beschlüssen mit drei oder mehr Optionen liegt hingegen keine bloße Minderung des Stimmgewichts vor. Jedoch dürfte auch hier der erhöhte rechnerische Aufwand gerechtfertigt sein und die Beschlussfassung nicht unzumutbar erschweren.

Es ist weiterhin nicht erforderlich, dass das Kopfprinzip (§ 119 II HGB) abbedungen ist.[426] Eine Berechnung nach Köpfen erleichtert die Abstimmung gerade. Sofern es nur einen Treuhändergesellschafter gibt, sind nur Stimmen mit vollwertigem Stimmgewicht entscheidend. Der Treuhänder müsste wiederum nur eine einheitliche Stimme entsprechend der Mehrheit unter den Treugebern abgeben, da nur der größte Stimmgewichtsanteil innerhalb der Stimme des Treuhänders entscheidungserheblich wäre. Zutreffend ist hingegen, dass die Zulassung von Mehrheitsbeschlüssen zur gespaltenen Stimmabgabe erforderlich ist.[427] Sofern das Einstimmigkeitsprinzip nach § 119 I HGB gilt, würde dem einzelnen Treugeber gegenüber den Gesellschaftern und seinen Mittreugebern durch die Möglichkeit Beschlüsse im Alleingang zu blockieren zu viel Macht eingeräumt. In diesem Fall kommt nur eine einheitliche Weisung an den Treuhänder nach Beschluss unter den Treugebern in Betracht.

Die gespaltene Stimmabgabe ist somit ohne erhebliche Erschwerungen durchführbar, sofern das Mehrheitsprinzip gilt. Die Mitgesellschafter werden hierdurch nicht entscheidend belastet. In Treuhandkonstellationen besteht aber ein gewichtiges Bedürfnis nach uneinheitlicher Abstimmung für den Treuhänder. Die uneinheitliche Stimmrechtsausübung durch den Treuhänder ist daher auch bei nicht einvernehmlicher Treuhand zulässig, sofern dies nicht ausdrücklich im Gesellschaftsvertrag ausgeschlossen wurde.[428]

II. Stimmrecht

Die vorangegangenen Ausführungen zum Weisungsrecht des Treugebers haben gezeigt, dass der bloß mittelbaren Einflussnahme des Treugebers auf den Willensbildungsprozess in der Gesellschaft Grenzen gesetzt sind und diese somit einige Unsicherheiten für den Treugeber mit sich bringt. Der Treugeber wäre besser geschützt, wenn ihm ein eigenes Stimmrecht zustünde oder er dieses zumindest selbst ausüben würde. Im Verhältnis zum Treuhänder kommt in diesem Zusammenhang

---

426 So aber *von Boehmer*, NJW 1949, 564, 566; *Maulbetsch*, S. 161, Fn. 36; *Peters*, Einheitlichkeit, S. 165; **aA** auch *Armbrüster*, S. 247.

427 So *K. Schmidt*, in: MüKo-HGB, vor § 230, Rn. 62.

428 Ebenso *Armbrüster*, S. 263; für generelle Zulässigkeit *ders.*, in: FS Bezzenberger, 3, 21; *S. Peters*, Einheitlichkeit, S. 108 (für oHG, KG); *Asmus/Markwardt*, ZIP 2012, 1581, 1584; **aA** *K. Schmidt*, Gesellschaftsrecht, § 21 II. 1. b), S. 605; *Wiedemann*, in: FS Zöllner, 635, 645; *Joussen*, DB 1992, 1173, 1174 f.; *Steinbeck*, DB 1995, 761, 764.

die Erteilung einer Stimmrechtsvollmacht oder die Abtretung des Stimmrechts an den Treugeber in Betracht.

1. *Stimmrechtsvollmacht*

Die Gewährung einer Stimmrechtsvollmacht wird allgemein als zulässig erachtet. Nur eine unwiderrufliche Vollmacht unter gleichzeitigem Stimmverzicht des Vollmachtgebers ist nach *herrschender Meinung* unzulässig, da dies einer Übertragung gleichkomme und somit gegen das Abspaltungsverbot verstoße.[429] Unabhängig davon, ob das Abspaltungsverbot im Verhältnis zwischen Treuhänder, Treugeber und Gesellschaft überhaupt Anwendung findet,[430] lässt sich sagen, dass die Vollmacht immer zumindest[431] aus wichtigem Grund widerrufen werden kann. Zudem ist die Vollmacht grundsätzlich vom Bestand des zugrundeliegenden Treuhandverhältnisses abhängig (§ 168 S. 1 BGB) und somit niemals unwiderruflich.

Ein gleichzeitiger Stimmrechtsverzicht des Treuhänders kann nur schuldrechtliche Wirkung gegenüber dem Treugeber haben. Ein dinglich wirkender Stimmverzicht wäre nur innerhalb des Gesellschaftsverhältnisses denkbar und würde das Stimmrecht des Treuhänders ausschließen, zu dessen Ausübung der Treugeber jedoch gerade ermächtigt werden soll. Auch bei einem (schuldrechtlichen) Stimmverzicht bleibt somit die vorrangige Ausübungskompetenz des Treuhänders erhalten. Soweit vertreten wird, dass ein solcher Stimmverzicht den Kernbereich der Mitgliedschaft von vornherein nicht erfassen könne,[432] kann auch dieser Ansicht zumindest für den Bereich der Treuhand nicht gefolgt werden. Da der Stimmrechtsinhaber im Verhältnis zur Gesellschaft und seinen Mitgesellschaftern zur Ausübung des Stimmrechts berechtigt bleibt, ist nicht ersichtlich, warum er sich nicht auch für den Kernbereich seiner Mitgliedschaft schuldrechtlich zur Nichtausübung verpflichten können sollte. Im Falle der Treuhand ist Träger des tatsächlichen wirtschaftlichen Interesses an der Beteiligung und damit schutzbedürftig zudem regelmäßig der Treugeber, nicht der verzichtende Treuhänder.

2. *Abtretung des Stimmrechts*

Eine mögliche Abtretung des Stimmrechts des Treuhänders an einen Treugeber steht, ebenso wie eine mögliche Begründung eines originären Stimmrechts in der

429 Zum Problem der Stimmrechtsvollmacht und entsprechenden Literaturnachweisen siehe bereits oben § 2 B. VI. 3.

430 S. u. § 3 B. II. 3.

431 Für grundsätzliche Widerruflichkeit *Schäfer*, in: MüKo-BGB, § 717, Rn. 9; *Flume*, AT 1/1, § 14 VII, S. 235 ff.; ebenso *Reuter*, ZGR 1978, 633, 641 unter Hinweis auf eine angebliche durch den Gesetzgeber in § 52 HGB vorgenommene Wertung im Bereich der Unternehmensentscheidungen.

432 So aber *Schaub*, DStR 1995, 1634, 1638; *Roth/Thöni*, in: FS 100 Jahre GmbHG, 245, 279 (jeweils zur GmbH).

Person des Treugebers,[433] noch erheblich stärker in Konflikt mit dem Abspaltungsverbot, als eine bloße Stimmrechtsvollmacht. Beide Fälle betreffen im Wesentlichen das Verhältnis des Treugebers zur Gesellschaft und zu den Gesellschaftern und werden daher an anderer Stelle dargestellt.[434]

III. Informationsanspruch

Der Treugeber hat gegenüber dem Treuhänder gemäß § 666 BGB einen Informationsanspruch.[435] Dieser Anspruch bezieht sich sowohl auf die Tätigkeit des Treuhänders an sich, als auch auf die der Gesellschaft und ihrer Geschäftsentwicklung.[436] Der Treuhänder steht hier in gleicher Weise wie bei der Ausübung des Stimmrechts nach Weisung des Treugebers in einem Spannungsfeld zwischen gesellschaftsrechtlicher und treuhandrechtlicher Pflichtenbindung. Er ist als Gesellschafter verpflichtet, solche Informationen zurückzuhalten, welche durch Kenntnis oder Verwendung durch Dritte schädlich für die Gesellschaft sein könnten.[437] Dieser Konflikt ist in gleicher Weise aufzulösen, wie im Falle der treuepflichtwidrigen Weisung bzgl. des Stimmrechts. Der Gesellschaftsvertrag stellt die objektive Grundlage des Treuhandvertrags dar. Nach Auslegung des Treuhandvertrags ist der Treuhänder nicht verpflichtet gegen die gesellschaftsrechtliche Treuepflicht zu verstoßen. Sofern der Treuhandvertrag den Treuhänder ausdrücklich zu treuepflichtwidrigen Auskünften verpflichtet, ist von Sittenwidrigkeit wegen Verleitens zum Vertragsbruch gemäß § 138 BGB auszugehen.[438]

1. Nicht einvernehmliche und verdeckte Treuhand

Im Falle der nicht einvernehmlichen und verdeckten Treuhand besteht die Geheimhaltungspflicht des Treuhänders daher grundsätzlich in vollem Umfang. Allerdings müssen dem Treugeber auch hier zumindest solche Informationen zugänglich sein, die er zur sinnvollen Ausübung seines Weisungsrechts benötigt. Eine Behandlung des Treugebers als beliebigen Dritten kann insoweit nicht ausreichen.[439] Auch bei verdeckter Treuhand steht der Treugeber der Gesellschaft, aufgrund seiner zumindest wirtschaftlichen Beteiligung, nicht wie ein beliebiger Dritter gegenüber. Dies rechtfertigt eine gewisse Einschränkung der Verschwiegenheitspflicht.

---

433 Vgl. BGH NJW 1960, 963.

434 Siehe § 3 B. II.

435 *Roth*, in: Baumbach/Hopt, § 105, Rn. 35; *Kindler*, in: K/K/R/M, § 105, Rn. 20; *Armbrüster* S. 304; *Eden*, S. 101 f.; *Blaurock*, S. 134; *Maulbetsch*, S. 136; *Söll*, S. 197; *Tebben*, S. 274; OLG München, DB 1986, 1970, 1970; OLG Köln, NJW-RR 1989, 528, 528.

436 Vgl. zum Umfang *Eden*, S. 101 f.

437 *Blaurock*, S. 181; *Kümmerlein*, S. 24; *Armbrüster*, S. 304.

438 Vgl. *Beuthien*, ZGR 1974, 26, 43; *Armbrüster*, S. 305.

439 So aber *Blaurock*, S. 182; wohl auch *K. Schmidt*, in: MüKo-HGB, vor § 230, Rn. 74.

2. *Einvernehmliche Treuhand*

In der Billigung eines Treuhandverhältnisses (einvernehmliche Treuhand) kann regelmäßig eine weitere Lockerung gesehen werden, die bis hin zu einer vollständigen Aufhebung der Geheimhaltungspflicht im Falle einer qualifizierten mittelbaren Beteiligung reichen kann.[440] In Betracht kommen dann auch unmittelbare Informationsansprüche des Treugebers in der Gesellschaft.[441] Andererseits, etwa bei Publikumsgesellschaften, kann auch ein legitimes Interesse der Gesellschafter daran bestehen, den Informationsanspruch der Treugeber einzuschränken, um den Verwaltungsaufwand für den Treuhänder in angemessen Grenzen zu halten.[442] Hier ist trotz Billigung der Treuhand nur von einem eingeschränkten Informationsanspruch aus Gründen der Praktikabilität auszugehen.

IV. Vermögensrechte

Vermögensrechte des Treugebers können sich einerseits von der Gesellschafterstellung des Treuhänders ableiten. Andererseits können sie auf dem Treuhandverhältnis selbst beruhen.

1. *Gesellschaftsbezogene Rechte*

Vorbehaltlich anderweitiger vertraglicher Gestaltung richten sich die vermögensrechtlichen Ansprüche des Treugebers gegen den Treuhänder bzgl. des wirtschaftlichen Ergebnisses der Gesellschaftsbeteiligung nach § 667 BGB. Der Treuhänder ist demnach verpflichtet, alles aus der Geschäftsführung Erlangte herauszugeben. Hierbei ist zunächst an Gewinnausschüttungen an den Treuhänder, das Auseinandersetzungsguthaben bei Beendigung der Gesellschaft und die Abfindung bei Ausscheiden des Treuhänders zu denken.[443] Um zu verhindern, dass Gläubiger des Treuhänders auf ausbezahlte Gewinne zugreifen, die nicht auf gesonderten Konten geführt werden, empfiehlt sich aus Sicht des Treugebers eine Abtretung der bestehenden und künftigen Ansprüche (§ 717 S. 2 BGB), sofern dem kein vertragliches Abtretungsverbot i. S. d. § 399 Alt. 2 BGB entgegensteht. Bei der kupierten Publikums-KG ist eine antizipierte Abtretung häufig ausdrücklich vereinbart. Ist dies nicht der Fall, so kann eine Klausel, welche die Gleichbehandlung von Treugebern und Kommanditisten anordnet, unter Umständen dahin gehend ausgelegt werden.[444] Ein Entnahmerecht nach §§ 122 I, 161 II HGB steht dem Treuhänder als

---

440 Vgl. *Schiemann*, in: FS Zöllner, 503, 516; *Tebben*, S. 273; *Blaurock*, S. 181.

441 S. u. § 3 B. II., sowie *K. Schmidt*, in: MüKo-HGB, vor § 230, Rn. 67; *Schäfer*, in: Staub, § 105, Rn. 107; *Eden*, S. 102; *Weipert*, DStR 1992, 1097, 1100.

442 Vgl. *Maulbetsch*, S. 136.

443 *Eden*, S. 50; *Tebben*, S. 281, 283; *Maulbetsch*, S. 153 f.; *Roth*, in: Baumbach/Hopt, § 105, Rn. 33; *Blaurock*, S. 250.

444 *Kapitza*, S. 56.

Kommanditisten gemäß § 169 I HGB grundsätzlich nicht zu, weshalb der Streit um die Abtretbarkeit dieses Anspruchs hier nicht relevant ist.[445]

Ferner ergibt sich aus § 667 BGB die Pflicht des Treuhänders, den Anteil bei Beendigung der Treuhand auf den Treugeber zu übertragen, sofern keine anderweitige Regelung im Treuhandvertrag erfolgt ist.[446] Hierfür ist die Zustimmung der Mitgesellschafter erforderlich, sofern die Anteile nicht frei übertragbar sind. Diese kann sich bei der Übertagungstreuhand bereits aus der Zustimmung zur ursprünglichen Treuhandbegründung ergeben.[447] Bei der Sicherungstreuhand ist diese Einwilligung zwingend anzunehmen und darüber hinaus nur aus wichtigem Grund widerruflich.[448]

Neben diesen allgemeinen Ansprüchen kommen weiterhin Schadensersatzansprüche des Treuhänders gegen seine Mitgesellschafter aufgrund von Verletzungen gesellschaftsrechtlicher Pflichten, durch welche der Wert des Anteils selbst oder die Erträge aus dem Anteil gemindert werden, in Betracht. Der Treuhänder ist aufgrund des Treuhandvertrags zur Erhaltung der Substanz des Treuguts und damit zur Geltendmachung solcher Ansprüche verpflichtet. Soweit der Treuhänder den Anteil für einen oder mehrere Treugeber hält, tritt bei ihm selbst allerdings kein Schaden ein. Diese Schadensverschiebung im Innenverhältnis soll der Schädiger dem Treuhänder nicht entgegenhalten können. Nach *überwiegender Ansicht in Literatur und Rechtsprechung*[449] werden Treuhandverhältnisse daher als Fälle der Drittschadensliquidation eingeordnet. *Junker*[450] will dem Treugeber stattdessen einen eigenen Anspruch aus § 823 I BGB aufgrund Verletzung des wirtschaftlichen Eigentums gewähren. Dies solle allerdings nur bei der Verwaltungstreuhand gelten, bei der der Treugeber allein das Risiko trägt und ihm die Gewinne zufließen, nicht hingegen bei der Sicherungsübereignung zugunsten des Sicherungsgebers. Auch *andere Stimmen*[451] gehen von einer Verdinglichung der Rechtsstellung des Treugebers im Sinne eines sonstigen Rechts gemäß § 823 I BGB aus. Die Judikatur habe die Position des Treugebers durch Gewährung der Drittwiderspruchsklage (§ 771 ZPO) und des Aussonderungsrechts (§ 47 InsO) über die bloß obligatorische Ebene hinausgehoben.

---

445 Vgl. dazu *Armbrüster*, S. 224 f.; *Krenzel*, S. 126 f.

446 BGH, WM 1971, S. 306, 307; *Heidel*, in: Heidel/Schall, § 105, Rn. 57; *Krenzel*, S. 205; *K. Schmidt*, in: MüKo-HGB, vor § 230, Rn. 91; *Armbrüster*, S. 153.

447 Eingehend *Armbrüster*, S. 153 ff.

448 BGH, NJW 1980, 2708.

449 BGH, NJW-RR 1987, 880, 881; *Grüneberg*, in: Palandt, Vorb § 249, Rn. 108; *v. Caemmerer*, ZHR 127 (1965), 241, 259 f.; *Oetker*, in: MüKo-BGB, § 249, Rn. 306; *Schiemann*, in: Staudinger (2005), Vorb §§ 249 ff., Rn. 71; *Lange/Schiemann*, Schadensersatz, § 8 III 5, S. 469 f.; *Armbrüster*, S. 226; *Berg*, JuS 1977, 363, 365; *Blaurock*, S. 218 f.; im Erg. ebenso *Peters*, AcP 180 (1980), 329, 370 f.

450 *Junker*, AcP 1993, 348, 362.

451 *Esser/Schmidt*, AT/2, § 34 IV 1c, S. 267; *Mertens*, in: Soergel, Vor § 249, Rn. 253; *Hagen*, S. 278 ff.

Mit der *herrschenden Meinung* sind Treuhandverhältnisse als Fälle der Drittschadensliquidation einzuordnen. Die Annahme eines sonstigen Rechts i. S. d. § 823 I BGB ist abzulehnen. Weder die zutreffende wirtschaftliche Zuordnung zum Treugeber, noch ihre Anerkennung im Zwangsvollstreckungs- und Insolvenzrecht können die Anerkennung der Rechtsstellung des Treugebers als sonstiges Recht i. S. d. § 823 I BGB rechtfertigen. Dies liefe der grundlegenden Entscheidung zuwider keine reinen Vermögensschäden in § 823 I BGB zu erfassen.[452] Entgegen der Ansicht *Junkers* kann gerade im Falle der Sicherungsübereignung – sofern man diese überhaupt als Treuhandverhältnis einordnet[453]– insoweit auf die Anwendung der Drittschadensliquidation verzichtet werden, als dem Treugeber eigene Ansprüche gemäß § 823 I BGB aufgrund Verletzung des unmittelbaren Besitzes oder des Anwartschaftsrechts auf Rücküberragung als absolute Rechte zustehen.[454]

2. Treuhandbezogene Rechte

Bei den treuhandbezogenen Vermögensechten des Treugebers handelt es sich um Schadensersatzpflichten des Treuhänders gegenüber dem Treugeber. Besonderheiten ergeben sich bzgl. eventueller Haftungsbeschränkungen des Treuhänders, bei Einschaltung einer GmbH als Treuhänderin, sowie im Bereich der Prospekthaftung bei Publikumskommanditgesellschaften.

a) Allgemeine Schadensersatzansprüche

Ersatzansprüche des Treugebers können sich zunächst aus Verletzung von Pflichten aus dem Treuhandvertrag gemäß den §§ 280 ff. BGB ergeben. Zu denken ist hierbei etwa an die Missachtung von Weisungen des Treugebers, sofern der Treuhänder nach oben genannten Grundsätzen an diese gebunden ist,[455] mangelnde Berichterstattung an den Treugeber, beispielsweise über eine Inanspruchnahme durch Gesellschaftsgläubiger,[456] und weiterhin an alle Handlungen, welche die allgemeine Interessenwahrungspflicht verletzen. Soweit eine den Treugeber zum Ersatz berechtigende Pflichtverletzung im Zusammenhang mit der Inanspruchnahme des Treuhänders durch Gesellschaftsgläubiger möglich erscheint, kann der Treuhänder dem Treugeber den Streit verkünden und sich die Wirkung der Nebenintervention zunutze machen (§§ 74 I, 68 ZPO).[457]

---

452 *Spindler*, in: BeckOK-BGB, § 823, Rn. 3; *Hager*, in: Staudinger (2017), § 823, Rn. B 192.
453 Vgl. § 2 A. II. 2. a) aa).
454 Vgl. *Medicus/Lorenz*, SchR I, § 55 IV 2c, Rn. 653.
455 S. o. § 3 A. I. 3.
456 Vgl. OLG München, WM 2009, 2309, 2312.
457 Vgl. *Armbrüster*, S. 313.

aa) § 152 II 3 KAGB

In diesem Zusammenhang könnte auch § 152 II 3 KAGB Bedeutung erlangen. Demnach bedürfen gem. § 172 IV HGB haftungsbegründende Ausschüttungen der Gesellschaft, welche zumindest mittelbar den Treugebern zufließen, der Zustimmung der einzelnen Treugeber. Zudem sind die Treugeber vor Zustimmung darüber aufzuklären, dass infolge der Ausschüttung eine Haftung gegenüber dem Treuhänder entstehen kann.[458] Eine fehlende Aufklärung der Treugeber würde eine Pflichtverletzung i. S. d. § 280 BGB darstellen. Fraglich ist aber, in welchem rechtlichen Verhältnis diese Pflicht zu verorten ist bzw. ob der Treuhänder statt der Gesellschaft gegenüber seinen Treugebern aufklärungspflichtig ist.

Adressat der Norm ist nach dem eindeutigen Wortlaut (§ 152 II 2 KAGB) nur die Gesellschaft, zu der nach klassischer Treuhandkonstruktion kein Vertragsverhältnis besteht. Regelmäßig wird der Gesellschaftsvertrag durch den Treuhandvertrag in Bezug genommen bzw. als verbindlich anerkannt. Jedoch dürfte ein Vertragsverhältnis zwischen Treugebern und Investmentkommanditgesellschaft kraft Gleichstellung mit den Kommanditisten gem. § 152 I 3 KAGB anzunehmen sein.[459] Man wird die Treugeber zumindest in den Schutzbereich des Gesellschaftsvertrags einbeziehen müssen, so dass ein Anspruch gegen die Gesellschaft nach den Voraussetzungen des Vertrags mit Schutzwirkung zugunsten Dritter bestehen würde. Denkbar erscheint auch die Annahme eines die Treuhandvereinbarung zum Treuhänder erweiternden gesetzlichen Schuldverhältnisses zur Gesellschaft. Hierfür spricht, dass die Einräumung einer kommanditistengleichen Rechtsstellung unmittelbare Forderungsrechte gegenüber der Gesellschaft begründen muss. Nach der gesetzlichen Konzeption der mittelbaren Beteiligung an der Investment-KG stehen die Treugeber notwendig in rechtlicher Verbindung zur Gesellschaft, so dass sich die Schutzfunktion des § 152 II 3 KAGB hinreichend im Verhältnis zwischen diesen beiden Parteien verwirklichen kann. Die Erstreckung der Aufklärungspflicht aus § 152 II 3 KAGB auf den Treuhänder ist daher nicht erforderlich.

bb) Deliktische Ansprüche

Aus dem Bereich der deliktischen Ansprüche nennt *Blaurock*[460] das Beispiel des Anspruchs aus § 826 BGB aufgrund eines kollusiven Zusammenwirkens des Treuhänders mit einem Gesellschaftsschuldner. Im Fall der treuwidrigen Veräußerung des Anteils kommen weiterhin deliktische Ansprüche aus §§ 826, 823 II BGB i. V. m. 266 StGB in Betracht.[461] Ebenso wie bei der weisungswidrigen Abstimmung des Treuhänders[462] wird auch hier die Anwendbarkeit der Grundsätze über den

458 Vgl. auch BT-Drucks. 17/12294, S. 250.

459 Siehe dazu § 3 B., D.

460 *Blaurock*, S. 230.

461 *K. Schmidt*, in: MüKo-HGB, vor § 230, Rn. 69; *Roth*, in: Baumbach/Hopt, § 105, Rn. 33; *Krenzel*, S. 170.

462 S. o. § 3 A. 3. a).

Missbrauch der Vertretungsmacht diskutiert.[463] Handelt der Erwerber vorsätzlich macht er sich wegen Beihilfe zur Untreue strafbar. Die Verfügung wäre dann bereits gemäß § 134 BGB i.V. m. § 266 StGB oder § 138 BGB nichtig.[464] Relevant ist die Frage der Übertragung der Grundsätze des Vollmachtmissbrauchs auf den Treuhandmissbrauch daher nur im Bereich der fahrlässigen Unkenntnis des Erwerbers von der Treuwidrigkeit.

Weiterhin kann ein Anspruch gemäß § 823 I BGB hinsichtlich eines Anwartschaftsrechts auf Rückübertragung bestehen (sog. Rückfallklausel).[465] Zum Schutz des Treugebers vor einer treuwidrigen Veräußerung des Anteils kann eine für diesen Fall bedingte Übertragung des Anteils in zwei Formen vereinbart werden, so dass dem Treugeber ein absolut geschütztes Anwartschaftsrecht bzgl. des Anteils zusteht. Bei der Übertragungstreuhand kann eine auflösende Bedingung (§ 158 II BGB) für diesen Fall vereinbart werden. Im Falle der Erwerbs- und Vereinbarungstreuhand wäre eine aufschiebend bedingte Übertragung auf den Treugeber vorzunehmen. Ob eine Bedingung für den Fall der Weiterveräußerung vereinbart werden kann, wird hinsichtlich § 137 BGB vereinzelt abgelehnt.[466] Nach *ganz herrschender Meinung*[467] ist dies aber zulässig. Durchgreifende Bedenken bestehen allerdings hinsichtlich der Bestimmtheit einer solchen Bedingung. *K. Schmidt* äußert grundsätzliche Zweifel an der Möglichkeit der Formulierung einer hinreichend bestimmten Rückfallklausel und sieht nur die Möglichkeit der Umdeutung gemäß § 140 BGB in eine Kündigungsklausel.[468] *Andere* konstatieren zumindest große Zurückhaltung in der Vertragspraxis,[469] welche auch auf diese Schwierigkeit zurückzuführen sein dürfte.[470]

In der Tat dürften als Bedingung für die Rückübertragung nur die Verfügung und der Verkauf durch den Treuhänder in Betracht kommen. Knüpft man an die Verfügung durch den Treuhänder an, kann die Rückfallklausel keine dingliche Wirkung mehr entfalten, da der Treuhänder nicht mehr Rechtsinhaber ist. Ein Anknüpfen an den Verkauf ist möglich, hilft jedoch nur, sofern Verpflichtungs- und Verfügungsgeschäft zeitlich auseinanderfallen. Ein Abstellen auf eine vorgelagerte

---

463 Ablehnend BGH, NJW 1968, 1471; **aA** *Beuthien*, ZGR 1974, 26, 59 ff.; *Blaurock*, S. 130 ff.

464 *Coing*, S. 164; *Canaris*, in: FS Flume (1978), 371, 421; *Blaurock*, S. 133.

465 Vgl. *K. Schmidt*, in: MüKo-HGB, vor § 230, Rn. 71; sowie allg. zu Sicherungsmechanismen zugunsten des Treugebers: *Armbrüster*, S. 158 ff.

466 *Flume*, AT 1/2, § 17 7., S. 363.

467 BGH, NJW 1997, 861, 862; *Ellenberger*, in: Palandt, § 137, Rn. 4, 6; *Kohler*, in: Staudinger (2003), § 137, Rn. 30 f.; *Armbrüster*, in: MüKo-BGB, § 137, Rn. 15; *Tebben*, S. 204; *Siebert*, 217 ff.; *Henssler*, AcP 196 (1996), 37, 45, 69 f.; *Schlosser*, NJW 1970, 681 ff. (zu weitgehend jedoch bzgl. eines automatischen Rückfalls ohne entsprechende Vereinbarung).

468 *K. Schmidt*, in: MüKo-HGB, vor § 230 HGB, Rn. 71.

469 *Ebermann*, S. 15; *Gernhuber*, JuS 1988, 355, 363; *Hegmanns*, ZIP 1989, 900, 901.

470 *Blaurock*, S. 123, 128; *Armbrüster*, S. 161.

Verkaufsabsicht des Treuhänders dürfte nicht die hinreichende Bestimmtheit aufweisen. Dieses Problem kann jedoch dadurch gelöst werden, dass anstelle einer Bedingung eine Befristung vorgesehen wird: Der Treuhänder überträgt das Treugut unbedingt zu einem bestimmten in der Zukunft liegenden Zeitpunkt zurück auf den Treugeber. Somit ist der Treugeber in dieser Zeit gemäß §§ 163, 161 BGB vor Zwischenverfügungen des Treuhänders geschützt. Eine solche Vereinbarung müsste jedoch regelmäßig angepasst und der Zeitpunkt der Übertragung ggf. weiter in die Zukunft verlegt werden.

b) Haftungsbeschränkungen

Haftungsbeschränkungen im Treuhandvertrag können über den Verschuldensmaßstab, die Haftsumme und die Verjährung erzielt werden. Insoweit ist auch fraglich, ob der Treuhandvertrag einer AGB-Kontrolle unterliegt.

aa) AGB-Kontrolle

Vorformulierte Treuhandverträge etwa bei der kupierten Publikums-KG unterliegen richtigerweise der Inhaltskontrolle gemäß §§ 307 ff. BGB.[471] Nicht überzeugen kann die *Gegenansicht*, welche auch den Treuhandvertrag generell als gesellschaftsrechtlich im Sinne von § 310 IV BGB qualifizieren will.[472] So trifft gerade die Schutzbedürftigkeit des Treugebers in der Publikumsgesellschaft hinsichtlich der Wahrung der Vertragsgerechtigkeit die AGB-Vorschriften im Kern ihres Schutzzwecks. Eine Einordnung des Treuhandvertrags als gesellschaftsrechtlicher Vertrag könnte allenfalls bei der qualifizierten Treuhand[473] angenommen werden, bei der die Treugeber durch die Verzahnung des Treuhandvertrags und des Gesellschaftsvertrags in das Innenverhältnis der Gesellschaft einbezogen werden.[474] Als Ausnahmebestimmung ist § 310 IV BGB jedoch grundsätzlich eng auszulegen.[475]

Zumindest im Bereich der kupierten Publikums-KGs liegt es aus Gründen des Verbraucherschutzes zudem deutlich näher, eine teleologische Reduktion des § 310 IV BGB vorzunehmen, um die Inhaltskontrolle auch des Gesellschaftsvertrags einer solchen kupierten Publikums-KG nach §§ 307 ff. BGB zu ermöglichen.[476] Der *BGH* nahm bei einem solchen „Bündel" von Gesellschaftsvertrag und Treuhandabrede

---

471 BGH, NZG 2008, 742, 747; OLG Hamm, NZG 2011, 1069, 1069 (nur Ls.); *Grunewald*, in: MüKo-HGB, § 161, Rn. 130; *Grundmann*, S. 514 ff.; *Basedow*, in: MüKo-BGB, § 310, Rn. 89; *Schlosser*, in: Staudinger (2006), § 310, Rn. 77; *Horn*, in: Heymann, § 161, Rn. 160; zweifelnd *Klöhn*, VGR 2012, 143, 158 f.

472 *Krenzel*, S. 114; *Söll*, S. 157.

473 Zur qualifizierten Treuhand siehe unten § 3 B.

474 So etwa das LG Aachen, NZG 2010, 1339, 1340.

475 So auch *Klöhn*, VGR 2012, 143, 158 f.

476 Dies für die Publikums-KG bejahend *Heinrichs*, NJW 1996, 2190, 2191 f.; *Grüneberg*, in: Palandt, § 310, Rn. 49; *Armbrüster*, ZIP 2006, 406, 413; offengelassen in BGH, NJW 2001, 1270, da jedenfalls Inhaltskontrolle nach § 242 BGB vorgenommen werden

zunächst nur eine Inhaltskontrolle nach § 242 BGB vor.[477] In neueren Entscheidungen hält der *BGH* bei qualifizierter Treuhand eine AGB-Kontrolle des Treuhandvertrags zumindest für möglich.[478]

bb) Beschränkung der Haftsumme

Auch gegen eine Beschränkung der Haftsumme ist grundsätzlich nichts einzuwenden. Die Grenze ist allerdings erreicht, wo von vorn herein davon ausgegangen werden muss, dass Ansprüche der Treugeber vereitelt oder zumindest gefährdet werden. Der Wert der treuhänderisch gehaltenen Einlage wird daher grundsätzlich die Grenze einer Beschränkung der Haftsumme bilden.[479]

cc) Verschuldensmaßstab

Der Verschuldensmaßstab richtet sich nach § 276 BGB. Sofern der Treuhänder kaufmännisch tätig ist i. S. v. § 1 ff. HGB,[480] was im Falle einer praktisch häufig verwendeten Treuhand-GmbH immer zu bejahen wäre (§§ 6 HGB, 13 GmbHG), ist der Sorgfaltsmaßstab gemäß § 347 HGB anzulegen.[481] In der Vertragspraxis findet sich zudem häufig eine ausdrücklich vereinbarte Haftung für die Sorgfalt eines ordentlichen Kaufmanns i. S. d. § 347 I HGB.[482] Insoweit gelten für den Treuhänder erhöhte Sorgfaltspflichten.[483]

Gleichzeitig wird die Haftung teilweise jedoch auf Vorsatz und grobe Fahrlässigkeit beschränkt.[484] Dies kann die Position der Treugeber erheblich verschlechtern

---

könne; ebenso offen gelassen in BGH, DB 2012, 2683, 2684, Rn. 18; abl. *Drygala*, ZIP 1997, 968, 968 ff.; *Basedow*, in: MüKo-BGB, § 310, Rn. 89.

477 BGH, NJW 1975, 1318; BGH, NJW 1988, 1903; Kurzdarstellung bei *Bost/Halfpap*, in: Lüdicke/Arndt, S. 15 f.

478 BGH, NJW 2010, 2197, 2198. Die qualifizierte Stellung der Treugeber lässt sich den Vertragsauszügen entnehmen, welche im Berufungsurteil (OLG Karlsruhe, NZG 2010, 151, 151) abgedruckt sind.
Entgegen *Voigt*, NZG 2011, 256, 257 kann in diesem Zusammenhang nicht das Urteil in BGH, NJW 2010, 1277 angeführt werden. Gegenstand dieser Entscheidung war die AGB-Kontrolle eines Mittelverwendungskontrollvertrags zwischen der Publikumsgesellschaft und einem Wirtschaftsprüfer, welcher als Vertrag zugunsten der unmittelbar beteiligten Anleger ausgestaltet war. Es handelte sich somit nicht um eine treuhänderische, mittelbare Gesellschaftsbeteiligung.

479 *Krenzel*, S. 116; *Eden*, S. 63 f.

480 Vgl. *Schiemann*, in: FS Zöllner, 503, 514.

481 In wie weit § 347 HGB gegenüber § 276 II BGB eine eigenständige Bedeutung zukommt ist umstritten, vgl. *Roth*, in: K/K/R/M, § 347, Rn. 4; *K. Schmidt*, in: MüKo-HGB, § 347, Rn. 2; anders etwa *Lehmann-Richter*, in: BeckOK-HGB, § 347, Rn. 1.

482 *Krenzel*, S. 71.

483 *Roth*, in: K/K/R/M, § 347, Rn. 4; *K. Schmidt*, in: MüKo-HGB, § 347, Rn. 2.

484 *Krenzel*, S. 71.

und nährt Zweifel an der Wirksamkeit einer solchen Klausel. Sofern der Treuhandvertrag sowohl Bezug auf § 347 HGB nimmt und die Haftung für Vorsatz und grobe Fahrlässigkeit ausschließt, handelt es sich um eine mehrdeutige Klausel deren Auslegung zu Lasten des Verwenders geht (§ 305c II BGB). Ein gesetzlicher Haftungsmaßstab für die Treuhändertätigkeit existiert jedoch nicht. Für den Beirat einer Publikums-KG gelten die §§ 116, 93 AktG nach *herrschender Meinung* entsprechend.[485] *Maulbetsch*[486] erstreckt diese Analogie auch auf den Treuhänder, da dieser entweder arbeitsteilig mit dem Beirat handele oder bei Fehlen eines Beirats an dessen Stelle trete. Ferner seien diese Vorschriften ebenso wie im Aktienrecht zwingend. *Krenzel*[487] spricht sich ebenfalls für die Unwirksamkeit solcher Einschränkungen des Haftungsmaßstabs aus und beschränkt dies – zumindest im Ergebnis überzeugend – auf die Hauptpflichten des Treuhänders gegenüber den Treugebern.

Soweit eine Unwirksamkeit solcher Haftungsbeschränkungen allein aus einem durch den Begriff „Treuhänder" erzeugten Rechtsschein und das dadurch hervorgerufene Vertrauen und unter Ablehnung der Anwendung der §§ 307 ff. BGB gefolgert wird,[488] kann dies schon deshalb nicht überzeugen, da dem Begriff der Treuhand bzw. des Treuhänders mangels einheitlicher Definition[489] kein allgemeingültiges Verständnis zugeordnet werden und damit auch kein allgemeiner Rechtsschein entstehen kann. Wie vorangehend dargestellt wurde, ist es durchaus überzeugend vorformulierte Treuhandverträge zumindest bei Publikums-KGs der Inhaltskontrolle gemäß §§ 307 ff. BGB zu unterstellen.[490] Als Vergleichsmaßstab sollten dann zumindest für qualifizierte Treuhandverhältnisse die §§ 116, 93 AktG entsprechend herangezogen werden. Eine Unterschiedliche Behandlung von Beirat und Treuhänder erscheint widersinnig, da beide den Interessen der (Treugeber-) Kommanditisten arbeitsteilig dienen. Fehlt ein Beirat, fällt die Kontrolle der Geschäftsführung in den Kreis der Hauptpflichten des Treuhänders. Seine Stellung gegenüber den Treugebern und der Geschäftsführung entspricht somit der des Aufsichtsrats gegenüber Aktionären und Vorstand. Eine Übertragung des Sorgfaltsmaßstabs erscheint daher folgerichtig. *Kapitza* wendet ein, dass die Anwendung der aktienrechtlichen Vorschriften gerade auch einen gesellschaftsrechtlichen Bezug erfordert und diese somit im Treuhandverhältnis nicht anwendbar seien.[491] Zumindest im Falle der qualifizierten Treuhand kann jedoch von einer gesellschaftsrechtlichen Verbindung der Treugeber zum Treuhänder ausgegangen

485 BGH, NJW 1977, 2311; *Roth*, in: Baumbach /Hopt, Anh § 177a, Rn. 75; *Grunewald*, in: MüKo-HGB, § 161, Rn. 167; *Maulbetsch*, S. 140 f.; *Hüffer*, ZGR 1981, 348, 353.
486 Maulbetsch, S. 140 f.; ebenso Schneider, ZGR 1978, 1, 30 f.; **aA** Kapitza, S. 89.
487 *Krenzel*, S. 111 ff.
488 So *Krenzel*, S. 114 f.
489 Vgl. §2 A. II.
490 Siehe oben § 3 A. IV. 2. b) aa).
491 *Kapitza*, S. 89.

werden.[492] Aufgabe des Aufsichtsrats ist die Kontrolle der Geschäftsführung zum Wohle der Gesellschaft (§ 111 I, III AktG) und damit im Wesentlichen zum Wohle der Aktionäre. Die Aufgaben des Aufsichtsrats sind somit im Wesentlichen auch treuhänderischer Natur, was eine Übertragung auf die Treuhand nahelegt. Es kann weiterhin keinen Unterschied machen, ob die Anleger selbst Kommanditisten (integrierte Publikums-KG) oder lediglich mittelbar beteiligte Treugeber sind (kupierte Publikums-KG). Insbesondere dürfen ihnen aus der Zwischenschaltung des Treuhänders keine Nachteile entstehen. Soweit die wesentlichen Treugeberinteressen (Verwaltung, Information, Kontrolle) betroffen sind, sind Beschränkungen des Haftungsmaßstabs im Treuhandvertrag als unangemessene Benachteiligung i. S. d. § 307 BGB unwirksam.[493] Konsequenterweise sollte dann auch die fünfjährige Verjährungsfrist gemäß §§ 116, 93 VI AktG als Maßstab herangezogen werden[494] und die Beweislastumkehr gemäß § 93 II 2 AktG Anwendung finden.[495] Als Kehrseite dieser strengen Haftung ist ein legitimes Interesse des Treuhänders anzuerkennen sich von der Gesamtheit der Treugeber Entlastung erteilen zu lassen, ebenso wie der Vorstand einer AG gegenüber der Hauptversammlung.[496] Gegen einzelvertraglich ausgehandelte Haftungsbeschränkungen bestehen hingegen keinerlei Bedenken.

dd) Verjährung

Zumindest für qualifizierte Treuhandverhältnisse in Publikumskommanditgesellschaften ist nach den vorstehenden Ausführungen von einer entsprechenden Anwendung der fünfjährigen Verjährungsfrist gem. §§ 116, 93 VI AktG auszugehen.[497] Eine Verkürzung dieser Frist ist unzulässig.[498]

Für alle anderen Fälle und sofern man die Analogie zu §§ 116, 93 AktG ablehnt, ist von der dreijährigen Verjährungsfrist gem. § 195 BGB auszugehen. Eine Verkürzung ist gem. § 202 I BGB grundsätzlich möglich. Im Anwendungsbereich der §§ 307 ff. BGB ist allerdings die Regelverjährung als Maßstab heranzuziehen, so dass eine kürzere Verjährung als drei Jahre unwirksam sein dürfte (§ 307 II Nr. 1 BGB).[499] Hiervon ging der *BGH*[500] im Falle eines Vertrags zwischen Steuerberater

---

492 Vgl. § 3B., D.

493 Vgl. auch *Schiemann*, in: FS Zöllner, 503, 514.

494 Vgl. *Eden*, S. 64; abl. zum Beirat der Publ.-KG jedoch *Grunewald*, in: MüKo-HGB, § 161, Rn. 167; **aA** BGH, NJW 1975, 1318.

495 So auch *Grunewald*, in: MüKo-HGB, § 161, Rn. 167 und *Bayer*, in: FS Schneider, S. 75, 82 zum Beirat.

496 *Schiemann*, in: Festschrift Zöllner, 503, 514; *Eden*, S. 64; *Maulbetsch*, S. 141; *Krenzel*, S. 118.

497 So auch *Maulbetsch*, S. 141; *Bayer*, in: FS Schneider, S. 75, 82 f.; einschränkend *Eden*, S. 64.

498 *Koch*, in: Hüffer/Koch, § 93, Rn. 88; *Spindler*, in: MüKo-AktG, § 93, Rn. 290.

499 *Schiemann*, in: FS Zöllner, 503, 514; *Eden*, S. 64; *Krenzel*, S. 117 f.

500 BGH, WM 1986, 940.

und Mandant aus, stütze diese Annahme im konkreten Fall aber auf das besondere Vertrauensverhältnis zwischen Steuerberater und Mandant. Wenn auch ein solches Vertrauensverhältnis zwischen Treuhänder und Anleger in der Publikums-KG nicht zwingend angenommen werden kann, so ist zumindest von einer entsprechenden Pflichtenbindung auszugehen, was eine Gleichbehandlung nahelegt.[501] Zumindest eine nicht nur geringfügige Verkürzung dürfte daher regelmäßig unwirksam sein.

c) *GmbH als Treuhandkommanditistin*

Sofern eine GmbH[502] als Treuhandkommanditistin eingesetzt wird, kommen neben den Ansprüchen gegen Mitgesellschafter auch Ansprüche gegen den Geschäftsführer der GmbH wegen Pflichtverletzung gemäß § 43 II GmbHG in Betracht. Hierbei besteht die Gefahr für den Treugeber, dass die GmbH unterhalb der Schwelle zur Sittenwidrigkeit auf die Geltendmachung dieser Ansprüche verzichtet. Diesbezügliche Ersatzansprüche aufgrund Verletzung der Pflichten aus dem Treuhandvertrag würden bei Vermögenslosigkeit der GmbH in Leere gehen. Daher fragt sich, ob der Dienstvertrag zwischen Geschäftsführer und GmbH Schutzwirkung auch für die mittelbar beteiligten Treugeber entfalten kann.

Für eine Komplementär-GmbH hat der *BGH* die Schutzwirkung zugunsten der KG bejaht.[503] Diese Ansicht wird auch im *Schrifttum* zumindest im Ergebnis geteilt.[504] *Teilweise* wird diese Auffassung des BGH pauschal auf das Verhältnis zwischen Geschäftsführer und Treugeber übertragen,[505] *andererseits* nur mit der Einschränkung, dass der Treuhand-GmbH entgegen dem gesetzlichen Leitbild Geschäftsführungsaufgaben übertragen wurden.[506]

Die Treuhand-GmbH ist lediglich Repräsentant der Treugeber in der KG. Alle Geschäftsführungsmaßnahmen wirken sich daher offensichtlich bei ihnen als die tatsächlichen Interessenträger aus. Somit ist die erforderliche Leistungsnähe der Treugeber und Erkennbarkeit für den Geschäftsführer gegeben. Weiterhin müsste ein Einbeziehungsinteresse der GmbH bestehen. Dies kann hier wohl nicht im

---

501 So auch *Krenzel*, S. 117.

502 Ebenso könnte eine AG eingesetzt werden. Wegen der vielen Vorteile der GmbH (einfachere Gründung und Verwaltung, geringere Kosten) dürfte dies praktisch kaum vorkommen; vgl. *Kiss*, S. 148 f.; *Lieder*, in: Oetker, § 105, Rn. 48.

503 BGH, NJW 1980, 589, 598 ff.; BGH, NJW 1995, 1353 (stille Gesellschaft); s. a. OLG Köln, NJW 2009, 1223.

504 *Altmeppen*, in: Roth/Altmeppen, § 43, Rn. 50, 99; *Kleindiek*, in: Schlitt, § 43, Rn 48; *Zöllner/Noack*, in: Baumbach/Hueck, § 43, Rn. 66; *Oetker*, in: Henssler/Strohn, § 43 GmbHG, Rn. 78; *Roth*, in: Baumbach /Hopt, Anh § 177a, Rn. 28; *K. Schmidt*, Gesellschaftsrecht, § 56 IV 3 b, S. 1649; krit. aber i. Erg. folgend *Grunewald*, BB 1981, 581, 582 ff.; *Koppensteiner*, in: Rowedder-, § 43, Rn. 138; *Schneider*, in: Scholz, § 43, Rn. 428.

505 *Roth*, in: Baumbach /Hopt, § Anh § 177a, Rn. 79; *Schiefer*, DStR 1997, 119, 121.

506 OLG Düsseldorf, WM 1984, 1080, 1087.

Sinne eines personenrechtlichen Einschlags vorliegen. Ein besonderes Einbeziehungsinteresse soll aber auch bei einer Obhutspflicht über fremde Sachen vorliegen.[507] In gleicher Weise lässt sich ein besonderes Einbeziehungsinteresse auch bei Obhut über nur wirtschaftlich fremde Sachen und auch Rechte bejahen.[508] Weiterhin müssten die Treugeber auch schutzbedürftig sein. *Armbrüster*[509] führt hierzu aus, dass im Falle einer Komplementär-GmbH zwar die KG in den Schutzbereich des Anstellungsvertrags einbezogen werden könne, nicht hingegen die einzelnen Kommanditisten, da das Schutzinteresse der Kommanditisten durch die KG vermittelt sei. Dies trifft zu. Fehl geht allerdings die Annahme, dass dies auch der Situation zwischen dem Geschäftsführer einer Treuhand-GmbH und den dahinterstehenden Treugebern entspreche.[510] Es fehlt hier gerade die Ebene der KG, welche zwischen GmbH und Kommanditisten steht. Die Stellung der Treugeber zur Treuhand-GmbH entspricht vielmehr der Stellung der KG zur Komplementär-GmbH. Ebenso ist die Situation der Treugeber nicht mit der der GmbH-Gesellschafter vergleichbar.[511] Diese haben es unmittelbar selbst in der Hand Ansprüche gegen den Geschäftsführer geltend zu machen oder nicht (§ 46 Nr. 8 GmbHG). Der *BGH* stützt die Schutzbedürftigkeit einer KG auf das fehlende Weisungsrecht gegenüber ihrer Komplementär-GmbH und den Umstand, dass die GmbH daher die Durchsetzung ihrer Ansprüche gegenüber ihrem Geschäftsführer unterlassen und somit bei Vermögenslosigkeit der GmbH auch die Entschädigung der KG vereiteln könne.[512] Hierin liegt der entscheidende Unterschied: Den Treugebern steht ein umfassendes und vollstreckbares Weisungsrecht gegenüber der GmbH zu. Die Willenserklärung zu einem entsprechenden Gesellschafterbeschluss nach § 46 Nr. 8 GmbHG können somit gemäß § 894 ZPO fingiert werden. Die Entscheidung über die Geltendmachung der Ansprüche gegenüber dem Geschäftsführer liegt damit auch immer in den Händen der Treugeber. Somit fehlt es regelmäßig an der Schutzbedürftigkeit der Treugeber und diese können keine Ansprüche gegen den Geschäftsführer der Treuhand-GmbH geltend machen.

d) Prospekthaftung

Dem Treugeber können weiterhin auch Ansprüche aus Prospekthaftung gegen den Treuhänder zustehen. Zunächst können sich Ansprüche aus der gesetzlichen Prospekthaftung bei fehlerhaftem oder fehlendem Prospekt ergeben. Für Fälle vom 01.07.2005 bis zum 01.06.2012 gelten die §§ 13, 13a VerkProspG mit Verweis auf die §§ 44–47 BörsG und für Fälle zwischen 01.06.2012 und 22.07.2013 die §§ 20, 21

507 *Grüneberg*, in: Palandt, § 328, Rn. 17a, 29 f.
508 So *Canaris*, in: FS Flume (1978), 371, 423.
509 *Armbrüster*, S. 227 f.
510 *Armbrüster*, S. 227 f.
511 So aber *Armbrüster*, S. 228.
512 BGH, NJW 1984, 589, 590.

VermAnlG.[513] Seit dem 22.07.2013 ist § 306 KAGB anzuwenden.[514] Diese Ansprüche kommen nur in Betracht, sofern der Treuhänder selbst Verantwortung für Prospekte übernimmt oder selbst als Anbieter im Sinne diese Vorschriften handelt. In diesem Fall sind auch Ansprüche aus § 823 II i. V. m. § 264a StGB denkbar.

Ob und inwieweit die gesetzliche Prospekthaftung abschließend ist oder für die von der Rechtsprechung entwickelte bürgerlich-rechtliche Prospekthaftung noch Raum bleibt, ist umstritten. *Einigkeit* dürfte insoweit bestehen, als dass eine weitergehende bürgerlich-rechtliche Prospekthaftung im unmittelbaren Anwendungsbereich der gesetzlichen Prospekthaftung, also bezogen auf gesetzlich vorgeschriebenes Informationsmaterial, ausgeschlossen ist.[515] Spätestens seit Einführung des KAGB, welches ausweislich der Gesetzesbegründung[516] eine umfassende, in sich geschlossene Regelung des gesamten Fondsbereichs darstellen soll, kann dies nicht mehr bezweifelt werden.[517]

Nach zutreffender *herrschender Meinung* bleiben allgemein-zivilrechtliche Ansprüche zwischen Treuhänder und Treugeber aber jedenfalls außerhalb des Anwendungsbereichs der gesetzlichen Prospekthaftung (z. B. freiwillig erstellte Prospekte) möglich.[518] Dies wird nunmehr von § 306 VI 2 KAGB unmissverständlich klargestellt und gilt zumindest dort, wo nicht Prospekte und Informationsmaterial im Sinne der gesetzlichen Vorschriften in Rede stehen,[519] sondern fehlerhafte

513 Vgl. zu den Neuerungen durch das VermAnlG: *Leuering*, NJW 2012, 1905 ff.; *Buchwitz/Voß*, BB 2011, 1226 ff.; *Wagner*, NZG 2011, 609 ff.
Für bestandsgeschützte, ausinvestierte Fonds i. S. v. § 353 KAGB gilt das VermAnlG auch über den 22.07.2013 hinaus, §§ 353 III KAGB, 32 VI VermAnlG.

514 Vgl. *Schnauder*, NJW 2013, 3207, 3209 ff.

515 BGH, DStR 2008, 515; *Feldmann/Löwisch*, in: Staudinger (2012), § 311, Rn. 180; *Grunewald*, in: MüKo-HGB, § 161, Rn. 192; *Servatius*, in: Henssler/Strohn, HGB Anh PublGes, Rn. 56; *Blaurock*, Handbuch, Rn. 19.118; *Suchomel*, NJW 2013, 1126, 1131; *Schnauder*, NJW 2013, 3207, 3211; *Reinelt*, NJW 2009, 1, 3; *Roth*, in: Baumbach/Hopt, Anh § 177a, Rn. 59, 62; *Klöhn*, DB 2012, 1854, 1859; *Paul*, in: W/B/A, § 306, Rn. 53, 55; *Habersack*, in: Habersack/Mülbert/Schlitt, § 29, Rn. 73; *Schürnbrand*, ZGR 2014, 256, 280 f.

516 Vgl. BT-Drucks. 17/12294, S. 2.

517 Vgl. *Schnauder*, NJW 2013, 3207, 3212.

518 Vgl. die vorangehenden Nachweise; **aA** *Grunewald*, in: MüKo-HGB, § 161, Rn. 192, die aber gerade im Anwendungsbereich der gesetzlichen Prospekthaftung auch eine Haftung von Mitgesellschaftern und eines Treuhänders aus c. i. c. für die Verwendung unrichtiger Prospekte annimmt (Rn. 148, 201).
Auch Schnauder, NJW 2013, 3207, 3212 nimmt eine insgesamt abschließende Regelung im KAGB an, hält eine „Reaktivierung" der bürgerlich-rechtlichen Prospekthaftung aber für nicht ausgeschlossen.

519 *Horbach*, in: MünchHdbGesRt, § 69, Rn. 53 schließt dagegen aus § 306 VI 2 KAGB (wohl irrtümlich als Abs. 5 bezeichnet), dass die bürgerlich-rechtliche Prospekthaftung ieS allg. anwendbar bleiben soll.

Aufklärung oder Beratung (*bürgerlich-rechtliche Prospekthaftung im weiteren Sinne*).[520]

Der Treuhänder haftet hier für die Verletzung vorvertraglicher Aufklärungspflichten nach den Grundsätzen der culpa in contrahendo gemäß §§ 311 II Nr. 2, 280 I, 241 II BGB. Dies gilt zunächst für eigenes Verschulden. Den Treuhänder treffen insoweit Aufklärungspflichten hinsichtlich aller für die Beteiligung wesentlichen Punkte, etwa Interessenkonflikte, Provisionen, regelwidrige Auffälligkeiten und Verlustrisiken.[521] Die Anleger müssen darauf vertrauen können, dass sich der Treuhänderkommanditist umfassend über die rechtlichen und wirtschaftlichen Gestaltungen eines Fondsprojekts und dessen Durchführbarkeit informiert hat und die Betreuung der Anleger nur übernimmt, sofern er diese Funktion erfüllen kann.[522] Die bloße Stellung eines Treuhänders als Gründungskommanditist oder der Abdruck des Treuhandvertrags im Verkaufsprospekt soll eine Prospekthaftung ohne die Inanspruchnahme eines weitergehenden besonderen Vertrauens jedoch nicht begründen können.[523] Weiterhin haftet er auch für fremdes Verschulden nach § 278 BGB, wenn der Treuhänder etwa die KG und ihre Geschäftsführung zum Abschluss des Treuhandvertrags bevollmächtigt hat und diese unvollständige oder unrichtige Prospekte verwenden.[524]

V. Ansprüche des Treuhänders gegen den Treugeber

Die Ansprüche des Treuhänders richten sich zunächst auf die Zahlung einer Vergütung. Dieser Anspruch ergibt sich aus §§ 675, 611 BGB, sofern nicht ein unentgeltliches Auftragsverhältnis gemäß § 662 BGB vereinbart wurde. Dies dürfte aufgrund der vorangehend dargestellten Pflichten und Risiken, welche der Treuhänder regelmäßig übernimmt, die Ausnahme darstellen.[525] Für gewöhnlich wird man gemäß § 612 eine Vergütung den Umständen nach als zumindest stillschweigend vereinbart ansehen müssen. Anderes kann wohl nur bei Treuhandverhältnissen zwischen Familienangehörigen, etwa aus steuerlichen Gründen, gelten.[526] Es empfiehlt sich jedoch eine Vergütung in bestimmter Höhe ausdrücklich zu

---

520 *Schürnbrand*, ZGR 2014, 256, 274; *Habersack*, in: Habersack/Mülbert/Schlitt, § 29, Rn. 58; *Suchomel*, NJW 2013, 1126, 1130.

521 BGH, NZG 2010, 231, 232; BGH, NZG 2008, 742, 743; OLG Karlsruhe, ZIP 2009, 1810, 1815 ff.; BGH, NJW 1982, 2493; BGH, NJW 1995, 130; *Grunewald*, in: MüKo-HGB, § 161, Rn. 148; *Roth*, in: Baumbach/Hopt, Anh § 177a, Rn. 78; *Fahse*, in: GemK-HGB, § 161, Rn. 65; *Oetker*, in: Oetker, § 161, Rn. 131; § 171, Rn. 30 ff.; *Eden*, S. 62, 328 f.; *Tebben*, VGR 2010, 161, 173; ausf. auch *Kapitza*, S. 90 ff. und *Grundmann*, S. 505 ff.

522 *Kapitza*, S. 91.

523 BGH, NJW-RR 1986, 968, 968 f. zur allg.-zivilrechtlichen Prospekthaftung.

524 BGH, NJW 1982, 2493, 2493 f.; BGH, NJW 2013, 980; *Grunewald*, in: MüKo-HGB, § 161, Rn. 148, 201.

525 Vgl. zur kupierten Publikums-KG *Kapitza*, S. 73 ff. und *Maulbetsch*, S. 137.

526 Vgl. *Tebben*, S. 288.

vereinbaren, da es wohl keine übliche Vergütung i. S. d. § 612 II BGB für die rechtsgeschäftliche Treuhändertätigkeit gibt.[527] Als Anreiz für eine effektive Verwaltung durch den Treuhänder bietet sich eine erfolgsbezogene Vergütung orientiert am Gewinn aus der Beteiligung an.[528] Eine erfolgsbezogene Vergütung auf Basis einer festen Quote am Gewinnanteil führt wie vorangehend dargelegt nicht zur Qualifizierung als Unterbeteiligung.[529] Bei der kupierten Publikums-KG wird die Vergütung regelmäßig von der Gesellschaft gezahlt, um den Verwaltungsaufwand möglichst gering zu halten. Andernfalls müsste der Treuhänder einzelne Rechnungen und gegebenenfalls Mahnungen an die Treugeber richten. Auch in diesem Fall können die Treugeber die Schuldner der Vergütung sein. Der Anspruch des Treuhänders gegen die Fondsgesellschaft aus der vertraglichen Übernahme der Vergütungspflicht wird dann durch die Treugeber entgegen der Auslegungsregel des § 364 II BGB an Erfüllungs statt und nicht nur erfüllungshalber übernommen. Andernfalls müssten die Treugeber bei Insolvenz der Gesellschaft die Vergütung des Treuhänders zahlen, was einer Nachschusspflicht gleichkäme.[530]

Gewöhnlich mit der Verwaltungstätigkeit anfallende Kosten des Treuhänders sind durch die Vergütung abgegolten. Andere notwendige Aufwendungen hat der Treugeber gemäß §§ 675, 670 BGB zu ersetzen.[531] Ebenso kann der Treuhänder die Mittel für solche Aufwendungen im Voraus verlangen (§ 669 BGB), etwa die zu leistende Kommanditeinlage bei der Erwerbstreuhand. Bestehen die Aufwendungen in der Eingehung von Verbindlichkeiten, richtet sich der Anspruch auf Befreiung gemäß § 257 BGB.[532]

Hinsichtlich des Anspruchs des Treuhänders auf Aufwendungsersatz und, sofern der Treuhänder nicht berechtigt ist dieses direkt einzubehalten, auch bezüglich des Entgelts, stellt sich die Frage nach eventuellen Einwendungen des Treuhänders gegenüber dem Anspruch des Treugebers aus §§ 675, 667 BGB. Ein Leistungsverweigerungsrecht gemäß § 320 BGB steht ihm nicht zu. Die Vergütung für die Verwaltung und Aufwendungsersatzansprüche stehen nicht im Gegenseitigkeitsverhältnis zur Herausgabepflicht.[533] Das Synallagma beschränkt sich auf die Leistung des Entgelts durch den Treugeber und die Verwaltungstätigkeit des Treuhänders.[534] Die Ansprüche beruhen aber auf demselben rechtlichen Verhältnis i. S. d. § 273 I BGB, weshalb dem Treuhänder ein Zurückbehaltungsrecht zusteht.[535]

---

527 *Eden*, S. 53.
528 *Tebben*, S. 288; *Markwardt*, S. 68.
529 Vgl. § 2 B. IV. 1.
530 Eingehend *Kapitza*, S. 73 ff.
531 *Maulbetsch*, S. 169.
532 Näheres zum Freistellungsanspruch in § 4 A.
533 Vgl. *H. Schmidt*, in BeckOK-BGB, § 320, Rn. 4
534 Vgl. *Weidenkaff*, in: Palandt, § 611, Rn. 24; *Markwardt*, S. 69; *Eden*, S. 53.
535 *Tebben*, S. 289; *Markwardt*, S. 70 ff.; *Liebich/Mathews*, S. 112; *Eden*, S. 53; allg. *Martinek*, in: Staudinger (2006), § 670, Rn. 36.

Grundsätzlich stellen die gegenseitigen Ansprüche gleichartige Geldforderungen dar. Vorbehaltlich eines vertraglichen Verbots kann der Treuhänder somit gem. § 387 BGB gegenüber dem Treugeber aufrechnen. Sofern der BGH Aufrechnungsverbote gem. § 242 BGB aus der Natur von Treuhandverhältnissen entwickelt hat, betraf dies zunächst immer nur Forderungen, welche nicht in dem Geschäftsbesorgungsverhältnis selbst begründet waren.[536] Umgekehrt nimmt der BGH nunmehr ein Aufrechnungsverbot zulasten des Treugebers gegenüber dem Freistellungsanspruch des Treuhänders bei qualifizierter Beteiligung an.[537]

VI. Gesellschaftsrechtliches Verhältnis zum Treuhänder

Über die unzweifelhaft bestehende schuldrechtliche Treuhandverbindung hinaus kann weiterhin auch ein gesellschaftsrechtliches Verhältnis zum Treuhänder bestehen. Schon durch eine sog. „Vertreterklausel"[538] soll nach Ansicht des *BGH* „zwischen den Kommanditisten ein besonderes gesellschaftsähnliches Verhältnis" entstehen.[539] Insoweit ist weiterhin auf die Ausführungen zum Verhältnis von Unterbeteiligung und Treuhand zu verweisen.[540] Insbesondere bei qualifizierter Treuhand durch Einbindung des Treugebers in das gesellschaftsrechtliche Innenverhältnis ist von einer gesellschaftsrechtlichen Verbindung auch zum Treuhänder auszugehen.[541]

B. Rechtsverhältnis zu Gesellschaft und Gesellschaftern

Im Folgenden werden die rechtlichen Beziehungen des Treugebers zur Gesellschaft und ihren Gesellschaftern untersucht. Im grundlegenden Fall der *einfachen Treuhand* bestehen keinerlei Rechtsbeziehungen zwischen Treugeber und Gesellschaft.[542] Beide Parteien stehen nur mit dem Treuhänder in rechtlichen Beziehungen. Häufig wird den Gesellschaftern die Existenz eines Treugebers nicht einmal bekannt sein. Die Rechtsstellung des Treugebers kann jedoch auch an die eines Gesellschafters angenähert werden, indem ihm vergleichbare Rechte unmittelbar in oder gegenüber der Gesellschaft eingeräumt werden. Dies wird im Anschluss an *Ulmer*[543] als *qualifizierte Treuhand* bezeichnet und geht in den Rechtswirkungen

536 Vgl. BGH, NJW 1993, 2041, 2042 f.; BGH, NJW 1954, 1722, 1723 f.; BGHZ 14, 342, 346; dazu ausf. *Markwardt*, S. 72 f.; *Eden*, S. 53 f.

537 Siehe § 6 C. III.

538 Siehe § 2 B I. 1. b); § 2 B. VI. 3.

539 BGH, Urt. v. 12.12.1966 – II ZR 41/65, juris-Rz. 12 = BGHZ 46, 291 ff.; *Bälz*, ZGR 1980, 1, 58 ff. (zum ähnlichen Fall der integrierten Publikums-KG).

540 § 2 B. IV. 1.

541 Siehe dazu § 3 B., D.; vgl. weiterhin etwa *K. Schmidt*, in: MüKo-HGB, vor § 230, Rn. 45, 79; ders., NZG 2011, 361, 366 f.; *Brömmelmeyer*, NZG 2006, 529, 532.

542 Vgl. *Eden*, S. 72; *Wolff*, S. 19.

543 *Ulmer*, in: FS Odersky, 873, 875.

über die nur *offene* und die *einvernehmliche* Treuhand[544] hinaus. Eine solche Annäherung der Rechtsstellung des Treugebers an die eines Gesellschafters findet sich üblicherweise bei geschlossenen Fonds in Form der kupierten Publikums-KG. In vielen Fällen wird sogar eine vollständige Gleichstellung von Treugebern und Gesellschaftern beabsichtigt. Bei Zeichnung eines Anteils an einem geschlossenen Fonds in dieser Rechtsform können die Anleger häufig durch bloßes Ankreuzen zwischen der direkten Beteiligung als Gesellschafter und der mittelbaren Beteiligung als Treugeber wählen.

Bereits früh hat der BGH anerkannt, dass die Treugeber im Innenverhältnis der Beteiligten so gestellt werden können, als ob sie die Kommanditisten seien.[545] Nach dem später vom *BGH* aufgestellten sog. *Gleichstellungsgrundsatz*[546] dürfen sich aus der bloß mittelbaren Beteiligung keine Nachteile für die Treugeber ergeben, sofern diese nicht unvermeidbar auf der Zwischenschaltung eines Treuhänders beruhen.[547] Dementsprechend sehen sowohl Treuhand- als auch Gesellschaftsverträge von kupierten Publikums-KGs regelmäßig entsprechende Klauseln vor, nach denen die Treugeber im Innenverhältnis so gestellt werden, als seien sie unmittelbar Kommanditisten der Gesellschaft. Weiterhin tritt häufig die Gesellschaft selbst auch als Vertragspartner des Treuhandvertrags auf und die Treugeber erkennen den Gesellschaftsvertrag im Treuhandvertrag als für sich verbindlich an.[548] Oftmals wird in den Verträgen dann auch terminologisch nicht klar zwischen Kommanditisten und Treugebern unterschieden. Nunmehr findet sich auch im neuen Kapitalanlagegesetzbuch eine entsprechende gesetzliche Regelung: § 152 I 3 KAGB sieht vor, dass der mittelbar über einen Treuhänder beteiligte Anleger einer Investmentkommanditgesellschaft im Innenverhältnis der Gesellschaft und der Gesellschafter zueinander die gleiche Rechtsstellung wie ein Kommanditist hat.

Es ist fraglich, inwieweit und auf welche Art und Weise die Rechtsstellung des Treugebers an die eines Kommanditisten angenähert oder sogar eine vollständige Gleichstellung erreicht werden kann. Hierbei soll im Folgenden darauf eingegangen werden, ob und in welchem Umfang dem Treugeber Vermögens- und Verwaltungsrechte unmittelbar zustehen und ihn umgekehrt Vermögenspflichten und die gesellschaftliche Treuepflicht unmittelbar treffen können.

---

544 Die Terminologie in Literatur ist uneinheitlich. Teilweise werden die Begriffe der „offenen“ und „qualifizierten“ Treuhand synonym verwendet, vgl. *Tebben*, ZGR 2001, 586, 590. Siehe dazu auch § 2 A. II. 3.; § 2 B. II. 2.

545 BGH, NJW 1953, 1548, 1549.

546 Siehe hierzu noch § 6 C. III. 6. d).

547 BGH, NJW 1980, 1162, 1163.

548 Vgl. BGH, NZG 2013, 379, 379; BGH, DStR 2012, 2396, 2396.

I. Vermögensrechte und Vermögenspflichten

Die Vermögensrechte, d. h. das Recht auf den Gewinnanteil und das Auseinandersetzungsguthaben, werden dem Treugeber schon bei einfacher Treuhand über den Herausgabeanspruch aus §§ 675, 667 BGB vermittelt. Auch eine direkte Berechtigung des Treugebers gegenüber der Gesellschaft kann durch (antizipierte) Abtretung dieser Ansprüche an den Treugeber erreicht werden. Die Abtretung ist gem. § 717 S. 2 BGB ohne weiteres zulässig und wird bei qualifizierter Treuhand regelmäßig ausdrücklich antizipiert im Treuhandvertrag vereinbart.[549] In gleicher Weise kann auch der Anspruch des Treuhänders auf Leistung der Einlagemittel gegen den Treugeber an die Gesellschaft abgetreten werden.

Eine Annäherung der Rechtsposition des Treugebers an die eines Gesellschafters wie sie durch die Einräumung von Verwaltungsrechten vollzogen wird,[550] scheidet hinsichtlich einer dinglichen Mitberechtigung am Gesamthandsvermögen von vorn herein aus. Eine Verfügung über Teile eines Gesamthandsvermögens ist gemäß § 719 I BGB nicht möglich. Die gesamthänderische Mitberechtigung ist zudem zwingend und untrennbar mit der echten Gesellschafterstellung in der (Außen-) Gesellschaft verbunden.[551] Schon mit Blick auf § 137 BGB kann allein durch rein schuldrechtliche Verträge keine gesamthänderische Bindung hergestellt werden.[552] Eine Stellung des Treugebers als gesamthänderisch mitberechtigter Nichtgesellschafter ist somit grundsätzlich nicht denkbar.

Fraglich ist, ob und in wie weit im Rahmen der qualifizierten Treuhand direkte vermögensrechtliche Beziehungen zwischen Treugeber und Gesellschaft begründet werden können. Insbesondere stellt sich die Frage, wie Vertragsklauseln zu bewerten sind, welche einerseits den Treugeber zur Leistung der Einlage direkt an die Gesellschaft und andererseits die Gesellschaft zur Gewinnausschüttung direkt an den Treugeber verpflichten.

1. Direkte Gewinnausschüttung an den Treugeber

Gewinnausschüttungen stehen grundsätzlich zunächst dem Treuhänder als Gesellschafter zu. Dieser hat sie gemäß §§ 675, 667 BGB an die Treugeber weiterzuleiten. Sehen die Treuhand- und Gesellschaftsverträge eine direkte Zahlung an den Treugeber vor, muss der genaue Inhalt durch Auslegung ermittelt werden. Insoweit ist insbesondere fraglich, ob dem Treugeber ein eigenes Forderungsrecht zustehen soll und welche Auswirkungen direkte Zahlungen an Treugeber auf eventuell entstehende Haftungsansprüche haben.

---

549 Vgl. *Kapitza*, S. 226.

550 S. u. § 3B. II.

551 Vgl. *Schäfer*, in: MüKo-BGB, § 719, Rn. 4 f.; *von Ditfurth*, in: P/W/W, § 719, Rn. 2.

552 *Armbrüster*, in: MüKo-BGB, § 137, Rn. 5 und Fn. 12.

a) Rechtsgrundlage der Zahlung

Eine direkte Leistungspflicht der Gesellschaft an die Treugeber kann sich zunächst als bloße Erfüllungsübernahme (§ 329 BGB) zugunsten des Treuhänders darstellen, so dass kein direkter Anspruch des Treugebers gegen die Gesellschaft besteht. Eine entsprechende Klausel könnte auch als echter Vertrag zugunsten des Treugebers gem. § 328 BGB auszulegen sein. Denkbar wäre auch das Bestehen einer Schuldübernahme der Gesellschaft zugunsten des Treuhänders durch Vertrag mit dem Treugeber oder dem Treuhänder (§§ 414, 415 BGB).

Ebenso könnte aber auch ein originär gesellschaftsrechtlicher Anspruch des Treugebers bestehen. Der *BGH* hat in einem Fall, in dem den Treugebern nach dem Treuhandvertrag gewinnunabhängige Zahlungen direkt zufließen sollten, gesellschaftsrechtliche Ansprüche der Treugeber in diesem Sinne bejaht.[553] Dies müsste bedeuten, dass dem Treugeber der Auszahlungsanspruch unmittelbar und gleich einem echten Gesellschafter zustehen soll. Da die vermögensrechtlichen Ansprüche des Treuhänders auch unproblematisch abtretbar sind, ist zunächst nicht ersichtlich, warum eine Annäherung des Treugebers an die Gesellschafterstellung in diesem Bereich nicht möglich sein sollte. Insbesondere geht es insoweit nur um Entnahmen und Gewinnverwendungen, denen Gesellschafterbeschlüsse vorgelagert sind. Der Treugeber hat auch in diesem Fall keine Berechtigung hinsichtlich des Gesamthandsvermögens. Sofern sich das direkte Gewinnbezugsrecht des Treugebers aus dem Treuhandvertrag bzw. aus verzahnten Treuhand- und Gesellschaftsverträgen ergibt, liegt die Annahme eines originär gesellschaftsrechtlichen Anspruchs näher, da der Treugeber hier – anders als etwa bei einem Vertrag zugunsten Dritter – selbst in rechtlicher Verbindung zur Gesellschaft steht.

Gegen die Annahme eines eigenen gesellschaftsrechtlichen Anspruchs spricht jedoch, dass allein der Treuhänder Inhaber des Gesellschaftsanteils und somit allein gesamthänderisch mitberechtigt ist.[554] Der Treugeber hätte einen unmittelbaren, originär eigenen Anspruch auf Ausschüttungen aus einer Vermögensmasse, an der er keinerlei Rechte innehat, und die Höhe dieses Anspruchs ergäbe sich aus dem Umfang des Anteils einen Dritten, nämlich des Treuhänders. Problematisch ist diese Konstruktion weiterhin, da dem Treuhänder kein Gewinnanspruch mehr zustünde, sofern er nicht auch einen Teil seines Anteils für eigene Rechnung hält. Der *BGH* hat allgemein ausgeführt, dass, wer kein Stimmrecht, kein Gewinnrecht und keinen Liquidationsanteil habe, auch kein Gesellschafter sei.[555] Stehen dem Treugeber neben dem Gewinnrecht auch der Liquidationsanteil und das Stimmrecht zu, wäre nach dieser Ansicht möglicherweise nicht mehr der Treuhänder als Gesellschafter anzusehen, sondern der Treugeber. Dies ist – insbesondere unter

553 BGH, NZG 2003, 915, 915; ähnlich BGH, NJW 2001, 2718, 2719 (unmittelbarer Anspruch des Treugebers gegen die Gesellschaft aus § 3 HaustürWG).

554 Vgl. OLG Frankfurt, BB 1976, 1616, 1616 f. *Bälz*, ZGR 1980, 1, 86 nimmt zudem an, dass unmittelbare Ansprüche von den Parteien bereits nicht gewollt seien.

555 BGH, NJW 1954, 1563, 1563 (obiter dictum); **aA** *Lutter*, AcP 180 (1980), 84, 147 ff.

Berücksichtigung einer häufig bestehenden Wahlmöglichkeit zwischen direkter und mittelbarer Beteiligung – unzweifelhaft nicht gewollt. Sieht der Gesellschaftsvertrag ein direktes Bezugsrecht der Treugeber für Ausschüttungen vor, erscheint es vorzugswürdig, nur eine antizipierte Abtretung der entsprechenden Rechte vom Treuhänder an den Treugeber anzunehmen. Die Ansprüche der Treugeber wären dann lediglich derivativer Natur und anders als vom BGH angenommen nicht originär gesellschaftsrechtlich.[556]

b) Zurechnung zum Treuhänder

Ausschüttungen aus dem Gesellschaftsvermögen ziehen die Frage nach sich, wer für eventuell bestehende Rückforderungsansprüche der Gesellschaft oder eine gem. § 172 IV HGB wiederauflebende Außenhaftung verantwortlich ist. Im Kontext der sog. Hintermannhaftung im Kapitalgesellschaftsrecht gem. §§ 30, 31 GmbHG wird *teilweise* davon ausgegangen, dass bei direkter Zahlung der Gesellschaft an den Treugeber grundsätzlich keine Haftung des Treuhänders begründet werde, sondern ein besonderer Zurechnungstatbestand gegeben sein müsse.[557] Eine Haftung des Treuhänders bestehe etwa dann, wenn bei wirtschaftlicher Betrachtung letztlich ihm die Leistung zugeflossen sei.[558] Weiterhin solle auch eine Veranlassung der Auszahlung durch den Treuhänder zu einer Haftung desselben führen.[559] Entscheidend kann hier letztlich nur der Rechtsgrund für die Ausschüttung sein. Ist die Auszahlung nicht im Gesellschafts- und Treuhandverhältnis begründet, kann eine Haftung des Treuhänders nach § 172 IV HGB nicht entstehen. Sofern überhaupt anderweitige Rückforderungsansprüche der Gesellschaft bestehen, können diese nur gegen den Treugeber gerichtet sein, da der Treuhänder an diesem Rechtsverhältnis in keiner Weise beteiligt ist. Handelt es sich um gesellschaftsbezogene Ansprüche, kommt es darauf an, wem das Forderungsrecht zusteht. Besteht das Forderungsrecht allein in der Person des Treuhänders oder neben diesem auch in der Person des Treugebers (§ 328 BGB), handelt es sich um eine Leistung nur an den Treuhänder, weshalb nur dieser haftet. Die direkte Zahlung stellt lediglich eine Erfüllungsmodalität dar. Nur wenn man von einem eigenen originär gesellschaftsrechtlichen Forderungsrecht des Treugebers ausgeht, kann sich die Frage stellen, ob eine korrelierende unmittelbare Haftung des Treugebers entsteht und hierdurch der Treuhänder von seiner Verantwortung befreit wird. Auch diese Fragen sind im Bereich der unmittelbaren Innen-[560] und Außenhaftung[561] des Treugebers näher zu untersuchen.

---

556 Eine eingehende Untersuchung erfolgt im Rahmen der unmittelbaren Innenhaftung, siehe § 7.

557 Vgl. etwa *Armbrüster*, S. 381.

558 *Fleck*, in: FS Fischer, 107, 121 f.; *Armbrüster*, S. 395 f. mwN.

559 *Canaris*, in: FS Fischer, 31, 39; *Armbrüster*, S. 396 mwN.

560 Siehe § 7.

561 Siehe § 5.

2. *Direkte Einlageleistung an die Gesellschaft*

In gleicher Weise wie bei den soeben dargestellten direkten Ausschüttungen der Gesellschaft an die Treugeber, kann auch eine Pflicht des Treugebers zur Leistung der Einlagemittel nicht an den Treuhänder, sondern direkt an die Gesellschaft vereinbart werden. Wiederum kann es sich je nach Ausgestaltung im Einzelfall um einfache Abtretung, Erfüllungsübernahme oder Schuldübernahme handeln.[562] In Fällen der qualifizierten Treuhand wird sich eine entsprechende derivative unmittelbare Einlagepflicht regelmäßig auch ohne ausdrückliche Vereinbarung im Wege der Vertragsauslegung annehmen lassen.[563] Starke Indizwirkung kommt der Stellung der entsprechenden Klausel innerhalb des aus Treuhand- und Gesellschaftsvertrag bestehenden Vertragswerks zu. Alle diese Gestaltungen dürften keine grundsätzlichen Probleme hinsichtlich der Rechtsstellung des Treugebers gegenüber der Gesellschaft nach sich ziehen.

Interessant und problematisch ist in diesem Bereich jedoch vor allem eine originär gesellschaftsrechtliche Verpflichtung des Treugebers zur unmittelbaren Leistung der Einlage gegenüber der Gesellschaft. *Kapitza* nimmt etwa allein aufgrund direkter Einlageleistung durch den Treugeber an die Gesellschaft ein „gesellschaftsrechtliches Einlageverhältnis“ an.[564] Die nähere Darstellung erfolgt im Rahmen der Untersuchung der unmittelbaren Innenhaftung.[565]

II. Verwaltungsrechte

Zur Verbesserung ihres Schutzniveaus besteht ein großes Interesse der Treugeber Einfluss auf das gesellschaftliche Innenverhältnis, insbesondere auf die Willensbildung in der Gesellschaft zu gewinnen. Der Einfluss über Weisungen an den Treuhänder birgt eine Reihe von Problemen.[566] Diese Probleme ließen sich vermeiden, wenn dem Treugeber Verwaltungsrechte, insbesondere ein Stimmrecht, in der Gesellschaft eingeräumt würden. Die Einräumung unmittelbarere Rechte zugunsten des Treugebers erfolgt in der Praxis durch entsprechende Klauseln in den Gesellschafts- und Treuhandverträgen. Den Treugebern wird entweder explizit ein Recht zur Teilnahme an Gesellschafterversammlungen und zur Stimmabgabe eingeräumt oder der Gesellschaftsvertrag sieht lediglich allgemein eine Behandlung als Kommanditist bzw. die Gleichstellung mit einem Kommanditisten im Innenverhältnis vor.[567] Im Anwendungsbereich des KAGB ergibt sich eine entsprechende

---

562 Vgl. *Armbrüster*, S. 326: Unmittelbare Einlagepflicht nur kraft ausdrücklicher Vereinbarung im Treuhandvertrag.

563 So auch *Kapitza*, S. 222.

564 Kapitza, S. 225.

565 Siehe § 7D.

566 Siehe § 3A. I.

567 Vgl. die wiedergegebenen Passagen der Gesellschaftsverträge in BGH, NZG 2013, 379, 379 f.; BGH, NZG 2012, 1024, 1024; BGH, DStR 2012, 2396, 2396 f.; BGH, NZG 2011, 1432, 1432; BGH, NZG 2009, 57, 57; BGH, WM 1987, 811, 812; OLG Frankfurt,

interne Gleichstellung zum Kommanditisten nunmehr zwingend aus § 152 I 3 KAGB, wobei hiermit noch nichts über die Reichweite und Ausgestaltung einer solchen Gleichstellung gesagt ist. Vor dem Hintergrund der vorgenannten, auf vertragliche oder gesetzliche Weise beabsichtigten bzw. gewünschten Gleichstellung von Treugebern stellt sich daher die Frage, ob und inwieweit eine Einräumung von Verwaltungsrechten zugunsten eines Treugebers überhaupt rechtlich möglich und zulässig ist.

1. Bezugspunkt etwaiger Verwaltungsrechte

Geht man nach klassischem Treuhandverständnis davon aus, dass den Treugebern mitgliedschaftliche Rechte in der KG eingeräumt und sie dadurch in den Mitgliederverband dieser Gesellschaft einbezogen werden sollen, stellt sich vor dem Hintergrund des Abspaltungsverbots zunächst die Frage, ob eine Schaffung unmittelbarer Rechte für den Treugeber überhaupt zulässig ist. Die Frage nach der Zulässigkeit der Einräumung von mitgliedschaftlichen Rechten an Dritte hat dann auch Auswirkung auf die Frage der Haftung von entsprechend berechtigten Treugebern. Sollten die folgenden Ausführungen zu dem Ergebnis führen, dass beispielsweise ein Stimmrecht Dritter in der Gesellschaft nicht bestehen kann oder darf, spricht vieles dafür, einen entsprechend berechtigten Treugeber als Gesellschafter zu behandeln und ihn in analoger oder gar direkter Anwendung der gesellschaftsrechtlichen Vorschriften haften zu lassen.[568] Weiterhin ist unklar, welche dogmatische Grundlage solche mitgliedschaftlichen Rechte von Treugebern haben bzw. welcher Natur diese Rechte der Treugeber sind.[569]

Berücksichtigt man das auf kupierte Publikumsgesellschaften bezogene neuere Treuhandverständnis, wonach sich die Treugeber und eventuell vorhandene unmittelbar als Kommanditisten beteiligte Kapitalanleger in einer eigenen Publikumsinnengesellschaft zusammenschließen, welche das tatsächliche unternehmerische Zentrum einer Fondsgesellschaft darstellt, so stellt sich die Frage nach der Möglichkeit der Einräumung mitgliedschaftlicher Rechte zugunsten von Nichtgesellschaftern nicht oder zumindest nicht unmittelbar.[570] Die Verwaltungsrechte der Treugeber sind dann nur solche in der Publikumsinnengesellschaft, an der sie unzweifelhaft selbst unmittelbar beteiligt sind. Die Entscheidungen in dieser Innengesellschaft der Treugeber werden – vermittelt durch den Treuhänder – im Außenverhältnis von der vermögenstragenden KG ausgeführt. Insofern könnte sich allenfalls die Frage stellen, ob nicht auch durch diese Gestaltung eine Aushöhlung der Gesellschafterrechte in der KG entsteht, vor der die Gesellschafter

BB 1976 1616, 1616; OLG Koblenz, WM 1989, 260, 261; sowie die Hinweise bei *Krenzel*, S. 132 (Fn. 28), 163; *Kapitza*, S. 23; *Maulbetsch*, S. 32; *Bälz*, ZGR 1980, 10, 16.

568 So bspw. *Kindler*, in: FS K. Schmidt, 871, 877.

569 Vgl. allg. etwa *Herrmanns*, ZIP 2005, 2284, 2284 ff.

570 Zu diesem Treuhandverständnis siehe § 3 D.

zu schützen sind und vor der insbesondere das sog. Abspaltungsverbot, wonach Verwaltungsrechte notwendig mit der Gesellschafterstellung verbunden sind,[571] schützen soll.

2. Meinungsstand zur Einräumung von unmittelbaren Verwaltungsrechten

Die Frage der Zulässigkeit der Einräumung von Verwaltungsrechten zugunsten eines Nichtgesellschafters, insbesondere eines Treuebers, hat Rechtsprechung und Literatur schon seit längerem beschäftigt. Die Diskussion dreht sich erwartungsgemäß primär um das Stimmrecht, da dieses den wohl größten Einfluss auf das gesellschaftliche Innenverhältnis vermittelt.

a) Darstellung und Würdigung der Rechtsprechung

Die qualifizierte Treuhand darf als eine von der Rechtsprechung grundsätzlich als zulässig erachtete Gestaltung bezeichnet werden. Nachdem im *Urteil vom 10.11.1951*[572] noch eine unwiderrufliche Stimmrechtsvollmacht als mit dem Wesen der Gesamthandsgemeinschaft und damit mit dem Abspaltungsverbot unvereinbar angesehen wurde, entschied der *BGH im Urteil vom 13.05.1953*[573], dass dem Treugeber von allen Gesellschaftern im Innenverhältnis unmittelbare Rechte eingeräumt und dieser im Innenverhältnis somit so gestellt werden könne, als ob er Kommanditist sei. Explizit erwähnt werden in diesem Urteil nur Kontroll- und Überwachungsrechte, welche grundsätzlich auch durch zweiseitig schuldrechtlichen Vertrag eingeräumt werden könnten. Die Annahme unmittelbarer Rechte im Innenverhältnis zu allen Gesellschaftern spricht jedoch eindeutig für eine originäre mitgliedschaftliche Berechtigung des Treugebers.

Im Kontext der Haftung eines Gründungsgesellschafters einer kupierten Publikums-KG aus Verschulden bei Vertragsschluss bestätigte der BGH mit *Urteil vom 30.03.1987* diese Rechtsprechung im Grundsatz.[574] Durch die von vorn herein angelegte Verzahnung von Gesellschafts- und Treuhandvertrag könnten ausnahmsweise Rechte durch die Treugeber selbst ausgeübt werden, die grundsätzlich nicht von der Mitgliedschaft des Treuhänders abgespalten werden könnten.[575] Dies deutet jedoch auf ein Verständnis der Berechtigung des Treugebers als nur vom Treuhänder abgeleitetes Recht hin. Der Senat scheint eine Abtretung vom Treuhänder an den Treugeber anzunehmen, obwohl sich die Rechte der Treugeber aus dem Gesellschaftsvertrag ergeben. Ebenso scheinen das *OLG Köln*[576] und das

571 Vgl. etwa BGH, NJW 1952, 178,179; *Schäfer*, in: MüKo-BGB, § 717, Rn. 7.
572 BGH, NJW 1952, 178.
573 BGH, NJW 1953, 1548 = BGHZ 10, 44.
574 BGH, NJW 1987, 2677.
575 BGH, NJW 1987, 2677, 2677.
576 OLG Köln, DB 1996, 2123.

OLG München[577] trotz Regelungen im Gesellschaftsvertrag nur von abgeleiteten Befugnissen des Treugebers durch Ermächtigung vom Treuhänder auszugehen. Eine frühere Entscheidung des *OLG München*[578] beschränkte sich auf die Anerkennung der Einbeziehung des Treugebers in das gesellschaftsrechtliche Innenverhältnis als „rechtlich unbedenklich". Das *OLG Koblenz*[579] erkannte dem Treugeber ausdrücklich ein originäres, eigenes Stimmrecht zu, welches nicht automatisch an den Treuhänder zurückfalle, wenn der Treugeber selbst keinen Gebrauch davon mache, und welches der Treuhänder nur mit wirksamer Vollmacht des Treugebers ausüben könne.

In neuerer Zeit findet sich eine *Vielzahl von BGH-Entscheidungen*[580] zur mittelbaren Gesellschaftsbeteiligung durch qualifizierte Treuhand, in denen die Zulässigkeit der unmittelbaren Berechtigung von Treugebern im Innenverhältnis im Anschluss an das Urteil vom 13.05.1953 grundsätzlich bejaht wird, ohne sich jedoch explizit mit der Frage der Zulässigkeit und der Art der Berechtigung zu beschäftigen. Klarheit schaffte insoweit das *Urteil vom 11.10.2011*,[581] in dem der BGH die Treugeberin eines Immobilienfonds in Form der oHG als unmittelbare Gesellschafterin („Quasi-Gesellschafterin")[582] im Innenverhältnis der oHG behandelte und sie dementsprechend unmittelbar der Innenhaftung aus §§ 105 III HGB, 735 BGB unterworfen hat. Die Einordnung des Treugebers als Innengesellschafter wurde in zwei folgenden Urteilen zur kupierten Publikums-KG bestätigt.[583] Zur Begründung dieser Einordnung stellt der BGH jeweils sowohl auf die Verzahnung von Gesellschafts- und Treuhandvertrag als auch auf die „von gesellschaftsrechtlichen Bindungen überlagerte Treuhandbeziehung"[584] ab.[585] Entgegen *Wiedemann* kann dem BGH daher nicht unterstellt werden „zwei gänzlich verschiedene Denkmuster"[586] anzuwenden.

Explizite Erwähnung fand das Stimmrecht als originäres, mitgliedschaftliches Recht eines Treugebers auch bereits im *Urteil vom 22.02.1960*.[587] Demnach sei es zulässig, wenn die Gesellschafter ihr Stimmrecht behalten und dem Außenstehenden ein zusätzliches Stimmrecht einräumen.[588] In diesem Fall hatten die Gesellschafter einer oHG einen Wirtschaftsberater als Aufsichtsperson bestellt. Dieser

577 OLG München, DB 2005, 1211.
578 OLG München, DStR 1991, 1256.
579 OLG Koblenz, BB 1989, 170.
580 BGH, NZG 2003, 915; BGH, NZG 2009, 57; BGH, NJW-RR 2009, 1040; BGH, NZG 2011, 1432; BGH, DStR 2012, 2396; BGH, NJW 2013, 452.
581 BGH, NZG 2011, 1432.
582 BGH, NZG 2011, 1432, 1434.
583 BGH, NZG 2013, 379, 381; BGH, WM 2013, 603, 605.
584 So erstmals BGH, NZG 2003, 915, 915.
585 Vgl. BGH, NZG 2011, 1432, 1434, Rn. 17b, 18.
586 *Wiedemann*, ZIP 2012, 1786, 1787.
587 BGH, NJW 1960, 963.
588 BGH, NJW 1960, 963, 964.

wurde zur Überwachung der Geschäftsführung beauftragt und zu diesem Zweck mit einem Widerspruchsrecht im Sinne von § 115 I HGB ausgestattet. Darüber hinaus wurde dem Berater ein Stimmrecht eingeräumt, welches bei Stimmengleichheit entscheidend sein sollte. Hieraus wird *teilweise* gefolgert, dass der Berater nur bei Stimmengleichheit die Entscheidung treffen dürfe und es sich somit nur um eine Regelung betreffend die Stimmkraft handele.[589] Tatsächlich würde diese Entscheidung andernfalls ungewöhnlich weit gehen, da es sich bei dem stimmberechtigten Berater nicht um einen Treugeber mit eigenem wirtschaftlichen Interesse und vor allem eigener wirtschaftlicher Verantwortung handelte, sondern vielmehr um einen Schieds- und Schlichtungstreuhänder.[590] Nach dem zugrundeliegenden Beschluss sollte „der Wirtschaftsberater [...] in der Gesellschafterversammlung stimmberechtigt" sein.[591] Dies legt eine Auslegung dahin gehend nahe, dass der Berater grundsätzlich stimmberechtigt und seine Stimme zudem bei Pattsituationen ausschlaggebend sein sollte.[592] Eine solche Regelung ist jedoch als mit dem Abspaltungsverbot unvereinbar abzulehnen.[593] Die Entscheidung ist daher auch vereinzelt geblieben, wenngleich sie auch Zustimmung gefunden hat.[594]

b) Darstellung und Würdigung der Literatur

Sofern in der Literatur bereits die Mitberechtigung von Dritten generell befürwortet[595] bzw. die Geltung eines Abspaltungsverbots bestritten wird[596], ist davon auszugehen, dass auch die gesellschaftsinterne Mitberechtigung eines Treugebers und damit die qualifizierte Treuhand befürwortet wird. Aber auch unter den grundsätzlichen Befürwortern eines Abspaltungsverbots wird weit überwiegend eine Ausnahme für die unmittelbare Berechtigung von Treugebern zugelassen.[597] Soweit

589 *K. Schmidt*, GesRt, § 21 II. 1. d), S. 606; *Eden*, S. 78.

590 Vgl. hierzu bereits oben § 2 B. I. 5.

591 BGH, JZ 1960, 490; insoweit nicht abgedruckt in BGH, NJW 1960, 963.

592 So *Armbrüster*, S. 287, Fn. 1320.

593 So auch die **hM**: *Schäfer*, in: MüKo-BGB, § 717, Rn. 10; *Habermeier*, in: Staudinger (2003), § 717, Rn. 4; *Timm/Schöne*, in: Bamberger/Roth, § 717, Rn. 8; *K. Schmidt*, GesRt, § 21 II. 1. d), S. 606; *Wolff*, S. 77 ff.; *Roth*, in: Baumbach/Hopt, § 119, Rn. 16, 20; *Teichmann*, S. 218 ff.; einschränkend *Flume*, AT 1/1, § 14 VII, S. 235 ff. (zulässig, wenn jederzeit entziehbar).

594 Vgl. *Hueck*, JZ 1960, 491, 492; *Blaurock*, S. 124, Fn. 5; *Hadding*, in: Soergel, § 709, Rn. 31; *Fischer*, in Staub (3. Auflage), § 119, Rn. 24.

595 *Hueck*, JZ 1960, 491, 492; *Blaurock*, S. 124, Fn. 5; *Hadding*, in: Soergel, § 709, Rn. 31; *Fischer*, in Staub (3. Auflage), § 119, Rn. 24.

596 Zumindest kritisch *Schilling*, in: Staub (4. Aufl.), § 161, Rn. 34; *Erman*, in: FS Nipperdey, 277, 285 ff.; *Westermann*, Vertragsfreiheit, S. 382 ff.

597 *Schäfer*, in: MüKo-BGB, § 717, Rn. 10; § 705, Rn. 93; *Schäfer*, in: Staub, § 105, Rn. 107; *K. Schmidt*, in: MüKo-HGB, vor § 230, Rn. 67, 78; *Armbrüster*, S. 288; *ders.*, ZIP 2009, 1885, 1885; *Kindler*, in: K/K/R/M, 105, Rn. 20 f.; *Wertenbruch*, in: E/B/J/S, § 105, Rn. 108; *Hadding*, in: Soergel, § 705, Rn. 29; *Fleck*, in: FS Fischer, 107, 118 ff.; *Blaurock*,

das Abspaltungsverbot auf das Wesen der Verwaltungsrechte gestützt wird, lässt sich eine solche Ausnahme jedoch kaum überzeugend begründen. Das Wesen oder die Natur eines Rechts ändert sich nicht durch die Person des Rechtsinhabers. Auch eine unterschiedliche Behandlung von echter Abtretung und originärer, gesellschaftsvertraglicher Mitberechtigung in Bezug auf das Abspaltungsverbot, kann eine Ausnahme für Treugeber insoweit nicht begründen. Es kann keinen Unterschied machen, ob ein angeblich sonderrechtsunfähiges Recht erst durch Trennung vom Stammrecht der Mitgliedschaft durch Abtretung entsteht oder ob es zur Entstehung gebracht wird, ohne dass ein solches Stammrecht überhaupt existiert.

Dennoch lehnt beispielsweise *Tebben* die Abtretung von Mitgliedschaftsrechten aufgrund ihrer Verwandtschaft zu den unübertragbaren Gestaltungsrechten ab,[598] befürwortet andererseits aber die Einräumung von Mitgliedschaftsrechten an Treugeber durch Beteiligung am gesellschaftsrechtlichen Innenverhältnis.[599] Diese Unterscheidung ist auch deshalb nicht überzeugend, da sich der Einfluss des Treugebers in beiden Fällen nicht unterscheidet. Betrachtet man das Stimmrecht, so sind die Gesellschafter in beiden Fällen in gleichem Maße dem Einfluss des Treugebers ausgesetzt. Lediglich aus Sicht des Treuhänders kommt es im Falle der Abtretung zum automatischen Rechtsverlust. Dies ist jedoch nicht problematisch, da eine Beteiligung ohne Stimmrecht zulässig ist und ein Stimmrecht des Treuhänders nach den Interessen der Parteien mangels eigenen wirtschaftlichen Interesses in den meisten Fällen nicht gewollt sein dürfte. Auch eine mögliche Weiterübertragung vom Treugeber auf einen Dritten kann die Unzulässigkeit der Abtretung nicht begründen,[600] da das Abspaltungsverbot nach allen vertretenen Begründungsansätzen[601] in diesem Fall eingreift. Überzeugender wäre dann schon eine genau gegenteilige Argumentation dahingehend, dass nicht die Abtretung, sondern die originäre, gesellschaftsvertragliche Mitberechtigung unzulässig sein sollte, da hierdurch, mangels automatischer Verdrängung des Treuhänders aus seiner Rechtsposition, die Stimmkraft der Gesellschafter anteilig abnimmt[602] und diese somit stärker negativ betroffen sind. Nur wenn man das Abspaltungsverbot rechtstechnisch i.S.v. § 399 Alt. 1 BGB versteht und allein auf die echte Abtretung von Verwaltungsrechten i.S.v. § 413, 398 BGB bzw. einen abtretungsähnlichen Vertrag eigener Art[603] bezieht, ließe sich argumentieren, dass eine Einbeziehung des

S. 181 f.; *Bälz*, ZGR 1980, 1, 95; *Krenzel*, S. 152 ff.; *Kessal-Wulf*, S. 233 ff.; **aA** *Henssler*, AcP 196 (1996), 37, 81; *Wiedemann*, ZIP 2012, 1786, 1788; *ders.*, NZG 2013, 1041, 1044 f.

598 *Tebben*, S. 129.

599 *Tebben*, S. 161 f.

600 Vgl. *Armbrüster*, S. 276.

601 Siehe im Einzelnen unter §3 B. II. 3. a).

602 Dies erkennt auch *Tebben*, S. 147; *ders.*, ZGR 2001, 586, 605.

603 Vgl. *Armbrüster*, S. 276.

Treugebers in das gesellschaftsrechtliche Innenverhältnis anders als die tatsächliche Abtretung möglich sein soll.

Andererseits wird eine Ausnahme vom Abspaltungsverbot für Treugeber generell abgelehnt.[604] *Beuthien* formuliert, es gebe kein Mitgliedschaftsrecht ohne Mitgliedschaft.[605] Hieraus folgert er, dass einem Treugeber wie auch jedem anderen Nichtgesellschafter kein Stimmrecht eingeräumt werden könne.[606] *Kindler*[607] greift die vorgenannte Formulierung Beuthiens auf. Anders als Beuthien folgert er aus dem zwingenden Zusammenhang von Mitgliedschaftsrechten und Mitgliedschaft jedoch nicht die notwendige Unwirksamkeit der Stimmrechtsgewährung an den Treugeber. Vielmehr solle insbesondere in der Stimmrechtsgewährung an den Treugeber der auf die Verschaffung der Gesellschafterstellung gerichtete Rechtsfolgewille zum Ausdruck kommen. Der Erwerb der Gesellschafterstellung sei die selbstverständliche Rechtsfolge der Einräumung originärer Stimmrechte.[608]

3. Stellungahme zur Einräumung von unmittelbaren Verwaltungsrechten

Nach den vorstehenden Ausführungen könnte das sogenannte Abspaltungsverbot der Einbeziehung eines Treugebers in das Innenverhältnis einer Personengesellschaft entgegenstehen. Demnach seien die Verwaltungsrechte „mit dem Gesellschafteranteil notwendig verbunden und können von ihm nicht losgelöst und selbständig übertragen werden."[609] Eine Einräumung von mitgliedschaftlichen Teilhaberechten (z. B. Stimmrechte, Kontrollrechte, Informationsrechte) an den Treugeber als Nichtgesellschafter wäre somit grundsätzlich unzulässig und entsprechende Vereinbarungen im Gesellschaftsvertrag unwirksam.[610] Zunächst ist die Begründung und damit auch die Reichweite des Abspaltungsverbots außerordentlich umstritten.[611] Weiterhin muss die Besonderheit Berücksichtigung finden, dass der Treugeber durch die Verbindung zum Treuhänderkommanditisten der Gesellschaft nicht wie jeder beliebige Dritte gegenüber steht.

---

604 *Beuthien*, ZGR 1974, 26, 55 ff.; *Kindler*, in: FS K. Schmidt, 871, 877.
605 *Beuthien*, ZGR 1974, 26, 55.
606 *Beuthien*, ZGR 1974, 26, 56.
607 *Kindler*, in: FS K. Schmidt, 871, 876 f.
608 *Kindler*, in: FS K. Schmidt, 871, 876 f.
609 BGH, NJW 1952, 178, 179.
610 Vgl. *K. Schmidt*, GesRt, § 19 III 4., S. 561; *Kilian*, in: Henssler/Strohn, § 717 BGB, Rn. 1 ff.
611 Überblick bei *Fleck*, in: FS Fischer, 107, 110 ff.

a) Dogmatische Grundlage des Abspaltungsverbots

Der *BGH* stützte das Abspaltungsverbot zunächst allgemein auf das „Wesen der Gesamthandsgemeinschaft"[612] und später auf das „Wesen der Personalgesellschaft"[613]. Die *herrschende Meinung in der Literatur* begründet das Abspaltungsverbot mit der unselbständigen Natur der Verwaltungsrechte, welche nicht vom Stammrecht der Mitgliedschaft getrennt werden könnten, bzw. der notwendigen Einheitlichkeit der Mitgliedschaft und der somit fehlenden Sonderrechtfähigkeit.[614] Die behauptete unselbständige Natur bzw. fehlende Sonderrechtsfähigkeit der Verwaltungsrechte kann jedoch allenfalls zur Veranschaulichung des Abspaltungsverbots dienen.[615] Jeder Rechtssatz abseits von zwingendem Recht bedarf einer genauen Begründung. Ein Verweis auf die „Natur der Sache" kann ohne Bestimmung und Beweis dieser „Natur" niemals als Begründung taugen. Hiermit wird ein Ergebnis nur behauptet, aber nicht bewiesen.[616] Im Folgenden ist daher auf verschiedene, über einen Verweis auf das „Wesen" oder die „Natur" der Mitgliedschaftsrechte hinausgehende Begründungsansätze einzugehen.

aa) Typenzwang der Mitgliedschaftsrechte

Die Ausgestaltung des Innenverhältnisses einer Personengesellschaft unterliegt weitestgehend der Vertragsfreiheit (§§ 705 ff. BGB, 109, 161 II, 163 HGB). Die Beteiligten sind abseits von zwingendem Recht grundsätzlich nicht eingeschränkt.[617] Auch wenn man davon ausgeht, dass diese Vorschriften nur das Verhältnis der Gesellschafter untereinander und zur Gesellschaft betreffen und daher nicht notwendig etwas über die Möglichkeit der Mitberechtigung eines Nichtgesellschafters aussagen,[618] verbliebe es im Ausgangspunkt bei der allgemein schuldrechtlichen Vertragsfreiheit (Art. 2 I GG, § 311 BGB).[619] Dennoch wird in der *Literatur*

---

612 BGH, NJW 1952, 178, 179; vgl. auch BGH, NJW 1956, 1198, 1198 f.; BGH, NJW 1962, 738, 738 f.

613 BGH, BB 1953, 926, 926.

614 *Schäfer*, in: MüKo-BGB, § 717, Rn. 7; *Hadding*, in: Soergel, § 717, Rn. 20; *Habermeier*, in: Staudinger (2003), § 717, Rn. 4; *Sprau*, in: Palandt, § 717, Rn. 4; *Westermann*, in: Erman, § 717, Rn. 3; *Timm/Schöne*, in: Bamberger/Roth, § 717, Rn. 6; *Altmeppen*, in: Roth/Altmeppen, § 14, Rn. 13; *Wiedemann*, S. 283 ff.; *Westermann*, Vertragsfreiheit, S. 396; *Wertenbruch.*, in: HdbPersG, Rn. 683 ff.; auf die Einheitlichkeit der Mitgliedschaft abstellend auch BGH, WM 1976, 1247, 1250.

615 *K. Schmidt*, GesRt § 19 III. 4., S. 560.

616 So zutreffend *Krenzel*, S. 138.

617 Vgl. BGH, NJW 1953, 1548, 1549; *Wiesner*, in: FS Ulmer, 673, 677; *Schiemann*, in: FS Zöllner, 505, 515 f.; *Ulmer*, ZHR 156 (1992), 377, 389.

618 *Krenzel*, S. 136; *Beuthien*, ZGR 1974, 26, 56; *Kindler*, in: FS K. Schmidt, 871, 880 f.

619 So auch *Krenzel*, S. 136; *Markwardt*, S. 93; *Ulmer*, ZHR 156 (1992), 377, 388 f. Anders insoweit *Beuthien*, ZGR 1974, 26, 56, der es nicht für möglich hält Nichtgesellschafter am Gesellschaftsvertrag zu beteiligen, weshalb auch die Vertragsfreiheit im Schuldrecht nicht zur Möglichkeit der Erteilung eines Drittstimmrechts führen könne.

ein Typenzwang im Gesellschaftsrecht bzgl. zwingender, institutioneller Grenzen der Vertragsfreiheit diskutiert.[620]

Die Frage des Typenzwangs der gesellschaftsrechtlichen Rechtsstellungen darf jedoch nicht mit dem Rechtsformenzwang im Gesellschaftsrecht verwechselt werden.[621] *Armbrüster* formuliert im Zusammenhang mit dem numerus clausus der dinglichen Rechte, dass § 137 BGB rechtsgeschäftlichen Möglichkeiten der Begründung von Gesamthandeigentum begrenze und damit auch die Typen des Gesellschaftsrechts abschirme,[622] wobei hiermit nur der Rechtsformenzwang gemeint sein kann. Dagegen sieht *Tebben* in § 137 BGB ausdrücklich auch die Grundlage eines „numerus clausus der mitgliedschaftlichen Rechte".[623] Die hierfür angeführten Literaturnachweise stützen diese Annahme jedoch nicht. Sie beziehen sich jeweils nur auf das Verhältnis von § 137 BGB zum sachenrechtlichen Typenzwang.[624] Eine direkte Anwendung des § 137 BGB kommt nur in Betracht, wenn man die Abspaltung einzelner Mitgliedschaftsrechte als Beschränkung der Verfügungsbefugnis über das „Stammrecht" der Mitgliedschaft betrachtet. *Teilweise* werden die Verwaltungsrechte als unselbständige, funktionsgebundene Hilfsrechte zum Stammrecht der Mitgliedschaft betrachtet. Diese sollen ebenso wie Herausgabeansprüche nach §§ 987 ff. BGB[625] oder der Grundbuchberichtigungsanspruch nach § 894 BGB[626] nicht isoliert bestehen oder übertragen werden können. Das Gesellschaftsrecht nehme insoweit am numerus clausus der dinglichen Rechtsstellungen teil.[627] Durch die Abspaltung einzelner Rechte aus dem einheitlichen Recht der Mitgliedschaft erhalte der Zessionar ein neu verselbständigtes, unmittelbar gegenüber der Gesellschaft wirkendes und damit dingliches Recht.[628] Insoweit wird die natürliche Unselbstständigkeit der Verwaltungsrechte gegenüber dem Stammrecht „Mitgliedschaft" wiederum nur behauptet. Ob die einzelnen Mitgliedschaftsrechte von der Rechtsordnung als eigenständige Rechte anerkannt werden, steht gerade in Frage.

An der Einordnung des durch Abspaltung vereinzelten Mitgliedschaftsrechts als unselbständiges, dingliches Recht bestehen erhebliche Zweifel. Mitgliedschaftsrechte sind dem Schuldrecht zuzuordnen und haben keine absolute Wirkung. Erst

---

620 Vgl. hierzu *K. Schmidt*, GesRt, § 5 III, S. 109 ff.; *Flume*, AT 1/1, § 13 I, S. 189 ff.; *Hopt*, Gesellschaftsrecht, Rn. 723 ff.

621 *K. Schmidt*, GesRt, § 5 III, S. 111; kritisch zur qualifizierten Treuhand aufgrund des Rechtsformzwangs *Kindler*, in: FS K. Schmidt, 871, 879 ff.

622 *Armbrüster*, in: MüKo-BGB, § 137, Rn. 5.

623 *Tebben*, S. 120.

624 Vgl. BGHZ 134, 182, 186 = NJW 1997, 861 ff.; *Liebs*, AcP 175 (1975), 1, 26; *Mayer-Maly*, in: MüKo-BGB, 3. Aufl. (1993), § 137, Rn. 5; *Wiegand*, AcP 190 (1990), 112, 118.

625 *Ulmer*, in: FS Fleck, 383, 387.

626 *H. Westermann*, in: HdbPersG (3. Aufl., 1975), Rn. 321.

627 *H. Westermann*, in: HdbPersG (3. Aufl., 1975), Rn. 321; *H. P. Westermann*, Vertragsfreiheit, S. 396 f.; *Schröder*, ZGR 1978, 578, 593.

628 So *Tebben*, S. 119, dagegen aber *ders.*, S. 120.

ein Verständnis des vereinzelten Mitgliedschaftsrechts als Belastung bzw. Recht an dem gesamten Gesellschaftsanteil kann zu einer solchen Betrachtung führen. So sieht *Schröder*[629] in einem vereinzelten Aktienstimmrecht ein gesetzlich nicht vorgesehenes dingliches Recht an der jeweiligen, nun stimmrechtslosen Aktie. Nach dieser Betrachtung wirkt das abgespaltene Recht gegen jeden Inhaber des Anteils und damit absolut wie ein dingliches Recht. Ein solches Verständnis erscheint im Bereich des Aktienrechts möglicherweise noch nachvollziehbar. Hier ist die Mitgliedschaft zwecks unbeschränkter Handelbarkeit und Umlauffähigkeit in einer Aktie verkörpert, welche grundsätzlich auch nach sachenrechtlichen Grundsätzen (§§ 929 ff. BGB) übertragen wird. Insoweit erscheint es auch aus Gründen des Schutzes des allgemeinen Rechtsverkehrs eher vertretbar, den inhaltlichen Ausgestaltungen Grenzen zu ziehen.[630] Letztlich überzeugt ein Verständnis der Abspaltung von Rechten als Belastung des Stammrechts der Mitgliedschaft mit einem beschränkt dinglichen Recht nicht.[631] Die Mitgliedschaft stellt ein Bündel von schuldrechtlichen Rechten und Pflichten dar. Ein vereinzeltes Mitgliedschaftsrecht wirkt nicht absolut gegenüber dem jeweiligen Inhaber der Mitgliedschaft, wie etwa der Herausgabeanspruch gem. § 985 BGB gegenüber jedem Besitzer einer Sache, sondern nur innerhalb des Verbands, d. h. nur relativ gegenüber einem begrenzten Personenkreis oder je nach Zusammensetzung nur gegenüber einer weiteren Person. Beispielsweise erschöpft sich die Ausübung des Stimmrechts nicht in der Verwaltung des eigenen Gesellschaftsanteils bzw. eines eigenen ideellen Anteils am Gesamthandsvermögen,[632] sondern bezieht sich notwendig auf Teilhabe am kollektiven Willensbildungsprozess bzgl. der Herrschaft über das gesamthänderisch gebundene Vermögen im Ganzen.

Somit stellen die Mitgliedschaftsrechte nicht nur unselbständige, auf die Herrschaft über den Vermögensgegenstand der Mitgliedschaft bezogene Hilfsrechte dar. Die Abspaltung führt nicht zu einer Belastung, sondern zu einer Inhalts- oder Umfangsänderung der Mitgliedschaft. Solche Inhaltsänderungen begegnen im Personengesellschaftsrecht – anders als möglicherweise im Aktienrecht – zunächst auch keinen Bedenken, da die Anteile nicht auf Fungibilität ausgelegt sind und grundsätzlich nicht frei gehandelt werden. Eine Teilnahme der mitgliedschaftlichen Rechtsstellungen am numerus clausus der dinglichen Rechte kann nicht als zwingend angenommen werden. Dennoch können der inhaltlichen Ausgestaltung des Rechtsguts der Mitgliedschaft aus allgemeinen Gründen Grenzen gesetzt sein.

---

629 *Schröder*, ZGR 1978, 578, 593.

630 Vgl. *Krenzel*, S. 138 f. der den „dinglichen" Einschlag der Aktie gegenüber dem „relativen" Wesen des Personengesellschaftsanteils betont.

631 Ablehnend auch *Tebben*, S. 124.

632 Einen solchen kann es nach zutreffender *ganz herrschender Meinung* nicht geben, vgl. *Schäfer*, in: MüKo-BGB, § 719, Rn. 4 ff., 8; *K. Schmidt*, GesRt, § 58 IV. 2. a), S. 1712 ff.; *Flume*, AT 1/1, § 17 II., S. 351; **aA** *Weber-Grellet*, AcP 182 (1982), 316, 331.

bb) Schutzzweck von § 137 S. 1 BGB

Die natürliche Unselbständigkeit der Verwaltungsrechte wird weiterhin auch mit dem Schutzzweck des § 137 BGB begründet.[633] Eine unmittelbare Anwendung scheidet hinsichtlich der Mitgliedschaft aus, da die Verfügungsbefugnis durch eine Abspaltung nicht ausgeschlossen oder beschränkt wird.[634] § 137 BGB sichert nach seinem Zweck auch den Typenzwang im Sachenrecht.[635] Nachdem eine direkte Teilnahme der Mitgliedschaftsrechte am sachenrechtlichen Typenzwang nicht nachgewiesen werden konnte, stellt sich hier die Frage, ob § 137 BGB analoge Anwendung findet und der der Vorschrift zugrunde liegende Schutzzweck den inhaltlichen Ausgestaltungen der Mitgliedschaft Grenzen setzt.

Der Schutzzweck des § 137 BGB wird zum einen in der Gewährleistung von Sicherheit und Klarheit im Rechtsverkehr gesehen.[636] Insoweit sichert die Vorschrift auch den Typenzwang im Sachen- und Gesellschaftsrecht.[637] Eine Trennung von Mitgliedschaft und einzelnen Verwaltungsrechten führe zu einem von der Rechtsordnung unerwünschten Zustand, da insoweit Rechtspositionen entstehen könnten, deren Umfang unklar sei und einen Erwerber zu Nachforschungen nötigten.[638] Probleme können sich hier vor allem dann ergeben, wenn man davon ausgeht, dass ein Kernbereich an Rechten zwingend beim Zedenten verbleiben muss.[639] Gleiches gilt, sofern man von der zwingenden Verbundenheit bestimmter Rechte ausgeht,[640] etwa Stimmrecht, Informationsrecht und dem Recht auf Teilnahme an der Gesellschafterversammlung.

Die Annahme, dass Rechtspositionen von unklarem Umfang ein von der Rechtsordnung unerwünschter Zustand seien, da sie den Erwerber zu Nachforschungen nötigen und daher eine Abspaltung von Verwaltungsrechten unzulässig sei, kann wiederum nicht ohne weiteres als Begründung herangezogen werden, sondern bedarf zunächst ihres Beweises. Grundsätzlich obliegt es jedem Erwerber einer Rechtsposition bereits im eigenen Interesse, sich über deren genauen Umfang zu informieren. Hierbei wird er im Sachenrecht auf verschiedene Weise geschützt, etwa durch den numerus clausus der dinglichen Rechte, den öffentlichen Glauben des Grundbuchs (§ 892 BGB) und die Möglichkeit des gutgläubig lastenfreien

633 Vgl. *Wiedemann*, S. 287.

634 Vgl. *Krenzel*, S. 139; *Wiedemann*, S. 284; *Tebben*, S. 120.

635 BGH, NJW 1997, 861, 863; *Armbrüster*, in: MüKo-BGB, § 137, Rn. 5; *Liebs*, AcP 175 (1975), 1, 26; *Canaris*, in: FS Flume I, 371, 419 f.

636 Str., vgl. *Ellenberger*, in: Palandt, § 137, Rn. 1; *Mansel*, in: Jauernig, § 137, Rn. 2; *Liebs*, AcP 175 (1975), 1, 34 ff.; BGH, NJW 1997, 861, 863; einschränkend *Armbrüster*, in: MüKo-BGB, § 137, Rn. 7; **aA** *Schlosser*, NJW 1970, 681, 683; *Wagner*, AcP 194 (1994), 451, 473 ff.

637 *Armbrüster*, in: MüKo-BGB, § 137, Rn. 5.

638 *Tebben*, S. 122, 123; *Wiedemann*, S. 286; krit. *Fleck*, in: FS Fischer, 107, 121 f.

639 So etwa *Beuthien*, ZGR 1974, 26, 54 f.

640 Vgl. *Teichmann*, S. 222.

Erwerbs gem. § 936 BGB. Für den Erwerb von Forderungen und anderen Rechten greifen derartige Vorschriften nicht ein. Für den Bereich des Personengesellschaftsrechts ist es aufgrund der Gestaltungsfreiheit im Innenverhältnis schon äußerst zweifelhaft, ob es einen Gesellschaftsanteil mit typischem Umfang an Rechten geben kann, auf den sich ein Erwerber verlassen können muss. Zu nennen wären hier beispielsweise stimmrechtslose Gesellschaftsanteile[641] oder Gesellschafter ohne Kapitalanteil.[642] Der Erwerb eines Personengesellschaftsanteils erfordert daher immer eine genaue Nachforschung und Bestimmung dessen Inhalts und Umfangs.[643] Ohne abweichende Vereinbarung darf der Erwerber des Anteils sicherlich erwarten, dass ihm alle möglichen Rechte zustehen. Weicht die Beschaffenheit des Anteils hiervon ab, ist nicht ersichtlich, warum der Erwerber nicht auf allgemeine Ersatzansprüche gegen den Zedenten verwiesen werden sollte.[644] Der Erwerber eines um bestimmte Rechte geminderten Anteils ist nicht schutzwürdiger als der Erwerber dieser Rechte.

Auch bei vollständiger Entwertung des Gesellschaftsanteils durch Abtretung sämtlicher Verwaltungsrechte und antizipierter Abtretung aller künftigen Vermögensrechte ändert sich diese Bewertung nicht. *Tebben* sieht hierin eine unzumutbare Belastung des Rechtsverkehrs, da „von dem von der Rechtsordnung vorgesehenen Normalfall einer Zusammengehörigkeit von Rechtsträgerschaft und Verwaltungsbefugnis“ abgewichen werde.[645] Dem ist wiederum zu entgegnen, dass der von der Rechtsordnung vorgesehene Normalfall die Vertragsfreiheit im Innenverhältnis[646] ist. Sofern ein Zessionar die leere Hülle eines Gesellschaftsanteils erwerben möchte, sind keine zwingenden Gründe ersichtlich, warum dies nicht möglich sein sollte. Daher kann auch die Frage dahinstehen, ob der Schutz der Verkehrsfähigkeit von Wirtschaftsgütern überhaupt zu den Schutzzwecken des § 137 BGB gehört.[647]

Soweit nach der Kernbereichslehre bestimmte Rechte beim Gesellschafter verbleiben müssen, ließe sich argumentieren, dass eine hinreichende Bestimmtheit der Abtretung aufgrund des unklaren Umfangs dieses Kernbereichs nicht möglich sei. Unklarheiten bezüglich der Reichweite eines Rechtsinstituts können jedoch

---

641 Dies ist zumindest bei Kommanditanteilen wohl unstreitig möglich, vgl. *Roth*, in: Baumbach/Hopt, § 119, Rn. 13; *K. Schmidt*, GesRt, § 21 II. 1. c), S. 605. Anders als hier folgert *Emmerich*, in: Heymann, § 119, Rn. 25 aus dem Abspaltungsverbot die Unzulässigkeit des vertraglichen Stimmrechtsausschlusses.

642 Vgl. *K. Schmidt*, § 47 III. 1. b), S. 1381 f., *Roth*, in: Baumbach/Hopt, § 120, Rn. 23.

643 Vgl. auch *Fleck*, in: FS Fischer, 107, 122.

644 So auch *Krenzel*, S. 141; *Fleck*, in. FS Fischer, 107, 121 f.; *Teichmann*, S. 223.

645 *Tebben*, S. 123.

646 Vgl. zur Vertragsfreiheit und möglicher Schranken *Schäfer*, in: MüKo-BGB, § 705, Rn. 132 ff.

647 Bejahend die **hM**: BGH, NJW 1971, 1805, 1806; *Ellenberger*, in: Palandt, § 137 BGB, Rn. 1; *Wendtland*, in: BeckOK-BGB, § 137, Rn. 2; *Armbrüster*, in: MüKo-BGB, § 137, Rn. 4; *Wagner*, AcP 194 (1994), 451, 471; **aA** *Schlosser*, NJW 1970, 681,683.

kaum zur Begründung eines anderen Rechtsinstituts dienen. Die Kernbereichslehre setzt der Abspaltung Grenzen. Aus ihr kann aber nicht ohne weiteres die absolute Unzulässigkeit jeder Übertragung von Verwaltungsrechten folgen.[648] Unzweifelhaft kann das Abspaltungsverbot Sicherheit und Klarheit im Rechtsverkehr fördern. Die Interessen von Rechtserwerbern sind aber bei Zulässigkeit der Abspaltung nicht in höherem Maße negativ betroffen als bei anderen Erwerbsgeschäften. Das Interesse an Sicherheit und Klarheit im Rechtsverkehr kann daher nicht als Begründung des Abspaltungsverbots dienen.

Neben der Unklarheit zu Lasten eines Erwerbers des Gesellschaftsanteils kommt auch die Beeinträchtigung der Interessen von Gläubigern des Gesellschafters in der Zwangsvollstreckung in Betracht.[649] Insoweit wird die teilweise oder vollständige Entwertung von Gesellschaftsanteilen durch die Abspaltung einzelner Rechte befürchtet.[650] Zumindest im Personengesellschaftsrecht trifft diese Befürchtung jedoch nicht zu, da Gläubiger anders als im Kapitalgesellschaftsrecht nicht auf den Anteil im Ganzen zugreifen können, sondern allenfalls auf das Auseinandersetzungsguthaben, §§ 725 BGB, 131 III Nr. 2, 135 HGB, 859 ZPO.[651] Ein Zugriff auf Verwaltungsrechte eines Personengesellschafters ist daher von vornherein ausgeschlossen, weshalb insoweit kein Schutz vor Abspaltung dieser Rechte notwendig ist. Im Spezialfall der Übertragung von Verwaltungsrechten an einen Treugeber stehen diesem bei Insolvenz des Treuhänders oder Zwangsvollstreckung in dessen Vermögen darüber hinaus grundsätzlich[652] ein Aussonderungsrecht (§ 47 InsO)[653] bzw. die Drittwiderspruchsklage (§ 771 ZPO)[654] als Schutzmechanismen zur Verfügung, so dass es regelmäßig schon nicht zu einer Vollstreckung in den Gesellschaftsanteil kommen wird.[655]

Teilweise wird zudem vertreten, § 137 schütze den Rechtsinhaber vor Selbstentmündigung.[656] Die wohl *herrschende Meinung* sieht den freiheitssichernden

---

648 Insoweit übereinstimmend *Schäfer*, in: MüKo-BGB, § 717, Rn. 17; *Krenzel*, S. 147 f. Vgl. aber die durch die Kernbereichslehre möglicherweise zu setzenden Grenzen in rechtstechnischer Hinsicht, § 3 B. II. 3. a) ee).

649 Vgl. *Armbrüster*, in: MüKo-BGB, § 137, Rn. 6; *Wendtland*, in: BeckOK-BGB, § 137, Rn. 2.

650 *Wiedemann*, S. 285; *Fleck*, in: FS Fischer, 107, 121; *Krenzel*, S. 140 f.; *Tebben*, S. 125 f.

651 Vgl. *Krenzel*, S. 140 f.; *Ganter*, in: MüKo-InsO, § 47; Rn. 365; *Smid*, in: MüKo-ZPO, § 859, Rn. 2 ff.

652 Vgl. zur Frage der Treuhand in Zwangsvollstreckung und Insolvenz: *Coing*, S. 176; *Krenzel*, S. 212 ff.; *Beuthien*, ZGR 1974, 26, 65 ff.; *Löhnig*, S. 810 ff. *Tebben*, S. 298 ff;

653 *Ganter*, in: MüKo-InsO, § 47; Rn. 360 ff.; *Lwowski/Peters*, in: MüKo-InsO, § 35, Rn. 116 ff.

654 *K. Schmidt/Brinkmann*, in: MüKo-ZPO, § 771, Rn. 24 ff.; *Preuß*, in: BeckOK-ZPO, § 771, Rn. 12 ff.; *Kindl*, in: Saenger, § 771, Rn. 9; *Lackmann*, in: Musielak/Voit, § 771, Rn. 21.

655 So auch *Krenzel*, S. 141; einschränkend *Tebben*, s. 126.

656 *Schlosser*, NJW 1970, 681, 683; *Ellenberger*, in: Palandt, § 137, Rn. 1; *Mansel*, in: Jauernig, § 137, Rn. 2.

Individualschutz jedoch nicht als Regelungszweck dieser Vorschrift.[657] Es ist nicht von der Hand zu weisen, dass § 137 zum einen eine Einschränkung der individuellen Freiheit bewirkt. Zum anderen sieht § 137 S. 2 BGB vor, dass eine selbstauferlegte Pflicht zur Unterlassung von Verfügungen zumindest in schuldrechtlicher Hinsicht negative Folgen zeitigt. Die Frage nach dem Schutzzweck des § 137 BGB kann allerdings insoweit dahinstehen, als dass ein Schutz vor Selbstentmündigung auf andere Weise gewährleistet ist (siehe sogleich).

cc) Verbot des Verzichts auf Selbstbestimmung

Unabhängig von § 137 BGB formuliert *Flume*[658] den Geltungsgrund für das Abspaltungsverbot als Verbot des Verzichts auf Selbstbestimmung und Handlungsfreiheit, welches eine allgemeine Schranke der Privatautonomie darstelle.[659] Dieser allgemeine Grundsatz findet nicht zuletzt auch Ausdruck in der Kernbereichslehre.[660] Ebenso kann in zweierlei Hinsicht auf eine direkte Anwendung des § 137 BGB zurückgegriffen werden.[661] Die Einräumung von Mitspracherechten an Dritte könnte zunächst den einzelnen Gesellschafter in seiner Verfügungsbefugnis über das Gesamthandvermögen – und nicht nur über seinen Gesellschaftsanteil[662] – beschränken. Weiterhin könnte auch eine unzulässige Verfügungsbeschränkung des Gesellschafterverbands hinsichtlich des gemeinsamen Vermögens vorliegen.

Soweit der einzelne Gesellschafter betroffen ist, überzeugen diese Ansätze nicht. Allein durch den Beitritt zur Gesellschaft unterwirft sich der einzelne Gesellschafter der kollektiven Willensbildung. Dies gilt für Kommanditisten (§ 164 HGB) schon im gesetzlich vorgesehenen Normalfall der Einstimmigkeit (§§ 709 I BGB, 119 I HGB) und im praktischen Normalfall der Mehrheitsentscheidungen (§§ 709 II BGB, 119 II HGB) auch für alle anderen Personengesellschafter. Schon in der Einbringung von Vermögensgegenständen in das gesamthänderisch gebundene Vermögen liegt ein Verzicht auf die Verfügungsbefugnis durch den einzelnen Gesellschafter.[663] Die Mediatisierungs- und Majorisierungsfunktion der gesellschaftsrechtlichen Vorschriften bilden daher eine gesetzliche Ausnahme zu § 137

---

657 Vgl. BGH, NJW 1997, 861, 862; *Armbrüster*, in: MüKo-BGB, § 137, Rn. 3; *Wendtland*, in: BeckOK-BGB, § 137, Rn. 2 f.; *Flume*, AT 1/1, S. 236, Fn. 86.

658 *Flume*, AT 1/1, § 14 VII, S. 220 ff., 236 f.; ebenso *Huber*, S. 47 ff.; *Wertenbruch*, NZG 2013, 285, 285 f.; *Schürnbrand*, ZGR 2014, 256, 259; abl. *Reuter*, ZGR 1978, 633, 639.

659 Ähnlich sieht auch *Tebben*, S. 121 f. den Schutz vor Selbstentmündigung als allgemeines Schutzgut.

660 Vgl. *Wiedemann*, ZIP 2012, 1786, 1788. Zu den unverzichtbaren Rechten des Kernbereichs, vgl. *K. Schmidt*, GesRt, § 16 III. 3., S. 470 ff.; *Schäfer*, in: MüKo-BGB, § 705, Rn. 132 ff.

661 Vgl. *Wiedemann*, S. 291; *Armbrüster*, S. 280; *Tebben*, S. 149 ff.

662 S. o. § 3 B. II. 3. a) bb).

663 Vgl. *Westermann*, Vertragsfreiheit, S. 426.

S. 1 BGB.[664] Gegen ein Verbot des Verzichts des einzelnen Gesellschafters auf Selbstbestimmung spricht weiterhin die Anerkennung stimmrechtsloser Anteile.[665]

Soweit es um die Selbstbestimmung und Handlungsfreiheit des Verbands geht, ist neben der Willensbildung auch auf die organschaftlichen Leitungsbefugnisse der Geschäftsführung und Vertretung einzugehen. Nach dem Prinzip der Selbstorganschaft ist die Geschäftsführungs- und Vertretungsbefugnis in der Personengesellschaft zwingend an die Mitgliedschaft gebunden (vgl. §§ 709 ff. BGB; 114, 125 HGB).[666] Diese Rechte bestehen bzw. entstehen kraft Gesetzes in der Person des (unbeschränkt haftenden)[667] Gesellschafters. Eine Übertragung dieser Befugnisse ist daher nicht denkbar. Unzweifelhaft zulässig ist hingegen die Einräumung zusätzlicher Vertretungsmacht durch Rechtsgeschäft, insbesondere Prokura, vgl. § 116 III HGB. Hierdurch werden die Befugnisse der Gesellschaftsorgane nicht eingeschränkt. Die unmittelbare Handlungsfreiheit des Verbandes ist durch die Einräumung von Verwaltungsrechten an einen Dritten jedenfalls nicht betroffen. In der Investment-KG ist die partiell verdrängende Verwaltung durch eine externe Kapitalverwaltungsgesellschaft sogar ausdrücklich zulässig (§ 18 KAGB).[668]

Einen beschränkenden Einfluss gewinnt der Nichtgesellschafter aber auch durch Teilnahme an der Willensbildung des Verbandes, welche den Leitungsbefugnissen vorgelagert ist. Dies überzeugt sofort, sofern der Gesellschaftsvertrag keine Abweichung vom Einstimmigkeitsprinzip vorsieht. Weniger deutlich ist eine solche Verfügungsbeschränkung im Falle von Mehrheitsbeschlüssen. Hier gewinnt das Stimmrecht des Einzelnen nur mittelbare Bedeutung im Wege der Majorisierung. Dennoch lässt sich auch in diesem Fall zunächst ein verbandsfremder Dritteinfluss bejahen, welcher geeignet ist, die Verbandsautonomie zu beeinträchtigen.

Aus dem Prinzip der Verbandsautonomie folgt zunächst, dass eine Einräumung von Verwaltungsrechten zugunsten eines Nichtgesellschafters zwingend der Zustimmung aller Gesellschafter bedarf.[669] Insoweit lässt sich argumentieren, dass sich

---

664 So zutreffend *Tebben*, S. 150.

665 Das Aktienrecht sieht ausdrücklich stimmrechtslose Vorzugsaktien vor (§§ 12 I 2, 139 ff AktG), vgl. *Hirschmann*, in: Hölters, § 139 AktG, Rn. 1 f. Für Zulässigkeit in der GmbH BGHZ 14, 264 ff.; vgl. dazu *Schäfer*, GmbHR 1998, 168 ff. Dies gilt im Personengesellschaftsrecht zumindest für Kommanditanteile, vgl. *Roth*, in: Baumbach/Hopt, § 119 HGB, Rn. 13; abl. für die oHG etwa *Emmerich*, in: Heymann, § 119, Rn. 25.

666 Vgl. zum Prinzip der Selbstorganschaft *K. Schmidt*, GesRt, § 14 II., S. 408 ff.

667 Vgl. §§ 164, 170 HGB. Die Einräumung der Geschäftsführungsbefugnis zu Gunsten eines Kommanditisten soll hingegen möglich sein, so *K. Schmidt*, GesRt, § 14 II. 2. b), S. 412.

668 Zur Aufgabenverteilung zwischen KVG und Geschäftsführung der InvKG, vgl. *Wallach*, ZGR 2014, 289, 300 f.; *Böhme*, BB 2014, 2380, 2380 ff.

669 Vgl. *Wiedemann*, ZIP 2012, 1786, 1788: Die Zustimmung der Mitgesellschafter sei notwendig, aber nicht hinreichend. Krit. auch *Schürnbrand*, ZGR 2014, 256,259 f.

die Berechtigung eines Dritten, der mit Zustimmung aller Gesellschafter in den Verband einbezogen wurde, nicht als Beschränkung der Handlungsfreiheit des Verbands im eigenen Rechtskreis, sondern als Erweiterung des eigenen Rechtskreises darstelle.[670] Dieses allgemeine Zustimmungserfordernis gilt unabhängig von der Art der Berechtigung des Dritten, sei sie derivativ durch Abtretung oder originär durch Einbeziehung in den Gesellschaftsvertrag begründet. In beiden Fällen kommt es zu einer Änderung des gesellschaftsrechtlichen Innenverhältnisses. Auch bei freier Übertragbarkeit der Gesellschaftsanteile gilt hier nichts anderes. Die Übertragung von Verwaltungsrechten hat insoweit gegenüber der Übertragung von Anteilen eine eigene Qualität, als dass es zum einen zur Aufteilung der Rechtszuständigkeit auf mehrere Rechtsträger kommt, mit denen sich die Gesellschafter in der Folge auseinandersetzen müssen, und zum anderen zur unmittelbaren Mitberechtigung von Nichtgesellschaftern.

Entscheidend ist letztlich aber die Beantwortung der Frage nach der „Unverzichtbarkeit" der Selbstbestimmung, also danach, ob es den Gesellschaftern erlaubt ist, durch allseitige Zustimmung Dritte an internen Entscheidungsprozessen zu beteiligen. Es ist nicht ohne weiteres ersichtlich, warum die Gesellschafter gehindert sein sollten, sich durch einstimmige Entscheidung der Mitbestimmung eines Dritten zu unterwerfen. Eine Unverzichtbarkeit dürfte erst bei Verstoß gegen Gesetz (§ 134 BGB), gegen die guten Sitten (§ 138 BGB) oder bei konkreter Betroffenheit schutzwürdiger Interessen vorliegen.[671] Ein Verstoß gegen § 138 I BGB aufgrund Verstoßes gegen die Verbandssouveränität ist etwa dann anzunehmen, wenn der Gesellschaftsvertrag vorsieht, dass Änderungen dieses Gesellschaftsvertrags vollständig Dritten überlassen sind.[672] Dies führt zu der Frage, inwieweit ein Einfluss verbandsfremder Interessen im Verband neben den Gesellschaftern geduldet werden kann.[673]

Die Beteiligung eines Dritten an der Willensbildung könnte gegen § 137 S. 1 BGB verstoßen, soweit es um Verfügungen über Gegenstände des Gesamthandvermögens geht. Zu beachten ist jedoch die Trennung von Geschäftsführungsbefugnis im Innenverhältnis und Vertretungsmacht im Außenverhältnis. Eine Beteiligung eines gesellschaftsfremden Dritten an der Willensbildung hinsichtlich einer Geschäftsführungsmaßnahme hat keine Auswirkungen auf die Vertretungsmacht und

---

670 So *Tebben*, S. 144 f., jedoch nur für die GbR und nur für die originäre Berechtigung des Dritten im Gesellschaftsvertrag. Für oHG und KG sei die Handlungsfreiheit bereits durch die im Außenverhältnis unbeschränkbare Vertretungsmacht gewährleistet. *Tebben*, S. 147 erkennt aber ebenfalls, dass hinsichtlich des Abspaltungsverbots kein Unterschied zwischen Abtretung und originärer Berechtigung besteht.

671 Auf § 138 BGB abstellend auch BGH, NJW 1965, 2147, 2147 f.; *Krenzel*, S. 148; *Fleck*, in: FS Fischer, 107, 120; ähnl. *Armbrüster*, S. 282 f.; **aA** *Wertenbruch*, NZG 2013, 285, 285 f.

672 So *Grunewald*, in: MüKo-HGB, § 161, Rn. 26.

673 Dazu sogleich § 3 A. II. 1. a) dd).

damit auch nicht auf die dingliche Verfügungsmacht der vertretungsberechtigten Gesellschafter im Außenverhältnis.[674] Auch der einer Verfügung entgegenstehende Gesellschafterbeschluss berührt die Wirksamkeit dieser Verfügung nicht. In der oHG und KG ist der Umfang der Vertretungsmacht Dritten gegenüber nicht beschränkbar (§§ 126 II, 161 II HGB). Daher wirkt die Beteiligung eines Dritten an der Willensbildung allenfalls im Innenverhältnis als zulässige schuldrechtlich Bindung im Sinne von § 137 S. 2 BGB.

Etwas anderes könnte für die GbR gelten. Hier besteht ein Zusammenhang zwischen Geschäftsführungsbefugnis und Vertretungsmacht, vgl. §§ 709, 714 BGB. Die Bestimmung des Umfangs der Vertretungsmacht kann von der Geschäftsführungsbefugnis abhängen.[675] Somit wäre es denkbar, dass der gesellschaftsfremde Dritte Einfluss auch auf die Vertretungsmacht im Außenverhältnis erlangt. Hierin ließe sich möglicherweise eine gem. § 137 S. 1 BGB unzulässige Beschränkung der Verfügungsbefugnis erblicken.[676]

dd) Richtigkeitsgewähr für die Willensbildung im Verband

Ähnlich der Ansätze im vorangegangenen Punkt sieht auch *K. Schmidt*[677] das Abspaltungsverbot im Zusammenhang mit dem Prinzip der Verbandssouveränität. Die Funktion der Verwaltungsrechte als Steuerungs- und Legitimationsmedien im Verfassungsrecht des Verbandes erforderten eine Bindung des Verbandswillens an die Mitgliedschaft. Ausgehend von der Annahme zwingender „Wesenselemente", welche der Disposition der Gesellschafter und damit der Vertragsfreiheit grundsätzlich entzogen seien,[678] nimmt *Reuter*[679] an, dass Dritte grundsätzlich keinen Einfluss auf die interne Willensbildung der Gesellschaft nehmen dürften. Verbandsfremde Sonderinteressen seien zu neutralisieren, um die Funktionsfähigkeit der Privatautonomie und des Haftungsrechts zu gewährleisten. Ohne den Zusammenhang von Entscheidungsmacht und Verantwortlichkeit könne eine Gesellschaft nicht am Privatrechtsverkehr beteiligt werden, da die für den Gläubigerschutz und die Haftungsordnung grundlegende Vorstellung, dass der Schuldner Vermögenseinbußen im eigenen Interesse vermeiden werde, nicht zutreffe. Mit einer ähnlichen Annahme eines institutionellen oder wesensmäßigen Typenzwangs[680] verweist

---

674 So auch *Beuthien*, ZGR 1974, 26, 57; *Markwardt*, S. 99.

675 Dies ist im Einzelnen strittig, vgl. *Schäfer*, in: MüKo-BGB, § 714, Rn. 18 ff., 24 f.; *Sprau*, in: Palandt, § 714, Rn. 3, *K. Schmidt*, GesRt, § 60 II. 2. b), S. 1777 f.

676 Vgl. *Tebben*, S. 151 (ohne explizite Beschränkung auf die GbR, vgl. aber die Vorüberlegungen auf S. 145).

677 K. Schmidt, GesRt, § 19 III. 4., S. 560 f.

678 *Reuter*, ZGR 1978, 633, 639. Ablehnend zu dieser Annahme eines institutionellen Typenzwangs *K. Schmidt*, GesRt, § 5 III. 3., S. 119 f.

679 *Reuter*, ZGR 1978, 633, 640 f.

680 Vgl. dazu wiederum *K. Schmidt*, GesRt, § 5 III. 2. c), S. 117 f.

Teichmann[681] auf auch im Gesellschaftsrecht geltende demokratische „Selbstverständlichkeiten". Das Demokratieprinzip verbiete, dass gesellschaftsfremde Dritte den Willen der Gesellschaft bilden. Das politische Recht der aktiven Mitwirkung erfordere immer auch die Zugehörigkeit zum betroffenen Verband.

Diese Ansichten lassen sich auf den grundlegenden Gedanken der Sicherung der „Richtigkeitsgewähr"[682] der kollektiven Willensbildung im Verband zurückführen. In diese Richtung argumentiert auch der *BGH*, der das Gefüge der Gesellschaft durch die Verfolgung gesellschaftsfremder Interessen „gesprengt" sieht.[683] In einem anderen Fall ging der *BGH* hingegen davon aus, dass die Erteilung eines zusätzlichen Stimmrechts an einen Nichtgesellschafter im freien Belieben der Gesellschafter stehe.[684] Zutreffend wird das Bestehen eines zwingenden wirtschaftsverfassungsrechtlichen Grundsatzes der Einheit von Herrschaft und Haftung von der *herrschenden Meinung* abgelehnt.[685] Dieser Zusammenhang kann allenfalls als gesellschaftsrechtliches Leitprinzip anerkannt werden.[686] Der BGH übersieht in den beiden vorgenannten Urteilen, dass die Richtigkeitsgewähr nicht nur im Interesse des Verbands und seiner Mitglieder besteht.[687] Diese sind zwar grundsätzlich nicht gehindert das Innenverhältnis als für sich nachteilig zu gestalten.[688] Die Grenze solcher Gestaltungen dürfte hier erst § 138 BGB bilden.[689] Vielmehr geht es um den Schutz des allgemeinen Rechtsverkehrs. Auch bei bestehender Einheit von Herrschaft und Haftung, wie sie zwingend bei natürlichen Personen besteht, ist kein absoluter Schutz des Rechtsverkehrs vor willkürlichen und nachteiligen Handlungen gegeben. Es besteht aber zumindest ein natürliches Eigeninteresse an vernünftigen und grundsätzlich vorteilhaften Entscheidungen. Ließe man aber die Einflussnahme wirtschaftlich fremder Interessen auf einen Verband unbeschränkt zu, so wäre eine Willkür und Irrationalität in der Willensbildung von vornherein angelegt, da überhaupt keine Motivation zum Handeln im Gesellschaftsinteresse

681 *Teichmann*, S. 191, 196, 224 f.; abl. *Tebben*, S. 155 f.; *Reuter*, ZGR 1978, 633, 640; Flume, Personengesellschaft, § 13 I, S. 190.

682 *K. Schmidt*, GesRt, § 19 III. 4. a), S. 561; *Tebben*, S. 147; *ders.*, ZGR 2001, 607 ff.; ähnlich *Herrmanns*, ZIP 2005, 2284, 2285; allg. auch *Wiedemann*, S. 330.

683 BGH, BB 1953, 926, 926.

684 BGH, JZ 1960, 491, 491 mit zust. Anm. *Hueck*, JZ 1960, 492.

685 BGH, NJW 1966, 1309; *Beuthien*, ZGR 1974, 26, 54; *Flume*, AT 1/1, § 14 VIII, S. 244; *Krenzel*, S. 150 f.; *Westermann*, Vertragsfreiheit, S. 271 ff., 328 ff.; *Wiedemann*, S. 327 ff.; ders., NZG 2013, 1041, 1045; *Teichmann*, S. 116 ff.; *Fleck*, in: FS Fischer, 107, 117; *K. Schmidt*, GesRt, § 18 IV. 1. b) bb), S. 540; *Wiesner*, in: FS Ulmer, 673, 677 f.; *Armbrüster*, ZIP 2009, 1885, 1888; **aA** *Reuter*, ZGR 1978, 633, 640 f.

686 *Wiedemann*, NZG 2013, 1041, 1045.

687 Den Gedanken der Richtigkeitsgewähr auf den Selbstschutz des einzelnen Gesellschafters beschränkend auch *Tebben*, s. 145 ff.; *Markwardt*, S. 93.

688 Vgl. *Beuthien*, ZGR 1974, 26, 54; *Markwardt*, S. 93.

689 Vgl. *Krenzel*, S. 148; *Fleck*, in: FS Fischer, 107, 120. Nicht auf das Abspaltungsverbot, sondern auf § 138 abstellend auch BGH, NJW 1965, 2147, 2147 f.

gegeben wäre. Insoweit kommt dem Haftungsrecht eine präventive Wirkung im Gesellschaftsrecht zu, welche sowohl die Gesellschafter als auch den allgemeinen Rechtsverkehr zumindest vor vermeidbaren nachteiligen Entscheidungen schützt.

Die Notwendigkeit der Richtigkeitsgewähr für die Willensbildung im Verband bildet somit eine tragfähige Grundlage für die Beschränkung der mitgliedschaftlichen Berechtigung Dritter und damit für ein Abspaltungsverbot. In Bezug auf eine Mitberechtigung des Treugebers stellt sich dann die Frage, ob dieser der Gesellschaft als ein beliebiger „Dritter" gegenübersteht bzw. ob in seiner Person die nötige „Richtigkeitsgewähr" für gesellschaftsinternes Handeln gegeben ist.[690]

ee) Rechtstechnische Ansätze

Man könnte das Abspaltungsverbot weiterhin auch in den Grenzen des rechtstechnisch Zulässigen oder Möglichen begründet sehen. Jedoch könnte dies zum einen nur für die tatsächliche Übertragung von Rechten von einem Gesellschafter auf einen Dritten gelten, nicht hingegen für eine originäre Drittberechtigung im Gesellschaftsvertrag neben allen Gesellschaftern. Zum anderen könnte das Abspaltungsverbot nicht als „Verbot" im Sinne eines allgemeingültigen Prinzips verstanden werden, sondern als „Unmöglichkeit". Die Konsequenz hieraus ist, dass eine Übertragung von Mitgliedschaftsrechten dann möglich wäre, wenn ein rechtlich zulässiger Weg der Übertragung gefunden wird.

(1) Verwandtschaft zu den Gestaltungsrechten

Bereits oben wurde die Einordnung der Verwaltungsrechte als zwingend unselbständige Hilfsrechte ohne Sonderrechtsfähigkeit dargestellt und abgelehnt.[691] Auch diese Begründung kann zu den rechtstechnischen Ansätzen gezählt werden.

In ähnlicher Weise werden die Verwaltungsrechte ihrer „Rechtsnatur" nach als unabtretbare Gestaltungsrechte eingeordnet.[692] *Tebben* führt hierfür Stimmrecht, Kündigungsrecht und Anfechtungsrecht in der Gesellschaft an. Eine Einordnung des Stimmrechts als Gestaltungsrecht überzeugt jedoch nicht. Das Stimmrecht ist nicht auf die unmittelbare Herbeiführung einer Rechtsfolge gerichtet und hat daher selbst keine gestaltende Wirkung. Die bloße Stimmabgabe ist aufgrund der Mediatisierung durch die kollektive Willensbildung nicht geeignet, die Mitgliedschaft als zugrunde liegendes „Stammrecht" unmittelbar zu ändern. Ausgehend von der allgemeinen Vertragsfreiheit folgt auch aus der behaupteten Verwandtschaft von Mitgliedschaftsrechten und Gestaltungsrechten, welche sich aus der unbestreitbar bestehenden funktionalen Verbundenheit von Mitgliedschaft und Verwaltungsrechten ergeben soll, keineswegs die *zwingende* Zusammengehörigkeit. Die Verwaltungsrechte sind gegenüber den Gestaltungsrechten deutlich stärker

690 Siehe § 3 B. II. 3. b).

691 Vgl. § 3 B. II. 3. a) aa).

692 *Habersack*, S. 80; *Tebben*, S. 128 f.

verselbständigt. Sie beziehen sich auf ein komplexes Gefüge von Rechtsverhältnissen und Realakten innerhalb der Gesellschaft, während Gestaltungsrechte nur Wirkung für ein konkretes Rechtsgeschäft entfalten und zudem regelmäßig an enge gesetzliche Voraussetzungen in der Person des Ausübungsberechtigten (vgl. §§ 119, 123, 312 ff. BGB) geknüpft sind.

Hingegen stellen Kündigung und Anfechtung unzweifelhaft echte Gestaltungsrechte dar. Die Unabtretbarkeit bzw. Eigenständigkeit zumindest des schuldrechtlichen Kündigungs- und Anfechtungsrecht ist jedoch bereits umstritten.[693] Unklar ist auch, welche Rechte *Tebben* hiermit anspricht. Klar ist zunächst, dass nur dem Inhaber des Stimmrechts ein auf die Anfechtung dieser Willenserklärung gerichtetes Anfechtungsrecht zustehen kann. Die Einräumung der Kompetenz zur Anfechtung fremder Willenserklärungen kann vorliegend nicht durch privatrechtliches Geschäft erreicht werden. Dies würde den Erklärenden zumindest in sittenwidriger Weise selbst entmündigen.

Geht es hingegen um die Rechtmäßigkeit des gesamten Beschlusses, steht nicht die Übertragbarkeit von Rechten in Frage, sondern allein die Klagebefugnis hinsichtlich einer Nichtigkeitsfeststellungsklage gem. § 256 ZPO, welche als Sachurteilsvoraussetzung keiner privatautonomen Parteivereinbarung zugänglich ist. Die Klagebefugnis hinsichtlich eines Beschlusses folgt aus dem Feststellungsinteresse, welches sich aus der Berechtigung zur Teilnahme an der Beschlussfassung bzw. der unmittelbaren Betroffenheit als Gesellschafter ergibt. Sie steht deshalb zunächst dem Treuhänder zu.[694] Die Prozessführungsbefugnis des Treugebers hinsichtlich einer auf einen Gesellschafterbeschluss gerichteten Nichtigkeitsfeststellungsklage hängt somit vom Vorliegen eines Feststellungsinteresses i. S. v. § 256 ZPO in seiner Person ab. Ein solches Feststellungsinteresse wird bei interner Gleichstellung mit den Gesellschaftern immer gegeben sein und scheint auch ohne Einbeziehung in das Innenverhältnis der Gesellschaft denkbar.[695] Die rechtsgeschäftliche Verschaffung der Klagebefugnis zugunsten eines Dritten ist jedoch nicht möglich. Allenfalls könnte sich der Prozessführungsbefugte schuldrechtlich zur Ausübung seiner gegebenenfalls bestehenden Rechte verpflichten oder einen Dritten zur Ausübung seiner Rechte bevollmächtigen oder ermächtigen.[696] Hiermit wäre wiederum der Verzicht auf Selbstbestimmung angesprochen, dessen Grenzen richtigerweise in den allgemeinen Vorschriften, insbesondere § 138 BGB, liegen.

---

693 Kündigungsrechte können getrennt vom Hauptrecht beim Zedenten verbleiben: *Grüneberg*, in: Palandt, § 413, Rn. 5; *Müller*, in: P/W/W, § 413, Rn. 8. Dies auch für das Anfechtungsrecht bejahend *Müller*, in: P/W/W, § 413, Rn. 8; *Busche*, in: Staudinger (2005), § 413, Rn. 14; **aA** *Grüneberg*, in: Palandt, § 413, Rn. 5

694 Vgl. *K. Schmidt*, in: MüKo-HGB, vor § 230, Rn. 66; *Armbrüster*, S. 313, *Blaurock*, S. 222.

695 Vgl. BGH, NJW 1966, 1458, 1459.

696 OLG München, DB 2005, 1211, 1211 f. (Ermächtigung des Treugebers zur Erhebung der Klage auf Feststellung der Unwirksamkeit eines Gesellschafterbeschlusses für den Treuhänder).

Nur wenn man entgegen der *tradierten Ansicht in der Literatur*[697] und der *Rechtsprechung*[698] die gesellschaftsrechtliche Anfechtungsklage auch in der Personengesellschaft für zulässig hält, käme neben einer gewillkürten Prozessstandschaft, welche ähnlich der Feststellungsklage ein rechtliches Eigeninteresse erfordert, auch die vertragliche Einräumung der Anfechtungsbefugnis in Betracht, sofern diese nicht als Sachurteilsvoraussetzung, sondern als subjektives Recht verstanden wird.[699] Sofern sich aus der internen Gleichstellung des Treugebers eine mitgliedschaftliche Stellung ergibt,[700] wäre dieser hinsichtlich einer Anfechtungsklage dann auch unmittelbar selbst prozessführungsbefugt.[701]

Das gesellschaftsrechtliche Kündigungsrecht (§§ 723 BGB, 132 HGB) als echtes Gestaltungsrecht steht grundsätzlich dem Inhaber der Mitgliedschaft zu. Eine echte Übertragung mit verdrängender Wirkung dürfte ebenso wie bei schuldrechtlichen Kündigungsrechten möglich sein, jedoch in Konflikt mit einer unzulässigen Selbstentmündigung (§ 138 BGB) stehen. Denkbar erscheint auf den ersten Blick auch ein Konflikt mit § 137 S. 1 BGB. Eine Kündigung mit Wirkung für den einzelnen Gesellschafter (§§ 723, 736 BGB; 132 HGB) schließt diesen nicht unzulässig von der Verfügungsbefugnis über das Gesamthandvermögen aus. Eine solche Verfügungsbefugnis des einzelnen Gesamthänders besteht wie bereits dargelegt nicht.[702] Eine Kündigung mit Wirkung für die gesamte Gesellschaft (§ 723 BGB) zwingt zur Auseinandersetzung des Gesamthandvermögens, mithin zu Verfügungen. In der Notwendigkeit Verfügungen vorzunehmen kann jedoch keine Beschränkung der

697 Für Zulassung der Anfechtungsklage auch bei Personengesellschaften entsprechend §§ 241 ff. AktG: *K. Schmidt*, GesRt, § 15 II 3. b), S. 448 f.; *Enzinger*, in: MüKo-HGB, § 119, Rn. 94, 98 ff.; *Freitag*, in E/B/J/S, § 119, Rn. 82; *Lieder*, in: Oetker, § 119, Rn. 67; *Armbrüster*, S. 315.; anders die bisherige **hM**: *Roth*, in: Baumbach/Hopt, § 119, Rn. 31; *Schäfer*, in: MüKo-BGB, § 709, Rn. 108; *Westermann*, in Erman, § 709 BGB, Rn. 37 f.; *Goette*, in: E/B/J/S, 2. Aufl. (2008), § 119, Rn. 68.

698 BGH, NJW 1981, 2565; BGH, NJW 1983, 1056.

699 So etwa *Koch*, in: Hüffer/Koch, AktG, § 245, Rn. 1 ff. und *Hüffer/Schäfer*, in: MüKo-AktG, § 245, Rn. 2 f., 9, *Englisch*, in: Hölters, § 245, Rn. 1, die von einem „Gestaltungsklagerecht" ausgehen; anders *Drescher*, in: Henssler/Strohn, § 245 AktG, Rn. 2 (privates Gestaltungsrecht und Sachurteilsvoraussetzung); wiederum anders *K. Schmidt*, in: GK-AktG, § 245, Rn. 5 f. (Sachurteilsvoraussetzung).

700 Vgl. dazu § 3 D.

701 Zur kapitalgesellschaftsrechtlichen Anfechtungsklage als mitgliedschaftlichem Rechtsbehelf *Armbrüster*, S. 316.
Vgl. OLG Köln, DB 1996, 2123, 2123 für den Fall eines stimmberechtigten Treugebers einer GbR, dem auch ein gesondertes Anfechtungsrecht im Gesellschaftsvertrag eingeräumt wurde. *Tebben*, ZGR 2001, 586, 593 und *Eden*, S. 335 sehen in dieser Entscheidung die Anerkennung der Einräumung eines isolierten Anfechtungsrechts zugunsten des Treugebers und nicht die Klagebefugnis als Folge der gesellschaftsinternen Mitberechtigung des Treugebers. Unklar bleibt insoweit der Verweis von *K. Schmidt*, GesRt, § 61 III. 3. c), S. 1832, Fn. 53.

702 Vgl. § 3 B II. 2. a) cc).

Verfügungsbefugnis gesehen werden. Eine originäre Drittberechtigung hinsichtlich des Kündigungsrechts ist daher in gleichem Maße möglich wie bei anderen Verwaltungsrechten.

Zusammenfassend lässt sich feststellen, dass zwar bestimmte Verwaltungsrechte mit gestaltendem Charakter als rechtstechnisch Unübertragbar eingeordnet werden können. Aus einer solchen angenommenen Unübertragbarkeit bestimmter oder auch aller Gestaltungsrechte kann jedoch nicht ein allgemeines Abspaltungsverbot für alle Verwaltungsrechte gefolgert werden.

(2) Abtretungsverbot gemäß § 399 Alt. 1 BGB

Weiterhin wird vertreten, dass eine Übertragung des Stimmrechts aufgrund einer damit zwingend verbundenen Inhaltsänderung des Anspruchs an § 399 Alt. 1 BGB, welcher unabhängig vom Verständnis der Übertragung als Abtretung i. S. d. § 398 BGB oder als Vertrag sui generis zumindest sinngemäß Anwendung finde,[703] scheitere.

Eine Inhaltsänderung des Stimmrechts wird zum einen darin gesehen, dass es im Kernbereich beim Gesellschafter als Zedenten verbleiben müsse.[704] In ähnlicher Weise lehnt *Teichmann*[705] die Abtretung von Verwaltungsrechten aus rechtskonstruktiven Gründen ab, da es im Kernbereich zwingend zu einer Verdoppelung der Verwaltungsrechte kommen müsse. Es komme daher nur eine Berechtigung des Dritten neben dem Gesellschafter in Betracht.

Diese Ansätze werfen die Frage auf, ob das Stimmrecht nicht nur teilweise übertragen werden kann,[706] so dass der Zedent im Kernbereich allein stimmberechtigt bleibt. Somit würde sich allein das Problem der inhaltlichen Bestimmung des Kernbereichs stellen. Daneben fragt sich, ob Verwaltungsrechte, insbesondere das Stimmrecht, einheitlich betrachtet und übertragen werden können oder ob nicht nach bestimmten Funktionen, im Falle des Stimmrechts etwa nach dem Beschlussgegenstand (Maßnahmen der Geschäftsführung, grundlegende Strukturentscheidungen, Änderungen des Gesellschaftsvertrags), unterschieden werden muss.[707] Dagegen formuliert *Krenzel*, dass das Abspaltungsverbot grundsätzlich nicht aus der Kernbereichslehre hergeleitet werden könne, da der Ursprung beider Rechtsinstitute im Gedanken des Selbstschutzes zugunsten der Gesellschafter liege.[708] Hierauf muss nicht weiter eingegangen werden. Soweit es um die Übertragung von Verwaltungsrechten eines fremdnützigen Treuhänders geht, stellt sich vorrangig die Frage, ob diesem überhaupt ein Kernbereich an Rechten zwingend

703 *Armbrüster*, S. 276.

704 *Markwardt*, S. 102 f.; *Beuthien*, ZGR 1974, 26, 54 f.; *Maulbetsch*, S. 168.

705 *Teichmann*, S. 201 f.

706 Die Teilabtretung von teilbaren Forderungen ist nach herrschender Meinung zulässig, vgl. *Grüneberg*, in: Palandt, § 398, Rn. 10.

707 So der Gedanke bei *Tebben*, S. 118.

708 *Krenzel*, S. 147.

verbleiben muss. Dies ist richtigerweise zu verneinen, da Inhaber des tatsächlichen wirtschaftlichen Interesses nicht der Treuhänder, sondern der Treugeber ist. Somit ist nicht ersichtlich, warum der Treuhänder auf den Schutz seiner Rechte auch im Kernbereich nicht verzichten können sollte.[709]

Weiterhin soll sich eine Inhaltsänderung auch dann ergeben, wenn der Zessionar nicht in gleicher Weise wie der Zedent an die gesellschaftliche Treuepflicht gebunden ist.[710] Soweit die Ausübung des übertragenen Rechts in der Person des Zedenten Beschränkungen durch die Treuepflicht unterliegt, haften diese Beschränkungen dem Recht auch beim Zessionar an. Die Treuepflicht wirkt insoweit als immanente Schranke im Sinne einer inhaltlichen Ausgestaltung der Verwaltungsrechte.[711] Es ließe sich nicht erklären, warum ein Nichtgesellschafter, dem unmittelbare Verwaltungsrechte mit Einverständnis aller Gesellschafter übertragen werden, bei der Ausübung dieser Rechte nicht oder in geringerem Maße an die Treuepflicht gebunden sein soll als der übertragende Gesellschafter. Die These, dass sich das Ausmaß der Treuepflicht durch eine Abtretung ändere, ist daher nicht haltbar. Insgesamt betrachtet kann ein allgemeines Abspaltungsverbot somit auch nicht auf das Abtretungsverbot gemäß § 399 Alt. 1 BGB gestützt werden.

b) Geltung des Abspaltungsverbots für Treugeber

Entscheidend ist die Frage, ob das Abspaltungsverbot nach den vorangehend genannten Begründungen auch zwingend Geltung für den Fall der Einräumung von Verwaltungsrechten zugunsten eines Treugebers beansprucht. Eine Stellungnahme zum Problem der Geltung des Abspaltungsverbots für den Treugeber hat vor dem Hintergrund der grundsätzlichen Geltung der allgemeinen Vertragsfreiheit zu erfolgen.[712] Die Grenzen der Gestaltungsfreiheit sind allein in den zwingenden gesetzlichen Normen zu finden,[713] zu welchen freilich auch die Generalklauseln des § 138 BGB und des § 242 BGB zählen.[714] Sofern der Beteiligung des Treugebers an den Verwaltungsrechten in der Gesellschaft nicht schutzwürdige Interessen, gesetzliche Verbote oder die guten Sitten entgegenstehen, kann das Abspaltungsverbot keine Geltung beanspruchen.

Nach den vorstehenden Ausführungen[715] ist das Abspaltungsverbot in der Wahrung der Richtigkeitsgewähr zum Schutz von Gesellschaft, Gesellschaftern und Dritten vor der Verfolgung verbandsfremder Drittinteressen in der

---

709 Vgl. bereits § 3 A. II. 1.; § 3 B. II. 3. a) cc).

710 *Armbrüster*, S. 283; *Beuthien*, ZGR 1974, 26, 55.

711 Vgl. *Armbrüster*, S. 284 f.; so wohl auch *Fleck*, in: FS Fischer, 107, 118 f.; eingehend dazu § 3 B. III.

712 Grundlegend **aA** *Beuthien*, ZGR 1974, 26, 56; wohl auch *Wiedemann*, NZG 2013, 1041, 1044.

713 *Flume*, AT 1/1, § 13 I, S. 191.

714 Vgl. *Armbrüster*, ZGR 2014, 333, 336.

715 § 3 B II. 3. a).

Gesellschaft begründet. Der Grundsatz der Verbandssouveränität erfordert zudem die Zustimmung aller Gesellschafter zur Beteiligung Dritter am Innenverhältnis, unabhängig davon, ob es sich um eine Abtretung oder eine originäre Berechtigung[716] im Gesellschaftsvertrag handelt. Diese Zustimmung ist jedoch allein nicht ausreichend. Das Abspaltungsverbot ist insoweit nicht dispositiv.[717] Daneben kann sich eine Unzulässigkeit aus § 138 BGB ergeben, wenn der Verzicht auf Selbstbestimmung den Umständen oder dem Umfang nach die Grenze der Sittenwidrigkeit überschreitet.

Ob das Abspaltungsverbot einer Einräumung von Verwaltungsrechten an den Treugeber entgegensteht, hängt somit davon ab, ob in der Person des Treugebers die Richtigkeit gesellschafterlichen Handelns gewahrt ist. Die Richtigkeitsgewähr ergibt sich aus der Selbstbetroffenheit als Gesellschafter. Primär ergibt sich die Selbstbetroffenheit daraus, dass die Gesellschafter einer Personengesellschaft eine Haftungsgemeinschaft bilden. Dies gilt auch für den nur beschränkt haftenden Kommanditisten. Auch er ist hinsichtlich seiner Einlage und ausbleibender Gewinnzahlungen unmittelbar wirtschaftlich betroffen. Im Verhältnis zwischen Treuhänder und Treugeber wird das wirtschaftliche Interesse vollständig auf den Treugeber verlagert. Diesen treffen Verluste, ausbleibende Gewinnzahlungen und in Ausnahmefällen auch Nachschusspflichten zumindest mittelbar. Der Treugeber ist somit in gleicher Weise betroffen wie ein Gesellschafter.[718] An dieser grundsätzlichen Verlagerung der wirtschaftlichen Selbstbetroffenheit ändert sich auch dadurch nichts, dass der Freistellungsanspruch (§§ 675, 670 BGB) des Treuhänders in Einzelfällen Einschränkungen hinsichtlich seiner tatsächlichen Durchsetzbarkeit unterliegen kann.[719] Auch bei vertraglichem Ausschluss dieses Anspruchs[720] ergibt sich das wirtschaftliche Interesse und damit die Selbstbetroffenheit des Treugebers aus der von ihm geleisteten Einlage bzw. aus der ihm zustehenden Substanz des Anteils.

Eine weitere Gewähr für verantwortungsgemäßes Verhalten eines Gesellschafters ergibt sich aus der Treuepflicht. Ein schuldhafter Verstoß gegen die Treuepflicht kann Schadensersatzansprüche der Gesellschafter oder der Gesellschaft nach sich ziehen. Ist der Treugeber durch Einräumung von Verwaltungsrechten am gesellschaftsrechtlichen Innenverhältnis beteiligt, so ist er auch an die

716 Siehe hierzu § 3 B. II. 4.

717 BGH, NJW 1952, 178, 179; BGH, NJW 1956, 1198, 1198 f.; *Schürnbrand*, ZGR 2014, 256, 259 f.; **aA** BGH, NJW 2013, 2190, 2191, Rz. 15; BGH, NJW 1987, 2677; *Bälz*, ZGR 1980, 1, 74.

718 BGH, NJW 2013, 2190, 2192; *Schürnbrand*, ZGR 2014, 256, 260; **aA** *Wiedemann*, NZG 2013, 1041, 1045, der hier nur eine unmittelbare (Außen-?) Haftung genügen lassen will.

719 Zu Gegenrechten des Treugebers und insbesondere einem möglichen Einwendungsausschlusses vgl. etwa § 4 A. V., VI.; § 6 C.

720 Zur Zulässigkeit des Ausschlusses siehe § 4 A. II.

mitgliedschaftliche Treuepflicht gebunden.[721] Schadensersatzansprüche aufgrund Treuepflichtverletzung wären somit unmittelbar gegen den Treugeber zu richten und nicht zunächst gegen den Treuhänder aufgrund Zurechnung der Pflichtverletzung des Treugebers.[722] Auch insoweit stellt sich die Selbstbetroffenheit des Treugebers nicht anders dar, als die eines Gesellschafters.

Tebben[723] führt zudem die verbandsinterne „Disziplinargewalt" an. Treuwidriges Handeln eines Gesellschafters stellt einen wichtigen Grund zur Entziehung gesellschafterlicher Rechte und möglicherweise zum Ausschluss aus der Gesellschaft dar (vgl. §§ 117, 127, 140, 161 II HGB). In gleicher Weise müssen auch einem Treugeber seine Rechte in der Gesellschaft entzogen werden können. Bezüglich eines Ausschlusses aus der Gesellschaft muss dem Treuhänder ein Fehlverhalten des Treugebers zugerechnet werden, womit die Beteiligung des Treuhänders und damit das Treugut und die mittelbare Beteiligung des Treugebers entfällt.[724] Hinsichtlich der Richtigkeitsgewähr für gesellschaftliches Handeln durch Selbstbetroffenheit dürfte diese Erwägung jedoch nur untergeordnete Bedeutung haben. Das primäre Interesse gilt regelmäßig der vermögensrechtlichen Komponente der Beteiligung. Die Angst vor negativen Auswirkungen in wirtschaftlicher Hinsicht dürfte daher dem Interesse am Erhalt der Mitwirkungsrechte vorgehen.

Der Treugeber ist somit in gleicher Weise von den Auswirkungen seiner Handlungen betroffen wie ein Gesellschafter. Daher ist auch die nötige Richtigkeitsgewähr für gesellschafterliches Handeln in seiner Person gegeben. Unterhalb der Schwelle zur Sittenwidrigkeit und mit Zustimmung aller Gesellschafter steht einer Einräumung von Verwaltungsrechten an den Treugeber somit nichts entgegen.[725]

4. *Art der Mitberechtigung des Treugebers*

Nachdem sich die Einräumung von Verwaltungsrechten zugunsten des Treugebers als grundsätzlich zulässig erwiesen hat, fragt sich, wie eine solche Mitberechtigung rechtstechnisch umgesetzt werden kann. Es sind verschiedene Arten der Mitberechtigung des Treugebers denkbar. Es kommt zunächst eine bloß zweiseitig schuldrechtliche Beziehung zwischen Treugeber und der Gesellschaft in Betracht. Weiterhin kann es zur derivativen, von der Rechtsstellung des Treuhänders abgeleiteten Berechtigung des Treugebers oder zu einer originären Mitberechtigung durch Beteiligung des Treugebers am Gesellschaftsvertrag kommen. Die genaue

721 Näher dazu unter § 3 B. III.

722 Siehe § 7 D. II. 4.; für eine bloß mittelbare Haftung des Treugebers auch in diesem Fall *Wiesner*, in: FS Ulmer, 673, 680.

723 *Tebben*, ZGR 2001, 586, 609; ebenso *Wiesner*, in: FS Ulmer, 673, 680.

724 Vgl. *Schäfer*, in: MüKo-BGB, § 705, Rn. 93.

725 Ebenso *K. Schmidt*, GesRt, § 61 III. 3. c), S. 1832; *Kübler/Assmann*, § 21 II. 3. a) bb), S. 340; *Schäfer*, in: MüKo-BGB, § 705, Rn. 93; *Priester*, EWiR § 161 HGB 1/87, 697, 698.

Art der Mitberechtigung ergibt sich durch Auslegung der getroffenen Vereinbarungen.

a) Schuldrechtliche Mitberechtigung

Rein schuldrechtliche Ansprüche des Treugebers können dort angenommen werden, wo die eingeräumten Rechte nicht notwendig an die Stellung eines Gesellschafters geknüpft sind und sie keine verdrängende Wirkung haben. Dies gilt für Einsichts- und Auskunftsrechte, wie sie dem Kommanditisten gem. § 166 HGB zustehen. *Teilweise* werden diese Rechte auch als höchstpersönliche Rechte des jeweiligen Kommanditisten eingeordnet, weshalb insoweit ausschließlich eine zusätzliche schuldrechtliche Berechtigung in Betracht komme.[726] Denkbar wären weiterhin das Recht auf Teilnahme an Gesellschafterversammlungen und ein Anhörungs- bzw. Rederecht auf den Versammlungen. Durch ein Rederecht des Treugebers kann dieser seine Weisung an den Treuhänder für die anderen Gesellschafter offenkundig machen. Ein abweichendes Abstimmungsverhalten des Treuhänders würde sich somit als evidenter Missbrauch darstellen und zur Unwirksamkeit nach der Lehre vom Missbrauch der Vertretungsmacht führen.[727] Solche bloß zweiseitig schuldrechtlichen Vereinbarungen geraten nicht in Konflikt mit dem Abspaltungsverbot. Sie verleihen in Bezug auf die genannten Rechte auch keine notwendig schwächere Position als bei Einräumung von Gesellschafterrechten. Je nach Vereinbarung kann der Umfang der schuldrechtlichen Kontrollrechte den der gesellschaftlichen Kontrollrechte über- oder unterschreiten. Als Dauerschuldverhältnis wäre der Vertrag jedoch immer aus wichtigem Grund kündbar.

Etwas anderes gilt für das Stimmrecht. Dieses gewährt unmittelbaren Einfluss auf die innere Willensbildung in der Gesellschaft. Der Beschluss als Rechtsgeschäft eigener Art ergibt sich aus den Stimmabgaben der Mitglieder und ist auf kollektive Willensbildung gerichtet.[728] Hierbei handelt es sich zwingend um einen verbandsrechtlichen Rechtsakt. Dementsprechend kann auch die Natur des Stimmrechts nur gesellschaftsrechtlicher Art sein.[729]

Einen ähnlich starken Einfluss auf Gesellschafterbeschlüsse gewinnt der Treugeber durch ein Widerspruchsrecht. Ein solches kann durch einen nach §§ 888, 890 ZPO vollstreckbaren, schuldrechtlichen Unterlassungsanspruch gegen die

---

726 So *Krenzel*, S. 127 unter Hinweis auf *Beuthien*, ZGR 1974, 26, 51; ähnlich *Henssler*, AcP 196 (1996), 37, 81.

727 S. o. § 3 A. I. 3. a).

728 Vgl. *K. Schmidt*, GesRt, § 15 I. 2. a), S. 436.

729 Vgl. BGH, NZG 2013, 379, 381; *Tebben*, ZGR 2001, 586, 601; *Wiesner*, in: FS Ulmer, 763, 678 f.; insoweit übereinstimmend auch *Eden*, S. 78, der allerdings aus der Unmöglichkeit eines schuldrechtlichen Drittstimmrechts die grundsätzliche Unmöglichkeit der Einräumung eines Stimmrechts an den Treugeber folgert. *Wiedemann*, S. 291 und *Kessal-Wulf*, S. 233 ff. halten hingegen auch ein nichtmitgliedschaftliches, schuldrechtliches Stimmrecht für möglich.

Gesellschaft und die Gesellschafter eingeräumt werden.[730] Ein solches Widerspruchsrecht erscheint allerdings bereits dann als nicht praktikabel, wenn mehrere Treugeber mit möglicherweise divergierenden Interessenausrichtungen beteiligt werden sollen. Hierbei besteht die Gefahr einer vollständigen Lähmung der Gesellschaft.

b) Derivative Berechtigung

Die Mitberechtigung des Treugebers kann, insbesondere hinsichtlich des Stimmrechts, welches nicht rein zweiseitig schuldrechtlich eingeräumt werden kann, derivativ durch Abtretung gemäß §§ 413, 398 BGB vom Treuhänder an den Treugeber erfolgen. Hierdurch wird der Treuhänder automatisch aus seiner Position verdrängt. Bedenken hinsichtlich des Schutzes des Kernbereichs der Mitgliedschaftsrechte bestehen in diesem Fall wie bereits gezeigt nicht.[731] Sofern der Treugeber bei Beendigung der Treuhand nicht in die Gesellschafterstellung einrückt, kommt es zu der problematischen Situation, dass das Stimmrecht in der Person eines Dritten fortbesteht, der nun nicht einmal mehr Treugeber ist.[732] Dieses Ergebnis lässt sich durch die Vereinbarung einer auflösend bedingten Abtretung vermeiden. Eine solche Vereinbarung sollte sich regelmäßig auch ohne ausdrückliche Regelung aus einer an den Interessen der beteiligten Parteien orientierten Auslegung ergeben.[733]

In der *Literatur* wird weiterhin auch die Konstruktion eines beschränkt-dinglichen Treugeberrechts am Gesellschaftsanteil ähnlich dem Nießbrauch angeführt.[734] Versteht man die Mitgliedschaft allerdings als Bündel verschiedener teilweise selbständiger bzw. sonderrechtsfähiger und damit einzeln übertragbarer Rechte, so überzeugt ein Verständnis der treuhänderischen Berechtigung als dingliche Belastung der Mitgliedschaft im Ganzen nicht.[735]

Den genannten derivativen Berechtigungen ist gemein, dass sie sich aus einer Regelung zwischen dem Treuhänder und dem Treugeber ergeben müssen. Freilich ist immer auch die Zustimmung aller Gesellschafter notwendig, da das Innenverhältnis der Gesellschafter unmittelbar betroffen ist. Erfolgt die Mitberechtigung des Treugebers im Treuhandvertrag, ist daher von einer derivativen Gestaltung auszugehen. Sofern sich die Berechtigung aus dem Gesellschaftsvertrag ergibt, spricht dies für eine originäre Berechtigung des Treugebers. In den Bereich der derivativen Berechtigungen sind zudem auch die Bevollmächtigung und Ermächtigung des Treugebers zur Ausübung der Rechte des Treuhänders einzuordnen.

---

730 *Beuthien*, ZGR 1974, 26, 57; *Wolff*, S. 80; *Armbrüster*, S. 287; *Lenders*, S. 68.
731 Siehe etwa § 3 B. II. 3. a) ee)(1).
732 So *Reuter*, ZGR 1978, 633, 642.
733 So zutreffend *Armbrüster*, S. 281.
734 *Wiedemann*, ZIP 2012, 1786, 1788 f.; *Tebben*, ZGR 2001, 586, 596.
735 Dies zumindest für den Bereich der kupierten Publikumsgesellschaften anerkennend *Wiedemann*, ZIP 2012, 1786, 1789. Vgl. bereits oben § 3 B. II. 3. a).

c) Originäre Berechtigung

Eine originäre Berechtigung vermittelt dem Treugeber ein eigenes Recht, welches in seiner Person entsteht und nicht erst durch Verfügungsgeschäft vom Treuhänder übertragen wird. Dies ist nur durch Rechtsgeschäft mit den Gesellschaftern möglich. Der Treugeber wird in das Innenverhältnis der Gesellschaft und damit in den Verband der Gesellschafter einbezogen.[736] Seine Rechtsstellung ist insoweit gesellschaftsrechtlicher Natur, jedoch wird der Treugeber hierdurch nicht automatisch selbst „echter" Außengesellschafter. Die Außengesellschafterstellung soll grundsätzlich allein beim Treuhänder verbleiben.[737] Je nach dem Umfang der Rechte und Pflichten des Treugebers kann es natürlich durch Auslegung des Gesellschaftsvertrags zur Qualifikation des Treugebers als Vollgesellschafter kommen.[738]

Sofern also bereits der Gesellschaftsvertrag Regelungen hinsichtlich des Treugebers beinhaltet, dürfte grundsätzlich von einer originären Berechtigung auszugehen sein. Auch sämtliche genannten Urteile zur qualifizierten Treuhand dürften in diese Richtung zu verstehen sein.[739] Wenn auch im Einzelnen unscharf von Ausübung, Bevollmächtigung oder Ermächtigung gesprochen wird,[740] finden sich immer auch Aussagen bezüglich einer Einbeziehung in das Gesellschaftsverhältnis bzw. der Gestaltung des Innenverhältnisses der Gesellschafter.[741] Dies sind auch die entscheidenden Anknüpfungspunkte für eine Abgrenzung von originären Rechten des Treugebers in der Gesellschaft und bloß schuldrechtlichen Rechten gegenüber der Gesellschaft.[742]

In der Rechtsprechung sind Stellungnahmen zur Konstruktion der qualifizierten Treuhand bisher nicht ersichtlich.[743] Die genaue Ausgestaltung der qualifizierten Treuhand, insbesondere der Umfang der dem Treugeber eingeräumten Rechte, dürfte sich von Fall zu Fall unterscheiden und nicht grundsätzlich nach einem einheitlichen Modell bestimmbar sein.[744]

---

736 BGH, NZG 2011, 1432, 1433 ff.; BGH, NZG 2013, 379, 381; *K. Schmidt*, NZG 2011, 361, 367; *Roth*, in: Baumbach/Hopt, § 105, Rn. 34; *Tebben*, ZGR 2001, 586, 610; *Ulmer*, in: FS Odersky, 873, 890; *Schiemann*, in: FS Zöllner, 503, 517; kritisch *Armbrüster*, S. 175 ff.; *Wiedemann*, ZIP 2012, 1786, 1788.

737 Vgl. § 3 D.

738 Vgl. OLG Frankfurt/M., Urt. v. 30.11.2004 – Az. 24 U 55/03; *Horn*, in: Heymann, § 161, Rn. 63. Ähnlich BGH, NZG 2011, 1023 ff., wobei hier keine Treuhand am Anteil, sondern am Gesellschaftsvermögen bestand, vgl. auch *K. Schmidt*, in: MüKo-HGB, vor § 230, Rn. 60.

739 S. o. § 3 B. II. 2. a).

740 BGH, NJW 1987, 2677, 2677; OLG Köln, DB 1996, 2123, 2123.

741 BGH, NJW 1953, 1548, 1549; BGH, NJW 1987, 2677, 2677; OLG Koblenz, BB 1989, 170, 170 f.; OLG München, DStR 1991, 1256; OLG Köln, DB 1996, 2123, 2123

742 *Kessal-Wulf*, S. 234 ff. nimmt dagegen einen Vertrag zwischen Gesellschaft und Treuhänder zugunsten der Treugeber an, welcher den Treugebern rein schuldrechtliche Befugnisse, einschließlich des Stimmrechts, in der Hauptgesellschaft verschaffe.

743 So auch *Tebben*, ZGR 2001, 586, 603.

744 Anders *Wiedemann*, ZIP 2012, 1786, 1787 ff.

Überwiegend[745] wird von einer gesellschaftsinternen Aufteilung der Gesellschafterstellung zwischen Treugeber und Treuhänder ausgegangen, welche zu einer „Doppelzuständigkeit [...] am Gesellschaftsanteil“[746], „Verdoppelung der Anteilszuordnung“[747], „Spaltung der Zuständigkeit“[748], „Erstreckung der Mitgliedstellung“[749] oder „Mitberechtigung von Treuhänder und Treugeber am Gesellschaftsanteil“[750] führe. Ähnlich spricht der *BGH*[751] von einer „Verdoppelung der Gesellschafterstellung“ und einer „Aufspaltung in eine rechtliche und eine wirtschaftliche Gesellschafterstellung“. *Teilweise* wird diese Konstruktion auch als „Rechtsgemeinschaft sui generis“ bezeichnet, jedoch als Fall der derivativen Berechtigung eingeordnet.[752] Aus den genannten Bezeichnungen kann jedoch kein Rückschluss auf die Art der Berechtigung gezogen werden. Auch bei originärer Berechtigung des Treugebers bleibt es bei einer Aufteilung/Spaltung/Doppelzuständigkeit/etc. zwischen Treuhänder und Treugeber, da zumindest die Vermögensrechte, welche regelmäßig das Stimmgewicht der Treugeber bestimmen, grundsätzlich vollständig beim Treuhänder verbleiben.[753]

Eine tiefergehende Auseinandersetzung mit einer originären Berechtigung des Treugebers findet sich bei *Tebben*: Im Bereich der originären Berechtigungen unterscheidet *er* einerseits zwischen einem „isolierten Drittrecht“, welches zwar im Gesellschaftsvertrag verankert sein solle, aber das Rechtsverhältnis zur Gesellschaft im Übrigen unberührt lasse, und einer „umfassenden Berechtigung sui generis“ andererseits. Im letzteren Fall werde der Treugeber beschränkt auf das Innenverhältnis statutarisch in den Gesellschafterverband einbezogen, wodurch ihn sowohl die Zweckförderungspflicht als auch die mitgliedschaftliche Treuepflicht träfen.[754]

Der Sinn dieser Unterscheidung bleibt unklar. Hinsichtlich eines isolierten Drittrechts könnte sich die Frage stellen, ob dieses mitgliedschaftlich oder schuldrechtlich ausgestaltet ist. *Tebben* geht aber davon aus, dass dieses Recht im Gesellschaftsvertrag vorgesehen sein muss. Hieraus folgt bereits, dass dieses Recht gesellschaftsrechtlicher Natur ist[755] und dass der Treugeber insoweit ohnehin an die Treuepflicht, welche die Kehrseite jeglichen Einflusses auf die Gesellschaft

---

745 *Schäfer*, in: MüKo-BGB, § 705, Rn. 93; *Armbrüster*, S. 187; *Henssler*, AcP 196 (1996), 37, 81; *Lutter*, ZIP 1989, 477, 483; *Blaurock*, S. 16; OLG Celle, ZIP 1985, 100, 104; **aA** *Ehlke*, DB 1984, 795, 798.

746 *Ulmer*, ZHR 156 (1992), 377, 388.

747 *Ulmer*, ZHR 156 (1992), 377, 392.

748 *Thurnher*, DB 1994, 1709, 1711.

749 *Ulmer*, in: FS Odersky, 873, 894.

750 *Lenders*, S. 195.

751 BGH, NJW 1992, 2023, 2024 (GmbH).

752 *Tebben*, ZGR 2001, 586, 596; ebenso *Wiedemann*, ZIP 2012, 1786, 1789.

753 Siehe § 3 B. I.

754 *Tebben*, ZGR 2001, 586, 601 ff.

755 **aA** *Kessal-Wulf*, S. 234 ff.

ist, gebunden ist.[756] Ebenso denkbar ist es, dass ein Unterschied im Umfang der Berechtigung des Treugebers zu sehen ist, abhängig davon, ob dem Treugeber nur einzelne Rechte oder die gesamte Rechtsstellung eines Gesellschafters im Innenverhältnis eingeräumt werden soll. Dagegen spricht jedoch, dass die Einbeziehung in den Gesellschafterverband, welche die Bindung an die Zweckförderungspflicht und die Treuepflicht auslöse, ersichtlich erst die Grundlage für die Einräumung bestimmter Mitgliedschaftsrechte sein soll.[757] Diese Sichtweise kehrt zum einen das Verhältnis von Mitgliedschaftsrecht und Treuepflicht um. Zum anderen erscheint es äußerst zweifelhaft, ob der Treugeber selbst unmittelbar verpflichtet ist, den Gesellschaftszweck durch Beitragsleistung zu fördern. Die Zweckförderungspflicht durch Beitragsleistung ist (zumindest ein) konstituierendes Element für die Stellung als echter (Außen-) Gesellschafter.[758] Für den Treugeber ergibt sich erst durch die Bindung an die Treuepflicht, welche der Einflussnahme durch Einräumung von Verwaltungsrechten nachfolgt, eine Pflicht zur Rücksichtnahme auf den Gesellschaftszweck.[759] Die Pflicht zur Leistung der Kommanditeinlage trifft dagegen grundsätzlich nur den Treuhänder. Ist der Treugeber unmittelbar selbst, d. h. nicht aus vom Treuhänder an die Gesellschaft abgetretenem Recht oder aufgrund Vertrages zugunsten der Gesellschaft i.S.v. § 328 BGB, zur Leistung der Einlage an die Gesellschaft verpflichtet, spricht bereits vieles für eine echte Außengesellschafterstellung des Treugebers, welcher dann allenfalls noch als „unechter Vollmachtstreugeber" hinsichtlich der Ausübung seiner originären Gesellschafterrechte durch den Treuhänder bezeichnet werden könnte.[760]

Insofern ist das Verständnis einer Aufteilung der Rechtszuständigkeit bzw. einer Doppelzuständigkeit am Anteil überzeugender. Eine Doppelzuständigkeit ist insoweit anzunehmen, als dass die die Rechtsausübung keine verdrängende Wirkung hat. Eine verdrängende Wirkung und damit eine Aufteilung der Zuständigkeit ist wohl nur bei der Ausübung des Stimmrechts anzunehmen. Es ist regelmäßig nicht anzunehmen, dass Treugeber und Treuhänder nebeneinander bezüglich desselben Anteils bzw. desselben ideellen Anteils an einem Gesellschaftsanteil abstimmen, da dies das Stimmenverhältnis bezogen auf die Anteile verändern würde. Demgegenüber macht es keinen Unterschied, ob Treuhänder und Treugeber nebeneinander von Kontroll- und Einsichtsrechten oder dem Recht zur Teilnahme an der Gesellschafterversammlung Gebrauch machen. Letztlich ist dies immer eine Frage der Vertragsgestaltung im Einzelfall. Auch eine vollständige

756 Dazu unten § 3 B. II. 4.

757 Vgl. *Tebben*, ZGR 2001, 586, 602 f./613.

758 Die Gesellschafterstellung allein aus der Zweckförderung durch Beitragsleistung folgernd *Kindler*, in: FS K. Schmidt, 871, 878; *Kübler/Assmann*, Gesellschaftsrecht, § 21 II 3c, S. 342; *Lutter*, AcP 180 (1980), 84, 146 ff. Neben Gewinn- und Liquidationsanteil auch auf das Stimmrecht abstellend dagegen BGH, NJW 1954, 1563, 1563.

759 Siehe § 3 B. III.

760 Vgl. § 3 D. I.

Verdrängung des Treuhänders und damit ein Einrücken des Treugebers in die verwaltungsrechtliche Gesellschafterstellung im Innenverhältnis ist möglich.

III. Treuepflicht

Übt der Treugeber selbst Verwaltungsrechte in der Gesellschaft aus, fragt sich zum einen, ob er hierbei durch die mitgliedschaftliche Treuepflicht gebunden ist und zum anderen, ob er auch durch diese geschützt ist.[761]

1. Geltung gegen den Treugeber

Bereits dargestellt wurde die Bindung des Treuhänders an die Treuepflicht auch bei kollidierender Weisung durch den Treugeber im Falle der einfachen Treuhand.[762] Hier ist richtigerweise schon das Weisungsrecht des Treugebers auf die nach der Treuepflicht des Treuhänders zulässige Ausübung der Verwaltungsrechte beschränkt. Der Treugeber ist hier weder Verbandsmitglied, noch hat er eine hinreichende qualifizierte Einwirkungsmacht, welche eine unmittelbare Bindung des Treugebers selbst an die Treuepflicht begründen könnte.[763] Auch bei Ausübung der Verwaltungsrechte durch den Treugeber als Vertreter des Treuhänders ist der Treugeber nur an die durch die Treuepflicht des Treuhänders gezogenen Schranken gebunden. Durch die bloße Ausübung eines Rechts durch eine andere Person kann sich der Inhalt dieses Rechts richtigerweise nicht erweitern.

Gleiches überzeugt auf den ersten Blick auch für die Abtretung von Verwaltungsrechten. *Armbrüster* geht davon aus, dass der Treugeber das Stimmrecht nur mit den inhaltlichen Beschränkungen erwerben könne, denen es schon in der Hand des Treuhänders unterlag. Die Treuepflicht stelle eine immanente Schranke des Stimmrechts dar.[764] Dies ist ohne weiteres nicht selbstverständlich: Aus § 399 Alt. 1 BGB folgt, dass mit der Übertragung eines Rechts allgemein auch eine Änderung des Inhalts dieses Rechts verbunden sein kann, denn für diese Fälle schließt die Norm eine Abtretung – mit Ausnahmen[765] – aus.[766] Die Gefahr nachteiliger Rechtsfolgen kann jedoch ohne weiteres keine pflichtenbegründende Wirkung haben. Ob der Zessionar in gleicher Weise durch Treuepflichten gebunden ist, hängt von der Bestimmung des Geltungsgrunds der gesellschaftsrechtlichen Treuepflicht ab. Sieht man die Grundlage in dem durch die gesamthänderische Bindung der Rechte

761 Bzgl. Der Begründung und Herleitung der Treuepflicht sei auf die folgenden umfangreichen Darstellungen verwiesen: *Armbrüster*, S. 338 ff.; *Grundmann*, S. 135 ff., *Lenders*, S. 197 ff.; *Lutter*, AcP 180 (1980), 84, 102 ff.

762 S. o. § 3 A. I. 3. b).

763 **aA** *Armbrüster*, S. 355 ff.

764 *Armbrüster*, S. 285.

765 *Stürner*, in: Jauernig, § 399, Rn. 5; *Roth/Kieninger*, in: MüKo-BGB, § 399, Rn. 50.

766 *Roth/Kieninger*, in: MüKo-BGB, § 399, Rn. 2, 7 ff.; Rohe, in: BeckOK-BGB, § 399, Rn. 4 ff.

und Pflichten begründeten Vertrauensverhältnis zwischen den Gesellschaftern,[767] wäre der Treugeber als Nichtgesellschafter nicht an die Treuepflicht gebunden. Überzeugender ist es hingegen die Treupflicht nicht auf das Verhältnis der gesamthänderisch gebundenen Gesellschafter zu beschränken. Neben dem Vertrauensschutz geht es vorrangig um die Kontrolle von Einwirkungsmacht.[768] Erst durch die zwingende Korrelation von Einwirkungsmacht und Verantwortung kann die Treuepflicht als immanente Beschränkung der Mitgliedschaftsrechte verstanden werden, durch die auch jeder Zessionar gebunden wird. *Armbrüster* führt zudem den Gedanken des allgemeinen Zessionsrechts an, wonach der Schuldner – in diesem Fall die Gesellschaft – durch die Zession nicht schlechter gestellt werden dürfe (vgl. §§ 404, 406 ff. BGB). Anderenfalls liege ein unzulässiger Vertrag zu Lasten Dritter vor.[769]

Einigkeit dürfte über die Bejahung der Treuepflicht des Treugebers im Falle der originären Mitberechtigung im Gesellschaftsvertrag bestehen.[770] Die Begründungen hierzu differieren. *Teilweise*[771] wird der Treugeber als Mitglied des Verbandes angesehen. *Andererseits*[772] wird dies abgelehnt und die Geltung der Treuepflicht auf die dennoch bestehende qualifizierte gesellschaftsbezogene Einwirkungsmacht zwischen Treugeber und Gesellschaft gestützt.

2. *Geltung für den Treugeber*

Umgekehrt stellt sich die Frage, ob auch die Gesellschafter durch die gesellschaftliche Treuepflicht zur Rücksichtnahme auf die schutzwürdigen Interessen des Treugebers verpflichtet sind. Dies wird für den Bereich der *qualifizierten Treuhand* als Kehrseite der Treuepflicht des Treugebers allgemein bejaht.[773]

Anknüpfend an die rein tatsächliche Einwirkungsmacht des Treugebers geht *Armbrüster* davon aus, dass schon bei der einfachen, verdeckten Treuhand eine Treuepflicht zu Lasten des Treugebers bestehe.[774] Eine umgekehrte, zugunsten des

767 Vgl. *Sprau*, in: Palandt, § 705, Rn. 27; *Fischer*, in: Staub (3. Aufl.), § 105 Rn. 31a.

768 *Hüffer/Koch*, Gesellschaftsrecht, § 8 III. 1., S. 80 f.; *K. Schmidt*, GesRt, § 20 IV, S. 587 ff.; *Fleck*, in: FS Fischer, 107, 119; *Tebben*, S. 117; *Armbrüster*, S. 351.

769 *Armbrüster*, S. 342.

770 *Schäfer*, in: MüKo-BGB, § 705, Rn. 93; *Hadding/Kießling*, in: Soergel, § 705, Rn. 29; *Schäfer*, in: Staub, § 105, Rn. 107; *Blaurock*, S. 201 f.; *Roth*, in: Baumbach/Hopt, § 105, Rn. 34; *Kindler*, in: K/K/R/M, § 105, Rn. 21; *Westermann*, in: Erman, § 705, Rn. 27; *Roth/Thöni*, in: FS 100 Jahre GmbHG, 245, 282; *Eden*, S. 121; *Fleck*, in: FS Fischer, 107, 118 ff.

771 *K. Schmidt*, in: MüKo-HGB, vor § 230 HGB, Rn. 78; *Schäfer*, in: MüKo-BGB, § 705, Rn. 93; *Ulmer*, in: FS Odersky, 873, 890; *ders.*, ZHR 156 (1992), 377, 388; *Tebben*, S. 141 f., 415; *Lenders*, S. 211; ähnlich *Blaurock*, S. 202.

772 *Armbrüster*, S. 343, 351 ff.; ähnlich *Krenzel*, S. 159 ff.

773 Vgl. die Nachweise in den vorstehenden Fußnoten.

774 *Armbrüster*, S. 355 ff.

Treugebers wirkende Treuepflicht solle aber nur bei erkennbaren Interessen des Treugebers wirken,[775] mithin nur bei einer zumindest offengelegten Treuhand. Schon die Annahme einer derart weitgehenden Treuepflicht des Treugebers überzeugt nicht. Unterhalb der qualifizierten Treuhand verwirklicht sich der Schutz der Gesellschaft durch die Treuepflicht des Treuhänders und das insoweit entsprechend eingeschränkte Weisungsrecht des Treugebers.[776] Somit besteht keine „qualifizierte Einwirkungsmacht“[777], die über die Einwirkungsmacht von gewöhnlichen, rein schuldrechtlich berechtigten Vertragspartnern der Gesellschaft hinausginge. Ganz im Gegenteil besteht in diesen Fällen überhaupt keine Verbindung zwischen Gesellschaft und Treugeber. Die Einwirkungsmacht bezieht sich nur auf die Person des Treuhänders und wird durch diese vermittelt und auch entsprechend beschränkt. Umgekehrt besteht auch keine Treuepflicht der Gesellschafter gegenüber dem Treugeber. Die bloße Erkennbarkeit der Existenz der Gegenpartei vermag eine besondere mitgliedschaftliche Treuepflicht nicht zu begründen. Es lässt sich nicht überzeugend begründen, dass die Gesellschafter verpflichtet sein sollen Rücksicht auf eine ihnen bloß bekannte Person zu nehmen, zu der sie keine rechtliche Beziehung haben und eine solche eventuell auch nicht haben wollen, da ihre Existenz ihnen möglicherweise höchst unerwünscht ist.

IV. Rechtslage in der Investmentkommanditgesellschaft

Für die geschlossene Publikumsinvestmentkommanditgesellschaft schreibt § 152 I 3 KAGB vor, dass mittelbar über einen Treuhandkommanditisten beteiligte Anleger „im Innenverhältnis der Gesellschaft und Gesellschafter zueinander die gleiche Rechtsstellung wie ein Kommanditist“ innehaben. Eine entsprechende Gleichstellungsabrede ließ sich – wie vorangehend thematisiert – bereits vorher regelmäßig im Vertragswerk von kupierten Publikumskommanditgesellschaften finden.[778] Auch der *BGH*[779] ging bereits seit Anfang der 1980er Jahre von einer grundsätzlichen Gleichstellung von Treugebern und Kommanditisten in der Publikums-KG aus. Der Treugeber solle demnach im Innenverhältnis so gestellt werden können, „als ob“ er Gesellschafter sei.[780] Der Gesetzgeber hat diesen Ansatz jetzt für den Bereich der als Investmentvermögen i. S. v. § 1 I 1 KAGB ausgestalteten Publikumskommanditgesellschaften übernommen und noch erweitert. Ausweislich des Wortlauts von § 152 I 3 KAGB „hat“ der Treugeber bzw. der mittelbar beteiligte Anleger im Innenverhältnis die gleiche Rechtsstellung wie ein Kommanditist. Es

775 *Armbrüster*, S. 367.
776 S. o. § 3 A. I. 3. b).
777 *Armbrüster*, S. 356.
778 Vgl. *Bost/Halfpap*, in: Lüdicke/Arndt, A. II. 3. b), S. 22 ff.; *Klebeck/Kunschke*, in: B/S/V, 405, § 152 KAGB, Rn. 45.
779 Vgl. BGH, NJW 1980, 1162, 1163; BGH, NJW 1988, 1903.
780 BGH, NJW 1953, 1548, 1549; BGH, NJW 1987, 2677, 2677.

handelt sich mithin nicht um eine bloße Fiktion, wie sie der bisherigen „als ob"-Lösung in der Rechtsprechung entsprochen hätte.[781]

Es fragt sich somit, ob und welche Auswirkungen die Verstärkung der anerkannten Fiktion auf vertraglicher Grundlage hin zur gesetzlich vorgeschriebenen Rechtstatsache auf die vorangehend behandelten Probleme hat.

1. *Vermögensrechte*

Im Falle der geschlossenen Publikumsinvestmentkommanditgesellschaft dürfte die direkte Gewinnausschüttung an den Treugeber nunmehr den gesetzlich vorgesehenen Normalfall darstellen. Da der mittelbar beteiligte Treugeber gem. § 152 I 3 KAGB die gleiche Rechtsstellung wie ein Kommanditist innehat, muss er berechtigt sein, seine kommanditistengleichen Ansprüche direkt gegenüber der Gesellschaft durchzusetzen. Zudem ist die Investmentkommanditgesellschaft im Falle von Ausschüttungen, welche die Außenhaftung des Treuhänders gem. § 172 IV HGB aufleben lassen, gem. § 152 II 3 KAGB dem Treugeber unmittelbar über die entstehende mittelbare Haftung gegenüber dem Treuhänder (§§ 670, 675 BGB) aufklärungspflichtig.[782] Ferner bedarf jede haftungsbegründende Ausschüttung zusätzlich der Zustimmung des jeweils betroffenen Treugebers, gleich ob diese direkt oder indirekt über den Treuhänder geleistet wird.

Mit dem Befund, dass der Treugeber jedenfalls berechtigt ist, entsprechende Ausschüttungen unmittelbar gegenüber der Gesellschaft einzufordern, ist jedoch noch nichts über die Natur dieses Anspruchs gesagt. Dieser könnte wiederum ein originär gesellschaftsrechtlicher Anspruch des Treugebers als Nichtgesellschafter[783] oder aber weiterhin ein Anspruch des Kommanditisten sein. Letzteren Falls würde sich § 152 I 3 KAGB insoweit als cessio legis mit antizipierender Wirkung darstellen. Gegen ein solches Verständnis von § 152 I 3 KAGB spricht jedoch, dass sämtliche Legalzessionen (vgl. §§ 426 II, 774, 1142, 1225 BGB) ausdrücklich angeordnet sind und zudem an die Tatsache der Erfüllung eines bestehenden Anspruchs gebunden sind. Die in Rede stehenden Wirkungen des § 152 I 3 KAGB werden jedoch bereits durch den Abschluss des Beitrittsvertrags ausgelöst bzw. wirken auf den Inhalt dieses Vertrags ein. Eher ließe sich § 152 I 3 KAGB als gesetzliche Einziehungsermächtigung begreifen.[784] Für diese Lösung spricht, dass eine Ausschüttung an den Treugeber gem. § 152 III 1 KAGB zunächst der Zustimmung des Treuhänders und „zusätzlich" gem. § 152 III 3 KAGB der Zustimmung des betroffenen Treugebers bedarf. Ob sich hieraus Änderungen hinsichtlich der Einlageleistung ergeben, ist im Rahmen der unmittelbaren Innenhaftung zu untersuchen.[785]

---

781 So zutreffend auch *Klebeck/Kunschke*, in: B/S/V, 405, § 152 KAGB, Rn. 52.

782 Vgl. oben § 3 A. IV. 2. a) aa).

783 Für einen eigenen Anspruch des Treugebers aus § 152 I 3 KAGB: *Klebeck/Kunschke*, in: B/S/V, 405, § 152 KAGB, Rn. 50.

784 Vgl. dazu wiederum § 3 B. I. 1.

785 Siehe § 7.

2. *Verwaltungsrechte*

Der Möglichkeit und Zulässigkeit der Einräumung von gesellschaftsrechtlichen Verwaltungsrechten an mittelbar beteiligte Anleger einer geschlossenen Publikumsinvestmentkommanditgesellschaft kann das Abspaltungsverbot nach der eindeutigen gesetzlichen Konzeption des Kapitalanlagegesetzbuchs nun nicht mehr entgegengehalten werden. Dies gilt unabhängig davon, ob man die Begründung des Abspaltungsverbots auf übergeordnete oder analog heranzuziehende rechtliche Wertungen,[786] auf wirtschaftsverfassungsrechtliche Grundsätze[787] oder auf rechtstechnische Grenzen stützt.[788] Weiterhin kann der Mitberechtigung von Treugebern wohl nicht mehr entgegengehalten werden, dass man ihnen zwar entsprechende Gesellschafterrechte zubilligen könne, sie dann aber zwingend – insbesondere im Falle eigener Stimmrechte – als Vollgesellschafter zu qualifizieren seien,[789] da der Gesetzgeber trotz Gleichstellung von der grundsätzlichen Verschiedenheit von Treugeber und Kommanditist ausgeht.

Keine derart eindeutige Auswirkung haben die KAGB-Vorschriften auf die Frage nach der Art der Berechtigung des Treugebers. Klar ist, dass die tatsächliche rechtliche Gleichstellung nicht durch schuldrechtlich eingeräumte Verwaltungsrechte erreicht werden kann. Insbesondere das Recht zur Teilnahme an der kollektiven gesellschaftsinternen Willensbildung kann nicht durch schuldrechtlichen Vertrag eingeräumt werden, da es sich um einen korporativen Rechtsakt handelt. Möglich bleiben weiterhin die originäre und die derivativ vom Treuhänder abgeleitete Berechtigung des Treugebers. Im letzteren Fall müsste die Gleichstellungsvorschrift des § 152 I 3 KAGB wiederum als Legalzession hinsichtlich der anteiligen Verwaltungsrechte des Treuhänders verstanden werden. Durch diese Betrachtungsweise würde aufgrund der Rechtsübertragung vom Treuhänder auf den Treugeber eine Verdoppelung der Verwaltungsrechte bereits denklogisch vermieden. Der Wortlaut bietet allerdings keinen Hinweis auf die Anordnung eines Rechtsübergangs. Vielmehr ist davon auszugehen, dass der Treugeber die entsprechenden Verwaltungsrechte unmittelbar durch den mittelbaren Beitritt originär erwirbt. Eine Verdoppelung der Rechte müsste dann durch gesonderte Beschneidung der Rechte des Treuhänders vermieden werden.

3. *Treuepflicht*

Die Beurteilung des Bestehens und der Reichweite der gesellschaftsrechtlichen Treuepflicht zugunsten und zulasten des Treugebers dürfte sich durch die gesetzliche Gleichstellung gegenüber der vertraglichen Gleichstellung nicht ändern. Es spricht zwar nun noch mehr dafür, den Treugeber als Verbandsmitglied zu

786 Vgl. § 3 B. II. 3. a) aa)-dd).
787 Vgl. *Reuter*, ZGR 1978, 633, 640 f.
788 Vgl. § 3 B. II. 3. a) ee).
789 Vgl. *Beuthien*, ZGR 1974, 26, 55 ff.; *Kindler*, in: FS K. Schmidt, 871, 877.

betrachten. Jedenfalls ist durch die kommanditistengleiche Rechtsstellung eine qualifizierte Einwirkungsmacht des Treugebers gegeben. Ebenso ist auch ein erkennbares, schutzwürdiges Interesse an internen Belangen der Gesellschaft in jedem Fall zu bejahen, welches die Gesellschaft zur Rücksichtnahme verpflichtet. Darüber hinaus gelten gemäß § 152 I 4 KAGB sämtliche Informations-, Veröffentlichungs-, Aufklärungs- und Dokumentationspflichten gleichermaßen für unmittelbar und mittelbar beteiligte Anleger. Diese Schutzpflichten entfalten zudem schon Wirkung zugunsten des am (mittelbaren) Beitritt nur interessierten, künftigen Anlegers.[790]

C. Rechtsverhältnis zu Mittreugebern

Immer dann, wenn die mittelbare Beteiligung an einem Kommanditanteil über die einfache, eingliedrige Treuhand hinausgeht und sich mehrere Treugeber an demselben Gesellschaftsanteil beteiligen, stellt sich die Frage, ob diese parallele Beteiligung Mehrerer Folgen für das Rechtsverhältnis dieser Personen zeitigt. Bloß zufällig bestehende zweiseitig schuldrechtliche Beziehungen zwischen einzelnen Treugebern sind hierbei außer Betracht zu lassen. Es kommt allein auf eine möglicherweise entstehende gesellschaftsrechtliche Verbindung zwischen mehreren Treugebern an.

Von vorn herein klar ist, dass es sich nicht um eine Körperschaft mit eigener Rechtspersönlichkeit handeln kann. Ebenso ist zu beachten, dass der Kommanditanteil immer im Alleineigentum des Treuhänders steht und somit ohne Hinzutreten weiterer Umstände über die bloßen Treuhandverhältnisse hinaus auch keine rechtsfähige Gesamthandgesellschaft anzunehmen ist. Würde der Anteil der Gesamthand zustehen, wäre die Gesellschaft (im Zweifel eine GbR) selbst Gesellschafterin. Aufgrund der bloß treuhänderischen Verwaltung des Kommanditanteils sollen die Treugeber im Einzelfall aber eine Bruchteilsgemeinschaft i. S. d. § 741 BGB bilden können.[791] Dies würde voraussetzen, dass den Treugebern ein Recht gemeinsam zusteht und der Treuhänder ihnen somit eine unteilbare Leistung i. S. v. § 432 BGB schuldet.[792] Die unmittelbaren Rechte aus dem Anteil stehen allein dem Treuhänder zu. Sämtliche Rechte der Treugeber leiten sich aus den einzelnen schuldrechtlichen Treuhandverträgen ab. Denkbar ist das Vorliegen einer Bruchteilsgemeinschaft i. S. d. § 741 BGB daher wohl nur, wenn sich mehrere Personen zu dem Zweck zusammenschließen einen einheitlichen Treuhandanteil zu erwerben. Dann bilden sie allerdings immer auch eine (Innen-) GbR,[793] so dass das Vorliegen einer Bruchteilsgemeinschaft der Treugeber nicht untersucht werden braucht.

790 Vgl. *Klebeck/Kunschke*, in: B/S/V, 405, § 152 KAGB, Rn. 58 f.
791 *Schilling*, in: Staub (4. Auflage), Anh § 161, Rn. 3; *Kümmerlein*, S. 70 f.; *Beuthien*, ZGR 1974, 26, 36.
792 *Maulbetsch*, S. 145.
793 Vgl. BGH, ZIP 2010, 1299.

Die Frage verengt sich somit darauf, ob die Treugeber durch die Eingehung der treuhänderischen Beteiligung im Einzelfall eine Innengesellschaft bürgerlichen Rechts bilden. Praktisch relevant ist dies vor allem für die Frage, ob den Treugebern ein Auskunftsanspruch gegen den Treuhänder hinsichtlich der Identität ihrer Mittreugeber zusteht.

I. Gesellschaftsrechtliche Verbindung der Treugeber

Eine gesellschaftsrechtliche Verbindung zwischen mehreren Treugebern kann in Gestalt einer Innengesellschaft bürgerlichen Rechts vorliegen. Ob eine solche Verbindung vorliegt, hängt von der Vertragsgestaltung im Einzelfall ab. Zu unterscheiden ist zunächst zwischen einfachen Treuhandstrukturen und Fondsstrukturen bzw. kupierten Publikumskommanditgesellschaften.

1. Einfache Treuhandstrukturen

Unter die hier so bezeichneten einfachen Treuhandstrukturen fallen all diese Fälle, in denen den Treugebern die Existenz der jeweils anderen Treugeber nicht bekannt ist. Hierbei kann es sich um mehrere eingliedrige Treuhandverhältnisse handeln, also um Fälle in denen einer Kommanditgesellschaft mehrere verschiedene Treuhandkommanditisten angehören. Ebenso kann es sich um ein Treuhandverhältnis zwischen einem Treuhänder mit einheitlichem Gesellschaftsanteil und mehreren Treugebern handeln, bei denen die einzelnen Treuhandverträge vollkommen eigenständig sind und in keiner Weise aufeinander Bezug nehmen. Sofern die Treugeber bei Abschluss des Treuhandvertrags nicht einmal Kenntnis von anderen Treugebern haben, kann kein entsprechender Rechtsbindungswille zur Gründung oder zum Beitritt zu einer Gesellschaft vorliegen. Auch aus der bloßen Kenntnis kann ein solcher Wille nicht abgeleitet werden. Erst wenn die einzelnen Verträge aufeinander Bezug nehmen und eine „planmäßig organisierte Verbindung“[794] unter den Treugebern besteht, kommt auch das Vorliegen einer gesellschaftsrechtlichen Verbindung der Treugeber in Betracht.

Soweit eine einheitliche Struktur der einzelnen Treuhandbeteiligungen mangels gesellschaftsseitig vorgegebener einheitlicher Gestaltung der Treuhandanteile fehlt, kommt auch eine Analogie zu §§ 4 ff. SchVG[795] nicht in Betracht. Diese Vorschriften setzen gerade eine von dem Emittenten der Anleihen vorgegebene „inhaltsgleiche“ Ausgestaltung der Schuldverschreibungen gegenüber den Gläubigern (§ 1 I SchVG) voraus.[796] Eine Analogie zu §§ 4 ff. SchVG könnte

794 *Priester*, ZIP 2011, 697, 700.

795 So der Gedanke bei *Wiedemann*, ZIP 2012, 1786, 1790 f.; *ders.*, NZG 2013, 1041, 1045; vgl. auch *ders.*, WM 2014, 1985, 1989.

796 *Oulds*, in: Verannemann, § 1 SchVG, Rn. 30; *Müller*, in: Heidel, Aktienrecht, § 1 SchVG, Rn. 2.

sich aber im Bereich der kupierten Publikumsgesellschaften fruchtbar machen lassen.[797]

2. *Kupierte Publikumsgesellschaften*

Der Unterschied zwischen der Beteiligung mehrerer Treugeber durch einzelne, einfache Treuhandverträge und der Beteiligung als Treugeber an einer kupierten Publikumsgesellschaft besteht darin, dass im letzteren Fall die Aufnahme einer Vielzahl von Treugebern durch Abschluss von gleichlautenden Verträgen von vorn herein von allen Beteiligten vorgesehen ist und der mittelbaren Beteiligung somit eine gewisse einheitliche Struktur und Organisation vorgegeben ist, welche grundsätzlich unabhängig von der personellen Zusammensetzung der Treugeberschaft ist. Für die Frage nach dem Bestehen einer gesellschaftsrechtlichen Verbindung der Treugeber, kommt es entscheidend auf die Ausgestaltung der vorgegebenen Struktur der einzelnen Treuhandverträge an.

a) Gemeinsame Willensbildung der Treugeber

Das Vorliegen einer GbR der Treugeber erfordert nach allgemeinen Grundsätzen zunächst die Verpflichtung zur Förderung eines gemeinsamen Zwecks. Ein solcher gemeinsamer Zweck kann dann angenommen werden, wenn sich die Willensbildung aller Treugeber einheitlich in einer gemeinsamen Beschlussfassung vollzieht und der Treuhänder entsprechend einer einheitlichen Weisung aller Treugeber zu handeln verpflichtet ist. In diesem Fall dürfte regelmäßig nur ein einheitliches Treuhandverhältnis zwischen dem Treuhänder und einer unter den Treugebern gebildeten GbR bestehen, welche sich aufgrund der Vertragsbeziehung zum Treuhänder dann als Außen-GbR darstellen kann.[798]

Im Falle von mehreren Erben, die als Kommanditisten in die Gesellschaft einrücken und durch einen gemeinsamen Vertreter einheitlich in der Gesellschaft vertreten werden, hat der *BGH* ein „gesellschaftsähnliches Verhältnis“ angenommen, welches sich ebenso nach den Regeln der bürgerlich-rechtlichen Gesellschaft richte.[799] Eine solche Repräsentativverfassung ist typisch für die (praktisch seltene) „integrierte“ Publikumsgesellschaft, bei der die Treugeber als Kommanditisten von einem Treuhänderkommanditisten einheitlich vertreten werden.[800] Da der Treuhänder in diesem Fall in das Innenverhältnis zwischen den Treugebern einbezogen ist, dürfte regelmäßig nur eine Innen-GbR unter Einschluss des Treuhänders vorliegen. Auch bei der „kupierten“ Publikumsgesellschaft, bei der nur der Treuhänder Gesellschafter ist, ist eine solche Gestaltung möglich, wenngleich sie in der Praxis die Ausnahme bilden dürfte. *Einerseits* wird vertreten, dass die Treugeber

797 Dazu sogleich und unter § 3 C. I. 2. d) bb).
798 Vgl. BGH, ZIP 2010, 1299.
799 BGH, NJW 1967, 826, 827.
800 *Bälz*, ZGR 1980, 1, 14ff., 55 ff.

sich in einem solchen Fall ausdrücklich zu einer Gesellschaft konstituieren müssten. Der Abschluss eines Gesellschaftsvertrags könne nicht unterstellt werden.[801] *Andererseits* solle auch ohne ausdrücklichen Vertragsschluss mit den regelmäßig unbekannten anderen Treugebern davon ausgegangen werden können, dass alle Treugeber eine Innen-GbR bilden.[802] Die inhaltlich übereinstimmenden zweiseitigen Verträge mit dem Treuhänder seien als unselbständige aufeinander bezogene Teile eines einheitlichen Vertragssystems geeignet, den konkludenten Abschluss eines Gesellschaftsvertrags herbeizuführen.[803]

Sehen die Treuhandverträge eine gemeinsame Willensbildung aller Treugeber hinsichtlich der Verwaltung des Treuhandanteils durch einheitliche Weisung an den Treuhänder zwingend vor, so handeln diese bei Abschluss des Treuhandvertrags in dem Bewusstsein und mit dem nötigen Rechtsbindungswillen, den gemeinsamen Zweck der einheitlichen Verwaltung des Anteils durch gegenseitigen Beitrag zu fördern.[804] Insofern ist bereits von einem ausdrücklichen Abschluss eines die Treugeber verbindenden Gesellschafsvertrags auszugehen. Die Treugeber können nur einheitlich als Gesellschaft und nicht auch einzeln auf den Treuhänder einwirken.

b) Gemeinschaftliche Organisation der Treugeber

Von dem vorangehend dargestellten Fall der gemeinsamen Willensbildung der Treugeber ist die bloße gemeinschaftliche Organisation der Treugeber zu unterscheiden. In einem Fall des *BGH*[805] sah das aus verknüpftem Gesellschafts- und Treuhandvertrag bestehende Vertragswerk die regelmäßige Einberufung von Treugeberversammlungen und auch Anlegerversammlungen unter Einschluss der unmittelbar beteiligten Kapitalanleger vor. Diese Versammlungen dienten lediglich der Information der Anleger durch den Treuhänder. Alle Anleger waren berechtigt, ihre individuellen Rechte durch Einzelweisung an den Treuhänder geltend zu machen.[806] Eine gemeinsame Willensbildung hinsichtlich der Verwaltung des

801 *Kessal-Wulf*, S. 227, Fn. 398; *Maulbetsch*, S. 143 ff.

802 *Eden*, S. 44; *Priester*, ZIP 2011, 697, 700.

803 BFH, Urt. v. 11.12.1997 – IV R 4/95; *Eden*, S. 44; jew. unter Hinweis auf BGH, NJW 1982, 877.

804 Formal betrachtet könnte man eine Beitragspflicht der Treugeber als konstituierendes Merkmal der Innengesellschaft auch hier leugnen, da der Treuhänder als echter Gesellschafter auch bei fehlender Weisung der Treugeber nach pflichtgemäßem Ermessen abstimmen kann und darf und somit keine Pflicht zur Teilnahme des einzelnen Treugebers an der Verwaltung des Treuhandanteils besteht. Die gesellschaftsrechtliche Verbundenheit der Treugeber ergibt sich jedoch bereits aus ihrer bloßen Beteiligung an einem verselbständigten Innenverband, s. u. § 3 C. I. 2. b).

805 BGH, NZG 2011, 276.

806 Vgl. § 5 5.4; § 6 6.2; § 8 8.1 des abgedruckten Treuhandvertrags, BGH, NZG 2011, 276, 276.

Treuhandanteils bestand daher anders als in dem oben dargestellten Fall nicht.[807] Die Beschlussfassung der Anlegerversammlung bezog sich lediglich auf die Besetzung des Beirats der Gesellschaft und eine Auswechslung des Treuhänderkommanditisten.[808]

Im Ergebnis nahm der *BGH* übereinstimmend mit dem Berufungsgericht[809] das Vorliegen einer Innen-GbR der Treugeber unter Einschluss des Treuhänders als Organ dieser Gesellschaft an. Gemeinsamer Zweck sei die Wahrnehmung der Rechte der Anlegerversammlung, welche über die Rechte des einzelnen Anlegers gegenüber dem Treuhänder hinausgingen und sich von den Rechten der Gesellschafterversammlung unterschieden. Besondere wechselseitige Beitragspflichten bestünden zwischen den Beteiligten nicht. Als Beitragspflicht genüge die aus dem Halten der Beteiligung folgende Verpflichtung, den gemeinsamen Zweck zu fördern.[810] Auch in der *Literatur* wird überwiegend, meist aber ohne Begründung, davon ausgegangen, dass die Treugeber einer kupierten Publikumsgesellschaft regelmäßig eine Innen-GbR bilden.[811] Hiergegen wendet sich *Altmeppen* und unterstellt dem *BGH* einen methodischen Fehler: Übereinstimmend mit dem BGH nimmt er an, dass keine wechselseitigen Beitragspflichten bestünden, da die Treugeber nicht zur Teilnahme an den Versammlungen verpflichtet seien. Der einzelne Treugeber halte aber auch keine Beteiligung, aus der eine Beitragspflicht folgen könne. Das Bestehen einer Beitragspflicht sei konstituierendes Merkmal der Innengesellschaft, da diese kein Verband sei. Ebenso seien die Treugeber nicht verpflichtet, an den entsprechenden Versammlungen teilzunehmen.[812]

Das Bestehen einer Treugeber-Innen-GbR kann daher nur angenommen werden, wenn doch eine Beitragspflicht im Verhältnis der Treugeber besteht oder

807 Dies übersieht scheinbar *Schünbrand*, ZGR 2014, 256, 261.
808 Vgl. § 8 8.6 des Treuhandvertrags in BGH, NZG 2011, 276.
809 OLG Hamburg, NZG 2010, 1342, 1343.
810 BGH, NZG 2011, 276, 278.
811 *K. Schmidt*, in: MüKo-HGB, vor § 230, Rn. 44 f, 79; *Schilling*, in: Staub (4. Aufl.), § 161, Rn. 43; Anh § 161, Rn. 3; *v. Gerkan/Haas*, in: Röhricht/Graf von Westphalen, § 161, Rn. 90; *Henze*, in: E/B/J/S, § 177a, Anh. B, Rn. 9; *Gummert/Horbach*, in: MünchHdb-GesRt, § 61, Rn. 21; *Kapitza*, S. 34.
812 *Altmeppen*, ZIP 2011, 326, 327 f.; ebenso ablehnend zur Treugeber-Innen-GbR *ders.*, NZG 2010, 1321, 1325 f.; ähnl. *Markwardt*, BB 2011, 643, 646 f.; *Holler*, ZIP 2010, 2429, 2434; *Hoeren*, ZIP 2010, 2436; *Wolfer*, GWR 2011, 77, 79.
Ablehnend zur Folgerung der Zweckförderungspflicht aus dem „Halten der Beteiligung“, im Ergebnis aber dem BGH zustimmend, *Priester*, ZIP 2011, 697, 700 f.: Die Zweckförderungspflicht ergebe sich aus der Pflicht der Treugeber sich bei der Abstimmung in der Hauptgesellschaft an die Beschlüsse des Stimmrechtspools der Treugeber zu halten. Hiermit beachtet *Priester* jedoch nicht, dass jeder Treugeber zu Einzelweisungen und der Treuhänder entsprechend zur gespaltenen Stimmabgabe ausdrücklich berechtigt war und somit kein Stimmrechtspool bestand, vgl. BGH, NZG 2011, 276, 276 (§ 6 des Treuhandvertrags).

diese (entgegen der Annahme Altmeppens) doch einen hinreichend verselbständigten Verband bilden, an dem eine bloße Beteiligung ohne konkrete Beitragspflicht bestehen kann.

aa) Einlageleistung als Beitragspflicht

K. Schmidt geht in dem vorangehend geschilderten Fall entgegen der Ansicht des BGH davon aus, dass eine für die Annahme einer Innengesellschaft ausreichende Beitragspflicht der einzelnen Treugeber bereits in der Pflicht zur (mittelbaren) Leistung der Einlage zu sehen sei.[813] Die Pflicht zur Leistung einer finanziellen Einlage in die Gesellschaft ist grundsätzlich eine ausreichende Beitragspflicht zur Begründung der Gesellschafterstellung.

Für den hier interessierenden Fall einer Treugeber-Innengesellschaft ist dies jedoch äußerst zweifelhaft, da diese jedenfalls kein Gesamthandvermögen bildet.[814] Die Pflicht zur Einlageleistung besteht unmittelbar nur im zweiseitigen Vertragsverhältnis zwischen dem einzelnen Treugeber und dem Treuhänder. Mittelbar steht die Einlage der KG zu. Die Einlageleistung ist somit Grundlage für die durch den Treuhänder vermittelte vermögensrechtliche Position des einzelnen Treugebers gegenüber der KG. Im Verhältnis zu den anderen Treugebern geht es dagegen nur um die Ausübung von gemeinsamen Verwaltungsrechten.[815] Die Einlageleistung stellt sich somit rein tatsächlich als vorgelagerte, notwendige Grundlage der Beteiligung an einer Treugeber-Innen-GbR dar. Sie wurzelt jedoch nicht in einer gegenseitigen Pflichtenbindung aller Treugeber, welche ein gesellschaftsrechtliches Verhältnis begründen könnte. Ebenso kann entgegen *Kapitza* nicht auf das Halten eines Investitionsobjekts durch die KG abgestellt werden.[816] Hieran haben die Treugeber gerade keine unmittelbare Berechtigung. Eine in einem zwischen den Treugebern bestehenden Rechtsverhältnis begründete Beitragspflichtig besteht daher grundsätzlich nicht.

bb) Vertragliche Schutzgemeinschaft der Treugeber

Im Ergebnis übereinstimmend mit dem BGH folgert *Wiedemann* das Bestehen einer gesellschaftsrechtlichen Verbindung im Sinne von § 705 BGB bereits aus den gleichgerichteten Interessen der Treugeber.[817] Wie bei jeder Schutzgemeinschaft bilde bereits die kollektive Interessenverfolgung den für die Anwendung der §§ 705 ff. BGB erforderlichen gemeinsamen Zweck. Diese Interessengemeinschaft umfasse

813 *K. Schmidt*, NZG 2011, 361, 365.

814 Nach h. M. kann eine Innen-GbR kein Gesamthandsvermögen bilden, BGHZ 126, 226, 234 = NJW 1994, 2536; aA *Schäfer*, in: MüKo-BGB, § 705, Rn. 280; *von Ditfurth*, in: P/W/W, § 705, Rn. 34.

815 Vgl. *Kessal-Wulf*, S. 228.

816 *Kapitza*, S. 34.

817 Ähnlich *Kapitza*, S. 34.

unproblematisch auch die unmittelbar als Kommanditisten beteiligten Kapitalanleger sowie den Treuhänder.[818] Ähnlich nimmt *Kapitza* über eine bloße Interessengemeinschaft (§§ 741 ff. BGB) hinaus eine gesellschaftsrechtliche Verbindung der Treugeber an, da diese gemeinsame Anlageziele, Steuervorteile und Renditen erreichen wollten.[819] Die gleichgerichteten Interessen mehrerer, im Ausgangspunkt singulär beteiligter Treugeber machen deren übereinstimmende Zwecke jedoch nicht ohne weiteres zu einem überindividuellen *gemeinsamen* Zweck i. S. v. § 705 BGB. Die Annahme der Vereinbarung eines gemeinsamen Zwecks der kollektiven Interessenverfolgung entspricht eher dem oben dargestellten Fall der vertraglich vorgesehenen kollektiven Willensbildung unter den Treugebern.[820] In dem hier behandelten Fall[821] diente die fondsseitig vorgegebene gemeinschaftliche Organisation lediglich der Information sämtlicher Anleger. Insbesondere konnten die Stimmrechte individuell und ungefiltert nach der persönlichen Interessenlage jedes einzelnen Anlegers ausgeübt werden. Die von *Wiedemann* in Bezug genommenen Schutzgemeinschaftsverträge bzw. Konsortialverträge dienen aber gerade der einheitlichen Stimmausübung und beruhen auf ausdrücklichem Vertragsschluss.[822] Mögen die Anlegerinteressen hinsichtlich ihres Profitinteresses auch überwiegend oder gar insgesamt gleich gelagert sein, kann eine entsprechende rechtsgeschäftliche Vereinbarung einer kollektiven Interessenverfolgung in diesem Fall nicht angenommen werden. Die Annahme einer gesellschaftsrechtlichen Verbindung kann durch die Annahme einer Schutzgemeinschaft nicht überzeugend begründet werden.

cc) Halten der Beteiligung an einem Innenverband

Nachdem die für das Bestehen einer Treugeber-Innen-GbR grundsätzlich notwendige gesellschaftsrechtliche Beitragspflicht und auch eine sonstige vertraglich begründete Schutzgemeinschaft nicht festgestellt werden konnten, fragt sich, ob das Rechtsverhältnis der Treugeber zueinander als verselbständigter Innenverband verstanden werden kann. *K. Schmidt* unterstellt dem BGH[823] das Verhältnis der Treugeber als „körperschaftlich strukturierte Publikums-Innengesellschaft"[824] zu betrachten. Ausdrückliche Anhaltspunkte hierfür lassen sich in dem Urteil jedoch nicht finden. Dennoch kann die Argumentation des BGH, dass aus dem bloßen Halten der Beteiligung eine hinreichende Zweckförderungspflicht folge, nur überzeugen, wenn man die Treugeber-Innen-GbR als organisatorisch verselbständigten Verband betrachtet. Es liegt auf der Hand, dass eine „Beteiligung" nur an

818 *Wiedemann*, ZIP 2012, 1786, 1791.
819 *Kapitza*, S. 34, Fn. 39.
820 S. o. § 3 C. I. 2. a).
821 BGH, NZG 2011, 276.
822 Vgl. *Schäfer*, in: MüKo-BGB, vor § 705, Rn. 68 f.
823 BGH, NZG 2011, 276, 276 ff.
824 *K. Schmidt*, NZG 2011, 361, 363.

einem bereits existierenden Verband bestehen kann. Soll das bloße Halten einer Beteiligung zur Qualifikation einer Person als Gesellschafter oder allgemeiner ausgedrückt als Mitglied ausreichen, muss die Gesellschaft oder der Verband über die schuldrechtliche Verbindung der einzelnen Mitglieder hinaus organisationsrechtlich verselbständigt sein. Dies kann unproblematisch bei allen Körperschaften (AG, GmbH, Verein, Genossenschaft) angenommen werden, welche gänzlich unabhängig vom Bestand ihrer Mitglieder existieren. Gleiches gilt auch für die Gesamthandgesellschaften (Außen-GbR, oHG, KG), welche durch eine gesetzliche Verbandsverfassung hinsichtlich Geschäftsführung, Vertretung und Bildung von Gesamthandvermögen vorgeprägt sind und somit nach außen als organisierter Verband in Erscheinung treten.[825] Innengesellschaften fehlt dagegen grundsätzlich eine gesetzlich vorgeprägte Verbandsverfassung. Sie bestehen daher nur als schuldrechtliche Beziehungen zwischen mehreren Personen.[826] Insoweit ist im Ausgangspunkt – übereinstimmend mit *Altmeppen* – anzunehmen, dass an einer Innengesellschaft, welche sich nach klassischem Verständnis in gegenseitigen schuldrechtlichen Beitragspflichten erschöpft, keine Beteiligung bestehen kann, die eine Beitragspflicht erst begründen soll.

Es stellt sich daher die Frage, ob, angesichts einer in der Praxis seit Jahrzehnten gängigen Vertragsgestaltung im Bereich der mittelbaren Gesellschaftsbeteiligungen durch mehrgliedrige Treuhandverhältnisse und atypisch stille Beteiligungen, an dem tradierten gegensätzlichen Verständnis von Verband und Mitgliedschaft einerseits und Innengesellschaft andererseits festgehalten werden kann.[827] Von verschiedenen Stimmen in der *Literatur*[828] wird die Existenz von Innenverbänden ohne Rechtssubjektqualität anerkannt und genauso muss auch die *Rechtsprechung*[829] gedeutet werden. Es kann nicht geleugnet werden, dass das Verhältnis der Treugeber zueinander – und je nach Gestaltung auch zu anderen Beteiligten der KG – durch die gleichlautenden Beitrittsverträge inhaltlich vorgeprägt ist, schon bevor überhaupt nur ein Treugeber eine Beteiligung gezeichnet hat. Es kommt nicht zum Abschluss eines durch individuelle Willenserklärungen der einzelnen

825 Vgl. *K. Schmidt*, GesRt, § 7 I 2. b) aa), S. 169 f.

826 Vgl. *K. Schmidt*, GesRt, § 7 I 2. b) bb), S. 170 f.

827 So die Auffassung bei *Altmeppen*, ZIP 2011, 326, 327 f.; *Habersack*, S. 18 f., 102.; *Lutter*, AcP 180 (1980), 84, 92 nutzt für die Herleitung des Begriffs der Mitgliedschaft zwar einen Beispielsfall der eher einer Innen-GbR entspricht, stellt dann aber doch zwingend auf ein Handeln des Verbandes nach außen ab.

828 *Kessal-Wulf*, Die Innenverbände, 1995; *Florstedt*, Der „stille Verband", 2007; *K. Schmidt*, in: MüKo-HGB, vor § 230, Rn. 44 f., 79; *ders.*, AcP 186 (1986), 421, 432 f.; *ders.*, in: FS Bezzenberger, 401, 401 ff.; *ders.*, NZG 2009, 361, 362 ff.; *ders.*, NZG 2011, 361, 365 ff. Noch weitergehend wird der Innen-GbR von einer Minderheit in der Literatur auch die Fähigkeit zuerkannt Gesamthandsvermögen zu bilden, vgl. *Schäfer*, in: MüKo-BGB, § 705, Rn. 280 ff.; *von Ditfurth*, in P/W/W, § 705, Rn. 34; *Servatius*, in: Henssler/Strohn, § 705, Rn. 7.

829 BGH, NZG 2011, 276; BGH, BB 1989, 100 („GmbH & Still").

Treugeber geprägten Gesellschaftsvertrags, welcher sich sukzessiv durch weitere Beitritte erweitert und möglicherweise inhaltlich ändern kann. Dem Rechtsverhältnis ist ein festes vertraglich geprägtes, organisationsrechtliches Korsett vorgegeben, welches durch einen einheitlichen Zweck geprägt ist und inhaltlich nicht zur Disposition der an diesem Rechtsverhältnis Beteiligten steht. Mithin ist dieses organisationsrechtliche Verhältnis von der Zusammensetzung seiner einzelnen Vertragspartner unabhängig und somit vollkommen verselbständigt, wenngleich es nicht Rechtssubjekt ist und nicht nach außen in Erscheinung tritt.

Die Existenz von Innenverbänden dürfte zudem nicht mehr nur ein „Datum der Praxis“[830] sein. Mit der Einführung des Kapitalanlagegesetzbuchs am 22. Juli 2013 muss wohl von der Existenz eines gesetzlich geprägten Innenverbandes ausgegangen werden: § 152 I 3 KAGB sieht für die geschlossene Publikumsinvestmentkommanditgesellschaft in Übereinstimmung mit der schon bisher verbreiteten Vertragspraxis vor, dass mittelbar über einen Treuhandkommanditisten beteiligte Anleger „im Innenverhältnis der Gesellschaft und der Gesellschafter zueinander die gleiche Rechtsstellung wie ein Kommanditist“ haben.[831] Durch diese Gleichstellung aller Treugeber mit echten Gesellschaftern im Innenverhältnis der InvKG regelt die Vorschrift somit – zumindest mittelbar – auch das Verhältnis der einzelnen Treugeber zueinander.

Nach alldem ist allgemein von der Existenz der Innenverbände auszugehen. Abhängig von der genauen Ausgestaltung der hier untersuchten kupierten Publikumsgesellschaften mit gemeinschaftlicher Organisation der Treugeber kann im Einzelfall auch ohne Vorliegen einer konkreten Beitragspflicht eine gesellschaftsrechtliche Verbindung zwischen den Treugebern in Gestalt eines Innenverbands bestehen. Auf einen solchen Innenverband wären dann die Regeln der Innengesellschaft bürgerlichen Rechts anzuwenden.

c) Qualifizierte Treuhand

Über die vorangehend dargestellten Fälle der gemeinsamen Willensbildung und der gemeinsamen sonstigen Organisation der Treugeber[832] hinaus stehen die Treugeber im Falle der qualifizierten Treuhand zudem in unmittelbaren rechtlichen Beziehungen zu der Kommanditgesellschaft, auf die sich die mittelbare Beteiligung bezieht.[833] Diese unmittelbaren rechtlichen Beziehungen können entweder auf Gesetz oder auf Vertrag beruhen.

---

830 *K. Schmidt*, NZG 2011, 361, 365.

831 Dazu sogleich unter § 3 C. I. 2. c).

832 § 3 C. I. 2. a) und b).

833 Siehe oben § 2 B. II. 2.

aa) Gesetzlich qualifizierte Treuhand

Wie bereits vorangehend erwähnt sieht § 152 I 3 KAGB nunmehr zwingend ein qualifiziertes Treuhandverhältnis dergestalt vor, dass mittelbar über einen Treuhänder beteiligte Kapitalanleger einer geschlossenen Investmentkommanditgesellschaft im Innenverhältnis der Gesellschaft und der Gesellschafter zueinander die gleiche Rechtsstellung wie ein Kommanditist einnehmen. Die Kommanditisten und Komplementäre einer KG sind unzweifelhaft im Innenverhältnis gesellschaftsrechtlich miteinander verbunden. Die geschlossene Investmentkommanditgesellschaft ist schon per Definition ein Investmentvermögen (§ 1 I KAGB) bzw. ein alternativer Investmentfonds (AIF, § 1 III KAGB) und damit eine kapitalistisch strukturierte Publikums-KG, welche als verselbständigter Verband das bloße Halten einer Mitgliedschaft an ihr ohne konkrete Zweckförderungspflichten unzweifelhaft ermöglicht. Bestimmt hier nun der Gesetzgeber, dass die Treugeber im Innenverhältnis die gleiche Rechtsstellung wie Kommanditisten einnehmen, so sind sie im Verhältnis zu Komplementären, Kommanditisten und allen anderen Treugebern in gleicher Weise berechtigt und verpflichtet wie ein Kommanditist im Verhältnis zu seinen Mitgesellschaftern. Dies bedeutet, dass sie zwingend eine irgendwie geartete mitgliedschaftliche Stellung im Innenverhältnis eines Gesellschafterverbandes einnehmen. Eine spezifische Zweckförderungspflicht ist ebenso wie für die Kommanditisten nicht erforderlich, um in diesem Fall eine mitgliedschaftliche Rechtsstellung zu erlangen. Ausreichend ist das bloße Halten der Beteiligung und die sich hieraus ergebenden Pflichten. Die geschlossene Investmentkommanditgesellschaft mit Treugebern könnte etwa aus einem Außenverband der Komplementäre und Kommanditisten einschließlich des Treuhänders und einem inkongruenten, um die Treugeber erweiterten Innenverband bestehen. Ebenso ließe sich ein eigenständiger Innenverband der Treugeber annehmen.[834] Der Treuhänder ist in beiden Fällen als Mitglied und Organ des Treugeberinnenverbands zu betrachten. Würde man demgegenüber den Gesellschafterkreis auf die Treugeber begrenzen und den Treuhänder nicht als Mitglied des Treugeberinnenverbands einordnen, müssten nach erfolgtem Beschluss gleichlautende Einzelweisungen an den Treuhänder ergehen, da die Innengesellschaft nicht im Außenverhältnis gegenüber dem Treuhänder auftreten kann.[835]

bb) Vertraglich qualifizierte Treuhand

Jedoch fallen nicht alle kupierten Publikumsgesellschaften unter § 152 KAGB. Operativ tätige Unternehmen außerhalb des Finanzsektors sind beispielsweise nicht

834 So die wohl **hM**; zu Überlegungen zur Konstruktion einer solchen Publikums-KG mit Innenverband vgl. unten § 3 D. III., IV.

835 So wohl auch *Kessal-Wulf*, S. 228: „Angezeigt ist es daher, den Treugeber [*hier dürfte der Treuhänder gemeint sein, Anm. d. Verf.*] in den Verband einzubeziehen…"; ebenso *K. Schmidt*, NZG 2011, 361, 366.

vom Anwendungsbereich des KAGB erfasst.[836] Es kommt dann, wie bei geschlossenen Fonds vor Einführung des KAGB, auf die Vertragsgestaltung im Einzelfall an. § 152 I 3 KAGB entsprechende Vertragsklauseln waren bisher bereits gängige Praxis in Gesellschafts- und Treuhandverträgen von kupierten Publikumsgesellschaften. Entsprechende Verträge sehen eine Gleichstellung der Treugeber mit den Kommanditisten sowie die Anerkennung des Gesellschaftsvertrags vor.

Nach *herrschender Meinung* wird der Treugeber in diesen Fällen auf das Innenverhältnis beschränktes Mitglied des Verbands aller Gesellschafter.[837] Ob auch die *Literaturstimmen*[838], welche eine gesellschaftsrechtliche Verbindung bei gemeinschaftlicher Organisation der Treugeber außerhalb der Publikumsgesellschaft ablehnen,[839] nach der Einführung des Kapitalanlagegesetzbuchs eine bestehende gesellschaftsrechtliche Verbindung der Treugeber im Falle der vertraglichen Gleichstellung anerkennen, bleibt abzuwarten. Eine gewisse Tendenz zur Anerkennung ist jedoch erkennbar. So lehnte *Altmeppen*[840] hinsichtlich eines Urteils des *LG Aachen*[841], welches die auch hier behandelte Fallkonstellation betraf, eine gesellschaftsrechtliche Verbindung der Treugeber ausdrücklich ab. Die Gleichbehandlung von Kommanditisten und Treugebern betreffe nur Rechte des einzelnen Treugebers im Hinblick auf die KG. In einer späteren Anmerkung zu einem *Urteil des BGH*[842] erkennt er die vertragliche Verbindung der Treugeber in der hier behandelten Konstellation als „von selbstverständlicher Richtigkeit“ an.[843]

Anderes solle aber dennoch dann gelten, wenn den Treugebern ein Wahlrecht dahin gehend eingeräumt werde, dass sie ihre Gesellschafterrechte nicht selbst ausüben müssen. Dies sei eine „praktisch ebenfalls sehr relevante Fallgruppe“.[844] Es bleibt unklar, welche Art von Wahlrecht hier gemeint ist. Ein Wahlrecht begegnet in Beitrittsverträgen zu geschlossenen Fonds regelmäßig hinsichtlich der Beteiligung als Kommanditist oder als mittelbar beteiligter Treugeber. Dies kann hier

836 Vgl. hierzu etwa *Loritz/Rickmers*, NZG 2014, 1241, 1244 ff.

837 Vgl. BGH, NZG 2013, 379, 381; BGH, WM 2013, 603, 604 f.; BGH, NZG 2011, 1432, 1432 ff. (Treugeber als echter Innengesellschafter); OLG München, NZG 2011, 861, 862 f.; LG Bremen, NZG 2013, 781, 782 f.; *K. Schmidt*, NZG 2011, 361, 367; *Schäfer*, in: Staub, § 105, Rn. 107; *ders.*, ZHR 177 (2013), 619, 621 f. mit Fn. 6; *Roth*, in: Baumbach/Hopt, § 105, Rn. 34; *Tebben*, ZGR 2001, 586, 610; *Ulmer*, in: FS Odersky, 873, 890; *Schäfer*, in: MüKo-BGB, § 705, Rn. 92 f.; *Lenders*, S. 195; kritisch *Armbrüster*, S. 175 ff.; *Wiedemann*, ZIP 2012, 1786, 1788.

838 Vgl. *Altmeppen*, ZIP 2011, 326, 327 f.; *ders.*, NZG 2010, 1321, 1325 f.; *Markwardt*, BB 2011, 643, 646 f.; *Holler*, ZIP 2010, 2429, 2434; *Wolfer*, GWR 2011, 77, 79; *Asmus/Markwardt*, ZIP 2012, 1581, 1586.

839 S. o. § 3 C. I. 2. b).

840 *Altmeppen*, NZG 2010, 1321, 1324.

841 LG Aachen, NZG 2010, 1339.

842 BGH, NZG 2013, 379.

843 *Altmeppen*, ZIP 2013, 576, 576.

844 *Altmeppen*, ZIP 2013, 576, 576.

nicht gemeint sein. *Altmeppen* scheint davon auszugehen, dass der Treugeber nach erfolgtem Beitritt entscheiden könne, ob er die gesellschaftsinternen Rechte wahrnimmt oder nicht. Dies ist zunächst zutreffend. Grundsätzlich gibt es keine Pflicht, von seinem Stimmrecht als Gesellschafter überhaupt Gebrauch zu machen. Ebenso kann der Treugeber seine Rechte durch den Treuhänder ausüben lassen. Dieses allgemeine Wahlrecht hinsichtlich der Ausübung der Rechte in der Gesellschaft kann jedoch keine Auswirkungen auf die Rechtsstellung des Treugebers gegenüber Gesellschaftern und Treugebern haben. Es kommt allein auf den Inhalt von Gesellschafts- und Treuhandvertrag an. Stehen dem Treugeber unmittelbar eigene Rechte in der Gesellschaft zu, ist davon auszugehen, dass er in den Innenverband unabhängig davon einbezogen ist, ob er diese Rechte tatsächlich ausüben will oder nicht. Nur bei Zeichnung eines „reinen" Treuhandvertrags, der sich auf eine rein schuldrechtliche Beziehung zum Treuhänder beschränkt, steht der Treugeber nicht in vertraglicher Beziehung zu den anderen Beteiligten des Fonds. Bei der von *Altmeppen* ins Auge gefassten Konstellation müsste es sich also um eine kupierte Publikumsgesellschaft mit verschiedenen Klassen von Treugebern handeln. Eine solche Treuhandkonstruktion ist dem Verfasser im Rahmen dieser Arbeit bisher nicht begegnet. Auch insoweit könnte nicht von einem bestehenden Wahlrecht gesprochen werden, welches ausgeübt werden könne oder nicht, da die anfängliche Entscheidung für eine der beiden Beitrittsarten zwingend wäre.

Insgesamt erweist sich die bisherige herrschende Meinung als zutreffend: Sehen die Beitrittsverträge eine Gleichstellung der Treugeber mit den Kommanditisten sowie die Anerkennung des Gesellschaftsvertrags vor, so begibt sich der Treugeber nicht nur zu seinem Treuhänder, sondern zu allen Beteiligten der Publikums-KG in vertragliche Beziehungen. Er beteiligt sich in diesem Fall durch den Abschluss der Beitrittsverträge und die Übernahme seines Treuhandanteils an einem bestehenden organisationsrechtlichen Gefüge.

d) Treugeber ohne gemeinsame Rechte und Pflichten

Bereits im Kontext der einfachen Treuhandstrukturen wurde die mehrgliedrige Treuhand angesprochen, bei der ein Treuhänder einen gegenüber der Gesellschaft einheitlichen Anteil für eine Vielzahl von Treugebern hält. Auch in diesen Fällen kann sich die Gesellschaft je nach Anzahl der Anleger als kupierte Publikumsgesellschaft erweisen. In Abgrenzung zu den vorgenannten Fällen bestehen die Treuhandverträge aber vollkommen eigenständig und singulär. Es gibt keine Verknüpfung zwischen Treuhand- und Gesellschaftsvertrag und ebenso keine Verknüpfung zwischen den einzelnen Treuhandverträgen. Sämtliche Rechte werden grundsätzlich durch den Treuhänder vermittelt.[845] Denkbar wären aber rein

845 Vgl. *Asmus/Markwardt*, ZIP 2012, 1581, 1584, die diesen Fall der Vollrechtstreuhand unpassend als „Vollmacht- oder Ermächtigungsmodell" bezeichnen. Vgl. zu den Begriffen der Vollmachts-/Ermächtigungstreuhand in Abgrenzung zur Vollrechtstreuhand § 2 A. II. 1.

schuldrechtliche Beziehung des einzelnen Treugebers zur Gesellschaft und auch der derivative, anteilige Erwerb echter Gesellschafterrechte vom Treuhänder.

aa) Rechtsgeschäftliche Verbindung

Wiederum fragt sich, ob in einem solchen Fall von einer gesellschaftsrechtlichen Verbindung der Treugeber im Sinne einer Innen-GbR bzw. allgemeiner im Sinne eines Innenverbands ausgegangen werden kann. Beides muss hier verneint werden. Zunächst werden die Treugeber nicht in den Gesellschaftsverband einbezogen. Auch bei Ausübung echter, vom Treuhänder abgetretener Gesellschafterrechte gilt insoweit nichts anderes. Diese Gesellschafterrechte sind aus Sicht des Treugebers weiterhin fremde, nur derivativ erworbene Rechte. Weiterhin kommt auch keine Treugeber-Innen-GbR aufgrund gemeinsamer Willensbildung in Betracht. Sofern die Treuhandverträge zwar einseitig vorgegeben, aber inhaltlich keinen Bezug zueinander vorsehen, etwa durch gemeinsame Organisation oder gemeinsame Ausübung von Rechten der Treugeber, fehlt es an dem nötigen Organisationsgefüge, welches die Annahme eines Innenverbandes rechtfertigen könnte. Ebenso sind ein gemeinsamer Zweck und eine Zweckförderungspflicht in einem solchen Fall nicht ersichtlich. Unzweifelhaft tragen die Treugeber anteilig dasselbe Risiko und verfolgen gleichgerichtete Interessen und Zwecke. Diese bestehenden Parallelen sind aber auch in der kupierten Publikumsgesellschaft nicht ohne weiteres zu einem gemeinsamen Zweck i. S. v. § 705 BGB verbunden, so dass allenfalls von einer bloßen Interessengemeinschaft (§§ 741 ff. BGB) auszugehen ist.[846]

bb) Normative Verbindung analog des SchVG

Allerdings könnte in dieser Treuhandgestaltung der von *Wiedemann*[847] angeführte Gedanke der Annahme einer normativen Schutzgemeinschaft der Treugeber in Anlehnung an das Schuldverschreibungsgesetz Bedeutung erlangen. Gläubiger von Anleihen im Anwendungsbereich des SchVG, mithin Gläubiger von inhaltsgleich ausgestalteten Schuldverschreibungen (§ 1 SchVG), unterliegen gemäß § 4 SchVG einer kollektiven Bindung dahingehend, dass die Bestimmungen der Anleihebedingungen während der Laufzeit gegenüber den Gläubigern nur einheitlich geändert werden können. Dies geschieht entweder durch gleichlautenden Vertrag mit jedem Gläubiger. Alternativ können die Anleihebedingungen auch vorsehen, dass Änderungen der Anleihebedingungen durch Mehrheitsbeschluss aller Gläubiger erfolgen (§ 5 SchVG). Im letzteren Fall werden die Anleihebedingungen inhaltlich weitgehend durch die §§ 5 ff. SchVG gesetzlich bestimmt, § 5 I 2 SchVG. Ebenso wie bei kupierten Publikumsgesellschaften ist die Rechtsnatur des Kollektivs der Anleihegläubiger, welches gemäß §§ 4 ff. SchVG begründet wird, umstritten.

846 **aA** *Kapitza*, S. 34; wohl auch *Wiedemann*, ZIP 2012, 1786, 1791.

847 *Wiedemann*, ZIP 2012, 1786, 1790 f.; *ders.*, NZG 2013, 1041, 1045; vgl. auch *ders.*, WM 2014, 1985, 1989.

Denkbar erscheint auch hier die Einordnung als Gesellschaft bürgerlichen Rechts oder Gemeinschaft nach §§ 741 ff. BGB.[848] Die *wohl herrschende Meinung* lehnt dies beides ab und geht von einem „Kollektiv sui generis" aus.[849]

Überall dort, wo sich das Rechtsverhältnis der Treugeber schon zumindest als Innengesellschaft darstellt, hat eine Analogie zum SchVG daher ersichtlich keine Relevanz. Nur in Fällen, in denen aufgrund einer inhaltsgleichen Ausgestaltung der Treuhandverträge eine hinreichende Vergleichbarkeit zum Kollektiv der Anleihegläubiger im Sinne des SchVG besteht, aber dennoch noch keine gesellschaftsrechtliche Verbindung der Treugeber anzunehmen ist, könnte eine Analogie zu §§ 4 ff. SchVG überhaupt einen Mehrwert bringen. Hierbei ist jedoch zu beachten, dass insoweit ein erheblicher Unterschied in der Interessen- und Motivationslage besteht, da sich die Anleihegläubiger gerade nur als (schuldrechtliche) Gläubiger betätigen wollen und erst per Gesetz in eine Art Gemeinschaft überführt werden, wohingegen sich Treugeber einer Publikums-KG von vornherein an einer Gesellschaft beteiligen und sich als (zumindest mittelbare) Gesellschafter betätigen wollen. Es ist in diesen Fällen zudem nicht recht ersichtlich, welchen Sinn die Annahme einer entsprechenden normativen Schutzgemeinschaft haben sollte. Eine kollektive Bindung i. s. v. § 4 SchVG ergibt sich bereits durch die singuläre Verbindung zwischen Treuhänder und KG. Änderungen auf Ebene der KG können sich gegenüber dem Treuhänder nur einheitlich vollziehen. Daher kann dieser die Folgen nur einheitlich an alle Treugeber vermitteln. Ebenso kommt es durch die (mittelbare) Stimmberechtigung der Treugeber in der KG zu bindenden Mehrheitsbeschlüssen (vgl. § 5 SchVG) und das Stimmgewicht bestimmt sich nach dem rechnerischen Anteil des einzelnen Treugebers (vgl. § 6 SchVG). Eine gemeinsame Willensbildung der Treugeber, welche *Wiedemann* herstellen will,[850] besteht somit in jedem Fall zumindest mittelbar auf Ebene der KG. Praktische Bedeutung hat die Frage nach der rechtsgeschäftlichen Verbindung der Treugeber hinsichtlich eines möglichen Auskunftsrechts über die Identität der Mittreugeber. Auch hier hilft § 16 SchVG, der das Bestehen einer Gläubigerversammlung voraussetzt und insoweit nur dem Auskunftsrecht eines Gesellschafters bezüglich der Geschäftstätigkeit der Gesellschaft entspricht, nicht weiter. Sofern eine Treugeberversammlung besteht, dürfte regelmäßig von einer gemeinsamen Organisation im Sinne einer gesellschaftsrechtlichen Verbindung auszugehen sein. Soweit es nur um die Kontrolle

848 Vgl. die Nachweise bei *Oulds*, in: Verannemann, § 4 SchVG, Rn. 13 f.

849 *Oulds*, in: Verannemann, § 4 SchVG, Rn. 15 ff. mwN; *Röh/Dörfler*, in: Preuße, § 4, Rn. 47; *Schmidtbleicher*, in: Friedl/Hartwig-Jacob, § 6, Rn. 2, § 4, Rn. 18; Thole, in: Hopt/Seibt, § 4 SchVG, Rn. 5 ff. (jedoch kritisch zur Terminologie); wohl auch *Müller*, in: Heidel, Aktienrecht, § 4 SchVG, Rn. 1 (bloßes „Gläubigerorganisationsrecht"); ebenso wohl *Wiedemann*, ZIP 2012, 1786, 1790 f.; *ders.*, NZG 2013, 1041, 1045; vgl. auch *ders.*, WM 2014, 1985, 1989.

850 *Wiedemann*, NZG 2013, 1041, 1045.

der Gesellschaft geht,[851] besteht ein solches Recht zumindest vermittelt durch den Treuhänder.

II. Auskunftsanspruch hinsichtlich der Identität der Mittreugeber

Praktische Bedeutung erlangt die Frage nach einer vertraglichen oder sogar gesellschaftsrechtlichen Verbindung mehrerer Treugeber zueinander und auch zu eventuell vorhandenen anderen unmittelbaren Gesellschaftern dann, wenn es um einen Anspruch auf Auskunft über die Identität der jeweils anderen Beteiligten geht. Ein Interesse an der Identität seiner Mittreugeber oder Mitanleger tritt meist dann hervor, wenn es um die gemeinsame Geltendmachung von (Regress-)Ansprüchen gegenüber der Hauptgesellschaft oder die Einflussnahme auf die Geschäftsführung geht, insbesondere bei wirtschaftlicher Schieflage der Gesellschaft und drohendem Totalverlust.[852] Das Bestehen und die Grundlage eines Auskunftsanspruchs ist abhängig vom Verhältnis der Treugeber zueinander.

1. Vertraglich verbundene Treugeber

Der *BGH* hat zunächst einen entsprechenden Auskunftsanspruch der unmittelbar an einer Publikums-GbR beteiligten Gesellschafter bejaht. Anspruchsgrundlage sei § 716 I BGB, da die Namen und Anschriften der Gesellschafter eine „Angelegenheit" der BGB-Gesellschaft im Sinne dieser Vorschrift seien. Ein gesellschaftsvertraglicher Ausschluss dieses Anspruchs sei gem. § 242 BGB unwirksam, da das Recht seinen Vertragspartner zu kennen derart selbstverständlich sei, dass es nicht wirksam ausgeschlossen werden könne. Ebenso bestehe auch kein schützenswertes allgemeines oder datenschutzrechtliches Geheimhaltungsinteresse.[853] Das *OLG Hamburg* als Vorinstanz hatte noch das grundsätzliche Bestehen eines Anspruchs aus §§ 713 i. V. m. 666 BGB für möglich gehalten, im konkreten Fall aber abgelehnt.[854] In folgenden Urteilen hat der *BGH* aus §§ 705, 242 BGB folgende Auskunftsansprüche von unmittelbar beteiligten Anlegern und mittelbar beteiligten Treugebern einer Publikums-KG, welche eine Innen-GbR bilden, anerkannt.[855] In gleicher Weise behandelt der *BGH* schließlich auch die Fälle, in denen die Treugeber im Innenverhältnis unmittelbaren Kommanditisten gleichgestellt und somit in

---

851 *Wiedemann*, NZG 2013, 1041, 1045.

852 Vgl. etwa die Sachverhalte in BGH, NZG 2011, 276 und OLG Hamburg, NZG 2010, 1432; BGH, NZG 2010, 61 (Publikums-GbR); OLG München, BKR 2012, 522.

853 BGH, NZG 2010, 61, 61 f.

854 OLG Hamburg, NZG 2010, 1342, 1343. Ebenso LG Berlin, NZG 2001, 375, 376; LG Aachen, NZG 2010, 1339, 1341; offen gelassen bei LG Bremen, NZG 2013, 781.

855 BGH, NZG 2011, 276; die vertragliche Verbindung der Treugeber und damit auch ein Auskunftsrecht verneinend *Altmeppen*, NZG 2010, 1321, 1326; *ders.*, ZIP 2011, 326, 326 ff.

den Gesellschafterverband einbezogen sind.[856] Das Recht seinen Vertragspartner zu kennen gehöre auch hier zum unverzichtbaren Kernbereich der Gesellschafterechte.[857] Anspruchsgegner seien die Gesellschaft, das geschäftsführende Organ und gegebenenfalls andere Mitgesellschafter.[858] Begrenzt werde dieser Anspruch lediglich durch das Verbot der unzulässigen Rechtsausübung (§ 242 BGB) und das Schikaneverbot (§ 226 BGB).[859] In einem früheren Urteil ging der *BGH* dagegen davon aus, nur ein aus einer besonderen gesetzlichen Regelung folgender Auskunftsanspruch sei durch § 242 BGB und § 226 BGB beschränkt, nicht aber ein aus § 242 BGB hergeleiteter Anspruch.[860] Für die unmittelbare Beteiligung an einer Publikums-GbR wird ein entsprechendes Informationsrecht des Anlegers auch in der *Literatur* anerkannt.[861]

Der Ansicht des *OLG Hamburg* ist zu entgegnen, dass aus §§ 713 BGB i. V. m. 666 BGB richtigerweise kein individueller Auskunftsanspruch einzelner Gesellschafter folgt, sondern der Anspruch nur der Gesamthand gegen die Geschäftsführung zusteht.[862] Der *BGH* vermischt dagegen zwei Anspruchsgrundlagen: Der Auskunftsanspruch hinsichtlich der Identität der eigenen Vertragspartner in der GbR kann sich grundsätzlich unmittelbar aus dem Gesellschaftsvertrag gem. §§ 705, 242 BGB ergeben.[863] Ob ein entsprechender Anspruch daneben auch aus § 716 I BGB folgt, kann daher dahinstehen.[864] Dieser Anspruch wäre entgegen der Ansicht des *BGH* ohne weiteres abdingbar, sofern das Auskunftsverlangen nicht in Zusammenhang mit dem Verdacht auf unredliche Geschäftsführung i. S. d. § 716

---

856 BGH, NZG 2013, 379, BGH, NJW 2013, 2190; BGH, WM 2013, 603; zust. *Wiedemann*, WM 2014, 1985, 1989.

857 BGH, NJW 2013, 2190, 2191; BGH, NZG 2011, 276, 279.

858 BGH, NJW 2013, 2190, 2195; BGH, WM 2013, 603, 607 f.; *Schäfer*, in: Staub, 5. Aufl., § 118, Rn. 10; *Altmeppen*, NZG 2010, 1321, 1322.

859 BGH, NZG 2013, 379, 380; BGH, WM 2013, 603, 603.

860 BGH, NZG 2011, 276, 279.

861 *Roth*, in: Baumbach/Hopt, Anh. § 177a, Rn. 72; § 118, Rn. 3; *Wagner*, in: Assmann/Schütze, 3. Aufl. (2007), § 16, Rn. 137; *Altmeppen*, NZG 2010, 1321, 1322; einschränkend *Sester/Voigt*, NZG 2010, 375, 376 f.

862 *Schäfer*, in: MüKo-BGB, § 716, Rn. 12; *Altmeppen*, NZG 2010, 1321, 1324.

863 So dann auch BGH, NZG 2011, 276, 277; ebenso *Altmeppen*, NZG 2010, 1321, 1322.

864 So BGH, NZG 2010, 61, 61 unter Hinweis auf *Schäfer*, in: MüKo-BGB, § 716, Rn. 8; ebenso *Roth*, in: Baumbach/Hopt. § 118, Rn. 3; § 177a, Rn. 72; *Sester/Voigt*, NZG 2010, 375, 375 f.; **aA** *Altmeppen*, NZG 2010, 1321, 1322; *Priester*, ZIP 2011, 697, 700; *Asmus/Markwardt*, ZIP 2012, 1581, 1582.
Ebenso kann die Frage offen bleiben, ob § 716 BGB über §§ 105 III, 161 II HGB auf die oHG und KG angewendet werden kann (so OLG München, NZG 2011, 861, 862 f.) oder die §§ 118, 166 HGB die Anwendung ausschließen (so zutreffend die wohl **hM**, vgl. *Schäfer*, in: Staub, § 105, Rn. 63; *Wolfer*, NZG 2011, 854, 854.).
Die gleiche Frage stellt sich auch hinsichtlich eines Auskunftsrechts aus §§ 713 i. V. m. 666 BGB, vgl. *Kindler*, in: K/K/R/M, § 118, Rn. 1; *Emmerich*, in: Heymann, § 118, Rn. 5.

II BGB geltend gemacht wird.[865] Warum ein aus §§ 705, 242 BGB folgender Anspruch lediglich durch das Verbot der unzulässigen Rechtsausübung (§ 242 BGB) und das Schikaneverbot (§ 226 BGB) begrenzt sein soll, ist nicht recht nachvollziehbar. Zunächst dürften durch das Verbot der unzulässigen Rechtsausübung gem. § 242 BGB auch (nahezu) alle Fälle des Schikaneverbots gem. § 226 BGB erfasst sein.[866] Weiterhin gründet diese Einordnung des BGHs auf der Prämisse der Selbstverständlichkeit seinen Vertragspartner zu kennen. Daher solle das aus §§ 705, 242 BGB gefolgerte Auskunftsrecht zum unverzichtbaren Kernbereich der Gesellschafterrechte gehören. Es ist jedoch nicht ersichtlich, warum ein Vertragspartner nicht auf die Kenntnis der Identität seiner Vertragspartner verzichten können sollte. Entscheidend ist lediglich, dass er nicht gezwungen werden kann, mit Unbekannten zu kontrahieren.[867] Es dürfte zudem selbstverständlich sein, dass ein aus § 242 BGB hergeleiteter Anspruch auch notwendig den aus dieser Norm folgenden Beschränkungen unterliegt. Insoweit sind die Grenzen des § 242 BGB jedoch nicht als Ausübungsbeschränkungen eines allgemein bestehenden Anspruchs zu verstehen, sondern bereits Voraussetzung für das Bestehen eines solchen Anspruchs. Soll ein Anspruch aus dieser Generalnorm hergeleitet werden, bedarf es hierfür einer besonderen Begründung. Die grundsätzliche Möglichkeit des anonymen Vertragsschlusses vorausgesetzt, bedarf ein Auskunftsanspruch aus §§ 705, 242 BGB daher immer eines besonderen und berechtigten rechtlichen Interesses. Die Frage nach der Begrenzung der Ausübung eines solchen Anspruchs aus §§ 242, 226 BGB stellt sich dann nicht.[868]

In der gesetzestypischen, durch persönliche Verbundenheit der Gesellschafter gekennzeichneten Personengesellschaft dürfte sich die Frage nach Auskunftsansprüchen zudem regelmäßig nicht stellen, da der Gesellschaftsvertrag durch persönliches Zusammenwirken aller Beteiligten zustande kommt. Erst durch den Einsatz von Vertretern beim Vertragsabschluss in der Publikumspersonengesellschaft kommt es zur Anonymität der Gesellschafter. Trotz der regelmäßig nur kapitalistischen Interessen der Gesellschafter besteht zwischen ihnen, aufgrund der persönlichen Haftung im Außenverhältnis und der damit verbundenen Regressansprüche aus § 426 BGB, notwendig eine persönliche Verbundenheit, aus der sich regelmäßig ein berechtigtes Interesse an der Kenntnis des Vertragspartners ergeben kann. In der Treuhandkonstellation bilden die Beteiligten dagegen allenfalls eine Innen-GbR, so dass der Gedanke der gesamtschuldnerischen Haftung nicht zum Tragen kommt.[869] Die kupierte Publikumsgesellschaft ist grundsätzlich

865 Vgl. wiederum *Altmeppen*, NZG 2010, 1321, 1322; *Habermeier*, in: Staudinger (2003), § 716, Rn. 9 f.; *Priester*, ZIP 2011, 697, 700.

866 *Ellenberger*, in: Palandt, § 226, Rn. 1; *Dennhardt*, in: BeckOK-BGB, § 226, Rn. 1.

867 So auch *Schäfer*, in: MüKo-BGB, § 716, Rn. 12b f.

868 Siehe hierzu sogleich § 3 C. II. 3.

869 Befürwortet man jedoch eine unmittelbare Außenhaftung von Treugebern (so bspw. *Schäfer*, ZHR 177 (2013), 619, 634 ff.), muss wohl konsequenterweise auch

rein kapitalistisch geprägt. Es besteht keine persönliche Verbundenheit zwischen den Beteiligten. Die Wahrung der Anonymität bildet in diesem Fall regelmäßig einen der Hauptzwecke der nur mittelbaren Beteiligung über den Treuhänder. Dies wird umso deutlicher, wenn die Beteiligten zwischen direkter und mittelbarer Beteiligung wählen können und sich bewusst für eine möglicherweise schwächere Rechtsstellung gegenüber der Gesellschaft entscheiden, um einer Registereintragung als Kommanditist zu entgehen.

2. *Treugeber ohne vertragliche Verbindung*

Sofern keine vertragliche Verbindung zwischen den Treugebern besteht, greift der allgemeine Auskunftsanspruch aus §§ 705, 242 BGB (ebenso wie § 716 I BGB) offensichtlich nicht.[870] Die Verbindung zwischen den Treugebern besteht dann nur in dem gemeinsamen Treuhänder, mit welchem sie durch singuläre vertragliche Beziehungen verbunden sind (*zweigliedrige Treuhand*). Das Interesse eines Treugebers, die Identität seiner Mittreugeber zu erfahren, kann sich jedoch in gleicher Weise darstellen wie in den Fällen der gesellschaftsrechtlichen Verbundenheit der Treugeber. Insofern kann sich die Preisgabe der Namen der Mittreugeber als „erforderliche Nachricht" im Sinne von § 666 BGB erweisen, mit der Folge eines entsprechenden Auskunftsanspruchs des Treugebers gegenüber dem Treuhänder aus §§ 675 i. V. m. 666 BGB. Dem steht wiederum ein grundsätzlich anerkennenswertes Anonymitätsinteresse des oder der anderen Treugeber gegenüber. Verdeckung und Anonymisierung sind wesentliche Zwecke der Treuhand.[871] Dementsprechend dürfte in den meisten Treuhandverträgen ein Verbot der Preisgabe der Identität des Treugebers verankert sein.[872] Eine solche Klausel ist auch ohne weiteres wirksam,[873] da bereits keine unmittelbare (gesellschafts-) vertragliche Beziehung existiert, welche der *BGH* für die zwingende Unwirksamkeit einer entsprechenden Klausel anführt.[874] Somit steht dem Auskunftsverlangen des einen Treugebers eine ausdrückliche entgegenstehende Weisung der anderen Treugeber gegenüber. Der Treuhänder nimmt ebenso wie zwischen Gesellschaft und Treugeber auch zwischen mehreren Treugebern eine Doppelrolle ein bzw. unterliegt einer mehrfachen, kollidierenden Pflichtenbindung. Haben sich die Treugeber selbst jedoch nicht in unmittelbare vertragliche Beziehung begeben, muss gem. § 242 BGB mit Rücksicht auf das Recht auf informationelle Selbstbestimmung (Art. 2 I i. V. m. 1 I GG) das Anonymitätsinteresse überwiegen. Der Treuhänder ist daher nicht berechtigt die

ein Ausgleichsanspruch nach § 426 BGB und damit ein Auskunftsanspruch angenommen werden.

870 Offen gelassen in BGH, NJW 2013, 2190, 2194, Rz. 37.

871 Vgl. oben § 2 B. I 2. sowie etwa *Sester/Voigt*, NZG 2010, 375, 378.

872 Vgl. *Altmeppen*, NZG 2010, 1321, 1327; *Schürnbrand*, ZGR 2014, 256, 261.

873 Vgl. *Schäfer*, in: MüKo-BGB, § 716, Rn. 12bf.

874 Vgl. *Altmeppen*, ZIP 2013, 576, 576 f.; einschränkend *Roth*, in: Baumbach/Hopt, Anh. § 177a, Rn. 72; *Schürnbrand*, ZGR 2014, 256, 266.

Identität der Treugeber gegenüber Mittreugebern offenzulegen. Dies muss bereits unmittelbar aus dem Treuhandverhältnis gefolgert werden und daher auch ohne explizit entgegenstehende Weisung gelten. Der Treuhänder müsste eine ausdrückliche Erlaubnis vom betroffenen Treugeber einholen. Aufgrund der allgemeinen Interessenwahrungspflicht gegenüber dem Treugeber ist der Treuhänder regelmäßig auch verpflichtet, einen Treugeber über die Bestrebungen anderer Treugeber, die seine Identität erfahren möchten, zu unterrichten, damit dieser entscheiden kann, ob in der Preisgabe der eigenen Identität und dem Zusammenwirken mit anderen Treugebern Geschäftschancen liegen.

3. Begrenzung des Auskunftsanspruchs

Da der *BGH* sowohl in Verträgen von integrierten Publikumsgesellschaften als auch in Verträgen von kupierten Publikumsgesellschaften vom Bestehen eines umfassenden Auskunftsanspruchs (§§ 705, 242 BGB) und von der grundsätzlichen Unwirksamkeit von Anonymitätsklauseln gem. § 242 BGB ausgeht, stellt sich zumindest für die Praxis die weitergehende Frage nach der Begrenzung solcher Auskunftsansprüche. Der BGH selbst sieht die Grenzen des Auskunftsrechts erst im Verbot der unzulässigen Rechtsausübung (§ 242 BGB) und dem Schikaneverbot (§ 226 BGB).[875]

In der *Literatur*[876] werden zutreffend auch datenschutzrechtliche Bedenken geäußert. Neben Angaben zu Name und Anschrift der Treugeber erhält der Empfänger der Daten auch weitere Informationen zur wahrscheinlichen Finanzkraft und möglichen Zinseinnahmen, so dass es sich um personenbezogene Daten i. S. v. § 3 I BDSG und nicht nur um insoweit irrelevante Basisdaten handelt.[877] Gemäß § 28 I 1 Nr. 1 BDSG muss die Datenübermittlung für die Durchführung eines Vertragsverhältnisses erforderlich sein. Dies bedeutet, dass mildere Mittel ergriffen werden müssen, soweit dies möglich ist. Insoweit wäre die Annahme einer Weiterleitungspflicht der Gesellschaft möglich, die es allen Beteiligten ermöglicht sich nach eigener Wahl auf Kosten der eigenen Anonymität an einer gemeinsamen Rechtsausübung oder vorbereitenden Maßnahmen zu beteiligen.[878] Problematisch bleibt hierbei, dass zum einen eine Bewertung der Erforderlichkeit und Zumutbarkeit und zum anderen eine Mitwirkung an der Weiterleitung durch die geschäftsführenden Organe der Gesellschaft erfolgen müssten. Denkbar wäre jedoch die Verlagerung dieser Aufgaben auf unabhängige Organe, etwa einen Beirat.[879]

875 BGH, NZG 2013, 379, 380; BGH, WM 2013, 603, 603; **aA** insoweit BGH, NZG 2011, 276, 279.

876 *Hoeren*, ZIP 2010, 2436, 2436 ff.; *Paul*, GWR 2011, 225, 227 ff.; *Schäfer*, in: MüKo-BGB, § 716, Rn. 12c.

877 *Hoeren*, ZIP 2010, 2436, 2436; *Markwardt*, BB 2011, 643, 645.

878 Vgl. *Roth*, in: Baumbach/Hopt, Anh. § 177a, Rn. 72; *Schürnbrand*, ZGR 2014, 256, 265.

879 Ein solcher ist bei der intern verwalteten InvKG zwingend vorgeschrieben, § 153 III 1 KAGB.

Vorzugswürdig erscheint demgegenüber die Vernetzung der Treugeber durch ein Internetforum angelehnt an § 127a AktG.[880] Entgegen der Ansicht des *BGH*[881] kann ein solches Portal grundsätzlich auch vollkommen unabhängig vom Einfluss der Gesellschaft eingerichtet werden.

Gegen ein allgemeines, uneingeschränktes Auskunftsrecht kann ferner auch die Wertung des § 67 VI AktG vorgebracht werden, der bestimmt, dass Aktionäre nunmehr nur noch Auskunft über Daten aus dem Aktienregister verlangen können, die ihre eigene Person betreffen.[882] Der *BGH* wendet vereinzelt aktienrechtliche Vorschriften entsprechend auf Publikumsgesellschaften an.[883] Eine Übertragung der Wertung des § 67 VI AktG hat der *BGH* im Ausgangsfall, in dem die Treugeber aufgrund ihrer gemeinsamen Organisation in einer Anlegerversammlung eine Innen-GbR bildeten, abgelehnt. Es komme nicht auf die körperschaftliche Ausgestaltung der Publikums-KG an, an der die Treugeber mittelbar beteiligt seien, sondern auf das Innenverhältnis der Treugeber untereinander.[884] Dies ist zunächst zutreffend. Warum sich die Struktur der KG und der Treugeber-Innen-GbR unterschiedlich darstellen soll, bleibt allerdings unklar. Die Beteiligungen der Treugeber an beiden Gesellschaften werden durch ein einheitliches Vertragswerk und einen einheitlichen Willensentschluss der Treugeber herbeigeführt. Ebenso wie in der KG besteht auch in der Treugeber-Innen-GbR kein Interesse an der Person der Vertragspartner. Grundsätzlich wird jeder zahlungsfähige Interessent (mittelbar) in die KG aufgenommen, was gleichzeitig die Aufnahme in die Innen-GbR bewirkt. Daher kann die Beurteilung nicht unterschiedlich ausfallen. Auch die Treugeber-Innen-GbR ist körperschaftlich strukturiert.[885] In zwei folgenden Urteilen, in denen die Treugeber kraft Gesellschaftsvertrags in das Innenverhältnis der Publikums-KG einbezogen wurden, beschränkte sich der *BGH*[886] darauf, das vorangehend behandelte Urteil zu zitieren und die Übertragung der Wertung des § 67 VI AktG deshalb ohne weitere Argumentation ebenfalls abzulehnen. Damit verkennt der Senat, dass sich die vertragliche Verbindung der Treugeber hier aus der Einbeziehung in das Innenverhältnis der unzweifelhaft kapitalistisch geprägten

---

880 Vgl. *Wolfer*, NZG 2011, 854, 855; *Asmus/Markwardt*, ZIP 2012, 1581, 1590; *Roth*, in: Baumbach/Hopt, Anh. § 177a, Rn. 72.

881 BGH, NZG 2011, 276, 278: Auch bei einem Internetforum seien die Treugeber auf die Beklagte als Mittlerin angewiesen.

882 *Holler*, ZIP 2010, 2429, 2430 f.; *Markwardt*, BB 2011, 643, 645; *Schäfer*, in: MüKo-BGB, § 716, Rn. 12b.

883 Vgl. *Schäfer*, in: MüKo-BGB, vor § 705, Rn. 3a mit Nachweisen aus Rspr. und Lit.

884 BGH, NZG 2011, 276, 278.

885 So auch *K. Schmidt*, NZG 2011, 361, 363, der dem BGH die Annahme einer körperschaftlich strukturierten Publikums-Innengesellschaft unterstellt; *Markwardt*, BB 2011, 643, 648; *Holler*, ZIP 2010, 2429, 2431 ff.

886 BGH, NZG 2013, 379, 382; BGH, WM 2013, 603, 605 f.

Publikums-KG ergibt.[887] Somit ist auch das Verhältnis der Treugeber zueinander unzweifelhaft körperschaftlich geprägt und eine Übertragung der aktienrechtlichen Wertung aus § 67 VI AktG doch überaus naheliegend.

Andererseits kann es nicht geleugnet werden, dass die Treugeber überall dort, wo sie gesellschaftsvertraglich verbunden sind, im Einzelfall zur Ausübung ihrer gemeinsamen Rechte und damit letztlich zu ihrem Schutz auf ein Auskunftsrecht angewiesen sein können. Ein tatsächlich notwendiges Interesse dürfte allerdings nur in besonderen Fällen (etwa bei drohender Insolvenz oder dem Verdacht der unredlichen Geschäftsführung) bestehen, da sich reine Kapitalanleger regelmäßig auf die anonyme mittelbare Treugeberposition zurückziehen. Es ist kein Grund ersichtlich, warum das Anonymitätsinteresse grundsätzlich und uneingeschränkt hinter dem Informationsinteresse zurücktreten muss. Es sind vielfältige Gestaltungen denkbar, die einen schonenden Interessenausgleich ermöglichen. Zunächst ist an eine anlassbezogene Ausgestaltung des Informationsanspruchs zu denken.[888] Ein auf § 242 BGB gestützter Anspruch dürfte wie vorangehend dargelegt ohnehin immer ein konkretes Informationsbedürfnis voraussetzen.[889]

Jedenfalls sollten Anonymitätsklauseln, die den vorgenannten Einschränkungen entsprechen, zulässig sein. Es ist nicht ersichtlich, warum die Parteien eines Vertrags nicht auf die Kenntnis des Vertragspartners verzichten können sollten.[890] Sehen die Beitrittsverträge einen vollständigen Ausschluss des Auskunftsrechts der Treugeber vor, wäre nach Ansicht des *BGH*, der eine Inhaltskontrolle der Verträge nach § 242 BGB vornimmt,[891] eine entsprechende Reduktion dieser Klausel auf mildere Mittel ohne weiteres möglich. Dehnt man in einem solchen Fall mit der *Gegenansicht*[892] die AGB-Kontrolle in teleologischer Reduktion des § 310 IV BGB auch auf Treuhandverträge und verzahnte Gesellschaftsverträge aus, würde das Verbot der geltungserhaltenden Reduktion entgegenstehen. Die Ausschlussklausel wäre insgesamt unwirksam. Eventuelle Begrenzungen des Auskunftsanspruchs würden sich nach Lage des Einzelfalls aber auch dann bereits aus dem anspruchsbegründenden Tatbestand nach §§ 705, 242 BGB ergeben, der wiederum ein besonderes und berechtigtes Interesse erfordert.[893]

---

887 So das Verständnis des BGH, der den qualifizierten Treugeber als echten Innengesellschafter behandelt und sogar unmittelbar im Innenverhältnis zur Gesellschaft haften lässt, vgl. BGH, NZG 2011, 1432, 1433 ff.; BGH, NZG 2013, 379, 381; BGH, WM 2013, 603, 605. Für eine Einbeziehung der Treugeber in die Anlagegesellschaft auch *Schäfer*, ZHR 177 (2013), 619, 621, Fn. 6.

888 So auch OLG Hamburg, NZG 2010, 1342, 1343.

889 Siehe § 3 C. II. 1. Sowie etwa *Schäfer*, in: MüKo-BGB, § 716, Rn. 12c.

890 *Schäfer*, in: MüKo-BGB, § 716, Rn. 12b.

891 Vgl. die Nachweise oben unter § 3 A. IV. 2. b) aa).

892 *Heinrichs*, NJW 1996, 2190, 2191 f.; *Grüneberg*, in: Palandt, § 310, Rn. 49; *Armbrüster*, ZIP 2006, 406, 413.

893 Siehe wiederum § 3 C. II. 1.

D. Bestimmung der Rechtsnatur des qualifizierten Treugebers

Die vorangehende Untersuchung hat gezeigt, dass einem Treugeber grundsätzlich sämtliche Verwaltungsrechte eines Gesellschafters durch originäre Mitberechtigung im Gesellschaftsvertrag eingeräumt werden können. Insbesondere das Abspaltungsverbot und verwandte Rechtsinstitute wie die Kernbereichslehre, die Verbandssouveränität, die Selbstorganschaft oder die Richtigkeitsgewähr durch Selbstbetroffenheit stehen einer Beteiligung des Treugebers am Innenverhältnis der Gesellschafter nicht entgegen. Die am weitesten gehende Integration des Treugebers in dieses Innenverhältnis erfolgt durch die sog. „Gleichstellungsabrede" in „verzahnten"[894], d. h. wechselseitig bezugnehmenden, Gesellschafts- und Treuhandverträgen. Hierdurch wird dem Treugeber auf vertraglicher Grundlage im Innenverhältnis der Gesellschafter die gleiche Rechtsstellung wie einem unmittelbar beteiligten Kommanditisten eingeräumt, so dass nach *herrschender Meinung* von einer gemeinsamen Verbandszugehörigkeit von Treugebern und Gesellschaftern auszugehen ist.[895] Für Treugeber einer geschlossenen Investment-KG ist diese Rechtsstellung gem. § 152 I 3 KAGB jetzt zwingend gesetzlich vorgesehen. Durch diese äußerst knapp gefasste gesetzliche Regelung und die zugehörige Gesetzesbegründung[896] ist entgegen *anders lautender Literaturstimmen*[897] jedoch keinerlei Klarheit über die genaue Einordnung der Rechtsstellung des qualifizierten Treugebers eingetreten.

Für die genaue Einordnung der Rechtsstellung des qualifizierten Treugebers spielen neben der allgemeinen Gleichstellungsabrede auch einzelfallabhängige, konkrete vertragliche Regelungen eine wichtige Rolle: Diese Regelungen betreffen etwa vermögensrechtliche Aspekte, wie die Einlageleistung und die Gewinnausschüttung, oder auch die allgemeine Kommunikation innerhalb der Gesellschaft, wie etwa Ladungen zu Gesellschafter- oder Treugeber- bzw. Anlegerversammlungen und sonstige laufende Information von Gesellschaftern und Treugebern seitens der Geschäftsführung.[898] Es stellt sich daher die Frage, wie weit der Treugeber im Falle der qualifizierten Treuhand durch die Gleichstellungsabrede notwendig in

---

894 Vgl. BGH, NJW 1987, 2677, 2677.

895 Mit Unterschieden im Einzelnen: BGH, NZG 2011, 1432, 1434; BGH, NZG 2013, 379, 381; BGH, WM 2013, 603, 605; *Tebben*, ZGR 2001, 586, 601 ff.; *Schäfer*, in: MüKo-BGB, § 705, Rn. 93; *Hadding/Kießling*, in: Soergel, § 705, Rn. 29; *Schäfer*, in: Staub, § 105, Rn. 107; *Blaurock*, S. 201 f.; *Roth*, in: Baumbach/Hopt, § 105, Rn. 34; *Koller*, in: K/R/M, 7. Aufl., § 105, Rn. 21; *Kindler*, in: K/K/R/M, 8. Aufl., § 105, Rn. 20 f.; *Westermann*, in: Erman, § 705, Rn. 27; *Roth/Thöni*, in: FS 100 Jahre GmbHG, 245, 282; *Eden*, S. 121; *Fleck*, in: FS Fischer, 107, 118 ff.; *Servatius*, in: Henssler/Strohn, § 705 BGB, Rn. 26; *K. Schmidt*, in: MüKo-HGB, vor § 230, Rn. 45, 78 f.

896 BT-Drucks. 17/12294, S. 250.

897 Siehe etwa *Paul*, in: W/B/A, § 152, Rn. 8.

898 Vgl. BGH, NZG 2011, 1432, 1434.

das Innenverhältnis der Gesellschafter integriert wird. Es sind in Bezug auf die KG grundsätzlich drei Abstufungen zu unterscheiden: Der Treugeber könnte sich im Einzelfall als „echter" Vollgesellschafter oder Außengesellschafter (I.), als „echter" Innengesellschafter (II.) oder als bloßes „Innenmitglied sui generis" (III.) in der KG erweisen. Ebenso kommt die Annahme eines gegenüber der KG eigenständigen Innenverbandes der Treugeber (IV.) in Betracht.

I. Der Treugeber als wahrer Vollgesellschafter

Allgemein betrachtet ist es eine Selbstverständlichkeit, dass die Auslegung von Beitrittsverträgen im Falle von so bezeichneten treuhänderischen oder mittelbaren Beteiligungen ergeben kann, dass die Vertragsparteien tatsächlich eine unmittelbare Beteiligung der dann fälschlich als „Treugeber" bezeichneten Personen als Vollgesellschafter erklärt haben. Zu beachten ist, dass die Auslegung von Gesellschaftsverträgen von Publikumspersonengesellschaften, bei welchen die Gleichstellungsklausel regelmäßig zu finden ist, nach dem objektiven Erklärungsinhalt erfolgt.[899] Gleiches muss auch für standardisierte Beitrittsverträge von Treugebern gelten, sofern Gesellschafts- und Treuhandvertrag nicht ohnehin miteinander verbunden sind. So konnten sich die Beteiligten eines Immobilienfonds in Form der GbR nicht allein deshalb auf eine fehlende Gesellschafterstellung berufen, weil ein Grundbuchtreuhänder[900] ihre Rechtsposition gegenüber dem Grundbuchamt eingenommen hatte und sie im Verhältnis zu diesem Grundbuchtreuhänder als Treugeber bezeichnet wurden.[901] Richtigerweise besteht in einem solchen Fall jedoch schon keine Treuhand am Gesellschaftsanteil, sondern nur am Gesellschaftsvermögen.[902]

Für den Fall einer zumindest anvisierten treuhänderischen Beteiligung an einer Publikumsgesellschaft bürgerlichen Rechts entschied das *OLG Frankfurt*, dass die „beitretenden Kapital- und Treugeber" selbst unmittelbar Gesellschafter der GbR geworden seien.[903] Hier sah der „Beteiligungsgesellschaftsvertrag" vor, dass die Treugeber im Innenverhältnis als Gesellschafter behandelt werden sollten.[904] An

899 *Grunewald*, in: MüKo-HGB, § 161, Rn. 115 ff. mwN zur Rspr.; *K. Schmidt*, in: MüKo-HGB, § 105, Rn. 150; *Lieder*, in: Oetker, § 105, Rn. 97.

900 Vgl. oben § 2 B. VI. 2. zum Einsatz von Grundbuchtreuhändern vor Anerkennung der Grundbuchfähigkeit der GbR.

901 BGH, NZG 2011, 1023, 1025; BVerfG, Beschluss v. 18.10.2012 – Az. 1 BvR 2366/11.

902 Vgl. *K. Schmidt*, in: MüKo-HGB, vor § 230, Rn. 60.

903 OLG Frankfurt, Urteil v. 30.11.2004 – 24 U 55/03, juris-Rn. 18.; zustimmend *Brömmelmeyer*, NZG 2006, 529, 530 f.; ebenso OLG Karlsruhe, Urteil v. 30.05.2006 – 17 U 176/05.
Übereinstimmend zu demselben Fonds OLG Frankfurt, Urteil v. 09.04.2008 – 9 U 93/06; **aA** die Revisionsinstanz BGH, NZG 2009, 779 (Treugeber sind nicht Gesellschafter) und OLG Schleswig, NJOZ 2007, 3778 (Treugeber haften als Nichtgesellschafter analog §§ 128, 130 HGB).

904 So die Revisionsinstanz BGH, NZG 2009, 779, 779.

der Richtigkeit des Urteils bestehen erhebliche Zweifel, da sich die Vertragsgestaltung nach der Urteilsbegründung als für eine qualifizierte Treuhand durchaus typisch darstellt. Die Verwaltungsrechte (Stimm-, Informations- und Kontrollrechte) standen unmittelbar den Treugebern zu und wurden – was das *OLG Frankfurt* fälschlich für entscheidungserheblich hielt – nicht erst von der Treuhänderin auf die Treugeber übertragen. Ferner konnten diese Verwaltungsrechte nur ausschnittsweise und nachrangig aufgrund von Vollmachten seitens der Treugeber durch die Treuhänderin ausgeübt werden; das Stimmrecht etwa nur dann, wenn der Treugeber nicht selbst anwesend war und keine gegenteilige Weisung erteilt hatte.[905] Dass die Verschaffung originärer Verwaltungsrechte einschließlich des Stimmrechts an den Treugeber als Nichtgesellschafter im Rahmen der Vertragsfreiheit im gesellschaftsrechtlichen Innenverhältnis grundsätzlich zulässig ist, wurde bereits dargestellt.[906] Den entsprechenden *Literaturstimmen*[907], welche aus der originären Stimmberechtigung zwingend auf eine Stellung als Vollgesellschafter im Innen- und Außenverhältnis schließen, ist daher nicht zu folgen. Auch eine Übertragung des Treuhandanteils, welche sich nicht allein durch Vereinbarungen zwischen Treugeber und Treuhänderin vollzieht, spricht richtigerweise nicht gegen das Vorliegen einer qualifizierten Treuhand, da insoweit, ebenso wie bei der Übertragung des Gesellschaftsanteils, die (antizipierte) Zustimmung der Gesellschafter erforderlich ist. Der Tatsache, dass in den Verträgen durchgehend von „Gesellschaftern" gesprochen und insoweit nicht zwischen Treugebern und Vollgesellschaftern unterschieden wird, kann allenfalls indizielle Wirkung beigemessen werden.

Ein grundsätzlich stichhaltiger Ansatz des *OLG Frankfurt* liegt dagegen in der Bewertung der Zuweisung der Vermögensrechte. Aus dem Treuhandvertrag ergebe sich, dass die Treuhänderin entgegen der verwendeten Worte „übernehmen und halten" gar nicht die Aufgaben und Verantwortung übernehmen wollte, die „eine Gesellschafterstellung als gewinnorientierte, unternehmerische Beteiligung gewöhnlich kennzeichnen."[908] Dem ist zunächst zu entgegen, dass das Fehlen einer gewinnorientierten, unternehmerischen Beteiligung in der Person des Treuhänders gerade typisches Merkmal einer Treuhand am Gesellschaftsanteil ist. Das bloße Halten der Beteiligung im eigenen Namen für fremde Rechnung, welche zur Verlagerung von Unternehmerinitiative und Unternehmerrisiko in die Sphäre des Treugebers und damit zu der gewünschten steuerlichen Zurechnung führt, ist regelmäßig zentrales Motiv der treuhänderischen Beteiligung. Insofern fordert der *BFH*, dass sich die Rechtsstellung des Treuhänders gerade als „leere Hülle"

---

905 OLG Frankfurt, Urteil v. 30.11.2004, 24 U 55/03, juris-Rn. 19 f.

906 Siehe § 3 B. II.

907 Vgl. *Beuthien*, ZGR 1974, 26, 55 ff.; *Kindler*, in: FS K. Schmidt, 871, 876; *ders.*, in: K/K/R/M, § 105, Rn. 21.

908 OLG Frankfurt, Urteil v. 30.11.2004, 24 U 55/03, juris-Rn. 20.

erweisen müsse.[909] In gleicher Weise sieht der *BGH* den Treuhänder nur als „rechtstechnisches Mittel zum Zweck".[910] Entscheidender Anknüpfungspunkt kann daher nur die von der Treuhänderin übernommene Verantwortung in vermögensrechtlicher Hinsicht sein. Sie muss – in gesamthänderischer Verbundenheit aller Gesellschafter – Zuordnungssubjekt hinsichtlich des Gesellschaftsvermögens sein und daher primär zur Aufbringung der Einlage und zur Haftung im Außenverhältnis verpflichtet sein. Das *OLG Frankfurt* begründet seine Entscheidung mit der Tatsache, dass Einlagen und Nachschüsse nicht von der Treuhänderin angefordert wurden und auch nicht nur mittelbar über die Treuhänderin geleistet wurden. Es ist dem Urteil nicht zu entnehmen, ob dies nur die tatsächliche Zahlungspraxis war oder auch entsprechendes in Gesellschafts- und Treuhandverträgen vorgesehen war. Sofern, wie für die qualifizierte Treuhand typisch und zulässig, schon die Willensbildung sowie Information und Kontrolle unmittelbar mit den Treugebern vollzogen wird, ist es alles andere als ungewöhnlich, dass auch Zahlungsaufforderungen unmittelbar gestellt werden. Auch soweit bereits das Vertragswerk vorsieht, dass Zahlungen unmittelbar zwischen Treugebern und Gesellschaft und ohne Umweg über den Treuhänder geleistet werden, spricht dies noch nicht zwingend für eine Gesellschafterstellung des Treugebers, da dies in einer Gesamtbetrachtung des Vertragsinhalts allenfalls als Vertrag zugunsten Dritter, Erfüllungsübernahme (§ 329 BGB) oder Schuldübernahme (§§ 414, 415 BGB) verstanden werden kann.[911] Nur dann, wenn die Auslegung der Verträge ergibt, dass der Treugeber unmittelbar und originär zur Erfüllung der Einlagepflicht – als zentrale und regelmäßig auch einzige Zweckförderungspflicht in der Publikumsgesellschaft[912] – verpflichtet ist, ist er auch selbst unmittelbar beteiligt und damit der „wahre" Gesellschafter. Praktisch erscheint eine solches Ergebnis aufgrund Vertragsauslegung kaum vorstellbar. Selbst eine Formulierung dahingehend, dass der Treugeber „zur Leistung der Einlage unmittelbar verpflichtet ist" oder „die Einlage unmittelbar schuldet", wäre innerhalb eines ansonsten „treuhandtypischen" Vertragswerks nicht als unmittelbarer Gesellschaftsbeitritt auszulegen. Denkbar wären insoweit allenfalls derart klare Anhaltspunkte, wie beispielsweise die ausdrückliche Übernahme der gesetzlichen Haftung im Außenverhältnis,[913] welche dem Parteiinteresse regelmäßig entgegenstehen und sich daher kaum in Treuhandverträgen finden werden. Selbst eine Bestätigung der Anleger in der Beitrittserklärung zu einer Fonds-oHG, dass ihnen bekannt sei, mit ihrem gesamten Vermögen den Gläubigern der oHG

---

909 BFH, DStR 2013, 2175, 2176; BFH, DStR 1999, 973; vgl. auch *Ratschow*, in: Klein, § 39 AO, Rn. 63.

910 BGH, NZG 2011, 1432, 1434.

911 Siehe § 3 B. I. sowie § 7 C. I. zur unmittelbaren Innenhaftung.

912 Für die Investmentkommanditgesellschaft bestimmt § 152 VII KAGB jetzt, dass Sacheinlagen unzulässig sind.

913 Vgl. zur Möglichkeit der vertraglichen Übernahme der Außenhaftung durch den Treugeber als Nichtgesellschafter § 5 A I.

zu haften, hat den *BGH*[914] richtigerweise nicht zur Annahme einer unmittelbaren Gesellschafterstellung der Treugeber veranlasst. Allein die Möglichkeit der Wahl einer mittelbaren Treuhandbeteiligung im Gegensatz zu einer ebenfalls möglichen direkten Beteiligung als Gesellschafter zeigt den eindeutigen Willen jedes einzelnen Treugebers, nicht Gesellschafter sein zu wollen, und kann auch von einem objektiven Dritten nicht anders verstanden werden. Diese insoweit eindeutige Wahl der Vertragsparteien ist im Rahmen ihrer Privatautonomie unbedingt zu achten.[915] Anstatt eine „Beförderung zum Vollgesellschafter wider Willen"[916] vorzunehmen, wäre die Unwirksamkeit der Beteiligung zu folgern, da in diesem Fall ein offener Einigungsmangel i. S. d. § 154 BGB oder gar eine in sich widersprüchliche und damit nichtige Willenserklärung seitens des Treugebers vorläge.

II. Der Treugeber als „echter" Innengesellschafter in der Außengesellschaft

Nach dem aktuellen Stand der *Rechtsprechung*[917] führt die auf das Innenverhältnis bezogene vertragliche Gleichstellung von Gesellschaftern und Treugebern in Treuhand- und Gesellschaftsverträgen dazu, dass der Treugeber im Innenverhältnis gegenüber der Gesellschaft unmittelbar haftet. Dies hat der *BGH*[918] zunächst ausdrücklich nur für die Haftung eines ausscheidenden oHG-Treugebers für einen Liquidationsfehlbetrag i. S. d. § 735 BGB entschieden. Anknüpfend an diese Entscheidung wurde dann auch die unmittelbare Innenhaftung des Treugebers einer Kommanditgesellschaft für die Einlage[919] und die allgemeine Zweckförderungspflicht qualifizierter Treugeber[920] bejaht. Mangels einschränkender Ausführungen des Senats hinsichtlich etwaiger Besonderheiten ist nach Ansicht *Schäfers*[921] davon auszugehen, dass die unmittelbare Haftung des Treugebers für sämtliche Sozialansprüche (z. B. Einlageansprüche, Rückforderung von Scheingewinnen, Schadensersatz wegen Treuepflichtverletzung) gelten solle.[922]

---

914 BGH, NJW 2012, 452, 453; BGH, NJW 2013, 862, 862; ebenso OLG Karlsruhe, NZG 2010, 151, 151.

915 So zutreffend auch *Armbrüster*, S. 197; *ders.*, ZIP 2009, 1885, 1888.

916 So treffend *Tebben*, VGR 2010, 161, 167.

917 BGH, NZG 2011, 1432, 1433 ff.; BGH, NZG 2013, 379, 381; BGH, WM 2013, 603, 605.

918 BGH, NZG 2011, 1432, 1433 ff.

919 BGH, NZG 2012, 1342, 1343, Rz. 12 f.; BGH, NZG 2012, 1345, 1346; ebenso die Vorinstanz OLG München, Urt. vom 18.08.2010 – 20 U 2303/10.

920 BGH, NZG 2013, 379, 381; BGH, WM 2013, 603, 605; zust. *Schürnbrand*, ZGR 2014, 256, 260.

921 *Schäfer*, ZHR 177 (2013), 619, 628.

922 Siehe dazu eingehend unter § 7.

Der Treugeber wird nach Ansicht des *BGH* – trotz teilweiser Bezeichnung als bloßer „Quasi-Gesellschafter"[923], welche auf eine bloße Vergleichbarkeit von Gesellschafter und Treugeber hindeutet – somit zum echten Gesellschafter, jedoch beschränkt auf das Innenverhältnis, mithin einem „echten" Innengesellschafter in der Außengesellschaft.[924] Nur so lässt sich die unmittelbare und nicht etwa nur analoge Anwendung des § 735 BGB erklären. Insbesondere soll der Treugeber auch persönlich und unmittelbar zur Förderung des Gesellschaftszwecks und zur Achtung der Treuepflicht verpflichtet sein.[925] Es handelt sich daher ersichtlich nicht um einen Fall der einfachen Vertragsauslegung, bei der der Senat zu dem Ergebnis kommt, dass der Treugeber nach dem objektiven Vertragsinhalt statt der bloß mittelbaren Beteiligung die Stellung eines gesetzlich vorgesehen, echten „Vollgesellschafter" erlangt hat.[926]

Mit dieser Entscheidung vollzieht der *Senat* einen erheblichen Schritt in der dogmatischen Einordnung der Rechtsstellung des qualifizierten Treugebers und kreiert geradezu beiläufig eine neue, gesetzlich nicht vorgesehene Klasse von Gesellschaftern. *Schürnbrand* formuliert, nach der Konzeption der Rechtsprechung unterscheide sich die Rechtsstellung des Treugebers von der eines Vollgesellschafters lediglich dadurch, dass bei ihm die dingliche Berechtigung am Gesamthandsvermögen und die mit der formalen Gesellschafterstellung verbundene Außenhaftung fehle.[927] In der für die Anerkennung der qualifizierten Treuhand grundlegenden *Entscheidung vom 13.05.1953* hatte der *BGH* noch ausdrücklich ausgeführt, dass „das Hervortreten der Gesellschafter nach außen ein wesentliches Merkmal" der KG als Außengesellschaft bilde.[928] Dementsprechend wurden die Treugeber bisher nur so behandelt, „als ob" sie Gesellschafter seien.[929] Einzig die Verwendung des Begriffs der „Verdoppelung der Gesellschafterstellung"[930] durch die qualifizierte Treuhand deutete bisher auf ein Verständnis des Treugebers als

---

923 BGH, NZG 2011, 1432, 1434, Rz. 17. Auch an anderer Stelle verwendet der *BGH* laufend Formulierungen, die auf eine vom Gesellschafter verschiedene Rechtsstellung des Treugebers hindeuten, etwa: „einem unmittelbaren Gesellschafter entsprechende Stellung"; „einer unmittelbaren Mitgliedschaft entsprechende Berechtigung (und Verpflichtung)", jeweils in BGH, NZG 2013, 379, 381.

924 So mglw. auch *Weitemeyer*, in: Oetker, 3. Aufl., § 105, Rn. 41 („Gesellschafterstellung der Treugeber"); *Wiedemann*, NZG 2013, 1041, 1044 spricht dagegen beispielsweise nur von einer „halbseitigen gesellschaftsrechtlichen Stellung eines Nicht-Gesellschafters" bzw. von einem „faktischen Teilgesellschafter-Status" (*ders.*, WM 2014, 1985, 1988), lehnt diese Einordnung jedoch zutreffend ab.

925 BGH, NZG 2013, 379, 381.

926 Vgl. dazu § 3 D. I.; OLG Frankfurt v. 30.11.2004, Az. 24 U 55/03, Juris-Rz. 18 ff.; *Kindler*, in: FS K. Schmidt, 871, 874 ff. BGH, NZG 2011, 1023 ff.;

927 *Schürnbrand*, ZGR 2014, 256, 260.

928 BGH, NJW 1954, 1548, 1549.

929 BGH, NJW 1954, 1548, 1549; BGH, NJW 1987, 2677, 2677;

930 BGH, NJW 1992, 2023, 2024.

echtem Gesellschafter hin. Auch in dieser Entscheidung zur GmbH wurden die Vorschriften zur Kapitalaufbringung (§§ 19 I, 24 GmbHG) dann aber lediglich entsprechend auf den Treugeber angewandt.[931]

1. *Privatautonome Gestaltung*

Statt der vermuteten Schaffung einer neuen Art von Gesellschaftern durch richterliche Rechtsfortbildung könnte es sich auch um die bloße Anerkennung einer privatautonomen Gestaltung handeln. Zunächst könnte es sich in dem Fall, welcher dem *Urteil vom 11.10.2011*[932] zugrunde lag, um die zulässige Aufnahme eines reinen „Innengesellschafters" in eine oHG gehandelt haben. Insoweit ist der Typen- bzw. Rechtsformzwang im Gesellschaftsrecht angesprochen. Nur dann, wenn ein solcher „Innengesellschafter" für die jeweiligen Gesellschaftsformen gesetzlich vorgesehen wäre, könnten die Parteien die Aufnahmen solcher Gesellschafter im Rahmen der Vertragsfreiheit wirksam vereinbaren. Ein Vollgesellschafter, dem im Innenverhältnis sämtlich Verwaltungsrechte zustehen und der im Innenverhältnis für sämtliche Sozialansprüche haftet, jedoch in keiner Weise nach außen in Erscheinung tritt, ist in GbR, oHG und KG gesetzlich nicht vorgesehen.[933]

Anders als vorangehend dargestellt könnte man von der Einordnung des Treugebers als echter, gesetzestypischer Vollgesellschafter im Wege einfacher Vertragsauslegung ausgehen. Die Rechtsstellung dieser Treugeber-Vollgesellschafter müsste aber dennoch von den übrigen Vollgesellschaftern verschieden sein. Die Bezeichnung als Treugeber und nicht als Gesellschafter und die weiteren Ausführungen lassen zumindest erkennen, dass die Rechtsstellung des Treugebers auf das Innenverhältnis beschränkt sein soll. Dies erfordert zunächst die Entziehung der Stellung als Organ der Gesellschaft, welche hinsichtlich Geschäftsführungsbefugnis und Vertretungsberechtigung ohne weiteres vertraglich möglich ist (§§ 710, 714, 715 BGB; 114 I, 125 I HGB). Dem Kommanditisten stehen diese Rechte ohnehin nicht zu (§ 164 HGB). Weiterhin müsste auch die unmittelbare Außenhaftung der Treugeber ausgeschlossen sein, wie es auch der *ständigen Rechtsprechung* zur qualifizierten Treuhand entspricht.[934] Zwar betraf keines der ausschlaggebenden Urteile die Außenhaftung der Treugeber,[935] hätte aber auch insoweit eine Änderung der Beurteilung der Rechtsstellung des qualifizierten Treugebers erfolgen sollen, hätte es eines entsprechenden Hinweises bedurft. Ginge man somit von der bloßen Anerkennung einer privatautonomen Gestaltung durch den *BGH* aus, müsste man

931 Vgl. BGH, NJW 1992, 2023, 2024.

932 BGH, NZG 2011, 1432.

933 Auch für die geschlossene Investment-KG gilt trotz § 152 I 3 KAGB nicht anderes, da § 149 KAGB und die zugehörige Gesetzesbegründung (BT-Drucks. 17/12294, S. 249) ausdrücklich nicht von der Schaffung einer neuen Gesellschaftsform ausgehen.

934 BGH, NJW 1980, 1163, 1163 f.; BGH, NZG 2009, 57, 58; BGH, NJW-RR 2009, 1040, 1041; BGH, NJW 2011, 2351, 2352.

935 Vgl. wiederum BGH, NZG 2011, 1432; BGH, NZG 2013, 379; BGH, WM 2013, 603.

von der Zulässigkeit eines allgemeinen Haftungsausschlusses zugunsten bestimmter Gesellschafter ausgehen. Jedoch ist schon eine bloße Haftungsbeschränkung in der GbR grundsätzlich nur durch individualvertragliche Vereinbarung möglich, wie der *BGH* im *„GbRmbH"-Urteil* entschieden hat.[936] Nur bei geschlossenen Immobilienfonds in Rechtsform der GbR soll auch eine formularmäßige Beschränkung der Haftung für Verbindlichkeiten des Fonds (weiterhin) möglich sein, da es sich um reine Kapitalanlagen handele.[937] Für die oHG gilt dies nicht, da hier die Möglichkeit der Aufnahme beschränkt haftender Gesellschafter unter Umwandlung in eine KG besteht. Es bleibt daher dabei, dass das personengesellschaftsrechtliche Außenverhältnis grundsätzlich nicht zur Disposition der Gesellschafter steht.[938]

Den genannten Entscheidungen lässt sich daher auch kein Hinweis auf eine Rechtssprechungsänderung hin zur Anerkennung eines allgemeinen Haftungsausschlusses für einzelne Gesellschafter in Personengesellschaften entnehmen. Die Beurteilung der Rechtsstellung des Treugebers durch den BGH kann daher nicht dahin gehend verstanden werden, dass es sich bei dem Treugeber um einen Vollgesellschafter mit Haftungsbeschränkung bzw. -ausschluss im Außenverhältnis handeln soll. Somit muss es sich um die Schaffung einer neuen Gesellschafterart durch richterliche Rechtsfortbildung handeln.

2. *Richterliche Rechtsfortbildung*

Der *BGH* führt mit dem genannten Urteil eine neue, gesetzlich nicht vorgesehene Gesellschafterklasse durch richterliche Rechtsfortbildung ein. Neben die vom Gesetzgeber vorgesehenen Komplementäre und Kommanditisten tritt eine dritte Art von Gesellschaftern: die „Anleger-Kommanditisten"[939], „Treugeberkommanditisten" oder auch „Innen-Kommanditisten"[940]. *Wiedemann* führt hierzu aus, dass die höchstrichterliche Rechtsprechung in Ausnahmesituationen berechtigt sei, Grundprinzipien eines Rechtsgebiets einzuschränken, wenn gewichtige Gründe der Sachgerechtigkeit oder der Rechtssicherheit und Rechtsklarheit dies erforderten.[941] Im konkreten Fall geht es um die allgemeine, nicht auf Vertragsauslegung im Einzelfall beruhende Einordnung von Treugebern als echte Innengesellschafter, welche nach dem Willen der Vertragsparteien nicht gewollt ist. In Rede steht

---

936 BGH, NJW 1999, 3483, bestätigt durch BGH, NZG 2005, 209. Zu Möglichkeiten der Haftungsbeschränkung in der GbR, vgl. *Schäfer*, in: MüKo-BGB, § 714, Rn. 61 ff.; *Servatius*, in: Henssler/Strohn, § 714 BGB, Rn. 17 ff.; *von Ditfurth*, in: P/W/W, § 705, Rn. 14.

937 BGH, NJW 2002, 1642; *Armbrüster*, ZGR 2005, 34, 45f.; *Schürnbrand*, ZGR 2014, 256, 266 ff.; zur Entwicklung dieser Rspr. *Kübler/Assmann*, § 6 III. 5. c) aa), S. 60 f.

938 Vgl. *Armbrüster*, ZIP 2009, 1885, 1887.

939 *Wiedemann*, NZG 2013, 1041, 1045.

940 Ablehnend bereits vor den zitierten Urteilen *Kindler*, in: FS K. Schmidt, 871, 880.

941 *Wiedemann*, NZG 2013, 1041, 1044.

damit eine Einschränkung der grundrechtlich durch Art. 2 I, 14 I GG[942] geschützten Privatautonomie.[943] Hierbei sind hohe Anforderungen zu stellen und die Interessen aller Beteiligten angemessen zu berücksichtigen und zu gewichten. Dass die Verschaffung von mitgliedschaftlichen Verwaltungsrechten an den Treugeber als Nichtgesellschafter dessen schutzwürdigen Interessen entspricht und nach der *hier vertretenen Ansicht* sowohl aus Sicht der Gesellschafter als auch aus Sicht von betroffenen Dritten unbedenklich ist, wurde bereits dargelegt.[944] Hier stellt sich daher die Frage, ob auch eine Erweiterung der Integration des Treugebers um vermögensrechtliche Positionen hin zum Innengesellschafter nach den Interessen der Beteiligten erforderlich und unbedenklich ist.

Es ist jedoch bereits nicht ersichtlich, warum die durch die Einordnung des Treugebers als echter Gesellschafter im Innenverhältnis begründete Haftung unmittelbar aus § 735 BGB erforderlich sein sollte. Unzweifelhaft besteht ein Freistellungsanspruch des Treuhänders aus §§ 675, 670 BGB für alle mit der Übernahme der Treuhänderstellung zwingend verbundenen Ansprüche.[945] Dieser Freistellungsanspruch ist nach *ständiger Rechtsprechung*[946] und *herrschender Literaturmeinung*[947] auch grundsätzlich durch den Gläubiger der gegen den Treuhänder gerichteten Hauptforderung pfändbar sowie an diesen abtretbar und eine solche Abtretung führt insbesondere nicht zu einer Inhaltsänderung i. S. v. § 399 Alt. 1 BGB. Auch im konkreten Fall nahm der *BGH*[948] entgegen der Ansicht des *Berufungsgerichts*[949] einen bestehenden und durchsetzbaren Anspruch der Gesellschaft gegen die Treugeber aus abgetretenem Recht gem. § 398 BGB i. V. m. §§ 675, 670 BGB an. Auch die Begründung unmittelbarer eigener Ansprüche der Gesellschaft ist mit den Mitteln des allgemeinen Schuldrechts unproblematisch möglich.[950] Zur Herstellung eines gewünschten unmittelbaren Zahlungsverkehrs zwischen Treugebern und

---

942 Vgl. *Ahrens*, in: P/W/W, vor §§ 116 ff., Rn. 1.

943 Vgl. *Wagner*, NZG 2012, 58, 61 f. mit ähnlicher Kritik hinsichtlich der Verletzung der Privatautonomie. Zu weitgehend sieht *Wagner* die Privatautonomie der Anleger mangels Kräftegleichgewicht schon durch die einseitige Vorgabe des Vertragsinhalts seitens der Fondsinitiatoren verletzt. Die in treuhandtypischer Weise vorgesehene Annäherung bzw. Gleichstellung von Treugebern und Gesellschaftern dient grundsätzlich gerade den schutzwürdigen Interessen der Treugeber. Für eine einseitige Benachteiligung allein aus dem Treuhandverhältnis ergeben sich keine Anhaltspunkte. Erst die Einordnung als Gesellschafter im Innenverhältnis durch richterliche Rechtsfortbildung begegnet Bedenken.

944 Vgl. oben § 3 B. II.; **aA** *Wiedemann*, NZG 2013, 1041, 1044 f.

945 Dazu allgemein § 4 und zum möglichen vertraglichen Ausschluss § 4 A. II.

946 BGH, NJW 1993, 2232, 2233; BGH, NJW 2010, 2197, 2197 f.

947 Vgl. *Müller*, in: P/W/W, § 399, Rn. 4; *Grüneberg*, in: Palandt, § 399, Rn. 4; *Tebben*, ZGR 2001, 586, 613.

948 BGH, NZG 2011, 1432, 1434 f.

949 OLG München ZIP 2010, 182.

950 Dazu § 7 C. I.

Gesellschaft bedarf es nicht der Begründung einer teilweisen Gesellschafterstellung.[951] Die Notwendigkeit für eine richterliche Rechtsfortbildung ist somit – insbesondere gemessen an der Achtung der Privatautonomie – nicht ersichtlich.

Die fehlende Notwendigkeit einer richterlichen Rechtsfortbildung hin zur Anwendung der Haftungsregeln der §§ 128, 130 HGB auf einen Treugeber im Außenverhältnis hat aus dem gleichen Grund, nämlich der möglichen Vollstreckung in den Freistellungsanspruch des Treuhänders, auch der *BGH* erkannt.[952] Es ist nicht ersichtlich, warum dies bei der Frage der Innenhaftung anders zu beurteilen sein sollte. Nimmt eine Gesellschaft anstatt weiterer „echter" Vollgesellschafter nur Treugeber auf, deren Rechtsstellung in bestimmten, meist vermögensrechtlichen Bereichen von der der Vollgesellschafter verschieden sein soll, kann nicht davon ausgegangen werden, dass auf Seiten der Gesellschaft eine schutzwürdige Erwartung hinsichtlich der Übernahme der unmittelbaren Innenhaftung entsteht. Unbenommen ist es der Gesellschaft, eine Mithaftungsübernahme mit den Treugebern ausdrücklich zu vereinbaren.[953] Eine solche Haftungsübernahme könnte im vorliegenden Fall sogar vereinbart worden sein, worauf der *BGH* jedoch nicht eingegangen ist.[954]

Ebenso wie auch bei der generellen Einordnung von qualifizierten Treugebern als „echte" Vollgesellschafter wirft auch die Einordnung als reine Innengesellschafter richtigerweise mehr Probleme auf, als sie löst, da sie in wohl unlösbarem Konflikt mit dem Rechtsformzwang im Gesellschaftsrecht steht.[955] Zutreffend stellt *Wiedemann* fest, dass zwar der Gesetzgeber eine zusätzliche Gesellschaftergruppe einführen könnte, der Rechtsprechung dieser Weg aber versagt sein muss.[956] Auch werden Rechtsklarheit und Rechtssicherheit eher verletzt denn geschützt, wenn privatautonome Willensbetätigungen missachtet und durch aus objektivem Recht hergeleitete Rechtsverhältnisse ersetzt werden.[957] Mit dem hier Gesagten soll nicht der Frage nach einer eventuell bestehenden unmittelbaren Innenhaftung des Treugebers vorgegriffen werden. Lediglich eine *unmittelbare* Anwendung von § 735 BGB auf Treugeber von GbR und oHG und eine damit einhergehende Einordnung von qualifizierten Treugebern als echte Innengesellschafter einer Außengesellschaft vermag nicht zu überzeugen.

---

951 So auch *Wiedemann*, WM 2014, 1985, 1988.

952 BGH, NZG 2009, 57, 58, Rz. 24.

953 Vgl. wiederum die parallele Argumentation des BGH zur Verneinung der Außenhaftung, BGH, NZG 2009, 57, 58 f., Rz. 24.

954 Dazu sogleich § 3 D. II. 3.

955 Vgl. *Tebben*, VGR 2010, 161, 168.

956 *Wiedemann*, NZG 2013, 1041, 1045. Zur Frage der Begründung einer dritten Gesellschafterklasse durch § 152 I 3 KAGB siehe § 7 D. I. 3. b); II. 3.

957 Vgl. *Armbrüster*, ZIP 2009, 1885, 1888.

3. *Die vermögensrechtliche Position eines „Innen-Kommanditisten"*

In der bisherigen Diskussion um die qualifizierte Treuhand ging es nur um die Gleichstellung des Treugebers mit einem Gesellschafter hinsichtlich der Verwaltungsrechte. Die vermögensrechtlichen Positionen wurden vollständig dem Treuhänder zugewiesen. Nur dieser ist gesamthänderisch mit anderen Gesellschaftern verbunden, zur Aufbringung einer vereinbarten Einlage bzw. zur Förderung des Gesellschaftszwecks verpflichtet und berechtigt Gewinne aus der Gesellschaft zu beziehen.

Zur Einordnung des Treugebers als echter Gesellschafter im Innenverhältnis gelangte der *BGH* im vorliegenden Fall durch Zuweisung bzw. Annahme weiterer vermögensrechtlicher Positionen. Zum einen stellte der Senat fest, dass der Treugeber die Ausschüttungen unmittelbar von der Gesellschaft erhalten habe.[958] Warum dies zwingend für die Einordnung des Treugebers als Gesellschafter sprechen soll, bleibt unklar. Der Treuhandvertrag und der Gesellschaftsvertrag sehen ausdrücklich vor, dass Ansprüche auf Gewinn, Auseinandersetzungsguthaben und Liquidationserlös dem Treuhänder zustehen und von diesem lediglich antizipiert an den Treugeber abgetreten werden.[959] Weiterhin ging der *BGH* davon aus, dass der Treugeber und nicht etwa der Treuhänder der Gesellschaft die Einlage unmittelbar schulde, was sich primär aus dem Treuhandvertrag ergeben solle und nicht etwa aus dem Gesellschaftsvertrag.[960] Der – freilich im Gesellschaftsvertrag auch für das Innenverhältnis von Gesellschaftern und Treugebern für verbindlich erklärte – Treuhandvertrag sah lediglich vor, dass die Einlage „vom Treugeber direkt an die oHG geleistet"[961] werde. Diese Formulierung spricht bereits für sich allein und erst recht im Zusammenhang mit den Regelungen bzgl. der Gewinnansprüche gegen eine unmittelbare Einlagepflicht des Treugebers. Hierin kann allenfalls eine Erfüllungsübernahme (§ 329 BGB) durch den Treugeber oder ein Vertrag zugunsten der Gesellschaft (§ 328 BGB) erblickt werden.

Unterstellt man die vom BGH angenommenen Pflichten des Treugebers jedoch als tatsächlich vereinbart, stellt sich die Frage, wie die vermögensrechtliche Position des Treugebers ausgestaltet ist. Es kann nicht davon ausgegangen werden, dass der BGH die Passagen des Treuhand- und des Gesellschaftsvertrags übersehen hat, die unzweifelhaft dem Treuhänder die Gewinn-, Auseinandersetzungs- und Liquidationsansprüche zuweisen. Hieraus muss geschlossen werden, dass nur der Treuhänder gesamthänderisch verpflichtet und berechtigt ist. Die Pflicht zur Erbringung der Einlage soll hingegen nach Ansicht des BGH nur den Treugeber treffen. Er wäre somit verpflichtet einen Beitrag zu einem Gesamthandvermögen

958 BGH, NZG 2011, 1432, 1434, Rz. 22.

959 § 2 Nr. 4 des Treuhandvertrags und die ausdrückliche Inbezugnahme in § 7 Nr. 3 des Gesellschaftsvertrags in BGH, NZG 2011, 1432, 1432 f.

960 BGH, NZG 2011, 1432, 1434, Rz. 21.

961 § 2 Nr. 2 des Treuhandvertrags BGH, NZG 2011, 1432, 1432.

zu leisten an dem er als Innengesellschafter selbst keinerlei Rechte hat und nicht einmal rechnerisch beteiligt ist. Eine Erklärung für eine solche Konstruktion könnte in der Vermeidung der unmittelbaren Außenhaftung liegen. Die unmittelbare Außenhaftung des Treugebers wird vom BGH in *ständiger Rechtsprechung* abgelehnt.[962] Geht man davon aus, dass der Treugeber nicht Teil der gesamthänderisch verbundenen Vollgesellschafter ist, ist es grundsätzlich überzeugend, ihn auch nicht unmittelbar nach gesetzlichen Vorschriften für Schulden der Gesamthand im Außenverhältnis haften zu lassen.[963] Unstimmig erscheint es jedoch, dem Treugeber dennoch die Innenhaftung gegenüber der Gesamthand aufzuerlegen, ihm jedoch die Gewinnansprüche, welche ebenfalls allein auf dem innergesellschaftlichen Verhältnis beruhen, nicht unmittelbar zuzurechnen. Allgemein ist es nicht überzeugend, Vorschriften, die das Gesamthandvermögen betreffen und damit grundsätzlich nur auf die Außengesellschaft anwendbar sind, auf einen „Innengesellschafter in der Außengesellschaft" anzuwenden.

4. Der Treuhänder als reiner Haftungsgesellschafter

Möglich wäre es ferner auch, dass der *BGH* für die Einordnung der Rechtsposition des Treugebers nicht entscheidend auf die soeben angesprochene gesellschaftsvertragliche Zuweisung der Gewinn- und Auseinandersetzungsansprüche zum Treuhänder abstellen will, sondern diese Ansprüche aufgrund des vertraglichen Gesamtkonstrukts unmittelbar dem Treugeber zuordnet. In diesem Fall wäre der Treugeber einem Gesellschafter im Innenverhältnis vollständig gleichgestellt. Gleichzeitig tritt jedoch eine vollständige Aushöhlung der Rechtsposition des Treuhänders ein. Dieser würde im Außenverhältnis gegenüber Gesellschaftsgläubigern haften, obwohl er keinerlei Vermögensrechte in der Gesellschaft mehr genießt. Da der Treuhänder allenfalls noch zur Ausübung von Verwaltungsrechten des Treugebers aufgrund Vollmacht oder Ermächtigung berechtigt wäre, ergäbe sich eine Situation vergleichbar mit der integrierten Publikumsgesellschaft. Lediglich die Außenhaftung wäre vom Treugeber als gesamthänderisch berechtigtem Innengesellschafter auf den Treuhänder als vollkommen rechtloser Außengesellschafter übertragen. Der Treuhänder wäre somit ein reiner „Haftungsgesellschafter", in dessen Person weder eine Pflicht zur Förderung eines gemeinsamen Zwecks, noch auch nur das bloße Halten einer Beteiligung bejaht werden könnte. Insofern müsste sich die zuvor getroffene Annahme, dass der BGH die neue Art des „Innengesellschafters" geschaffen habe, dahin wandeln, dass die viel weitergehende Neuerung in der Schaffung des vollkommen rechtlosen „Haftungsgesellschafters" liegt. All dies kann nicht überzeugen.

---

962 BGH, NJW 1980, 1163, 1163 f.; BGH, NZG 2009, 57, 58; BGH, NJW-RR 2009, 1040, 1041; BGH, NJW 2011, 2351, 2352.

963 Eingehend zu dieser Frage unten § 5 B., C.

5. *Ergebnis*

Die Einordnung des Treugebers als echter Innengesellschafter in der Außengesellschaft, welcher unmittelbar für sämtliche Sozialansprüche verantwortlich ist, bereitet erhebliche Probleme und kann daher nicht überzeugen. Sowohl die dem Treuhänder verbleibende Rechtsstellung als auch die – vom BGH weiterhin angenommene – fehlende Außenhaftung lassen sich nicht stringent erklären. Problematisch ist insbesondere die nicht rein auf das Innenverhältnis begrenzte Rechtsstellung. Der Treugeber hat durch Anwendung des § 735 BGB und die Annahme der unmittelbaren Zweckförderungspflicht in Form der Einlageleistung nach Ansicht des BGH notwendig Bezug zum Gesamthandvermögen. Die Vermögenszuordnung und somit alle Rechte und Pflichten in Bezug auf das Gesamthandvermögen hat notwendig immer Außenwirkung. Die in § 718 I BGB geregelte Gesamthandstruktur steht nicht zur Disposition der Gesellschafter.[964] Auch der BGH führt aus, der qualifizierte Treugeber unterscheide „sich von einem Vollgesellschafter lediglich dadurch, dass beim (qualifizierten) Treugeber die dingliche Berechtigung am Gesamthandvermögen [...] und die mit der formalen Gesellschafterstellung verbundene Außenhaftung fehlen."[965] Eine auf das Innenverhältnis der Gesellschaft und Gesellschafter beschränkte Integration der Treugeber, wie sie nach den Beitrittsverträgen regelmäßig vereinbart und gewollt ist, muss daher zwingend zwischen Verwaltungsrechten und Vermögensrechten des Treugebers klar trennen. Eine organisationrechtliche Einflussnahme auf die Verwaltung der Gesellschaft wirkt vollständig im Innenverhältnis, weshalb die Verwaltungsrechte vollständig dem Treugeber zugewiesen werden können. Einer gleichzeitigen vollständigen oder teilweisen Zuweisung der Vermögensrechte steht bereits die notwendige rechtssichere Abgrenzung von Treugebern und Vollgesellschaftern entgegen. Weiterhin ist hiermit notwendig eine (teilweise) Aushöhlung der Rechtsposition des treuhänderischen Außengesellschafters verbunden. Insoweit besteht aufgrund des Bezugs zum Außenverhältnis wiederum keine Dispositionsbefugnis hinsichtlich der aus der Gesellschafterstellung folgenden Rechte und Pflichten.

Somit ist davon auszugehen, dass sich eine vertraglich vereinbarte Gleichstellung im Innenverhältnis auf die vollständige Einräumung sämtlicher Verwaltungsechte zugunsten der Treugeber beschränkt. Die Vermögensrechte und Vermögenspflichten, insbesondere die Erbringung der Einlage als Zweckförderungspflicht, müssen originär dem Treuhänder zustehen und werden von diesem lediglich schuldrechtlich an die Treugeber vermittelt. Die Rechtsposition kann nicht als die eines echten Gesellschafters mit beschränkten Vermögensrechten oder -pflichten im Sinne eines Innengesellschafters in der Außengesellschaft verstanden werden. Hiermit ist jedoch noch keine Aussage darüber getroffen, ob qualifizierte Treugeber aufgrund wertender Betrachtung, etwa im Wege der Gesetzesanalogie, einer unmittelbaren,

964 Vgl. *Schäfer*, in: MüKo-BGB, § 705, Rn. 62.
965 BGH, NZG 2013, 379, 381, Rz. 21.

nicht durch den Treuhänder vermittelten Haftungsverantwortung im Innen- oder Außenverhältnis unterliegen können.

III. Der Treugeber als Innenmitglied sui generis

In der *Literatur* wird die qualifizierte Treuhand nach klassischem Verständnis überwiegend als Einbeziehung des Treugebers in den Gesellschaftsverband bzw. in das Gesellschaftsverhältnis verstanden.[966] Eine Behandlung als „echter", gesetzestypischer Gesellschafter beschränkt auf das Innenverhältnis unter unmittelbarer Anwendung gesetzlicher Vorschriften entsprechend der Rechtsprechung wird soweit ersichtlich nicht vertreten.[967] Der qualifizierte Treugeber wird lediglich als „mittelbarer"[968] oder „faktischer"[969] Gesellschafter verstanden. Unterschiede bestehen weiterhin hinsichtlich des Verständnisses von der Art der Mitberechtigung des Treugebers. Diese wird einerseits derivativ als Aufteilung der Gesellschafterrechte des Treuhänders zwischen diesem und dem Treugeber verstanden.[970] Andererseits wird eine originäre und „umfassende Berechtigung sui generis"[971] angenommen.[972]

Es ist daher von der Annahme einer Rechtsstellung eigener Art im Innenverhältnis des Gesellschaftsverbands der KG auszugehen. Die KG stellt sich dann als einheitliche Gesellschaft bestehend aus einem Außenverband der Komplementäre und Kommanditisten und einem inkongruenten, um die qualifizierten Treugeber erweiterten Innenverband dar. Diese Gestaltung stößt auf ähnliche Bedenken, wie die vorangehend dargestellte Einordnung des qualifizierten Treugebers als „echtem" Innengesellschafter. Es ist fraglich, ob eine einheitliche KG entsprechende Innenmitglieder eigener Art aufweisen kann. Unzweifelhaft sind

---

966 *Schäfer*, in: MüKo-BGB, § 705, Rn. 93; *Ulmer.*, in: FS Odersky, 873, 890; *ders.*, ZHR 156 (1992), 377, 388; *ders.*, in: Staub, 4. Aufl., § 105, Rn. 106; *Schäfer*, in: Staub, 5. Aufl., § 105, Rn. 107; *Tebben*, S. 141 f., 415; *ders.*, ZGR 2001, 586, 602; *Lenders*, S. 211; *Wiesner*, in: FS Ulmer, 673, 674; *Schiemann*, in: FS Zöllner, 503, 517; *Schöne*, in: BeckOK-BGB, § 705, Rn. 57; *Kindler*, in: K/K/R/M, § 105, Rn. 20 (grundlegend anders jedoch in Rn. 21); ähnlich *Blaurock*, S. 202; kritisch *Armbrüster*, S. 175 ff.; *Wiedemann*, ZIP 2012, 1786, 1788.

967 Allenfalls wird eine unmittelbare Innenhaftung im Ergebnis auf vertraglicher Grundlage geteilt, so etwa *Roth*, in. Baumbach/Hopt, Anh § 177a, Rn. 79, jedoch nur unter Annahme einer unmittelbaren Gesellschafterstellung. Der qualifizierte Treugeber wird dagegen nur als „Quasi-Gesellschafter" bezeichnet (*ders.*, in: Baumbach/Hopt, § 105, Rn. 34. Vgl. aber auch *Tebben*, ZGR 2001, 586, 602, der eine eigene gesellschaftliche Zweckförderungspflicht annimmt. Auch *Ulmer*, in: Staub, 4. Aufl., § 106, Rn. 17 hielt zumindest eine Handelsregistereintragung für erforderlich.

968 *Wiesner*, in: FS Ulmer, 673, 674.

969 So etwa *Wiedemann*, WM 2014, 1985, 1988; ähnlich *ders.*, NZG 2013, 1041, 1044 zu einer „halbseitigen gesellschaftsrechtlichen Stellung eines Nicht-Gesellschafters".

970 So etwa *Ulmer*, ZHR 156 (1992), 377, 388.

971 *Tebben*, ZGR 2001, 586, 602.

972 Vgl. bereits § 3 B. II. 4.

auch diese Innenmitglieder sui generis nicht gesetzlich vorgesehen. Eine direkte Anwendung gesetzlicher Vorschriften, insbesondre Haftungsvorschriften, kommt daher richtigerweise nicht in Betracht. Das Innenverhältnis der Personalgesellschaft ist grundsätzlich disponibel, weshalb diese Ausgestaltung wohl grundsätzlich möglich sein dürfte. Es wurde zudem bereits aufgezeigt, dass einer Einflussnahme Dritter auf das Innenverhältnis der Gesellschaft grundsätzlich keine Bedenken unter Berücksichtigung der Interessen von Gesellschaftern und Dritten entgegenstehen.[973] Eine strikte Trennung der Treugeber von der Vermögenssphäre der KG kann zudem die oben aufgezeigten Probleme hinsichtlich der Rechtsstellung des Treuhänders vermeiden.[974]

Für die im Rahmen dieser Arbeit im Vordergrund stehende Frage der Haftung von Treugebern braucht die genaue Einordnung letztlich nicht endgültig entschieden werden. Entscheidend ist, dass der Treugeber nach diesem Erklärungsmodell nicht Gesellschafter ist und somit unzweifelhaft nicht in unmittelbarer Anwendung der Haftungsvorschriften haftet. Für die Frage nach einer entsprechenden Anwendung dieser Vorschriften, welche insgesamt nach wertenden Kriterien zu beantworten ist, ist die genaue Konstruktion der qualifizierten Treuhand letztlich nicht entscheidend. Es sei nur so viel gesagt, dass die Annahme einer KG mit von echten Gesellschaftern verschiedenen Mitgliedern bzw. einer einheitlichen KG bestehend aus unterschiedlichen Verbänden trotz weitgehender Vertragsfreiheit im Innenverhältnis nicht mit dem gesetzlichen Leitbild in Einklang steht.

IV. Der Treugeber als Mitglied eines eigenständigen Innenverbands

Die vorangehenden Ausführungen haben gezeigt, dass sich eine Rechtsstellung des qualifizierten Treugebers als ein auf das Innenverhältnis beschränktes Mitglied der Hauptgesellschaft nicht überzeugend begründen lässt. Dennoch ist davon auszugehen, dass der qualifizierte Treugeber durch die Gleichstellung mit einem Kommanditisten der Hauptgesellschaft insbesondere hinsichtlich eines originär gesellschaftsrechtlichen Stimmrechts eine mitgliedschaftliche Stellung einnimmt, welche es ihm erlaubt, gleich einem Kommanditisten auf die Hauptgesellschaft Einfluss zu nehmen. Die Untersuchung des Rechtsverhältnisses der Treugeber zueinander hat ergeben, dass diese zumindest untereinander einen Innenverband bilden.[975] Es stellt sich nun die Frage, inwieweit andere Beteiligte des vertraglichen Gesamtkonstrukts, namentlich Komplementäre, Kommanditisten einschließlich des Treuhänders, an diesem Innenverband beteiligt sind und in welchem Verhältnis dieser Verband zur KG steht.

973 § 3 B. II. 3.
974 § 3 D. II. 3.
975 S. o. § 3 C. I. 2. b), c).

1. *Die Konstruktion einer „virtuellen Innen-KG“*

Überlegungen zur Konstruktion eines geschlossenen Fonds in der Rechtsform der GmbH & Co. KG als Innenverband finden sich bei *K. Schmidt.*[976] Sein Erklärungsmodell erfährt in der *Literatur* zunehmend Zustimmung.[977]

In einem ersten Schritt nimmt dieser das Bestehen eines Innenverbandes nur unter den Treugebern an. Der Treuhänder halte den Kapitalanteil in der Hauptgesellschaft und übe die Treugeberrechte in eigenem Namen aus.[978] Diese Betrachtung bringt wenig Neues, entspricht sie doch der Situation, in der sich Willensbildung und Weisung der Treugeber einheitlich in einer Treugeberversammlung vollziehen. Ist dies vertraglich vorgesehen, wird man auch nach tradiertem Verständnis zum Bestehen einer einfachen Treugeber-Innen-GbR auf rein schuldrechtlicher Basis gelangen.[979]

In einem zweiten Schritt wird auch der Treuhänder in die Innengesellschaft der Treugeber einbezogen. Zunächst allgemein als Geschäftsführer einer „Anleger-Innengesellschaft“, dann auch als „kapitalanteillose (!) Quasi-Komplementärin (!) einer ‚*Innen*-KG‘, an der die Treugeber als Quasi-Kommanditisten beteiligt“ seien. Die Verwaltung des Kommanditanteils durch die Treuhänderin im eigenen Namen sei nun funktionell nicht mehr als Wahrnehmung der einzelnen Treugeberrechte zu verstehen, sondern als kollektive Ausübung der Rechte einer aus Treugebern und Treuhänderin bestehenden „virtuellen Innen-KG“.[980]

Insoweit wandelt sich das ursprüngliche Bild einer als Innen-GbR zu qualifizierenden Treugeberversammlung, welche einheitliche Weisungen an den Treuhänder erlässt, hin zu einer gesellschaftsrechtlichen Unterbeteiligung am Kommanditanteil des Treuhänders.[981] Sowohl aus der Innensicht von Treugebern und Treuhänder als auch aus der Außensicht von den Beteiligten der Hauptgesellschaft und Dritten dürften sich die Varianten im ersten und zweiten Schritt zunächst kaum unterscheiden. Von außen betrachtet wird der Treuhänder als Kommanditist und alleiniger Rechtsträger im eigenen Namen tätig. Im Innenverhältnis wird der Treuhänder faktisch, da er kapitalanteil- und daher stimmrechtslos sein soll, auf einheitliche Weisung der Treugeber tätig. Änderungen erfährt dagegen das Verhältnis zwischen Treugebern und Treuhänder. In der „Anleger-Innengesellschaft“ wären gesellschaftsrechtliche Vorschriften (etwa §§ 708, 723 III BGB) neben den auftragsrechtlichen Normen anzuwenden. In der virtuellen „Innen-KG“ wären zudem die das Innenverhältnis betreffenden Vorschriften der §§ 161 ff. HGB anzuwenden. Letztlich wird aber auch diese Betrachtungsweise einer unmittelbaren Einwirkung

976 *K. Schmidt*, NZG 2011, 361, 365 ff.; *ders.*, ZHR 178 (2014), 10 ff.; vgl. *ders.*, ZIP 2014, 1457; NZG 2014, 881.

977 *Mock*, DStR 2014, 598, 601; *Schäfer*, GWR 2014, 25, 27 f.

978 *K. Schmidt*, NZG 2011, 361, 365 f.

979 S. o. § 3 C. I. 2. a).

980 *K. Schmidt*, NZG 2011, 361, 366; vgl. *ders.*, ZHR 178 (2014), 10, 17 ff., 24.

981 Zum Verhältnis von Treuhand und Unterbeteiligung siehe § 2 B. VII. 1.

des Treugebers auf die Hauptgesellschaft bzw. einer Einflussnahme des Treugebers in der Hauptgesellschaft, insbesondere auch hinsichtlich einer Gleichbehandlung von unmittelbar und mittelbar beteiligten Kapitalanlegern, nicht gerecht.

In einem dritten Schritt lässt *K. Schmidt* die „virtuelle Innen-KG" mit der Innenverfassung der Hauptgesellschaft zu einer organisationsrechtlichen Einheit verschmelzen. Der Fonds bestehend aus unmittelbar und mittelbar beteiligten Anlegern erhalte eine „personengesellschaftsrechtliche Einheitsverfassung". Eine alle Anleger umfassende Anlegerversammlung soll in diesem Fall das willensbildende Organ darstellen, durch welches „Beschlüsse mit Bindungswirkung für die geschäftsführende und die vertragsberechtigte Gesellschafterin" gefasst werden könnten. Die Ausführung der Beschlüsse der Versammlung könne, müsse aber nicht, von der Treuhänderin für die Treugeber im eigenen Namen und für die Anlegerkommanditisten in fremden Namen vermittelt werden.[982] Trotz Einheitsverfassung bleibe es bei dem Auseinanderfallen von Verbandsstruktur und Handelsgesellschaft.[983]

2. *Die qualifizierte Treuhand als „virtuelle Innen-KG"*

Das dargestellte neuere Verständnis der qualifizierten Treuhand als sog. „virtuelle Innen-KG" verschiebt den Fokus von der KG auf den Innenverband der Kapitalanleger, die das „unternehmensrechtliche Zentrum"[984] eines geschlossenen Fonds darstellen. Die Innen-KG ist dabei ein echter Innenverband und Trägerin eines „virtuellen Gesamthandsvermögens"[985]. Die KG ist tatsächliche Rechts- bzw. Vermögensträgerin im Außenverhältnis und zudem das für die Innen-KG nach außen durch ihre Komplementäre handelnde „Organ". In Betracht kommt die verbandsinterne Stellung der KG als Selbstorgan oder die verbandsexterne Stellung als Fremdorgan. In beiden Fällen ist die KG insgesamt treuhänderisch für die Beteiligten des Innenverbands tätig: einerseits bezüglich der dinglichen Zuordnung der Vermögensgegenstände im Außenverhältnis, andererseits hinsichtlich der weisungsgebundenen Vertretung des Innenverbandes nach außen. Diese Organisationsform kann bei treuhänderischen Beteiligungen insbesondere dort angenommen werden, wo der Treuhandkommanditist gleichzeitig Geschäftsführer der KG und die Komplementärin kapitalanteillos ist. Nur so lässt sich eine Bindung der KG an die Interessen des Innenverbands sicherstellen, da keine eigenständigen Abstimmungen auf Ebene der KG stattfinden können.

Somit ist entgegen dem vorangehend dargestellten Verständnis nicht mehr im eigentlichen Sinne von einer Integration der Treugeber in die KG auszugehen. Diese bilden vielmehr einen eigenständigen Verband, in dem die für den

982 *K. Schmidt*, NZG 2011, 361, 366 f.; vgl. auch *ders.*, in: MüKo-HGB, vor § 230, Rn. 77 ff.
983 *K. Schmidt*, in: MüKo-HGB, vor § 230, Rn. 79.
984 *K. Schmidt*, ZIP 2014, 1457, 1464.
985 *K. Schmidt*, ZIP 2014, 1457, 1464.

Gesamtfonds entscheidenden Gesellschafterbeschlüsse gefasst werden. Die Bedeutung der Außen-KG beschränkt sich auf die Ausführungen dieser Beschlüsse im Außenverhältnis und die formelle Inhaberschaft des Fondsvermögens. Der Annahme zweier eigenständiger Gesellschaften (eines Innenverbands und einer Außen-KG) stehen keine Bedenken hinsichtlich der grundsätzlichen Möglichkeit der rechtlichen Konstruktion entgegen. Auch die Frage der Mitberechtigung der Treugeber in der Außen-KG verliert an Bedeutung, wenn man davon ausgeht, dass das relevante Entscheidungszentrum des Fonds in einem eigenständigen Innenverband liegt, an dem der Treugeber unmittelbar beteiligt ist, und die Außen-KG bzw. ihr Komplementär lediglich die Beschlüsse dieses Innenverbands im Außenverhältnis ausführt. Da sich aber auch hier die Außen-KG aufgrund der Annahme der Fassung von Beschlüssen durch den Innenverband, welche unmittelbare Bindungswirkung gegenüber der Komplementärin oder einem eventuell vorhandenen geschäftsführenden Kommanditisten entfalten, ganz oder teilweise dem Einfluss von Nichtgesellschaftern unterwirft, bleibt die Frage dennoch relevant, ist aber letztlich erst recht zu bejahen.[986]

Auch die Einbeziehung der gegebenenfalls vorhandenen unmittelbar beteiligten Kapitalanleger in den eigenständigen Innenverband entspricht der grundsätzlich überzeugenden Annahme, dass die Anleger unabhängig von der genauen Art ihrer Beteiligung die tatsächlichen Interessen- und Entscheidungsträger sind. Dieser Ansatz genügt zudem der regelmäßig angestrebten Gleichbehandlung sämtlicher Anleger, also der Gleichstellung von Kommanditisten und Treugebern. Problematisch ist jedoch, dass die Kommanditisten anders als die Treugeber gesetzliche Rechte unmittelbar in der Außen-KG haben. Geht man von einer einheitlichen Willensbildung aller Anleger in einem einheitlichen Innenverband aus, müsste die direkte Einflussnahme der Kommanditisten in der KG, welche allein den Interessen des Innenverbands verpflichtet sein soll, ausgeschlossen werden. Bei entsprechend einheitlichen Vertragswerken aus Treuhand- und Gesellschaftsvertrag kann dieses Ergebnis ohne weiteres im Wege der Auslegung gefunden werden. Die nicht dispositive vermögensrechtliche Position der unmittelbar beteiligten Anleger wird insoweit nicht angegriffen. Betroffen ist allein das dispositive Innenverhältnis.[987]

Strukturell ähnelt dieses Erklärungsmodell stark der mehrgliedrigen atypisch stillen Gesellschaft, welche in der Gestalt der „GmbH & Still" ebenfalls als umfassender Innenverband organisiert sein kann.[988] Auch dort ist die GmbH im Außenverhältnis allein existent, nach innen jedoch nur eine leere Hülle. Sie bildet das

986 Vgl. oben § 3 B. II. 3.

987 Vgl. *K. Schmidt*, NZG 2011, 361, 367.

988 Vgl. BGH, NZG 2013, 1422; BGH, Urt. v. 19.11.2013, II ZR 320/12; OLG Schleswig, NZG 2009, 256 ff. („KG & Still"); *K. Schmidt*, in: MüKo-HGB, § 230, Rn. 81, 84, 87; *ders.*, ZGR 2011, 108, 132; *ders.*, NZG 2009, 361, 361 ff.; ders., ZHR 178 (2014), 10, 14 ff.; *Blaurock*, Handbuch, Rn. 6.61, 19.9 ff.; *Schulze zur Wiesche*, BB 2011, 1477, 1477 f.

treuhänderisch handelnde Selbst- oder Fremdorgan des Innenverbandes der einzelnen stillen Gesellschafter. Ob die Bezeichnung des Treugeber- bzw. Anleger-Innenverbands als „Innen-KG“ und die Übertragung der Innenverfassung der KG auf entsprechende Verbände sinnvoll ist oder überhaupt Bedeutung hat, kann im Rahmen dieser Arbeit offen bleiben. Gleiches gilt für die aufgeworfenen Fragen hinsichtlich der genauen Konstruktion eines solchen Fondsmodells. Entscheidend ist lediglich, dass die Annahme eines eigenständigen Verbands der Treugeber oder auch aller Anleger einer kupierten Publikums-KG und insbesondere einer kupierten Investment-KG außerhalb der jeweiligen Außengesellschaft gegenüber den vorangehend dargestellten Erklärungsmodellen der qualifizierten Treuhand vorzugswürdig ist. Die Vorteile dieses Erklärungsmodells liegen vor allem darin, dass die KG als Rechtsträger im Außenverhältnis keine Modifikation ihres Innenverhältnisses im Sinne eines vorangehend dargestellten erweiterten Innenverbands oder gar durch einen neuen Typus des Innengesellschafters oder Haftungsgesellschafters erfährt und somit in gesetztypischer Form erhalten bleibt.[989]

3. *Ergebnis*

Die vorangehenden Ausführungen haben gezeigt, dass die Annahme eines eigenständigen Innenverbands, welcher das unternehmerische Zentrum aller beteiligten Treugeber bzw. Anleger bildet und welcher unter Einschluss des Treuhänders und der gesamten, das Vermögen tragenden Außen-KG auch als „virtuelle Innen-KG“ verstanden werden kann, durchaus ein tragfähiges Erklärungsmodell für die qualifizierte Treuhand darstellen kann. Dies gilt unabhängig von der Begründung des qualifizierten Treuhandverhältnisses durch vertragliche Gleichstellung oder gesetzliche Gleichstellung (§ 152 I 3 KAGB).

Zu beachten ist jedoch, dass dieser Erklärungsansatz keinerlei Auswirkung auf die dargestellten vermögensrechtlichen Beziehungen der Treugeber zur Gesellschaft hat. Die Annahme eines Anlegerinnenverbands betrifft allein die organisationsrechtliche Seite der Beteiligung. Als Vermögensträger im Außenverhältnis tritt weiterhin notwendig nur die KG in Erscheinung.[990] Das vermögensrechtliche Einlageverhältnis wird vollständig durch den Treuhänder vermittelt, da nur dieser echter, gesamthänderisch verbundener Außengesellschafter ist.

Der *BGH* geht regelmäßig nur vom Bestehen einer GbR zwischen den stillen Gesellschaftern aus, welche die GmbH selbst nicht einschließt, vgl. BGH, NJW 1995, 1353, 1355.

989 Aus aufsichtsrechtlicher Sicht könnte sich hier die Frage stellen, ob die Treugeberinnengesellschaft oder ihr Treuhandkommanditist selbst ein Investmentvermögen i. S. v. § 1 I KAGB darstellen. Zur Frage der Qualifikation des Treuhänderkommanditisten als Investmentvermögen siehe etwa *Klebeck/Kunschke*, in: B/S/V, 405, § 152 KAGB, Rn. 30 ff.

990 Vgl. *K. Schmidt*, NZG 2011, 361, 366.

§ 4 Die Haftung gegenüber dem Treuhänder

A. Bei Wirksamkeit des Treuhandvertrags

Die Haftung des Treugebers gegenüber dem Treuhänder ist bei Bestehen eines wirksamen Treuhandvertrags grundsätzlich unbestritten. Sie ergibt sich zumindest unmittelbar aus dem Treuhandvertrag bzw. aus § 675 i. V. m. § 670 BGB, wobei weitere Ansprüche möglich sind. Höchst problematisch sind dagegen die Zulässigkeit eines Ausschlusses der Haftung gegenüber dem Treuhänder, die Bestimmung der ersatzfähigen Aufwendungen und die Geltendmachung von Einwendungen durch den Treugeber.

I. Ansprüche des Treuhänders gegen den Treugeber

Die Ansprüche des Treuhänders gegen den Treugeber wurden bereits kurz dargestellt.[991] Aus dem Treuhandvertrag ergibt sich, dass der Treugeber dem Treuhänder sämtliche Aufwendungen zu ersetzen hat und der Treuhänder Freistellung von eventuellen Verbindlichkeiten im Zusammenhang mit der Beteiligung verlangen kann (§§ 675, 670, 257 BGB).[992] Dies gilt zunächst für Verbindlichkeiten gegenüber der Kommanditgesellschaft selbst[993] und weiterhin für Gesellschaftsverbindlichkeiten, für die der Treuhänder als Kommanditist persönlich von Drittgläubigern in Anspruch genommen werden kann.[994] Dieser Anspruch ist in mehrfacher Hinsicht beschränkt: Zum einen kann die Vorschrift des § 670 BGB grundsätzlich[995] ausdrücklich oder stillschweigend ausgeschlossen oder eingeschränkt werden.[996] Zum anderen sind nur Aufwendungen im Sinne freiwilliger Vermögensopfer erfasst, welche der Treuhänder auch für erforderlich halten durfte.[997] An der Erforderlichkeit wird es regelmäßig dann fehlen, wenn der Treuhänder auf Forderungen leistet, die nicht wirksam bestehen oder nicht durchsetzbar sind und in einem Prozess hätten abgewendet werden können. Auch die Eingehung einer

991 § 3 A. V.

992 BGH, NJW 1980, 1163, 1164.

993 Siehe § 4 III. 2.

994 Siehe § 4 III. 1.

995 Siehe sogleich unter § 4 II.

996 Ebenso ist eine Erweiterung möglich, vgl. *Martinek*, in: Staudinger (2006), § 670, Rn. 5.

997 Vgl. *Schiemann*, in: FS Zöllner, 503, 512. *Armbrüster*, S. 380 weist zurecht darauf hin, dass dies nur selten der Fall sein dürfte und bei Weiterleitung der durch den Treuhänder in haftungsbegründender Weise erlangten Mittel an den Treugeber diesem die Berufung auf die fehlende Erforderlichkeit nach § 242 BGB versagt ist.

persönlichen unbeschränkten Haftung mangels Eintragung in das Handelsregister (§§ 176, 128 HGB) ist nicht erforderlich i. S. v. § 670, sofern nicht der Treugeber ausdrücklich zugestimmt hat.

Möglich sind weiterhin allgemeine Schadensersatzansprüche des Treuhänders gemäß den §§ 280 ff. BGB wegen Verletzung von Pflichten aus dem Treuhandvertrag, etwa wegen nicht oder nicht rechtzeitig geleisteter Mittel zur Erbringung der Kommanditeinlage. Hierdurch kann der Treuhänder gezwungen sein, das Kapital für die bereits übernommene Einlage anderweitig zu finanzieren, um evtl. höhere Verzugszinsen gegenüber der Gesellschaft zu vermeiden.[998] Ein Anspruch aus §§ 280, 241 II BGB könnte sich ergeben, wenn der Treugeber dem Treuhänder eine Weisung erteilt, durch deren Befolgung er die gesellschaftliche Treuepflicht verletzen würde. Nach dem oben gesagten ist der Treuhänder zur Befolgung solcher Weisungen nicht verpflichtet.[999] Der Treugeber kann mit einer solchen Weisung im Einzelfall gegen die Leistungstreuepflicht i. S. d. § 241 II BGB verstoßen, wonach er keine unbegründeten Ansprüche aus dem Vertragsverhältnis geltend machen darf.[1000] Hierdurch müsste allerdings auch ein ersatzfähiger Schaden beim Treuhänder entstehen. Durch eine Minderung des Werts der Beteiligung entsteht dem Treuhänder kein Schaden, sondern lediglich dem Treugeber. In Betracht käme somit nur eine Inanspruchnahme des Treuhänders durch die Gesellschaft bzw. seine Mitgesellschafter. In beiden Fällen beruht der Schadenseintritt erst auf der eigenverantwortlichen und schuldhaften Handlung des Treuhänders (treupflichtwidrige Handlung gegenüber der Gesellschaft) und kann somit dem Treugeber für die Zwecke der Begründung eines Ersatzanspruchs des Treuhänders nicht zugerechnet werden.[1001] Der Treuhänder kann in diesem Fall aber Ersatz gemäß §§ 675, 670 BGB verlangen.[1002]

Deliktische Schädigungen des Treuguts i. S. d. §§ 823 ff. BGB durch den Treugeber sind möglich, da insoweit das Eigentum bzw. Rechte des Treuhänders betroffen sind.[1003] Als zumindest wirtschaftlichen Inhaber der Beteiligung treffen diese Schädigungen aber mittelbar nur den Treugeber selbst. Im Verhältnis zwischen Treuhänder und Treugeber spielen deliktische Ansprüche daher keine Rolle.

II. Vertraglicher Ausschluss des Freistellungsanspruchs

Der Aufwendungsersatz- bzw. Freistellungsanspruch des Treuhänders ergibt sich aus dem der Treuhand zugrundeliegenden Geschäftsbesorgungs- oder

998 Vgl. die entsprechende Regelung im Gesellschaftsvertrag in OLG Düsseldorf, DStR 1991, 1532, 1533.
999 Vgl. § 3 A. I. 3. b).
1000 Vgl. *Grüneberg*, in: Palandt, § 280, Rn. 27.
1001 Zu möglichen Ansprüchen der Gesellschaft gegen den Treugeber siehe § 7.
1002 Siehe § 4 A. III. 2. c).
1003 Zur Einordnung von Mitgliedschaftsrechten als sonstige Rechte iSd § 823 I BGB vgl. etwa *Förster*, in: BeckOK-BGB, § 823, Rn. 171 mwN.

Dienstleistungsverhältnis gem. §§ 675/662, 670 (257) BGB. Es ist fraglich, ob und inwieweit dieser Anspruch ausgeschlossen oder eingeschränkt werden kann. Sofern der Anspruch gesondert im Treuhandvertrag begründet ist, stellt sich die Frage nach einem vertraglichen Ausschluss vorliegend nicht.

1. Ausdrücklicher Ausschluss

Grundsätzlich muss gelten, dass es sich um dispositive Vorschriften handelt und die Vertragsparteien im Rahmen der Privatautonomie nicht gehindert sind, anderweitige Regelungen zu treffen.[1004] Zutreffend hat der *BGH* einen Ausschluss in der kupierten Publikums-KG grundsätzlich für zulässig gehalten.[1005] Die Grenze der zulässigen Gestaltungen ist in den allgemeinen Grenzen der Privatautonomie, namentlich der Sittenwidrigkeit i. S. d. § 138 BGB, zu suchen. Sittenwidrigkeit kann sich dabei aus Sicht des Treuhänders, der Gesellschaft und deren Gläubigern ergeben.[1006]

a) Praktische Bedeutung eines Ausschlusses

Abseits der Publikumsgesellschaften sind viele Fälle denkbar, in denen die Parteien den Ersatzanspruch aus § 670 BGB ausdrücklich ausschließen werden. Dies kommt insbesondere im familiären Bereich in Betracht, wenn Angehörige am wirtschaftlichen Ergebnis der Kommanditgesellschaft beteiligt werden sollen.[1007] Hierbei kann der Treuhänder etwa auf seinen Ersatzanspruch hinsichtlich der Kapitaleinlage zugunsten des Treugebers verzichten, so dass dieser ohne eigenes Risiko am wirtschaftlichen Ergebnis partizipiert. Wirtschaftlich betrachtet könnte dieses Ergebnis auch durch eine gem. § 717 S. 2 BGB zulässige Abtretung der Gewinnansprüche erreicht werden. In diesem Fall wäre der Zessionar jedoch mangels unternehmerischen Risikos unzweifelhaft nicht als Mitunternehmer der Gesellschaft im steuerrechtlichen Sinne anzusehen. Auch bei mittelbarer Beteiligung unter Ausschluss sämtlicher Ersatzansprüche des Treuhänders bestehen jedoch Zweifel an der Mitunternehmereigenschaft des Treugebers. Letztlich stellt der Anspruchsausschluss jedoch nichts anderes als die Schenkung der mittelbaren Beteiligung dar. Nicht anders als bei der Schenkung eines Kommanditanteils trägt auch der Treugeber das Risiko des Wertverlusts der durch den Treuhänder geschenkten mittelbaren Beteiligung durch eine negative wirtschaftliche Entwicklung der Gesellschaft, so dass das Unternehmerrisiko bejaht werden kann. Auch bei der Verwaltung eines oHG-Anteils durch einen Testamentsvollstrecker als Treuhänder besteht ein legitimes Interesse daran, die mittelbare Haftung auf den Nachlass zu beschränken.[1008] Im Bereich der kupierten Publikumsgesellschaften sind derartige

1004 *Schäfer*, in: MüKo-BGB, § 670, Rn. 3.
1005 BGH, NJW 1980, 1163, 1164; ebenso OLG Stuttgart, Urt. v. 10.05.2011 – 6 U 44/10.
1006 Siehe sogleich unter § 4 II. 1. b) bis d).
1007 Vgl. § 2 B. I. 4.
1008 *Kümmerlein*, S. 158.

Vertragsgestaltungen kaum denkbar. Insbesondere bei geschlossenen Fonds zur Kapitalsammlung würde der umfassende Ausschluss des Ersatzanspruchs des Treuhänders dem eigentlichen Beteiligungszweck diametral entgegenstehen.

b) Sittenwidrigkeit aus Sicht des Treuhänders

Die fehlende Risikotragung des Treuhänders wird zwar teilweise als „typusprägend“[1009], „charakteristisch“[1010] oder auch als allgemeiner Gedanke des Treuhandrechts bezeichnet.[1011] Ein zwingender Inhalt kann dem Treuhandvertrag mangels gesetzlicher Kodifizierung jedoch nicht beigemessen werden.[1012] Weiterhin kann sich eine Sittenwidrigkeit richtigerweise nur im Einzelfall ergeben.[1013] Die vorangehenden Ausführungen haben gezeigt, dass der Ausschluss des Freistellungsanspruchs nicht per se sittenwidrig ist, sondern gerade auch dem Interesse des Treuhänders dienen kann.[1014] Weiterhin muss berücksichtigt werden, dass die Höhe der eingegangenen Verpflichtung bei einer Kommanditbeteiligung, anders als bei oHG und GbR, von vorn herein grundsätzlich feststeht. Somit besteht – auch in der Publikumsgesellschaft – nicht ohne weiteres ein unübersehbares Haftungsrisiko (siehe aber sogleich).[1015] Zudem kann der Treuhänder ein übernommenes Haftungsrisiko durch eine entsprechend hohe Vergütung ohne weiteres kompensieren,[1016] so dass regelmäßig ein angemessenes Verhältnis von Leistung und Gegenleistung vorliegen dürfte.[1017] Insbesondere ist der Treuhänder unmittelbar an Erstellung und Abschluss des Treuhandvertrags beteiligt.[1018] Ein unangemessenes

1009 *Tebben*, VGR 2010, 161, 170.
1010 *Wertenbruch*, NZG 2013, 285, 286.
1011 Vgl. *Grundmann*, S. 510, mit Fn. 122.
1012 Vgl. die allgemeinen Ausführungen zur Treuhand, § 2 A.
1013 Dies übersieht wohl *Tebben*, VGR 2010, 161, 170; zutreffend anders noch *ders.*, S. 290.
1014 Allgemein für Zulässigkeit bei berechtigtem Interesse am Anspruchsausschluss: *Eden*, S. 71; *Kümmerlein*, S. 158, *Beuthien*, ZGR 1974, 26, 49; **aA** *Wiedemann*, ZIP 2012, 1786, 1791 mit Fn. 40 unter unzutreffendem Hinweis auf eine angeblich „überwiegende Ansicht“, welche letztlich nur aus *Tebben* (VGR 2010, 161, 170) besteht.
1015 So *Pfeifle/Heigl*, WM 2008, 1485, 1486 zur Publikumsgesellschaft.
1016 Insoweit übereinstimmend *Schaub*, DStR 1996, 65, 67.
1017 Wenngleich die Treuhändervergütung grundsätzlich nicht im Synallagma zu dem Ersatzanspruch aus § 670 BGB steht (vgl. oben § 3 A. V. sowie *Grundmann*, S. 510 mit Fn. 122), so wird durch einen Ausschluss des § 670 BGB zumindest faktisch ein Gegenseitigkeitsverhältnis zwischen Vergütung und Risikoübernahme durch den Treuhänder hergestellt.
1018 In der kupierten Publikums-KG tritt der Treuhänder hinsichtlich der einheitlichen Verträge zudem selbst als Verwender von AGB auf, weshalb auch insoweit grundsätzlich keine Bedenken gegen einen Verzicht auf seine Ansprüche bestehen, vgl. *A. Arnold*, Diskussionsbeitrag zum Referat *Tebben*, VGR 2010, 161, 183 f.

Verhältnis dürfte somit regelmäßig nur in Extremfällen (Zwangslage, mangelndes Urteilsvermögen, etc.) vorliegen, welche § 138 II BGB erfasst.

Eine sittenwidrige Knebelung[1019] oder Selbstentmündigung[1020] des Treuhänders durch Ausschluss des Ersatzanspruchs könnte allerdings dort angenommen werden, wo es um nicht vom Gewinn gedeckte Liquiditätsausschüttungen geht.[1021] Der Treuhänder wäre unmittelbar aus dem Treuhandvertrag oder auf spezielle Weisung des Treugebers hin verpflichtet, diese Ausschüttungen anzunehmen und weiterzuleiten. Teilweise wird hierin eine sittenwidrige Gestaltung erblickt, da dem Treugeber dann sämtliche Chancen zugewiesen seien, während der weisungsgebundene Treuhänder die Risiken zu tragen habe.[1022] Durch entsprechende Ausschüttungen lebt die Außenhaftung des Treuhänders aus §§ 171 I, 172 IV HGB wieder auf. Sie ist aber weiterhin auf die eingetragene Haftsumme begrenzt. Insoweit bedeutet der Ausschluss des Freistellungsanspruchs nur, dass der Treuhänder die für ihn eingetragene Haftsumme auch tatsächlich selbst tragen will. Es bleibt bei dem vorangehenden Befund, dass ohne besondere Umstände (§ 138 II BGB), welche den Treuhänder zum Abschluss eines Nachteiligen Vertrages bewogen oder gezwungen haben, nicht von Sittenwidrigkeit ausgegangen werden kann.

Die KG könnte jedoch im Innenverhältnis aufgrund gesellschaftsvertraglicher Regelungen zur Rückforderung nicht gewinngedeckter Ausschüttungen berechtigt sein.[1023] Sofern kein Fremdkapital hierfür verwendet wird, hat der Treuhänder wiederum nur die tatsächlich selbst übernommene Einlageleistung zu erfüllen, nachdem die ursprünglich von den Treugebern geleisteten Einlagen an diese zurückgeflossen sind. Wiederum liegt keine Sittenwidrigkeit aus Sicht des Treuhänders vor.

Angenommen die KG würde in diesem Szenario Fremdkapital in Form von Krediten aufnehmen und dieses über den Treuhänder den Treugebern zuwenden, würde der Treuhänder im Innenverhältnis zur KG über die übernommene Einlage hinaus in entsprechender Höhe und damit theoretisch unendlich haften. Nur in diesem Extremfall könnte eine Sittenwidrigkeit des Treuhandvertrags zu Lasten des Treuhänders angenommen werden. Praktikabler erscheint es jedoch, das Weisungsrecht des Treugebers insoweit nach § 242 BGB einzuschränken, als dass er entsprechende Liquiditätsausschüttungen, bei denen nicht zu erwarten ist, dass sie jemals durch Gewinne kompensiert werden können, nicht vom Treuhänder

---

1019 So *Tebben*, VGR 2010, 161, 170; *Beuthien*, ZGR 1974, 26, 49; *F. Peters*, S. 79; vgl. allgemein *Ellenberger*, in: Palandt, § 138, Rn. 39.

1020 *Eden*, S. 71, *Kümmerlein*, S. 157, *Schaub*, DStR 1996, 65, 68. Vgl. auch BGH, NJW 1965, 2147 für den Fall der sittenwidrigen Selbstentmündigung durch unechte Treuhand, bei der ein Treugeber sämtliche Gesellschafterrechte auf einen Treuhänder übertragen musste, gleichzeitig aber vollhaftender Gesellschafter bleib.

1021 Zu diesen Ansprüchen siehe § 4 A. III. 2. d).

1022 *Tebben*, VGR 2010, 161, 170; *Pfeifle/Heigl*, WM 2008, 1485, 1486.

1023 Eingehend dazu § 4 III. 2. d) sowie § 7 II.

verlangen kann. Wahrscheinlicher ist es allerdings, dass eine solche Gestaltung – unter Ausschluss des Freistellungsanspruchs – zur vorsätzlichen Schädigung der Kreditgeber unter kollusivem und damit sittenwidrigem Zusammenwirken von KG, Treuhänder (bzw. Treuhand-GmbH) und Treugeber eingesetzt wird.

Insgesamt kann nach alldem nicht davon ausgegangen werden, dass ein Treuhandvertrag ohne Freistellungsansprüche des Treuhänders zwingend nur ein sittenwidriges „Vertragswrack" darstellt.[1024] Nur dort, wo eine entsprechende Vertragsgestaltung insgesamt auf eine (Dritt-)Schädigung abzielt, dürfte im Ausnahmefall eine Sittenwidrigkeit anzunehmen sein. Dass diese Sittenwidrigkeit zum Nachteil des Treuhänders besteht, erscheint weitgehend ausgeschlossen.

c) Sittenwidrigkeit aus Sicht der KG

Die Aufnahme von Gesellschaftern in die KG bedarf grundsätzlich der Zustimmung aller Gesellschafter. Es liegt im Verantwortungsbereich der Gesellschafter, die entsprechende Auswahl zu treffen und sich über die jeweilige Person und deren Finanzkraft zu informieren. Auf ein bestehendes verdecktes Treuhandverhältnis und dessen genauen Inhalt kann es vorliegend nicht ankommen. Zwar besteht die Gefahr, dass Mittel an den Treugeber abfließen, die der Treuhänder möglicherweise zurück zu gewähren verpflichtet ist. Der Treuhänder wäre aber auch nicht gehindert, diese Mittel anderweitig zu verwenden und eine Zahlungsunfähigkeit herbeizuführen. Legt der Treuhänder das Treuhandverhältnis gegenüber der KG offen, so liegt es wiederum in der Verantwortung der Gesellschafter, sich über die Person des Treugebers zu informieren. Gibt der Treuhänder wahrheitswidrig vor, dass der Treugeber die Erbringung der Einlage sicherstellen werde, liegt hierin eine arglistige Täuschung i. S. d. § 123 BGB, welche zur Anfechtung des Beitrittsvertrags berechtigen würde. Nicht anders verhält es sich, sofern die Aufnahme weiterer Gesellschafter im Gesellschaftsvertrag ohne Zustimmung vorgesehen ist. Hier besteht kein Interesse an der Person des Beitretenden und seinen finanziellen Verhältnissen. Die Aufbringung der Kapitaleinlage wird regelmäßig Voraussetzung des Beitritts sein.

d) Sittenwidrigkeit aus Sicht der Gesellschaftsgläubiger

Der Ausschluss von Aufwendungsersatzansprüchen des Treuhänders könnte sich weiterhin dort als sittenwidrig erweisen, wo er zur Benachteiligung von Gläubigern führt bzw. gezielt hierzu eingesetzt wird. Da auch jeder Gesellschaftsgläubiger das Risiko der Auswahl seiner Vertragspartner zunächst selbst zu tragen hat, kann eine sittenwidrige Benachteiligung regelmäßig nur vorliegen, wo die mittelbare Beteiligung von Treugebern nach außen erkennbar ist. Zudem muss der Treuhänder vermögenslos oder -arm sein.[1025] In der kupierten Publikums-KG

1024 So aber der Diskussionsbeitrag von *Tebben*, VGR 2010, 161, 184.
1025 Vgl. *F. Peters*, S. 79.

wird die Treuhänderstellung regelmäßig von einer GmbH eingenommen. Es kann nicht davon ausgegangen werden, dass diese Gesellschaft über finanzielle Mittel über die gesetzlichen Anforderungen an das Mindeststammkapital (§ 5 I GmbHG) hinaus verfügt. Soweit nach außen nicht der Eindruck erweckt wird, dass eine solche Gesellschaft mit Minimalkapitalausstattung Zugriff auf weitere finanzielle Ressourcen hat, scheint eine sittenwidrige Benachteiligung von Gläubigern ausgeschlossen. Nach der Gesamtkonzeption eines solchen Fonds ist aber für jeden Vertragspartner grundsätzlich erkennbar, dass nicht der Treuhänder, sondern die hinter ihm stehende Vielzahl an Treugebern und die von diesen geschuldeten Einlagen die tatsächliche Haftungsmasse der Fondsgesellschaft bilden. Eine entsprechende Situation ist in gleicher Weise auch bei der Treuhand mit nur einem oder wenigen Treugebern denkbar, sofern die mittelbare Beteiligung nach außen wirkt. Hier wird vertreten, dass bei Ausschluss der Ersatzansprüche der Treuhänderin per se von Schädigungsabsicht zu Lasten der Gläubiger und damit von Sittenwidrigkeit der Ausschlussklausel ausgegangen werden müsse. Möglich seien dann auch Schadensersatzansprüche aus § 826 BGB gegen die Treugeber.[1026]

Dem ist zu widersprechen. Auch bei erkennbarer Treuhand kann das Vertrauen des Gläubigers der KG zunächst nur dem Treuhänder als eingetragenem Kommanditisten gelten. Gibt die Person des Treuhänders Anlass an dessen Kreditwürdigkeit zu zweifeln, ist es durchaus zumutbar sich auch über die Treugeber und insbesondere deren (mittelbare) Verantwortlichkeit für Gesellschaftsschulden zu informieren. Es ist nicht ersichtlich, warum ein Gläubiger generell darauf vertrauen können sollte, dass die Treugeber tatsächlich die Haftungsmasse des Treuhänders bzw. der Gesellschaft bilden. Ebenso kann es den Treugebern nicht verboten sein, die Haftungsabschirmung einer Treuhand-GmbH vollständig zu nutzen, wie es ihnen auch als unmittelbare Gesellschafter der Treuhand-GmbH unzweifelhaft möglich wäre. Erst dann, wenn das Nichtbestehen des Freistellungsanspruchs Anspruchs bewusst verschleiert wird, könnte eine sittenwidrige Schädigungsabsicht vorliegen, welche entsprechende Schadensersatzansprüche begründen kann. Daneben sind allenfalls Täuschungen über den Ausschluss des Freistellungsanspruchs denkbar, welche lediglich zur Anfechtung berechtigen würden. Eine Sittenwidrigkeit des vertraglichen Ausschlusses der Freistellungsansprüche dürfte sich jedoch nicht ergeben.

2. *Konkludenter Ausschluss*

Der Freistellungsanspruch könnte weiterhin auch konkludent ausgeschlossen sein. Aus Sicht des Treuhänders dürfte ein Haftungsausschluss mit Blick auf das sehr hohe Haftungsrisiko in seiner Person jedoch regelmäßig nicht gewollt sein. Etwas anderes kann sich allenfalls bei Treuhandbeteiligungen mit einem oder wenigen Treugebern, etwa im familiären Bereich, unter Berücksichtigung einer

---

1026 Vgl. *Schaub*, DStR 1996, 65, 67; *Beuthien*, ZGR 1974, 26,48.

entsprechend hohen Vergütung des Treuhänders und eingeschränkten Einwirkungsmöglichkeiten des Treugebers ergeben.[1027] Durch entsprechende Wahl der Rechtsform des Treuhänders (GmbH, AG) kann jedoch auch bei Publikumsgesellschaften das an sich hohe Haftungsrisiko entsprechend eingegrenzt und kontrolliert werden, so dass ein konkludent vereinbarter Ausschluss nicht von vorn herein ausscheidet. Hier wird der Freistellungsanspruch jedoch in aller Regel gesondert im Treuhandvertrag vereinbart. Nur sofern dies nicht der Fall ist kommt ein konkludenter Ausschluss überhaupt in Betracht. Dieser soll nach Ansicht des *BGH* nicht schon dann bestehen, wenn den Treugebern ein außerordentliches Kündigungsrecht eingeräumt werde.[1028]

Teilweise wird dahingehend argumentiert, dass in der kupierten Publikumspersonengesellschaft grundsätzlich von einem konkludent vereinbarten Ausschluss des Freistellungsanspruch auszugehen sei, da der Treugeber gerade nicht über die einmalige Leistung der Einlage hinaus haften wolle.[1029] Diese Haftungsbeschränkung sei auch deshalb nicht bedenklich, weil das gleiche Ergebnis durch treuhänderische Beteiligung an einer Kapitalgesellschaft erreicht werden könne.[1030] Auch *Schiemann* geht davon aus, dass der Treuhänder nach dem Inhalt des Treuhandvertrags verpflichtet sein könne den Treugeber von jeglicher Haftung über die geleistete Einlage hinaus freizuhalten.[1031] Zudem würde das hierdurch gesteigerte Haftungsrisiko des Treuhänders zur Verdrängung der „schwarzen Schafe" vom Dienstleistungsmarkt der Kapitalanlagen führen und somit zur Qualitätsverbesserung beitragen.[1032]

Diese Ansichten scheinen zunächst zu übersehen, dass die wirtschaftliche Kommanditistenstellung nach dem Willen der Beteiligten gerade durch den Treugeber eingenommen werden soll, weshalb gerade dieser auch das wirtschaftliche Risiko im Verhältnis zum Treuhänder tragen muss[1033] und dies zur Erlangung der steuerlichen Zurechnung regelmäßig auch will.[1034] Eine über die Einlage hinausgehende Haftung ergibt sich zudem nur bei nicht gewinngedeckten Ausschüttungen, soweit die Gesellschaft berechtigt ist, diese zurück zu fordern.[1035] Auch der Vergleich zur Beteiligung an einer Kapitalgesellschaft überzeugt nicht. Wird das haftende Garantiekapital einer GmbH an die Gesellschafter ausgezahlt, sind diese gem. §§ 31, 30 GmbHG zur Erstattung verpflichtet. Die Verantwortung für

---

1027 Vgl. *Hofman*, S. 98 f.; *Kümmerlein*, S. 159 f.
1028 BGH, NJW 1980, 1163, 1164.
1029 Vgl. *Schmuck*, Diskussion des Referats Klöhn, VGR 2012, 143, 167.
1030 Vgl. *Enderle*, Diskussion des Referats Klöhn, VGR 2012, 143, 167.
1031 *Schiemann*, in: FS Zöllner, 503, 511.
1032 *Schiemann*, in: FS Zöllner, 503, 519.
1033 Vgl. BGH, NJW 1980, 1163, 1163 f. mit Hinweis auf die genau gegenteilige Folgerung des Berufungsgerichts.
1034 Vgl. *Schäfer*, ZHR 177 (2013), 619, 629 f./642.
1035 Siehe § 4 A. III. 2. d).

die Kapitalerhaltung wird vom *BGH* analog § 31 GmbHG auf empfangende Dritte und damit insbesondere auch auf Treugeber erstreckt.[1036] Die Haftung von Treugebern für die Rückzahlung nicht gewinngedeckter Ausschüttungen besteht bei der GmbH daher unmittelbar gegenüber der Gesellschaft und daher sogar unabhängig von einem etwaigen Freistellungsanspruch des Treuhänders. Eine konkludente Einigung zwischen den Parteien kann im Einzelfall nicht ausgeschlossen werden. Die grundsätzliche Annahme eines konkludenten Ausschlusses des Freistellungsanspruchs des Treuhänders in bestimmten Konstellationen – etwa kupierten Publikumsgesellschaften – kann jedoch nicht überzeugend begründet werden.

III. Ersatzfähige Aufwendungen des Treuhänders

Fraglich ist, für welche gegen ihn gerichteten Ansprüche der Treuhänder vom Treugeber nach §§ 675, 670, 257 BGB Ersatz oder Freistellung verlangen kann. In Betracht kommen hier Ansprüche aus der Außenhaftung des Treuhänderkommanditisten und Ansprüche der Gesellschaft und der Gesellschafter.

1. Außenhaftung

Der Treuhänder nimmt die Stellung des Kommanditisten in der Gesellschaft ein. Bezüglich seiner Außenhaftung ergeben sich in seiner Person zunächst keine Besonderheiten. Sie richtet sich nach den §§ 171 ff. HGB. Da der Treuhänder als Kommanditist seine Haftung im Außenverhältnis grundsätzlich ausschließen kann, ist im Einzelnen aber fraglich, ob und wann er Ersatz für entsprechende Aufwendungen verlangen kann.

a) §§ 171, 172 IV, 173 HGB

Der Kommanditist haftet den Gläubigern im Außenverhältnis nur bis zur Höhe seiner im Handelsregister eingetragenen Haftsumme. Soweit er seine Einlage gegenüber der Gesellschaft erbracht hat, ist diese Haftung ausgeschlossen, § 171 HGB. Ist die Einlage zurückgezahlt worden, lebt die Haftung in gleichem Umfang wieder auf, § 172 IV HGB. Es ist dabei unerheblich, ob die Mittel erst vom Treuhänder empfangen und weitergeleitet werden oder – aufgrund abgetretenen oder originären Bezugsrechts[1037] – direkt an die Treugeber fließen, solange die Zahlung an die Treugeber ihren Rechtsgrund zumindest auch im Treuhandverhältnis hat.[1038]

In gleicher Weise haftet der Kommanditist auch für Verbindlichkeiten der KG, welche bereits vor seinem Eintritt in die Gesellschaft begründet waren, § 173 HGB.

1036 Siehe dazu § 5 C. I. sowie BGH, NJW 1992, 2023 ff.

1037 Vgl. § 3 B. I.

1038 So auch *Armbrüster*, S. 425 f.; *Canaris*, in: FS Fischer, 31, 57; **aA** *Corzelius*, EWiR, § 171 HGB 1/09, 543, 544, der damit die Bedeutung des Treuhandverhältnisses auch bei mitgliedschaftlicher Stellung des Treugebers vernachlässigkt.

Sofern der Treuhänderkommanditist nach den vorstehend genannten Vorschriften von Gesellschaftsgläubigern in Anspruch genommen wird, kann er gemäß §§ 675, 670 Ersatz dieser Aufwendungen oder gemäß § 257 Befreiung von der Verbindlichkeit verlangen. Es handelt sich hierbei unproblematisch um Aufwendungen im Sinne von freiwilligen Vermögensopfern, welche der Treuhänder auch gemäß § 670 BGB für erforderlich halten darf. Bei mehreren Treugebern haftet jeder nur anteilig entsprechend der übernommenen Beteiligungsquote, da nur insoweit eine erforderliche Aufwendung aus dem jeweiligen Geschäftsbesorgungsverhältnis vorliegt.[1039]

Fraglich erscheint das Bestehen des Ersatzanspruchs allerdings, sofern die Haftung des Treuhänders nach § 172 IV HGB wieder auflebt, die Einlage aber nicht – mittelbar über den Treuhänder oder unmittelbar von der Gesellschaft – an die Treugeber geflossen ist. Grundsätzlich steht dem Treugeber in diesem Fall ein Gegenanspruch aus §§ 675, 667 BGB gegen den Treuhänder zu. *K. Schmidt* und *Maulbetsch* sprechen sich dennoch für eine sinngemäße Anwendung des § 172 IV HGB auf das Treuhandverhältnis aus, um einen Anspruch des Treuhänders aus §§ 675, 670 BGB in diesem Fall nicht entstehen zu lassen.[1040] *Tebben*[1041] sieht demgegenüber den Gegenanspruch aus § 667 BGB als ausreichend an.

Letzterem ist zuzustimmen, da der Treuhänder schon unmittelbar aus dem Treuhandvertrag zur Befriedigung des Drittgläubigers verpflichtet sein dürfte, um den Treugeber möglichst weitgehend von Ersatzansprüchen frei zu halten. Eine Anwendung des § 172 IV HGB auf das Treuhandverhältnis bedarf es daher insoweit nicht. Letztlich besteht hier auch schon ein Eigeninteresse des Treuhänders sich durch Erfüllung und anschließende Aufrechnung gegenüber dem Herausgabeanspruch des Treugebers von beiden Verbindlichkeiten zu befreien.[1042]

Problematisch ist die Situation, wenn der Treuhänder nicht in der Lage ist, den Drittgläubiger mit den von der Gesellschaft empfangenen Mitteln zu befriedigen. Ihm bliebe dann nur die Abtretung des Freistellungsanspruchs gegen Treugeber an den Drittgläubiger. Der tatbestandliche Ausschluss des Anspruchs des Treuhänders aus § 670 BGB durch Analogie zu § 172 IV HGB, welcher allein im Treuhandinnenverhältnis wurzelte, würde dann direkt den Drittgläubiger belasten. Zudem kann sich der Treugeber durch die Vereinbarung einer direkten Zahlung von der Gesellschaft problemlos schützen.[1043] Auch deshalb ist das Bestehen dieses Anspruchs anzunehmen und der Treugeber auf den Herausgabeanspruch (§ 667 BGB) zu verweisen. Gem. § 404 BGB fehlt hier jedoch die Aufrechnungsbefugnis des Treugebers gegenüber dem Drittgläubiger, da zur Zeit der Abtretung des Freistellungsanspruchs an den Drittgläubiger mangels Gleichartigkeit noch keine

1039 Vgl. *Tebben*, S. 291; *K. Schmidt*, in: MüKo-HGB, vor § 230, Rn. 75.
1040 So *Maulbetsch*, S. 168 f.; *K. Schmidt*, in: MüKo-HGB, vor § 230, Rn. 75.
1041 *Tebben*, S. 290.
1042 Vgl. auch § 4 V. 1.
1043 Vgl. § 3 B. I. 1.

Aufrechnungslage bestand.[1044] Dem Treugeber stünde nur ein Zurückbehaltungsrecht gem. § 273 I BGB zu.[1045]

Anderes muss dagegen gelten, wenn der Treugeber dem Treuhänder einen Vorschuss für die Erfüllung bestimmter Verbindlichkeiten, etwa die Einlageleistung, geleistet hat. Hier kommt es aufgrund antizipierter Erfüllung bzw. fehlender Erforderlichkeit erst gar nicht zur Entstehung eines Ersatzanspruchs nach § 670 BGB.[1046]

b) § 172 V HGB

Gemäß § 172 V HGB lebt die Haftung des Kommanditisten bei gutgläubigem Gewinnbezug aufgrund gutgläubig errichteter Bilanz nicht gem. § 172 IV HGB wieder auf.[1047] Bei direktem Gewinnbezug durch den Treugeber, stellt sich die Frage, ob nur oder zusätzlich auch Gutgläubigkeit in seiner Person vorhanden sein muss.

Das Gewinnbezugsrecht steht nur dem Kommanditisten als Gesellschafter der KG zu. Sofern es zur direkten Zahlung an den Treugeber kommt, handelt es sich immer nur um eine derivative Berechtigung des Treugebers. Hinsichtlich des guten Glaubens gem. § 172 V HGB ist daher grundsätzlich auf den Treuhänder als Kommanditisten abzustellen.[1048] Der gute Glaube allein des Treugebers kann nicht genügen. Es ließe sich nicht erklären, warum die Interessen der Gläubiger zugunsten einer Bereicherung von Drittempfänger trotz Bösgläubigkeit des formellen Empfängers zurücktreten sollten. Soweit das *OLG Stuttgart* grundsätzlich die Möglichkeit sieht, dass § 172 V HGB zu Gunsten des Treugebers eingreife, ist hiermit nur die mittelbar positive Auswirkung einer Gutgläubigkeit des Treuhänders durch Minderung seines Ersatzanspruchs gegenüber dem Treugeber (§§ 675, 670 BGB) gemeint.[1049]

Denkbar erscheint es dagegen, zusätzlich zum guten Glauben des Treuhänders auch den guten Glauben des Treugebers zu verlangen. Wird statt an den

---

1044 Vgl. § 6 C. II. Der *BGH* geht dagegen vom Bestehen einer Aufrechnungslage aus, nimmt aber gleichzeitig ein Aufrechnungsverbot zulasten des Treugebers an. Eine analoge Anwendung des § 172 IV HGB gerade aufgrund dieses Verbots wäre widersinnig, da beide Rechtsfortbildungen der Lösung desselben Problems dienen, namentlich der Zuweisung des Missbrauchs- und Insolvenzrisikos des Treuhänders. Insoweit kann sich die Diskussion auf die Richtigkeit der Annahme eines Aufrechnungsverbots beschränken, siehe dazu § 6 C. III.

1045 Siehe dazu § 4 A. VI.

1046 So auch *Ehlke*, DB 1985, 795, 802; *Tebben*, S. 291; vgl. auch *Kümmerlein*, S. 160; *Hofmann*, S. 99; **aA** *Lenders*, S. 271 ff.

1047 *K. Schmidt*, in: MüKo-HGB, § 172, Rn. 87 will grds. nur auf den guten Glauben des Kommanditisten abstellen. Zumindest in der Publikums-KG sei dies analog § 62 I 2 AktG erforderlich, ablehnend jedoch BGH, NJW 1982, 2500.

1048 *Kapitza*, S. 227; *K. Schmidt*, in: MüKo-HGB, § 172, Rn. 90.

1049 OLG Stuttgart, NZG 2010, 716, 717; so wohl auch *Eden*, S. 337; allein auf den Treuhänder abstellend auch BGH, NJW 2011, 2351, 2353; OLG Karlsruhe, ZIP 2009, 1810, 1813 (auch für ein analoge Anwendung auf den Treugeber).

Kommanditisten für dessen Rechnung an einen Dritten gezahlt, soll dessen Bösgläubigkeit grundsätzlich nicht schaden.[1050] Allenfalls solle eine Wissenszurechnung analog § 166 BGB in Betracht kommen.[1051] Hierdurch sollen Fälle gelöst werden, in denen rechtlich erhebliches Wissen bei einer anderen Person vorliegt, als bei dem von der Rechtsfolge betroffenen Rechtssubjekt.[1052]

Bei *einfacher Treuhand* dürfte der Treugeber mangels Kontaktes zur Gesellschaft niemals erhebliches Wissen haben. Zumindest dürfte das Wissen des Treugebers niemals über das des Treuhänders hinausgehen. Jedenfalls kommt eine Wissenszurechnung nicht in Betracht, da der einfache Treugeber nicht als Vertreter des Treuhänders angesehen werden kann. Vielmehr handelt der Treuhänder gerade für den Treugeber.

Bei *qualifizierter Treuhand* sollte nach den konkreten Gegebenheiten des Einzelfalls differenziert werden. Hier ist es aufgrund der unmittelbaren Rechtsbeziehungen zwischen Treugeber und Gesellschaft nicht selbstverständlich, dass nur oder auch auf den Treuhänder abzustellen ist. Übt der Treugeber eigene Kontroll- und Informationsrechte in der KG selbst aus, spricht bereits vieles dafür, analog § 172 V HGB direkt auf seine Bösgläubigkeit abzustellen.[1053] Ebenso könnte man den Treugeber aufgrund der formalen Gesellschafterstellung des Treuhänders hinsichtlich der Ausübung dieser Rechte analog § 166 BGB als Wissensvertreter des Treuhänders behandeln.[1054] Hierdurch ergibt sich automatisch, dass sowohl Treugeber als auch Treuhänder gutgläubig sein müssen. Bei analoger Anwendung des § 172 V HGB auf den Treugeber wäre fraglich, ob auch der Treuhänder gutgläubig sein muss. Da der Treuhänder seine Kontrollrechte (§ 166 HGB) auch bei qualifizierter Treuhand grundsätzlich nicht verliert und zudem der Geschäftsführung bzw. den Initiatoren regelmäßig nahe steht, erscheint es mit Rücksicht auf den Gläubigerschutz wiederum gerechtfertigt, auch die Gutgläubigkeit des Treuhänders zu fordern. Übt der Treuhänder die dem Treugeber zugewiesenen relevanten Kontroll- und Informationsrechte in der Gesellschaft für den Treugeber aus, so müsste grundsätzlich allein auf den Treuhänder abgestellt werden, da dieser formell berechtigt und tatsächlich handelnd ist. Eine Bösgläubigkeit des Treugebers dürfte dann regelmäßig schon nicht vorliegen. Da der Treugeber aber auch hier zur eigenen Kontrolle der Geschäftsführung berechtigt ist, muss seine Bösgläubigkeit analog § 172 V HGB berücksichtigt werden. Entgegen der Annahme des *OLG Stuttgart*[1055] greift § 172 V HGB daher grundsätzlich eher zu Lasten des Treugebers ein.

1050 *K. Schmidt*, in: MüKo-HGB, § 172, Rn. 90; *Strohn*, in: E/B/J/S, § 172, Rn. 53; Kapitza, S. 228; unklar *Eden*, S. 337 (dem Treugeber werde die Bösgläubigkeit der Geschäftsführung zugerechnet).

1051 *K. Schmidt*, in: MüKo-HGB, § 172, Rn. 90.

1052 Eingehend *Schubert*, in: MüKo-BGB, § 166, Rn. 43 ff.

1053 Vgl. für die Möglichkeit einer entsprechenden Analogie OLG Karlsruhe, ZIP 2009, 1810, 1813.

1054 So *Kapitza*, S. 228.

1055 Vgl. wiederum OLG Stuttgart, NZG 2010, 716, 717.

c) § 176 HGB

Nimmt die Gesellschaft mit Zustimmung des Kommanditisten ihre Geschäfte noch vor Eintragung ins Handelsregister auf, haftet gemäß § 176 I HGB auch der Kommanditist für die in diesem Zeitraum begründeten Verbindlichkeiten gleich einem Komplementär, sofern dem Gläubiger die Beteiligung als Kommanditist nicht bekannt war. Gleiches gilt gemäß § 176 II HGB bei Eintritt als Kommanditist in eine bestehende Handelsgesellschaft. Hier ist fraglich, ob der Treuhänderkommanditist erfolgreich einen Anspruch aus §§ 675, 670, 257 gegen den Treugeber geltend machen kann. Die Eintragung als Kommanditist im Handelsregister und die Zustimmung zur Geschäftsaufnahme liegen allein im Verantwortungsbereich des Treuhänders. Im Falle des § 176 II HGB kann der Beitritt unter der aufschiebenden Bedingung der Handelsregistereitragung vorgenommen werden.[1056] Der Treuhänder hat es somit allein in der Hand eine unbeschränkte Haftung zu vermeiden oder nicht. Eine solche Haftung ist nicht notwendig mit der Übernahme der Kommanditistenstellung verbunden. Wird der Treuhänder im Außenverhältnis für Verbindlichkeiten in Anspruch genommen, die über seine gegenüber der Gesellschaft und für den Treugeber übernommene, aber noch nicht eingetragene Haftsumme hinausgehen, kann er mangels Erforderlichkeit dieser Aufwendungen i. S. d § 670 BGB keinen Ersatz von den Treugebern verlangen. Dies ergibt sich bereits aus der grundlegenden Natur des Treuhandvertrags als Geschäftsbesorgungsverhältnis und den Voraussetzungen des § 670 BGB. Es handelt sich daher auch nicht um eine vertragliche Einschränkung des Freistellungsanspruchs, welche vor dem Hintergrund der sittenwidrigen Benachteiligung der Gläubiger oder des Treuhänders problematisch erscheinen könnte.[1057] Auch bedarf es insoweit keines Schadensersatzanspruchs des Treugebers gegen den Treuhänder (oder auch gegen den Initiator der Fondsgesellschaft[1058]), mit dem der Treugeber gegen den Freistellungsanspruch aufrechnen könnte.[1059]

Nur dann, wenn der Treuhandvertrag explizit die Freistellung des Treuhänders für sämtliche Verbindlichkeiten in Zusammenhang mit der Gesellschafterstellung vorsieht,[1060] wäre der Treugeber auf einen aufrechenbaren Gegenanspruch angewiesen. Dieser würde sich aus §§ 280, 675 BGB ergeben, da die unbeschränkte Haftung gemäß § 176 HGB wie bereits dargelegt allein auf einer Nachlässigkeit

1056 Vgl. BGH, NJW 1982, 883, 884.

1057 Siehe hierzu unten § 4 II.

1058 Vgl. *Kapitza*, S. 81 f.

1059 So aber *Kapitza*, S. 82.

1060 So etwa in BGH, NJW 1983, 1729 = WM 1983, 598, 598: „Befreiung von allen im Zusammenhang mit dem Erwerb (...) der Beteiligungen entstehenden Verpflichtungen“; OLG Düsseldorf, DStR 1991, 1532, 1533: „Die Treuhänderin hat Anspruch darauf, vom Treugeber von allen Verbindlichkeiten freigestellt zu werden, die für sie im Zusammenhang mit dem Erwerb und der pflichtgemäßen treuhänderischen Verwaltung der Beteiligung des Treugebers entstehen“.

im Pflichtenkreis des Treuhänders beruht. Es bestünde somit zumindest eine Verletzung von Schutzpflichten i. S. d. § 241 II BGB aus dem Treuhandverhältnis, da der Treuhänder verpflichtet ist den Treugeber von vorn herein keinen weiteren Ansprüchen neben der Einlage auszusetzen.

Auch für Verbindlichkeiten des Treuhänders als unbeschränkt haftendes Mitglied oder Gründer einer GbR vor Aufnahme eines Handelsgeschäfts oder konstitutiver Handelsregistereintragung besteht kein Freistellungsanspruch. Die Privilegierung des § 176 I 1 HGB[1061] hinsichtlich der Kenntnis der Gläubiger von der Kommanditistenstellung findet in diesem Fall gemäß § 176 I 2 HGB keine Anwendung. Diese Situation tritt beispielsweise dann ein, wenn die Initiatoren eines geschlossenen Immobilienfonds zunächst nur ein Grundstück erwerben und dieses auf seine Geeignetheit für das entsprechende Projekt prüfen.[1062] In diesem Stadium besteht regelmäßig noch kein Treuhandverhältnis, welches einen Freistellungsanspruch für die unbeschränkte persönliche Haftung als Mitglied der GbR begründen könnte. Diese Verbindlichkeiten wirken sich aber gewinnmindernd in der Gesellschaft und damit mittelbar auch beim Treugeber aus.

Für die geschlossene[1063] Investmentkommanditgesellschaft i. S. v. § 149 KAGB bestimmt § 152 IV KAGB, dass die Haftung für Kommanditisten, welche sich an der Gründung beteiligen oder der Gesellschaft später beitreten, erst mit Eintragung in das Handelsregister entsteht. § 176 HGB findet somit keine Anwendung.

d) Anspruch gem. § 110 HGB statt gem. § 670 BGB?

Der Treuhänder kann sich, soweit ein Rückgriff auf die Treugeber nicht möglich ist, nur an die Gesellschaft selbst halten und Aufwendungsersatz gemäß § 110 HGB[1064] für die Erfüllung einer Schuld der Gesellschaft verlangen. Dieser Anspruch kann dem Treuhänder nicht deshalb versagt werden, weil dadurch der Gewinn der Gesellschaft gemindert und somit mittelbar wiederum die Treugeber betroffen sind.[1065] Andernfalls würde der Treuhänder statt der Gesellschaft zum primären Haftungssubjekt. Er würde aufgrund seiner (zumindest wirtschaftlich) „schwächeren", da nur formalen Gesellschafterstellung, stärker in die Haftung einbezogen als Gesellschafter mit eigenem wirtschaftlichem Interesse. Hierin läge ein offensichtlicher Wertungswiderspruch.

1061 Vgl. zum Bedeutungswandel des § 176 I 2 HGB: *K. Schmidt*, in: MüKo-HGB, § 176, Rn. 2 f., 7; *Armbrüster*, ZGR 2005, 34, 59 ff.

1062 *Kapitza*, S. 83, Fn. 40.

1063 Nur bei der geschlossenen InvKG ist eine treuhänderische Beteiligung zulässig, § 152 I 2 KAGB. Für die offene InvKG findet sich der Ausschluss von § 176 HGB in § 127 IV KAGB.

1064 Sofern man bei der Inanspruchnahme durch Gesellschaftsgläubiger eine Aufwendung mangels Freiwilligkeit verneint, wäre § 110 HGB zumindest analog anzuwenden, vgl. *Roth*, in: Baumbach/Hopt, § 110 HGB, Rn. 10

1065 So der Gedanke bei *Kapitza*, S. 83.

Die Ersatzpflicht der Treugeber ist somit immer auf die Höhe der übernommenen Einlage beschränkt. Eine darüber hinausgehende unbeschränkte persönliche Haftung des Treuhänderkommanditisten trifft unmittelbar allein diesen selbst, da diese Tatbestände in seinen persönlichen Verantwortungsbereich fallen und nicht mit der Treuhänderstellung notwendig verknüpft sind, und nur mittelbar die Treugeber, da die auszuschüttenden Gewinne gemindert werden. Im Ergebnis wird somit nur eine Nachschusspflicht der Treugeber verhindert.[1066]

2. *Innenhaftung*

Weiterhin kommen Aufwendungsersatzansprüche des Treuhänders in Betracht, soweit er sich Ansprüchen der Gesellschaft ausgesetzt sieht.

a) Einlage

Zunächst ist der Treuhänder als Gesellschafter zur Leistung der übernommenen Einlage an die Gesellschaft verpflichtet. Hierfür kann unproblematisch Ersatz (§ 670 BGB) bzw. Vorschuss (§ 669 BGB) verlangt werden. Der Vorschuss kann direkt vom Treugeber an den Treuhänder geleistet werden oder mittelbar über einen Darlehensgeber des Treugebers. Letztere Regelung ist häufig im Bereich der geschlossenen Fonds anzutreffen. Der Treuhänder wird dann im Treuhandvertrag zum Abschluss des entsprechenden Darlehensvertrags für den Treugeber bevollmächtigt.[1067] Zur Weitergabe der Einlage an die Gesellschaft ist der Treuhänder nach verbreiteter Vertragsgestaltung erst nach Erfüllung bestimmter Mittelfreigabekriterien berechtigt.[1068]

Ebenso kann sich der Treugeber ausdrücklich oder konkludent zur direkten Leistung an die Gesellschaft verpflichten.[1069] In diesem Fall wären ihm allerdings Einwendungen im Verhältnis zum Treuhänder von vorn herein verwehrt. Aus diesem Grund sind an eine konkludente Übernahme der Einlageverpflichtung durch den Treugeber strenge Anforderungen zu stellen.[1070] Erkennen die Treugeber einen Gesellschaftsvertrag für sich als verbindlich an, welcher den Gesellschaftern aufgibt, die Rechtsstellung der Treugeber möglichst weit an die der Gesellschafter anzugleichen, so sieht der *BGH*[1071] hierin noch keine konkludent übernommene direkte Einlageverpflichtung, da Adressat einer solchen Regelung allein die Gesellschafter seien. Auch die wirtschaftliche Gleichstellung von Treugebern und

---

1066 *Kapitza*, S. 83.
1067 Vgl. den Sachverhalt in BGH, NZG 2009, 57, 57.
1068 Vgl. die Sachverhalte in OLG Düsseldorf, DStR 1991, 1532, 1533; BGH, NJW 1991, 2609.
1069 Eingehend dazu § 7 C.; vgl. auch § 3 B. I 2.
1070 *Armbrüster*, S. 324 f.
1071 BGH, WM 1983, 598, 598 f.

Gesellschaftern in Treuhand- und Gesellschaftsvertrag soll einen unmittelbaren Anspruch gegen die Treugeber allein nicht begründen können.[1072]

b) Nachschusspflicht

In Betracht kommt weiterhin eine Nachschusspflicht des Treuhänders gegenüber der Gesellschaft. Nach der allgemeinen Regel des § 707 BGB (§§ 105 III, 161 II HGB) sind die Gesellschafter zu Nachschüssen im Sinne einer Erhöhung des vereinbarten Beitrags grundsätzlich nicht verpflichtet. Etwas anderes gilt nur für die Berichtigung von Gesellschaftsschulden bei Beendigung (§ 735 BGB) oder Ausscheiden eines Gesellschafters (§ 739 BGB). Für den Kommanditisten stellt § 167 III HGB klar, dass ihn auch in diesen Fällen keine Nachschusspflicht trifft.[1073] Eine solche Pflicht kann daher nur durch einstimmigen Beschluss oder, sofern der Gesellschaftsvertrag – ggf. im Wege der Auslegung – die Zulässigkeit einer Mehrheitsentscheidung ergibt und die Begründung der Nachschusspflicht im Interesse der Gesellschaft geboten und dem einzelnen Gesellschafter zumutbar ist, auch im Wege einer Mehrheitsentscheidung begründet werden.[1074]

Nach *herrschender Meinung*[1075] kann sich eine Nachschusspflicht in Ausnahmefällen und unter besonders hohen Anforderungen auch aus der gesellschaftlichen Treuepflicht ergeben. Dies gilt etwa dann, wenn die Belastung durch die verlustausgleichende Nachschusspflicht geringer ist als durch eine solche bei Liquidation der Gesellschaft.[1076] Grundsätzlich wird ein Gesellschafter aber im Falle der Kapitalerhöhung zwecks Sanierung nur ein Absinken seiner Kapitalquote hinnehmen müssen.[1077] Weiterhin können bereits im Gesellschaftsvertrag zukünftige weitere Beitragsleistungen unter hinreichend bestimmten objektiven Voraussetzungen vereinbart werden (gespaltene Beitragspflicht).[1078] Bei der Publikums-KG sind ferner Kapitalerhöhungen durch einfachen Mehrheitsbeschluss möglich. Erforderlich

1072 OLG Düsseldorf, DStR 1991, 1532, 1532; s. dazu auch *Fleck*, EWiR § 171 HGB, 2/91.

1073 *Casper*, in: Staub (5. Auflage), § 167, Rn. 23; *Grunewald*, in: MüKo-HGB, § 167, Rn. 16.

1074 Vgl. BGH, NJW 2015, 859, 862 unter Abkehr vom Bestimmtheitsgrundsatz. Ausf. zur Begründung von Nachschusspflichten *Armbrüster*, ZGR 2009, 1, 10 ff; krit. unter Hinweis auf die ökonomische Verhaltensforschung in Bezug auf nicht fachkundige Kleinanleger *Wiedemann*, WM 2014, 1985, 1990; vgl. dazu auch *Wiedemann/Wank*, JZ 2013, 340.

1075 BGH, NJW-RR 2007, 1477, 1478; *Wertenbruch*, DStR 2007, 1680, 1682 f.; *Armbrüster*, ZGR 2009, 1, 20 ff.; *ders.*, ZGR 2014, 333, 349 ff.; *Westermann*, in: Erman (12. A.), § 707, Rn. 1; *Habermeier*, in: Staudinger (2003), § 707, Rn. 5; **aA** *Müller*, DB 2005, 95, 95; *Schäfer*, in: VGR 2007, 137, 148.

1076 OLG Celle, NZG 2006, 17, 18; *Armbrüster*, NJW 2009, 2167, 2172;

1077 *Schäfer*, in: VGR 2007, 137, 148 ff.; *ders.*, in: MüKo-BGB, § 707, Rn. 10; *K. Schmidt*, GesRt, § 5 IV. 5. b), S. 134 f.; **aA** *Armbrüster*, NJW 2009, 2167, 2172.

1078 BGH, DStR 1996, 879 m. Anm. *Goette*; *Armbrüster*, ZGR 2009, 1, 6.

ist, dass jedem Kommanditisten das Recht eingeräumt wird an der Erhöhung teilzunehmen. Eine Pflicht zur Teilnahme besteht jedoch nicht.[1079]

Für die Investmentkommanditgesellschaft bestimmen §§ 127 III, 152 III KAGB, dass eine Nachschusspflicht für Kommanditisten ausgeschlossen und § 707 BGB damit nicht abdingbar ist. Eine im Gesellschaftsvertrag vorweggenommene Zustimmung zur Beitragserhöhung durch Mehrheitsbeschluss ist somit in der Investmentkommanditgesellschaft unzweifelhaft unzulässig.[1080] Auf eine Nachschusspflicht, welche sich aus der gesellschaftlichen Treuepflicht ergibt, dürften die Vorschriften keinen Einfluss haben. Die Treuepflicht ergibt sich letztlich aus allgemeinen Billigkeitserwägungen i. S. v. § 242 BGB und kann somit weder durch § 707 BGB, noch durch § 152 III 3, 4 KAGB ausgeschlossen werden. Letztlich muss der Gesellschafter in diesem Fall ohnehin nur ein Absinken seiner Kapitalquote dulden.[1081]

Für die Ersatzpflicht des Treugebers muss wiederum folgendes gelten: Ist die Möglichkeit der nachträglichen Beitragserhöhung oder die gespaltene Beitragspflicht bereits in zulässiger Weise im Gesellschaftsvertrag vorgesehen, muss der Treugeber dem Treuhänder für diese Kosten Ersatz leisten. Insofern ist der Gesellschaftsvertrag dem Treuhandvertrag vorgegeben. Die Entstehung dieser Kosten steht nicht zur Disposition des Treuhänders, sondern ist notwendig mit der Gesellschaftsbeteiligung verknüpft. Eine solche Pflicht zur Beitragserhöhung ist für das Interesse des Treugebers allerdings so wesentlich, dass diesbezüglich eine konkrete vorvertragliche Aufklärungspflicht zugunsten des Treugebers angenommen werden muss. Diese Pflicht kann im Einzelfall den Treuhänder treffen mit der Folge seiner Haftung nach §§ 311 II, 280 I, 241 II BGB.[1082] Der Treugeber kann dann grundsätzlich mit dem jeweiligen Schadensersatzanspruch gegen den Aufwendungsersatzanspruch aufrechnen.[1083]

Auch eine Beitragserhöhung aufgrund der gesellschaftsrechtlichen Treuepflicht muss der Treugeber aus den vorgenannten Gründen mittragen. Da diese Art des Nachschusses einen Ausnahmefall bildet, kann wohl keine konkrete Aufklärung über dieses Risiko verlangt werden. Ein allgemeiner Hinweis auf eventuell zusätzlich entstehende Kosten muss insoweit genügen. Unproblematisch ist die Kapitalerhöhung in der kupierten Publikums-KG. Den mittelbar beteiligten Treugebern muss hier ebenso wie den unmittelbar beteiligten Kommanditisten das Recht zur Teilnahme an der Erhöhung zur Wahrung der Beteiligungsverhältnisse eingeräumt

---

1079 BGH, NJW 1976, 958, 958 f.; *Gummert/Jaletzke*, in: MüHdbGesR II, § 67, Rn. 18; *Schäfer*, ZGR 2013, 237, 246 ff.

1080 Vgl. *Wiedemann*, NZG 2013, 1041, 1043; *Paul*, in: W/B/A, § 152, Rn. 24.

1081 Vgl. *Paul*, in: W/B/A, § 152, Rn. 21.

1082 Vgl. zur Prospekthaftung im weiteren Sinne § 3 A. IV. 2. d).

1083 Vgl. zur Aufrechnung gegenüber dem Treuhänder § 4 A. V.
Problematisch ist die Situation vor allem nach Abtretung des Freistellungsanspruchs an die Gesellschaft, vgl. § 8 C.

werden. Die Entscheidung darüber steht ihnen persönlich zu. Dem Treuhänder ist es jedoch unbenommen einen eigenen Anteil an der Beteiligung zu begründen oder zu erhöhen.

c) Schadensersatzansprüche

Weiterhin könnte eine Ersatzpflicht des Treugebers auch für gegen den Treuhänder gerichtete Schadensersatzansprüche bestehen. Schadensersatzansprüche der Gesellschaft können sich im Zusammenhang mit der Treuhand insbesondere wegen Treuepflichtverletzungen, etwa hinsichtlich der Stimmrechtsausübung oder Geheimhaltungspflichten, ergeben. Bei der Inanspruchnahme des Beauftragten durch Dritte stellt sich bereits die Frage, ob es sich überhaupt noch um Aufwendungen, mithin um freiwillige Vermögensopfer handelt. Unter diesen Begriff fallen aber zumindest auch solche Kosten des Beauftragten, die sich als notwendige Folge der Geschäftsführung darstellen[1084] bzw. die er bewusst und gezielt veranlasst hat.[1085] Aufgrund der notwendig auftretenden Pflichtenkollision in der Person des Treuhänders, der Weisungsgebundenheit einerseits und der Treuepflichtbindung in der Gesellschaft andererseits, kann bei der Inanspruchnahme aufgrund von Treuepflichtverletzungen gegenüber der Gesellschaft von notwendigen Folgekosten in diesem Sinne ausgegangen werden.[1086] Zweifel ergeben sich allerdings auch hinsichtlich der Erforderlichkeit solcher Aufwendungen, da die Schadensersatzansprüche auf schuldhaften Handlungen des Treuhänders beruhen. *Kümmerlein*[1087] differenziert danach, ob der Treuhänder schuldhaft handelte oder nicht. Bei schuldhaftem Handeln solle die Erforderlichkeit grundsätzlich fehlen. Dies überzeugt nicht, da auch eine bewusste und vorsätzliche Missachtung der gesellschaftsrechtlichen Treuepflicht im Interesse des Treugebers sein kann. Zumindest dort, wo der Treuhänder unmittelbar auf Weisung des Treugebers handelt, ist die Ersatzpflicht gemäß § 670 BGB in jedem Fall zu bejahen.[1088] Der Treuhänder kann dem Schadensersatzanspruch dann nicht seine Weisungsgebundenheit gegenüber dem Treugeber entgegenhalten, da diese die Treuepflicht gegenüber der Gesellschaft nicht einzuschränken vermag.[1089] Ebenso kann sich der Treugeber im Nachhinein nicht darauf berufen, dass der Treuhänder aus diesem Grund auch nicht an seine Weisung gebunden war (§ 242 BGB).

Eine Ersatzpflicht des Treugebers wäre weiterhin dann zu bejahen, wenn der gegen den Treuhänder gerichtete Schadensersatzanspruch auf einem dem Treuhänder zugerechneten Verschulden des Treugebers beruhen könnte. Als weisungsabhängige Hilfsperson kann der Treugeber im Verhältnis zum Treuhänder

1084 *Martinek*, in: Staudinger (2006), § 670, Rn. 7.
1085 *Schäfer*, in: MüKo-BGB, § 670, Rn. 11.
1086 Vgl. zu Schadensersatzansprüchen als Aufwendungen BGH, NJW 1953, 377.
1087 *Kümmerlein*, S. 160.
1088 So letztlich auch *Kümmerlein*, S. 161.
1089 S. o. § 3 A. I.

grundsätzlich nicht verstanden werden.[1090] Zwar kommt die Einstufung als Hilfsperson dann in Betracht, wenn der Treugeber die formal dem Treuhänder zustehenden Rechte in der Gesellschaft ausübt. Da diese Rechte jedoch im Innenverhältnis zum Treuhänder dem Treugeber zustehen sollen, kann nicht von einer weisungsgebundenen Ausübung ausgegangen werden. *Tebben*[1091] befürwortet eine Zurechnung des Verschuldens des Treugebers zum Treuhänder nach § 278 BGB, wenn der Treuhänder den Treugeber vorsätzlich in die Lage versetze, in der besonderen Gefahrenlage der Gesellschaft zu agieren. Dies sei dann der Fall, wenn der Treugeber die Gesellschaft „als Gesellschafter" und nicht nur „als Dritter" schädige. Versteht man die Schädigung „als Gesellschafter" als solche aus einer mitgliedschaftlichen Position als *qualifizierter Treugeber* heraus, ist davon auszugehen, dass der Treugeber bereits selbst der Treuepflicht unterliegt[1092] und damit regelmäßig selbst Anspruchsgegner der Gesellschaft ist.[1093] Handelt es sich um eine *verdeckte* oder *offene, nicht einvernehmliche* Treuhand liegt die Pflichtverletzung des Treuhänders bereits in der Eröffnung der Möglichkeit der Einwirkung des Treugebers auf die Gesellschaft, etwa durch Weitergabe vertraulicher Informationen.[1094] Insofern bedarf es ebenfalls keiner Verschuldenszurechnung.

Auch bei *einvernehmlicher* Treuhand kann nicht ohne weiteres vom Einverständnis der Gesellschaft ausgegangen werden, den Treugeber in eine Lage zu versetzen in der er gleich einem Gesellschafter schädigend auf die Gesellschaft einwirken kann. Gibt der Treuhänder beispielsweise vertrauliche Informationen an den Treugeber weiter, welche dieser zum Nachteil der Gesellschaft verwendet, ist die relevante Pflichtverletzung in der Weitergabe durch den Treuhänder zu sehen. Jedoch muss mit dem Einverständnis der Gesellschafter mit der Treuhandbegründung eine Lockerung der Treuepflicht des Treuhänders hinsichtlich seiner Rechtsbeziehungen zum Treugeber gesehen werden. Eine Verschuldenszurechnung ist wiederum nur dort notwendig, wo sich der Treuhänder noch im Rahmen der ihm durch die Treuepflicht gezogenen Grenzen bewegt und den Treugeber dennoch in die Lage versetzen kann die Gesellschaft schädigen zu können. Wiederum stellt sich vorrangig die Frage, ob der Treugeber nicht aufgrund einer durch die einvernehmliche Treuhand vermittelten mitgliedschaftsähnlichen Position eine derart qualifizierte Einwirkungsmacht auf die Gesellschaft besitzt, welche ihn selbst an die gesellschaftsrechtliche Treuepflicht bindet und somit unmittelbar ersatzpflichtig macht. Bei der *schlicht einvernehmlichen Treuhand* kann jedoch nicht von derart qualifizierter Einwirkungsmacht ausgegangen werden, so dass eine Bindung an die Treuepflicht nicht gerechtfertigt ist. Zwar steht dem Treugeber ein umfassendes Weisungsrecht zu. Dieses findet seine Grenze aber in der

1090 Vgl. zum Begriff des Erfüllungsgehilfen etwa *Stadler*, in: Jauernig, § 278, Rn. 6 ff.
1091 *Tebben*, S. 379 ff., *ders.*, ZGR 2001, 586, 610.
1092 Vgl. oben § 3 B. III.
1093 Vgl. unten § 7 D. II. 4.
1094 Vgl. zum Auskunftsanspruch des Treugebers § 3 A. III.

Treuepflicht des Treuhänders. Dennoch muss der Treuhänder dem Treugeber mit Informationen versorgen um diesem eine sinnvolle Ausübung seines Weisungsrechts zu ermöglichen. Bei der Weitergabe dieser Informationen kann nicht von einem Verstoß des Treuhänders gegen die Treuepflicht ausgegangen werden.

Jedenfalls bedarf es keiner Zurechnung des Verschuldens des Treugebers an den Treuhänder, da entweder der Treuhänder selbst oder bei entsprechender persönlicher Einwirkungsmacht der Treugeber aufgrund Treuepflichtverletzung gegenüber der Gesellschaft haftet.

d) Rückzahlung von Liquiditätsausschüttungen

Gemäß § 169 II HGB ist der Kommanditist nicht verpflichtet, bezogene Gewinne wegen späterer Verluste zurückzuzahlen. In geschlossenen Fonds zur Kapitalanlage in Form der (GmbH & Co.) KG sehen die Gesellschaftsverträge regelmäßig keine gewinnabhängigen Ausschüttungen vor, sondern etwa eine Ausschüttung auch bei negativem Kapitalkonto der (Treuhänder-) Kommanditisten[1095] oder auch die Auszahlung eines festen prozentualen Anteils der Einlagesumme über einen gewissen Zeitraum.[1096] Gerät der Fonds in wirtschaftliche Schieflage, stellt sich die Frage, ob diese Ausschüttungen von den (Treuhänder-) Kommanditisten zurückgefordert werden können.

Unproblematisch handelt es sich um eine Rückzahlung der Einlage, welche zum Wiederaufleben der Haftung im Außenverhältnis führt (§§ 172 IV, 171 HGB), sofern die Auszahlung nicht durch stehengelassene Gewinne gedeckt ist und es sich nicht um eine (stillschweigende) Herabsetzung der Pflichteinlage handelt.[1097] Dieser Anspruch steht der KG jedoch nicht zu. Im Innenverhältnis steht es den Gesellschaftern grundsätzlich frei Ausschüttungen vorzunehmen und Einlagen zurück zu gewähren. Zwar bestimmt § 169 I HGB, dass der Kommanditist nur Anspruch auf Auszahlung tatsächlicher Gewinne hat, jedoch ist diese Vorschrift nach *allgemeiner Ansicht* dispositiv.[1098] Auch persönlich haftende Gesellschafter von oHG und KG sind gem. §§ 122, 161 II HGB zu Entnahmen berechtigt ohne diese später erstatten zu müssen.[1099] Einen Kapitalerhaltungsgrundsatz wie im Kapitalgesellschaftsrecht gibt es im Innenverhältnis der Kommanditgesellschaft richtigerweise nicht.[1100] Sobald die Einlage erstmalig an die KG geleistet wurde,

---

1095 Vgl. den Gesellschaftsvertrag in BGH, NJW 2011, 2351, 2352.

1096 Vgl. etwa § 11 3. des Gesellschaftsvertrags in BGH, ZIP 2013, 1222, 1222.

1097 Vgl. *Priester*, DStR 2013, 1786, 1789.

1098 BGH, ZIP 2013, 1222, 1223; *K. Schmidt*, in: MüKo-HGB, § 169, Rn. 9, § 172, Rn. 76; *Roth*, in: Baumbach/Hopt, § 169, Rn. 7; *Grunewald*, in: MüKo-HGB, § 169, Rn. 9; *Gummert*, in: Henssler/Strohn, § 169, Rn. 14; *Weitemeyer*, in: Oetker, § 122 HGB, Rn. 36; *Gehling*, BB 2011, 73, 75.

1099 *Roth*, in: Baumbach/Hopt, § 122, Rn. 3; *Ehricke*, in: E/B/J/S, § 122, Rn. 4.

1100 BGH, ZIP 2013, 1222, 1223; *Roth*, in: Baumbach/Hopt, § 122, Rn. 3; *Schilling*, in: Staub (4. Aufl.), § 169, Rn. 2; *Dubois/Schmiegel*, NZI 2013, 913, 914.

erlischt der Einlageanspruch gem. § 362 BGB,[1101] was für Kommanditisten in der geschlossenen Investmentkommanditgesellschaft in an sich unnötiger Weise auch von § 152 III 1 KAGB bestätigt wird.

In der *Literatur* werden gewinnunabhängige Ausschüttungen, welche im Gesellschaftsvertrag vorgesehen sind oder im Einzelfall aufgrund Gesellschafterbeschluss gewährt werden, um beispielweise Steuervorauszahlungen zu leisten,[1102] als Vorschuss auf mögliche zukünftige Gewinne behandelt.[1103] Nach bisher *herrschender Meinung* sei der Empfänger des Vorschusses mit Schluss des jeweiligen Geschäftsjahres zur Rückzahlung an die Gesellschaft verpflichtet, sofern keine entsprechenden Gewinne in der Bilanz ausgewiesen werden können. Der Rückzahlungsanspruch ergebe sich immer aus dem Gesellschaftsvertrag. Die bereicherungsrechtlichen Vorschriften träten dahinter zurück, um die Gesellschaft nicht mit dem Risiko der Entreicherung zu belasten.[1104] Nach *anderer Ansicht* sei der Empfänger erst bei Beendigung der Gesellschaft oder seines Ausscheidens aufgrund Wegfalls des Rechtsgrunds zur Rückzahlung nach den §§ 812 ff. BGB verpflichtet, sofern nicht ausdrücklich ein Rückzahlungsanspruch im Gesellschaftsvertrag vereinbart sei.[1105] Dies kann vorliegend nur gelten, sofern keine Kompensation durch tatsächlich erwirtschaftete Gewinne im jeweiligen Geschäftsjahr eingetreten ist und somit weiterhin ein entnahmebedingt negatives Kapitalkonto besteht. Ein verlustbedingt negatives Kapitalkonto hat der Kommanditist nicht auszugleichen (§§ 167 III HGB; 152 III 2 KAGB).

Mit zwei *Urteilen vom 12.03.2013*[1106] zu geschlossenen Schiffsfonds hat der *BGH* nun für gesellschaftsvertraglich vorgesehene gewinnunabhängige Ausschüttungen in letzterem Sinne entschieden, dass sich ein Rückzahlungsanspruch der Gesellschaft vor Beendigung der Gesellschaft oder Ausscheiden des Kommanditisten nur aus einer eindeutigen Regelung im Gesellschaftsvertrag ergeben könne. Als nicht ausreichend erachtete es der *BGH* in diesen Fällen, dass die Gesellschaftsverträge es vorsahen die gewinnunabhängigen Ausschüttungen auf einem „Darlehenskonto" zu verbuchen und für Kommanditisten, die hinsichtlich des Wiederauflebens der Haftung im Außenverhältnis auf diese Ausschüttungen verzichten, „insoweit die Bildung der Darlehensverbindlichkeit" entfallen zu lassen.[1107] Die Bildung eines

---

1101 **aA** OLG Köln, Urt. v. 11.8.2003 – 18 U 13/03; *Weipert*, in: E/B/J/S, § 169, Rn. 23, *Gehling*, BB 2011, 73, 75: Der Einlageanspruch der Gesellschaft bestehe fort bzw. lebe wieder auf.

1102 *v. Falkenhausen/Schneider*, in: MünchHdbGesRt, Band II, § 22, Rn. 78.

1103 Vgl. *Priester*, DStR 2013, 1786, 1788/1790; *Wertenbruch*, NZG 2013, 1321, 1322; *v. Falkenhausen/Schneider*, in: MüHdbGesR, Band II, § 22, Rn. 78; *Tebben*, S. 283.

1104 *Weipert*, in: E/B/J/S, § 169, Rn. 23; *Priester*, in: MüKo-HGB, § 122, Rn. 14; Ehricke, in: E/B/J/S, § 122, Rn. 17; *Emmerich*, in: Heymann, § 122, Rn. 6; *Roth*, in: Baumbach/Hopt, § 122, Rn. 11; *v. Falkenhausen/Schneider*, in: MüHdbGesR, Band II, § 22, Rn. 78.

1105 *Huber*, ZGR 1988, 1, 58 f.; *Zacher*, DStR 1996, 1813, 1814 f.; *Ley*, DStR 2003, 957, 962; *dies*, DStR 2009, 613, 617; *Wertenbruch*, NZG 2013, 1321, 1322.

1106 BGH, ZIP 2013, 1222; BGH Urt. v. 12.03.2013 -II ZR 74/11.

1107 Hierzu kritisch *Priester*, DStR 2013, 1786, 1788 f.

Darlehenskontos – neben den üblicherweise vorhandenen Kapitalkonten I und II – für Kommanditisten solle nach objektiver Auslegung grundsätzlich so verstanden werden müssen, dass auf diesem Konto wie üblich nur entnahmefähige Gewinne des jeweiligen Kommanditisten und somit Forderungen des Kommanditisten gegen die Gesellschaft und nicht andersherum verbucht werden.[1108] Zu der nicht entscheidungserheblichen Frage, ob auch die Rückforderung von gewinnunabhängigen Ausschüttungen ohne gesellschaftsvertragliche Grundlage einer ausdrücklichen Regelung bedarf, lässt sich dem Urteil nichts entnehmen.[1109]

Im konkreten Fall bestehen erhebliche Zweifel an der Richtigkeit dieser Vertragsauslegung. Ein objektiver Dritter wird zunächst kaum eine unternehmerische Beteiligung mit der Erwartung eingehen, dass ihm Auszahlungen dauerhaft verbleiben, welche tatsächlich niemals von der Gesellschaft erwirtschaftet wurden. Soweit die ungedeckten Ausschüttungen aber über die Haftsumme des Kommanditisten hinausgehen, verbleiben sie dauerhaft in seinem Vermögen.[1110] Aus steuerrechtlicher Sicht steht dann die Mitunternehmerstellung aufgrund fehlenden unternehmerischen Risikos in Frage, was kaum den Parteiinteressen entsprechen dürfte.[1111] Ebenso kann die Bildung eines Darlehenskontos aufgrund einer Auszahlung an den Kommanditisten bzw. die fehlende Bildung einer Darlehensverbindlichkeit bei Nichtinanspruchnahme dieser Auszahlung objektiv nicht anders verstanden werden, als dass eine Forderung der Gesellschaft begründet werden soll.[1112] Gerade die typische gegenteilige Verwendung des sog. „Darlehenskontos“ in der KG, auf welche der *BGH* in seiner Argumentation entscheidend abstellt, dürfte einem objektiven Dritten als Laien nicht bekannt sein. Insoweit dürfte bereits keine Unklarheit bestehen, welche angelehnt an § 305c II BGB zu Lasten der Initiatoren aufgelöst werden müsste.

Allgemein betrachtet ist die Lösung des *BGH* im Hinblick auf die gesetzliche Konzeption der Personengesellschaften, welchen ein Kapitalerhaltungsgrundsatz wie erwähnt fehlt, jedoch stimmig. Der freien Verwendung der Mittel steht die unbegrenzte persönliche Haftung der geschäftsführenden Gesellschafter gegenüber. Ein spezieller gesellschaftsrechtlicher Rückzahlungsanspruch besteht hier nicht. Die Auszahlungen beruhen gerade auf vertraglicher Vereinbarung und sind daher – vorbehaltlich einer fehlenden Kompensation bis zur Beendigung der Beteiligung – auch nicht rechtsgrundlos erlangt i. S. v. § 812 I BGB. Auch eine bewusst missbräuchliche Gestaltung zu Lasten von Gläubigern erscheint bei natürlichen

1108 BGH, ZIP 2013, 1222, 1225 f.

1109 Vgl. *Wagner*, NZG 2014, 408, 409.

1110 Vorbehaltlich der Anwendung der §§ 30, 31 GmbHG auf (Nur-) Kommanditisten einer GmbH & Co. KG, vgl. BGH, NJW 1990, 1725.

1111 Vgl. *Priester*, DStR 2013, 1786, 1789.

1112 So auch die Vorinstanz OLG Hamm, Urt. v. 9. 3. 2011 – I-8 U 133/10, sub. II. 2.; wohl auch *Grunewald*, in: MüKo-HGB, § 169, Rn. 9; *Gehling*, BB 2011, 73, 76; **aA** *Lux*, NZG 2013, 1017, 1019.

Personen als Komplementären kaum denkbar. Ist eine GmbH die einzige Komplementärin, erweitert der *BGH*[1113] konsequenterweise auch den Anwendungsbereich der §§ 30, 31 GmbHG auf sämtliche Kommanditisten der GmbH & Co. KG.[1114] Zudem besteht die Außenhaftung aus § 171 I, 172 IV HGB unabhängig von einem Anspruch im Innenverhältnis.

Aus Sicht der Mitgesellschafter ist zu beachten, dass die empfangenden Kommanditisten unter Umständen durch die Treuepflicht zur Mitwirkung an der Sanierung durch Nachschüsse verpflichtet sein können. Hier wäre es denkbar geringere Anforderungen an die Nachschusspflicht von Empfängern von Liquiditätsausschüttungen zu stellen, um eine Schlechterstellung von Mitgesellschaftern, welche auf die Ausschüttungen verzichtet haben, zu vermeiden. Hinsichtlich der grundsätzlichen Einordnung der Liquiditätsausschüttungen als nicht ohne weiteres rückforderbar erscheint dies jedoch inkonsequent. *Priester* schlägt weiterhin vor, Rückzahlungsunwillige zum Ausscheiden aus der Gesellschaft zu verpflichten.[1115] In praktischer Hinsicht wird es aus Sicht der Anleger häufig ohnehin sinnvoller sein, dem Rückzahlungsbegehren der Gesellschaft nachzukommen, um eine Sanierung zu ermöglichen. Auch sofern eine Sanierung nicht gelingt, können durch eine ordentliche Liquidation der Gesellschaft die Kosten des Insolvenzverfahrens gespart werden. Andererseits kann der einzelne Anleger nunmehr darauf spekulieren, dass genügend andere Mitanleger der Rückzahlungsaufforderung nachkommen und die Sanierung oder Liquidation auch ohne seinen Beitrag erfolgreich ist.

Spätestens in der Insolvenz der Gesellschaft ist der Insolvenzverwalter gem. § 171 II HGB berechtigt, den Anspruch aus §§ 171 I, 172 IV HGB zumindest bis zur Höhe der rückständigen Haftsumme gegenüber den Anlegern geltend zu machen.[1116] Ebenso könnten Beträge über die Haftsumme hinaus nach den Tatbeständen der Insolvenzanfechtung gem. §§ 143, 129 ff. InsO zurückgefordert werden. Besondere Bedeutung dürfte hier den Tatbeständen der §§ 133, 134 InsO zukommen, die Zeiträume von 10 und 4 Jahren vor dem Antrag auf Insolvenzeröffnung erfassen. Geht man davon aus, dass die Einlageleistung den Kommanditisten nur zur Partizipation am wirtschaftlichen Ergebnis der KG berechtigt, so stellen sich sämtliche nicht gewinngedeckte Ausschüttungen zumindest als unentgeltliche Leistungen i. S. v. § 134 InsO dar.[1117] Darüber hinaus führt die Insolvenz zwingend zur Auflösung der Gesellschaft (§§ 131 I 1 Nr. 3, 161 II HGB). In diesem Moment fällt der Rechtsgrund für die bis zu diesem Zeitpunkt nicht kompensierten

1113 BGH, NJW 1973, 1036.
1114 *Dubois/Schmiegel*, NZI 2013, 913, 916 f.; *Ekkenga*, in: MüKo-GmbHG, § 31, Rn. 22.
1115 *Priester*, DStR 2013, 1786, 1790 unter Hinweis auf BGH, DStR 2009, 2495.
1116 *Dubois/Schmiegel*, NZI 2013, 913, 918; *Priester*, DStR 2013, 1786, 1790.
1117 Vgl. LG Duisburg, Urt. v. 14.08.2008 – 5 S 114/07; OLG Düsseldorf, Urt. v. 20.11.2008 – I-6 U 8/08; offen gelassen in BGH, NJW 2011, 2351, 2354 f.; abgelehnt für Auszahlungen auf Scheingewinne im Schneeballsystem in BGH, NZI 2011, 324.

Vorausschüttungen weg und die Empfänger sind somit zur Rückzahlung sämtlicher Liquiditätsausschüttungen nach § 812 I 2 Alt. 1 BGB verpflichtet.[1118]

e) Rückzahlung von Scheingewinnen

Schüttet die KG aufgrund einer unrichtig erstellten Bilanz Scheingewinne aus, ohne dass ein gewinnunabhängiger Anspruch der Kommanditisten besteht, ist jeder Kommanditist grundsätzlich zur Rückzahlung wegen ungerechtfertigter Bereicherung gemäß §§ 812 ff. BGB verpflichtet.[1119] Sofern die Bilanz durch die geschäftsführenden Gesellschafter in gutem Glauben aufgestellt wurde und auch der Kommanditist im Zeitpunkt des Gewinnbezugs gutgläubig war, stellt sich die Frage, ob § 172 V HGB, der das Wiederaufleben der Haftung im Außenverhältnis verhindert, auch Wirkung im Innenverhältnis zwischen Kommanditist und KG entfaltet. Die *herrschende Meinung*[1120] verneint eine Anwendung des § 172 V HGB im Innenverhältnis der Gesellschaft. Die *Gegenansicht*[1121] befürwortet eine Anwendung des § 172 V HGB auch im Innenverhältnis, da der Insolvenzverwalter ansonsten wegen § 172 V HGB nicht nach § 171 II, I HGB vorgehen, stattdessen aber den Rückforderungsanspruch der Gesellschaft geltend machen könne. Außerhalb der Insolvenz könnten sich Gesellschaftsgläubiger den Rückforderungsanspruch der Gesellschaft abtreten oder im Wege der Pfändung überweisen (§§ 829, 835 ZPO) lassen. Als einziger Vorteil für den Kommanditisten verbleibe die Verjährbarkeit des Rückforderungsanspruchs gegenüber der Außenhaftung.[1122] Daneben kann der Rückforderungsanspruch auch nach § 818 III BGB untergehen und erlassen oder gestundet werden.

Für den Bereich der Publikums-KG wird ferner diskutiert, ob im Rahmen des § 172 V HGB in analoger Anwendung von § 62 I AktG lediglich auf die Gutgläubigkeit des Kommanditisten abzustellen ist.[1123] Der *BGH* lehnt eine Übertragung der

---

1118 So etwa auch *Huber*, ZGR 1988, 1, 59; *Wertenbruch*, S. 566; **aA** scheinbar *Dubois/Schmiegel*, NZI 2013, 913, 918 f., die auch bei Beendigung durch Insolvenz keinen Bereicherungsanspruch annehmen. Dieser Anspruch hat freilich nur Bedeutung, sofern die Ausschüttungen über die Haftsumme hinausgehen, da insoweit der Anspruch des Insolvenzverwalters aus §§ 171 I, II, 172 IV HGB nicht eingreift.

1119 **hM**, vgl. *Kindler*, in: K/K/R/M, § 172, Rn. 25.

1120 *Roth*, in: Baumbach/Hopt, § 172, Rn. 9; *Strohn*, in: E/B/J/S, § 172, Rn. 54; *Horn*, in: Heymann, § 172, Rn. 23; *Kindler*, in: K/K/R/M, § 172, Rn. 25; *Casper*, in: Staub (5. Aufl.), § 172, Rn. 158 ff.

1121 *K. Schmidt*, in: MüKo-HGB, § 172, Rn. 93 f.; *Oetker*, in: Oetker, § 172, Rn. 46; *Schilling*, in: Staub (4. Aufl.), § 172, Rn. 16; *Gummert*, in: Henssler/Strohn, § 172, Rn. 65; *Wenzel*, in: Hdb. GmbH & Co. KG, § 5, Rn. 5.74.

1122 *K. Schmidt*, in: MüKo-HGB, § 172, Rn. 93.

1123 So *K. Schmidt*, in: MüKo-HGB, § 172, Rn. 87 f.; *ders.*, NJW 1982, 2501, 2501 f.; *Schäfer*, ZHR 177 (2013), 619, 630, Fn. 44.
De lege ferenda auch für die personalistische KG: *K. Schmidt*, in: MüKo-HGB, § 172, Rn. 87 f.; wohl auch *Oetker*, in: Oetker, § 172, Rn. 40.

aktienrechtlichen Vorschriften allerdings ab, da eine Einschränkung des Rückforderungsanspruchs der AG nur durch die korrelierenden Rechnungslegungs- und Prüfungsvorschriften und dem Grundsatz der Kapitalerhaltung im Aktienrecht zu rechtfertigen seien.[1124]

Der Gegenansicht ist zuzugeben, dass von der intendierten Schutzwirkung des § 172 V HGB wenig übrig bliebe, wenn man die Vorschrift nicht auch im Innenverhältnis zwischen Gesellschaft und Kommanditist zur Anwendung bringt. Warum die tatbestandlichen Anforderungen hinsichtlich der gutgläubigen Bilanzerstellung für die Publikums-KG zugunsten der Kommanditisten eingeschränkt werden sollten, ist nicht recht ersichtlich. Die Argumentation des BGH hinsichtlich der strengeren Rechnungslegungs- und Prüfungsvorschriften im Aktienrecht überzeugt. Das Risiko eines Scheingewinnbezugs aufgrund einer bösgläubig unrichtig erstellten Bilanz ist dem Innenverhältnis der Gesellschafter zuzuordnen. Durch die vorgeschlagene Einschränkung würde ein Teil des Haftungs- und Ausfallrisikos von den Anlegern bzw. Kommanditisten auf Drittgläubiger der Gesellschaft verschoben. Dies dürfte allein mit der fehlenden personalistischen Prägung der Publikums-KG im Gegensatz zur einfachen Kommanditgesellschaft nicht zu rechtfertigen sein. Ob der Tatbestand insgesamt de lege ferenda einzuschränken ist, ist eine rechtspolitische Frage, die hier nicht näher behandelt werden soll. Die hier interessierende Frage betrifft die Haftung zwischen Treuhänder und Treugeber. Befürwortet man eine Anwendung des § 172 V HGB im Innenverhältnis der Gesellschaft, so muss auch die Kenntnis des Treugebers berücksichtigt werden. Insoweit gelten die Ausführungen zur Anwendung des § 172 V HGB im Rahmen der Außenhaftung des Treuhänders entsprechend.[1125]

IV. Subsidiarität zu § 110 HGB und § 426 BGB?

Für den Bereich der Treuhand an Personengesellschaftsanteilen wird vertreten, dass der Ersatz- bzw. Freistellungsanspruch aus §§ 675, 670, 257 BGB subsidiär zu den Ansprüchen des Treuhänders gegen die Gesellschaft gemäß § 110 HGB und wiederum subsidiär zu den Ausgleichsansprüchen gegen seine haftenden Mitgesellschafter gemäß § 426 BGB sei.[1126] Nach zweifelhafter[1127] *neuerer Rechtsprechung*

1124 BGH, NJW 1982, 2500, 2501; zust. *Strohn*, in: E/B/J/S, § 172, Rn. 52; *Oetker*, in: Oetker, § 172, Rn. 57; *Horn*, in: Heymann, § 172, Rn. 25; *Roth*, in: Baumbach/Hopt, § 177a, Rn. 82.

1125 Siehe § 4 A. III. 1. b).

1126 *Tebben*, S. 290; *Markwardt*, S. 74; *Eden*, S. 52 (jeweils durch restriktive Auslegung des Treuhandvertrags); *Armbrüster*, NJW 2009, 2167, 2169; *Pfeifle/Heigel*, WM 2008, 1485, 1486; *Schaub*, DStR 1996, 65, 67; *Breuer*, MittRhNotK 1988, 79, 89; *Beuthien*, ZGR 1974, 26, 48 nimmt eine aufschiebende Bedingung des Freistellungsanspruchs an.

1127 Vgl. oben § 3 D. II.

des BGH[1128] sollen sich qualifizierte Treugeber gegenüber dem Treuhänder generell nicht auf eine vorrangige Inanspruchnahme der Gesellschaft nach § 110 HGB berufen können. Dieser Anspruch stehe den Treugebern nämlich selbst unmittelbar gegenüber der Gesellschaft zu.

Der Unterschied besteht letztlich darin, dass den Treugeber ein Anspruch aus §§ 675, 670 BGB unmittelbar trifft und sich eine Inanspruchnahme der Gesellschaft nach § 110 HGB nur mittelbar über geminderte auskehrbare Gewinne in seinem Vermögen auswirkt. Plausibel erscheint diese Fragestellung zunächst für die gemäß § 128 HGB (analog/§ 161 II HGB) persönlich haftenden Gesellschafter von GbR, oHG und KG. Nur dort, wo die persönliche Haftung im Außenverhältnis über die Einlageverpflichtung im Innenverhältnis hinausgeht, stehen einem Treuhändergesellschafter alternative Ansprüche aus § 110 HGB gegen die Gesellschaft und gem. § 670 gegen den Treugeber zu. Für den Kommanditisten gilt, dass er nur haftet, soweit seine Einlage nicht in Höhe der Haftsumme im Gesamthandvermögen der KG vorhanden ist, sei es aufgrund anfänglicher Nichtleistung (§ 171 HGB) oder aufgrund Rückzahlung (§ 172 IV HGB).

1. Die Haftsumme entspricht der Pflichteinlage

Ist die Haftsumme gleich der oder niedriger als die Einlageverpflichtung,[1129] ist eine vorrangige Inanspruchnahme der Gesellschaft, welche den Ersatzanspruch des Treuhänders gegen den Treugeber ausschließen oder mindern könnte, nicht denkbar.

Ist die Einlage in Höhe der Haftsumme im Gesamthandvermögen vorhanden, besteht keine Außenhaftung des Treuhänders. Befriedigt er dennoch einen Gesellschaftsgläubiger, kann er sich *nur* gemäß §§ 110, 161 II HGB an die KG und subsidiär gem. § 426 BGB an die Komplementäre und Mitkommanditisten, welche ihre Hafteinlage nicht voll erbracht haben, halten.[1130] Der Anspruch aus §§ 675, 670 BGB gegen den Treugeber aufgrund der Gläubigerbefriedigung scheitert an der Erforderlichkeit dieser Aufwendung.[1131] Andernfalls könnte der Treuhänder die Treugeber eigenmächtig zu Nachschüssen verpflichten.[1132]

Sofern die Einlage nicht an die KG geleistet oder zurückbezahlt worden ist, steht dem Anspruch aus §§ 110, 161 II HGB der aufrechenbare Gegenanspruch der KG

1128 BGH, NZG 2012, 1024, 1027, Rz. 42; grundlegend zu unmittelbaren Ansprüchen im Innenverhältnis zwischen Gesellschaft und Treugeber BGH, NZG 2011, 1432, 1434.

1129 Vgl. *Zacher*, DStR 1996, 1813, 1813: In vielen Publikumskommanditgesellschaften seien die eingetragenen Haftsummen nur 25 % oder weniger der übernommenen Pflichteinlage.

1130 Zum Anspruch eines Kommanditisten aus § 426 BGB vgl. BGH, NZG 2002, 232, 232 f.; OLG Hamburg, NJOZ 2010, 1034 (n. rkr.).

1131 Allg. zum tatbestandlichen Ausschluss des Aufwendungsersatzanspruchs *Schiemann*, in: FS Zöllner, 503, 512; krit. *Armbrüster*, S. 380.

1132 Zur Nachschusspflicht s. o. § 4 A. II. 2. b).

bzgl. der Einlageforderung entgegen,[1133] sofern man nicht ohnehin davon ausgeht, dass die Befriedigung eines Gesellschafsgläubigers für sich eine Einlageleistung darstellt.[1134] Die Gläubigerbefriedigung stellt sich in diesen Fällen somit als zumindest mittelbare Leistung der Einlage dar. Die Ersatzpflicht für diese Aufwendung des Treuhänders richtet sich allein nach dem Innenverhältnis zum Treugeber, also danach, ob dieser die Einlagemittel bereits an den Treuhänder geleistet hat oder nicht. Hat der Treuhänder die Einlage bereits erhalten, aber nicht an die KG weitergeleitet, besteht kein Ersatzanspruch aus §§ 675, 670 BGB, da der Treuhänder diese Aufwendung nicht für erforderlich halten durfte. Alternativ müsste dem Treugeber zumindest ein aufrechenbarer Schadensersatzanspruch aus §§ 280, 675 BGB zustehen, da der Treuhänder es pflichtwidrig versäumt hat, die Außenhaftung durch Einlageleistung auszuschließen.[1135] Hat der Treuhänder die Einlage von der KG zurückerhalten, ergibt sich ein gegen den Zahlungsanspruch des Treuhänders (§§ 675, 670 BGB) aufrechenbarer Gegenanspruch aus §§ 675, 667 BGB.[1136] Nur sofern der Treugeber noch keine Einlage geleistet hat oder kraft ausdrücklicher vertraglicher Bestimmung zur Rückzahlung von gewinnunabhängigen Ausschüttungen verpflichtet ist, kann der Treuhänder erfolgreich Aufwendungsersatz verlangen. Insoweit ist nur die vom Treuhänder für den Treugeber übernommene ursprüngliche Beitragspflicht betroffen, weshalb eine vorrangige Inanspruchnahme der Gesellschaft oder der Mitgesellschafter nicht in Betracht kommt.

2. *Die Haftsumme ist höher als die Pflichteinlage*

Fraglich ist somit nur, wie sich der Treuhänder verhalten muss, wenn grundsätzlich eine Außenhaftung zu seinen Lasten besteht. Diese Situation ergibt sich zum einen, wenn die Einlageverpflichtung niedriger als die übernommene Haftsumme ist,[1137] und zum anderen, wenn die Haftung des Treuhänders durch gewinnunabhängige Ausschüttungen, welche er nicht zurückzuzahlen verpflichtet ist, gem. § 172 IV HGB wiederaufgelebt ist. Würde der Treuhänder hier zunächst Ersatz bei seinen Treugebern gemäß §§ 675, 670 BGB suchen, wären diese entgegen der

---

1133 Vgl. auch *Krenzel*, S. 57, Fn. 29.
Bei gewinnunabhängigen Ausschüttungen besteht ein Rückzahlungsanspruch der KG nur bei ausdrücklicher gesellschaftsvertraglicher Regelung, vgl. § 4 A. II. 2. d).

1134 So *Schilling*, in: Staub (4. Aufl.), § 171, Rn. 1, 14; *Thiessen*, in: Staub (5. Aufl.), § 171, Rn. 58, 99 ff.; *Kübler/Assmann*, §8 III. 2. b), S. 108; anders die **hM**, die erst die Aufrechnung mit dem Ersatzanspruch aus § 110 HGB als Einlageleistung bewertet: BGH, NJW 1984, 2291, *K. Schmidt*, in: MüKo-HGB, § 171, Rn. 50; *Roth*, in Baumbach/Hopt, § 171, Rn. 8.

1135 Ähnlich *Eden*, S. 65; *Schiemann*, in: FS Zöllner, 503, 512.

1136 Zur zulässigen Aufrechnung mit auf Geld gerichteten Herausgabeansprüchen nach § 667 BGB: *Schlüter*, in: MüKo-BGB, § 387, Rn. 34; *Schreiber*, in: Soergel, § 387, Rn. 6.

1137 Vgl. *Wacker*, in: Schmidt, § 15a EStG, Rn. 120 ff. zur steuerlichen Bedeutung einer solchen überschießenden Außenhaftung.

eigentlichen Vereinbarung doch zur Leistung einer Einlage in Höhe der Haftsumme bzw. zur Rückzahlung der gewinnunabhängig erfolgten Ausschüttungen verpflichtet. Daher ist es sachgerechter, den Treuhänder in diesen Fällen zunächst auf den Anspruch gegen die KG als primäres Haftungssubjekt zu verweisen, zumindest solange diese zahlungsfähig ist. Soweit eine Einlageverpflichtung nicht besteht, ergibt sich aus der Parteivereinbarung, dass der Kommanditist und die hinter ihm stehenden Treugeber nicht, auch nicht nur kurzfristig zur Kapitalausstattung der KG verpflichtet sein sollen, sondern nur eine nachrangige Haftung übernehmen.[1138] Der Treuhänder soll die originäre Kommanditistenstellung für die Treugeber einnehmen. Wäre er nur Kommanditist und nicht zugleich Treuhänder, käme von vornherein nur die Ersatzpflicht der KG in Betracht.

Kapitza hingegen sieht für den Bereich der geschlossenen Fonds die Treugeber als primär zur Ersatzleistung gegenüber dem Treuhänder verpflichtet. Aufgrund der knappen Finanzierung einer Fondsgesellschaft sei das Eigenkapital der Anleger dringend für deren Existenz und Erhaltung notwendig.[1139] Damit berücksichtigt er jedoch die soeben dargelegte Differenzierung nicht. Geschlossene Fonds in Form der kupierten Publikums-KG sind gerade auf die Sammlung von Kapital ausgerichtet. Die Treugeber sind daher zu Einlageleistungen verpflichtet. Aufwendungen des Treuhänders i. S. d. § 110 HGB stellen sich daher entweder als (zumindest mittelbare) Einlageleistung dar, für die die Treugeber einmalig Ersatz leisten müssen, oder sie sind gegenüber dem Treugeber nicht erforderlich. In beiden Fällen besteht keine Wahl des Treuhänders zwischen zwei gleichgerichteten Ersatzansprüchen verschiedener Schuldner, so dass sich die Frage der Subsidiarität eines Anspruchs nicht stellt. Sieht der Gesellschaftsvertrag hingegen eine gegenüber der Pflichteinlage höhere Haftsumme vor, kann für den Differenzbetrag primär nur die KG in Anspruch genommen werden. Gleiches gilt ebenso bei gewinnunabhängigen Ausschüttungen, für welche ein vertraglicher Rückforderungsanspruch fehlt. Eine primäre Haftung der Treugeber widerspräche in beiden Fällen den Parteivereinbarungen, wonach zunächst die Liquidität der KG auszuschöpfen ist.

V. Aufrechnung durch den Treugeber

Als mögliche Einwendung des Treugebers gegen die Inanspruchnahme durch den Treuhänder kommt vorrangig die Aufrechnung in Betracht, welche die gegenseitigen Forderungen gem. § 389 BGB zum Erlöschen bringt. Ansprüche des Treuhänders können als Zahlungsansprüche (§§ 669/670 BGB) oder als Befreiungsansprüche (§§ 670, 257 BGB) bestehen.[1140] Auf Seiten des Treugebers sind zum

---

1138 So zumindest im Erg. auch *Krenzel*, S. 57; *Eden*, S. 52/65, *Breuer*, MittRhNotK 1988, 83, 89; *Schaub*, DStR 1996, 65, 67; *Markwardt*, S. 74; *Beuthien*, ZGR 1974, 26, 48; *Tebben*, S. 290.

1139 *Kapitza*, S. 80.

1140 Vgl. oben § 4 A. I., II.

einen Herausgabeansprüche aus §§ 675, 667 BGB und zum anderen Schadensersatzansprüche aufgrund vertraglicher (§§ 280, 675 BGB) oder vorvertraglicher Pflichtverletzung (bürgerlich-rechtliche Prospekthaftung, §§ 311II, 280 I BGB) und aufgrund gesetzlicher Prospekthaftung (§§ 306 KAGB; 20, 21 VermAnlG; 13, 13a VerkProspG) möglich.[1141]

1. *Aufrechnung mit Herausgabeansprüchen*

Eine Besonderheit besteht im Falle des Herausgabeanspruchs des Treugebers gem. § 667 BGB. Dieser Anspruch setzt voraus, dass der Treuhänder etwas aus der Geschäftsbesorgung erlangt hat. Der Anspruch besteht daher regelmäßig nur im Falle von Gewinnausschüttungen der Gesellschaft an den Treuhänder. Eine gleichzeitige Inanspruchnahme des Treuhänders durch die Gesellschaft, welche zur Ersatzpflicht des Treugebers führen würde, erscheint kaum denkbar. Zumindest würde es in diesem Fall bereits zum Ausgleich beider Ansprüche im Verhältnis zwischen Treuhänder und Gesellschaft kommen.[1142] Besteht jedoch gleichzeitig ein Anspruch gegen den Treugeber aus § 670 BGB aufgrund einer Haftung des Treuhänders im Außenverhältnis (§§ 171 I, 172 IV HGB), ist fraglich, ob es überhaupt zur Aufrechnung kommen kann oder muss. Der Beauftragte soll grundsätzlich auch zur Herausgabe einer Verringerung seiner Verbindlichkeiten gegenüber dem Auftraggeber verpflichtet sein, mithin nicht zwischen beiden Ansprüchen saldieren dürfen.[1143] Sieht man den Zweck der Treuhand aber auch darin den Treugeber möglichst weitgehend von jeglicher (mittelbarer) Inanspruchnahme freizuhalten und ihn generell gegenüber dem Außenverhältnis abzuschirmen, ließe sich durchaus argumentieren, dass der Treuhänder zur Saldierung, d. h. zur Befriedigung des Drittgläubigers, berechtigt oder sogar verpflichtet ist. Regelmäßig soll der Treuhänder dem Treugeber nämlich nur das wirtschaftliche Ergebnis der Beteiligung vermitteln. Soweit die Mittel zur Befriedigung der Gesellschaftsgläubiger im Vermögen des Treuhänders vorhanden sind, wäre die eingegangene Verbindlichkeit des Treuhänders gegenüber dem Gesellschaftsgläubiger als Aufwendung i. S. d. § 670 BGB daher nicht erforderlich.

Geht man aber davon aus, dass der Treuhänder nicht zur Saldierung berechtigt ist, stehen sich der Herausgabeanspruch des Treugebers (gerichtet auf die Herausgabe der Verringerung der Verbindlichkeiten des Treuhänders gegenüber dem Gesellschaftsgläubiger) und der Aufwendungsersatzanspruch des Treuhänders

1141 Vgl. oben § 3 A. IV.

1142 Ähnlich *Ballerstedt*, JZ 1960, 513, 516, der allerdings davon ausgeht, dass der Treuhänder die Gewinnausschüttung zunächst entgegennimmt, dann mit seinem Ersatzanspruch aus § 670 gegen den Anspruch des Treugebers aus § 667 BGB aufrechnet und anschließend mit den ihm verbleibenden Barmitteln den Einlageanspruch der Gesellschaft begleicht.

1143 *Sprau*, in: Palandt, § 667, Rn. 3.

gegenüber.[1144] Ein auf Herausgabe einer Geldsumme gerichteter Anspruch aus § 667 BGB ist mit einer Geldforderung jedenfalls dann gleichartig, wenn sich die Herausgabepflicht nicht auf bestimmte Geldzeichen bezieht und daher materiell eine bloße Zahlungspflicht darstellt.[1145] Ein Aufrechnungsverbot zu Lasten des Treuhänders greift hier nicht ein, da die gegenseitigen Ansprüche im Treuhandvertrag begründet sind.[1146] Weiterhin handelt es sich bei den laufenden Ausschüttungen der KG auch nicht um spezielle, zweckgebundene Fremdgelder, die frei von Minderungen durch Gegenansprüche des empfangenden Treuhänders in das Vermögen des Treugebers gelangen müssen.[1147] Eine Minderung der Ausschüttungen durch Erfüllung von Forderungen von Drittgläubigern ist dem Zweck der Treuhandbeteiligung inhärent. Es kann keinen Unterschied machen, ob sich diese Minderung durch Inanspruchnahme der KG bereits vor Ausschüttung oder erst danach auswirkt.

Sind die von der KG erhaltenen Mittel aufgrund treuwidriger Verwendung nicht mehr im Vermögen des Treuhänders vorhanden und ist dieser auch sonst nicht in der Lage, den Drittgläubiger zu befriedigen, bleibt ihm nur die Abtretung des Freistellungsanspruchs gegen den Treugeber (§§ 675, 670, 257 BGB) an den Drittgläubiger. Es stellt sich dann die Frage nach der Aufrechnungsbefugnis des Treugebers gegenüber dem Drittgläubiger. Grundsätzlich sollte die Aufrechnungsbefugnis des Treugebers hier fehlen, da zur Zeit der Abtretung mangels Gleichartigkeit noch keine Aufrechnungslage bestand.[1148] Ihm würde daher nur ein Zurückbehaltungsrecht gem. § 273 I BGB zustehen.[1149] Der *BGH* geht dennoch von einer Aufrechnungslage aus, nimmt jedoch mit der *wohl herrschenden Meinung* an, dass der qualifizierte Treugeber insoweit keinerlei Einwendungen gegenüber dem Drittgläubiger erheben könne.[1150]

1144 Es erklärt sich nicht auf den ersten Blick, woher der Aufwendungsersatzanspruch in diesem Fall rührt. Klar ist nur, dass der Treuhänder ohne diesen Anspruch im vorliegenden Fall durch die Pflicht zur Herausgabe der Verringerung seiner Verbindlichkeiten an den Treugeber doppelt belastet wäre. Mithin ist die ersatzfähige Aufwendung gerade in der Pflicht zur Herausgabe der verringerten Verbindlichkeiten zu sehen. Dies ist zirkulär und spricht allgemein dafür dem Beauftragten das Recht zur Saldierung in diesen Fällen einzuräumen.

1145 Vgl. *Schlüter*, in: MüKo-BGB, § 387, Rn. 34; *Grüneberg*, in: Palandt, § 387, Rn. 8; *Gursky*, in: Staudinger (2006), § 387, Rn. 84; *Schreiber*, in: Soergel, § 387, Rn. 6.

1146 Vgl. BGH, NJW 1993, 2041, 2042, BGH, NJW 1994, 2885, 2886.

1147 Zum Aufrechnungsverbot eines Rechtsanwalts als Treuhänder, vgl. BGH, NJW 2003, 140, 141 f.; *Grüneberg*, in: Palandt, § 387, Rn. 15 f.; *Sprau*, in: Palandt, § 667, Rn. 9; Eden, S. 53 f.

1148 Vgl. § 6 C. II.

1149 Siehe dazu § 4 A. VI.

1150 Siehe dazu § 6 C. III. sowie § 4 A. V. 2. b) zum Einwendungsausschluss zwischen Treugeber und Treuhänder.

2. *Aufrechnung mit Prospekthaftungsansprüchen*

Große Relevanz in der Gerichtspraxis kommt der Aufrechnung des Treugebers mit Prospekthaftungsansprüchen gegen Ansprüche des Treuhänders auf Freistellung von der Haftung im Außenverhältnis gegenüber Gesellschaftsgläubigern gem. §§ 171 I, 172 IV HGB zu. Der Treuhänder, meist eine Treuhand-GmbH, hat kein Interesse daran und regelmäßig nicht die nötige Kapitalausstattung, um gegenüber Gesellschaftsgläubigern in Vorleistung zu treten, weshalb Zahlungsansprüche insoweit kaum eine Rolle spielen.

a) Aufrechnungslage, insbesondere Gleichartigkeit

Gem. § 387 BGB erfordert eine wirksame Aufrechnung zwei gegenseitige, gleichartige und fällige Forderungen. Die hier relevanten Forderungen sind jedenfalls gegenseitig. Die Fälligkeit ist regelmäßig gegeben (vgl. § 271 BGB), jedoch letztlich abhängig vom Einzelfall. Besonderheiten können sich hinsichtlich des Zeitpunkts der Fälligkeit des Freistellungsanspruchs ergeben, welche vor allem für die Frage der Verjährung entscheidend sind und daher an anderer Stelle behandelt werden.[1151] Entscheidend ist daher die Gleichartigkeit der Forderungen.

Prospekthaftungsansprüche des Treugebers und der Aufwendungsersatzanspruch des Treuhänders aus §§ 675, 670 BGB stehen sich unproblematisch als gleichartige Zahlungsansprüche gegenüber. Zwischen Prospekthaftungsansprüchen als Zahlungsansprüchen und Freistellungsansprüchen gem. §§ 675, 670 BGB i. V. m. § 257 BGB besteht nach zutreffender *ganz herrschender Meinung* keine Gleichartigkeit.[1152] Dennoch hat der *BGH* das Bestehen einer Aufrechnungslage in dieser Konstellation angenommen.[1153] In diesem eine oHG betreffenden Fall wurde der Freistellungsanspruch zunächst an die Gläubigerbank des Treuhänders abgetreten, was in diesem Fall nach *allgemeiner Ansicht* trotz Inhaltsänderung hin zum Zahlungsanspruch und damit entgegen § 399 Alt. 1 BGB zulässig ist.[1154] Später wurde dieser Anspruch wieder zurück auf den Treuhänder übertragen. Der BGH ließ offen, ob sich der Anspruch durch die Rückabtretung wieder in einen

---

1151 Siehe unten § 4 A. VII.

1152 BGH, NJW 1954, 795, 795; BGH, NJW 1999, 1182, 1184; *Grüneberg*, in: Palandt, § 387, Rn. 10; *Pfeiffer*, in: P/W/W, § 387, Rn. 14; *Schlüter*, in: MüKo-BGB, § 387, Rn. 34; *v. Olshausen*, AcP 182 (1982), 254, 254 f.; *Görmer*, JuS 2009, 7, 11.
Habersack, in: MüKo-BGB, § 775, Rn. 11 (mwN) lässt eine Aufrechnung gegen Befreiungsansprüche trotz fehlender Gleichartigkeit zu.

1153 BGH, NZG 2012, 1024, 1026; **aA** speziell zur Treuhand insoweit *Kapitza*, S. 198.

1154 Vgl. BGH, NZG 2011, 1432, 1435; BGH, NJW 2011, 2351; BGH, NJW 2010, 2197; *Müller*, in: P/W/W, § 399, Rn. 4; *Grüneberg*, in: Palandt, § 399, Rn. 4; *ders.*, in: Palandt, § 257, Rn. 1; *Krüger*, in: MüKo-BGB, § 257, Rn. 9; *Zöchling-Jud*, in: P/W/W, § 257, Rn. 4; *Wiedemann*, ZIP 2012, 1786, 1791; *Tebben*, ZGR 2001, 586, 613; *Gottschalk*, NZG 2012, 461, 462; **aA** mit guten Argumenten *Görmer*, JuS 2009, 7, 11 f.; kritisch auch *Rutschmann*, NZG 2010, 776, 777.

Freistellungsanspruch gem. § 257 BGB wandelt oder als Zahlungsanspruch bestehen bleibt, da er dies – zu Unrecht – für nicht entscheidungserheblich hielt. Grundsätzlich muss davon ausgegangen werden, dass sich die Leistungsbeziehungen zwischen den Parteien durch Abtretung und Rückabtretung nicht ändern sollen. Durch die Rückabtretung wird daher nur der ursprüngliche Zustand wiederhergestellt und der in der Person des Drittgläubigers zum Zahlungsanspruch gewandelte Freistellungsanspruch wird in der Person des Treuhänders wieder zum Freistellungsanspruch.[1155]

Der Grund, weshalb der *BGH* die Natur des Freistellungsanspruchs nach Abtretung und Rückabtretung nicht für entscheidungserheblich hielt, war die Annahme eines entsprechenden auf Zahlung gerichteten Schadensersatzanspruchs aus §§ 280 I, III, 281 I, II, 250 BGB, da der Treugeber sich ernsthaft und endgültig geweigert habe den Befreiungsanspruch zu erfüllen. Richtigerweise hätten hier jedoch bereits die Voraussetzungen eines Zurückbehaltungsrechts nach § 273 BGB zugunsten des Treugebers geprüft werden müssen, welches einen entsprechenden Schadensersatzanspruch ausschließen würde. Die erklärte Aufrechnung bzw. die Verweigerung der Freistellung aufgrund eigener Gegenansprüche[1156] hätte als Erhebung der Einrede aus § 273 I BGB ausgelegt werden müssen.[1157] Die Tatbestandsvoraussetzung des § 273 I BGB sind im Verhältnis zwischen Treugeber und Treuhänder hinsichtlich Befreiungsanspruch und Prospekthaftungsanspruch gegeben.[1158] Zwar wirkt die Erhebung des Zurückbehaltungsrechts anders als die Einrede aus § 320 BGB nicht auf die Entstehung des Gegenanspruchs zurück, schließt aber die Pflichtwidrigkeit der Nichtleistung für die Zukunft aus.[1159] Somit kommt allenfalls ein Anspruch auf Ersatz eines eventuellen Verzögerungsschadens gem. §§ 280 II, 286 BGB für die Zeit bis zur Erhebung der Einrede in Betracht. Hierauf geht der *BGH* in dieser Entscheidung jedoch mit keinem Wort ein. Letzten Endes kommt der *Senat* dennoch zu einem stringenten Ergebnis, da er – entgegen der *hier vertretenen Ansicht*[1160] – mit der *ständigen Rechtsprechung*[1161] zur Aufrechnung des Treugebers gegen vom Treuhänder an Gesellschaftsgläubiger abgetretene

---

1155 So dann auch BGH, ZIP 2012, 2246, 2247, Rz. 18; *Stöber*, NJW 2013, 832, 833; **aA** *Rutschmann*, NZG 2010, 776, 777 (eine weitere Abtretung und auch eine Rückabtretung durch den Drittgläubiger sei nicht zulässig).

1156 Zum Vortrag der Beklagten siehe BGH, NZG 2012, 1024, 1024.

1157 Vgl. *Görmer*, JuS 2009, 7, 11; *Schlüter*, in: MüKo-BGB, § 387, Rn. 34.

1158 Siehe dazu unten § 4 V.

1159 *Looschelders*, Schuldrecht AT, § 24 II. 1., S. 200 f.; *Larenz*, Schuldrecht AT, § 23 I. c); *Brox/Walker*, Schuldrecht AT, § 13, Rn. 20; *Medicus/Petersen*, Bürgerliches Recht, § 12 II. 2. b).

1160 Siehe unten § 6 C. III.

1161 BGH, NJW 2011, 2351, 2354, Rz. 26 ff; BGH, ZIP 2012, 2246, 2248; BGH, ZIP 2012, 2250, 2252; BGH, NJW 2013, 452, 454 f.; OLG Düsseldorf, DStR 1991, 1532, 1535; OLG Köln, NZG 2009, 543, 544; OLG Stuttgart, NZG 2010, 716; OLG Frankfurt, ZIP 2012, 673, 675.

Freistellungsansprüche ein Aufrechnungsverbot des Treugebers auch gegenüber dem Treuhänder annimmt.[1162] Nach der Begründung dieses Aufrechnungsverbots, muss ein entsprechendes Verbot dann auch für andere Einwendungen aus dem Treuhandverhältnis wie das Zurückbehaltungsrecht gelten.[1163] Es bestehe über das Aufrechnungsverbot hinaus ein umfassender Ausschluss sämtlicher Einwendungen des Treugebers aus dem Treuhandverhältnis.[1164]

b) Aufrechnungsverbot gegenüber dem Treuhänder

Wie soeben dargestellt nimmt der *BGH*[1165] ausgehend von der *ständigen Rechtsprechung* zum Aufrechnungsverbot des Treugebers gegen Ansprüche, welche vom Treuhänder an Gesellschaftsgläubiger, die Gesellschaft oder deren Insolvenzverwalter abgetreten wurden, auch ein Aufrechnungsverbot des qualifizierten Treugebers gegenüber dem Treuhänder an. Nach der *hier vertretenen Ansicht*[1166] ist bereits das Aufrechnungsverbot des Treugebers gegenüber den genannten dritten Rechtsträgern nach Abtretung abzulehnen. Insofern ist an dieser Stelle nur zu untersuchen, ob die Übertragung des Verbots auf das Innenverhältnis zwischen Treugeber und Treuhänder nach seiner Begründung überzeugen kann.

aa) Übertragbarkeit auf das Treuhandinnenverhältnis

Eine Aufrechnungslage ergibt sich zunächst nur, nachdem der Treuhänder eine Drittforderung für den Treugeber erfüllt hat. Nur dann wandelt sich der Befreiungsanspruch in einen zur Gegenforderung des Treugebers gleichartigen Zahlungsanspruch.[1167]

Nach Ansicht mehrerer *Oberlandesgerichte* ergebe sich ein Aufrechnungsverbot aus dem Gebot der Kapitalerhaltung, welches in §§ 171 I, 172 IV HGB Ausdruck finde.[1168] Dieser Ansatz kann vorliegend nur für die KG, nicht jedoch für oHG und GbR herangezogen werden. Hat der Treuhänder die Drittforderung bereits erfüllt und somit die Gleichartigkeit der gegenseitigen Ansprüche hergestellt, ist der Kapitalerhaltung genüge getan. Eine Wirkung für das Innenverhältnis der Treuhand lässt sich mit diesem Ansatz nicht begründen. Erst bei nicht mehr erfüllbarer Einlageschuld aufgrund Insolvenz des Treuhänders und damit dauerhaft

---

1162 BGH, NZG 2012, 1024, 1026 f.; BGH, ZIP 2012, 2246, 2248 f.

1163 S. u. § 4 A. VI. 3.

1164 BGH, ZIP 2012, 2246, 2248 f.; BGH, ZIP 2012, 2250, 2254.

1165 BGH, NZG 2012, 1024, 1026 f.; BGH, ZIP 2012, 2246, 2248 f.

1166 Siehe wiederum § 6 C. III.

1167 In der Praxis dürfte der Treuhänder bzw. die Treuhand-GmbH regelmäßig nicht bereit oder auch nur in der Lage sein für den Treugeber in Vorleistung zu gehen, so dass selten Zahlungsansprüche anstatt Befreiungsansprüchen und damit eine Aufrechnungslage gegeben sein dürfte, vgl. bereits § 4 A. V. 2.

1168 OLG Frankfurt, ZIP 2012, 673, 675; OLG Düsseldorf, Urt. V. 20.11.2008 – 6 U 8/08; OLG Stuttgart, NZG 2010, 716, 718; OLG Nürnberg, WM 2009, 942.

bestehender Außenhaftung nach §§ 171 I, 172 IV HGB kann sich eine faktische Außenwirkung des Treuhandverhältnisses ergeben.

Der *BGH* begründet das Aufrechnungsverbot dagegen mit dem sog. Gleichstellungsgrundsatz,[1169] wonach Treugeber gegenüber unmittelbar beteiligten Kommanditisten weder besser noch schlechter stehen dürften, als es sich unvermeidbar aus der Einschaltung eines Treuhänders ergebe. Der Treugeber müsse daher das Anlagerisiko ebenso wie ein Kommanditist tragen.[1170] Ein Vergleich zwischen Treugeber und Kommanditist erscheint an dieser Stelle kaum sinnvoll, da es letztlich nur um das Treuhandinnenverhältnis geht. Befriedigt der Treuhänder die Drittforderung und nimmt er dafür den Treugeber ersatzweise in Anspruch, steht der Treugeber grundsätzlich ebenso wie ein Kommanditist, der die Forderung selbst erfüllen müsste. Auch dem Schutz der Gläubiger ist insoweit genüge getan. Auf welche Weise der Treugeber die Leistung gegenüber dem Treuhänder vollbringt, ist in diesem Zusammenhang zunächst unerheblich. Es kann keinen Unterschied machen, ob der Treugeber gegenüber dem solventen Treuhänder aufrechnet oder es zu einem Hin- und Herzahlen zwischen beiden Parteien kommt.

Wiederum ändert sich diese Bewertung erst in der Insolvenz des Treuhänders. Dann kommt der Aufrechnung des Treugebers durch die ausbleibende Mehrung der Insolvenzmasse eine negative Wirkung zu Lasten anderer Gläubiger des Treuhänders zu. Die Frage, ob der Treugeber das Insolvenz- und Täuschungsrisiko in der Person des Treuhänders allein zu tragen hat, stellt sich dann ebenso wie bei einer Aufrechnung gegenüber der KG, ihrem Insolvenzverwalter oder ihren Gläubigern.

Sofern man also der Rechtsprechung zum Aufrechnungsverbot dem Grunde nach zustimmt, muss ein solches Verbot auch im Verhältnis zwischen Treugeber und dem Treuhänder gelten. Anders als bei persönlich haftenden Gesellschaftern in oHG und GbR kann ein Aufrechnungsverbot zwischen Treugeber und Treuhänderkommanditist nach der Begründung der Rechtsprechung allerdings nur bei Insolvenz des Treuhänders angenommen werden. Andernfalls kommt es nicht zu einer Verlagerung von Risiken, welche die Rechtsprechung der Sphäre des Treugebers zuordnet, auf Dritte und somit auch nicht zu einer befürchteten Besserstellung des Treugebers gegenüber unmittelbar beteiligten, echten Kommanditisten.

bb) Aufrechnungslage bei Insolvenz des Treuhänders

Es ist allerdings fraglich, ob in der Insolvenz des Treuhänders überhaupt eine Aufrechnungslage bestehen kann. In dieser Situation kann der Treuhänder grundsätzlich keine Zahlung mehr an seine Gläubiger veranlassen, weshalb es beim Freistellungsanspruch gegen den Treugeber bleibt und eine Aufrechnungslage nicht hergestellt werden kann. Dem Treugeber könnte dann aber ein Zurückbehaltungsrecht

---

1169 Vgl. BGH, NJW 1980, 1162, 1163; ähnlich in BGH, NJW 1988, 1903.
1170 BGH, NJW 2011, 2351, 2354.

zustehen.[1171] Eine bereits bestehende und eine in der Eröffnung des Insolvenzverfahrens entstehende Aufrechnungslage bleibt aber zugunsten des Treugebers als Insolvenzgläubiger gem. §§ 94 ff. InsO bestehen, kann aber letztlich auch nur aufgrund Befriedigung der Drittgläubiger durch den Treuhänder entstehen.

VI. Zurückbehaltungsrechte des Treugebers

Die Einrede des nichterfüllten Vertrags gem. § 320 BGB steht dem Treugeber lediglich hinsichtlich der geschuldeten Vergütung für die treuhänderische Verwaltung des Kommanditanteils zu. Schadensersatz- und Herausgabeansprüche des Treugebers und Freistellungs- oder Aufwendungsersatzansprüche des Treuhänders stehen sich nicht als synallagmatische Hauptleistungspflichten aus dem Treuhandverhältnis gegenüber.[1172] Es besteht aber ein Zurückbehaltungsrecht gem. § 273 I BGB. Aufrechnung und Zurückbehaltungsrecht gem. § 273 I BGB haben kongruente Voraussetzungen, wobei die Aufrechnung durch das Erfordernis der Gleichartigkeit spezieller ist. Erforderlich sind gegenseitige, fällige und konnexe Ansprüche. Gegenseitigkeit und Fälligkeit (§ 271 BGB) sind ebenso wie bei der Prüfung der Aufrechnungslage grundsätzlich gegeben. Die Konnexität der Ansprüche erfordert, dass beide in demselben rechtlichen Verhältnis wurzeln, wobei es ausreichend ist, dass es sich um ein einheitliches Lebensverhältnis handelt, welches zu einem inneren natürlichen und wirtschaftlichen Zusammenhang der Ansprüche führt.[1173] Die Ansprüche von Treugeber und Treuhänder beruhen bereits auf einem einheitlichen Vertrag. Somit ist die Konnexität jedenfalls zu bejahen.

1. Relevanz im Treuhandverhältnis

Die Geltendmachung des Zurückbehaltungsrechts aus § 273 I BGB führt dazu, dass der Schuldner nur noch zur Leistung Zug-um-Zug verpflichtet ist. Der Treugeber kann sich daher darauf berufen, den Treuhänder erst dann gegenüber einem Drittgläubiger zu befreien, wenn der Treuhänder die Ersatzansprüche des Treugebers erfüllt. Ist der Treuhänder zahlungsfähig, könnte er den Drittgläubiger auch selbst befriedigen und so eine Aufrechnungslage gegenüber dem Treugeber herstellen. Aufgrund der Erfüllungswirkung der Aufrechnung ist das Zurückbehaltungsrecht dann subsidiär. Wie oben dargestellt kann das Zurückbehaltungsrecht jedoch dem vom *BGH* angenommen Schadensersatzanspruch wegen Nichtleistung und damit der Herstellung einer Aufrechnungslage zwischen Treugeber und Treuhänder entgegenstehen.[1174]

1171 Siehe sogleich § 4 A. VI.

1172 S. o. § 3 A. V.; sowie *Weidenkaff*, in: Palandt, § 611, Rn. 24; *Markwardt*, S. 69; *Eden*, S. 53; *Grüneberg*, in: Palandt, Einf. V. § 320, Rn. 5 ff.; § 320, Rn. 4.

1173 *Krüger*, in: MüKo-BGB, § 273, Rn. 13; *Grüneberg*, in: Palandt, § 273, Rn. 9; *Lorenz*, in: BeckOK-BGB, § 273, Rn. 18.

1174 § 4 IV. 2. a).

In der Insolvenz des Treuhänders hätte das Zurückbehaltungsrecht aus Sicht des Treugebers die zumindest tatsächlich gleiche Wirkung wie die Aufrechnung. Kann der Insolvenzverwalter nicht an den Treugeber leisten, käme der Einrede aus § 273 I BGB dauerhafte Wirkung zu. Die gegenseitigen Forderungen würden zwar nicht erlöschen, müssten aber auch dauerhaft nicht erfüllt werden. Es ist jedoch fraglich, ob § 273 BGB überhaupt Wirkung in der Insolvenz des Anspruchsgläubigers entfaltet. Nur wenn man dies bejaht, stellt sich die Frage, ob das Zurückbehaltungsrecht nach der Rechtsprechung ebenso wie die Aufrechnung ausgeschlossen ist.

2. Wirkung in der Insolvenz

Die *ganz herrschende Meinung* versagt dem Schuldner die Berufung auf ein Zurückbehaltungsrecht aus § 273 I BGB gegenüber einem insolventen Gläubiger bzw. dessen Verwalter.[1175] Zur Begründung wird § 51 Nr. 2 und 3 InsO angeführt. Die Vorschriften bestimmen, dass nur Gläubiger, denen bestimmte Arten von Zurückbehaltungsrechten zustehen, zur abgesonderten Befriedigung berechtigt sind. Im Umkehrschluss wird gefolgert, dass alle weiteren Arten von Zurückbehaltungsrechten nicht insolvenzfest seien, mit der Folge, dass der Inhaber eines Zurückbehaltungsrechts aus § 273 I BGB seine Leistung vollständig in die Masse erbringen muss, bezüglich seiner Gegenforderung aber als Insolvenzgläubiger nur quotal befriedigt wird.

Dieser Schluss ist keinesfalls selbstverständlich. *Marotzke* weist zutreffend darauf hin, dass aus § 51 Nr. 2, 3 InsO zunächst nur folgt, dass alle nicht genannten Zurückbehaltungsrechte nicht zur abgesonderten Befriedigung berechtigen.[1176] Dies bedeute jedoch nicht, dass sich aus diesen Zurückbehaltungsrechten weiterhin auch kein rein defensives Leistungsverweigerungsrecht ergebe. Zurückbehaltungsrechte seien nur unwirksam, soweit es um zur Insolvenzmasse gehörende Gegenstände gehe.[1177] Gegen eine Unwirksamkeit spricht weiterhin auch ein Vergleich mit der Aufrechnung. Diese ist eine § 273 I BGB in den Voraussetzungen ähnliche, jedoch speziellere und in ihren Rechtsfolgen deutlich weitergehende Einwendung. Dennoch soll eine bestehende Aufrechnungslage gem. § 94 InsO zugunsten des Schuldners des Gemeinschuldners über die Eröffnung des Insolvenzverfahrens hinaus erhalten bleiben, das weniger weitgehende Zurückbehaltungsrecht aber unwirksam sein. Hierin liegt unzweifelhaft ein erheblicher

---

1175 BGH, JZ 1995, 569, 571; BGH, NJW 2005, 884, 887, Rn. 43; *Ganter*, in: MüKo-InsO, § 51, Rn. 242; *Leithaus*, in: Andres/Leithaus, § 51, Rn. 4; *Bäuerle*, in: Braun, § 51, Rn. 56 ff.; *Grüneberg*, in: Palandt, § 273, Rn. 20; *Krüger*, in: MüKo-BGB, § 273, Rn. 56, 72; *Selb*, in: Staudinger (1995), § 273, Rn. 41; *Medicus/Petersen*, BR, §12 4. a); **aA** *Marotzke*, S. 39, Rn. 2.69 ff.

1176 *Marotzke*, S. 29, Rn. 2.49.

1177 *Marotzke*, S. 29, Rn. 2.50; *Wolf*, in: Soergel, § 273, Rn. 48 mit Fn. 38.

Wertungswiderspruch. *Marotzke* folgert hieraus, dass eine Rechtsordnung, die die Vorabbefriedigung durch Aufrechnung so großzügig zulasse, nicht gleichzeitig die Insolvenzfestigkeit von Zurückbehaltungsrechten verneinen dürfe. Allenfalls seien die Beschränkungen des Aufrechnungsrechts sinngemäß auf Zurückbehaltungsrechte zu übertragen.[1178]

Diese Folgerung ist wiederum alles andere als zwingend. Ein gesetzliches Konzept, nach dem sämtliche nicht in § 51 InsO genannten Zurückbehaltungsrechte nicht von der Insolvenzordnung anerkannt werden, um eine gleichmäßige Befriedigung aller Insolvenzgläubiger zu ermöglichen, kann der Insolvenzordnung durchaus entnommen werden. Neben § 51 InsO können hierfür gerade auch die §§ 94–96 InsO angeführt werden, welche die Wirksamkeit von Aufrechnungen in bestimmten Umfang gesondert begründen. In gleicher Weise ist mit der *herrschenden Meinung* davon auszugehen, dass §§ 103 I InsO die besonderen Wirkungen des Synallagmas erst in das Insolvenzverfahren hinein trägt und somit die Berufung auf die Einrede des nichterfüllten Vertrags gem. § 320 BGB als Sonderfall erst ermöglicht.[1179] Dem kann nicht entgegengehalten werden, dass die Anordnung der Fortgeltung des § 320 BGB gegenüber der Nichtgeltung des § 273 I BGB widersprüchlich sei. Beide Leistungsverweigerungsrechte sind von grundlegend unterschiedlicher Qualität, wie die Entstehung beider Einreden zeigt. Handelt es sich bei § 320 BGB um notwendig verknüpfte, synallagmatische Hauptleistungspflichten eines gegenseitigen Vertrags, weshalb die Erhebung der Einrede auf den Zeitpunkt der Entstehung zurückwirkt, so erfasst § 273 I BGB auch Forderungen aus unterschiedlichen Vertragsverhältnissen, welche erst durch die Erhebung der Einrede in Verbindung gesetzt werden und daher nur für die Zukunft wirken.[1180]

Weiterhin ist es nicht überzeugend, den Sinn und Zweck der §§ 103, 55 I Nr. 2 Alt. 1 InsO allein darin zu sehen, es dem Insolvenzverwalter im Interesse aller Insolvenzgläubiger zu ermöglichen, Vorteile zu realisieren, welche sich aus einer Wertdifferenz von Ansprüchen aus gegenseitigen Verträgen zugunsten der Insolvenzmasse ergeben.[1181] Es ist schließlich gerade die eigentliche Pflicht des Insolvenzverwalters, sämtliche Gläubiger gleichmäßig und auch möglichst optimal zu befriedigen. Insofern ist der Verwalter jedenfalls berechtigt, wenn nicht gar verpflichtet, von dem allgemeinen Grundsatz der gleichmäßigen quotalen Befriedigung aller Gläubiger abzuweichen und einzelne Gläubigerforderungen vorrangig

---

1178 *Marotzke*, S. 38 f., Rn. 2.67 f.

1179 So etwa *Medicus/Petersen*, Bürgerliches Recht, § 12 4. a). Zugegebenermaßen verträgt sich dieser Befund nicht mit den von *Marotzke* (S. 13 ff., Rn. 2.12 ff.) vorgetragenen Motiven zur KO, wonach § 320 BGB auch ohne § 103 InsO insolvenzfest sein solle.

1180 *Looschelders*, Schuldrecht AT, § 24 II. 1., S. 200 f.; *Larenz*, Schuldrecht AT, § 23 I. c); *Brox/Walker*, Schuldrecht AT, § 13, Rn. 20; *Medicus/Petersen*, Bürgerliches Recht, § 12 II. 2. b).

1181 So aber *Marotzke*, S. 42 ff., Rn. 2.76 ff.

und vollständig zu erfüllen, wenn sich hieraus ein Vorteil aller übrigen Gläubiger ergibt. Schließlich gibt auch *Marotzke*[1182] zu, dass sich die Zulässigkeit der vorzugsweisen Befriedigung einzelner Gläubiger im Interesse aller Gläubiger auch ohne die §§ 103, 55 I Nr. 2 Alt. 1 InsO ergibt. Trotz des aufgezeigten Wertungswiderspruchs zur Aufrechnung ist somit der *herrschenden Meinung* zu folgen und das Zurückbehaltungsrecht des Treugebers in der Insolvenz des Treuhänders abzulehnen.

3. Ausschluss des Zurückbehaltungsrechts

Geht man entgegen der *herrschenden* und auch *hier vertretenen Ansicht* davon aus, dass das Zurückbehaltungsrecht gem. § 273 I BGB doch insolvenzfest ist, stellt sich die Frage, ob dem Treugeber die Erhebung dieser Einwendung nach der Rechtsprechung ebenso abgeschnitten ist wie die Aufrechnung.

Wiederum ist die enge Verwandtschaft zur Aufrechnung zu beachten. Grundsätzlich kann das Zurückbehaltungsrecht aus § 273 I gesetzlich wie auch vertraglich ausgeschlossen sein, wobei § 309 Nr. 2b BGB einem vertraglichen Ausschluss in AGB entgegensteht, soweit es sich um gegenseitige Ansprüche aus nur einem Vertragsverhältnis handelt. Gesetzliche Aufrechnungsverbote schließen ein Zurückbehaltungsrecht nicht notwendig aus,[1183] können aber evtl. entsprechend auf das Zurückbehaltungsrecht angewandt werden, insbesondere wenn die Ausübung des Zurückbehaltungsrechts zu einem der unzulässigen Aufrechnung gleichkommenden Ergebnis führt.[1184] Gleiches gilt für vertragliche Aufrechnungsverbote.[1185] Ebenso kann sich ein Ausschluss gem. § 242 BGB aus der Natur des Schuldverhältnisses oder der Natur des Gläubigeranspruchs ergeben.[1186] Der *BGH*[1187] bezieht sich bei der Begründung des Aufrechnungsverbots des Treugebers auf die Natur des Schuldverhältnisses und den Zweck der Gläubigerforderung. Letztlich wird das Verbot durch ergänzende Vertragsauslegung begründet. Nach dem Gleichstellungsgrundsatz müsse bzw. wolle der Treugeber das Anlagerisiko übernehmen und somit auch das Insolvenzrisiko des Treuhänders tragen. Eine Aufrechnung seitens des Treugebers würde dieses Risiko jedoch den Gläubigern des Treuhänders zuweisen. Ebenso verhält es sich, sofern der Treugeber sein Zurückbehaltungsrecht gegenüber dem insolventen Treuhänder geltend macht. Dann kommt es aus Sicht der Gläubiger zu ähnlich nachteiligen Ergebnissen wie im Falle der Aufrechnung durch den Treugeber. Statt vollumfänglich auf den Anspruch des

1182 *Marotzke*, S. 44 f., Rn. 2.80 (für eine teleologische Reduktion des allg. Verbots der vorzugsweisen Befriedigung in diesem Fall).

1183 *Krüger*, in: MüKo-BGB, § 273, Rn. 76.

1184 *Grüneberg*, in: Palandt, § 273, Rn. 14.

1185 BGH, NJW 1984, 128, 129; *Lorenz*, in: BeckOK-BGB, § 273, Rn. 29.

1186 *Krüger*, in: MüKo-BGB, § 273, Rn. 46 ff.

1187 BGH, NJW 2011, 2351, 2354, Rz. 26 ff; BGH, ZIP 2012, 2246, 2248; BGH, ZIP 2012, 2250, 2252; BGH, NJW 2013, 452, 454 f.

Treuhänders in die Insolvenzmasse zu leisten und nur quotal befriedigt zu werden, erhält der Treugeber keine geminderte Leistung aus der Insolvenzmasse, muss aber auch selbst nichts leisten. Daher muss aus den vom BGH vorgebrachten Gründen für ein Aufrechnungsverbot auch ein Ausschluss des Zurückbehaltungsrechts bzw. ein allgemeiner Einwendungsausschluss folgen.[1188] Dies gilt freilich nur, sofern man der Argumentation des BGH entgegen der *hier vertretenen Ansicht* folgt.[1189]

VII. Verjährung des Freistellungsanspruchs

Einen wiederkehrenden Problemkomplex im Rahmen der Haftung von Treugebern bildet die Verjährung des Freistellungsanspruchs des Treuhänders aus §§ 675, 670, 257 BGB. Während der Aufwendungsersatzanspruch aus §§ 675, 670 BGB der Erfüllung einer gegen den Treuhänder gerichteten Drittforderung zwingend nachfolgt und in seiner Entstehung somit zwingend an die Erfüllung der bereits bestehenden und fälligen Drittforderung gebunden ist, hat der Befreiungsanspruch aus § 257 S. 1 BGB antizipatorischen Charakter. Nach *allgemeiner Ansicht*[1190] wird der gesetzliche Befreiungsanspruch im Zweifel bereits mit Eingehung der Drittforderung, von der zu befreien ist, fällig (§ 271 I BGB), ohne dass es auf die Fälligkeit der Drittforderung ankäme. Dies wird aus § 257 S. 2 BGB gefolgert,[1191] der es dem Befreiungsschuldner erlaubt, Sicherheit zu leisten, bevor die Drittforderung überhaupt fällig ist. Die Fälligkeit vertraglicher Befreiungsansprüche kann sich kraft ausdrücklicher oder konkludenter Vereinbarung grundsätzlich auch nach der Fälligkeit der Drittforderung richten.[1192] Ohne entsprechende Vereinbarung über die Fälligkeit ist jedoch auch hier § 271 I BGB anzuwenden.[1193] Die §§ 257 S. 2, 738 I 3, 775 II BGB werden grundsätzlich nicht analog auf vertragliche Ansprüche angewendet.[1194]

Es fragt sich daher, ob der Beginn der Verjährungsfrist des Befreiungsanspruchs und der zugrunde liegenden Drittforderung unabhängig voneinander zu bestimmen sind. Weiterhin ist zu untersuchen, ob die Frage der Verjährung nach der Art der jeweils in Betracht kommenden Drittforderung überhaupt praktische Auswirkungen hat.

1188 So dann auch ausdrücklich BGH, ZIP 2012, 2246, 2248 f.; BGH, ZIP 2012, 2250, 2254.

1189 Zum Aufrechnungsverbot gegenüber Drittgläubigern nach Abtretung durch den Treuhänder siehe unten § 6 C. III.

1190 BGH, NJW 1984, 2151, 2152 f.; BGH, ZIP 2010, 1299, 1300; BGH, NJW 2010, 2197, 2198 f.; *Ellenberger*, in: Palandt, § 199, Rn. 3; *Grüneberg*, in: Palandt, § 257, Rn. 1; *Krüger*, in: MüKo-BGB, § 257, Rn. 7; *Bittner*, in: Staudinger (2009), § 257, Rn. 19; *Artz*, in: Erman, § 257, Rn. 6; *Tebben*, VGR 2010, 161, 172; *Görmer*, JuS 2009, 7, 10.

1191 Gleiches gilt im Hinblick auf den ausscheidenden Gesellschafter und den Bürgen gem. §§ 738 I 3, 775 II BGB.

1192 *Ellenberger*, in: Palandt, § 199, Rn. 3.

1193 *Görmer*, JuS 2009, 7, 10.

1194 BGH, NJW 1984, 2151, 2152 f.

1. Beginn der Verjährung

Der Freistellungsanspruch unterliegt als allgemein schuldrechtlicher Anspruch der regelmäßigen dreijährigen Verjährungsfrist gem. § 195 BGB.[1195] Der Beginn dieser Frist bestimmt sich gem. § 199 I BGB nach der Entstehung des Anspruchs und der Kenntnis oder grob fahrlässigen Unkenntnis der anspruchsbegründenden Umstände. Dies dürfte für Ansprüche des Treuhänders auf Befreiung von Verbindlichkeiten gegenüber der Gesellschaft unbestritten sein, da sich auch die Verjährung von Ansprüchen der Gesellschaft nach den §§ 195, 199 I BGB richtet. Eine abweichende Betrachtung könnte allenfalls für die Befreiung von Verbindlichkeiten gegenüber Gesellschaftsgläubigern in Betracht kommen, da sich die Verjährung dieser Ansprüche gegen den Treuhänder nach §§ 159, 160 HGB richtet.[1196]

Entstanden ist der Anspruch im verjährungsrechtlichen Sinne in dem Moment, in dem er klageweise geltend gemacht werden kann. Grundsätzlich setzt dies die Fälligkeit des Anspruchs und damit das Recht des Gläubigers voraus, die Leistung zu fordern (vgl. § 271 II BGB). Ausreichend ist die Möglichkeit der Erhebung der Stufen- oder Feststellungsklage, so dass der genaue Umfang des Anspruchs noch nicht beziffert werden muss.[1197] Grundsätzlich wäre für den Zeitpunkt des Verjährungsbeginns des Befreiungsanspruchs gem. §§ 195, 199 I BGB auf den Zeitpunkt abzustellen, in dem dieser Anspruch entsteht und fällig wird. Es käme nicht darauf an, ob die Drittforderung bereits fällig oder überhaupt der Höhe nach bestimmt oder bestimmbar ist. Somit könnte der Freistellungsanspruch bereits verjährt sein, lange bevor der Treuhänder überhaupt einem Leistungsverlangen des Drittgläubigers ausgesetzt ist. Bis zur Schuldrechtsreform im Jahr 2002 unterlag der Befreiungsanspruch der dreißigjährigen Regelverjährungsfrist des § 195 BGB aF,[1198] so dass eine mögliche unterschiedliche Verjährung beider Ansprüche kaum relevant war.

a) Die Rechtsprechung

Erst die Verkürzung der Regelverjährungsfrist auf drei Jahre in § 195 BGB hat die Rechtsprechung zu einer Abkehr von der gesetzlichen Konzeption der Verjährung des Befreiungsanspruchs unter Beibehaltung der Argumentation zur Einordnung des Befreiungsanspruchs nach altem Recht bewogen. Im Ausgangspunkt erkennt auch der *BGH*, dass es für die Bestimmung des Verjährungsbeginns des Befreiungsanspruchs gem. § 199 I BGB auf Entstehung und Fälligkeit eben dieses Anspruchs ankommt. Der Sinn und Zweck des § 257 BGB bestehe in der frühzeitigen Abwendung eines Verlustes im Aktivvermögen des Befreiungsgläubigers, weshalb die Fälligkeit der Aufwendungsersatzberechtigung zwar grundsätzlich auf den

---

1195 Vgl. BGH, ZIP 2010, 1299, 1300; BGH, NJW 2010, 2197, 2199.

1196 S. u. § 6 D.

1197 *Ellenberger*, in: Palandt, § 199, Rn. 3.

1198 BGH, NJW 1983, 1729, 1729.

Zeitpunkt der Eingehung der Drittverbindlichkeit vorverlagert werden müsse. Aufgrund der nun kürzeren Regelverjährungsfrist führe die strikte Anwendung des neuen Verjährungsrechts jedoch zu „wenig sinnvollen und unbefriedigenden Ergebnissen".[1199] Aus Sicht des Befreiungsgläubigers sei es unbillig, wenn dieser seinen Befreiungsanspruch schon zu einem Zeitpunkt verliere, in dem die Drittforderung noch längst nicht fällig sei. Zudem sei es nicht folgerichtig, dass ihm nach Befriedigung der Drittforderung zwar ein Aufwendungsersatzanspruch zustünde, der Weg über den Befreiungsanspruch, welcher auf einfachere Weise zum wirtschaftlich gleichen Ergebnis führe, aber wegen möglicherweise eingetretener Verjährung verbaut wäre. Dies widerspräche schließlich auch den Interessen des Befreiungsschuldners, welcher sich eines Freistellungsverlangens weit vor Fälligkeit der Drittforderung ausgesetzt sähe, da der Befreiungsgläubiger zur Vermeidung der drohenden Verjährung die frühzeitige Durchsetzung des Befreiungsanspruchs betreiben müsste.[1200] Derartige „Unzuträglichkeiten und Wertungswidersprüche" zwischen dem Entstehen und der Fälligkeit des Freistellungsanspruchs einerseits und der Fälligkeit der Drittforderung bzw. des Aufwendungsersatzanspruchs seien durch einen Gleichlauf des Verjährungsbeginns von Befreiungsanspruch und zugrunde liegender Drittforderung aufzulösen.[1201]

Aus selbigem Grund habe der BGH bereits zum früheren Verjährungsrecht entschieden, dass Freistellungsansprüche wie auch Aufwendungsersatzansprüche nicht der kurzen zweijährigen Verjährungsfrist des § 196 I Nr. 1 BGB aF, sondern der Regelverjährung von 30 Jahren unterlägen.[1202] Der Wortlaut des § 196 I Nr. 1 BGB aF erfasste ausdrücklich „Auslagen". Hierunter seien nur Zahlungen oder sonstige Leistungen zu verstehen, die der Geschäftsführer aus seinem Vermögen für Rechnung des Geschäftsherrn erbringe, nicht aber Aufwendungen i. S. v. § 670 BGB. Diese Beschränkung auf „echte" Auslagenersatzansprüche in § 196 I Nr. 1 BGB aF habe „einen vernünftigen rechtspolitischen Sinn", welcher diese Auslegung unterstütze.[1203]

b) Abweichende Ansichten

Die *wohl ganz herrschende Meinung in der Literatur* folgt dem BGH und nimmt einen einheitlichen Verjährungsbeginn von Freistellungsanspruch und zugrunde liegender Drittforderung an.[1204] Verschiedene *Oberlandesgerichte* befürworteten

---

1199 BGH, NJW 2010, 2197, 2199.

1200 BGH, ZIP 2010, 1299, 1300; BGH, NJW 2010, 2197, 2199.

1201 BGH, NJW 2010, 2197, 2199; noch offen gelassen in BGH, ZIP 2010, 1299, 1300; bestätigt durch BGH, NJW 2011, 2351, 2354; vorher bereits OLG Karlsruhe, NZG 2010, 151, 152 f.; OLG Stuttgart, NZG 2010,716; OLG Nürnberg, WM 2009, 942.

1202 BGH, ZIP 2010, 1299, 1300 unter Hinweis auf BGH, NJW 1983, 1729.

1203 BGH, NJW 1983, 1729, 1729.

1204 *Roth*, in: Baumbach/Hopt, Anh § 177a, Rn. 80; *K. Schmidt*, in: MüKo-HGB, vor § 230, Rn. 75; *Jagersberger*, NZG 2010, 136, 137 f.; *Stumpf*, BB 2012, 1429, 1433; *Zöchling-Jud*, in: P/W/W, § 257, Rn. 4.

eine Verjährung des Freistellungsanspruchs in Analogie zu § 159 I HGB.[1205] Dies kommt jedoch allenfalls dort in Betracht, wo auch die Drittforderung nach § 159 HGB verjährt. Umfassende Kritik an der Auffassung des BGH übt allein *Rutschmann.*[1206] Hierauf ist im Folgenden einzugehen.

c) Stellungnahme

Die vorangehend dargestellte Rechtsprechung ist in mehrerlei Hinsicht kritikwürdig. Zunächst ist die Frage, ob durch das Schuldrechtsmodernisierungsgesetz etwas an dem Beginn der Verjährung des Befreiungsanspruchs aus § 257 BGB geändert werden sollte,[1207] eindeutig zu verneinen.[1208] Dies erkennt auch der *BGH,* entscheidet aber dennoch bewusst anders und befindet sich damit ebenso wie zuvor das *OLG Karlsruhe* „in freier Rechtsschöpfung"[1209].

Grundsätzlich verfehlt dürfte auch die Inbezugnahme des früheren *Urteils des II. Senats*[1210] sein. Hierbei ging es einzig und allein um die Verjährungsfristen und damit um eine Abgrenzung von „Aufwendungen" einerseits und „Auslagen" i. S. v. § 196 I Nr. 1 BGB aF andererseits. Die selbst attestierte Übereinstimmung einer Auslegung hin zur Trennung beider Begriffe mit dem angeblichen rechtspolitischen Sinn des § 196 I Nr. 1 BGB aF diente dem Senat allenfalls als Vergewisserung des gefundenen Ergebnisses. Die eigentliche Argumentation stützt sich hingegen auf die parallele Unterscheidung in § 354 II HGB. Eine im alten Recht angelegte verjährungsrechtliche Unterscheidung zwischen Befreiungs- und Aufwendungsersatzanspruch oder die Notwendigkeit eine solche im Wege der Auslegung herbeizuführen kann diesem Urteil nicht entnommen werden. Klar wird aus diesem Urteil nur, dass vom Begriff der „Aufwendungen" – in Abgrenzung zum Begriff der „Auslagen" – auch bereits die Eingehung von Verbindlichkeiten erfasst sein muss.

Insoweit übereinstimmend sieht auch der *BGH* zum einen den Sinn und Zweck von § 257 BGB in der Vorverlagerung der Fälligkeit der „Aufwendungsersatzberechtigung" und nicht etwa nur in der Begründung eines (eigenständigen) Befreiungsanspruchs. Andererseits stellt der *BGH* in seiner Argumentation entscheidend darauf ab, dass Befreiungsanspruch und Aufwendungsersatzanspruch wesensverschieden seien und daher einer unterschiedlichen Entstehung und Verjährung unterlägen. Sinn und Zweck des § 257 BGB sei die Abwendung eines drohenden Verlustes im Aktivvermögen des Befreiungsgläubigers.[1211]

1205 OLG Frankfurt, ZIP 2010, 673, 675; OLG Stuttgart, ZIP 2010, 1694, 1697; OLG Nürnberg, WM 2009, 942, 946 f.
1206 *Rutschmann*, DStR 2010, 555; *ders.*, NZG 2010, 776, 777 f.
1207 Vgl. BGH, ZIP 2010, 1299, 1300.
1208 Vgl. BT-Drucks. 14/6040, S. 108 f.; *Peters*, in: Staudinger (2009), § 199, Rn. 5.
1209 So zutreffend *Rutschmann*, DStR 2010, 555, 559.
1210 BGH, NJW 1983, 1729, 1729.
1211 BGH, NJW 2010, 2197, 2199.

Unzweifelhaft liegen seitens des Ersatzberechtigten nur ein einheitliches Leistungsinteresse und auch nur ein einheitliches Forderungsrecht vor. Antizipierte Befreiung und nachlaufende Ersatzleistung stehen im Ausschließlichkeitsverhältnis. Überzeugender ist es daher, einen einheitlichen Ersatzanspruch anzunehmen, welcher durch Befriedigung des Drittgläubigers durch den Befreiungsgläubiger eine Inhaltsänderung hin zum Zahlungs- bzw. Wertersatzanspruch erfährt.[1212] Sinn und Zweck des § 257 BGB ist daher auch der frühzeitige Ausgleich eines Nachteils im Passivvermögen, wobei die antizipierende Wirkung hier nur hinsichtlich der Fälligkeit der Drittforderung wirkt und nicht geeignet ist einen entstehenden Nachteil von vorn herein zu vermeiden. Dementsprechend hat auch der *VII. Senat* eine einheitliche Verjährung für Ersatzansprüche des leistenden Gesamtschuldners und des Bürgen angenommen,[1213] worauf *Rutschmann*[1214] neben weiteren gewichtigen Kritikpunkten ausdrücklich hingewiesen hat. Diese entgegenstehende Ansicht *Rutschmanns* wurde im späteren Urteil des *II. Senats* zwar erwähnt, dennoch findet keine Auseinandersetzung mit der Frage nach der eigenständigen Natur des Befreiungsanspruchs gegenüber dem Aufwendungsersatzanspruch statt.[1215]

Geht man nun von einem einheitlichen Aufwendungsersatzanspruch aus, welcher dementsprechend auch einer einheitlichen Verjährung unterliegen muss, entfallen die vom II. Senat befürchteten Wertungswidersprüche insoweit, als dass ein Anspruch auf Aufwendungsersatz nach Befriedigung des Drittgläubigers bei bereits verjährtem Befreiungsanspruch nicht in Betracht kommt.

Möglich ist es weiterhin, dass der einheitliche Ersatzanspruch verjährt, bevor die Drittforderung fällig wird. Es ist fraglich, ob hierin derart schwerwiegende „Unzuträglichkeiten und Wertungswidersprüche" angelegt sind, welche es rechtfertigen können, über die gesetzgeberische Konzeption des Verjährungsbeginns nach § 199 BGB hinwegzugehen. *Rutschmann* wendet ein, dass die Rechtsprechung einen unbilligen Zustand überhaupt erst schaffe, anstatt ihn zu beseitigen. Die Verjährung des Ersatzanspruchs vor Fälligkeit der Drittforderung sei die verjährungsrechtliche Kehrseite der antizipierten Regressnahme, durch welche die Interessen der Parteien nach dem Willen des Gesetzgebers austariert würden. Auch aus § 257 S. 2 BGB ergebe sich nichts anderes: Vor Fälligkeit der Drittforderung müsse der Befreiungsgläubiger noch nicht an den Drittgläubiger leisten. Er sei aber gleichwohl berechtigt, Befreiung zu verlangen, wobei seinen Interessen durch Sicherheitsleistung durch den Befreiungsschuldner ausreichend Rechnung getragen werde. Bis die Drittforderung fällig werde, sei die Verjährung aufgrund einer dilatorischen Einrede gem. § 205 BGB gehemmt.[1216]

1212 BGH, NJW-RR 1993, 1227, 1228; BGH, NJW-RR 2005, 887, 990; BGH, ZIP 2012, 2250, 2254; *Rutschmann*, DStR 2010, 555, 560.

1213 BGH, NJW 2010, 60, 60 ff.; wohl auch *Bittner*, in: Staudinger (2009), § 257, Rn. 20.

1214 *Rutschmann*, DStR 2010, 555, 560.

1215 BGH, NJW 2010, 2197, 2199.

1216 *Rutschmann*, DStR 2010, 555, 559 f. mit Fn. 64.

Diese Ausführungen überzeugen zumindest insoweit, als dass der gesetzlichen Konzeption der unterschiedlichen Verjährung von Ersatzanspruch und Drittforderung, dessen Vorliegen auch vom *BGH* nicht bestritten wird, keine untragbaren Wertungswidersprüche innewohnen. Es leuchtet nicht ein, warum es einerseits per se unbillig sein soll, wenn der Befreiungsgläubiger trotz Verjährung des Befreiungsanspruchs noch gegenüber dem Drittgläubiger haftet und es andererseits ohne entsprechenden Ausgleich bei der vorgezogenen Freistellungspflicht des Befreiungsschuldners für noch nicht fällige Drittforderungen bleiben soll. Daher muss die unabhängige Verjährung beider Ansprüche als Kehrseite des antizipierten Regresses in einem in sich grundsätzlich stimmigen Gesamtsystem betrachtet werden.

Im Bereich von einfachen, eingliedrigen Treuhandverhältnissen ist es alles andere als abwegig, dass die gesetzliche Verjährungsregelung den Interessen der Beteiligten entspricht. Handelt der Treuhänder ausschließlich als vorgeschobener „Strohmann" ohne eigenes wirtschaftliches Interesse an dieser Gesellschafterstellung, hat er ein Interesse daran, immer umgehend und frühzeitig Befreiung zu verlangen. Geht dieser Treuhänder eine nicht sofort fällige Verbindlichkeit ein, wird er sich dennoch sofort befreien oder Sicherheit leisten lassen wollen, ohne dass diesem Verlangen ein berechtigtes Interesse des Treugebers entgegenstehen könnte, da der Treuhänder hinsichtlich der wirtschaftlichen Konsequenzen der mittelbaren Beteiligung keine zeitweise abschirmende Funktion einnimmt.

Zuzugeben ist dem *BGH* jedoch, dass diese gesetzgeberische Ordnung des Verjährungsrechts regelmäßig nicht den Interessen zwischen Treugebern, welche sich zur Kapitalanlage an einer Publikumspersonengesellschaft beteiligen, und einem persönlich haftenden Treuhändergesellschafter entspricht. Die beiden relevanten Entscheidungen betrafen Fondsgesellschaften in Form der oHG[1217] und GbR.[1218] Hier wollen die Treugeber zwar das wirtschaftliche Risiko des Treuhänders über die Gesamtlaufzeit des Fonds entsprechend der Höhe ihrer Beteiligung vollständig übernehmen, jedoch nicht laufend mit Ersatzforderungen belastet werden, während die Gesellschaft noch werbend tätig ist. Insofern kommt dem Treuhänder eine abschirmende Wirkung zu. Ein der Lösung des *BGH* entsprechender Aufschub der Fälligkeit des Freistellungsanspruchs kann sich richtigerweise nur aus vertraglicher Vereinbarung ergeben. Eine entsprechende Lösung sollte sich dabei regelmäßig anhand einer objektiven Vertragsauslegung finden lassen.[1219]

Im Falle eines nur beschränkt und grundsätzlich nicht persönlich haftenden Treuhänderkommanditisten könnte sich die Interessenlage jedoch grundlegend anders darstellen. Die Haftungsabschirmung geschieht hier schon durch Leistung

---

1217 BGH, NJW 2010, 2197.

1218 BGH, ZIP 2010, 1299.

1219 So letztlich auch BGH, ZIP 2010, 1299, 1300 f.; ebenso OLG Karlsruhe, ZIP 2009, 1810, 1813; OLG Frankfurt, ZIP 2012, 673, 675; OLG Koblenz, Urt. v. 11.12.2008 – 6 U 1353/07 = WM 2009, 939 ff.

der Einlage. Im Folgenden soll daher die Verjährung in Abhängigkeit der Art der jeweiligen Drittforderung untersucht werden.

2. Verjährung nach Drittforderungen

Der Treuhänder kann zunächst gem. §§ 171 I, 172 IV HGB von Forderungen der Gesellschaftsgläubiger betroffen sein. Weiterhin unterliegt er Ansprüchen der KG im Innenverhältnis, insbesondere dem Einlageanspruch und ggf. einem Anspruch auf Rückzahlung gewinnunabhängiger Liquiditätsausschüttungen.

a) Außenhaftung gem. §§ 171 I, 172 IV HGB

Mit dem Beitritt zur KG verpflichtet sich der Kommanditist zunächst nur zur Leistung einer Einlage. Soweit diese Einlage nicht vollständig geleistet oder haftungsbegründend zurückgewährt wurde besteht eine Haftung des Kommanditisten im Außenverhältnis gegenüber Gesellschaftsgläubigern. Diese Haftung ist ebenso wie die eines persönlich haftenden Gesellschafters keine konkrete Verbindlichkeit oder Schuld, sondern ein allgemeiner Zustand, der keiner separaten Verjährung unterliegt.[1220] Dieser Haftung können während des Bestehens der Gesellschaft ständig neue Gesellschaftsverbindlichkeiten unterlegt werden,[1221] wobei sich der Kommanditist auf die Verjährung der einzelnen gegenüber der Gesellschaft bestehenden Forderung berufen kann.[1222] Hinzu kommt, dass die Haftung des Kommanditisten auch inhaltlich von der Schuld der Gesellschaft verschieden ist, da er nur auf Leistung von Geld haftet.[1223]

Somit entsteht eine konkrete Verbindlichkeit des Kommanditisten gegenüber dem Drittgläubiger erst, nachdem dieser den Kommanditisten in Anspruch nimmt. Vorher besteht ein Befreiungsanspruch gegenüber dem Treugeber nur bezüglich der Einlageforderung der Gesellschaft. Zu diesem Zeitpunkt kann bereits ein Teil der Verjährungsfrist des Drittanspruchs gegenüber der Gesellschaft abgelaufen sein. Der auf diese konkrete Drittforderung gerichtete Befreiungsanspruch gegen den Treugeber kann jedoch erst mit der Inanspruchnahme des Kommanditisten durch den Drittgläubiger entstehen. Der Treugeber hat den Treuhänder von allen Verbindlichkeiten im Zusammenhang mit der Treuhandtätigkeit freizustellen. Ebensowenig wie der Kommanditist dem Drittgläubiger die Verjährung der Einlageforderung mangels Erfüllungswirkung entgegenhalten kann,[1224] kann sich der Treugeber gegenüber dem Treuhänder darauf berufen, dass der Befreiungsanspruch hinsichtlich der Einlageforderung möglicherweise bereits verjährt ist. Es

1220 Vgl. *K. Schmidt*, in: MüKo-HGB, § 128, Rn. 3; *Habersack*, in: Staub, § 128, Rn. 18; *Roth*, in: Baumbach/Hopt, § 128, Rn. 4; *Hillmann*, in: E/B/J/S, § 128, Rn. 16.

1221 OLG Stuttgart, ZIP 2010, 1694, 1697; *K. Schmidt*, in: MüKo-HGB, § 128, Rn. 3.

1222 *K. Schmidt*, in: MüKo-HGB, § 172, Rn. 17.

1223 *K. Schmidt*, in: MüKo-HGB, § 172, Rn. 16.

1224 *K. Schmidt*, in: MüKo-HGB, § 172, Rn. 17.

dürfte daher ausgeschlossen sein, dass der Befreiungsanspruch vor der zugrunde liegenden Drittforderung verjährt.

b) Einlageanspruch

Im Innenverhältnis zur KG schuldet der Treuhänder zunächst die übernommene Einlage. Dieser Anspruch entsteht bereits mit dem Beitritt zur Gesellschaft. Im selben Moment entsteht dann auch der gegen den Treugeber gerichtete Freistellungsanspruch. Die Einlageforderung verjährt nach den allgemeinen Vorschriften der §§ 195, 199 BGB innerhalb von 3 Jahren nach Entstehung. Der Einlageanspruch kann gestundet werden und weiterhin soll die Feststellung des Jahresabschlusses, der die offene Einlageforderung ausweist und an dem der betroffene Gesellschafter mitgewirkt und diesem zugestimmt hat, ein Anerkenntnis darstellen, das gem. § 212 I Nr. 1 BGB zum Neubeginn der Verjährung führt.[1225] Daher ist es hinsichtlich der Einlageforderung durchaus möglich, dass der Anspruch gegen den Treugeber auf Erbringung der Mittel für die Einlage verjährt ist, bevor sich der Treuhänder eines Leistungsverlangens der KG ausgesetzt sieht. Daneben besteht aber weiterhin die Außenhaftung gem. § 171 I HGB, für die der Treuhänder wie vorangehend aufgezeigt Befreiung verlangen kann. Zudem erlischt die Einlageforderung der KG, soweit die Einlage einmalig geleistet wurde (§ 362 BGB). Eine spätere haftungsbegründende Rückzahlung lässt den Einlageanspruch nicht wiederaufleben. Insoweit kommt zunächst nur ein vertraglicher Rückgewähranspruch der KG in Betracht.[1226]

In den praktisch relevanten Fällen der geschlossenen Fonds dient die (mittelbare) Beteiligung von Kapitalanlegern gerade der Kapitalaufnahme, weshalb die Einlage regelmäßig direkt zur Zeit des Beitritts fällig sein dürfte. Auch sofern dies nicht der Fall sein sollte, ist allen Beteiligten klar, dass die Kapitalzufuhr an die KG einen wesentlichen Vertragszweck darstellt und früher oder später zu erfüllen sein wird. Es ist nicht ersichtlich, warum dem Treuhänder nicht zugemutet werden sollte, auf eine frühzeitige Befreiung oder Sicherheitsleistung zu bestehen. Wiederum sind keine schwerwiegenden Wertungswidersprüche ersichtlich, die eine Modifikation der gesetzlichen Regelungen oder eine entsprechende Vertragsauslegung über den Wortlaut hinaus erforderlich erscheinen lassen.

c) Rückforderung von Ausschüttungen

Im Innenverhältnis kann der Treuhänder weiterhin auf Rückzahlung gewinnunabhängiger Ausschüttungen in Anspruch genommen werden. Hierfür bedarf es eines ausdrücklichen vertraglichen Anspruchs der KG.[1227] Auch hier dürfte sich grundsätzlich immer ein einheitlicher Verjährungsbeginn und -ablauf von

---

1225 Vgl. *v. Falkenhausen/Schneider*, in: MüHdbGesR, Band I, § 60, Rn. 59; *K. Schmidt*, in: MüKo-HGB, § 172, Rn. 17.

1226 Siehe § 4 A. III.

1227 Siehe § 4 A. III. 2. d).

Rückforderungs- und Freistellungsanspruch ergeben. Der Anspruch auf Rückzahlung entsteht nicht mit der Ausschüttung. Er ist aufschiebend dahin gehend bedingt, dass die Ausschüttungen nicht bis zu einem gewissen Zeitpunkt durch Gewinne gedeckt sind. Gleichermaßen kann auch die Entstehung des Freistellungsanspruchs erst nach Bedingungseintritt angenommen werden, da erst dann eine Verbindlichkeit des Treuhänders entstanden ist. Gleiches gilt hinsichtlich etwaiger bereicherungsrechtlicher Ansprüche, sofern kein vertraglicher Rückzahlungsanspruch der KG besteht. Auch hier entsteht eine Verbindlichkeit des Treuhänders erst mit Beendigung der Gesellschaft bzw. nach anderer Auffassung mit dem Schluss des jeweiligen Geschäftsjahres.[1228]

B. Bei fehlerhafter Beteiligung

Die Haftung des Treugebers gegenüber dem Treuhänder stellt sich grundlegend anders dar, sofern der Treuhandvertrag in irgendeiner Weise fehlerhaft ist. Der Treuhandvertrag kann sich bereits anfänglich als unwirksam erweisen oder der Treugeber bei wirksam entstandenem Vertrag zur nachträglichen Rückabwicklung berechtigt sein. Besondere Bedeutung kommt Schadensersatzansprüchen gegen den Treuhänder zu, welche den Treugeber auch zur Vertragsaufhebung berechtigen können. Angesichts der praktischen Häufigkeit insbesondere von Prospekthaftungsansprüchen verwundert es, dass das Thema der fehlerhaften Treuhandbeteiligungen in ausführlichen Schriften zum Thema Treuhand an Gesellschaftsanteilen häufig vollständig unbeachtet gelassen wird.[1229]

I. Anfängliche Unwirksamkeit

Für die anfängliche Unwirksamkeit des Treuhandvertrags sind vielerlei Gründe denkbar. Bereits oben wurde dargestellt, dass für die wirksame Begründung der treuhänderischen Beteiligung keine Zustimmung der Mitgesellschafter erforderlich ist.[1230] Es handelt sich bei der Treuhand an Gesellschaftsanteilen grundsätzlich auch nicht um ein bloßes Scheingeschäft i. S. d. § 117 BGB.[1231] Die Unwirksamkeit kann sich jedoch aus den allgemeinen Vorschriften der §§ 104 ff., 125, 134, 138 BGB sowie aufgrund der Ausübung von Gestaltungsrechten ergeben, insbesondere der Anfechtung (§§ 142, 119, 123 BGB). In all diesen Fällen ist das Treuhandverhältnis nach bereicherungsrechtlichen Vorschriften rückabzuwickeln. Es ist dann insbesondere fraglich, ob und wie sich etwaige Verstöße gegen Gesetz oder gute Sitten

---

1228 Vgl. zu diesen Ansprüchen § 4 III. 2. d).

1229 Vgl. bspw. *Lenders*, S. 246 ff.; *Eden*, S. 150 ff. (s. aber S. 342); *Krenzel*, S. 38 ff., 187 ff.; *Armbrüster*, S. 93 ff.; siehe aber *ders.*, S. 131ff. zur Anfechtung wegen arglistiger Täuschung.

1230 Siehe § 2 B. III.

1231 Siehe § 2 B. I. 2.

auswirken und ob eine Korrektur des Ergebnisses der bereicherungsrechtlichen Rückabwicklung angezeigt ist.

1. Abwicklung des Treuhandvertrags nach Bereicherungsrecht

Der Treugeber kann regelmäßig gemäß § 812 I 1 Atl. 1 BGB den Einlagebetrag nebst eventuellem Agio und Gebühren und das bisher geleistete Entgelt verlangen. Hinsichtlich des Entgelts kann der Treuhänder grundsätzlich mit einem Anspruch auf Wertersatz für die geleisteten Dienste aus §§ 812, 818 II BGB aufrechnen. Ebenso ist der Treugeber zur Herausgabe von über den Treuhänder bezogenen Gewinnausschüttungen aus der Beteiligung verpflichtet.

Vorbehaltlich einer praktisch wohl eher seltenen aufschiebend oder auflösend bedingten Übertragung des Kommanditanteils bei Treuhandbegründung, welche zu einem Einrücken des Treugebers in die Position des Kommanditisten führt und etwa zur Sicherung des Treugebers vor treuwidrigen Verfügungen des Treuhänders über das Treugut vereinbart werden kann,[1232] kann die Nichtigkeit oder Beendigung des Treuhandvertrags grundsätzlich nichts am Verhältnis der Gesellschafter, einschließlich des Treuhänders, zueinander ändern.[1233] Für den Treuhänder ergibt sich dadurch die Situation, dass er in der Position des Kommanditisten verbleibt, diese Stellung aber – zumindest teilweise – nicht mehr für fremde, sondern für eigene Rechnung hält. Bei einem offenen Treuhandverhältnis empfiehlt es sich aus Sicht des Treuhänders daher, abweichend von §§ 132, 161 II HGB ein außerordentliches Kündigungsrecht oder, sofern er seinen Kommanditanteil anteilig für mehrere Treugeber bzw. auch für sich selbst hält, ein Recht zur Herabsetzung der Einlage in entsprechender Höhe für diese Fälle zu vereinbaren.[1234] Ein solches Herabsetzungsrecht kann sich insbesondere bei Publikumsgesellschaften aus ergänzender Vertragsauslegung ergeben.[1235] Eine Herabsetzung der Einlage entfaltet gemäß § 174 HGB jedoch keine Wirkung gegenüber Gläubigern deren Forderungen bereits begründet waren.

Unabhängig von der Möglichkeit sich ganz oder teilweise von der Beteiligung zu lösen, kann sich für den Treuhänder die Situation ergeben, dass er Verluste hinnehmen muss, die er im Rahmen der Rückabwicklung des unwirksamen Treuhandvertrags zunächst nicht gemäß §§ 812 ff. BGB vom Treugeber ersetzt verlangen kann.

1232 Vgl. § 3 A. IV. 2. a) bb) zu solchen bedingten (Rück-)Übertragungen des Treuguts.

1233 Vgl. BGH, NJW 1979, 1503, 1504; *Kraft*, ZGR 1980, 399, 404 f.; *Markwardt*, S. 133; *Armbrüster*, S. 165, 169 jeweils zur Kündigung des Treuhandvertrags.

1234 So etwa der Fall in BGH, NJW 1979, 1503, 1505.

1235 Vgl. OLG München, WM 1984, 810, 813; *Armbrüster*, S. 165; *Kapitza*, S. 187.

a) Negative Wertentwicklung

Dies ist dann der Fall, wenn die KG in der Zeit des Bestehens der treuhänderischen Beteiligung Verluste erwirtschaftet hat. Der Treuhänder muss dem Treugeber den vollen Einlagebetrag zurückgewähren. Ihm steht dann jedoch nur ein im Wert geminderter oder gar wertloser Kommanditanteil bzw. ein geringeres oder gar kein Abfindungsguthaben zu. Bei einer Beendigung des Treuhandverhältnisses mit Wirkung ex-nunc durch Zeitablauf oder Kündigung würde diese Wertminderung den Treugeber treffen. Dessen Herausgabeanspruch aus §§ 675, 667 BGB richtet sich dann entweder auf Übertragung des im Wert geminderten Anteils oder auf Abtretung des Anspruchs auf das Auseinandersetzungsguthaben bzw. eine direkte Auszahlung dieses Betrags.

Leistet der Treugeber einen Vorschuss gemäß §§ 675, 669 an den Treuhänder, den dieser zum Erwerb des Anteils verwendet, kann der Treuhänder sich hinsichtlich der Wertminderung des Anteils gegenüber dem Treugeber auf Entreicherung gemäß § 818 III BGB berufen. Ohne die Leistung des Vorschusses bzw. den unwirksamen Vertrag hätte der Treuhänder den Anteil nicht erworben. Insoweit hat er durch den Verbrauch der vom Treugeber geleisteten Mittel keine eigenen Aufwendungen erspart, die der Annahme einer Entreicherung entgegenstehen könnten.[1236] Erwirbt der Treuhänder den Anteil und macht dann seinen Aufwendungsersatzanspruch aus §§ 675, 670 BGB geltend, liegt genau genommen kein Verbrauch von rechtsgrundlos erlangtem Geld für eine sog. „Luxusaufwendung“ vor. Dieser bloß zeitliche Unterschied kann jedoch nicht zu einer anderen Bewertung führen. Ursächlich für den Erwerb des Anteils war allein die Erwartung der Kostenübernahme durch den Treugeber. Ohne diese Erwartung hätte der Treuhänder die Investition in den Anteil nicht getätigt.[1237] Gerade dieses Vertrauen auf den Bestand des zu Grunde liegenden Rechtsgeschäfts soll durch § 818 III BGB geschützt werden.[1238] Dieser Einwand kann dem Treuhänder jedoch nach §§ 819 I bzw. II, 818 IV BGB versagt sein. Ist ihm das Fehlen des Rechtsgrunds bzw. der Gesetzes- oder Sittenverstoß bekannt, darf er nicht auf den Bestand des Rechtsgeschäfts vertrauen.[1239] Hat der Treuhänder die Einlage selbst aufgebracht, aber noch keinen Ersatz für diese Aufwendung vom Treugeber erlangt, besteht diesbezüglich auch kein Bereicherungsanspruch des Treugebers gegen den Treuhänder, dem dieser den Einwand aus § 818 III BGB entgegenhalten könnte. Eine Wertminderung des Anteils zwischen Erwerb und Rückabwicklung trifft dann allein den Treuhänder. Diese Ausführungen gelten freilich nur für die *Erwerbstreuhand.*

1236 Zu den Voraussetzungen der Entreicherung vgl. *Schwab*, in: MüKo-BGB, § 818, Rn. 165 f.; *Sprau*, in: Palandt, § 818, Rn. 26 ff.; *Wendehorst*, in: BeckOK-BGB, § 818, Rn. 34 ff.; *Leupertz*, in: PWW, § 818, Rn. 21.

1237 Vgl. zur Entreicherung bei Erwerbstreuhand am GmbH-Anteil *Kallmeyer*, GmbHR 2006, 66, 68.

1238 Vgl. *Sprau*, in: Palandt, § 818, Rn. 26, 51.

1239 Siehe § 4 B. I. 2.

Anders stellt sich die Situation bei der *Vereinbarungstreuhand* dar. Wenn der Treuhänder bereits Inhaber des Anteils ist und es erst später zum Abschluss des letztlich unwirksamen Treuhandvertrags kommt, beruhen die Aufwendungen im Zusammenhang mit dem Anteilserwerb nicht auf dem Vertrauen auf den Bestand des Treuhandverhältnisses. Ein Wegfall der Bereicherung gemäß § 818 III BGB besteht dann nicht. Der Treuhänder hat die Wertminderung des Anteils zunächst vollständig zu tragen.

Im Falle der *Übertragungstreuhand* besteht für die Anwendung des 818 III BGB von vorn herein keine Notwendigkeit. Bereicherungsgegenstand im Sinne von § 818 I BGB ist dann der Kommanditanteil selbst und nicht nur die Einlagesumme.[1240] Ein Wertverlust des Anteils trifft somit den Treugeber und verbleibt nicht beim Treuhänder, so dass sich die Frage nach einer diesbezüglichen Korrektur hier nicht stellt. Eventuelle Gewinnausschüttungen sind dann, sofern sie nicht bereits an den Treugeber weitergeleitet wurden (§ 667 BGB), als Nutzungen gemäß § 818 I BGB ebenfalls herauszugeben. Verluste des Treuhänders sind im Fall der Übertragungstreuhand daher nicht denkbar. Allenfalls könnte ihm der Anspruch auf Wertersatz für geleistete Dienste (§§ 812, 818 II BGB) gemäß § 817 S. 2 versagt sein.

b) Außenhaftung bei nicht erbrachter oder zurückgewährter Einlage

Hat der Treuhänder die Einlage noch gar nicht oder zumindest nicht in Höhe der übernommenen Haftsumme geleistet, trifft ihn neben dem Einlageanspruch der Gesellschaft auch eine Außenhaftung gemäß § 171 HGB. Bei intaktem Treuhandverhältnis müsste der Treugeber diese Aufwendungen gemäß §§ 675, 670 ersetzen, sofern er nicht bereits Vorschuss geleistet hat. Hat der Treuhänder noch keinen Vorschuss für die Einlageleistung vom Treugeber erlangt, verbleibt ihm ein Verlust, der bei intaktem Treuhandverhältnis in die Sphäre des Treugebers fallen würde. Mangels Bereicherungsanspruch des Treugebers hilft auch § 818 III BGB dem Treuhänder hier nicht weiter. Ebenso ist es äußerst zweifelhaft, ob der Treuhänder allein durch die Einnahme der Gesellschafterstellung, welche für Rechnung des Treugebers erfolgen sollte, eine Leistung an diesen in der Form erbracht hat, dass die Herausgabe des Erlangten zur Befreiung des Treuhänders von der Außenhaftung bzw. der Einlageverpflichtung führen kann.[1241]

Ergibt sich die Außenhaftung des Treuhänders aus Einlagenrückgewähr gemäß § 172 IV HGB, bestünde ebenfalls ein Anspruch aus §§ 675, 670 BGB gegen den Treugeber. In diesem Fall würden dem Treuhänder aber auch bei bereicherungsrechtlicher Rückabwicklung grundsätzlich keine Verluste verbleiben. Ist die Einlage einmal sowohl im Gesellschaftsverhältnis als auch im Treuhandverhältnis

---

1240 Vgl. *Sprau*, in: Palandt, § 818, Rn. 5, 24.

1241 Dieser Gedanke findet sich bei *Armbrüster*, NJW 2009, 2167, 2170. Eingehend dazu unten § 4 B. I. 3. b).

aufgebracht worden, kann die Haftung des Treuhänders nur durch nicht gewinngedeckte Liquiditätsausschüttungen wieder aufleben. Wurden diese Ausschüttungen an den Treugeber weitergeleitet bzw. direkt an diesen ausbezahlt, besteht ein Anspruch auf Rückgewähr auch nach Bereicherungsrecht gemäß § 812 I 1 BGB. Somit verbleiben dem Treuhänder in diesem Fall, vorbehaltlich einer eventuellen Entreicherung des Treugebers oder einem Ausschluss der Rückforderung gemäß § 817 S. 2 BGB, keine über die Rückabwicklung hinausgehenden Aufwendungen.

Hat der Treuhänder die Ausschüttungen, welche zum Wiederaufleben der Haftung führen, nicht an den Treugeber weitergeleitet, entstehen dem Treuhänder keine treuhandbedingten Verluste durch eine eventuelle Inanspruchnahme durch Dritte, da die Haftung nur im Umfang der erhaltenen Rückzahlung wieder auflebt.

2. Auswirkung von Verstößen gegen Gesetze oder die guten Sitten

Ergibt sich die Unwirksamkeit aus § 134 oder § 138 BGB sind im Rahmen der Rückabwicklung die Besonderheiten des § 817 BGB zu beachten. § 817 S. 1 BGB enthält nach *herrschender Meinung* einen eigenen Tatbestand der Leistungskondiktion. Eigenständige Bedeutung erlangt dieser Anspruch dort, wo es um die Anwendung des § 814 BGB geht, ein Rechtsgrund besteht oder bei verschärfter Haftung gemäß §§ 819 II, 818 IV BGB.[1242] § 817 S. 2 BGB schließt die Kondiktion aus, sofern der Leistende vorsätzlich ebenfalls gegen Gesetz oder die guten Sitten verstoßen hat.[1243] Nach *herrschender Meinung* gilt dies für alle Ansprüche aus Leistungskondiktion und auch bei nur einseitigem Verstoß des Leistenden.[1244]

a) Beidseitiger Verstoß

Dient die treuhänderische Beteiligung im Wesentlichen dem Zweck, nachteilig auf die Gesellschaft einzuwirken, kann dies zum einen Straftatbestände (§§ 263, 266 StGB) erfüllen und zur Nichtigkeit des Vertrags führen (§ 134 BGB). Unterhalb der Schwelle der Strafbarkeit kann bei kollusivem Zusammenwirken zudem Sittenwidrigkeit vorliegen. In diesen Fällen liegt jeweils ein beidseitiger Verstoß vor, welcher das Geschäft im Ganzen erfasst. Bereicherungsrechtliche Ansprüche auf Rückabwicklung des nichtigen Treuhandverhältnisses scheitern dann an § 817 S. 2 BGB. Auch bei Verdeckung des Treuhandverhältnisses gegenüber den Finanzbehörden zum Zweck der Steuerhinterziehung (§ 370 AO) liegt ein beidseitiger Verstoß vor. Die Kondiktionssperre des § 817 S. 2 BGB bedarf in Ausnahmefällen der Korrektur durch § 242 BGB, etwa wenn die eingetretene Vermögensverschiebung unbillig erscheint und der Grund und Schutzzweck der Nichtigkeitssanktion

---

1242 *Schwab*, in: MüKo-BGB, § 817, Rn. 4 ff.; *Sprau*, in: Palandt, § 817, Rn. 4, 7, 9.
1243 Zu den subj. Voraussetzungen: *Sprau*, in: Palandt, § 817, Rn. 17.
1244 *Schwab*, in: MüKo-BGB, § 817, Rn. 10 ff.; *Sprau*, in: Palandt, § 817, Rn. 11 ff.; *Stadler*, in: Jauernig, § 817, Rn. 8 f.; *Wendehorst*, in: BeckOK-BGB, § 817, Rn. 11.

gegen eine Anwendung der Kondiktionssperre sprechen.[1245] Der Ausschluss der Rückforderung von Gewinnausschüttungen, die der Treuhänder an den Treugeber weitergeleitet hat und die die dem Treugeber zugerechnete Einlage übersteigen, wäre bei beiderseitigem Gesetzes- oder Sittenverstoß etwa dann aufzuheben, wenn der Treuhänder ansonsten insolvent wäre und die Belastung aus der Kondiktionssperre dadurch im Ergebnis die Gesellschaft und ihre Gläubiger träfe. Gemäß §§ 819 II, 818 IV BGB (bei Rechtsfolgenkenntnis § 819 I BGB) wäre beiden Parteien der Einwand der Entreicherung nach § 818 III BGB versperrt.[1246]

b) Einseitiger Verstoß des Treuhänders

Verstößt der Treuhänder mit seiner Tätigkeit gegen das RDG bzw. RBerG, so liegt hierin ein lediglich einseitiger Verstoß. Dem Treugeber stehen dann uneingeschränkte Ansprüche aus § 812 BGB und § 817 S. 1 BGB auf Rückgewähr der Einlagemittel und des gezahlten Entgelts zu. Bei entsprechender Kenntnis von diesem Gesetzesverstoß könnte sich der Treuhänder wiederum nicht auf Entreicherung berufen, §§ 819 II, 818 IV BGB. Ansprüche des Treuhänders aus Leistungskondiktion scheitern bei Vorliegen der subjektiven Voraussetzungen an § 817 S. 2 BGB. Dies gilt zunächst unproblematisch, soweit es um Wertersatz für die geleistete Verwaltungstätigkeit des Treuhänders geht. Gerade diese verbietet das RBerG.

aa) Liquiditätsausschüttungen

Die Rückforderung von nicht gewinngedeckten Liquiditätsausschüttungen, welche der Treuhänder an den Treugeber weitergeleitet hat, dürfte nicht ausgeschlossen sein. Das RBerG soll den Treugeber nur vor Gefahren in Zusammenhang mit der Beratungstätigkeit schützen, ihm aber keine weiteren Vorteile sichern. § 817 S. 2 BGB dient dagegen nach *herrschender Auffassung*[1247] zwar der Generalprävention und nach *anderer Ansicht*[1248] sogar der Sanktion von Verbots- oder sittenwidrigen Geschäften und würde daher grundsätzlich einen Anspruchsausschluss zulasten des Treuhänders rechtfertigen. Hier ist jedoch eine Korrektur dieses Ergebnisses nach Treu und Glauben angezeigt, da ansonsten die Gesellschaft, ihre Gläubiger und eventuelle Mittreugeber mit dem Insolvenzrisiko des Treuhänders belastet

---

1245 Vgl. BGH, NJW 1990, 2542, 2543; BGH, NJW 2006, 45; BGH, NJW 2008, 1942; *Schwab*, in: MüKo-BGB, § 817, Rn. 20 ff; *Sprau*, in: Palandt, § 812, Rn. 70; *Stadler*, in: Jauernig, § 817, Rn. 14; nunmehr ablehnend zu Schwarzarbeitsfällen BGH, NJW 2014, 1805.

1246 *Schwab*, in: MüKo-BGB, § 819 BGB, Rn. 22; *Lorenz*, in: Staudinger (2007), § 819, Rn. 13; *Sprau*, in: Palandt, § 819, Rn. 7.

1247 *Schwab*, in: MüKo-BGB, § 817, Rn. 9; *Lorenz*, in: Staudinger (2007), § 817, Rn. 5; *Wendehorst*, in: BeckOK-BGB, § 817, Rn. 2; wohl auch *Sprau*, in Palandt, § 817, Rn. 18.

1248 BGH, NJW 1963, 950, 951.

würden.[1249] Die Sanktionswirkung des § 817 S. 2 BGB würde daher Dritte und nicht den Treuhänder treffen. Die Berufung auf Entreicherung gem. § 818 III BGB kann dem Treugeber jedoch nicht versagt sein.

bb) Gewinnausschüttungen

Hinsichtlich echter Gewinnausschüttungen muss der Anspruch des Treuhänders jedoch ausgeschlossen sein, da sich grundsätzlich keine drittbelastende Wirkung ergibt und somit die Folgen des § 817 S. 2 BGB nur den Treuhänder treffen. Dies gilt zumindest, soweit das Kapitalkonto des Treuhänders weiterhin positiv ist.

Anderes gilt, sofern die Ausschüttungen ursprünglich gewinngedeckt waren, das Kapitalkonto des Treuhänders in der Folgezeit aber negativ geworden ist. Der Treuhänder ist gegenüber der KG nicht zur Rückgewähr dieser Gewinnausschüttungen verpflichtet (§ 169 II HGB). Auch zu Nachschüssen zum Ausgleich des verlustbedingt negativen Kapitalkontos bei Ausscheiden aus der Gesellschaft ist er nicht verpflichtet (§ 167 III HGB). Sein Abfindungsguthaben ist jedoch null, während er dem Treugeber die Einlage vollständig zurückzahlen muss, ohne Zugriff auf die weitergeleiteten Gewinne zu haben. Insoweit ergibt sich aus dem Anspruchsausschluss zulasten des Treuhänders wiederum ein Vorteil des Treugebers auf Kosten Dritter, da die Solvenz des Treuhänders gefährdet ist. Dies verlangt weder der Schutzzweck des § 817 S. 2BGB noch des RBerG. Hiergegen kann auch nicht eingewendet werden, dass ebenso wie der Treuhänder seine Gewinne an den Treugeber abführt auch jeder gewöhnliche Kommanditist seine Gewinne verschenken könne. Die Insolvenzgefahr des Treuhänders ergibt sich gerade erst aufgrund der über die bloße Gewinnweitergabe hinausgehenden Ansprüche des Treugebers auf Rückzahlung auch der mittlerweile durch Verluste der Gesellschaft aufgezehrten Einlage. Der Anspruch des Treuhänders ist daher nach § 242 BGB in Höhe der von ihm zurück zu zahlenden Einlage des Treugebers nicht ausgeschlossen. Praktisch werden die Ansprüche saldiert.

Sofern die vom Treugeber empfangenen Ausschüttungen den Betrag der Einlage nicht erreichen, muss der Treuhänder diesen Differenzbetrag aus seinem Vermögen bestreiten, da der Anspruch des Treugebers aus § 812 BGB hier nicht beschränkt ist. Diese drittbelastende Wirkung beruht dann nicht auf einer besonderen sanktionierenden oder präventiven Wirkung von § 817 S. 2 BGB, sondern allein auf der Wertminderung des Anteils[1250] und ist daher grundsätzlich hinzunehmen.

1249 Vgl. zu Einschränkungen des § 817 S. 2 BGB: *Sprau*, in: Palandt, § 817, Rn. 18; *Schwab*, in: MüKo-BGB, § 817, Rn. 20 ff.

1250 Vgl. § 4 B. I. 1. a).

3. *Korrektur der bereicherungsrechtlichen Abwicklung*

Die vorangehenden Ausführungen haben gezeigt, dass dem Treuhänder nach bereicherungsrechtlicher Rückabwicklung Verluste aus dem gescheiterten Treuhandverhältnis verbleiben, wenn er die Einlagesumme zum Zeitpunkt der Rückabwicklung noch nicht gemäß § 669 oder § 670 BGB vom Treugeber erlangt oder bereits wieder an ihn zurückgezahlt hat. Diese Verluste können sich zum einen nur in der privaten Vermögenssphäre des Treuhänders niederschlagen. Dies ist der Fall, wenn der Treuhänder die Einlage aus eigenen Mitteln erbracht und sich der Wert der Beteiligung bis zur Rückabwicklung negativ entwickelt hat.

Zum anderen können auch Drittinteressen betroffen sein. Dies ist der Fall, wenn der Treuhänder die Einlage noch gar nicht oder nicht in voller Höhe der übernommenen Haftsumme eingezahlt hat und somit der Einlageanspruch der Gesellschaft und auch eine unmittelbare Außenhaftung gegenüber Gesellschaftsgläubigern gemäß § 171 HGB bestehen. Lebt die Außenhaftung des Treuhänders aufgrund von Einlagenrückgewähr in Form Liquiditätsausschüttungen an den Treugeber gemäß § 172 IV HGB wieder auf, so verbleibt ihm nur ein Verlust, wenn sich der Treugeber erfolgreich auf Entreicherung gemäß § 818 III BGB berufen kann oder § 817 S. 2 BGB einseitig zu Lasten des Treuhänders eingreift. Bei intaktem Treuhandverhältnis könnte der Treuhänder in diesen Fällen Aufwendungsersatz vom Treugeber nach §§ 675, 670 BGB verlangen. Die bereicherungsrechtliche Rückabwicklung bleibt hinter diesem Ersatzanspruch zurück und belässt diese Aufwendungen beim Treuhänder.

Aber auch dann, wenn der Treuhänder die Einlagesumme bereits vom Treugeber erlangt hat und ihm daher kein Anspruch aus § 670 BGB zustünde, können ihm im Rahmen der bereicherungsrechtlichen Rückabwicklung Verluste verbleiben, wenn er sich nicht auf § 818 III BGB berufen kann. Dies ist der Fall bei der Vereinbarungstreuhand und bei Eingreifen der §§ 819, 818 IV BGB zu Lasten des Treuhänders. Weiterhin kann dem Treuhänder auch der Anspruch auf Wertersatz für geleistete Arbeit (§ 818 II BGB) gemäß § 817 S. 2 BGB versagt sein.

Es stellt sich damit die Frage, ob die bereicherungsrechtliche Abwicklung in diesen Fällen einer Korrektur bedarf. Zu denken ist hierbei an eine vorrangige Anwendung der Vorschiften über die Geschäftsführung ohne Auftrag oder der Grundsätze des fehlerhaften Arbeitsvertrags[1251]. Möglicherweise lässt sich auch ein diesbezüglicher Bereicherungsanspruch des Treuhänders konstruieren.[1252]

a) *Geschäftsführung ohne Auftrag*

Eine Ersatzpflicht des Treugebers für die verbliebenen Aufwendungen des Treuhänders im Falle der Nichtigkeit des Treuhandvertrags könnte sich aus Geschäftsführung ohne Auftrag gemäß §§ 677, 683, 670 BGB ergeben. Die Voraussetzungen

---

1251 Vgl. *Tebben*, S. 247.

1252 So der Gedanke bei *Armbrüster*, NJW 2009, 2167, 2170.

eines solchen Anspruchs sind bei nichtigem Treuhandvertrag im Wesentlichen unproblematisch gegeben. Die fremdnützige Verwaltung eines Gesellschaftsanteils stellt die Führung eines fremden Geschäfts im Sinne des § 677 BGB dar. Diese erfolgt auch im tatsächlichen Interesse des Treugebers und mangels eines wirksamen Vertrags auch ohne Auftrag. Nach *ständiger Rechtsprechung des BGH* kann bei nichtigen Rechtsgeschäften aufgrund Gesetzes- oder Sittenverstoß auf die Grundsätze der Geschäftsführung ohne Auftrag zurückgegriffen werden. Die Tatsache, dass der Geschäftsführer sich für verpflichtet hält die Leistung zu erbringen, stehe dem nicht entgegen.[1253] Gerade Treuhandverhältnisse seien die klassischen Anwendungsfälle dieser Rechtsprechung. Diese lasse sich auch auf Fälle übertragen, in denen sich die Nichtigkeit aus einem Formmangel ergibt.[1254] Die Anwendung dieser Vorschriften führe nicht dazu, dass einem rechtlich missbilligten Vertrag zur Geltung verholfen werde, sondern biete eine angemessene Risikoverteilung zwischen den Parteien.[1255]

Im *überwiegenden Schrifttum*[1256] wird die Anwendung der Vorschriften über die Geschäftsführung ohne Auftrag auf nichtige Verträge abgelehnt, da hierdurch die Wertungen des Bereicherungsrechts, insbesondere §§ 814, 815, 817 S. 2, 818 III BGB, umgangen würden. Dem ist uneingeschränkt zuzustimmen, da ein Fremdgeschäftsführungswille nicht angenommen werden kann, wo sich der Geschäftsführer aufgrund des nichtigen Vertrages für zur Ausführung verpflichtet hält. Auch der *BGH* lässt wiederum – insoweit übereinstimmend mit dem Schrifttum – Ansprüche aus Geschäftsführung ohne Auftrag dann scheitern, wenn der Zweck eines zur Nichtigkeit des Treuhandvertrags führenden Verbotsgesetzes dies erfordert.[1257] Jedenfalls darf der Geschäftsführer die Aufwendungen dann nicht für erforderlich im Sinne des § 670 BGB halten.[1258] Ergibt sich die Nichtigkeit des Treuhandvertrags also aus § 134 BGB (i. V. m. Art. 1 § 1 RBerG, § 370 AO, §§ 263, 266 StGB) besteht auch nach Ansicht des *BGH* kein Aufwendungsersatzanspruch aus §§ 677, 683, 670 BGB. Insoweit ergibt sich auch kein Wertungswiderspruch mit § 817 S. 2 BGB, den die Gegenansicht im Schrifttum vermeiden will.

1253 BGH, NZG 2005, 41, 43; BGH, NJW 1997, 47, 48; BGH, NJW 1988, 132, 133; BGH, NJW 1962, 2010; BGH, NJW 1963, 950; BGH, NJW 1988, 132.

1254 BGH, NZG 2005, 41, 43; OLG, Karlsruhe, NZG 2010, 151, 152; OLG Nürnberg, WM 2009, 942, 945; *Eden*, S. 48 f.

1255 BGH, NZG 2005, 41, 43; BGH, NJW 1997, 47, 48.

1256 *Schäfer*, in: MüKo-BGB, § 677, Rn. 85 ff.; *Beuthien*, in: Soergel, § 677,Rn. 16; *Mansel*, in: Jauernig, § 677, Rn. 6; *Schulze*, in: HK-BGB, § 677, Rn. 8; *Dornis*, in: Erman, § 677, Rn. 51; wie der BGH dagegen: *Fehrenbacher*, in: PWW, § 677, Rn. 18; *Gehrlein*, in: BeckOK-BGB, § 677, Rn. 18; *Bergmann*, in: Staudinger (2015), vor § 677, Rn. 334 ff.; differenzierend etwa *Sprau*, in: Palandt, § 677, Rn. 11.

1257 BGH, NJW 2005, 3208, 3209; BGH, NJW 1990, 2542, 2542.

1258 BGH, NJW 1990, 2542, 2542; *Armbrüster*, NJW 2009, 2167, 2170.

Für den konkreten Fall der Treuhand an Gesellschaftsanteilen geht *Brömmelmeyer*[1259] davon aus, dass bei einem Verstoß gegen Art. 1 § 1 RBerG dennoch ein Anspruch aus Geschäftsführung ohne Auftrag bestehe. Der Treuhänder dürfe die aus der Gesellschafterstellung resultierende Haftung als Aufwendung für erforderlich halten, da das RBerG die Beteiligung an der Gesellschaft nicht verbiete. Richtig hieran ist, dass der Verstoß gegen das RBerG die Gesellschafterstellung des Treuhänders unangetastet lässt und der Erwerb und das bloße Halten des Gesellschaftsanteils für die Treugeber schwerpunktmäßig eine wirtschaftliche Tätigkeit ist und daher für sich genommen nicht vom RBerG verboten wird. Verboten ist aber die Wahrnehmung von darüber hinausgehenden rechtlichen Angelegenheiten der Treugeber. Ein Verstoß gegen das RBerG erfasst dann den Treuhandvertrag insgesamt und damit auch sämtliche diesbezügliche Ersatzansprüche.[1260] Der Zweck des Rechtsberatungsgesetzes besteht entgegen der Auffassung *Brömmelmeyers*[1261] eben gerade doch in der Entlassung des Treugebers aus einem durch verbotene Rechtsberatung entstandenen Risiko. Jedenfalls ist aber der Fremdgeschäftsführungswille wie dargestellt zu verneinen.

Auch bei Nichtigkeit des Treuhandvertrags gemäß § 138 BGB wird man einen Anspruch aus §§ 677, 683, 670 BGB zumindest an der Erforderlichkeit der Aufwendung scheitern lassen müssen. Gleiches muss im Falle der Anfechtung aufgrund (zurechenbarer) Täuschung durch den Treuhänder angenommen werden. Tatsächliche Unterschiede zwischen Rechtsprechung und der *hier vertretenen Ansicht* dürften sich daher vorwiegend bei Formnichtigkeit ergeben.

b) Herausgabe einer haftungsfreien Gesellschafterstellung

Möglicherweise kann der Treuhänder für seine Aufwendung doch Ersatz nach den Vorschriften des Bereicherungsrechts verlangen. Es müsste zunächst eine Leistung des Treuhänders an den Treugeber vorliegen, welche zu einem Bereicherungsanspruch dergestalt führt, dass der Treuhänder Ersatz für eine Inanspruchnahme im Außenverhältnis bzw. eine negative Wertenwicklung des Kommanditanteils verlangen kann. *Armbrüster* sieht eine mögliche Leistung darin, dass der Treuhänder den Anteil hält und dem Treugeber die Rechte aus dem Anteil einräumt. Der Treugeber erlange somit „im wirtschaftlichen Ergebnis eine haftungsfreie Gesellschafterstellung".[1262] Die Entlastung von diesem Risiko müsse der Treugeber an den Treuhänder „herausgeben". Dieser Ansatz wirkt bereits auf den ersten Blick sehr umständlich und konstruiert. In gleicher Weise könnte man argumentieren, dass jeder Gesellschafter, der sich durch Anfechtung von dem Gesellschaftsvertrag

1259 *Brömmelmeyer*, NZG 2006, 529, 533; wohl auch das OLG Nürnberg, WM 2009, 942, 945 f.; zutreffend **aA** etwa *Armbrüster*, NJW 2009, 2167, 2170.

1260 Vgl. BGH, NZG 2010, 991, Rz. 31 f.

1261 *Brömmelmeyer*, NZG 2006, 529, 533.

1262 *Armbrüster*, NJW 2009, 2167, 2170.

löst, in der Zeit zwischen Beitritt und Anfechtung eine haftungsfreie Gesellschafterstellung erhalte, welche er wiederum an die Gesellschaft herausgeben müsste. Im Ergebnis würde damit der bereicherungsrechtlichen Rückabwicklung durch Konstruktion eines fiktiven Bereicherungsgegenstands oder einer fiktiven Leistung Wirkung ex-nunc verliehen, um letztlich Ergebnisse zu erzielen, wie sie auch durch Anwendung der Lehre von der fehlerhaften Gesellschaft entstehen.

Armbrüster verwirft diesen Ansatz letztlich mit der Begründung, der Treugeber habe durch die Unwirksamkeit des Treuhandverhältnisses weder rechtlich noch wirtschaftlich eine Gesellschafterstellung erlangt.[1263] Hierbei trägt er dem Umstand nicht hinreichend Rechnung, dass der Treugeber in der Zeit bis zur Berufung auf die Unwirksamkeit des Treuhandverhältnisses durchaus eine faktische, mittelbare Gesellschafterstellung innehatte. Beispielsweise konnte er Informationsrechte gegenüber der Gesellschaft geltend machen. Diese faktische mittelbare Gesellschafterstellung bleibt für den Treugeber zunächst auch haftungsfrei. Ein erlangter Bereicherungsgegenstand i. S. d. § 812 I BGB ließe sich somit noch bejahen. Entscheidend ist, dass sich die Haftungsfreiheit erst aus der Unwirksamkeit des Treuhandvertrags ergibt. Bei wirksamem Treuhandvertrag bestünde eine Ersatzpflicht nach § 670 BGB und damit eine mittelbare Haftung entsprechend der mittelbaren Gesellschafterstellung. Die Bereicherung des Treugebers ergibt sich daher weder durch Leistung noch sonst auf Kosten des Treuhänders. Zwar muss dieser letztlich die Kosten für die gescheiterte Beteiligung insoweit tragen. Es handelt sich jedoch auch nicht um einen Fall der Eingriffskondiktion i. S. d. § 812 I 1 Alt. 2 BGB, da die haftungsfreie Gesellschafterstellung von der Rechtsordnung nicht dem Treuhänder zugewiesen ist, sondern gerade erst durch das Scheitern des Treuhandvertrags entsteht.

c) *Die Lehre vom fehlerhaften Arbeitsvertrag*

Nach der Lehre vom fehlerhaften Arbeitsvertrag ist ein geschlossener und in Vollzug gesetzter Arbeitsvertrag, der anfänglich nichtig war oder dies rückwirkend geworden ist, für die Dauer der tatsächlichen Beschäftigung wie ein fehlerfrei zustande gekommenes Arbeitsverhältnis zu behandeln. Im Ergebnis bedeutet dies eine teleologische Reduktion der Nichtigkeitsfolgen, die nicht ex tunc, sondern lediglich ex nunc wirken. Diese Reduktion muss dann unterbleiben, wenn ihr gewichtige Interessen der Allgemeinheit entgegenstehen.[1264] Auch sofern eine Partei die Gründe für die Nichtigkeit kannte, soll es bereits bei der Anwendung des Bereicherungsrechts bleiben.[1265] Der Treuhandvertrag kann jedoch nicht als Arbeitsvertrag eingeordnet werden. Der *BGH* nimmt aber auch bei sonstigen

---

1263 *Armbrüster*, NJW 2009, 2167, 2170.

1264 Vgl. *Preis*, in: ErfKo, § 611a BGB, Rn. 145 ff.; *Müller-Glöge*, in: MüKo-BGB, § 611, Rn. 638 ff.

1265 *Müller-Glöge*, in: MüKo-BGB, § 611, Rn. 638.

Dienst- und Anstellungsverträgen eine entsprechende Korrektur vor, wenn Treu und Glauben und eine gerechte Interessenabwägung dies gebieten, wobei es sich ausdrücklich nicht um eine Analogie zur Lehre vom fehlerhaften Arbeitsvertrag handeln soll.[1266] Der Treuhandvertrag ist insoweit ebenso wie andere Dienst- und Dauerschuldverhältnisse zu behandeln. Führt die Rückabwicklung des Treuhandvertrags zu schlechthin untragbaren Ergebnissen, kommt immer auch eine Korrektur nach allgemeinen Grundsätzen in Betracht.[1267] Die Voraussetzungen dürften nur in seltenen Fällen vorliegen.[1268] Insoweit ist auch auf die Korrekturen nach § 242 BGB hinsichtlich § 817 S. 2 BGB zu verweisen, welche schon unterhalb der hohen Schwelle einer allgemeinen Ergebniskorrektur nach Treu und Glauben eingreifen.[1269]

II. Nachträgliche Rückabwicklung ex tunc

Widerruf und Rücktritt führen nicht zur Unwirksamkeit des Treuhandvertrags. Dieser wandelt sich lediglich in ein Rückgewährschuldverhältnis. Somit besteht ein Rechtsgrund, weshalb bereicherungsrechtliche Ansprüche in diesen Fällen grundsätzlich nicht bestehen können. Beide Gestaltungsrechte führen aber zur Rückabwicklung des Schuldverhältnisses mit Wirkung ex tunc und sind daher geeignet die Haftungssituation zwischen Treuhänder und Treugeber in gleicher Weise zu beeinflussen wie die vorangehend dargestellten Unwirksamkeitsgründe.[1270] Rücktrittsrechte können sich gemäß § 346 I BGB aus Gesetz oder Vertrag ergeben. Gesetzliche Rücktrittrechte bestehen vor allem im Bereich des Leistungsstörungsrechts (§§ 323, 324, 326 V BGB) und im Mängelgewährleistungsrecht (§§ 437 Nr. 2, 634 Nr. 2 BGB). Beide Bereiche sind hinsichtlich treuhänderischer Gesellschaftsbeteiligungen nicht von Bedeutung. Auch vertragliche Rücktrittsrechte spielen soweit ersichtlich in der Praxis keine Rolle.[1271] Im Bereich der Widerrufsrechte ist zwischen dem Verbraucherwiderruf und dem spezialgesetzlichen Widerruf zu unterscheiden. Insbesondere der Verbraucherwiderruf von unmittelbaren wie mittelbaren Fondsbeteiligungen hat bereits umfassend die Gerichte beschäftigt.[1272] Dieser setzt gem. § 312 I BGB das Vorliegen eines Verbrauchervertrags i. S. v. § 310 III BGB und somit die Verbrauchereigenschaft (§ 13 BGB) auf Seiten des Treugebers und die Unternehmereigenschaft (§ 14 BGB) auf Seiten des Treuhänders voraus. In sachlicher Hinsicht erfordert § 312 I BGB ferner einen Vertrag, der auf eine entgeltliche Leistung gerichtet ist. Der praktisch wichtigste

1266 BGH, NJW 1975, 145, 146; für eine Analogie noch BGH, NJW 1964, 1367, 1367 f.
1267 Vgl. etwa BGH, NJW 1970, 609, 610; BGH, NJW 1999, 2892, 2893 (Formnichtigkeit).
1268 So auch *Tebben*, S. 247.
1269 Siehe oben § 4 B. I. 2.
1270 Vgl. *Reiner*, AcP 203 (2003), 1, 7 zur Wirkung des Widerrufs.
1271 In BGH, NJW 2001, 2718 dürfte das Widerrufsrecht nur fälschlich als Rücktrittsrecht bezeichnet worden sein.
1272 Vgl. die Nachweise im folgenden Abschnitt.

und möglicherweise einzig bedeutsame[1273] Fall, in dem diese Voraussetzungen erfüllt sind, ist die (mittelbare) Beteiligung an geschlossenen Fonds in Form der (kupierten) Publikums-KG. Ein spezialgesetzlicher Widerruf für Beteiligungen an geschlossenen Fonds in Personengesellschaftsform bestand erstmalig gem. § 11 II VermAnlG im Falle eines Nachtrags zum Verkaufsprospekt. Eine entsprechende Vorschrift besteht nun in § 305 VIII KAGB. Die Pflicht zur Veröffentlichung eines Nachtrags ergibt sich aus § 316 V KAGB.

1. Rechtsfolgen im Falle von Widerruf oder Rücktritt

Bei Widerruf des Treuhandvertrags richtete sich die Rückabwicklung bis zum 12.06.2014 gem. § 357 BGB aF nach § 346 BGB. Gleiches gilt nach aktueller Rechtslage im Falle des Rücktritts. Der Treuhänder kann Ausschüttungen vom Treugeber nach § 346 I BGB herausverlangen. Für die geleisteten Dienste muss der Treugeber Wertersatz gemäß § 346 II Nr. 1 BGB leisten.[1274] Er kann im Gegenzug Rückzahlung der Mittel verlangen, die er zur Deckung der Einlageverpflichtung an den Treuhänder geleistet hat. Ein entstandener Wertverlust des Anteils verbleibt vollständig beim Treuhänder. Eine dem § 818 III BGB entsprechende Vorschrift existiert im Rücktrittsrecht nicht. Es sind alle erbrachten Leistungen vollständig zurück zu gewähren. Eine Beschränkung auf die tatsächlich verbliebene Bereicherung besteht insoweit nicht. Auch eine noch bestehende Einlageverpflichtung oder Außenhaftung trifft allein den Treuhänder, der als Kommanditist für eigene Rechnung in der Gesellschaft verbleibt.

Seit dem 13.06.2014 sind die Rechtsfolgen des Widerrufs eigenständig in §§ 357 ff. BGB geregelt. Sofern (ausnahmsweise) ein Widerrufsrecht bzgl. eines Vertrags bestehen sollte, der keine Finanzdienstleistung betrifft, richten sich die Rechtsfolgen nach § 357 I, VIII BGB. Die empfangenen Leistungen sind zurück zu gewähren. Der Treugeber hat dem Treuhänder für die erbrachte Dienstleistung Wertersatz zu leisten. Betrifft der Vertrag Finanzdienstleistungen, ist § 357a BGB einschlägig. Die Pflicht zum Wertersatz besteht dann gem. § 357a II BGB nur, wenn der Treugeber auf diese Folge hingewiesen worden ist und er ausdrücklich zugestimmt hat, dass der Treuhänder vor Ende der Widerrufsfrist mit der Ausführung beginnt.

Kommt es zur Anwendung der Rücktrittsregeln bzw. der Widerrufsregeln der §§ 357, 357a BGB stellt sich die Situation ebenso wie bei der bereicherungsrechtlichen Rückabwicklung dar: Es kommt zur vollständigen Rückabwicklung ex tunc. Eventuelle Wertverluste des Anteils oder eine entstandene Außenhaftung des Treuhänders hat der Treugeber nicht auszugleichen.

1273 In den allermeisten der dargestellten Treuhandmotive dürfte die persönlichen Voraussetzungen nicht gegeben sein, s. o. § 2 B. I.

1274 Vgl. *Grüneberg*, in: Palandt, § 346, Rn. 7.

Dies gilt im Falle des Widerrufs nach § 11 II VermAnlG jedoch nicht, sofern man davon ausgeht, dass dieses Widerrufsrecht nur dem Treuhänder selbst zusteht. Dann hat der Treuhänder gem. §§ 675, 670 BGB lediglich das herauszugeben was er tatsächlich durch den Widerspruch erhalten hat. Sofern dies nicht der volle Einlagebetrag sein sollte, müsste der Treugeber diesen Verlust hinnehmen.

2. Korrektur der Rechtsfolgen

Sowohl nach § 346 BGB als auch nach §§ 357 ff. BGB entsteht durch Rücktritt bzw. Widerruf ein Rückgewährschuldverhältnis.[1275] Dies schließt die Anwendung der Regeln über die Geschäftsführung ohne Auftrag oder des Bereicherungsrechts aus. Denkbar wäre es allenfalls, den Anspruch des Treuhänders auf Wertersatz zu erweitern. Für den Bereich der bereicherungsrechtlichen Rückabwicklung wurde ein Anspruch des Treuhänders auf Herausgabe einer haftungsfreien Gesellschafterstellung diskutiert.[1276] In ähnlicher Weise könnte hier versucht werden, die in der Person des Treuhänders entstandenen Verbindlichkeiten dem Treugeber zuzurechnen. Dann könnte der Treuhänder für die Übernahme dieser Verbindlichkeiten und die damit einhergehende Befreiung des Treugebers Wertersatz verlangen.[1277] Letztlich kann dies wiederum nicht überzeugen, da die Zurechnung der Verbindlichkeiten zum Treugeber gerade nur auf dem Treuhandvertrag beruht, der nach den Rücktritts- und Widerrufsregeln ex tunc rückabzuwickeln ist.

III. Schadensersatzanspruch auf Vertragsaufhebung

Fehler im Rahmen der mittelbaren Beteiligung können auch Schadensersatzansprüche des Treugebers nach sich ziehen und auf diesem Wege zur einseitigen Rückabwicklung führen. Zunächst kommen deliktische Ansprüche in Betracht, insbesondere aus § 826 BGB und §§ 823 II BGB i. V. m. 264a StGB. Die praktisch größte Bedeutung kommt hier jedoch bürgerlich-rechtlichen Prospekthaftungsansprüchen aus culpa in contrahendo gem. §§ 280 I, 311 II, 241 II BGB zu, wobei regelmäßig die Verletzung von Aufklärungspflichten seitens des Treuhänders in Rede steht.[1278] Nur dort, wo die vorvertragliche Pflichtverletzung in einer arglistigen Täuschung besteht, stellt sich die Frage nach der Zulässigkeit der Geltendmachung des entsprechenden Schadensersatzanspruchs. Der BGH hält § 123 BGB gegenüber Ansprüchen aus deliktischen und vorvertraglichen Schädigungen nicht

---

1275 Vgl. *Schulze*, in: HK-BGB, § 357 BGB, Rn. 3.

1276 S. o. § 4 B. I. 3. b).

1277 Vgl. *Grüneberg*, in: Palandt, § 346, Rn. 6.

1278 Siehe § 3 A. IV. 2. d); vgl. auch *Bayer/Riedel*, NJW 2003, 2567, 2568 f.; *Blaurock/Gimmler*, ZGR 2014, 371, 373.

für abschließend, knüpft die Ansprüche jedoch an das Vorliegen eines Vermögensschadens.[1279]

Rechtsfolge dieser Schadensersatzansprüche kann gem. § 249 I BGB die Vertragsaufhebung ex tunc und damit die Befreiung von sämtlichen Vertragspflichten sein. Der Treuhänder hat dann die geleisteten Einlagen vollständig zurückzuerstatten, soweit sie nicht durch Gewinnausschüttungen kompensiert wurden. Wiederum treffen ein Wertverlust des Anteils, eine noch offene Einlageverpflichtung und eine bestehende Außenhaftung den Treuhänder, ohne dass dieser hierfür Ersatz verlangen könnte.

IV. Gesetzliche Prospekthaftung

Neben den vorangehend dargestellten bürgerlich-rechtlichen Prospekthaftungsansprüchen führen auch Ansprüche aus gesetzlicher Prospekthaftungshaftung zur Rückabwicklung der Beteiligung. Bei unrichtigem oder unvollständigem Verkaufsprospekt kann der Erwerber gem. § 306 I KAGB die Übernahme der Anteile gegen Erstattung des von ihm gezahlten Betrags verlangen.[1280] Anspruchsgegner sind die KVG, diejenigen, die neben der Verwaltungsgesellschaft die Verantwortung für den Verkaufsprospekt übernommen haben oder von denen der Erlass des Verkaufsprospekts ausgeht, und diejenigen, die diese Anteile im eigenen Namen gewerbsmäßig verkauft haben. Sie alle haften als Gesamtschuldner.[1281] Ähnliches gilt gem. § 306 II, V KAGB bei fehlerhaften wesentlichen Anlegerinformationen und fehlendem Verkaufsprospekt. § 306 KAGB ist im Wesentlichen § 127 InvG nachgebildet, der jedoch keine Anwendung auf geschlossene Fonds fand. Diese waren bisher von §§ 20–22 VermAnlG und zuvor von §§ 13, 13a VerkProspG i. V. m. §§ 44–47 BörsG erfasst.[1282]

1. *Bestimmung der Anspruchsgegner*

Der Treuhänder ist unproblematisch Anspruchsgegner, sofern er die Anteile im eigenen Namen verkauft hat. Er kann zudem Anspruchsgegner sein, wenn er Verantwortung für den Prospekt übernommen hat oder der Erlass von ihm ausgeht. Hiermit knüpft der Gesetzgeber an die bürgerlich-rechtliche Prospekthaftung im engeren Sinne an. Erfasst werden sollen Fondsgründer, Initiatoren und

---

1279 Vgl. bspw. BGH NJW-RR 1998, 904, 906; BGH, NJW 2006, 1955, 1957; einschränkend etwa *Armbrüster*, in: MüKo-BGB, § 123, Rn. 91 f.; **aA** *Medicus/Petersen*, BR, Rn. 150.

1280 Gem. § 307 III KAGB gilt § 306 I, III, IV, VI KAGB eingeschränkt auch für semi-/professionelle Anleger i. S. v. § 1 XIX Nr. 32, 33KAGB.

1281 Vgl. auch die Vorgängernormen §§ 13, 13a VerkProspG i. V. m. §§ 44–47 BörsG; §§ 20–22VermanlG.

1282 Zur Verschlechterung des Anlegerschutzes durch die Einführung des § 306 KAGB siehe *Schnauder*, NJW 2013, 3207, 3209 f.

Hintermänner.[1283] Regelmäßig dürfte der Treuhänder daher zu den Prospektverantwortlichen zählen.[1284] Gem. § 306 KAGB ist auch die KVG ausdrücklich Anspruchsgegnerin.

Ob auch die Gesellschaft selbst Anspruchsgegnerin sein kann, ist dagegen unklar.[1285] Während die Fondsgesellschaft als Emittentin zwar grundsätzlich als Anspruchsgegnerin der gesetzlichen Prospekthaftungsansprüche gem. §§ 13, 13a VerkProspG i. V. m. §§ 44–47 BörsG und §§ 20, 21 VermAnlG vorgesehen war und dies Im Falle einer AG abgesehen von §§ 57, 71 AktG keine besonderen Probleme bereitet,[1286] stehen der Verantwortlichkeit einer Publikums-KG gesellschaftsrechtliche Grundprinzipien entgegen.[1287] Kommanditanteile sind nicht in gleicher Weise wie Aktien oder Wertpapiere im Allgemeinen übertragbar. Die KG kann zudem ihre eigenen Anteile nicht erwerben, da das Personengesellschaftsrecht eigene Anteile nicht kennt.[1288] Teilweise wird eine Inanspruchnahme daher für unmöglich gehalten.[1289] Andererseits wird statt vollständiger Rückgewähr nur ein Recht zur Austrittskündigung angenommen.[1290]

2. Korrektur der Rechtsfolgen

Die Prospekthaftung sieht ebenso wie die vorangehend behandelten Ansprüche des Treugebers eine ex tunc wirkende Rückabwicklung der Beteiligung vor. Bei negativer Wertentwicklung des Anteils verbleibt somit grundsätzlich ein Verlust im Vermögen der Anspruchsgegner. Es haftet jedoch nicht allein der Treuhänder, weshalb eine Korrektur dieses Ergebnisses nicht im Innenverhältnis der Treuhand vorgenommen werden kann. Auch eine Korrektur durch bereicherungsrechtliche Ansprüche scheidet von vorn herein aus.

Eine Besonderheit besteht darin, dass mittelbare und unmittelbare Kapitalanleger per Gesetz einen inhaltsgleichen Anspruch innehaben. Dieser Anspruch besteht auch für alle Anleger unmittelbar gegenüber der Gesellschaft. Ansprüche aufgrund fehlenden oder fehlerhaften Prospekts (§ 306 I, V KAGB) dürften

1283 Vgl. *Schnauder*, NJW 2013, 3207, 3211; *Paul*, in: W/B/A, § 306 KAGB, Rn. 8.

1284 Vgl. BGH NJW 1982, 2493, 2494; BGH NJW 1984, 863, 864; *Horbach*, in: MüHdbGesR II, § 69, Rn. 25, 82; *Assmann*, in: Assmann/Schütze, 3. Aufl. (2007), § 6, Rn. 147 ff.; *Fleischer*, in Assmann/schütze, § 5, 394 ff. **aA** *Kiethe*, NZG 1999, 858, 866; vgl. auch § 3 A. IV. 2. d).

1285 Vgl. auch § 6 C. III. 6. f) aa).

1286 Vgl. *Assmann*, in: Assmann/Schütze, § 6, Rn. 153.; *Horbach*, in: MüHdbGesR II, § 69, Rn. 33; *Kind*, in: Arndt/Voß. § 13 a VerkProspG, Rn. 10.

1287 Vgl. *Assmann*, in: Assmann/Schütze, § 6, 3. Aufl. (2007), Rn. 139 ff.; 152.

1288 *K. Schmidt*, in: MüKo-HGB, § 105, Rn. 93; *Schäfer*, in: Staub, § 105, Rn. 97; *F. Schäfer*, ZGR 2006, 40, 75 f.

1289 *Ziegler*, DStR 2005, 30, 31 ff.; zweifelnd auch *Mülbert/Steup*, WM 2005, 1633, 1647.

1290 *Ulmer/Dopfer*, BB 1978, 461; *F. Schäfer*, ZGR 2006, 40, 75 f.; *Fleischer*, BKR 2004, 339, 345.

alle Anleger gleichermaßen zur Rückabwicklung berechtigen. Im Falle negativer Wertentwicklung dürften auch alle Anleger ein Interesse hieran haben, so dass es mangels ausreichendem Vermögen der Anspruchsgegner zur Eröffnung des Insolvenzverfahrens und damit nur zur anteiligen Befriedigung der Anleger kommen wird. Besonders schnell agierende Anleger könnten sich auf Kosten anderer Anleger vollständig befriedigen. Ebenso würden Gläubiger der Gesellschaft durch die Insolvenz belastet.

Aufgrund dieser Wirkungen, der unmittelbaren Berechtigung aller Anleger gegenüber der Gesellschaft und der Problematik hinsichtlich der Übernahme eigener Anteile durch die Gesellschaft spricht vieles dafür, eine geordnete Auseinandersetzung schon außerhalb des Insolvenzverfahrens vorzunehmen, um eine gleichmäßige Befriedigung aller Anleger zu erreichen. Diese könnte erreicht werden, indem man die Prospekthaftung als Kündigungsrecht behandelt,[1291] mit der Folge einer Abfindung zum Zeitwert des Anteils, wie es letztlich der Anwendung der Lehre von der fehlerhaften Gesellschaft entspricht. Zu beachten ist jedoch, dass eine solche Begrenzung des Anspruchs auf den aktuellen Wert, anders als bei Widerruf der Beteiligung an einem offenen Investmentvermögen (§ 305 IV KAGB), gerade nicht im Gesetz vorgesehenen ist.

C. Anwendbarkeit der Lehre von der fehlerhaften Gesellschaft

Die vorangehenden Ausführungen zur fehlerhaften treuhänderischen Beteiligung an Kommanditgesellschaften haben gezeigt, dass sich bei allen rückwirkenden Arten der Beendigung mittelbarer Beteiligungen Probleme dergestalt ergeben können, dass in der Person des Treuhänders (und ggf. anderer Anspruchsgegner im Falle der gesetzlichen Prospekthaftung) Verluste verbleiben, welche sich in letzter Konsequenz nachteilig auf Gesellschaftsgläubiger, Gesellschafter und Mittreugeber auswirken. Insoweit ist fraglich, ob es bei der gesetzlichen Zuweisung des der mittelbaren Beteiligung innewohnenden Risikos an Dritte bleiben kann oder eine Korrektur durch die Erstreckung der Lehre von der fehlerhaften Gesellschaft auf fehlerhafte mittelbare Beteiligungen geboten ist. In letzterem Fall wäre das Risiko der Verlusttragung den Treugebern zugewiesen, wodurch sich zumindest indirekt auch die Haftung der Treugeber erweitern würde.

Wiederum muss eine differenzierende Betrachtung vorgenommen werden. Dies gilt zunächst hinsichtlich der Art der Treuhand. Sieht man in dem qualifizierten Treugeber mit der Rechtsprechung einen echten Innengesellschafter und wendet auf diesen auch die Auseinandersetzungs- und Abfindungsregeln der §§ 730 ff. BGB an,[1292] so ist eine Anwendung der Lehre von der fehlerhaften Gesellschaft

1291 So schon *Ulmer/Dopfer*, BB 1978, 461; *Fleischer*, BKR 2004, 339, 345; *F. Schäfer*, ZGR 2006, 40, 75 f.

1292 Siehe § 3 D. II.

auch auf die mittelbare Beteiligung geradezu zwingend. Im Falle der einfachen Treuhand handelt es sich dagegen um einen rein schuldrechtlichen, zweiseitigen Vertrag ohne gesellschaftsrechtlichen Bezug. Ebenso können sich Unterschiede hinsichtlich der Abwicklungsgründe (Nichtigkeit, Widerruf, Schadensersatz) ergeben.

I. Grundlagen

Die Lehre von der fehlerhaften Gesellschaft wurde durch das *Reichsgericht* entwickelt und später durch den *BGH* fortgeführt.[1293] Aus Gründen des Verkehrsschutzes zu Gunsten Dritter und des Bestandschutzes zu Gunsten der Gesellschafter führen Fehler bei der Gründung einer Gesellschaft oder bei Ein- oder Austritt von Gesellschaftern bzw. Gesellschaftsvertragsänderungen[1294] grundsätzlich nicht zur Rückabwicklung ex tunc, sondern lediglich zu einem außerordentlichen Kündigungsrecht mit Wirkung ex nunc.[1295] Vor allem bei fehlerhaften Publikumsgesellschaften wird auch die Vermeidung eines Wettrennens („Windhundrennen") um das Gesellschaftsvermögen angeführt.[1296] Das Institut beruht auf richterlicher Rechtsfortbildung[1297] und wird teilweise bereits als Gewohnheitsrecht anerkannt.[1298] Der *BGH* geht davon aus, dass es zumindest allgemein anerkannt ist und „zum gesicherten Bestandteil des Gesellschaftsrechts" gehört.[1299] In den §§ 277 AktG, 77 GmbHG hat die Lehre von der fehlerhaften Gesellschaft darüber hinaus auch gesetzliche Kodifizierung erfahren. Gleiches könnte auch für § 305 IV KAGB bzw. der Vorgängernorm des § 126 IV InvG[1300] anzunehmen sein, welche im Falle des Widerrufs eine Rückabwicklung zum Zeitwert des Anteils vorsehen. Da eine entsprechende Regelung in den §§ 306 KAGB, 127 InvG, welche die Rückübertragung aufgrund Prospekthaftungsansprüchen regeln, dagegen fehlen, muss der Sinn und Zweck in der Verhinderung von Spekulationsmöglichkeiten innerhalb der Widerrufsfrist gesehen werden.[1301]

1293 Zur Entwicklung ausf. *Ulmer*, ZHR 161 (1997), 102, 116 ff.; *Goette*, DStR 1996, 266, 266 ff.; *Wiedemann*, GesRt I, § 3 I 2. a), S. 148 f.

1294 Strittig, vgl. *Schäfer*, in: MüKo-BGB, § 705, Rn. 360 ff.; bejahend BGH, NJW 2003, 1252, 1254 mwN; *Henssler*, in: Henssler/Strohn, § 105 HGB, Rn. 154 ff.; krit. *K. Schmidt*, in: MüKo-HGB, § 105, Rn. 252.

1295 *Schäfer*, in: MüKo-BGB, § 705, Rn. 323 ff.; 347 ff.; *Sprau*, in: Palandt, § 705, Rn. 17 ff.

1296 BGH, NZG 2008, 460, 463.

1297 *Wertenbruch*, in: E/B/J/S, § 105, Rn. 246; *K. Schmidt*, in: MüKo-HGB, § 105, Rn. 232; *Schäfer*, in: Staub, § 105, Rn. 316.

1298 Vgl. *Schäfer*, in: MüKo-BGB, § 705, Rn. 325 mwN.

1299 BGH, NJW 1971, 375, 377; so etwa auch *Lieder*, in: Oetker, § 105, Rn. 105.

1300 Sowie §§ 11 AuslInvG, 23 KAGG.

1301 So auch *Schmies*, in: B/S/V, 410, § 126 InvG, Rn. 18; BT-Drucks.: V/3494, S. 23 (zu § 11 AuslInvG); unklar *Ewers*, in: B/S/L, § 126 InvG, Rn. 15.

1. *Dogmatische Begründung*

Der genaue Anwendungsbereich und die dogmatische Begründung sind im Einzelnen umstritten.[1302] Die zutreffende *herrschende Meinung* in der Literatur stützt die Anwendung der Lehre von der fehlerhaften Gesellschaft auf die Doppelnatur der Gesellschaft als Schuld- und Organisationsverhältnis[1303] oder geht im Ergebnis weitgehend übereinstimmend von einem allgemeinen verbandsrechtlichen Prinzip aus.[1304] Die gesellschaftliche Organisation, welche sich in der Schaffung von Gesellschaftsorganen und Gesamthandvermögen und damit letztlich in der Entstehung der Gesellschaft als eigenständiges Rechtssubjekt manifestiert, überlagert hierbei das reine Schuldverhältnis, welches grundsätzlich den gewöhnlichen Nichtigkeits- und Anfechtungsregeln unterliegen würde.[1305] Diese einmal ins Leben getretene Organisation bzw. dieser rechtstragende Verband kann nicht mehr rückwirkend, sondern nur für die Zukunft aufgelöst werden.[1306]

Zu ähnlichen Rechtsfolgen gelangen *andere Ansichten*, die auf eine teleologische Reduktion der schuldrechtlichen Nichtigkeits- und Anfechtungsfolgen und eine Analogie zu den gesellschaftsrechtlichen Auflösungsregeln abstellen.[1307] Wiederum lehnen *andere* eine Modifikation der bereicherungsrechtlichen Folgen ab und belassen es neben dieser Rechtsfolge bei der allgemeinen Rechtsscheins- und Vertrauenshaftung.[1308]

2. *Voraussetzungen und Rechtsfolgen*

Die Anwendung der Lehre von der fehlerhaften Gesellschaft erfordert zunächst das Vorliegen zweier positiver Voraussetzungen: Zum einen die Fehlerhaftigkeit des Gesellschaftsvertrags und zum anderen muss dieser Vertrag bereits in Vollzug gesetzt worden sein.[1309] Als Fehlerquellen in Bezug auf Gesellschafts- und Treuhandverträge von kupierten Publikumskommanditgesellschaften kommen insbesondere die §§ 125, 134, 138 BGB in Betracht.[1310] Über diese hinaus sind freilich

---

1302 Ausf. *Schäfer*, in: MüKo-BGB, § 705, Rn. 323 ff., 347 ff.; *K. Schmidt*, GesRt, § 6, S. 136 ff.; *Sprau*, in: Palandt, § 705, Rn. 17 ff.

1303 *Flume*, AT 1/1, § 2 III, S. 15 ff.; *Hadding/Kießling*, in: Soergel, § 705, Rn. 88; *Roth*, in: Baumbach/Hopt, § 105, Rn. 76; *Lieder*, in: Oetker, § 105, Rn. 105.

1304 *Schäfer*, in: MüKo-BGB, § 705, Rn. 326 mwN, 354 ff.; *K. Schmidt*, AcP 186 (1986), 421, 425 f.; *ders.*, GesRt, § 6 I. 3., S. 140 f.

1305 Vgl. *Henssler*, in: Henssler/Strohn, § 105 HGB, Rn. 126.

1306 Vgl. *K. Schmidt*, AcP 186 (1986), 421, 425 f.; *Schäfer*, S. 129 f., 137 ff.; *Schäfer*, in: MüKo-BGB, § 705, Rn. 354 ff.

1307 Vgl. *Keßler*, in: Staudinger (1979), § 105, Rn. 115; *Fischer*, in: Staub, 3. Aufl., § 105, Rn. 78.

1308 *Canaris*, Vertrauenshaftung, S. 121 ff; 167 ff.

1309 *Schäfer*, in: MüKo-BGB, § 705, Rn. 326; *K. Schmidt*, GesRt, § 6 III. 1., S. 147; *Sprau*, in: Palandt, § 705, Rn. 18.

1310 § 4 B. I. 1.

auch alle weiteren Wirksamkeitshindernisse denkbar, etwa Dissens (§§ 154, 155 BGB) oder die fehlende Genehmigung nach Vertragsschluss durch Vertreter ohne Vertretungsmacht. Auch die rückwirkende Beseitigung durch Widerruf und Schadensersatzansprüche gerichtet auf Vertragsaufhebung ist möglich.[1311] Der Vollzug des (fehlerhaften) Gesellschaftsvertrags ist anzunehmen, sobald die Gesellschaft ihre Tätigkeit nach außen aufgenommen hat. Ob hierfür bei oHG und KG bereits die Handelsregistereintragung ausreichend ist oder erst der tatsächliche Geschäftsbeginn i. S. v. § 123 II HGB,[1312] ist hier regelmäßig nicht erheblich. Zumindest bei Beginn der Aufnahme von Treugebern als Kapitalgebern in geschlossenen Fonds dürften bereits auch geschäftliche Handlungen mit Dritten, etwa finanzierenden Banken, durchgeführt worden sein.[1313] Die *herrschende Meinung* geht weiterhin davon aus, dass der rechtlichen Anerkennung der fehlerhaften Gesellschaft keine gewichtigen Interessen der Allgemeinheit oder besonders schutzwürdiger Personen entgegenstehen dürfen.[1314] Typische Fallgruppen sind der verbotene oder sittenwidrige Gesellschaftszweck und die Beteiligung nicht voll Geschäftsfähiger. Nicht zu diesen Ausnahmen gehört der Beitritt aufgrund arglistiger Täuschung oder widerrechtlicher Drohung.[1315]

Rechtsfolge der Lehre von der fehlerhaften Gesellschaft ist die Behandlung der Gesellschaft als nach innen und außen vollwirksam. Der fehlerhaft beigetretene Gesellschafter kann sich nur durch Kündigung mit Wirkung ex nunc von seiner Beteiligung lösen und erhält anstelle seiner Einlage das aktuelle Abfindungsguthaben. An einem eventuell entstandenen Verlust nimmt ein Kommanditist anders als ein persönlich haftender Gesellschafter auch dann nicht teil (§ 167 III HGB).

3. *Erfasste Ansprüche*

Die Lehre von der fehlerhaften Gesellschaft modifiziert die Rechtsfolgen einer nach allgemeinen schuldrechtlichen Regeln ex tunc nichtigen gesellschaftsrechtlichen Beteiligung. Unzweifelhaft nicht zur Anwendung kommen demnach

---

1311 Zu diesen Aufhebungsgründen siehe § 4 B. II.–IV.

1312 Für ersteres *Hueck*, OHG, § 7 III. 6., S. 98; **aA** *Wertenbruch*, in: E/B/J/S, § 105, Rn. 252; *Schäfer*, in: MüKo-BGB, § 705, Rn. 331.

1313 Stellt man dagegen auf den Vollzug des Treuhandvertrags ab, so ist dieser zumindest mit Zahlung der Zeichnungssumme oder der entsprechenden Erhöhung der Kommanditeinlage des Treuhänders gegeben (so *Markwardt/Kracke*, BKR 2012, 149, 152).

1314 BGHZ 55, 5, 9; BGH, NJW 2003, 1252, 1252 f.; *Sprau*, in: Palandt, § 705, Rn. 18; *Hueck*, OHG § 7 III. 4. a); *Habermeier*, in: Staudinger (2003), § 705, Rn. 68; *Lieder*, in: Oetker, § 105, Rn. 111; *Schöne*, in: BeckOK-BGB, § 705, Rn. 86 ff.; **aA** *K. Schmidt*, GesRt, § 6 III. 3., S. 149 ff.; *Schäfer*, in: MüKo-BGB, § 705, Rn. 332 ff.; *Wertenbruch*, NJW 2005, 2823, 2826.

1315 BGH, NJW 2001, 2718, 2720; *Flume*, AT 1/1, § 2 III., S. 24; *Lieder*, in: Oetker, § 105, Rn. 112; **aA** noch BGH, NJW 1971, 375, bereicherungsrechtliche Ansprüche, die durch die gesellschaftsrechtlichen Auseinandersetzungsregeln verdrängt werden. Fraglich ist, ob dies auch für Ansprüche nach Widerruf der Beteiligung und für Schadensersatzansprüche gilt.

a) Anwendbarkeit bei Widerruf

Die Anwendbarkeit der Lehre von der fehlerhaften Gesellschaft auf Fälle des Widerrufs dürfte als allgemein anerkannt gelten. Der *BGH*[1316] nimmt dies für den Haustürwiderruf von Beteiligungen an Personengesellschaften in *ständiger Rechtsprechung* an. Die Vereinbarkeit der Lehre von der fehlerhaften Gesellschaft mit der dem Haustürwiderruf zugrundeliegenden Richtlinie 85/577/EWG wurde zudem durch den *EuGH* bestätigt;[1317] dies jedoch ausdrücklich nur für die GbR.[1318] Die die Richtlinie 85/577/EWG aufhebende sog. Verbraucherrechterichtlinie (2011/83/EU) findet ausdrücklich keine Anwendung mehr auf Verträge über Finanzdienstleistungen (Art. 3 Abs. 3 lit. d)). Nach nationalem Recht bleibt ein Widerruf in den hier interessierenden Treuhandfällen, insbesondere bei mittelbaren Beteiligungen and Fondsgesellschaften, trotz der Einschränkungen des Anwendungsbereich der Widerrufsrechte in §§ 312 II Nr. 1a), 312g II Nr. 8 BGB dennoch möglich.[1319] Die Ansicht des BGH wird schließlich auch von der *ganz herrschenden Meinung in der Literatur*[1320] geteilt. *Ulmer/Schäfer* teilen diese Ansicht zumindest im Ergebnis. Durch die Erstreckung des Anwendungsbereichs auf den Widerruf sei jedoch wenig gewonnen. Es liege näher den haustürinitiierten Beitritt vor dem Wertungshintergrund des § 312 I BGB aF als wichtigen Grund für eine fristlose Kündigung gem. § 723 I 2 BGB innerhalb angemessener Frist zu behandeln.[1321] Diese Kritik dürfte vornehmlich auf die Eröffnung des sachlichen Anwendungsbereichs der §§ 312 ff. BGB („entgeltliche Leistung") abzielen. Bejaht man die Anwendbarkeit, so lässt sich jedoch nicht erklären wie das bestehende Widerrufsrecht beseitigt

---

1316 BGH, NJW-RR 2011, 1059, 1060; BGH, NJW 2010, 3096; zur stillen Gesellschaft BGH, NJW 2005, 1784, 1786; BGH, NZG 2005, 261.

1317 EuGH, NJW 2010, 1511, 1512 f. („Friz"); Vorlagebeschluss durch BGH, NZG 2008, 460; BGH, NJW 2010, 3096.

1318 EuGH, NJW 2010, 1511, 1511, Rz. 21 f.

1319 Vgl. auch § 4 B. II.

1320 *Armbrüster*, EuZW 2010, 614, 616; *ders.*, Verbraucherschutz, S. 21 ff. (mwN auf S. 20); *Markwardt/Kracke*, BKR 2012, 149, 151 ff.; *C. Schäfer*, ZGR 2011, 352, 355 ff.; *Westermann*, DZWiR 2010, 265, 268; *ders.*, ZIP 2002, 240, 244; *Ensthaler/Kluge*, BB 2010, 2835, 2838; *Kindler/Libbertz*, NZG 2010, 603, 604 ff.; *Saenger*, in: HK-BGB, § 705, Rn. 30; *Schöne*, in: BeckOK-BGB, § 705, Rn. 90; *Lieder*, in: Oetker, § 105, Rn. 114; *Servatius*, in: Henssler/Strohn, § 705 BGB, Rn. 39; *Paul*, in: W/B/A, § 305, Rn. 47; *Wertenbruch*, NJW 2005, 2823, 2824; *Schwab*, ZGR 2004, 861, 892; *Althammer*, BKR 2003, 280, 284 f.; *Louven*, BB 2001, 1807, 1808; **aA** *Kessal-Wulff*, in: Staudinger (2001), § 9 VerbrKrG, Rn. 45; *Bayer/Riedel*, NJW 2003, 2567, 2570 ff.

1321 *Schäfer*, in: MüKo-BGB, § 705, Rn. 329.

oder ohne entsprechende Rechtsfortbildung in ein außerordentliches Kündigungsrecht umgedeutet werden sollte.

Eine im Ergebnis der Lehre von der fehlerhaften Gesellschaft entsprechende Regelung findet sich in § 305 IV KAGB. Im Falle des Widerrufs eines Beitritts zu einem offenen Investmentvermögen erfolgt nur die Auszahlung des Zeitwerts des Anteils. Insofern könnte argumentiert werden, dass die Anwendbarkeit der Lehre von der fehlerhaften Gesellschaft auf den Widerruf gesetzlich klargestellt wurde. Diese Rechtsfolge gilt nicht bei geschlossenen Investmentvermögen, weshalb auch ein Schluss auf die Nichtanwendung der Lehre von der fehlerhaften Gesellschaft in diesem Fall möglich erscheint. In der Gesetzesbegründung findet sich jedoch kein entsprechender Hinweis.[1322] Der Sinn und Zweck besteht richtigerweise ebenso wie bei § 312g II 1 Nr. 8 BGB nur in der Verhinderung bewusster, gefahrloser Spekulationen innerhalb der Widerrufsfrist.[1323]

b) *Anwendbarkeit bei Schadensersatzansprüchen gegen die Gesellschaft*

Bei fehlerhafter Beteiligung an einer Publikumsaußengesellschaft versagt der *BGH* dem Anleger Schadensersatzansprüche aus zivilrechtlicher Prospekthaftung gegen die Gesellschaft bereits auf Zurechnungsebene. Ein Anspruch bestehe nur gegenüber den tatsächlich handelnden Personen (Initiatoren, Gründungsgesellschaftern, Vermittlern, Prospektverantwortlichen und sonstigen Verantwortlichen), da nur diesen Personen Vertrauen entgegengebracht werde, nicht aber gegenüber der Gesellschaft. Dieser sei die Pflichtverletzung nicht zuzurechnen. Bei rein kapitalistisch organisierten Gesellschaften habe der einzelne Gesellschafter keine Einwirkungsmöglichkeit auf die Beitrittsverträge. Vielmehr seien sie regelmäßig schon selbst bei ihrem Beitritt zur Gesellschaft getäuscht oder nur mangelhaft aufgeklärt worden.[1324] Dieser Begründungsansatz ist in der *Literatur* auf Kritik gestoßen.[1325] Erst später begründete der *BGH* dieses Ergebnis ausdrücklich auch mit der Anwendung der Lehre von der fehlerhaften Gesellschaft. Nur durch den Ausschluss von Schadensersatzansprüchen gegen die Gesellschaft sei eine geordnete Abwicklung durchzuführen.[1326]

Die Anwendung der Lehre von der fehlerhaften Gesellschaft auf Schadensersatzansprüche entspricht auch der *herrschenden Literaturmeinung*.[1327] Nach dem

---

1322 BT-Drucks. 17/12294, S. 282 f.

1323 Vgl. zur Vorgängernorm *Schmies*, in: B/S/V, 410, § 126 InvG, Rn. 18; BT-Drucks. V/3494, S. 23 (zu § 11 AuslInvG); unklar *Ewers*, in: B/S/L, § 126 InvG, Rn. 15.

1324 BGH, NJW 1973, 1604, 1605; BGH, NJW 1978, 1625, 1625; BGH, NJW 1979, 718, 718 f.; BGH, NJW 1981, 1449, 1452; BGH, NJW 2003, 2821, 2822; zustimmend *Wertenbruch*, NJW 2005, 2823, 2825.

1325 *Schäfer*, ZHR 170 (2006), 373, 375 f., 385 f.; *Blaurock/Gimmler*, ZGR 2014, 371, 377.

1326 BGH, NJW 2003, 2821, 2822; BGH, NZG 2004, 961, 962; BGH, NJW 2013, 155, 155.

1327 *Westermann*, ZIP 2002, 240, 243; *Schäfer*, ZHR 170 (2006), 373, 395; *Blaurock/Gimmler*, ZGR 2014, 371, 378 ff.

Sinn und Zweck der Lehre von der fehlerhaften Gesellschaft kann es keinen Unterschied machen, ob der getäuschte Anleger seine Einlage als Schadensersatz oder auf bereicherungsrechtlichem Wege zurückfordert.[1328] *Dagegen* wird vorgebracht, dass die Lehre von der fehlerhaften Gesellschaft allein auf bereicherungsrechtliche Ansprüche abziele und daher keine Beschränkung von Schadensersatzansprüchen bewirke.[1329] Dies entspricht den Ansichten, die die Lehre von der fehlerhaften Gesellschaft lediglich als teleologische Reduktion der Nichtigkeitsfolgen begreifen.[1330] Die Lehre von der fehlerhaften Gesellschaft erfordert als allgemeines organisations- bzw. verbandsrechtliches Institut jedoch eine Erstreckung auf jegliche Art von Ansprüchen, die auf eine rückwirkende Abwicklung gerichtet sind. Soweit vertreten wird, dass der Schadensersatzanspruch lediglich nicht selbständig geltend gemacht werden könne, sondern nur zur Ergänzung des Abfindungsanspruchs führe, soweit dieser hinter den geleisteten Beiträgen zurückbleibe,[1331] beruht dies nicht auf der Sperrwirkung der Lehre von der fehlerhaften Gesellschaft,[1332] sondern auf der allgemeinen Durchsetzungssperre bzgl. gegenseitiger im Gesellschaftsverhältnis begründeter Ansprüche zwischen Gesellschaftern und Gesellschaft oder den Gesellschaftern untereinander. Diese soll im Rahmen der Auseinandersetzung nach § 730 BGB etwa wechselseitiges Hin- und Herzahlen vermeiden.[1333] Im Ergebnis kommen auch *Bayer/Riedel* dazu, dass der Vertrag vollständig rückabgewickelt und der Schadensersatzanspruch auf das negative Interesse voll durchgesetzt werden kann.

Bei stillen Beteiligungen lässt der BGH Schadensersatzansprüche gegen den Inhaber des Handelsgeschäfts zu, da dieser immer auch unmittelbarer Vertragspartner ist,[1334] und wendet auf alle Formen der stillen Gesellschaft grundsätzlich auch die Lehre von der fehlerhaften Gesellschaft an.[1335] Innerhalb einer rein zweigliedrigen stillen Gesellschaft sollen diese Schadensersatzansprüche jedoch nicht durch die Lehre von der fehlerhaften Gesellschaft beschränkt sein, da es dem Schädiger nicht zugutekommen solle, dass er auch an dem Gesellschaftsvertrag mit dem geschädigten Anleger beteiligt ist.[1336] Mangels eines durch Kapitalaufbringungs- und

1328 So zutreffend *Schäfer*, GWR 2014, 25, 27; *ders.*, ZIP 2012, 2421, 2424.

1329 *Miras*, in: MüHdbGesR, Band 2, § 95, Rn. 34 f.; *Geibel*, BB 2005, 1009, 1013 ff.

1330 Vgl. § 4 C. I. 1.

1331 So etwa *Bayer/Riedel*, NJW 2003, 2567, 2570 f.

1332 So aber *Blaurock/Gimmler*, ZGR 2014, 371, 378.

1333 Vgl. *Schäfer*, in: MüKo-BGB, § 730, Rn. 30 ff., 49 ff.; *Schöne*, in: BeckOK-BGB, § 730, Rn. 20, 30 ff.

1334 BGH, NJW 1993, 2107, 2107; BGH, NZG 2004, 961, 962.

1335 Siehe auch § 4 C. I. 4. b) sowie BGH, NJW 1971, 375, 376 f.; BGH, NJW 2005, 1784, 1785; BGH, NZG 2013, 1060, 1061; BGH, NZG 2013, 1422, 1423.

1336 BGH, NJW 1993, 2107, 2107 f.; BGH, NZG 2004, 961, 961 f.; BGH, NJW 2005, 1784, 1786 f.

Kapitalerhaltungsvorschriften geschützten Gesellschaftsvermögens der stillen Gesellschaft seien Gläubigerinteressen nicht betroffen.[1337]

Ansprüche gegen eine mehrgliedrige stille Gesellschaft, bei der alle stillen Gesellschafter mit dem Geschäftsinhaber eine Publikumsgesellschaft bildeten, seien dagegen grundsätzlich ausgeschlossen. Nur sofern das Vermögen des Handelsbetriebs unter Berücksichtigung der hypothetischen Abfindungsansprüche aller übrigen stillen Gesellschafter ausreicht, könne der Geschädigte auch Schadensersatz über das eigene Auseinandersetzungsguthaben hinaus verlangen.[1338]

Der Ausschluss von Schadensersatzansprüchen in der mehrgliedrigen stillen Gesellschaft findet breite Zustimmung in der *Literatur*.[1339] *Schäfer* weist zutreffend darauf hin, dass ein Schadensersatzanspruch jedoch in Höhe des Abfindungsanspruchs zuzulassen ist.[1340] Die Einschränkung der Sperrwirkung der Lehre von der fehlerhaften Gesellschaft im Falle von Schadensersatzansprüchen gegen zweigliedrige stille Gesellschaften findet in *Literatur* – sofern die Anwendung in diesem Fall grundsätzlich bejaht wird[1341] – nur teilweise Zustimmung.[1342] *Kritik*[1343] wendet sich dagegen, dass der BGH die Sperrwirkung mangels betroffener Drittinteressen auch in Fällen entfallen lässt, in denen zwar keine einheitliche Publikumsgesellschaft aller stillen Gesellschafter bestehe, aber stattdessen eine Vielzahl zweigliedriger stiller Gesellschaften mit demselben Geschäftsinhaber.[1344] Hier drohe in gleicher Weise ein Wettlauf der Gläubiger, welcher gerade zu verhindern sei.[1345] Zudem sprechen die vom BGH vorgebrachten Argumente (fehlende schutzwürdige Interessen von Gläubigern und Mitgesellschaftern) schon gegen die Anwendung der Lehre von der fehlerhaften Gesellschaft auf die zweigliedrige stille Gesellschaft und nicht nur gegen einen Ausschluss von Schadensersatzansprüchen.

Blaurock/Gimmler erklären die unterschiedliche Behandlung durch die „Doppelrolle des Geschäftsinhabers". In seiner Rolle als Unternehmensträger sei dieser ebenso wie die Publikumsaußengesellschaft nicht Anspruchsgegner. Als Mitgesellschafter des Stillen hafte er dagegen ebenso wie der Mitgesellschafter in der

1337 BGH, NZ 2004, 961, 962.

1338 BGH, NZG 2013, 1422, 1424 ff., Rz. 21 ff.

1339 *Schäfer*, GWR 2014, 25, 26 ff.; *Schürnbrand*, ZGR 2014, 256, 276; *Vosberg/Klawa*, EWiR 2014, 69, 69 f.; *K. Schmidt*, ZIP 2014, 1457, 1462 f.; *Czaplinski*, GWR 2013, 512, 512; *Mock*, DStR 2014, 536, 538 ff. (jedoch kritisch in Bezug auf die Begründung).

1340 *Schäfer*, GWR 2014, 25, 26.

1341 Siehe sogleich § 4 C. I 4. b).

1342 *Wertenbruch*, NJW 2005, 2823, 2823 f.; *Roth*, in: Baumbach/Hopt, § 230, Rn. 11; *Mock*, in: Röhricht/GvW/Haas, § 230, Rn. 18 ff; *Kiethe*, DStR 2005, 924, 927.

1343 *Hey*, NZG 2004, 1097, 1098; *Tebben*, VGR 2010, 2011, 161, 178.

1344 So etwa BGH, NZG 2004, 961; BGH, NZG 2005, 261; BGH, NJW 2005, 1784.

1345 *Wagner*, NZG 2005, 499, 501, *Loritz*, DB 2004, 499, 2459, 2459 f.; ähnlich *Armbrüster/Joos*, ZIP 2004, 189, 192 f, 197 f. für mehrere koordinierte stille Beteiligungen; *Schäfer*, ZHR 170 (2006), 373, 386 f.; krit. auch *Mock*, DStR 2014, 536, 538.

Publikumsaußengesellschaft.[1346] Auch *K. Schmidt* betont diese Doppelrolle des Geschäftsinhabers als Rechtsträger nach außen und als Mitgesellschafter („Quasi-Komplementärin") in der als virtuelle Kommanditgesellschaft ausgestalteten mehrgliedrigen stillen Gesellschaft.[1347] Als Haftungsmasse für den Schadensersatzanspruch stehe dem Geschädigten dann das Auseinandersetzungsguthaben zur Verfügung, welches dem Geschäftsinhaber als Mitgesellschafter zuzuordnen ist, und zudem das Privatvermögen, sofern der Geschäftsinhaber Einzelkaufmann ist, oder nicht in die stille Gesellschaft einbezogenes Gesellschaftsvermögen, sofern der Geschäftsinhaber eine Gesellschaft ist und sich die stille Beteiligung nur auf bestimmte Unternehmenssegmente bezieht.[1348] Ein Wettlauf der Gläubiger sei hinsichtlich dieser Vermögensteile hinzunehmen.[1349] Bei der mehrgliedrigen stillen Gesellschaft seien zudem die fiktiven Auseinandersetzungsguthaben der weiteren stillen Mitgesellschafter dergestalt zu berücksichtigen, dass auch sie von dem für den Schadensersatzanspruch haftenden Vermögen, welches dem Geschäftsinhaber in seiner Rolle als Mitgesellschafter zugewiesen ist, abzuziehen seien. Die stille Gesellschaft sei insoweit wirtschaftlich als Vermögensträger anzusehen, weshalb zunächst eine Auseinandersetzung nach den Grundsätzen der fehlerhaften Gesellschaft unter allen Gesellschaftern vorzunehmen sei.[1350] *K. Schmidt* geht darüber hinaus auch bei Beteiligung der stillen Gesellschaft an der gesamten geschäftstragenden Gesellschaft davon aus, dass letztere ein geteiltes Vermögen haben könne: Bei Ausgestaltung der GmbH & Still als „Innen-KG" verwalte die GmbH das ihr dinglich zugewiesene Vermögen teils als eigenes (Stammkapital und evtl. Gewinnanteile in der Innen-KG) und teils treuhänderisch als fremdes („mitunternehmerisch gebundenes Treuhandvermögen" bestehend aus den stillen Einlagen).[1351]

4. *Anwendbarkeit auf vergleichbare Fälle*

Als vergleichbare Fälle können einerseits solche Sachverhalte herangezogen werden, in denen die Anwendung der Lehre von der fehlerhaften Gesellschaft in Betracht kommt, obwohl zunächst nicht unmittelbar ein mehrseitiger verbandsrechtlicher Vertrag in Rede steht, sondern nur ein zweiseitiges schuldrechtliches Rechtsverhältnis. Dies trifft auf die fehlerhafte Übertragung eines Gesellschaftsanteils und die fehlerhafte stille Gesellschaft zu. Ebenso angebracht erscheint ein Vergleich zwischen der kupierten und der integrierten Publikumsgesellschaft, die

1346 *Blaurock/Gimmler*, ZGR 2014, 371, 384 ff.
1347 *K. Schmidt*, ZHR 178 (2014), 10, 19.
1348 *Blaurock/Gimmler*, ZGR 2014, 371, 389 f.; so auch K. Schmidt, ZIP 2014, 1457, 1464: Dem stillen Gesellschafter stehe nur das Eigenvermögen der Kapitalgesellschaft als „Quasi-Komplementärin" zur Verfügung, nicht dagegen das „virtuelle Gesamthandsvermögen" der Innen-KG.
1349 *Blaurock/Gimmler*, ZGR 2014, 371, 389 f.
1350 *Blaurock/Gimmler*, ZGR 2014, 371, 392 ff.
1351 *K. Schmidt*, ZHR 178 (2014), 10, 31 f.; 17 f.

rechtlich teilweise nur marginal unterschiedliche Gestaltungen aufweisen, welche wirtschaftlich gesehen zu nahezu identischen Ergebnissen führen.

a) Fehlerhafte Anteilsübertragung

Einen – zumindest für die einfache Treuhand – vergleichbaren Fall bietet zunächst die fehlerhafte Übertragung von Gesellschaftsanteilen. Hier wie dort geht es um rein zweiseitig schuldrechtliche Rechtsgeschäfte, welche sich – abgesehen von eventuellen Zustimmungserfordernissen – außerhalb des Gesellschaftsverhältnisses vollziehen und den Bestand der Gesellschaft anders als die fehlerhafte Gründung nicht tangieren.

Der *BGH* wendet die Grundsätze über die fehlerhafte Gesellschaft auf Anteilsübertragungen bei Personengesellschaften (einschließlich Kommanditanteilen[1352]) an, erkennt aber gleichzeitig, dass die Übertragung keine für die Personengesellschaft konstituierende Änderung darstellt, solange die Mitgliedstelle als solche unverändert bleibt.[1353] Verneint wird die Anwendung hingegen bei der Übertragung von GmbH-Anteilen.[1354] Zur Begründung führt der *BGH* das Prinzip der Selbstorganschaft und die persönliche unbeschränkte Haftung der Gesellschafter in Personengesellschaften und das hierauf gerichtete Vertrauen von Gläubigern und Mitgesellschaftern einerseits und andererseits die fehlende Außenhaftung (§ 13 II GmbHG) und notwendige Eintragung von Gesellschaftern im Handelsregister (§ 16 I GmbHG) in der GmbH an.[1355]

Schon bei der Übertragung von Kommanditanteilen ist diese Begründung nicht tragfähig, da weder eine organschaftliche Vertretungsmacht noch eine unbeschränkte persönliche Haftung des Kommanditisten besteht. Gleiches gilt dann erst recht auch für die außerhalb der Gesellschaft stehenden Treugeber.

b) Innengesellschaften, insb. stille Gesellschaften

Weiterhin bietet sich auch eine parallele Betrachtung zur stillen Gesellschaft an. Treuhänderische und stille Beteiligung bilden gleichermaßen zunächst schlicht zweigliedrige, schuldrechtliche Rechtsverhältnisse außerhalb des Gesellschaftsverhältnisses. *Tebben* formuliert diesbezüglich untechnisch, der Treugeber sei „als ‚stiller Gesellschafter' am Gesellschaftsanteil des Treuhänders beteiligt".[1356] Diese Umschreibung trifft zwar eher auf den Unterbeteiligten zu. Dieser wiederum ist

1352 BGH, NJW 1988, 1324, 1324 f.

1353 BGH, NZG 2010, 991, 993 f. (GbR); **aA** *Roth*, in: Baumbach/Hopt, § 105, Rn. 94; *Schäfer*, in: MüKo-BGB, § 705, Rn. 374; *Emmerich*, in: Heymann, § 105, Rn. 106.

1354 BGH, NJW 1990, 1915, 1915 f.; BGH, NJW-RR 1995, 1182, 1183, BGH, NJW 2007, 1058, 1059; BGH, NZG 2005, 263, 263 f. (Vor-GmbH); **aA** noch BGH, WM 1975, 512, 514.

1355 BGH, NZG 2010, 991, 994.

1356 *Tebben*, VGR 2010, 2011, 161, 178.

dem Treugeber zugegebenermaßen sehr ähnlich und in manchen Fällen kaum oder gar nicht von diesem zu unterscheiden.[1357] *K. Schmidt* etwa betrachtet Treugeber zugleich als Unterbeteiligte, wenn diese durch qualifizierte Treuhandverhältnisse organisationsrechtlich in den Gesellschaftsverband integriert sind.[1358]

Der *BGH*[1359] wendet die Grundsätze der fehlerhaften Gesellschaft in *ständiger Rechtsprechung*[1360] auf typische und atypische stille Gesellschaften an. Dem stehe nicht entgegen, dass bei der stillen Gesellschaft kein Gesamthandvermögen bestehe, da es zu unerträglichen Ergebnissen führen würde, eine auf Dauer angelegte und tatsächlich vollzogene Leistungsgemeinschaft in Form einer Gesellschaft, für welche die Beteiligten Beiträge erbracht und Werte geschaffen, die Gewinnchancen genutzt und gemeinschaftlich das Risiko getragen hätten, mit rückwirkender Kraft aufzuheben und damit so zu behandeln, als ob sie niemals bestanden hätte.[1361]

In der *Literatur*[1362] wird das Bestehen eines solchen Grundsatzes in der Rechtsprechung des *BGH* teilweise in Zweifel gezogen, da der *BGH* im Urteilskomplex „Göttinger Gruppe" einen auf Vertragsaufhebung im Wege der Naturalrestitution gerichteten Schadensersatzanspruch grundsätzlich bejaht hat.[1363] Richtigerweise geht der *BGH* in diesem Urteil aber weiterhin von der generellen Anwendbarkeit der Grundsätze von der fehlerhaften Gesellschaft auf die stille Gesellschaft aus. Lediglich auf Tatbestandsebene unter dem Gesichtspunkt höherrangiger Wertungen bzw. entgegenstehender Interessen lässt er das Eingreifen der Rechtsfolgen scheitern.[1364] Dies ergibt sich aus der Argumentation des *BGH* hinsichtlich der fehlenden betroffenen Interessen von Dritten und Mitgesellschaftern.[1365] Nachvollziehbar ist die Kritik an den Entscheidungen des BGH allerdings insoweit, als dass Belange von Dritten nach Ansicht des BGH deshalb nicht relevant sein sollen, weil es sich statt eines mehrgliedrigen Verhältnisses lediglich um eine Vielzahl unabhängig zu betrachtender, bloß zweigliedriger stiller Gesellschaften handeln

1357 vgl. oben § 2 B. VII. 1.

1358 *K. Schmidt*, in: MüKo-HGB, vor § 230, Rn. 45, 79; § 230, Rn. 210.

1359 Grundlegend BGH, NJW 1971, 375, 376 f.

1360 BGH, NJW 1974, 1201, 1202 f.; BGH, NJW 1784, 1785; BGH, NJW 1993, 2107, 2107; BGH, NZG 2005, 261, 262; BGH, NJW 2005, 1784, 1786; BGH, NZG 2006, 57, 58; BGH, NJW 2013, 1422, 1423; ebenso OLG Hamburg, NZG 2013, 1025; OLG München, NZG 2012, 1302.

1361 BGH, NZG 2013, 1422, 1423, Rz. 11.

1362 *Wertenbruch*, NJW 2005, 2823, 2823/2825 f., ähnlich *Tebben*, VGR 2010, 2011, 161, 177 f. und *Klöhn*, VGR 2012, 143, 161 im Kontext des Verbots der Aufrechnung mit Prospekthaftungsansprüchen von Treugebern und stillen Gesellschaftern. Zutreffend anders *K. Schmidt*, in: MüKo-HGB, § 230, Rn. 128.

1363 BGH, NJW 2005, 1784, 1786; BGH, NZG 2005, 261, 262; BGH, NZG 2006, 57, 58; Bestätigung von BGH, NZG 2004, 961.

1364 So auch *Hey*, NZG 2004, 1097, 1098 f.; *Schäfer*, in: MüKo-BGB, § 705, Rn. 359a. Eine Aufgabe der st. Rspr. ausdrücklich verneinend auch BGH, NZG 2006, 57, 58.

1365 Vgl. BGH, NZG 2005, 261, 262.

sollte und hierin ein Widerspruch zur Rechtsprechung zu Publikumsgesellschaften gesehen wird.[1366]

Die Anwendung der Grundsätze der fehlerhaften Gesellschaft auf sämtliche Formen der stillen Gesellschaft findet in der *Literatur teilweise* Zustimmung.[1367] *Andererseits* wird nur die Anwendung auf mehrgliedrige stille Gesellschaften vertreten. In der zweigliedrigen stillen Gesellschaft seien weder Gläubiger, die schon keine Kenntnis von der Beteiligung hätten, noch Mitgesellschafter schützenswert. Dritte Mitgesellschafter seien bereits nicht vorhanden und der Geschäftsinhaber bedürfe keines Schutzes, da er den Anlass für die Beendigung durch Täuschung, unzureichende oder fehlerhafte Information oder eine unwirksame Widerrufsbelehrung schuldhaft selbst gesetzt habe.[1368] *Armbrüster/Joos* lassen dagegen auch mehrere koordinierte zweigliedrige Beteiligungen genügen, da auch hier „die stillen Beteiligungen anderer Gesellschafter aufgrund ihrer Finanzierungsfunktion eine wesentliche Voraussetzung für den angestrebten wirtschaftlichen Erfolg der einzelnen Beteiligung" darstellen würden.[1369]

K. Schmidt befürwortet eine Anwendung nur auf mitgliedschaftlich bzw. verbandsrechtlich verfasste Innengesellschaften. Die Vermögens- und Organisationsstruktur der Innengesellschaft müsse derjenigen einer Gesamthandgesellschaft angenähert sein.[1370] Es reiche aus, wenn das dem fehlerhaften Verband zugewiesene Gesellschaftsvermögen nur virtuell sei.[1371] Es müssten daher neben einer schuldrechtlichen Beteiligung am Unternehmensvermögen auch mitgliedschaftliche Teilhaberechten des Stillen bestehen, etwa ein Widerspruchsrecht analog § 164 HGB oder Stimmrechte.[1372] So könne sich die stille Gesellschaft als sog. „Innen-KG" darstellen, welche ein echter „Innenverband" und ein „virtueller" Rechtsträger sei, der somit auch ein „virtuelles Gesamthandvermögen" besitzen könne, welches treuhänderisch für ihn verwaltet werde.[1373] Ausgehend von der Annahme, dass Innengesellschaften Gesamthandvermögen bilden könnten,[1374]

1366 *Hey*, NZG 2004, 1097, 1098; *Tebben*, VGR 2010, 2011, 161, 178.

1367 *Miras*, in: MüHdbGesR, Band 2, § 95, Rn. 8 ff.; *Blaurock*, Handbuch, Rn. 11.12 ff.; *Sprau*, in: Palandt, § 705, Rn. 19a; *Mock*, in: R/GvW/H, § 230, Rn. 18 ff.; *ders.*, DStR 2014, 536, 538 ff. (allerdings krit. zur Begründung des BGH); *Schilling*, in: Staub (3. Auflage), § 335, Rn. 42; *Wertenbruch*, NJW 2005, 2823, 2823 f; *ders.*,in: HdbPersG I, Rn. 218b f.; *Roth*, in: Baumbach/Hopt, § 230; Rn. 11; *Kiethe*, DStR 2005, 924, 927.

1368 *Bayer/Riedel*, NJW 2003, 2567, 2571 f. mit Fn. 56.; *Westermann*, in: Erman, § 705 BGB, Rn. 88.

1369 *Armbrüster/Joos*, ZIP 2004, 189, 192 f.; zust. *Wiedemann*, WM 2014, 1985, 1988.

1370 *K. Schmidt*, in: MüKo-HGB, § 230, Rn. 229, 133; so auch *Schürnbrand*, ZGR 2014, 256, 276 f.

1371 *K. Schmidt*, ZHR 178 (2014), 10, 37; *ders.*, ZIP 2014, 1457, 1464.

1372 *K. Schmidt*, GesRt, § 6 II. 3. d), S. 145 f.; *ders.*, AcP 186 (1986), 421, 433.

1373 *K. Schmidt*, in: MüKo-HGB, § 230, Rn. 81, 87, 215; ders., ZHR 178 (2014), 10, 36 f.; zur kupierten Publikums-KG als „Innen-KG" *ders.*, NZG 2011, 361, 365 ff.

1374 Vgl. hierzu *Schäfer*, in: MüKo-BGB, § 705, Rn. 277 ff.

befürwortet *Schäfer* für diesen Fall die Anwendung der Lehre von der fehlerhaften Gesellschaft. Noch weitergehend befürwortet *Schäfer*[1375] im Anschluss an *K. Schmidt*[1376] und den *BGH*[1377] nunmehr auch eine Anwendung auf verbandsähnlich ausgestaltete Publikumsinnengesellschaften und damit auch entsprechende stille Gesellschaften.

Teile der Literatur[1378] lehnen die Anwendung der Lehre von der fehlerhaften Gesellschaft auf die stille Gesellschaft jedoch generell ab. Bei Innengesellschaften sei mangels Teilnahme am Rechtsverkehr eine Betroffenheit von Interessen Dritter nicht denkbar. Bei Gesellschaften ohne Gesamthandvermögen gebe es keine so schwerwiegenden Auseinandersetzungsprobleme, dass die Anwendung von Organisationsrecht erforderlich wäre. Zudem sei eine abweichende Behandlung gegenüber anderen, insbesondere partiarischen Dauerschuldverhältnissen nicht gerechtfertigt.

c) *Integrierte Publikumsgesellschaften*

Im Falle von integrierten Publikumsgesellschaften betrifft das Treuhandverhältnis allein die Ausübung der Verwaltungsrechte im gesellschaftlichen Innenverhältnis. Alle Treugeber sind eingetragene, echte Außengesellschafter. Insofern ist zu beachten, dass auch Mischformen von integrierter und kupierter Publikumsgesellschaft denkbar sind. In diesem Fall sind einerseits echte Treugeber über einen Treuhänder mittelbar beteiligt und gleichzeitig lassen unmittelbar beteiligte Gesellschafter ihre Verwaltungsrechte als unechte Treugeber von diesem Treuhänder ausüben. Hinsichtlich der Anwendbarkeit der Lehre von der fehlerhaften Gesellschaft auf die unmittelbar beteiligten echten Gesellschafter besteht kein Zweifel.

II. Meinungsstand zur fehlerhaften Treuhandbeteiligung

1. *Die Rechtsprechung*

Der BGH hat sich soweit ersichtlich bisher nur in zwei Urteilen mit der Anwendung der Lehre von der fehlerhaften Gesellschaft im Zusammenhang mit Treuhandgestaltungen befasst.

Im *Urteil vom 20.07.2010*[1379] ging es um von einer Treuhand-GmbH gehaltene mittelbare Beteiligungen an einer GbR. Die Besonderheit lag darin, dass bereits

1375 *Schäfer*, GWR 2014, 25, 26 f.
1376 Vgl. die vorangegangenen Nachweise.
1377 BGH, NJW 2013, 1422.
1378 *Schäfer*, S. 143 ff.; *Hadding*, in: Soergel, § 705, Rn. 92; *Schöne*, in: BeckOK-BGB, § 705, Rn. 162; *Kindler*, in: K/K/R/M, 8. Aufl. (2014), § 230, Rn. 15; *Schäfer*, in. MüKo-BGB, § 705, Rn. 359 (für Innengesellschaften ohne Gesamthandsvermögen).
1379 BGH, NZG 2010, 991.

im letztlich nichtigen Treuhandvertrag für bestimmte Fälle – etwa Insolvenz der GbR oder Kündigung der Beteiligung – eine antizipierte Übertragung des Treuhandanteils vom Treuhänder auf den Treugeber vorgesehen war. Der *XI. Zivilsenat* entschied, dass die Grundsätze der fehlerhaften Gesellschaft auf diese im Treuhandvertrag vereinbarte antizipierte Übertragung Anwendung findet. Entgegen scheinbar *anderer Auffassungen*[1380] handelt es sich daher nicht um die hier zu diskutierende Anwendung auf das Treuhandverhältnis selbst, welche zur Aufrechterhaltung von Ersatzansprüchen des Treuhänders führen könnte, oder um eine Anwendung auf verbandszugehörige Treugeber als Nichtgesellschafter, sondern lediglich um die Anwendung der Lehre von der fehlerhaften Gesellschaft auf eine fehlerhafte Übertragung eines GbR-Anteils.

In einem *Urteil vom 02.07.2001* entschied der *II. Zivilsenat*, dass der „auf das Haustürgeschäftewiderrufsgesetz gestützte Widerruf einer über einen Treuhänder vermittelten Beteiligung an einer Publikums-BGB-Gesellschaft [...] zur Anwendung der Grundsätze über den fehlerhaften Gesellschaftsbeitritt" führe.[1381] Der *BGH* wendete in diesem Fall die Grundsätze über die fehlerhafte Gesellschaft auf Ansprüche eines Treugebers an, obwohl dieser in Bezug auf die Gesellschaft nur ein außenstehender Dritter war, der nie Gesellschafter werden sollte und es auch nicht „faktisch" bzw. „fehlerhaft" wurde. Der *BGH* erwähnt hierbei ausdrücklich, dass keine unmittelbaren rechtlichen Beziehungen zwischen Treugeber und Gesellschaft bestünden,[1382] weshalb davon auszugehen ist, dass der Senat auch nicht von einer „Quasi-Gesellschafterstellung" im Sinne einer Integration in den Gesellschafterverband ausging. Es ging dabei um den auf Rückgewähr der geleisteten Einlage gerichteten Anspruch des klagenden Treugebers aus § 3 I HaustürWG. Die Besonderheit dieses Falles lag darin, dass der *BGH* trotz lediglich mittelbarer und nicht qualifizierter Beteiligung des Klägers die GbR selbst als Schuldnerin des Rückgewähranspruchs gemäß § 3 I HaustürWG ansah. Der *Senat* konstruierte somit eine fiktive unmittelbare Rechtsbeziehung des Treugebers zur Gesellschaft und wendete auf dieses Verhältnis die Grundsätze der fehlerhaften Gesellschaft an. Somit besteht hier zumindest der besondere Fall der Anwendung auf einen außenstehenden Dritten. Gestützt auf dieses Urteil nahm das *OLG Naumburg* in einem ähnlich gelagerten Fall eine Verlustausgleichspflicht des Treugebers unmittelbar gegenüber der Gesellschaft an. Auf den Widerruf nach § 3 HaustürWG seien die Regeln der fehlerhaften Gesellschaft anzuwenden mit der Folge, dass der Treugeber für ein ihm zugerechnetes negatives Auseinandersetzungsguthaben

---

1380 *K. Schmidt* spricht insoweit zumindest missverständlich von einer „Anwendung der Grundsätze zur fehlerhaften Gesellschaft auf das Treuhandverhältnis", s. die Diskussion zum Referat von *Tebben* in VGR 2010, 2011, 161, 182; vgl. auch *Weitemeyer*, in: Oetker, 3. Aufl. (2013) § 105, Rn. 43, Fn. 167.

1381 BGH, NJW 2001, 2718, 2718.

1382 BGH, NJW 2001, 2718, 2719.

unmittelbar gegenüber der Fondsgesellschaft hafte. Wiederum nahm das Gericht ausdrücklich kein qualifiziertes Treuhandverhältnis an.[1383]

Dennoch erscheint es äußerst zweifelhaft, ob allein von diesem Urteil auf eine generelle Anwendung der Lehre von der fehlerhaften Gesellschaft auf Treuhandbeteiligungen seitens des *BGH* geschlossen werden kann.[1384] Schließlich wendet der BGH die Lehre von der fehlerhaften Gesellschaft in diesem Fall nur auf die eigens konstruierte unmittelbare vermögensrechtliche Beziehung zur Gesellschaft an. Die Konstruktion dieser unmittelbaren Rechtsbeziehung beruht freilich auf der wirtschaftlichen Betrachtung, welche sich erst aus dem Treuhandvertrag ergibt. Nur insoweit leitet der *BGH* also Rechtsfolgen aus dem nichtigen Treuhandverhältnis her. Ausdrücklich führt der Senat aus, dass vertragliche Beziehungen des klagenden Treugebers ausschließlich mit der Treuhandgesellschaft bestehen und der Treugeber selbst nicht Gesellschafter ist. Erkennbar stellt der Senat daher nicht auf eine aus der Treuhandvereinbarung resultierende mitgliedschaftliche Stellung des Treugebers im Verband der Fondsgesellschaft oder gar auf eine unmittelbare Gesellschafterstellung im Innenverhältnis[1385] ab. Gegen eine umfassende Bedeutung dieses Urteils für die Anwendung der Lehre vom fehlerhaften Verband auf treuhänderische Beteiligungen und für das Treuhandrecht im Allgemeinen spricht ferner folgendes: Das *OLG Schleswig*[1386] nahm gestützt auf dieses Urteil eine unmittelbare Außenhaftung des fehlerhaft mittelbar beteiligten Treugebers einer GbR analog § 128 HGB an. Dieser Sichtweise hat der *XI. Senat*[1387] zumindest hinsichtlich der unmittelbaren Außenhaftung eine klare Absage erteilt und auch der *II. Senat* hat sich diesem angeschlossen.[1388]

Ausgehend von der Einordnung des qualifizierten Treugebers als Innengesellschafter, der unmittelbaren, gesellschaftsrechtlichen Ansprüchen im Innenverhältnis unterliegen soll,[1389] musste bereits aufgrund der vorgenannten Urteile für diese Fälle auf eine Anwendung der Lehre von der fehlerhaften Gesellschaft durch den BGH geschlossen werden. Für den ähnlich gelagerten Fall einer mehrgliedrigen stillen Gesellschaft in Form einer Publikumsinnengesellschaft hat der *BGH* diese Regeln bereits angewendet.[1390] Auch hierbei bezieht sich der *BGH* jedoch mit keinem Wort auf die vorangehend dargestellten Urteile zur fehlerhaften Treuhand. Für eine Anwendung könnte ferner auch der vom *II. Senat*

1383 OLG Naumburg, Urt. v. 12.06.2013 – 12 U 48/13.

1384 So aber *Tebben*, VGR 2011, 161, 176; *Wertenbruch*, NJW 2005, 2823, 2823; *Schäfer*, ZHR 177 (2013), 619, 632, Fn. 49, der aber scheinbar bereits übersieht, dass es sich gerade nicht um einen Fall der qualifizierten Treuhand handelte.

1385 So aber die Annahme in BGH, NZG 2011, 1432 ff.

1386 OLG Schleswig, NJOZ 2007, 3778, 3784 ff.

1387 BGH, NZG 2009, 57 seither st. Rspr.

1388 BGH, NJW 2011, 2351, 2352; BGH, NZG 2012, 1014, 1025.

1389 So BGH, NZG 2011, 1432 ff.; vgl. dazu § 3 D. II.

1390 BGH, NZG 2013, 1422; BGH, Urt. v. 19.11.2013 – II ZR 320/12.

aufgestellte Gleichbehandlungsgrundsatz angeführt werden, demgemäß Treugeber einer Publikumsgesellschaft nicht schlechter, aber auch nicht besser gestellt werden dürfen als unmittelbar beteiligte Anleger, sofern sich dies nicht zwingend aus der Zwischenschaltung eines Treuhänders ergebe.[1391] Dem ließe sich freilich entgegnen, dass sich die mit der Nichtanwendung der Lehre von der fehlerhaften Gesellschaft auf rein schuldrechtliche Treuhandbeteiligungen verbundene Besserstellung von mittelbar beteiligten Anlegern zwingend aus der Zwischenschaltung eines Treuhänders ergibt. *Tebben* unterstellt dem BGH unzutreffend eine Nichtanwendung, für solche Fälle, in denen die Gesellschaft wirtschaftlich gesund ist.[1392] Im *Urteil vom 02.07.2001*[1393] verlangte der Kläger lediglich Rückgewähr der bereits geleisteten Beitragszahlungen. Das Gericht ist an den Klageantrag gebunden (§ 308 I ZPO). Um im Falle einer wirtschaftlich gesunden Gesellschaft das höhere Abfindungsguthaben zu erhalten, hätte der Kläger statt des Widerrufs die Kündigung erklären müssen. Das Gericht konnte nicht das höhere Abfindungsguthaben, welches sich erst aus der Anwendung der Lehre von der fehlerhaften Gesellschaft und der Behandlung des Widerrufs als Kündigung ergab, zusprechen. Für die mehrgliedrige stille Gesellschaft in Form einer Publikumsinnengesellschaft hat der *BGH* zudem Schadensersatzansprüche über das Abfindungsguthaben hinaus zugelassen, soweit nach einer vollständigen fiktiven Auseinandersetzung noch Haftungsmasse vorhanden ist.[1394]

In einem Versäumnisurteil vom 20.01.2015 wendete der *II. Senat* die Lehre von der fehlerhaften Gesellschaft schließlich ausdrücklich auf einen qualifizierten Treugeber an.[1395] Eine nähere Begründung bleibt der Senat jedoch schuldig. Insoweit wird lediglich ausgeführt, dass die Grundsätze der fehlerhaften Gesellschaft für Gesellschafter gelten und es sich um eine von gesellschaftsrechtlichen Bindungen überlagerte Treuhandbeziehung handele.

2. Die Literatur

In der *Literatur* wird dieser Themenkomplex in ausführlichen Schriften zum Thema der Treuhand an Gesellschaftsanteilen häufig vollständig unbeachtet gelassen.[1396] *Kapitza* geht aufgrund einer grundsätzlichen Gleichbehandlung der klassischen Publikums-KG und der kupierten Publikums-KG, davon aus, dass anstelle einer ex tunc wirkenden Anfechtung gem. § 123 BGB nur ein außerordentliches

1391 Vgl. BGH, NJW 1981, 1162, 1163.

1392 *Tebben*, VGR 2011, 161, 177 unter Hinweis auf BGH, NJW 2001, 2718.

1393 BGH, NJW 2001, 2718, 2720.

1394 BGH, NZG 2013, 1422, 1426, Rz. 29.

1395 BGH, NJW 2015, 1169, 1170.

1396 Vgl. bspw. *Lenders*, S. 246 ff.; *Eden*, S. 150 ff. (s. aber S. 342); *Krenzel*, S. 38ff., 187 ff.; *Armbrüster*, S. 133 f. (anders soll nur unter Annahme einer direkten Treugeberhaftung in der GmbH analog §§ 30, 31 GmbHG möglich sein, im Ergebnis aber ablehnend. Anders wiederum *ders.*, S. 164, Fn. 788).

Kündigungsrecht des Treugebers in Betracht komme.[1397] Diese Annahme beruht daher zumindest mittelbar auf der Anwendung der Lehre von der fehlerhaften Gesellschaft.[1398] In anderen Fällen finden sich sehr pauschale und äußerst knapp begründete vollständig ablehnende Auffassungen. So verneint *Armbrüster* die Anwendbarkeit auf mittelbare Fondsbeteiligungen mit dem einfachen Hinweis auf die rein schuldrechtliche Natur des einzelnen Treuhandvertrags.[1399] Im Ergebnis übereinstimmend verneinte auch *Tebben* ursprünglich die Anwendung der Lehre von der fehlerhaften Gesellschaft auf Treuhandverträge. Zwar könne man die Treuhand als gesellschaftsähnliches Dauerschuldverhältnis begreifen, bei dessen Abwicklung ähnliche Probleme wie bei fehlerhaften Gesellschaften aufträten. Mangels eines gemeinsam verwalteten Vermögens sei eine Gleichstellung jedoch nicht zu rechtfertigen.[1400] Auch bei qualifizierter Treuhand solle nichts anderes gelten, da auch die organisationsrechtliche Einbeziehung des Treugebers in den Gesellschaftsverband keine Auswirkung auf die fehlende vermögensrechtliche Position des Treugebers habe und somit aus Gründen des Verkehrsschutzes und des Bestandsschutzes kein Bedürfnis für die Anwendung der Rechtsprechungsregeln bestehe.[1401]

Mit – insoweit fehlgehendem[1402] – Hinweis auf das Urteil des *BGH* vom 20.07.2010[1403] geht *Tebben* für die Praxis nunmehr von einer Anwendung zumindest auf mehrgliedrige Treuhandverhältnisse aus.[1404] Zudem befürwortet er eine gleichlaufende Anwendung zur stillen Gesellschaft. Für streng zweigliedrige Treuhandverhältnisse lehnt er eine Anwendung zumindest auf Schadensersatzansprüche ab. Ob dies nur für Schadensersatzansprüche gelten soll, wie es auch der BGH für die zweigliedrige stille Gesellschaft annimmt,[1405] bleibt unklar. Bei der verbandsmäßigen mehrgliedrigen Treuhand seien die Grundsätze der Lehre von der fehlerhaften Gesellschaft jedenfalls anzuwenden.[1406]

Anknüpfend an die *neuere Rechtsprechung* zur verbandsmäßig in Form der Publikumsinnengesellschaft verfassten mehrgliedrigen stillen Gesellschaft finden sich nunmehr auch Bezüge zur fehlerhaften Treuhandbeteiligung an Personengesellschaften. *Mock* ist der Ansicht, diese Rechtsprechung solle insoweit jedoch keine Auswirkung auf die Treuhand haben, da die Anleger lediglich eine Innengesellschaft mit dem Treuhänder bildeten und daher keine direkte Beteiligung an

1397 *Kapitza*, S. 198.
1398 Vgl. die Ausführungen zur klassischen KG, *Kapitza*, S. 191 ff.
1399 *Armbrüster*, NJW 2009, 2167, 2169; ähnlich bereits *ders.*, S. 133.
1400 *Tebben*, S. 247.
1401 Tebben, S. 254 ff.
1402 S. o. § 4 C. II. 1.
1403 BGH, NZG 2010, 991.
1404 *Tebben*, VGR 2010, 161, 176.
1405 S. o. § 4 C. I. 3. b) sowie BGH, NJW 1993, 2107, 2107 f.; BGH, NZG 2004, 961, 961 f.
1406 *Tebben*, VGR 2010, 161, 179.

dem Unternehmensträger bestehe. Es stelle sich dann zwar das Problem des Wettlaufs der Anleger, es fehle aber an der qualifizierten Schicksalsgemeinschaft, da die Rückabwicklung der mittelbaren Beteiligung nur mit dem Treuhänder erfolge. Eine entsprechende Anwendung der Rechtsprechung solle jedoch dann vorzunehmen sein, wenn der Treuhandvertrag für die „Rückabwicklung der Beteiligung eine entsprechende organisationsrechtliche Koordinierung" vorsehe.[1407] *K. Schmidt* stützt die Rechtsprechung zur als Publikumsinnengesellschaft ausgestalteten mehrgliedrigen stillen Gesellschaft[1408] und sieht die qualifizierte Treuhandkommanditbeteiligung als grundsätzlich gleich zu behandelnden Fall.[1409]

Sofern im Falle der kupierten Publikums-KG von der Einbeziehung des Treugebers in den Verband der Außengesellschaft ausgegangen wird,[1410] wird auch die Anwendung der Lehre von der fehlerhaften Gesellschaft auf dieses gesellschaftsrechtliche Verhältnis befürwortet, mit der Folge der Aufrechterhaltung der Freistellungsansprüche des Treuhänders.[1411] Ebenso spricht sich *Ulmer*[1412] für eine Anwendung im Hinblick auf die Haftung des Treugebers für die Kapitalaufbringung und -erhaltung bei qualifizierter Treuhand an GmbH-Anteilen aus. Im Falle der qualifizierten Treuhand, wenn also dem Treugeber unmittelbare Rechte in der Gesellschaft zustehen, stelle der Treuhandvertrag ein umfassendes, nicht bloß zweiseitiges Rechtsverhältnis dar, welches auch (Mit-) Gesellschafter und Gesellschaft einbeziehe.[1413]

Noch weitergehend will *Brömmelmeyer*[1414] die Lehre von der fehlerhaften Gesellschaft auch auf „reine" Treuhandverhältnisse anwenden, also solche ohne gesellschaftsrechtliche Elemente einer Unterbeteiligung und ohne Qualifizierung im Sinne unmittelbarer Rechtsbeziehungen zwischen Treugeber und Gesellschaft. Einzig Offenlegung und Billigung der Hauptgesellschafter seien erforderlich.[1415] Unklar bleibt, ob dies nur für mehrgliedrige Treuhandverhältnisse gelten soll, bei denen der Treuhänder seinen Anteil für mehrere Treugeber hält.[1416]

1407 *Mock*, DStR 2014, 598, 601.

1408 *K. Schmidt*, ZHR 178 (2014), 10, 36 f.; *ders.*, ZIP 2014, 1457, 1464.

1409 *K. Schmidt*, ZHR 178 (2014), 10, 24.

1410 Vgl. § 3 D. III.

1411 *Brömmelmeyer*, NZG 2006, 529, 532; *Blaurock*, S. 161 f.; jetzt auch *Lieder*, in: Oetker, § 105, Rn. 53; eingeschränkt auch *K. Schmidt*, in MüKo-HGB. § 230, Rn. 229; auch *Weitemeyer*, in: Oetker, 3. Aufl. (2013), § 105, Rn. 43 sieht zumindest die Möglichkeit der Anwendung auf „Anleger-Treugeber".

1412 *Ulmer*, in: FS Odersky, 873, 895.

1413 *Ulmer*, in: FS Odersky, 873, 889.

1414 *Brömmelmeyer*, NZG 2006, 529, 532; wohl ebenso *Koller*, in: K/R/M, 7. Aufl., § 105, Rn. 20; *Kindler*, in: K/K/R/M, 8. Aufl., § 105, Rn. 20; möglicherweise auch *Tebben*, VGR 2010, 161, 179.

1415 *Brömmelmeyer*, NZG 2006, 529, 532.

1416 Diese mögliche Beschränkung ergibt sich nur aus dem Titel des Aufsatzes.

III. Betrachtung einzelner Treuhandgestaltungen

Eine Beantwortung der Frage nach der Anwendbarkeit der Lehre von der fehlerhaften Gesellschaft auch auf fehlerhafte mittelbare Beteiligungen muss aufgrund der Vielgestaltigkeit der Treuhand an Gesellschaftsanteilen differenziert vorgenommen werden. Vorwiegend ist zwischen qualifizierten und einfachen Treuhandverhältnissen zu unterscheiden.

1. Vorüberlegungen

Zunächst könnten sich die Wirkungen der Rückabwicklung fehlerhafter mittelbarer Beteiligungen bereits durch Anwendung des Insolvenzrechts auflösen lassen. Weiterhin soll vorab das Verständnis von der qualifizierten Treuhand konkretisiert werden.

a) Insolvenzrechtliche Lösung

Geht man davon aus, dass sich die vermögensrechtlichen Ansprüche der Treugeber allein gegen den Treuhänder richten, kommt es nach allgemeinen schuldrechtlichen Regeln dazu, dass ein sich rückwirkend von der Beteiligung lösender Treugeber so gestellt wird als hätte er sich nie beteiligt. Das wirtschaftliche Risiko eines Wertverlusts des Anteils des Treugebers trägt dann der Treuhänder. Eine Befriedigung der auf Rückabwicklung der Beteiligung gerichteten Forderungen erfolgt zunächst aus dem vorhandenen Barmitteln des Treuhänders. Im Übrigen muss auf den Kommanditanteil des Treuhänders zugegriffen werden, wobei dies entweder freiwillig durch Herabsetzung des Kapitalanteils bzw. Teilkündigung oder durch Verwertung im Wege der Zwangsvollstreckung erfolgen kann. Einzelne Treugeber könnten so vollständig befriedigt werden, wobei sich die hiermit verbundene Minderung des Treuhändervermögens mittelbar negativ auf seine möglichen weiteren Gläubiger, regelmäßig die Mittreugeber und Gesellschaftsgläubiger, auswirken kann.

Sobald durch die Rückforderungen der Treugeber die Insolvenz des Treuhänders eintritt, dürfte sich die Abwicklung nicht anders darstellen als bei Anwendung der Lehre von der fehlerhaften Gesellschaft. Im Rahmen des Insolvenzverfahrens würde das Vermögen des Treuhänders, welches im Wesentlichen oder sogar ausschließlich aus dem gehaltenen Kommanditanteil bestehen dürfte, gleichmäßig unter allen Treugebern (und eventuellen weiteren Gläubigern) verteilt werden. Ist eine GmbH als Treuhänderin tätig, die tatsächlich nur den Kommanditanteil besitzt und nur Treugeber als Gläubiger hat, so würde nur das Auseinandersetzungsguthaben der Treuhänderin unter den Treugebern entsprechend ihrer Anteile verteilt. Eine ungleiche Behandlung von Treugebern, die nur im Rahmen des Insolvenzverfahren befriedigt werden, und solchen, die bereits vorher volle Erstattung erlangt haben, kann in gewissem Umfang durch die Regeln der Insolvenzanfechtung gem. §§ 129 ff. InsO begegnet werden. Im Falle von unentgeltlichen Leistungen ist gem. § 134 InsO eine Zeitraum von vier Jahren erfasst.[1417] Weiß der Treuhänder etwa, dass alle Treugeber durch den gleichen Prospekt getäuscht wurden und dementsprechend allen Treugebern Rückgewähransprüche bzgl. ihrer Einlage zustehen und befriedigt er dennoch einzelne Treugeber vollständig, kommt auch eine Anfechtung wegen vorsätzlicher Benachteiligung in Betracht, welche gem. § 133 InsO sogar einen Zeitraum von 10 Jahren vor dem Antrag auf Insolvenzeröffnung erfasst.

Die dargestellte mögliche Drittbelastung bei Rückabwicklung fehlerhafter Treuhandbeteiligungen[1418] kann somit auch durch das Insolvenzrecht nicht vollständig aufgelöst werden. Letztlich stellt sich damit die Frage, ob die vollständige Befriedigung frühzeitig handelnder Treugeber auf Kosten ihrer Mittreugeber und weiterer Gläubiger des Treuhänders hingenommen werden kann oder das Prioritätsprinzip, als ein tragendes Prinzip der Zwangsvollstreckung und der gesamten Zivilrechtsordnung,[1419] zugunsten einer Gleichbehandlung aller Gläubiger auch außerhalb der Insolvenz verdrängt werden muss.

b) Verständnis von der qualifizierten Treuhand

Nach klassischem Verständnis wird die qualifizierte Treuhand als Annäherung der Treugeber an die Gesellschaft verstanden.[1420] Die Gesellschaft bildet den Hauptbezugspunkt aller Rechtsverhältnisse. Es stellt sich die Frage, inwieweit eine Annäherung der Treugeber an diese Gesellschaft möglich ist, inwieweit also dem Treugeber Rechte in der Gesellschaft verschafft werden können.[1421] Insofern werden in der *Literatur* Umschreibungen wie die „Doppelzuständigkeit [...] am Gesellschaftsanteil“[1422], die „Verdoppelung der Anteilszuordnung“[1423], die „Spaltung der Zuständigkeit“[1424], die „Erstreckung der Mitgliedstellung“[1425], die „Mitberechtigung von Treuhänder und Treugeber am Gesellschaftsanteil“[1426] oder die der „halbseitigen gesellschaftsrechtlichen Stellung eines Nicht-Gesellschafters“[1427] bemüht. Der *BGH*[1428] spricht auch von einer „Verdoppelung der

1417 Zur Rückforderung von Liquiditätsausschüttungen durch den Insolvenzverwalter der KG direkt vom Treugeber, vgl. LG Duisburg, Urt. v. 14.08.2008 – 5 S 114/07; OLG Düsseldorf, Urt. v. 20.11.2008 – I-6 U 8/08; offen gelassen in BGH, NJW 2011, 2351, 2354 f.

1418 Vgl. § 4 B.

1419 So *Wertenbruch*, NJW 2005, 2823, 2825.

1420 Vgl. § 3 D. III.

1421 Siehe § 3 B. II.

1422 *Ulmer*, ZHR 156 (1992), 377, 388.

1423 *Ulmer*, ZHR 156 (1992), 377, 392.

1424 *Thurnher*, DB 1994, 1709, 1711.

1425 *Ulmer*, in: FS Odersky, 873, 894.

1426 *Lenders*, S. 195.

1427 *Wiedemann*, NZG 2013, 1041, 1044.

1428 BGH, NJW 1992, 2023, 2024 (GmbH).

Gesellschafterstellung"[1429] oder dem Treugeber als „Quasi-Gesellschafter"[1430]. Nach dem hier gefundenen Ergebnis ist der Treugeber jedoch nicht dinglich oder gesamthänderisch mitberechtigt und daher kein echter Gesellschafter in der Außengesellschaft.[1431] Er haftet daher weder im Außenverhältnis zu Gläubigern noch im Innenverhältnis zur Gesellschaft unmittelbar nach gesellschaftsrechtlichen Regeln.[1432] Die Annäherung an oder die Einbeziehung in die Gesellschaft beschränkt sich auf die Verwaltungsrechte. Die Vermögensrechte werden dem Treugeber vollständig durch den allein gesamthänderisch mitberechtigten Treuhänder vermittelt. Abwicklungsansprüche bei fehlerhaft begründeter Treuhand stellen sich daher als rein zweiseitig schuldrechtliche Ansprüche dar. Dies erklärt die teilweise sehr pauschale, aber grundsätzlich zunächst überzeugende Ablehnung der Anwendung der Lehre von der fehlerhaften Gesellschaft auf Treuhandbeteiligungen.[1433]

Demgegenüber scheint der *BGH* den qualifizierten Treugeber trotz anderweitiger Bezeichnung als „Quasi-Gesellschafter" zumindest im Innenverhältnis zur Gesellschaft als vollwertigen, echten Gesellschafter zu betrachten.[1434] Ausgehend von der Annahme einer unmittelbaren Innenhaftung qualifizierter Treugeber dürfte unter Berücksichtigung der jüngsten Rechtsprechung zur mehrgliedrigen stillen Gesellschaft[1435] kaum ein Zweifel daran bestehen, dass der BGH auch entsprechende Ansprüche bei Auflösung einer fehlerhaften Treuhandbeteiligung nach den Regeln über die fehlerhafte Gesellschaft modifizieren wird.[1436] Dass dieses Verständnis des BGH allerdings nicht mit dem Gesetz, insbesondere dem numerus clausus der Gesellschaftsformen, vereinbar ist, wurde bereits dargelegt.[1437]

Nach neuerem Verständnis tritt die Bedeutung der KG deutlich zurück. Hauptzurechnungssubjekt einer qualifizierten Treuhandbeteiligung bildet nicht die bei dinglicher Betrachtung unzweifelhaft allein vermögenstragende KG, sondern ein eigenständiger Innenverband, welcher aus allen Treugebern oder gar allen mittelbar wie unmittelbar beteiligten Anlegern einer Fondsgesellschaft besteht und als „Innen-KG" oder auch „virtuelle KG" bezeichnet werden kann.[1438] Die Willensbildung des Fonds vollzieht sich allein im Innenverband der Anleger. Die

---

1429 BGH, NJW 1992, 2023, 2024 (GmbH).

1430 BGH, NZG 2011, 1432, 1434, Rz. 17.; ähnlich BGH, NZG 2013, 379, 381 („einer unmittelbaren Mitgliedschaft entsprechende Berechtigung (und Verpflichtung)".

1431 Vgl. § 3D. IV.

1432 Eingehend zur unmittelbaren Außen- wie Innenhaftung § 5 und § 7.

1433 Vgl. etwa *Armbrüster*, NJW 2009, 2167, 2169.

1434 BGH, NZG 2011, 1432.

1435 BGH, NZG 2013, 1422; BGH, Urt. v. 19.11.2013 – II ZR 320/12.

1436 Nur insoweit kann auch der Entscheidung BGH, NJW 2001, 2718, 2718 treuhandspezifische Bedeutung beigemessen werden.

1437 § 3D. II.

1438 Siehe § 3 D. IV. sowie *K. Schmidt*, NZG 2011, 361, 366; *ders.*, ZHR 178 (2014), 10, 23 f.; *ders.*, ZIP 2014, 1457, 1457 ff.

vermögenstragende KG besteht nur aus einer im Zweifel stimmrechtslosen Komplementär-GmbH und dem Treuhänder, welcher die Beschlüsse des Innenverbandes in die im Außenverhältnis handelnde KG übermittelt. Auch hier bleiben die vermögensrechtlichen Ansprüche streng betrachtet rein schuldrechtlicher Natur. An der dinglichen Zuordnung des Vermögens kann ein anderweitiger Erklärungsansatz selbstverständlich nichts ändern. Dies gilt auch dann, wenn man über die Anleger hinaus auch den Treuhänder oder gar die KG selbst mit in den Innenverband einbezieht. Die Fokussierung auf den Anlegerinnenverband als Hauptzurechnungssubjekt (jedoch ohne Rechtssubjektivität) bei gleichzeitiger Reduzierung der Funktion der KG oder nur des Treuhänders auf die eines „(virtuellen) Organs" dieses Verbandes erlaubt es jedoch, auch das Fondsvermögen als solches des Innenverbands zu betrachten. Das dinglich der KG zugeordnete Vermögen kann im Anschluss an *K. Schmidt* als „virtuelles Gesamthandsvermögen"[1439] des Innenverbands betrachtet werden. Eine auf ein virtuelles Gesamthandsvermögen aller Anleger bezogene Berechnung von Abfindungsansprüchen legt wiederum die Anwendung der Lehre von der fehlerhaften Gesellschaft nahe. Nimmt man eine unmittelbare rechtliche Verbindung des Innenverbands zur KG an, was § 152 I 3 KAGB und entsprechende vertragliche Abreden nahelegen und sich nicht notwendig in der Integration der KG in den Innenverband äußern muss, ist die qualifizierte Treuhandbeteiligung faktisch kaum mehr von der mehrgliedrigen stillen Gesellschaft zu unterscheiden. *K. Schmidt* bezeichnet beide formalrechtlich unterschiedlichen Vertragsgestaltungen von Publikumsinnengesellschaften als „Holz vom selben Stamm".[1440] Insoweit – auch unter Berücksichtigung der Doppelrolle des Geschäftsinhabers in der stillen Gesellschaft – dürfte das formale Argument *Mocks,* die Rechtsprechung zur mehrgliedrigen stillen Gesellschaft könne nicht auf die qualifizierte Treuhand übertragen werden, da keine direkte Beteiligung an dem jeweiligen Unternehmensträger (der KG) bestehe, nicht durchgreifen.[1441]

Die Unterscheidung nach klassischem und neuerem *Verständnis* offenbart jedoch bereits, dass sich hierdurch im Kern der Sache nichts geändert hat. Die Innen- und Außenhaftung der Treugeber ändert sich nicht.[1442] Lediglich die zu tragende Verantwortung für die Lenkung wird von der im Außenverhältnis auftretenden KG auf die Mitglieder des Innenverbands als Hauptzurechnungssubjekt verschoben. Es handelt sich formal weiterhin um zweiseitig schuldrechtliche Ansprüche zum Treuhänder. Das formale Gegenargument gegen eine Anwendung der Lehre von der fehlerhaften Gesellschaft bleibt bestehen.

1439 *K. Schmidt,* ZHR 178 (2014), 10, 17 („Quasi-Gesamthandsvermögen"), 21 („virtuelle Gesamthand"), 37.

1440 *K. Schmidt,* ZHR 178 (2014), 10, 24.

1441 *Mock,* DStR 2014, 598, 601, jedoch ohne die Anwendung der fehlerhaften Gesellschaft auf Treuhandverhältnisse grundsätzlich auszuschließen.

1442 So für die Außenhaftung auch *K. Schmidt,* NZG 2011, 361, 367.

2. *Qualifizierte Treuhandverhältnisse*

Da die qualifizierte Treuhand gesellschaftsrechtliche Elemente aufweist, liegt eine Anwendung der Lehre von der fehlerhaften Gesellschaft offensichtlich näher als bei einfachen Treuhandverhältnissen. Wie bereits dargestellt muss aufgrund der Rechtsprechung zur Innenhaftung qualifizierter Treugeber und zur mehrgliedrigen stillen Gesellschaft von einer Anwendung der Lehre von der fehlerhaften Gesellschaft auch auf qualifizierte Treuhandbeteiligungen an Personengesellschaften ausgegangen werden. Diesem dürften sich die Literaturstimmen anschließen, die die Anwendung auf alle Innengesellschaften befürworten und auch die, die auf eine verbandsrechtliche Ausgestaltung abstellen. Unklar ist die Behandlung, soweit eine Anwendung nur auf Innengesellschaften mit Gesamthandsvermögen befürwortet wird. Sofern insoweit ein nur schuldrechtlich zugerechnetes, „virtuelles“ Gesamthandsvermögen genügen soll, wären auch nach dieser Ansicht die Regeln über die fehlerhafte Gesellschaft anzuwenden. Sofern die Anwendung nur auf Außengesellschaften befürwortet wird, wäre die Anwendung auf Treuhandbeteiligungen abzulehnen.[1443]

Ob die Lehre von der fehlerhaften Gesellschaft auch auf die Rückabwicklung qualifizierter Treuhandverhältnisse anzuwenden ist, hängt davon ab, ob schutzwürdige Interessen des allgemeinen Rechtsverkehres oder von Mittreugebern und Gesellschaftern der KG dergestalt betroffen sind, dass eine Modifizierung der Rechtsfolgen nach allgemeinem Schuld- und Insolvenzrecht erforderlich ist.

a) Interessen des Rechtsverkehrs

Eine Berührung mit Interessen des Rechtsverkehrs kommt zunächst nur in Betracht, wenn die gesellschaftsrechtliche Organisation unter Schaffung von nach außen handelnden Gesellschaftsorganen und von Gesamthandsvermögen als eigenes Rechtssubjekt im Außenverhältnis in Erscheinung tritt. Nur insofern kann eine Gesellschaft Schuldner sein und Gläubiger haben, deren schutzwürdige Interessen einer rückwirkenden Auflösung dieser Gesellschaft entgegenstehen. Die Voraussetzungen einer Anwendung der Lehre von der fehlerhaften Gesellschaft erfüllt somit nur die KG. Die Treuhandbeteiligungen – gleich welcher Art diese sind – vollziehen sich dagegen nur im Innenverhältnis zur Gesellschaft und zum Treuhänder.

Betrachtet man die Organisation der Treugeber (und möglicher weiterer Anleger) als zu erhaltendes Zurechnungssubjekt, so fehlt auch dieser als reinem Innenverband grundsätzlich jede Außenwirkung. Betrachtet man den Treuhänder als Organ dieses Verbandes, so beschränken sich seine Handlungen als Organ auf das Innenverhältnis der KG. Betrachtet man die gesamte KG als Organ des Innenverbandes, so richtet sich ein Vertrauen des Rechtsverkehres wiederum nur in diese,

1443 Zu den verschiedenen Ansichten s. o. § 4 C. I. 4. b).

da sie alleiniges dingliches Zuordnungssubjekt des Gesamthandsvermögens ist. Auch eine Zuordnung des Gesellschaftsvermögens zum Innenverband der Treugeber als „virtuelles Gesamthandsvermögen" ändert nichts an der dinglichen Zuordnung und damit auch nichts an der Interessenlage im Außenverhältnis.

Denkbar wäre es, bei wertender Betrachtung allein auf die zumindest mittelbare Berechtigung der Treugeber am Gesellschaftsvermögen abzustellen, da dieses durch eine Rückabwicklung der mittelbaren Beteiligung in gleicher Weise betroffen sein könnte wie bei Rückabwicklung einer unmittelbaren Beteiligung als Gesellschafter. Nimmt man wie der *BGH* eine unmittelbare gesellschaftsrechtliche Innenhaftung des qualifizierten Treugebers an,[1444] müsste man daher auch eine Anwendung der Lehre von der fehlerhaften Gesellschaft befürworten, da es umgekehrt auch zu einem unmittelbaren Abfluss aus dem nach außen gegenüber Gesellschaftsgläubigern haftenden Vermögen der KG kommt. Gleiches muss gelten, sofern der *BGH* dem nicht qualifiziert beteiligten Treugeber dennoch unmittelbare gesetzliche Ansprüche gegenüber der Gesellschaft zuerkennt.[1445]

Geht man dagegen davon aus, dass die vermögensrechtlichen Ansprüche vollständig durch den Treuhänder vermittelt werden, führt eine Rückabwicklung ex tunc nicht zur Gefährdung des Gesellschaftsvermögens der KG, da der Treuhänder gegenüber der KG jedenfalls nur zur Kündigung ex nunc berechtigt ist. Ein entsprechendes Defizit zwischen Einlage und Abfindungsguthaben geht dann zulasten des Vermögens des Treuhänders. Die Interessen der Gesellschaftsgläubiger wären nicht betroffen. Eine Verteilung des Treuhändervermögens müsste nach dem Prioritätsprinzip bzw. gegebenenfalls nach insolvenzrechtlichen Grundsätzen erfolgen, da insoweit – auch bei einer Treuhand-GmbH oder -AG – keine gesellschaftsrechtlichen Ansprüche bestehen, sondern unzweifelhaft nur rein schuldrechtliche. Die Durchsetzung einer Rückabwicklung nach gesellschaftsrechtlichen Grundsätzen wird bezogen auf die KG und ihr Außenverhältnis bereits durch die Vermittlungsfunktion des Treuhänders gesichert. Insofern besteht anders als bei der entsprechend ausgestalteten mehrgliedrigen stillen Gesellschaft keine unmittelbare schuldrechtliche Berechtigung am Gesamthandsvermögen der KG (bzw. am der stillen Gesellschaft zugeordneten Vermögen des Geschäftsinhabers), weshalb eine Auseinandersetzung nach gesellschaftsrechtlichen Regeln nicht angezeigt ist.[1446]

b) Interessen von Mittreugebern

Ausgehend von einer Abwicklung der mittelbaren Beteiligung gegenüber dem Treuhänder, bei der die Interessen von Dritten grundsätzlich nicht unmittelbar betroffen sind, könnte eine Abwicklung nach gesellschaftsrechtlichen Grundsätzen aufgrund der Interessen von Mittreugebern geboten sein. Die Treugeber

1444 NGH, NJW 2011, 1432.
1445 So beim Widerruf nach § 3 I HWiG BGH, NJW 2001, 2718.
1446 So dürfte wohl auch *Mock*, DStR 2014, 598, 601 zu verstehen sein.

stehen in einer Fondsgesellschaft in keiner persönlichen Beziehung zueinander. Deshalb kann aber eine gegenseitige Berücksichtigung der Interessen der Treugeber ebensowenig verneint werden wie in einer Publikumsaußengesellschaft. Durch die einseitige Vorgabe der koordinierten Vertragsstrukturen seitens der Fondsgesellschaft bzw. des Treuhänders ist davon auszugehen, dass die Treugeber einer vorgegebenen, unabhängig von dem einzelnen Treugeber bestehenden organisationsrechtlichen Struktur in Gestalt einer Publikumsinnengesellschaft beitreten.

Betrachtet man das Verhältnis der Treugeber zueinander als Innenverband bzw. Publikumsinnengesellschaft unter Einschluss des Treuhänders, stellt sich dieses Verhältnis gleich einer mehrgliedrigen stillen Gesellschaft dar, wobei der Treuhänder die Stellung als vermögenstragender Geschäftsinhaber einnimmt. Der *BGH* geht hier davon aus, dass eine solche Leistungsgemeinschaft in Form einer Gesellschaft, für welche die Beteiligten Beiträge erbracht und Werte geschaffen, die Gewinnchancen genutzt und gemeinschaftlich das Risiko getragen haben, nicht rückwirkend beseitigt werden dürfe.[1447]

Gleiches dürfte auch ohne Berücksichtigung der Rolle des Treuhänders allein im Verhältnis der Treugeber zueinander anzunehmen sein. Ohne in irgendeiner Weise persönlich miteinander verbunden zu sein, stellen die Treugeber eine Leistungs- und Risikogemeinschaft dar. Jeder einzelne Finanzierungsbeitrag ist essentiell für den angestrebten wirtschaftlichen Gesamterfolg des Fondsprojekts. Die (Publikums-)Innengesellschaft unterscheidet sich von der (Publikums-) Außengesellschaft nur durch die Vermögenszuordnung. Dies wird besonders bei einem Vergleich kupierter und integrierter Publikumsgesellschaften deutlich.[1448] Das „unternehmensrechtliche Zentrum"[1449] liegt in beiden Fällen bei den finanzierenden Treugebern bzw. Anlegern. Deren Innenverhältnis unterscheidet sich nicht. Hier wie dort unterwirft sich der einzelne Gesellschafter einer vorgegebenen Gesamtorganisation, deren Zweck er sich zu fördern verpflichtet und deren Gesamtrisiko er anteilig tragen will. Dies rechtfertigt es, seine nur schuldrechtlichen Rückgewähransprüche bei fehlerhafter Beteiligung nach gesellschaftsrechtlichen Grundsätzen zu modifizieren.

3. *Einfache Treuhandverhältnisse*

Einfache Treuhandverhältnisse sind dadurch gekennzeichnet, dass keinerlei Rechtsbeziehungen zwischen Treugeber und Gesellschaft bestehen. Umstände aus denen sich die Fehlerhaftigkeit des Treuhandverhältnisses ergibt, können nur im Verhältnis zwischen Treugeber und Treuhänder liegen. Für Kapitalanlagezwecke wird die einfache Treuhand aufgrund der zwingenden Geltung des § 152 I 3 KAGB zukünftig keine Bedeutung mehr haben. Außerhalb des Anwendungsbereichs

---

1447 BGH, NZG 2013, 1422.
1448 Vgl. § 4 C. I. 4. c).
1449 *K. Schmidt*, ZIP 2014, 1457, 1464.

des KAGB bleibt aber auch die Massentreuhand in einfacher Form möglich, beispielsweise im Falle der mittelbaren Beteiligung an operativ tätigen Unternehmen außerhalb des Finanzsektors (vgl. § 1 I 1 KAGB).[1450] Ebenso ist die einfache Einzeltreuhand weiter von Bedeutung. Abhängig von der Anzahl der Treugeber und ihrem Verhältnis zueinander sind verschiedene Konstellationen der einfachen Treuhand zu unterscheiden: die zweigliedrige Einzeltreuhand, die zweigliedrige Publikumstreuhand und die mehrgliedrige Treuhand. Einen Sonderfall bildet die Organisation der Treugeber in einer GbR.

a) *Die zweigliedrige Einzeltreuhand*

In dieser Konstellation handelt der Treuhänder nur für einen oder wenige Treugeber. Die Initiative zur Begründung des Treuhandverhältnisses wird hier regelmäßig vom Treugeber ausgehen. Zumindest wird eine gleichberechtigte Planung zwischen Treugeber und Treuhänder bestehen. Als Fehlerquellen kommen daher nur Formnichtigkeit, gesetzliche Verbote und Sittenwidrigkeit in Betracht. Der Treugeber steht in keinerlei organisationsrechtlicher Verbindung zu etwaigen weiteren Treugebern. Auch Interessen der KG oder ihrer Gläubiger sind im Fall der Abwicklung des reinen Treuhandvertrags mangels Außenwirkung des Treuhandverhältnisses nicht zu berücksichtigen. Somit sind Drittinteressen nicht tangiert. Eine Korrektur der bereicherungsrechtlichen Rückabwicklung nach den Regeln über die fehlerhafte Gesellschaft kommt vorliegend unter keinen Gesichtspunkten in Betracht.

b) *Die zweigliedrige Publikumstreuhand*

In dieser Gestaltungsvariante steht eine Vielzahl von Treugebern in Verbindung zu einem Treuhandkommanditisten. Die Treugeber treten jedoch in keinerlei Beziehung zueinander. Die einzelnen Treuhandverhältnisse bestehen isoliert nebeneinander und sind daher streng zweigliedrig. Aufgrund des fehlenden Verhältnisses zwischen den Treugebern dürfte die Initiative zur Begründung dieser Treuhandvariante regelmäßig vom Treuhänder bzw. der KG und ihrer Initiatoren ausgehen.

Einen vergleichbaren Fall mehrfacher, rein zweigliedriger Innengesellschaften mit einer einheitlichen AG als Geschäftsinhaber bildete die „Göttinger Gruppe". Der *BGH*[1451] wendet in diesem Fall die Lehre von der fehlerhaften Gesellschaft an, lässt aber dennoch Schadensersatzansprüche gegen den Geschäftsinhaber zu, da sich der Rückabwicklungsanspruch nicht als Gesellschafter gegen eine Gesellschaft, sondern gegen den Geschäftsinhaber als Mitgesellschafter richte. Mangels eines durch Kapitalaufbringungs- und Kapitalerhaltungsvorschriften geschützten

---

1450 Vgl. § 2 B. VII. sowie *Loritz/Rickmers*, NZG 2014, 1241, 1244 ff.

1451 BGH, NJW 2005, 1784, 1786; BGH, NZG 2005, 261, 262; BGH, NZG 2006, 57, 58; Bestätigung von BGH, NZG 2004, 961.

Gesellschaftsvermögens der stillen Gesellschaft seien Gläubigerinteressen nicht betroffen.[1452]

Schon für die qualifizierte Treuhand wurde ausgeführt, dass eine Betroffenheit von Drittinteressen nicht gegeben ist. Dies muss für die einfache Treuhand, bei der nicht einmal Rechtsbeziehungen der Treugeber zur Gesellschaft bestehen, erst recht gelten. Es fragt sich daher, ob trotz nur zweigliedriger Rechtsverhältnisse eine Betroffenheit der Interessen der Mittreugeber gegeben sein kann. Handelt es sich nicht um die geplante Aufnahme mehrerer Treugeber auf Initiative der KG oder des Treuhänders und treffen daher nur zufällig mehrere Treugeber zusammen, so kann richtigerweise schon mangels Erkennbarkeit der übrigen Treuhandverhältnisse die Interessen der einzelnen Treugeber nicht betroffen sein. Eine Anwendung der Lehre von der fehlerhaften Gesellschaft ist nicht geboten. Ein solches zufälliges Zusammentreffen mehrerer Treugeber ohne planmäßige Steuerung seitens der KG oder des Treuhänders dürfte praktisch jedoch ausgeschlossen sein.

Handelt es sich dagegen um die planmäßige Aufnahme einer Vielzahl von Treugebern auf Initiative der KG, so dürfte den Treugebern die Gesamtkonstruktion des Fonds und damit auch die Beteiligung weiterer Treugeber bekannt und damit auch ein entsprechendes Vertrauen auf deren Beiträge vorhanden sein. *Armbrüster/Joos* führen zu fondseitig „koordinierten“ mehrfach zweigliedrigen stillen Gesellschaften grundsätzlich zutreffend aus, dass die Beteiligungen anderer stiller Gesellschafter dann aufgrund ihrer Finanzierungsfunktion eine wesentliche Voraussetzung für den angestrebten wirtschaftlichen Erfolg jeder einzelnen Beteiligung darstellen.[1453] Gegen die Anwendung der Lehre von der fehlerhaften Gesellschaft wird vorgebracht, dass es sich um rein schuldrechtliche Beziehungen handelt[1454] und zudem keinerlei direkte – nicht einmal eine schuldrechtliche – Beteiligung an der vermögenstragenden KG besteht.[1455] Geht man tatsachlich nur von mehreren, strikt zweigliedrigen Treuhandverhältnissen aus, so fehlt es für die Anwendung der Lehre von der fehlerhaften Gesellschaft an der organisationsrechtlichen Komponente, aus der sich schutzwürdige Interessen der Mittreugeber ergeben könnten.

Es erscheint allerdings äußerst fraglich, ob in dem beschriebenen Fall einer fondseitig geplanten und organisierten Aufnahme einer Vielzahl einfacher Treugeber überhaupt jemals nur mehrere zweigliedrige Rechtsverhältnisse zum Treuhänder angenommen werden können.[1456] Richtigerweise dürfte in diesen Fällen aufgrund der von den Initiatoren vorgenebenen Organisationsstruktur nicht nur

1452 BGH, NZ 2004, 961, 962.

1453 *Armbrüster/Joos*, ZIP 2004, 189, 192.

1454 So allg. zur Treuhand *Armbrüster*, NJW 2009, 2167, 2169.

1455 *Mock*, DStR 2014, 598, 601.

1456 Auch *Tebben*, VGR 2010, 161, 178 will stille Gesellschafter in dieser Konstellation nicht nur als konkurrierende Gläubiger behandeln.

koordinierte zweigliedrige Verhältnisse, sondern ein einheitliches mehrgliedriges Treuhandverhältnis vorliegen.[1457]

c) Die mehrgliedrige Treuhand

Bei der mehrgliedrigen Treuhand besteht eine gesellschaftsrechtliche Gesamtorganisation zwischen den einzelnen Treugebern. Diese ergibt sich aus der von der KG bzw. dem Treuhänder vorgegebenen planmäßig organisierten Verbindung. Regelmäßig schließt diese Verbindung auch Rechtsverhältnisse zur KG ein, weshalb die allermeisten mehrgliedrigen Treuhandverhältnisse qualifizierte Treuhandverhältnisse darstellen dürften. Möglich ist jedoch auch die einfache Gestaltung nur zwischen Treugebern und Treuhänder. Es handelt sich insoweit um eine Kombination aus Treuhand und Unterbeteiligung. Die Treugeber bilden eine Innengesellschaft, deren Organ der Treuhänder ist.[1458] Die für die Anwendung der Lehre von der fehlerhaften Gesellschaft notwendige Organisationskomponente ist hinsichtlich der Treugeber gegeben. Die fehlende Rechtsbeziehung zur vermögenstragenden Außengesellschaft dürfte einer Anwendung nicht entgegenstehen.[1459] Auch bei der qualifizierten Treuhand kann dem Treugeberinnenverband nur ein „virtuelles Gesamthandsvermögen" zugerechnet werden.[1460] Eine dingliche Mitberechtigung besteht ebensowenig wie eine schuldrechtliche Vermögensbeteiligung an der Außengesellschaft. In gleicher Weise kann auch dem einfachen Treugeberinnenverband ein solch virtuelles Vermögen zugerechnet werden. Der Unterschied besteht darin, dass eine Abwicklung unzweifelhaft nur gegenüber dem Treuhänder stattfinden kann, da zur KG keinerlei Beziehungen bestehen. Die Treugeber können daher statt vollständiger Einlagenrückgewähr nur ihren Anteil am Auseinandersetzungsguthaben des Treuhänders in der KG herausverlangen.

d) Die Treugeber-GbR

Anders als in dem vorangehend dargestellten Fall der einfachen mehrgliedrigen Treuhand, in dem die Treugeber einen Innenverband bilden, können sich mehrere Treugeber auch als Treugeber-GbR in Gestalt der Außengesellschaft zusammenschließen. Nur die Gesellschaft ist dann Treugeber, nicht ihre einzelnen Gesellschafter. Der gehaltene Treuhandanteil fällt in das Gesamthandsvermögen dieser GbR. Diese erteilt nach Willensbildung innerhalb der Gesellschaft einheitliche Weisungen an den Treuhänder, der wiederum nur insgesamt für die GbR und nicht

---

1457 Vgl. die treffende Kritik an der Bewertung der „Göttinger Gruppe" als mehrere zweigliedrige stille Gesellschaften durch den BGH bei *Hey*, NZG 2004, 1097, 1098; *Tebben*, VGR 2010, 2011, 161, 178.

1458 Vgl. *K. Schmidt*, in: MüKo-HGB, vor § 230, Rn. 79; *Bälz*, ZGR 1980, 1, 58 ff. (zur Organstellung des Treuhänders).

1459 So aber *Mock*, DStR 2014, 598, 601.

1460 S. o. § 4 C. III. 1. b).

für die einzelnen Gesellschafter handelt. Diese Treugeber-Außen-GbR kann sich in ein zweigliedriges oder mehrgliedriges Treuhandverhältnis mit den jeweiligen vorangehend dargestellten Folgen begeben. Auch eine qualifizierte Beteiligung ist möglich. Insoweit kann auf die vorstehenden Ausführungen zu diesen Gestaltungen verwiesen werden.

4. Schadensersatzansprüche gegen den Treuhänder

Oben wurde dargelegt, dass die Lehre von der fehlerhaften Gesellschaft auch Schadenersatzansprüche erfasst.[1461] Dies gilt jedoch nur für Ansprüche gegenüber der Gesellschaft. Zulässig sind dagegen grundsätzlich Ansprüche gegen Einzelpersonen aufgrund individuellen Verschuldens. Nach der *Rechtsprechung* bestehen Schadensersatzansprüche gegenüber den tatsächlich handelnden Personen (Initiatoren, Gründungsgesellschaftern, Vermittlern, Prospektverantwortlichen und sonstigen Verantwortlichen), da diesen Vertrauen entgegen gebracht werde.[1462] Hierzu gehört grundsätzlich auch der Treuhänder.[1463] Aus der Anwendung der Lehre von der fehlerhaften Gesellschaft auch auf bestimmte Treuhandverhältnisse folgt daher nicht selbstverständlich auch der Ausschluss dieser Schadensersatzansprüche, insbesondere der bürgerlich-rechtlichen Prospekthaftungsansprüche gegen den Treuhänder aufgrund Aufklärungsverschuldens. Teilweise wird sogar ausdrücklich von der Durchsetzbarkeit dieser Ansprüche auch bei Anwendung der Lehre von der fehlerhaften Gesellschaft auf mittelbar beteiligte Treugeber ausgegangen.[1464] Richtigerweise muss aber auch insoweit die Parallelbetrachtung zur stillen Gesellschaft konsequent fortgeführt werden. Bei der verbandsmäßig ausgestalteten qualifizierten Treuhand ist der Treuhänder anteiliges Zurechnungssubjekt des echten Gesamthandsvermögens der KG und insoweit auch Träger des virtuellen Gesamthandsvermögens des Treugeberinnenverbands. Der Treuhänder steht den Treugebern daher wie der Unternehmensträger den stillen Gesellschaftern gegenüber. Daher müssen auch Schadensersatzansprüche gegen den Treuhänder aufgrund persönlichen Verschuldens in gleichem Maße ausgeschlossen sein.[1465] Nach den obigen Ausführungen zu Schadensersatzansprüchen in der stillen Gesellschaft,[1466] gilt daher auch hier, dass der Treuhänder nicht als Unternehmensträger bzw. Träger des virtuellen Gesamthandsvermögens haftet, sondern nur als Mitgesellschafter im Innenverband. Der Treuhänder haftet daher nur mit seinem über die

---

1461 § 4 C. I. 3. b).

1462 BGH, NJW 1973, 1604, 1605; BGH, NJW 1978, 1625, 1625; BGH, NJW 1979, 718, 718 f.; BGH, NJW 1981, 1449, 1452; BGH, NJW 2003, 2821, 2822; zustimmend *Wertenbruch*, NJW 2005, 2823, 2825.

1463 Zu diesen Ansprüchen siehe auch § 4 B. III., IV. sowie § 3 A. IV. 2. d); vgl. auch *Bayer/Riedel*, NJW 2003, 2567, 2568 f.; *Blaurock/Gimmler*, ZGR 2014, 371, 373.

1464 Etwa *Markwardt/Kracke*, BKR 2012, 149, 152.

1465 So im Ausgangspunkt wohl auch *Tebben*, VGR 2012, 161, 178 f.

1466 Siehe erneut § 4 C. I. 3. b).

Kommanditbeteiligung hinausgehenden Vermögen unbeschränkt. Im Falle einer Treuhand-GmbH dürfte ein solches Vermögen nicht vorhanden sein. Im Übrigen unterliegen gegen ihn persönlich gerichtete Schadensersatzansprüche den Beschränkungen der Lehre von der fehlerhaften Gesellschaft.

5. Zusammenfassung

Die ungeordnete Rückabwicklung fehlerhafter Treuhandbeteiligungen an Kommanditgesellschaften nach allgemeinen schuldrechtlichen Regeln berührt in den Fällen der qualifizierten Treuhand regelmäßig schutzwürdige Interessen von Mittreugebern. Dies rechtfertigt es die Lehre von der fehlerhaften Gesellschaft auch auf die Abwicklung von mittelbaren Gesellschaftsbeteiligungen durch qualifizierte Treuhand anzuwenden. Aus denselben Gründen ist eine Anwendung diese Lehre auch auf einfache mehrgliedrige Treuhandverhältnisse zu befürworten. Auch Schadensersatzansprüche aufgrund persönlichen Verschuldens des Treuhänders sind den Treugebern zumindest insoweit zu versagen, als dass diese aus der von dem Treuhänder gehaltenen Kommanditbeteiligung befriedigt werden müssten. In Fällen der strikt zweigliedrigen Treuhand ist eine Betroffenheit von Mittreugebern nicht feststellbar, weshalb eine Anwendung der Lehre von der fehlerhaften Gesellschaft nicht überzeugend begründet werden kann.

§ 5 Unmittelbare Außenhaftung

Eine unmittelbare Außenhaftung von mittelbar an einer Kommanditgesellschaft beteiligten Treugebern wird vom *BGH* und zahlreichen *Oberlandesgerichten* in *ständiger Rechtsprechung*[1467] unabhängig vom Grad der Einbeziehung in das Gesellschaftsverhältnis (einfache oder qualifizierte Treuhand) abgelehnt. Übereinstimmend verneint auch die *herrschende Meinung in Literatur*[1468] eine unmittelbare Außenhaftung. Dass diese weit überwiegende Ablehnung einer unmittelbaren Außenhaftung keineswegs selbstverständlich ist, zeigen die *gewichtigen Stimmen*, welche sich mit Unterschieden im Einzelnen für eine unmittelbare Außenhaftung qualifizierter Treugeber aussprechen: Eine entsprechende Haftung von qualifizierten Treugebern wurde etwa vom *OLG Schleswig*[1469] befürwortet und findet auch in der *Literatur*[1470] in verschiedenen Ausprägungen Zuspruch. Aktuell hat sich insbesondere *Schäfer*[1471] für eine unmittelbare objektiv-rechtliche Haftung von qualifizierten Treugebern ausgesprochen. Wenn auch die Einheit von Einfluss und Haftung zwar kein zwingender Rechtssatz ist und daher der Einräumung von unmittelbaren mitgliedschaftlichen Rechten zugunsten des Treugebers nicht entgegensteht,[1472] so handelt es sich dennoch um ein anerkanntes Rechtsprinzip, welches grundsätzlich für eine unmittelbare Außenhaftung qualifizierter Treugeber sprechen könnte.[1473] Auch die neuerliche Fokussierung auf die gesellschaftsrechtliche Verbindung unter den Treugebern als tatsächliches unternehmensrechtliches Zentrum einer qualifizierten Massentreuhand insbesondere im Bereich der geschlossenen Fonds[1474] und die nunmehr zwingend in § 152 I 3 KAGB vorgesehene

1467 BGH, NZG 2009, 57; BGH, NZG 2009, 380; BGH, NZG 2009, 779; BGH, NZG 2010, 1029; BGH, NZG 2011, 588; BGH, NZG 2012, 744; OLG Karlsruhe, NZG 2009, 1107; OLG München, NZG 2009, 1883; OLG Stuttgart, NZG 2010, 716.

1468 *K. Schmidt*, in: MüKo-HGB, vor § 230, Rn. 60; *ders.*, ZHR 178 (2014), 10, 50 ff.; *Ulmer/Schäfer*, in: MüKo-BGB, 6. Aufl. (2013), § 714, Rn. 42; *Koller*, in: K/R/M, 7. Aufl., § 105, Rn. 21; *Schäfer*, in: Staub, § 105, Rn. 103; *Strohn*, in: E/B/J/S, § 171, Rn. 120; *Henssler*, in: Henssler/Strohn, § 105 HGB, Rn. 173; *Gummert*, in: Henssler/Strohn, § 172, Rn. 78; *Lieder*, in: Oetker, § 105, Rn. 50; *Wertenbruch*, NZG 2013, 285, 286; *Tebben*, VGR 2010, 161, 163 ff.; *Eden*, S. 67; *Wiesner*, in: FS Ulmer, 673, 681; *Weipert*, ZHR 157 (1993), 513, 515; *Armbrüster*, S. 420 f.; *Blaurock*, S. 214 ff.; krit. aber im Erg. zustimmend *Wiedemann*, WM 2014, 1985, 1989.

1469 OLG Schleswig, NJOZ 2007, 3778, 3785 f. = ZIP 2007, 2258.

1470 *Schiemann*, in: FS Zöllner, 503; *Pfeifle/Heigl*, WM 2008, 1485; *Kindler*, in: FS K. Schmidt, 871; *ders.*, ZIP 2009, 1146; früher auch *Ulmer*, in: Staub, 4. Aufl. (1989), § 105, Rn. 102, 105 und *Koller*, in: K/R/M, 6. Auflage (2007), § 105, Rn. 20.

1471 *Schäfer*, ZHR 177 (2013), 619; *ders.*, in: MüKo-BGB, § 714, Rn. 42.

1472 Vgl. § 3 B. II.

1473 Vgl. *Wiedemann*, WM 2014, 1985, 1989.

1474 Siehe § 3 D.

qualifizierte Rechtsstellung von Treugebern in entsprechenden Organismen zur gemeinsamen Kapitalanlage (vgl. § 1 I 1 KAGB), geben Anlass die herrschende Meinung zu überprüfen. Eine unmittelbare Außenhaftung einfacher Treugeber wird soweit ersichtlich nicht vertreten.

In Betracht kommt die Begründung einer unmittelbaren Außenhaftung zunächst auf vertraglicher Grundlage (A.). Dies dürfte im Rahmen der Privatautonomie unproblematisch möglich und zulässig sein. Darüber hinaus ist die Herleitung einer unabhängig vom konkreten Parteiwillen bestehenden objektiv-rechtlichen Haftung (B.-D.) zu untersuchen.

A. Haftung auf vertraglicher Grundlage

An der Möglichkeit der Herstellung einer unmittelbaren Außenhaftung auf vertraglicher Grundlage unter Mitwirkung des Treugebers (Schuldübernahme, Schuldbeitritt) besteht wie erwähnt kein Zweifel. Fraglich ist insoweit, mit welchem Vertragspartner eine entsprechende Verpflichtung gegenüber Gesellschaftsgläubigern möglich ist und ob und wann möglicherweise von einem konkludenten Vertragsschluss auszugehen sein kann. Darüber hinaus könnte der Treuhandvertrag möglicherweise Schutzwirkung zugunsten der Gesellschaftsgläubiger entfalten.

I. Schuldübernahme und Schuldbeitritt

Eine unmittelbare Außenhaftung auf vertraglicher Grundlage kann zunächst durch Rechtsgeschäft mit dem jeweiligen Gläubiger, mit der KG oder mit dem Treuhänder begründet werden. Hierbei kann es sich um eine die KG anteilig befreiende Schuldübernahme i. S. d. § 414 BGB oder um einen Schuldbeitritt (§ 311 I BGB) handeln.[1475] Die befreiende Schuldübernahme setzt die Mitwirkung der Gläubiger zwingend voraus. Im Zweifelsfall ist aber auch bei Beteiligung der Gläubiger nur von einem Schuldbeitritt auszugehen, da dieser für die KG nicht befreiend wirkt und somit ihre Gläubiger nicht belastet.[1476] Beide Verträge können auch künftige Forderungen erfassen, sofern die übernommenen Verbindlichkeiten hinreichend deutlich abgegrenzt sind.[1477]

1. Durch Vertrag mit Gläubigern

Die Begründung einer allgemeinen Außenhaftung gegenüber Gesellschaftsgläubigern allein durch die mittelbare Beteiligung an der KG scheidet bereits mangels Beteiligung der Gesellschaftsgläubiger am Gesellschafts- und Treuhandvertrag aus. Da die Treugeber an der Geschäftsführung und Vertretung der KG nach außen

1475 Vgl. *Grüneberg*, in: Palandt, vor § 414, Rn. 1 f.; *Müller*, in: P/W/W, § 415, Rn. 12 ff.
1476 *Grüneberg*, in: Palandt, vor § 414, Rn. 5; *Müller*, in: P/W/W, § 415, Rn. 15.
1477 *Grüneberg*, in: Palandt, vor § 414, Rn. 1 f.

nicht beteiligt sind, erscheint die Herstellung einer umfassenden Außenhaftung gegenüber Gesellschaftsgläubigern nur durch Bevollmächtigung der Geschäftsführer der KG zum Abschluss entsprechender Verpflichtungen praktikabel. Dies gilt zumindest für die Publikums-KG. Der *BGH* stützt seine Argumentation zur Ablehnung einer unmittelbaren Außenhaftung von Treugebern unter anderem auch auf die Möglichkeit der Gesellschaftsgläubiger eine der wirtschaftlichen Beteiligung entsprechende Mithaftungsübernahme direkt mit dem „Treugeber-Gesellschafter" zu vereinbaren.[1478] Eine entsprechende Gestaltung war beispielsweise Gegenstand eines Urteils des *OLG München.*[1479] Der „Gesellschaftstreuhandvertrag" enthielt die Beauftragung und Bevollmächtigung der Geschäftsführer der Fondsgesellschaft zur Eingehung einer persönlichen anteiligen Mithaftung der Treugeber für sämtliche Verbindlichkeiten der Gesellschaft.[1480] Die Wirksamkeit dieser vertraglichen Mithaftung scheiterte in diesem Fall allerdings an der Nichtigkeit der Vollmacht nach Art. 1 § 1 RBerG i. V. m. § 134 BGB.[1481] Eine fast inhaltsgleiche Gestaltung findet sich auch in einem Urteil des *BGH.* Auch dort sah der letztlich unwirksame Treuhandvertrag die Abgabe von Mithaftungserklärungen durch die Geschäftsführer einer Fonds-GbR im Namen der Treugeber vor.[1482] Eine letztlich als wirksam betrachtete Vollmacht zur Eingehung eines Schuldbeitritts im Namen der Treugeber gegenüber der darlehensgebenden Bank findet auch sich in einem Urteil des *OLG Schleswig.*[1483]

Die Bevollmächtigung der Geschäftsführer muss ausdrücklich erfolgen. Es wäre abwegig, eine entsprechende Vollmacht durch Auslegung der Beitrittsverträge folgern zu wollen oder eine entsprechende konkludente Vereinbarung anzunehmen. Dies wird soweit ersichtlich auch nicht vertreten. Auch für die weitestmögliche Angleichung der Rechtsstellung von Treugeber und Kommanditist durch Gleichsstellungsabrede ergibt sich dies aufgrund der Beschränkung der Wirkung dieser Abrede auf das gesellschaftsrechtliche Innenverhältnis.[1484] Eine Vollmachterteilung an die KG wäre nicht Teil des gesellschaftsrechtlichen Innenverhältnisses, sondern eine rein zweiseitig-schuldrechtliche Abrede, da es jeweils nur um die individuelle Begründung der Mithaftung für jeden einzelnen Treugeber geht.

2. Durch Vertrag mit der KG

Auch durch Vertrag mit der KG als Schuldnerin kann eine anteilige Mithaftung im Außenverhältnis gegenüber Gesellschaftsgläubigern durch Schuldübernahme

1478 BGH, NZG 2009, 57, 59, Rz. 24.
1479 OLG München, ZIP 2009, 622, 622 ff.
1480 OLG München, ZIP 2009, 622,623.
1481 Vgl. hierzu *Armbrüster,* NJW 2009, 2167, 2168 f.
1482 BGH, NZG 2010, 991, 991/992 f.
1483 OLG Schleswig, NJOZ 2007, 3778, 3786 f.
1484 **aA** *Schäfer,* ZHR 177 (2013), 619, 637, der in Treuhandverträgen typischerweise keine Beschränkung der Gleichstellung auf das Innenverhältnis annehmen will.

(§ 414 BGB) und Schuldbeitritt bewirkt werden. Für eine Schuldübernahme ist dann gem. § 415 BGB die Genehmigung des jeweiligen Gläubigers erforderlich. Eine antizipierte, möglicherweise schon explizit oder konkludent im Beitrittsvertrag vereinbarte anteilige Schuldübernahme für alle zukünftigen Verbindlichkeiten der Gesellschaft dürfte hinreichend bestimmt sein. Die unbestimmte Höhe dieser Verbindlichkeiten könnte hinsichtlich einer sittenwidrigen Überforderung (§ 138 BGB) des Treugebers problematisch erscheinen. Letztlich verpflichtet sich der Treugeber in diesem Fall nicht anders, als es einem Kommanditisten unzweifelhaft möglich bzw. sogar gesetzlich vorgeschrieben ist. Steht dem Treugeber auch der entsprechende Einfluss durch Einräumung der wesentlichen Verwaltungsrechte zu, kann kein Zweifel an der Zulässigkeit der Schuldübernahme bestehen. Regelmäßig dürfte die antizipierte Schuldübernahme jedoch nicht dem Interesse der KG entsprechen, da die Genehmigung des zukünftigen, möglicherweise noch unbekannten Gläubigers nicht sicher ist. Insofern ist wiederum der Schuldbeitritt vorrangig, welcher sich in diesem Fall als echter Vertrag zugunsten Dritter (§ 328 BGB) darstellt.[1485] Tritt der Wille zum Schuldbeitritt nicht hinreichend deutlich hervor, ist nach der Auslegungsregel des § 329 BGB lediglich von einer Erfüllungsübernahme auszugehen.[1486]

Fraglich ist wiederum, unter welchen Umständen abseits von ausdrücklichen Regelungen die Vereinbarung eines Schuldbeitritts anhand der Treuhand- und Gesellschaftsverträge zwingend anzunehmen ist. Aus dem bloßen mittelbaren Beitritt kann grundsätzlich nicht auf eine Haftungsübernahme geschlossen werden. Dieser wirkt in klassischer Gestalt (einfache Treuhand) nur inter partes zwischen Treuhänder und Treugeber. Auch bei verbandsinterner Stellung des Treugebers durch Gleichstellungsabrede gilt insoweit nichts anderes. Hier bestehen zwar unmittelbare Rechtsbeziehungen zu den Gesellschaftern, jedoch ist nur das gesellschaftsrechtliche Innenverhältnis betroffen. Diesen Verträgen ohne besondere weitere Umstände Wirkung hinsichtlich einer Haftungsübernahme für Verbindlichkeiten im Außenverhältnis zuzuschreiben, wäre nicht überzeugend. Eine Haftungsübernahme wäre richtigerweise auch nicht als korporativer Rechtsakt mit sämtlichen übrigen Gesellschaftern zu schließen, sondern vielmehr als rein schuldrechtlicher Vertrag nur zwischen dem einzelnen Treugeber und der KG als Zuordnungssubjekt der Verbindlichkeiten.

Für eine Haftungsübernahme wird mit einer verbreitet anzutreffenden Klausel argumentiert, mit der die Treugeber bestätigen, ihnen sei bekannt, dass sie (im Falle der oHG) mit ihrem gesamten Vermögen quotal entsprechend ihrer kapitalmäßigen Beteiligung gegenüber den Gläubigern der Gesellschaft hafteten.[1487] *Schäfer* schließt aus dieser Klausel auf einen entsprechenden Willen der

1485 Vgl. *Grüneberg*, in: Palandt, vor § 414, Rn; 2. *Müller*, in: P/W/W, § 415, Rn. 12.
1486 Vgl. OLG Karlsruhe, NZG 2010, 151, 152.
1487 Vgl. BGH, NZG 2011, 1432, 1432; BGH, ZIP 2012, 1706, 1707 f., Rz. 22; OLG Karlsruhe, NZG 2010, 151, 151.

Treugeber, auch im Außenverhältnis mit den Gesellschaftern gleichgestellt zu sein und damit auch im Außenverhältnis gegenüber Gesellschaftsgläubigern unmittelbar zu haften.[1488] Eine entsprechende Klausel stellt jedoch richtigerweise keine Willenserklärung, sondern allenfalls eine Wissenserklärung dar[1489] und hat somit keine rechtsbegründende Wirkung. Auch der *BGH*[1490] geht zutreffend davon aus, dass eine solche Klausel nur den Umstand betrifft, dass die Treugeber unzweifelhaft eine mittelbare Außenhaftung durch den Freistellungsanspruch des Treuhänders trifft.

Das *OLG Karlsruhe* verneinte eine konkludente Haftungsübernahme auch für einen Fall, in dem die darlehensgebende Bank die Ausschüttung der Valuta von Selbstauskünften und Bonitätsnachweisen „sämtlicher mittelbar und unmittelbar beteiligter Gesellschafter" abhängig machte, da entsprechende Auskünfte gerade auch im Rahmen einer nur indirekten Außenhaftung Bedeutung hätten.[1491] Auch dies ist deshalb zutreffend, da eine bloße Auskunft oder ein Bonitätsnachweis schon nicht als Willenserklärung hinsichtlich einer Haftungsübernahme gewertet werden kann.

3. Durch Vertrag mit dem Treuhänder

Da auch der Treuhänder gemäß § 171 I HGB grundsätzlich persönlich im Außenverhältnis gegenüber Gesellschaftsgläubigern haftet, besteht die Möglichkeit der vertraglichen Begründung einer unmittelbaren Außenhaftung des Treugebers in gleicher Weise wie bei der KG. Da aber ohnehin bereits vertragliche Beziehungen zwischen Treugeber und Treuhänder bestehen, dürfte anderweitigen vertraglichen Gestaltungen insoweit keine Bedeutung zukommen. Aus Sicht des Treuhänders haben Schuldbeitritt und Schuldübernahme neben dem ohnehin bestehenden Freistellungsanspruch aus §§ 675, 670, 257 BGB kaum Bedeutung. Im Ergebnis würden dem Treugeber durch eine entsprechende Haftungsübernahme die Einwendungen gegen den Freistellungsanspruch genommen und die tatbestandliche Voraussetzung der Erforderlichkeit gem. § 670 BGB beseitigt. Einem möglichen Interesse der Gesellschaftsgläubiger an einem unmittelbaren Zugriff auf die Treugeber wird durch antizipierte Abtretung dieses Freistellungsanspruchs[1492] oder direkte Mithaftungsvereinbarung mit dem Treugeber genüge getan.

1488 *Schäfer*, ZHR 177 (2013), 619, 624 f./637 (letztlich aber für eine gesetzliche Außenhaftung analog §§ 171 ff. HGB); *Zinger*, BB 2014, 458, 461 (Vertrag zwischen Treugeber und Treuhänder).

1489 So auch OLG Karlsruhe, NZG 2010, 151, 152.

1490 BGH, ZIP 2012, 1706, 1708.

1491 OLG Karlsruhe, NZG 2010, 151, 152.

1492 Vgl. zur mittelbaren Außenhaftung § 6.

II. Vertrag mit Schutzwirkung zugunsten Dritter

Im GmbH-Recht wird die Auffassung vertreten, dass die Treuhandbeziehung zwischen Treugeber und Treuhänder Schutzwirkung zugunsten der Gesellschaft entfalte und der Treugeber somit im Innenverhältnis zur Gesellschaft unmittelbar für die Kapitalaufbringung verantwortlich sei.[1493] Da der Kommanditist anders als der GmbH-Gesellschafter auch Haftungsansprüchen im Außenverhältnis ausgesetzt sein kann, kommt grundsätzlich eine Übertragung dieser Ansicht auf die Außenhaftung des Treugebers in Betracht.

Letztlich sprechen die gleichen Argumente wie im Bereich der Innenhaftung auch hier gegen eine Anwendung der Rechtsfigur des Vertrags mit Schutzwirkung zugunsten Dritter.[1494] In Frage steht hier die Konstruktion einer primären Leistungspflicht des Treugebers gegenüber Gesellschaftsgläubigern und nicht die Erstreckung vertraglicher Schutzpflichten auf Dritte. Die Gesellschaftsgläubiger sind aufgrund eigener Primäransprüche sowohl gegen die KG als auch gegen den Treuhänder nicht schutzbedürftig. Eine zufällige Schadensverschiebung auf anspruchslose Dritte ist von vornherein nicht denkbar. Weiterhin ist ein Interesse des Treuhänders an der Einbeziehung der Gesellschaftsgläubiger in den Schutzbereich des Treuhandvertrags nicht ersichtlich. Insbesondere bestehen zu den Gesellschaftsgläubigern – anders als zur KG – keine vertraglichen Beziehungen. Ebenso fehlt es an der Leistungsnähe der Gesellschaftsgläubiger zu den Pflichten des Treugebers gegenüber dem Treuhänder.

B. Gesetzliche Haftung als Gesellschafter

Dass die Rechtsstellung des qualifizierten Treugebers gleichermaßen problematisch wie auch umstritten ist, wurde bereits ausführlich dargestellt.[1495] Teilweise wird der qualifizierte Treugeber als echter Gesellschafter der KG eingeordnet und insoweit konsequent eine unmittelbare Außenhaftung gem. §§ 171 I, 172 HGB angenommen. Mangels Eintragung von Treugebern in das Handelsregister dürfte dann regelmäßig sogar die unbeschränkte persönliche Haftung gem. § 176 HGB einschlägig sein. Diese Haftung kommt ferner auch bei Übertragung der Gesellschafterstellung von einem (künftigen) Treugeber oder auf einen (ehemaligen) Treugeber in Betracht.

I. Übertragung der Gesellschafterstellung

Eine unmittelbare Außenhaftung des Treugebers kann unzweifelhaft in den Fällen bestehen, in denen es zu einer Übertragung des Kommanditanteils zwischen

---

1493 *Köhl*, GmbHR 1998, 119, 122; vgl. dazu auch § 7 D. II. 1.

1494 Siehe wiederum § 7 D. II. 1. d).

1495 Siehe § 3 B. II.; D.

Treuhänder und Treugeber kommt. Ist zunächst der (künftige) Treugeber Gesellschafter und überträgt seinen Anteil auf den Treuhänder (*Übertragungstreuhand*)[1496], besteht eine eventuelle Außenhaftung gem. § 171 I HGB aufgrund nicht geleisteter oder zurückerhaltener Einlage gem. §§ 160 I, 161 II HGB grundsätzlich fort.[1497] Für den aus der geschlossenen Publikumsinvestmentkommanditgesellschaft ausscheidenden Kommanditisten ist jegliche Nachhaftung durch § 152 VI 2 KAGB ausgeschlossen.

Rückt der Treugeber bei Beendigung des Treuhandverhältnisses in die Rechtsstellung des Treuhänderkommanditisten ein, haftet er grundsätzlich nach § 176 HGB bis zur Eintragung ins Handelsregister.[1498] Hier ist der Treugeber jedoch bereits nicht mehr Treugeber, so dass es sich an sich nicht um einen Fall der Außenhaftung des Treugebers handelt. Der Beitritt zur geschlossenen Publikumsinvestmentkommanditgesellschaft wird entgegen § 176 II HGB erst mit Eintragung des Kommanditisten in das Handelsregister wirksam (§ 152 IV KAGB).

II. Der Kommanditist hinter dem Kommanditisten

An anderer Stelle[1499] wurde bereits erörtert, dass eine unmittelbare Außenhaftung des Treugebers gem. §§ 171, 172; 176 HGB unzweifelhaft dann bestehen kann, wenn eine Auslegung des Vertragswerks ergibt, dass der Treugeber selbst neben oder anstelle des Treuhänders Gesellschafter geworden ist. Es ist eine Selbstverständlichkeit, dass die Möglichkeit eines entsprechenden Auslegungsergebnisses zumindest theoretisch bestehen muss. Lässt sich die Rechtsstellung einer im Gesellschafts- und/oder Treuhandvertrag als Treugeber bezeichneten Person nicht von der eines echten Kommanditisten unterscheiden, so kann diese Person grundsätzlich ebenfalls Kommanditist mit allen gesetzlichen vorgesehenen Pflichten sein. Insbesondere ist die – in diesem Fall fehlende -Handelsregistereintragung nicht konstitutiv für die Begründung der Kommanditisteneigenschaft (vgl. § 176 HGB). Konsequenz dieser Vertragsauslegung wäre – vorbehaltlich der Kenntnis der Gläubiger von der vereinbarten Haftungsbeschränkung – die unbeschränkte Haftung des betroffenen Kommanditisten gem. § 176 HGB bis zur Nachholung der Handelsregistereintragung. Die übernommene Haftsumme müsste ebenfalls im Wege der Vertragsauslegung ermittelt werden. Im Zweifel entspricht die Haftsumme der übernommenen Einlage.[1500]

1496 Vgl. § 2 A. II. 4.

1497 *K. Schmidt*, in: MüKo-HGB, § 172, Rn. 18; *Eden*, S. 66.

1498 Vgl. BGH, NJW 1983, 2258; *Eden*, S. 67.

1499 § 3 D. I.

1500 Ausf. *Kindler*, in: FS K. Schmidt, 871, 881 ff.; *K. Schmidt*, in: MüKo-HGB, § 172, Rn. 23 mwN.

In mehreren Entscheidungen kamen das *OLG Frankfurt*[1501] und das *OLG Karlsruhe*[1502] zu dem Schluss, dass ein Treugeber, dem umfangreiche Verwaltungsrechte in der Gesellschaft zustehen und der Vermögensrechte unmittelbar gegenüber der Gesellschaft geltend machen kann, entgegen der anderweitigen Bezeichnung im Gesellschafts- und Treuhandvertrag tatsächlich selbst Gesellschafter sei. In ähnlicher Weise argumentiert auch *Kindler*[1503] dafür, Treugeber in bestimmten Fällen als „Kommanditisten hinter dem Kommanditisten" und damit als unmittelbar haftende Gesellschafter zu behandeln. Die beschriebenen Vertragsgestaltungen entsprechen dabei der qualifiziert-mitgliedschaftlichen Treuhand, also der weitest möglichen Angleichung der Rechtsstellung von Treugeber und Kommanditist. Das gefundene Ergebnis wird – insoweit zutreffend – auf eine Auslegung von bestimmten Treuhandgestaltungen gestützt.[1504] Unzutreffend geht *Kindler* – ebenso wie vor ihm bereits *Beuthien*[1505] – jedoch davon aus, dass dem Treugeber als Nichtgesellschafter kein Stimmrecht zustehen könne bzw. der stimmberechtigte Treugeber zwingend Gesellschafter sein müsse. Zwar erkennt er an, dass im personengesellschaftsrechtlichen Innenverhältnis grundsätzlich Vertragsfreiheit bestehe, an diesem Innenverhältnis sei der Treugeber jedoch gar nicht beteiligt.[1506] Es wurde bereits dargelegt, dass der Treugeber als Nichtgesellschafter in das Innenverhältnis der Gesellschaft dergestalt einbezogen werden kann, dass ihm unmittelbare, originär gesellschaftsrechtliche Verwaltungsrechte zustehen und er somit eine mitgliedschaftliche Stellung im Gesellschaftsverband einnimmt.[1507] Dieser Befund wird nunmehr ausdrücklich gesetzlich in § 152 KAGB bestätigt.

Anders müsste die Beurteilung ausfallen, wenn man davon ausginge, dass dem Treugeber neben sämtlichen Verwaltungsrechten auch sämtliche Vermögensrechte unmittelbar und originär kraft Gesellschaftsvertrags selbst zustünden. Dann wäre die Rechtsstellung des Treugebers tatsächlich nicht mehr von der eines Kommanditisten zu unterscheiden und eine Auslegung müsste zu dem Schluss kommen, dass (auch) der Treugeber unmittelbar haftender Gesellschafter geworden ist. Sowohl *Kindler*[1508] als auch das *OLG Frankfurt*[1509] gehen davon aus, dass dem Treugeber die Wahrnehmung der Vermögensrechte selbst zustehe. Ob es sich hierbei um eine originär gesellschaftsrechtliche oder nur um abgeleitete Befugnisse

---

1501 OLG Frankfurt, Urteil v. 30.11.2004 – 24 U 55/03; OLG Frankfurt, Urteil v. 09.04.2008 – 9 U 93/06, aufgehoben durch BGH, NZG 2009, 779.

1502 OLG Karlsruhe, Urteil v. 30.05.2006 – 17 U 176/05.

1503 *Kindler*, in: FS K. Schmidt, 871, 871 ff.; *ders.*, ZIP 2009, 1146 ff.; *ders.*, in: K/K/R/M, § 105, Rn. 21.

1504 *Kindler*, in: FS K. Schmidt, 871, 879.

1505 *Beuthien*, ZGR 1974, 26, 55 ff.; ähnlich *Jaletzke*, in: MüHdbGesR II, § 63, Rn. 20; *Kübler/Assmann*, § 21 II. 3. c), S. 342.

1506 *Kindler*, in: FS K. Schmidt, 871, 880 f.

1507 § 3 B. II.; § 3 D. III, IV.

1508 *Kindler*, in: FS K. Schmidt, 871, 872.

1509 OLG Frankfurt, Urteil v. 30.11.2004, 24 U 55/03, juris-Rn. 20.

und Verpflichtungen handelt, wird nicht erörtert. Gerade dies ist aber der zentrale Punkt, da sich die Gesellschafterstellung nur im ersteren Fall bejahen ließe. Nun wird kaum ein Gesellschafts- und Treuhandvertrag in dieser Hinsicht eindeutig formuliert sein. Häufig ist etwa vorgesehen, dass der Treugeber die Einlage „unmittelbar an die Gesellschaft zu leisten“ habe oder „unmittelbar schulde“. Im Wege der Auslegung ist dann zunächst zu ermitteln, welcher Art die Vermögensrechte und -pflichten des Treugebers sind. Regelmäßig wird man hier zu dem Ergebnis kommen müssen, dass nur abgeleitete Rechte und Pflichten begründet werden sollen, so dass Schuldbeitritt (§ 311 BGB), Erfüllungsübernahme (§ 329 BGB) oder Schuldübernahme (§§ 414, 415 BGB) anzunehmen ist. Eindeutig ist dieser Befund, wenn wie regelmäßig eine antizipierte Abtretung der Ersatzansprüche des Treuhänders an die Gesellschaft vereinbart wird. Hieraus wird deutlich, dass der Treuhänder vermögensrechtliches Zuordnungssubjekt sein soll. Hierfür spricht weiterhin schon die Wahl der treuhänderischen Beteiligung gegenüber einer unmittelbaren Beteiligung, insbesondere dort, wo beide Formen der Beteiligung für Anleger vorgesehen sind, aber auch dort, wo es zunächst nur eine reine Begrifflichkeit ist. Aus diesem Umstand ist bereits ein konkreter Rechtsfolgewille dahin gehend zu schließen, dass in jedem Falle eine vom Kommanditisten verschiedene Rechtsstellung begründet werden soll. Werden dem Treugeber daher eigene unmittelbare Verwaltungsrechte eingeräumt, um seinem Kontrollinteresse gerecht zu werden, muss sich die unzweifelhaft gewollte Andersstellung gegenüber dem Treuhänder durch dementsprechend allenfalls derivative Vermögensrechte verwirklichen.

Eine Auslegung mit dem Ergebnis originärer Verwaltungs- und Vermögensrechte des Treugebers, welche es rechtfertigen könnte, diesen als Gesellschafter zu qualifizieren, erscheint abseits von absolut eindeutigen Gestaltungen nach alldem praktisch nicht denkbar. Allein die Bezeichnung als Treugeber zeigt eindeutig den Willen, nicht Gesellschafter zu sein. Hält man die originär gesellschaftsrechtliche Berechtigung eines Nichtgesellschafters für unmöglich oder unzulässig und tritt der Wille nur mittelbar an der Gesellschaft beteiligt zu sein in dem Vertragswerk in irgendeiner Weise hinreichend deutlich hervor, so muss hieraus richtigerweise die Unwirksamkeit der angestrebten Beteiligung aufgrund offenen Dissenses gem. § 154 BGB oder gar Perplexität der Willenserklärung des Treugebers gefolgert werden. Eine „Beförderung zum Vollgesellschafter wider Willen“[1510] kann dann jedenfalls nicht überzeugen.

III. Erweiternde Auslegung des Gesellschafterbegriffes

Von vorn herein nicht zu überzeugen vermag auch der Ansatz einer „dogmatischen Gleichstellung“ des Treugebers mit einem Gesellschafter „im Rahmen einer erweiternden Auslegung des Gesellschafterbegriffes“.[1511] Die Gesellschaftereigenschaft

1510 So treffend *Tebben*, VGR 2010, 161, 167.
1511 So *Pfeifle/Heigl*, WM 2008, 1485, 1489/1492.

ergibt sich aus der Erfüllung bestimmter materieller Kriterien, wenngleich die Ausgestaltung im Einzelfall auch eine nicht unerhebliche Variationsbreite aufzeigen kann. Fehlt es hingegen an einzelnen Kriterien, ist die betreffende Person nicht Gesellschafter. Eine „Grauzone" oder eine Art „Gesellschafter 2. Klasse" kann es schon aufgrund des Typenzwangs im Gesellschaftsrecht nicht geben.[1512] Die Annahme einer Gesellschafterstellung des Treugebers widerspräche zudem Inhalt und Funktion des Handelsregisters und dem Erfordernis rechtssicherer Abgrenzung.[1513] Auch daraus, dass keine Besserstellung des Treugebers gewollt sei[1514] und eine solche auch vom *BGH*[1515] missbilligt werde,[1516] ergibt sich nicht zwingend die Gesellschafterstellung des Treugebers. Gewollt ist regelmäßig schlicht eine „Andersstellung" des Treugebers gegenüber unmittelbar beteiligten Kommanditisten.

IV. Außenhaftung kraft vertraglicher Gleichstellung

Fraglich ist, ob eine vertraglich vereinbarte Gleichstellung von Treugebern und Kommanditisten im Innenverhältnis zu einer gesetzlichen Außenhaftung der Treugeber führen kann. Es entspricht der *ständigen Rechtsprechung* und der *herrschenden Meinung in der Literatur*, dass der qualifizierte Treugeber durch die vertraglich vereinbarte Gleichstellung mit einem Kommanditisten im Innenverhältnis der Gesellschaft eine mitgliedschaftliche Stellung im Verband der Gesellschafter erlangen kann.[1517] Dies ermöglicht es, dem Treugeber zumindest sämtliche Verwaltungsrechte durch originär gesellschaftsvertragliche Berechtigung einzuräumen. Der Treugeber ist in diesem Fall an der organisationsrechtlichen Seite der Gesamtkonstruktion eines kupierten Fonds unmittelbar beteiligt. Nach den vorangehend angestellten Überlegungen zur Konstruktion einer solchen Fonds-KG, stellt sich diese als KG mit inkongruentem Innen- und Außenverhältnis dar. Das unternehmensrechtliche Zentrum stellt der hauptsächlich aus den Treugebern bestehende, nicht vermögenstragende Innenverband dar.[1518]

Im Innenverhältnis besteht eine einheitliche Organisation aller unmittelbar und mittelbar beteiligten Anleger in einem Innenverband. Dieser dient lediglich

---

1512 Gegen eine Stellung als echter Gesellschafter auch *Tebben*, VGR 2010, 161, 168; *Armbrüster*, ZIP 2009, 1885, 1887 f.; *Wertenbruch*, NJW 2013, 285, 286; *Schäfer*, ZHR 177 (2013), 619, 636; **aA** jetzt wohl BGH, NZG 2011, 1432; siehe dazu § 3 D. II.

1513 So *Schäfer*, ZHR 177 (2013), 619, 636.

1514 **aA** etwa *Schiemann*, in: FS Zöllner, 503, 508: Der Treugeber wolle durch die mittelbare Beteiligung und die Gestaltung des Treuhandvertrags gerade sein Risiko begrenzen und im Falle der Haftung wenigstens beim Treuhänder Rückgriff nehmen.

1515 Vgl. zum sog. „Gleichstellungsgrundsatz" BGH, NJW 1980, 1162, 1163.

1516 So *Pfeifle/Heigl*, WM 2008, 1485, 1489.

1517 Vgl. § 3 mit entsprechenden Nachweisen.

1518 § 3 D. IV.

der internen Verwaltung des Fonds, ist nicht Träger eines Gesamthandsvermögens und tritt nach außen nicht in Erscheinung. Das Vermögen ist allein der Außen-KG und ihren echten eingetragenen Gesellschaftern zugeordnet. Dies ist deshalb zwingend, da die Vermögenszuordnung notwendig nach außen wirkt und somit nicht zur Disposition der Gesellschafter steht. Eine dingliche Mitberechtigung von Nichtgesellschaftern am Gesamthandsvermögen ist nicht möglich.[1519] Nur ein gesamthänderisch mitberechtigtes Verbandsmitglied kann als echter, gesetzestypischer Gesellschafter von der gesetzlichen Außenhaftung in unmittelbarer Anwendung des § 171/176 HGB erfasst sein.[1520] Sofern *Schäfer* annimmt, es sei irrelevant, dass das Außenverhältnis der Gesellschaft nicht zur Disposition ihrer Gesellschafter steht, da es nur um eine Erleichterung der Rechtsabwicklung zugunsten der Gläubiger gehe und daher ihre Mitwirkung nicht erforderlich sei,[1521] ist dies nur insoweit zutreffend, als dass die fehlende Dispositionsbefugnis über das Außenverhältnis der Gesellschaft einer *analogen* Anwendung von §§ 172 IV, 176 HGB aus anderen Gründen nicht zwingend entgegensteht.[1522]

Trotz organisationsrechtlicher Einbeziehung in den Innenverband wird den Treugebern die vermögensrechtliche Seite der Beteiligung daher weiterhin nur durch den Treuhänder als vollwertigem Außengesellschafter der Außen-KG vermittelt. Die Beteiligung der Treugeber ist somit in eine unmittelbare organisationsrechtliche Beteiligung und ein nur mittelbares Einlageverhältnis mit entsprechenden gegenseitigen Ansprüchen gem. §§ 675 i. V. m. 670/667 BGB zwischen Treugeber und Treuhänder zu trennen. Nur dieses Verständnis ermöglicht die im Sinne der Rechtssicherheit gebotene, klare und eindeutige Abgrenzung von Gesellschaftern und qualifizierten Treugebern und die Wahrung von Inhalt und Funktion der Handelsregistereintragung.[1523] Nicht überzeugend ist das Verständnis *Schäfers*, der zum einen die Notwendigkeit einer sicheren Abgrenzung von Treugebern und Gesellschaftern betont, andererseits aber eine umfassende „gesellschaftsrechtliche Doppelzuständigkeit" von Treuhänder und Treugeber annimmt.[1524] Nimmt man eine entsprechende gesellschaftsrechtliche Doppelzuständigkeit hinsichtlich des gesamten Anteils in der Außen-KG einschließlich aller Verwaltungs- und Vermögensrechte an, so ist die notwendige Unterscheidung von Treugebern und

1519 Vgl. *Schäfer*, in: MüKo-BGB, § 719, Rn. 4 f.; *von Ditfurth*, in: P/W/W, § 719, Rn. 2.

1520 Im Ergebnis zust. *Wiedemann*, WM 2014, 1985, 1989: Dieses Ergebnis sei jedoch keinesfalls selbstverständlich, da der Zusammenhang von Einfluss und Haftung zwar kein geltender Rechtssatz, wohl aber ein allgemein anerkanntes Rechtsprinzip sei.

1521 *Schäfer*, ZHR 177 (2013), 619, 637.

1522 Siehe dazu § 5 D.

1523 Vgl. *Schäfer*, ZHR 177 (2013), 619, 636.

1524 *Schäfer*, ZHR 177 (2013), 619, 637 unter Hinweis auf *Ulmer*, in: FS Odersky, 873, 878, 889 ff. Ähnlich dem hier vertretenen Ansatz *Tebben*, ZGR 2001, 586, 601 ff. („umfassende Berechtigung sui generis"); Armbrüster, S. 198 ff.; ders., ZIP 2009, 1885, 1888 (Zuordnung einzelner Rechte zum Treugeber).

Kommanditisten nicht mehr möglich. Zudem ergeben sich weitere Probleme, etwa hinsichtlich einer Haftungsverdoppelung.[1525]

Die grundlegend unterschiedliche haftungsrechtliche Stellung eines Treugebers, der Verbandsmitglied ist, und eines Vollgesellschafters scheint etwa auch *Lenders* nicht hinreichend zu berücksichtigen. Er geht zunächst zutreffend davon aus, dass die Rechtsstellung des qualifizierten Treugebers eine mitgliedschaftliche ist bzw. zumindest sein kann.[1526] Hieraus folgert er, der Treugeber hafte, da er nach zutreffender Ansicht „Gesellschafter" sei, grundsätzlich wie ein solcher. Die materielle Rechtfertigung der unmittelbaren Außenhaftung liege in der durch die Einbeziehung in den Verband vermittelten Einwirkungsmacht.[1527] Dass der Treugeber nur „wie" ein Gesellschafter haften soll, zeigt zunächst, dass auch *Lenders* grundsätzlich und nicht nur begrifflich zwischen mitgliedschaftlichen Treugebern und echten Vollgesellschaftern unterscheidet. Aus den für Vollgesellschafter geltenden gesetzlichen Haftungskonzeptionen leitet er ferner eine zwingende Korrelation von gesellschaftsrechtlichem Inneneinfluss und einer Haftungsverantwortung *des Gesellschafters* her.[1528] Selbst wenn man mit *Lenders* entgegen der *hier vertretenen Ansicht*[1529] das Bestehen eines solchen zwingenden Grundsatzes nur für Gesellschafter annimmt, bedürfte die Erstreckung dieses angenommenen Grundsatzes auf Nichtgesellschafter einer entsprechenden Begründung. Zudem ist auch die mittelbare Haftung des Treugebers bereits eine Haftungsverantwortung, so dass sich aus der behaupteten Korrelation keinesfalls zwingend eine unmittelbare Außenhaftung ergibt. Letztlich ist bereits der Ansatz verfehlt, aus den gesetzlichen Vorschriften auf einen allgemeingültigen Grundsatz schließen zu wollen. Die Feststellung, dass Gesellschafter von AG, GmbH, oHG, KG und GbR nach der jeweiligen gesetzlichen Konzeption sowohl Einwirkungsmacht im Innenverhältnis besitzen als auch einer Haftungsverantwortung unterliegen, ist unzweifelhaft richtig. Mit dieser Feststellung ist jedoch nichts darüber gesagt, ob beides aufgrund übergreifender Wertungen zwingend korreliert oder nur rein faktisch aufgrund der formellen Gesellschafterstellung in der Person eines echten Vollgesellschafters zusammentrifft.

Auch bei mitgliedschaftlicher Stellung des Treugebers bleibt somit der Treuhänder als vollwertiger Gesellschafter der Außen-KG alleiniges Haftungssubjekt im

---

1525 Vgl. *Schäfer*, ZHR 177 (2013), 619, 640 f., der die Außenhaftung des Treugebers bejaht und eine nur subsidiäre Treuhänderhaftung entsprechend der §§ 422 ff. BGB annimmt. Mit genau entgegengesetzter Argumentation verneint *Klöhn*, VGR 2012, 143, 156 eine Erweiterung der mittelbaren Haftung durch Einwendungsausschluss zu Lasten des Treugebers, siehe dazu § 6 C. III.

1526 *Lenders*, S. 139 ff.

1527 *Lenders*, S. 281.

1528 *Lenders*, S. 264 ff., 268.

1529 S. o. § 3 B. II. 3. a) dd).

Außenverhältnis gem. § 171 I HGB.[1530] Selbst wenn eine Außenhaftung gewollt und vereinbart wäre, was etwa *Schäfer*[1531] unterstellt, so kann durch vertragliche Gestaltung ohnehin keine gesetzliche Haftung eines Nichtgesellschafters gem. §§ 171 I, 172 IV HGB bzw. § 176 HGB erreicht werden. Eine entsprechende Vertragsgestaltung könnte allenfalls dazu führen, dass der so bezeichnete Treugeber im Wege der Auslegung als echter Kommanditist zu qualifizieren wäre.[1532]

Eine unmittelbare Außenhaftung des Treugebers in direkter Anwendung der Haftungsvorschriften für Kommanditisten ist somit nicht begründbar.

V. Außenhaftung kraft gesetzlicher Gleichstellung in § 152 I 3 KAGB

Für die geschlossene Publikumsinvestmentkommanditgesellschaft schreibt § 152 I 3 KAGB seit neuestem vor, dass mittelbar über einen Treuhandkommanditisten beteiligte Anleger „im Innenverhältnis der Gesellschaft und Gesellschafter zueinander die gleiche Rechtsstellung wie ein Kommanditist" einnehmen. Eine entsprechende Gleichstellungsabrede ließ sich bereits vorher regelmäßig im Vertragswerk von kupierten Publikumskommanditgesellschaften finden.[1533] Auch der *BGH*[1534] ging bereits seit Anfang der 1980er Jahre von einer grundsätzlichen Gleichstellung von Treugebern und Kommanditisten in der Publikums-KG aus. Nach der vom *BGH* als „Gleichstellungsgrundsatz" bezeichneten Auslegungsregel[1535] dürfe ein Treugeber weder besser noch schlechter stehen als es sich unvermeidbar aus der Zwischenschaltung eines Treuhänders ergebe.[1536] Reichweite und Wirkung einer entsprechenden vertraglichen Gestaltung und dieses Rechtsprechungsgrundsatzes sind seit jeher überwiegend unklar geblieben.[1537] Dies zeigt etwa die Diskussion um die Einräumung von Verwaltungsrechten zugunsten der Treugeber.[1538] Ebenso muss eine Gleichstellung – sei sie gesetzlich, vertraglich oder möglicherweise richterrechtlich begründet – auch im Rahmen der Frage nach der Haftung Berücksichtigung finden.

1530 Zumindest im Ergebnis auch *Armbrüster*, ZIP 2009, 1885, 1888 ff.; *ders.*, NJW 2009, 2167, 2167; *K. Schmidt*, in: MüKo-HGB, vor § 230, Rn. 60.

1531 *Schäfer*, ZHR 177 (2013), 619, 637.

1532 Dies will *Schäfer*, ZHR 177 (2013), 619, 636 jedoch gerade nicht annehmen.

1533 Vgl. *Bost/Halfpap*, in: Lüdicke/Arndt, A. II. 3. b), S. 22 ff.; *Klebeck/Kunschke*, in: B/S/V, 405, § 152 KAGB, Rn. 45.

1534 Vgl. BGH, NJW 1980, 1162, 1163; BGH, NJW 1988, 1903.

1535 Zum Wesen des sog. „Gleichstellungsgrundsatzes", vgl. § 6 C. III. 6. d).

1536 BGH, NJW 1980, 1162, 1163.

1537 Zur mitgliedschaftlichen Rechtsstellung des qualifizierten Treugebers siehe § 3 D.

1538 Vgl. § 3 B.

1. Reichweite und Wirkung der Gleichstellung

Das Gesetz sieht lediglich die abstrakte Gleichstellung des Treugebers mit Kommanditisten im Innenverhältnis vor. Der genaue Umfang bzw. die Wirkung dieser Gleichstellung wird nicht näher ausgeführt. Auch die *Gesetzesbegründung*[1539] schweigt sich hierzu aus. Durch die Zulässigkeit der mittelbaren Beteiligung solle dem Umstand Rechnung getragen werden, dass die Handelsregistereintragung einer Vielzahl von Kommanditisten „praktische Schwierigkeiten und hohe Kosten" verursachen könne. Durch die angeordnete Gleichstellung solle sichergestellt werden, dass die Treugeber so stehen, als ob sie direkt als Kommanditisten beteiligt wären. Diese Begründung beschränkt sich – wie so oft im gesamten KAGB – lediglich auf die Umformulierung des Gesetzeswortlauts und ist daher ohne jeglichen Erkenntniswert. Es muss davon ausgegangen werden, dass dem Treugeber alle Rechte eines Kommanditisten gegenüber der Gesellschaft zustehen. Es kann dabei nicht mehr bezweifelt werden, dass die Einräumung unmittelbarer und originärer Rechte zugunsten des Treugebers als Nichtgesellschafter rechtstechnisch möglich und zulässig ist.[1540] Dies folgt zumindest aus § 152 II 3 KAGB, welcher eine unmittelbare Informationspflicht der KG gegenüber dem Treugeber und ein entsprechendes unmittelbares Zustimmungsrecht des Treugebers für haftungsbegründende Ausschüttungen ausdrücklich normiert.

Betrachtet man den reinen Wortlaut von § 152 I 3 KAGB erscheint es zunächst denkbar, den Treugeber auch sämtlichen Pflichten eines Kommanditisten[1541] und damit auch der gesetzlichen Haftung zu unterwerfen. Aus einer Gesamtbetrachtung des § 152 ergibt sich allerdings, dass es sich um eine rein anlegerschützende Norm handelt. Zu erwähnen sind hier die Erstreckung der Schutz- und Informationspflichten auf am Erwerb einer (mittelbaren) Beteiligung interessierte Anleger in § 152 I 4 KAGB, die bereits erwähnte Informationspflicht und das Zustimmungsrecht bei haftungsbegründenden Ausschüttungen gem. § 152 II 3 KAGB, der generelle Ausschluss von Nachschusspflichten in § 152 III KAGB und der Ausschluss der Haftung nach § 176 II HGB in § 152 IV KAGB.

Letztlich kann die anlegerschützende Natur des § 152 KAGB aber nicht dazu führen, dass der Treugeber keinerlei Pflichten gegenüber der Gesellschaft unterliegt. Zumindest muss der Treugeber der mit der gegebenen Einwirkungsmacht korrelierenden gesellschaftsrechtlichen Treuepflicht unterliegen.[1542]

2. Außenhaftung aufgrund gesetzlicher Gleichstellung

Wenn aufgrund oder möglicherweise trotz § 152 I 3 KAGB das Bestehen bestimmter Pflichten des Treugebers gegenüber der KG angenommen werden muss, so

1539 BT-Drucks. 17/12294, S. 250 f.

1540 Weiterhin anderer Ansicht aber etwa *Wiedemann*, WM 2014, 1985, 1988.

1541 So etwa *Paul*, in: W/B/A, § 152, Rn. 6.

1542 Vgl. § 3 B. III.

ist fraglich, ob dies zur Annahme einer unmittelbaren Außenhaftung führen muss oder kann. Klar und eindeutig bestimmt das Gesetz, dass die Gleichstellung nur im Innenverhältnis wirkt. Weiterhin bedient sich der Gesetzgeber sowohl im Gesetzestext als auch in der Gesetzesbegründung[1543] der Formulierungen des BGH zum sog. „Gleichstellungsgrundsatz". Der *BGH* lehnt eine unmittelbare Außenhaftung von Treugebern in *ständiger Rechtsprechung*[1544] ab. Die Gesetzesbegründung geht ausdrücklich von der Richtigkeit einer herrschenden Meinung aus, welche eine unmittelbare Außenhaftung von Anleger-Treugebern ablehne, weshalb insoweit nur ein Regress des Treuhänderkommanditisten bestehe, vor dem der Anleger-Treugeber durch eine vor der für den Treuhänderkommanditisten haftungsbegründenden Ausschüttung einzuholende Zustimmung zu schützen sei.[1545] Weiterhin findet die Aufklärungspflicht der Investment-KG gegenüber Kommanditisten hinsichtlich der auflebenden unmittelbaren Außenhaftung gem. § 152 II 2 KAGB auf Treugeber gem. § 152 II 3 KAGB mit Rücksicht auf die unterschiedliche Haftungssituation nur entsprechende Anwendung. Es steht somit fest, dass der Gesetzgeber durch die normierte Gleichstellung keine Außenhaftung der Treugeber einer Investmentkommanditgesellschaft herbeiführen wollte.[1546]

Einer solchen Außenhaftung als Gesellschafter steht zudem entgegen, dass das Gesetz und die Gesetzesbegründung eindeutig von einer grundlegenden Verschiedenheit von Treugebern und Kommanditisten ausgeht. Der Treugeber müsste zur Annahme einer Außenhaftung als dritte Gesellschafterklasse neben Komplementären und Kommanditisten qualifiziert werden. Eine dritte Art von Gesellschaftern kennt das HGB nicht. Aus § 149 KAGB und der zugehörigen Begründung ergibt sich eindeutig, dass eine solche auch nicht im KAGB geschaffen wurde.[1547]

Somit ändert die gesetzliche Normierung der Gleichstellung von Treugebern und Kommanditisten nichts an dem zur vertraglichen Gleichstellung gefundenen Ergebnis. Vielmehr stützt es den Befund des Nichtbestehens einer Außenhaftung des Treugebers in der Kommanditgesellschaft.

VI. Haftung als Schein-Kommanditist

In der *Literatur* wird eine unmittelbare Außenhaftung des Treugebers auch unter dem Gesichtspunkt der Rechtsscheinhaftung diskutiert.[1548] Als Scheinkommanditist haftet, wer ohne Gesellschafter zu sein gegenüber außenstehenden gutgläubigen

1543 Vgl. die „als ob"-Formel in BT-Drucks. 17/12294, S. 250 und BGH, NJW 1987, 2677, 2677.

1544 BGH, NZG 2009, 57; BGH, NZG 2009, 380; BGH, NZG 2009, 779; BGH, NZG 2010, 1029; BGH, NZG 2011, 588; BGH, NZG 2012, 744.

1545 BT-Drucks. 17/12294, S. 250.

1546 So auch *Paul*, in: W/B/A, § 152, Rn. 6.

1547 BT-Drucks. 17/12294, S. 249. Ausführlich hierzu auch § 7 D. II. 3.

1548 *Schiemann*, in: FS Zöllner, 503, 511; *Lenders*, S. 260 f.; *Armbrüster*, ZIP 2009, 1885, 1889; *Kindler*, in: FS K. Schmidt, 871, 884; *ders.*, in: K/K/R/M, § 105, Rn. 21.

Dritten zurechenbar den Anschein erweckt, Kommanditist zu sein, oder diesem Anschein nicht pflichtgemäß entgegentritt.[1549] Dies gelte gerade auch für den Treugeber in der Personengesellschaft.[1550]

1. *Rechtsscheinhaftung des Treugebers im Einzelfall*

Es kann kein Zweifel daran bestehen, dass es grundsätzlich möglich ist, dass im Einzelfall ein Treugeber den Tatbestand der Rechtsscheinhaftung erfüllt, wenn er einem Gesellschaftsgläubiger vor dessen Aufnahme von vertraglichen Beziehungen zur KG in irgendeiner Weise im Außenverhältnis gegenübergetreten ist. *Kindler* vertritt, dass der Scheinkommanditist dann mangels Eintragung im Handelsregister zwingend unbeschränkt nach § 176 II HGB hafte.[1551] Dies wird zwar für die meisten Fälle zutreffen, grundsätzlich haftet der Schein-Kommanditist jedoch nicht weiter, als wenn der gesetzte Schein zuträfe.[1552] Erwähnt der Scheingesellschafter dem zukünftigen Gesellschaftsgläubiger gegenüber eine Haftsumme, so muss diese gelten und die Rechtsscheinhaftung insoweit gem. §§ 171, 172 HGB beschränkt sein. Gleiches dürfte auch dann anzunehmen sein, wenn sich der Treugeber als Kommanditist einer KG geriert, bei der alle Kommanditisten einer einheitlichen Haftsumme unterliegen. Nur wenn sich eine anzuwendende Haftsumme nicht sicher bestimmen lässt, greift § 176 II HGB ein.

2. *Zwingende Rechtsscheinhaftung des qualifizierten Treugebers*

Schiemann befürwortet über die Fälle der Rechtsscheinhaftung im Einzelfall hinaus eine grundsätzliche unmittelbare Außenhaftung von qualifizierten Treugebern in der Publikumspersonengesellschaft aus Rechtsscheinsgesichtspunkten. Er geht hierbei zunächst zutreffend davon aus, dass die Treugeber in diesem Fall in den Gesellschaftsverband integriert sind, ohne aber selbst Gesellschafter zu sein.[1553] Bei offen ausgestalteter Treuhand erschienen die Treugeber wirtschaftlich betrachtet als sichtbare Gesellschafter. Wenn schon der Schein-Gesellschafter hafte, dann müsse erst recht auch derjenige haften, der bei Zusammenschau von schuldrechtlichen und gesellschaftsrechtlichen Elementen als wirklicher – wenn auch mittelbarer – Gesellschafter erscheine. Wer Gesellschafterrechte in Anspruch nehme, den träfen auch die Gesellschafterpflichten. Dieses Konzept verwische zwar die klare Trennung der Sphären von Gesellschaft und Treuhand, sei aufgrund der Probleme einer nur mittelbaren Haftung aber geboten.[1554]

1549 *Kindler*, in: K/K/R/M, § 105, Rn. 35; *Wertenbruch*, in: E/B/J/S, § 105, Rn. 207 ff.; *K. Schmidt*, in: MüKo-HGB, § 105, Rn. 234, 258.

1550 *Kindler*, in: K/K/R/M, § 105, Rn. 21; *Roth*, in: Baumbach/Hopt, § 105, Rn. 34.

1551 *Kindler*, in: FS K. Schmidt, 871, 884.

1552 *Hopt*, in: Baumbach/Hopt, § 176, Rn. 7.

1553 *Schiemann*, in: FS Zöllner, 503, 510/517.

1554 *Schiemann*, in: FS Zöllner, 503, 511 f.; zustimmend *Pfeifle/Heigl*, WM 2008, 1485, 1492.

Eine grundsätzliche Rechtsscheinhaftung aufgrund der bloßen mittelbaren Beteiligung an einer Gesellschaft ohne besondere weitere Zurechnungsgründe wird in *Rechtsprechung*[1555] und *Literatur*[1556] zutreffend abgelehnt. Die Beteiligung qualifizierter Treugeber allein könnte eine Haftung aus Rechtsscheingesichtspunkten allenfalls dann begründen, wenn sich aus der Organisationsstruktur der Gesellschaft eine Art typisiertes Vertrauen des Rechtsverkehrs herleiten ließe. Es ist jedoch bereits nicht ersichtlich, wie die Tatsache der Integration von Treugebern in das Innenverhältnis der Gesellschaft ohne weitere tatsächliche Umstände Außenwirkung entfalten sollte. Eine kupierte Publikumskommanditgesellschaft firmiert im Rechtsverkehr weiterhin als einfache (GmbH & Co.) KG. Auch der typischerweise vorliegende Gesellschaftszweck der Kapitalsammlung oder die Bezeichnung als „geschlossener Fonds" können keine schützenswerte Erwartungshaltung des Rechtsverkehrs hervorrufen. Vielmehr wird den potentiellen Vertragspartnern – regelmäßig den finanzierenden Banken – das Geschäftsmodell der Eigenkapitalsammlung von Nichtgesellschaftern bekannt sein,[1557] weshalb es durchaus zutrifft, dass die Gläubiger regelmäßig davon ausgehen, dass die Kapitalgrundlage der Gesellschaft durch die einzelnen Treugeber und nicht durch die Treuhandgesellschaft zur Verfügung gestellt wird.[1558] Die schutzwürdige Erwartung einer gesellschaftsrechtlichen Haftung dieser Anleger als Nichtgesellschafter kann allein aufgrund dieser Annahme jedoch keinesfalls bestehen. Die tatsächliche und durch die Handelsregistereintragung allein zurechenbar nach außen verlautbarte gesellschaftsrechtliche Verantwortung trifft insoweit nur den Treuhänder.[1559]

Über die mittelbare wirtschaftliche Beteiligung hinaus dürfte eine weitergehende organisationsrechtliche Einbeziehung für diese potentiellen Vertragspartner kaum von Belang sein. Insbesondere kann nicht davon ausgegangen werden, dass die Kenntnis über die interne Gleichstellung den Vertragspartner dazu veranlasst, nunmehr von einer geänderten Haftungssituation auszugehen. Stellt man wie *Schiemann*[1560] vorwiegend auf die vertragliche Gestaltung ab, so ergibt sich schon aus dem bloßen Bestehen des Treuhandvertrags als einer schuldrechtlichen Komponente neben dem Gesellschaftsvertrag, dass insoweit etwas nicht rein Gesellschaftsrechtliches geregelt wird und mithin eine von der echten Gesellschafterstellung abweichende Rechtsposition geschaffen werden soll. Dies gilt gerade auch für die Fälle, in denen die Verträge begrifflich nicht sauber zwischen Treugebern und Gesellschaftern trennen. Nehmen Dritte tatsächlich inhaltliche Kenntnis

1555 BGH, NZG 2009, 57, 58, Rz. 23 f.

1556 *Armbrüster*, ZIP 2009, 1885, 1889; *Kindler*, in: FS K. Schmidt, 871, 884; *Lenders*, S. 260; *F. Peters*, S. 80; *Beuthien*, ZGR 1970, 26, 48; *Kümmerlein*, S. 155; *Weitemeyer*, in: Oetker, 3. Aufl. (2013), § 105, Rn. 98; *Lieder*, in: Oetker, § 105, Rn. 132.

1557 Vgl. *Zinger*, BB 2014, 458, 458.

1558 So *Schäfer*, ZHR 177 (2013), 619, 637.

1559 Ähnlich *Zinger*, BB 2014, 458, 459.

1560 *Schiemann*, in: FS Zöllner, 503, 511 f.

von dem Vertragswerk, so dürfen sie nicht auf eine Gesellschafterstellung von Treugebern vertrauen.

Daneben könnte man einen Rechtsschein aus tatsächlichen Begleitumständen der qualifizierten mittelbaren Beteiligung herleiten wollen, namentlich der Teilnahme an Gesellschafterversammlungen und der Ausübung von Gesellschafterrechten. Diese Umstände wären wiederum grundsätzlich nur im Einzelfall geeignet, eine Rechtsscheinhaftung zu begründen; etwa dann, wenn der Treugeber einem potentiellen Vertragspartner der KG auf der Gesellschafterversammlung gegenübertritt. Als verbandsinterne Tatsache wird die Teilnahme an Gesellschafterversammlungen den Gläubigern regelmäßig nicht erkennbar sein. Jedenfalls kann auch hieraus keine allgemeine unmittelbare Haftung qualifizierter Treugeber gefolgert werden.[1561]

C. Gesetzliche Haftung entsprechend einem sog. „Hintermann“

Im Kapitalgesellschaftsrecht finden sich Haftungstatbestände, die auch Nichtgesellschafter erfassen. Hieran anknüpfend entwickelte die Rechtsprechung umfassende Grundsätze zur Haftung sog. „Hintermänner“, zu denen insbesondere auch Treugeber zählen. Durch Übertragung dieser Grundsätze auf Personengesellschaften ließe sich möglicherweise auch dort eine unmittelbare Haftung von Treugebern begründen.

I. Die Treugeberhaftung im Kapitalgesellschaftsrecht

Anders als im Personengesellschaftsrecht, ist das Thema der Treuhand an Gesellschaftsanteilen und damit auch der Treugeberhaftung im Bereich der Kapitalgesellschaften schon früh intensiv in *Rechtsprechung* und *Literatur* behandelt worden.[1562] Dies gilt vor allem für die Treuhand an GmbH-Anteilen. So finden sich im GmbH- und Aktienrecht ausdrückliche gesetzliche Regelungen zur Haftung sogenannter „Hintermänner“, also nur mittelbar beteiligter Personen, welche hinter dem eigentlichen Gesellschafter stehen, etwa Treugeber und Unterbeteiligte. Weiterhin finden sich in Rechtsprechung und Literatur verschiedene Konstruktionen zur Begründung einer Hintermannhaftung. Möglicherweise lassen sich diese auf die Haftung des Treugeber-Kommanditisten übertragen.

1561 Vgl. auch *Zinger*, BB 2014, 458, 459.

1562 BGH, NJW 1960, 285; BGHZ, NJW 1980, 592; BGH, NJW 1982, 386; BGH, NJW 1991, 357; BGH, NJW 1992, 2023; OLG Hamburg, DB 1984, 1515; *Fastrich*, in: Baumbach/Hueck, § 1, Rn. 44 mwN.

1. *Die gesetzliche Hintermannhaftung*

Anders als im Personengesellschaftsrecht, finden sich im Kapitalgesellschaftsrecht einzelne Vorschriften, die die Verantwortlichkeit von Personen, welche hinter den eigentlichen Gesellschaftern stehen und somit nur mittelbar beteiligt sind, ausdrücklich regeln. § 46 V AktG erweitert die Verantwortlichkeit für die sich aus § 46 AktG ergebenden Pflichten (z. B. Richtigkeit und Vollständigkeit der Angaben, Einzahlung auf die Aktien, vorsätzliche oder grob fahrlässige Schädigung, Ausfallhaftung für Mitaktionäre) über den Kreis der Gründer hinaus auf Personen, für deren Rechnung die Gründer Aktien übernommen haben.[1563] Das Pendant im GmbH-Recht bildet der § 9a IV GmbHG. Diese Vorschrift wurde den §§ 46 ff. AktG weitgehend nachempfunden.[1564] Demnach haften Hintermänner, insbesondere Treugeber[1565], für deren Rechnung die Gesellschafter Geschäftsanteile übernommen haben, in gleicher Weise wie die Gesellschafter selbst für fehlende Einzahlungen, Gründungsaufwand und sonstige Schäden im Zusammenhang mit falschen Angaben bei der Errichtung der Gesellschaft. In beiden Fällen – § 9a GmbHG und § 46 AktG – handelt es sich um Ansprüche der Gesellschaft.

2. *Die Hintermannhaftung in der Rechtsprechung*

a) *Das „Lufttaxi“-Urteil des BGH*[1566]

Die Entwicklung einer Hintermannhaftung begann in der Rechtsprechung vor Einführung des § 9a IV GmbHG mit der „Lufttaxi-Entscheidung“. Dieser lag der Fall einer sogenannten „Strohmanngründung“ einer GmbH zu Grunde. Der Beklagte Treugeber hatte als Hintermann zwei Treuhänder mit der Gründung einer GmbH beauftragt, welche Flüge verschiedener Art anbieten sollte. Mit der Einschaltung der Treuhänder als Mittelsmänner sollten die Beschränkungen der alliierten Luftaufsichtsbehörde umgangen werden, da einer von ihnen einen brasilianischen Pass besaß. Der Treuhandvertrag sah vor, dass alle „Rechte und Pflichten (...) zugunsten und zu Lasten des Treugebers“ gehen.[1567] Weiterhin durften die Treuhänder ihre Rechte in der Gesellschaft nur im Einvernehmen mit dem Treugeber oder nach dessen Weisungen ausüben und waren verpflichtet, dem Treugeber auf Verlangen Vollmacht zur Stimmrechtsausübung zu erteilen.

Aufgrund dieser Gestaltung sei der Treugeber formell betrachtet weder Gründer noch Gesellschafter der GmbH. Wirtschaftlich hingegen sei er von Anfang an der alleinige Gesellschafter gewesen. Der Treugeber müsse daher „vermögensrechtlich wie ein Gesellschafter behandelt und insoweit passiv einem Gesellschafter“

1563 Vgl. *Pentz*, in: MüKo-AktG, § 46, Rn. 60 ff.
1564 *Fastrich*, in: Baumbach/Hueck, GmbHG 19. Aufl., § 9a, Rn. 1.
1565 *Fastrich*, in: Baumbach/Hueck, GmbHG 19. Aufl., § 9a, Rn. 4.
1566 BGH, NJW 1960, 285; Urt. v. 14.12.1959 – BGH II ZR 187/57.
1567 BGH, NJW 1960, 285, 286.

gleichgestellt werden.[1568] Diese Gleichstellung und Gleichbehandlung vollzieht der BGH durch die entsprechende Anwendung der für den Schutz der Kapitalaufbringung und -erhaltung maßgeblichen Vorschriften der §§ 19 II, 24, 30, 31 GmbHG auch auf den Treugeber als Hintermann. Die Begründung dieser Haftungserstreckung stützt der BGH im Wesentlichen auf drei Aspekte:

aa) Ausgleich von Vor- und Nachteilen

Zunächst bestehe grundsätzlich ein untrennbarer Zusammenhang der Vor- und Nachteile der Haftungsbeschränkung im GmbH-Recht. Wer sich durch die Gründung einer GmbH der Vorteile der Haftungsbeschränkung bediene, müsse sich auch bezüglich der damit einhergehenden Pflichten wie ein Gesellschafter behandeln lassen.

bb) Effektiver Gläubigerschutz

Ohne die Anwendung der §§ 19 II, 24, 30, 31 GmbHG auf den Hintermann ist nach Ansicht des BGH kein effektiver Schutz der Gesellschaft und ihrer Gläubiger gewährleistet. Der Hintermann könne nur nach § 826 in Anspruch genommen werden. Die Gesellschaft müsste in diesem Fall einerseits eine vorsätzliche Schädigung nachweisen. Andererseits sei auch ein Erlass des Anspruchs des Strohmanns auf Befreiung von der Einlageverpflichtung denkbar, ohne dass die Voraussetzungen des § 826 erfüllt sind. Bei einem möglichen Ausschluss der Aufrechnung des Hintermannes gegen den Befreiungsanspruch des Strohmannes dürften nicht nur rein schuldrechtliche Aspekte aus dem Treuhandverhältnis zum Tragen kommen, weshalb die entsprechende Anwendung von § 19 II GmbHG geboten sei. Die (Ausfall-)Haftung des Strohmanns selbst nach §§ 24, 30, 31 GmbHG, die Haftung des Geschäftsführers gemäß § 43 GmbHG und die Inanspruchnahme des Zahlungsempfängers aus ungerechtfertigter Bereicherung seien aufgrund einer möglichen Zahlungsunfähigkeit dieser Personen nicht ausreichend.

cc) Grundgedanke des § 46 V AktG

Zuletzt führt der BGH den Grundgedanken des § 46 V AktG (damals § 39 V AktG) ins Feld. Der Senat erkennt zwar, dass das GmbH-Recht zu dieser Zeit keine Gründerhaftung kannte, wie sie § 46 V AktG statuiert. Dennoch sei eine Übertragung des Grundgedankens von § 46 V AktG in das Recht der GmbH möglich und gerechtfertigt. Der Gesetzgeber habe mit dieser Vorschrift versucht, der Strohmanngründung bei der Aktiengesellschaft zu begegnen. Dies sei „bei der GmbH nicht minder notwendig als bei der Aktiengesellschaft“ und rechtfertige somit die Übertragung

1568 BGH, NJW 1960, 285, 286; bestätigt durch BGH, NJW 1980, 592; BGH, NJW 1982, 386; BGH, NJW 1991, 357.

des Grundgedankens des § 46 V AktG ins GmbH-Recht. Eine Person, für deren Rechnung eine GmbH gegründet werde, hafte daher wie der Gründer selbst.[1569]

b) Die Entscheidung des OLG Hamburg vom 27.04.1984 – 11U 29/84

Das OLG Hamburg folgt der „Lufttaxi“-Entscheidung in wesentlichen Punkten. So geht das Gericht aus Gründen des Gläubigerschutzes und der „Häufigkeit unsolider GmbH-Gründungen“[1570] ebenfalls von der haftungsrechtlichen Gleichstellung von Treugeber bzw. Hintermann und Treuhänder (Strohmann) aus. Dies gelte gleichermaßen für die Aufbringung und Erhaltung des Stammkapitals. Eine unterschiedliche Abgrenzung des verantwortlichen Personenkreises in diesen beiden Fällen würde zu inneren Wertungswidersprüchen und willkürlich anmutenden Konsequenzen führen.[1571]

Allerdings wendet sich das OLG Hamburg aufgrund des nunmehr eingeführten § 9a GmbHG, gegen eine entsprechende Anwendung des § 46 V AktG. Der Gesetzgeber habe damit eine unmittelbar für die GmbH geltende Vorschrift geschaffen, die in § 9a IV GmbHG eine Hintermannhaftung vorsehe, diese aber anders als in § 46 IV AktG nicht auf ungedeckte Einlagen erstreckt. Aus diesem Umstand sei allerdings nicht zu folgern, dass der Gesetzgeber etwas an den Haftungsvoraussetzungen der §§ 21 ff. GmbHG ändern oder an der vom BGH im „Lufttaxi“-Urteil beschrittenen Rechtsfortbildung ändern wollte.[1572]

c) Das Urteil des OLG Düsseldorf vom 15.08. 1991 – 6 U 274/90

Das OLG Düsseldorf wendet sich mit dieser Entscheidung für den Bereich der Kapitalaufbringung gegen die Rechtsprechung des BGH. Es sieht in der Haftung von Hintermännern bei Gründung einer GmbH einen Widerspruch zu Wortlaut und Systematik des GmbH-Gesetzes.[1573] Eine solche Haftung lasse sich weder durch analoge Anwendung einzelner Vorschriften, noch mit einem aus den Kapitalschutzvorschriften herzuleitenden allgemeinen Rechtsgedanken begründen.[1574] Anknüpfungspunkt der Haftung für die Kapitalaufbringung nach §§ 19, 24 GmbHG sei allein die Verbandszugehörigkeit, während sich die Haftung für die Erhaltung des Stammkapitals gemäß §§ 30, 31 GmbHG allein aus der Tatsache des Erhalts einer Leistung aus gebundenem Kapital ergebe.[1575] Weiterhin bemängelt das Gericht eine fehlende Legaldefinition des Begriffs „Hintermann“. Die übliche Umschreibung aus § 46 V AktG und § 9a IV GmbHG sei die des Treugebers. Eine

1569 BGH NJW 1960, 285, 287.
1570 OLG Hamburg, DB 1984, 1515, 1516.
1571 OLG Hamburg, DB 1984, 1515, 1516.
1572 OLG Hamburg, DB 1984, 1515, 1516; **aA** *Ulmer*, in: FS Odersky, 873, 892 f.
1573 OLG Düsseldorf, GmbHR 1992, 373, 374.
1574 OLG Düsseldorf, GmbHR 1992, 373, 373.
1575 OLG Düsseldorf, GmbHR 1992, 373, 374.

tatsächliche Einflussnahme auf die Gesellschaft sei auch von Personen zu befürchten, welche kein rechtliches Verhältnis mit dem „Strohmann“ eingegangen sind. Derjenige, der einen Treuhandvertrag abgeschlossen habe, stünde somit schlechter, als der, dem nicht nachzuweisen ist, dass ein formeller Gesellschafter auf seine Rechnung handelt. Dies führe zu unbilligen Diskrepanzen, weshalb die Hintermannhaftung von einer speziellen gesetzlichen Regelung abhängig zu machen sei. § 9a GmbHG gewähre insoweit einen ausreichenden Schutz.[1576]

d) Die „Thyssen-Rheinstahl“-Entscheidung des BGH[1577]

Es handelt sich um das Revisionsurteil zur vorgenannten Entscheidung des OLG Düsseldorf, welches zur Aufhebung und Zurückverweisung führte. Die bisherige Rechtsprechung des Senats wird fortgeführt, allerdings ohne § 46 V AktG heranzuziehen. Die Haftung des Hintermannes wird sowohl für die Aufbringung als auch die Erhaltung des Stammkapitals aufrechterhalten. Der wirksame und praktikable Schutz des Haftungsfonds der Gesellschaft sei mit Rücksicht auf den Gläubigerschutz eine unabdingbare Voraussetzung der beschränkten Haftung in der Kapitalgesellschaft. Die Möglichkeit der Pfändung eventueller Ersatz- und Befreiungsansprüche des Vordermanns gegen den Hintermann biete keinen gleichwertigen Schutz. Die Gesellschaft wäre rein schuldrechtlichen Einwendungen aus dem Treuhandverhältnis ausgesetzt und es käme zur Verdoppelung der Prozesse und der Zwangsvollstreckung. Es bestehe kein schutzwürdiges Interesse des Hintermannes daran, die Gesellschaft auf diesen Weg zu verweisen und ihn selbst von einer unmittelbaren Haftung freizuhalten. Dem Interesse des Hintermanns sei durch die bloße Anerkennung einer Strohmanngründung genüge getan. Durch die Verdoppelung der Gesellschafterstellung entstandene Risiken seien auch demjenigen anzulasten, der die Verdoppelung veranlasst habe.[1578] Die Rechtsprechung des Senats stelle auch keinen systemwidrigen Bruch mit dem Grundsatz dar, dass die Haftung für den Garantiefond zwingend an die Verbandszugehörigkeit anknüpft. Lediglich das Tatbestandsmerkmal der Gesellschafterstellung werde nicht rein formell, sondern nach angemessenen funktionalen und wirtschaftlichen Gesichtspunkten bestimmt.[1579] Der Senat erkennt weiterhin den Konflikt zwischen Haftungserstreckung und mittelbarer Stellvertretung, räumt aber dem Gläubigerschutz im Kapitalgesellschaftsrecht den Vorrang ein.[1580] Ebenso wird ein Umkehrschluss aus der Einführung des § 9a IV GmbHG abgelehnt. Dem Gesetzgeber könne nicht die nötige vollständige und systematische Durchdringung der gesamten Gesetzesmaterie unterstellt werden. Trotz Kenntnis der gezogenen Analogie

1576 OLG Düsseldorf, GmbHR 1992, 373, 375.
1577 BGH, NJW 1992, 2023 ff.; Urt. v. 13.04.1992 – II ZR 225/91.
1578 BGH, NJW 1992, 2023, 2024.
1579 BGH, NJW 1992, 2023, 2024.
1580 BGH, NJW 1992, 2023, 2024 f.

zu § 46 V AktG habe der Gesetzgeber keine Missbilligung der Rechtsprechung des Senats zu erkennen gegeben. Vielmehr sei das Ziel der Novellierung gerade die Verbesserung des Gläubigerschutzes gewesen.[1581] Schließlich wendet sich der Senat auch gegen eine unterschiedliche Abgrenzung der verantwortlichen Personen bei Aufbringung und Erhaltung des Stammkapitals. Dies würde zu einem Wertungswiderspruch führen. Es könne keinen Unterschied machen, ob der Hintermann seine Einlage gar nicht erst erbringe oder sie sich später wieder auszahlen lasse. In beiden Fällen bestehe wirtschaftlich wieder der gleiche Zustand wie vor Leistung der Einlage.[1582]

3. *Die Hintermannhaftung in der Literatur*

Die vom BGH angenommene, umfassende unmittelbare Haftung von Treugebern für die Aufbringung und Erhaltung des Stammkapitals in Analogie zu §§ 19, 24, 30, 31 GmbHG findet in der *Literatur* kaum Gefolgschaft.[1583]

a) Kapitalerhaltung analog §§ 30, 31 GmbHG

Eine unmittelbare Anwendung von §§ 30, 31 GmbHG auf Treugeber ist aufgrund des insoweit eindeutigen Wortlauts („Gesellschafter") richtigerweise nicht möglich.[1584] Auch eine unmittelbare Haftung des Treugebers analog §§ 30, 31 GmbHG wird *teilweise* unter Hinweis auf den möglichen Zugriff auf den Ersatzanspruch des Treuhänders abgelehnt.[1585]

Die *herrschende Meinung*[1586] befürwortet dagegen eine unmittelbare Haftung analog §§ 30, 31 GmbHG unter bestimmten zusätzlichen Kriterien. Als einschränkendes Kriterium wird etwa gefordert, dass der Treugeber durch ein

---

1581 BGH, NJW 1992, 2023, 2025; **aA** *Ulmer*, in: FS Odersky, 873, 892 f.

1582 BGH, NJW 1992, 2023, 2025.

1583 Wie der BGH: *Bayer*, in: Lutter/Hommelhoff, § 2, Rn. 15, § 14, Rn. 27 ff., § 24, Rn. 13; *Fastrich*, in: Baumbach/Hueck, § 1, Rn. 44; *Schneider*, in: Scholz, 10. Aufl. (2006), § 19, Rn. 61; *Köhl*, GmbHR 1998, 119, 119; *Zacher*, DStR 1996, 1813, 1817.

1584 Wie hier *Canaris*, in: FS Fischer, 31, 55; *Tebben*, S. 402; anders die **hM**, welche eine erweiternde Auslegung vornimmt, vgl. etwa *Fastrich*, in: Baumbach/Hueck, § 30, Rn. 27; *Altmeppen*, in: FS Kropff, 642, 643.

1585 *Michalski*, in: Michalski, § 2, Rn. 99; *Armbrüster*, S. 393 ff.; *Ballerstedt*, JZ 1960, 513, 517; *Ehlke*, DB 1985, 795, 803.

1586 *Habersack*, in: GK-GmbHG, § 31, Rn. 18; *Pentz*, in: Rowedder, § 31, Rn. 11, 21 ff.; *Altmeppen*, in: Roth/Altmeppen, § 30, Rn. 31 ff; *Fastrich*, in: Baumbach/Hueck, § 31, Rn. 12; *Veil*, in: Scholz, § 30, Rn. 50 f.; *Verse*, in: Scholz, 10. Aufl. (2006), § 30, Rn. 39; § 31, Rn. 11 ff.; *Fleischer*, in: Henssler/Strohn, § 30 GmbHG, Rn. 14, § 31, Rn. 12; *Heidinger*, in: Michalski, § 30, Rn. 115 f.; *Altmeppen*, in: FS Kropff, 642, 643; *Raiser/Veil*, § 37, Rn. 34; *Tebben*, S. 402.

Weisungsrecht tatsächlich Einfluss auf den Treuhänder haben müsse.[1587] Dieses ist bei der Treuhand grundsätzlich gegeben. Allgemeiner wird auf einen besonderen Zurechnungsgrund in der Person des Treugebers, etwa die Veranlassung der Auszahlung durch diesen, abgestellt.[1588] Dieser sei etwa dann gegeben, wenn es sich um eine Leistung causa societatis handele.[1589] Erfolgt die Auszahlung an den Treugeber ohne Rücksicht auf seine mittelbare Gesellschaftsbeteiligung sind §§ 30, 31 GmbHG richtigerweise schon dem Grunde nach nicht einschlägig.[1590] Für die erforderliche gesellschafterbezogene Leistung dürfte allerdings bereits die bloße Kenntnis der Gesellschafter oder des Geschäftsführers von der mittelbaren Beteiligung ausreichend sein, so dass nicht notwendig eine explizite Veranlassung durch den Treugeber erforderlich ist bzw. die Veranlassung bereits in der Eingehung des offenen oder qualifizierten Treuhandverhältnisses zu sehen wäre.[1591]

Eine weitere Einschränkung wird ferner dahingehend gemacht, dass eine Haftung des Treugebers generell nur subsidiär bei erfolgloser Inanspruchnahme des Treuhänders bestehe.[1592] Weiterhin wird vertreten, eine unmittelbare Inanspruchnahme des Treugebers analog § 31 GmbHG solle nur möglich sein, wenn dieser tatsächlich Leistungen aus dem Gesellschaftsvermögen erhalten habe, diese also nicht bloß an den Treuhänder geflossen seien.[1593] Diese Ansicht trägt der Bedeutung des Innenverhältnisses zwischen Treugeber und Treuhänder nicht hinreichend Rechnung. Da der Treuhänder grundsätzlich gem. § 667 BGB zur Herausgabe verpflichtet ist, kann es keinen Unterschied machen, an wen die Zahlung geleistet wird und in wessen Vermögen sie sich letztlich befindet. Lediglich die Begründung der Haftung analog § 31 GmbHG bedürfte eines weiteren Schritts, sofern man eine Haftungserstreckung dem Grunde nach befürwortet. Der Treuhänder müsste in diesem Fall als eine dem „wirtschaftlichen Gesellschafter" (Treugeber) nahestehende Person behandelt werden.[1594] Ebenso ist es nicht überzeugend, einerseits

---

1587 *K. Schmidt*, GesRt, § 61 III. 3. b), S. 1832; *ders.*, in: MüKo-HGB, vor § 230, Rn. 60; *Ulmer*, in: FS Odersky, 873, 886; *Fastrich*, in: Baumbach/Hueck, § 31, Rn. 12.

1588 *Heidinger*, in: Michalski, § 31, Rn. 23; *Veil*, in: Scholz, § 30, Rn. 50 f.; *Verse*, in: Scholz, 10. Aufl. (2006), § 30, Rn. 40; *Ulmer*, ZHR 156 (1992), 377, 385; *Tebben*, S. 403.

1589 Vgl. *Ulmer*, ZHR 156 (1992), 377, 385; *Ballerstedt*, JZ 1960, 513, 517.

1590 So zutreffend *Tebben*, S. 403.

1591 Vgl. *Ulmer*, in: FS Odersky, 873, 892.

1592 *K. Schmidt*, in: MüKo-HGB, vor § 230, Rn. 60; *Emmerich*, in: Scholz, 10. Aufl. (2006), § 2, Rn. 59.

1593 *Habersack*, in: GK-GmbHG, § 30, Rn. 66; *Veil*, in: Scholz, § 30, Rn. 50 f.; *Verse*, in: Scholz, 10. Aufl. (2006) § 30, Rn. 39 f.; *Ulmer/Löbbe*, in: GK-GmbHG, § 2, Rn. 64 f.; *Fleck*, in: FS GmbHG, 391, 410 f.; **aA** *Altmeppen*, in: Roth/Altmeppen, § 30, Rn. 33; *Fastrich*, in: Baumbach/Hueck, § 31, Rn. 12.

1594 Vgl. *Tebben*. S 404, der dies als „doppelte Umgehung" bezeichnet. Zur Erstreckung der §§ 30, 31 GmbHG auf nahestehende Personen, vgl. *Veil*, in: Scholz, § 30, Rn. 38 ff.; *Verse*, in: Scholz, 10. Aufl. (2006), § 30, Rn. 40; *Habersack*, in: GK-GmbHG, § 30, Rn. 65; *Fleischer*, in: Henssler/Strohn, § 30 GmbHG, Rn. 14; *Raiser/Veil*, § 37, Rn. 34.

bei direkter Leistung an den Treugeber eine direkte Haftung entsprechend § 31 GmbHG anzunehmen und andererseits nur eine mittelbare Haftung durch Zugriff auf den Ersatzanspruch gem. § 670 BGB bei Leistung an den Treuhänder und Weiterleitung an den Treugeber.[1595] Aus Sicht der GmbH und ihrer Gläubiger besteht kein Unterschied zwischen beiden Varianten, da die Leistung jeweils auf demselben Rechtsgrund beruht.

b) Kapitalaufbringung analog §§ 19, 24 GmbHG

Eine unmittelbare Verantwortlichkeit des Treugebers für die Kapitalaufbringung analog §§ 19, 24 GmbHG wird – anders als bei der Kapitalerhaltung – in der *Literatur weit überwiegend* abgelehnt.[1596] Es wird wiederum darauf verwiesen, dass dem Interesse der Gesellschaft und ihrer Gläubiger durch die Möglichkeit des Zugriffs auf das Vermögen des Treuhänders, zu welchem auch der Ersatzanspruch aus § 670 gehört, genüge getan sei. Weiterhin wird eine Einwendungssperre für den Treugeber angenommen,[1597] teilweise in Analogie zu § 19 II GmbHG.[1598] Dies entspricht insoweit auch der Rechtsprechung zur Treuhand an Kommanditanteilen. Hinsichtlich der möglichen mittelbaren Haftung des Treugebers durch Zugriff auf den Ersatzanspruch des Treuhänders besteht zwischen der Verantwortlichkeit für die Kapitalerhaltung einerseits und die Kapitalaufbringung andererseits kein Unterschied, der eine unterschiedliche Behandlung rechtfertigen könnte. Die Erklärung für die unterschiedliche Stimmgewichtung in der Literatur dürfte darin liegen, dass die Anknüpfung an die Person des „Empfängers“ im Tatbestand des § 31 GmbHG eher eine materielle, wirtschaftliche Betrachtung erlaubt, als die Anknüpfung an die rein formell zu bestimmende Gesellschafterstellung im Rahmen des § 24 GmbHG.[1599] Letztlich ergibt sich aus der Bezugnahme von § 31 GmbHG auf § 30 GmbHG, dass auch hier grundsätzlich nur der echte, eingetragene Gesellschafter i. S. d. §§ 16 I, 8 I Nr. 3, 40 GmbHG haftet. Eine unterschiedliche Behandlung von Kapitalaufbringung und Kapitalerhaltung erscheint daher grundsätzlich wenig überzeugend.[1600] Anderes gilt nur, sofern über die entsprechende Anwendung von

---

1595 So aber *Verse*, in: Scholz, 10. Aufl. (2006), § 31, Rn. 12 ff.; § 30, Rn. 35 ff.

1596 *Hueck/Fastrich*, in: Baumbach/Hueck, 19. Aufl., § 2, Rn. 44; *Emmerich*, in: Scholz, 10. Aufl. (2006), § 2, Rn. 59a; *Schmidt-Leithoff*, in: Rowedder, § 2, Rn. 30 f.; *Michalski*, in: Michalski, § 2, Rn. 99; *Ebbing*, in: Michalski, § 24, Rn. 44 f.; *Raiser/Veil*, § 26, Rn. 23; *Roth/Thöni*, in: FS GmbHG, 245, 267 ff.; *Ulmer/Löbbe*, in: GK-GmbHG, § 2, Rn. 62 ff; *Schaub*, DStR 1996, 65, 67; *K. Schmidt*, GesRt, § 61 III. 3. b), S. 1830 ff.; *Tebben*, S. 393 ff.; *Ehlke*, DB 1985, 795, 801 f.; *Armbrüster*, S. 383 ff.; **aA** jetzt *Fastrich*, in: Baumbach/Hueck, § 1, Rn. 44; § 24, Rn. 4; *Bayer*, in: Lutter/Hommelhoff, § 24, Rn. 13; *Altmeppen*, in: Roth/Altmeppen, § 24, Rn. 12.

1597 *Armbrüster*, S. 387 f./436.

1598 *Ehlke*, DB 1985, 795, 801 f.; **aA** *Ballerstedt*, JZ 1960, 513, 516 f.; *Emmerich*, in: Scholz, 10. Aufl. (2006), § 2, Rn. 59a.

1599 Vgl. *Ebbing*, in: Michalski, § 24, Rn. 44 f.

1600 So aber etwa *Raiser/Veil*, § 26, Rn. 23.

§§ 30, 31 GmbHG echte Fälle der Gesetzumgehung (Treuhand mit Verbergungs-/ Umgehungsfunktion)[1601] bzw. echte „Strohmänner" erfasst werden, was soweit ersichtlich für die in der Rechtsprechung behandelten Fälle gilt.

c) Haftung kraft Verbandszugehörigkeit analog § 18 II GmbHG

Ulmer befürwortet eine unmittelbare Verantwortlichkeit nur des qualifizierten Treugebers für die Kapitalaufbringung und -erhaltung aufgrund seiner Verbandszugehörigkeit in der GmbH entsprechend § 18 II GmbHG.[1602] Hierbei berücksichtigt er jedoch nicht, dass sich die mitgliedschaftliche Stellung des Treugebers im Verband allein auf die Verwaltungsrechte bezieht. Die vermögensrechtliche Beteiligung vollzieht sich weiterhin rein schuldrechtlich im Innenverhältnis zum Treuhänder, der allein den Kapitalanteil in der GmbH hält.[1603] Der verbandsinternen Position des Treugebers fehlt jeglicher vermögensrechtliche Charakter.[1604]

II. Übertragbarkeit auf die Kommanditgesellschaft

Die vorangehenden Ausführungen haben gezeigt, dass die Rechtsprechung zur Treuhand an GmbH-Anteilen ganz allgemein eine haftungsrechtliche Gleichstellung von Treuhänder und Treugeber und damit eine unmittelbare Haftung des Treugebers gegenüber der Gesellschaft annimmt. Ein nicht unerheblicher Teil der Literatur folgt diesem Ansatz, wenn auch nur mit einigen Einschränkungen. Im Bereich der Treuhand an Kommanditanteilen wird eine unmittelbare Außenhaftung von Rechtsprechung und ganz herrschender Literaturmeinung hingegen verneint.

1. Allgemeiner Rechtsgedanke in §§ 9a IV GmbHG, 46 V AktG

Noch unter dem Eindruck des „Lufttaxi"-Urteils[1605] und vor Einführung des § 9a IV GmbHG hat sich *Canaris*[1606] für eine unmittelbare Haftung der Hintermänner von Kommanditisten entsprechend § 172 IV HGB ausgesprochen. Der Rechtsgedanke von § 46 V AktG passe nicht nur für die AG und die GmbH, sondern auch für die Rechtsstellung des Kommanditisten. Die Beschränkung der persönlichen Haftung könne nur hingenommen werden, wenn sich Hintermänner nicht der korrespondierenden zwingenden Einstandspflichten durch die Zwischenschaltung

1601 Vgl. oben § 2 B. I. 2./3.
1602 *Ulmer*, ZHR 156 (1992), 377,
1603 Vgl. oben § 5 B. IV; § 3 B., D.
1604 So zutreffend *Tebben*, S. 399. *Ebbing*, in: Michalski, § 24, Rn. 45 sieht den Haftungsgrund des § 24 GmbHG ebenfalls in der Verbandszugehörigkeit und lehnt eine Haftung des Treugebers dennoch zutreffend ab.
1605 BGH NJW 1960, 285.
1606 *Canaris*, in: FS Fischer, 31, 57 f.

von – möglicherweise zahlungsunfähigen – Mittelsmännern entziehen könnten.[1607] Dass § 172 IV HGB ein spezifisch gesellschaftsrechtlicher Anspruch sei, stehe dem nicht entgegen, da dies ebenso für die Haftung der Hintermänner für die Rückgewährschuld aus § 31 GmbHG gelte.[1608]

Dieser Begründung kann nicht gefolgt werden. § 46 V AktG und der diesem nachgebildete § 9a IV GmbHG verkörpern keinen verallgemeinerungsfähigen Rechtsgedanken.[1609] Dies gilt schon für die jeweils unmittelbar betroffene Rechtsform und damit erst recht für eine rechtsformübergreifende Anwendung. Zwar handelt es sich bei beiden Vorschriften um spezifisch gesellschaftsrechtliche Ansprüche.[1610] Diese sind jedoch verschuldensabhängig (vgl. § 46 II, III, V 2 AktG)[1611] ausgestaltet und erfassen weiterhin nur gründungsspezifische Schäden.[1612] *Teilweise* wird die Haftung gar als deliktisch oder deliktsähnlich verstanden.[1613] Die Begrenzung der haftungsmäßigen Gleichstellung von Treugebern auf eine verschuldensabhängige Gründungshaftung in § 9a IV GmbHG hat der Gesetzgeber in der GmbH-Novelle 1980 zudem in Kenntnis der Haftungsproblematik und daher bewusst nur für diesen Sonderfall angeordnet.[1614] Schon für den Bereich der GmbH verbietet sich daher eine verallgemeinernde Anwendung des § 9a IV GmbHG hin zu einer grundsätzlichen und umfassenden Kapitalaufbringungs- und Kapitalerhaltungsverantwortung des Treugebers.[1615] Auch der *BGH*[1616] hat in der „Thyssen-Rheinstahl“-Entscheidung zur Begründung der Haftungserstreckung auf den Treugeber nicht mehr auf § 9a IV GmbHG abgestellt. Ob die Einführung dieser Vorschrift einer unmittelbaren Treugeberhaftung analog §§ 19, 24, 30, 31 GmbHG zudem grundsätzlich entgegensteht oder diese zumindest einschränkt, muss hier nicht vertieft behandelt werden.[1617] Da es sich bei § 9a IV GmbHG um eine eng

---

1607 *Canaris*, in: FS Fischer, 31, 40.

1608 *Canaris*, in: FS Fischer, 31, 58.

1609 Vgl. auch *Lenders*, S. 260.

1610 *Wardenbach*, in: Henssler/Strohn, § 46 AktG, Rn. 2; *Koch*, in: Hüffer/Koch, AktG, § 46, Rn. 2; *Arnold*, in: KK-AktG, § 46, Rn. 15; *Pentz*, in: MüKo-AktG, § 46, Rn. 13; *Ulmer*, in: GK-GmbHG, § 9a, Rn. 11.

1611 Vgl. *Wardenbach*, in: Henssler/Strohn, § 46 AktG, Rn. 7 ff.; *Pentz*, in: MüKo-AktG, § 46, Rn. 4.

1612 *Pentz*, in: MüKo-AktG, § 46, Rn. 5, 12; *Koch*, in: Hüffer/Koch, AktG, § 46, Rn. 1.

1613 *Canaris*, in: FS Fischer, 31, 40; *Ehricke*, in: GK-AktG, § 46, Rn. 14.

1614 Vgl. *Mayer*, in: MüKo-GmbHG, § 2, Rn. 142; *Ulmer/Löbbe*, in: GK-GmbHG, § 2, Rn. 63; *Armbrüster*, GmbHR 2001, 1021, 1027.

1615 Vgl. *Ballerstedt*, JZ 1960, 513, 518; *Lehmann*, S. 46 ff. (zu § 46 V AktG); *Ulmer*, in: FS Odersky, 873, 892; *Wiesner*, in: FS Ulmer, 673, 676 f.; *Hueck/Fastrich*, in: Baumbach/Hueck, 19. Aufl., § 1, Rn. 44; **aA** *Rowedder*, in: Rowedder, 3. Aufl., § 30, Rn. 16; *Heidinger*, in: Michalski, § 30, Rn. 115.

1616 BGH, NJW 1992, 2023.

1617 Zweifelnd noch *Hueck/Fastrich*, in: Baumbach/Hueck, GmbHG 19. Aufl., § 1, Rn. 44; ablehnend BGH, NJW 1992, 2023, 2025; OLG Hamburg, DB 1984, 1515, 1516, *Ehlke*,

umgrenzte Sonderregelung handelt, dürfte sie einer Analogie zu §§ 19, 24, 30, 31 GmbHG richtigerweise weder zwingend entgegenstehen noch kann sie zu ihrer Begründung herangezogen werden.

Zudem überspringt Canaris mehrere weitere notwendige Begründungsschritte. Der Gleichlauf der Haftung von Kommanditisten und Aktionären bzw. GmbH-Gesellschaftern hätte hier einer Begründung bedurft. Insbesondere ist ein Gleichlauf aufgrund der unterschiedlichen Art der Haftung – Innenhaftung bei AG/GmbH und Außenhaftung des Kommanditisten – keinesfalls selbstverständlich. Der bloße Hinweis auf die Rechtsprechung zur GmbH, welche ursprünglich allenfalls zusätzlich und später überhaupt nicht mehr mit dem Rechtsgedanken des § 46 V AktG begründet wurde, kann insoweit nicht ausreichen. Die Konsequenz einer entsprechenden Anwendung der §§ 46 V AktG, 9a IV GmbHG auf Treugeber in Personengesellschaften wäre zunächst nur eine unmittelbare Innenhaftung gegenüber der Gesellschaft. Zur Begründung einer unmittelbaren Außenhaftung bedürfte es eines weiteren Begründungsschritts. Es würde sich dann die Frage stellen, ob die persönliche Außenhaftung eines Kommanditisten (und nicht die eines sog. Hintermanns) auf den Treugeber übertragen werden kann. Dies soll an anderer Stelle näher behandelt werden.[1618] Zur Begründung einer möglichen Übertragung der Hintermannhaftung kommt dann nur noch ein möglicherweise bestehender allgemeiner Haftungsgleichlauf für Treugeber in KG und GmbH in Betracht.[1619]

2. *Grundsätzliche Parallelität zum Haftungsregime der GmbH*

Anknüpfend an die vorangehend dargestellten Ausführungen von *Canaris*, jedoch ohne §§ 9a GmbHG, 46 V AktG zur Begründung heranzuziehen, sieht *Kindler*[1620] ein „rechtsformübergreifendes Prinzip“, welches zur Annahme eines Gleichlaufs der Haftung von Treugebern in der GmbH und der KG zwinge. Demnach sei die Einlageleistung an die Gesellschaft die Voraussetzung für das Haftungsprivileg des Gesellschafters. Es bestehe eine „zwingende Verknüpfung zwischen Haftungssubstrat und Haftungsprivileg“.[1621] Wer die Innenhaftung des Treugebers eines GmbH-Gesellschafters annehme, müsse folgerichtig auch die Außenhaftung des Treugebers eines Kommanditisten befürworten.[1622] Schon dieser Schluss von der bestehenden Innenhaftung in der GmbH auf eine notwendige Außenhaftung in der KG offenbart die Schwäche dieser Argumentation. Die Haftungssysteme

---

DB 1985, 795, 796; *Tebben*, S. 395 und nun auch *Fastrich*, in: Baumbach/Hueck, § 1, Rn. 44.

1618 Siehe § 5 D.

1619 Siehe sogleich § 5 C. II. 2.

1620 *Kindler*, in: FS K. Schmidt, 871, 886 ff.

1621 *Kindler*, in: FS K. Schmidt, 871, 887.

1622 *Kindler*, in: FS K. Schmidt, 871, 888 unter unzutreffendem Hinweis auf *Schiemann*, in: FS Zöllner, 503, 511, welcher lediglich eine Haftung aus Rechtsscheinsgesichtspunkten befürwortet.

von GmbH und KG sind grundlegend verschieden. Während sich die Haftungsbeschränkung in der GmbH durch die Aufbringung und Erhaltung eines Garantiefonds auf Gesellschaftsebene rechtfertigt, gründet die beschränkte Haftung des Kommanditisten allein auf der Handelsregistereintragung und der dadurch bedingten eingeschränkten Haftungserwartung des Rechtsverkehrs.[1623] Ein rechtsformübergreifendes Prinzip, wonach die Einlageleistung die Voraussetzung der Haftungsbeschränkung sei, existiert somit nicht. Der Kommanditist ist allenfalls vertraglich, nicht aber gesetzlich zur Einlageleistung verpflichtet. Soweit er zur Einlageleistung verpflichtet ist, stimmt der Umfang dieser Verpflichtung nicht notwendig mit der übernommenen Haftung über ein. Auch dann, wenn er keine Pflichteinlage im Innenverhältnis schuldet, besteht seine Haftungsbeschränkung kraft Handelsregistereintragung. Das Äquivalent zum Garantiefonds in der GmbH kann daher allenfalls in der unbeschränkten Haftung der Komplementäre gesehen werden. Auch deren Vermögen unterliegt dem Zugriff der Gläubiger jedoch nur in seinem jeweiligen Bestand[1624] und ist keinen Kapitalerhaltungsregeln unterworfen.[1625] Das Personengesellschaftsrecht kennt mithin keine (mit dem GmbH-Recht vergleichbare) Innenhaftung.[1626] Hieran ändert auch die Eröffnung des Insolvenzverfahrens über das Vermögen der KG nichts. Zwar stellt *Kindler* zutreffend fest, dass die Außenhaftung des Kommanditisten in diesem Fall aufgrund der Aktivlegitimation des Insolvenzverwalters wie eine Innenhaftung wirke.[1627] Diese sich aus § 171 II HGB ergebende „Innenhaftung“ verwirklicht indes kein gesellschaftsrechtliches, sondern nur ein allgemeines insolvenzrechtliches Prinzip.[1628] § 171 II HGB ist „inhaltlich eine Insolvenzrechtsnorm“[1629], deren materieller Gehalt bereits vollständig durch § 93 InsO abgedeckt ist.

Wenig überzeugend wirkt die Argumentation von *Schäfer* in diesem Punkt: Er setzt zunächst voraus, dass aus der mitgliedschaftlichen Stellung eines Treugebers in der KG eine unmittelbare Haftung zu folgern sei, da dies nach der Rechtsprechung auch für qualifizierte Treugeber in der GmbH gelte. Die unterschiedliche Verwirklichung dieser Haftung als Innenhaftung einerseits (GmbH) und Außenhaftung andererseits (KG) sei dabei kein Gegenargument, da „unmittelbare Rückschlüsse auf das insofern anders geartete Gläubigerschutzkonzept des Personengesellschaftsrechts (...) ausgeschlossen“ seien.[1630] Warum trotz des insoweit zutreffend angenommenen Ausschlusses von Rückschlüssen vom GmbH-Recht auf das Personengesellschaftsrecht ein Gleichlauf der Treugeberhaftung, welcher

1623 So zutreffend *Lenders*, S. 260.
1624 BGH, NJW 1985, 733, 735.
1625 *Armbrüster*, S. 421.
1626 Vgl. etwa § 4 A. III. 2. d) zur Rückforderung von Liquiditätsausschüttungen.
1627 *Kindler*, in: FS K. Schmidt, 871, 888.
1628 Vgl. *Roth*, in: Baumbach/Hopt, § 171, Rn. 11.
1629 *Roth*, in: Baumbach/Hopt, § 171, Rn. 11.
1630 *Schäfer*, ZHR 177 (2013), 619, 637 f.

letztlich den Gläubigerschutz verwirklichen soll, zunächst ohne weitere Begründung vorausgesetzt wird, ist in keiner Weise nachvollziehbar.

Auch die Argumentation bei *Pfeifle/Heigl* vermag nicht zu überzeugen: Sie unterstellen dem BGH zunächst eine „gänzlich ohne Grundlage anerkannte Durchgriffshaftung auf Hintermänner und Strohmänner“[1631] im Bereich der GmbH. Konsequenz dieser als ohne Grundlage unterstellten Haftung müsse dann jedoch nicht die Korrektur der als verfehlt betrachteten Rechtsprechung zur GmbH, sondern die Erweiterung der Außenhaftung auch auf Treugeber in der Publikumspersonengesellschaft sein, um eine Ungleichbehandlung gleichwertiger Gesellschaftergruppen zu vermeiden.[1632] Warum ein (unterstellter) Fehler lieber durch einen weiteren kaschiert oder gemildert werden soll, anstatt ihn zu beseitigen, ist nicht nachvollziehbar.

Weiterhin sind auch die anzuwendenden Normen – §§ 30, 31 GmbHG und § 172 IV HGB – nicht vergleichbar.[1633] Zunächst gelangen sie wie dargestellt zu den unterschiedlichen Rechtsfolgen der Innenhaftung einerseits und der Außenhaftung andererseits. Auch die Tatbestandsvoraussetzungen sind grundlegend verschieden. Während § 31 GmbHG materiell an die Person des Empfängers und damit an die Tatsache des Empfangs von unberechtigten Leistung aus dem Gesellschaftsvermögen anknüpft, weshalb eine Erstreckung der Kapitalerhaltungsverantwortung auf den Treugeber in der GmbH unter Umgehungsgesichtspunkten möglicherweise noch vertretbar erscheint,[1634] erfasst § 172 IV HGB in rein formeller Weise nur eingetragene Kommanditisten. Grund für die Haftung ist hier nicht die Nichtleistung oder Rückgewähr von Einlagen, sondern allein die Gesellschafterstellung.[1635]

Ein zwingender Gleichlauf der Haftungssysteme in der GmbH und der KG kann somit nicht angenommen werden.

D. Gesetzliche Haftung entsprechend einem Kommanditisten

Nach den Ergebnissen der vorangehenden Abschnitte ist die Hintermannhaftung des Kapitalgesellschaftsrechts nicht auf Treugeberkommanditisten übertragbar. Ebenso können Treugeber weder per se als tatsächliche Gesellschafter angesehen werden noch ist grundsätzlich anzunehmen, dass sie den zurechenbaren Anschein einer Gesellschafterstellung erwecken. Daher sind sie auch nicht direkt von den für (Schein-)Kommanditisten geltenden Haftungsvorschriften der §§ 171 ff. HGB erfasst. Dieses Haftungsregime könnte jedoch nach den allgemeinen Grundsätzen

1631 *Pfeifle/Heigl*, WM 2008, 1485, 1491.
1632 *Pfeifle/Heigl*, WM 2008, 1485, 1491.
1633 Dies nicht berücksichtigend *Pfeifle/Heigl*, WM 2008, 1485, 1491 f.
1634 Vgl. die entsprechenden Literaturstimmen in § 5 C. I. 3. a).
1635 Vgl. auch *Tebben*, S. 405.

der Gesetzesanalogie zumindest auf qualifizierte Treugeber übertragen werden. Hierfür müsste hinsichtlich der Treugeberhaftung zunächst eine planwidrige Regelungslücke und weiterhin eine vergleichbare Interessenlage bzgl. Treugebern und Kommanditisten bestehen.[1636]

I. Meinungsstand

Der *BGH* hat im Jahr 2008 zunächst die unmittelbare Außenhaftung von Treugebern einer GbR in (doppelter) Analogie zu den §§ 128, 130 HGB abgelehnt[1637] und diese Rechtsprechung in der Folge auch auf Treugeber in oHG und KG übertragen.[1638] Der Senat verneinte bereits die Existenz einer ausfüllungsbedürftigen Regelungslücke, da jedenfalls der Treuhänder als Gesellschafter hafte. Ebenso könne eine haftungsrechtliche Gleichstellung von Treugebern und Gesellschaftern nicht auf eine Korrelation von Einwirkungsmacht und Haftung oder von wirtschaftlichem Interesse an der Beteiligung und Haftung gestützt werden, da auch die absolute Beherrschung einer Personengesellschaft durch einen Gesellschafter keinen Haftungsgrund darstelle.[1639] Auch bestehe für die Erstreckung der unmittelbaren Außenhaftung kein Bedürfnis, da die Gesellschaftsgläubiger keine schutzwürdigen Erwartungen hinsichtlich der (Mit-)Haftung der Treugeber hätten und sie zudem in den Ersatzanspruch des Treuhänders aus §§ 670, 675 vollstrecken könnten. Weiterhin wird auf die Möglichkeit einer einzelvertraglichen anteiligen Mithaftungsübernahme durch die Treugeber verwiesen.[1640]

In der obergerichtlichen Rechtsprechung findet sich lediglich eine abweichende Entscheidung des *OLG Schleswig*[1641] aus dem Jahr 2007, in der die anteilige Außenhaftung von Treugebern als Nichtgesellschafter einer GbR in Analogie zu § 128 HGB neben einer rechtsgeschäftlich begründeten Mithaftung bejaht wurde. Das *OLG Schleswig* ging hierbei nicht auf Frage ein, ob überhaupt eine Regelungslücke hinsichtlich der Treugeberhaftung besteht. Es sollte genügen, dass durch die Einbeziehung in den Willensbildungsprozess der GbR zwischen Treugebern und Hauptgesellschaft ein gesellschaftsrechtliches Band dahingehend entstanden sei, dass diese sich die ausgeführten Geschäftsführungshandlungen zurechnen lassen müssten.[1642] Die Grenze zwischen Treugeber- und Gesellschafterstellung war in diesem Fall wenig trennscharf.[1643] In derselben Konstellation gelangte das *OLG*

1636 Vgl. allg. BGH, NJW 2003, 1932; BGH, NJW 2005, 2142; *Honsell*, in: Staudinger (2013), Einleitung BGB, Rn. 156; *Heinrichs*, in: Palandt, Einleitung, Rn. 48.

1637 BGH, NZG 2009, 57, 58 f.

1638 BGH, NZG 2009, 380; BGH, NZG 2009, 779; BGH, NZG 2010, 1029; BGH, NZG 2011, 588; BGH, NZG 2012, 744.

1639 BGH, NZG 2009, 57, 58.

1640 BGH, NZG 2009, 57, 58 f.

1641 OLG Schleswig, NJOZ 2007, 3778, 3785 f.

1642 OLG Schleswig, NJOZ 2007, 3778, 3785.

1643 So auch *Zinger*, BB 2014, 458, 459.

Frankfurt[1644] zu dem Schluss, dass auch die so bezeichneten „Treugeber" echte Vollgesellschafter geworden seien.[1645]

Die *ganz herrschende Meinung in der Literatur*[1646] lehnt eine unmittelbare Außenhaftung von Treugebern in der Personengesellschaft im Wege der Analogie mit gleicher Begründung wie der BGH ab. Bereits vor der grundlegenden Entscheidung des BGH wurde eine analoge Anwendung der §§ 128, 130/171 ff. HGB nur *vereinzelt vertreten*,[1647] wobei manche Autoren ihre Ansicht im Nachgang änderten.[1648] Einzig *Schäfer* lehnte ursprünglich eine Außenhaftung ab[1649] und spricht sich nunmehr, nach Ablehnung der unmittelbaren Außenhaftung bei gleichzeitiger Anerkennung der unmittelbaren Innenhaftung von Treugebern durch den *BGH*,[1650] für eine unmittelbare Außenhaftung in Analogie zu den personengesellschaftsrechtlichen Haftungsvorschriften aus.[1651]

II. Planwidrige Regelungslücke

Dass zumindest der Treuhänderkommanditist unmittelbar gegenüber den Gesellschaftsgläubigern nach §§ 171 ff. HGB haftet ist unzweifelhaft.[1652] Somit ist im Grundsatz auch unbestritten, dass der Treuhänderkommanditist den Gesellschaftsgläubigern als (primäres[1653]) Haftungssubjekt i. S. d. §§ 171 ff. HGB zur Verfügung steht. Schon damit wird deutlich, dass von einer Regelungslücke hinsichtlich der

---

1644 OLG Frankfurt, Urteil v. 30.11.2004 – 24 U 55/03.

1645 Dazu § 5 B. II.

1646 *K. Schmidt*, in: MüKo-HGB, vor § 230, Rn. 60; *ders.*, ZHR 178 (2014), 10, 51; *Ulmer/Schäfer*, in: MüKo-BGB, 6. Aufl. (2013), § 714, Rn. 42; *Roth*, in: Baumbach/Hopt, § 105, Rn. 34; *Koller*, in: K/R/M, 7. Aufl., § 105, Rn. 21; *Schäfer*, in: Staub, § 105, Rn. 103; *Strohn*, in: E/B/J/S, § 171, Rn. 120; *Röthel*, in: Henssler/Strohn, § 105 HGB, Rn. 173; *Lieder*, in: Oetker, § 105, Rn. 50; *Schürnbrand*, ZGR 2014, 256, 272 f.; *Zinger*, BB 2014, 458, 459; *Wertenbruch*, NZG 2013, 285, 286; *Tebben*, VGR 2010, 161, 163 ff.; *ders.*, ZGR 2001, 586, 612 f.; *Eden*, S. 67; *Wiesner*, in: FS Ulmer, 673, 681; *Weipert*, ZHR 157 (1993), 513, 515; *Armbrüster*, S. 420 f.; *Blaurock*, S. 214 ff.; *Maulbetsch*, S. 168 f.

1647 *Ulmer*, in: Staub, 4. Aufl. (1989), § 105, Rn. 102, 105; *Koller*, in: K/R/M, 6. Auflage (2007), § 105, Rn. 20; *Pfeifle/Heigl*, WM 2008, 1485, 1491 f.; wohl auch *Brömmelmeyer*, NZG 2006, 529, 530.

1648 Vgl. *Ulmer/Schäfer*, in: MüKo-BGB, § 714, Rn. 42; *Koller*, in: K/R/M, 7. Auflage (2011), § 105, Rn. 21.

1649 *Schäfer*, in: Staub, § 105, Rn. 103; *Ulmer/Schäfer*, in: MüKo-BGB, § 714, Rn. 42.

1650 BGH, NZG 2011, 1432, 1434.

1651 *Schäfer*, ZHR 177 (2013), 619, 634 ff.; *ders.*, in: MüKo-BGB, § 714, Rn. 42.

1652 Anderes gilt mglw. in der Publikums-GbR, vgl. BGH, NZG 2009, 57, 58; dagegen *Schäfer*, in: Staub, § 105, Rn. 103, Fn. 329 und *Schäfer*, in: MüKo-BGB, § 714, Rn. 62 ff.

1653 *Schäfer*, ZHR 177 (2013), 619, 640 f. befürwortet eine unmittelbare Außenhaftung von Treugebern und reduziert die Haftung des Treuhänderkommanditisten daher auf eine subsidiäre Haftung zur Sicherung der Haftungsdurchsetzung ggü. den Treugebern.

Haftung gegenüber Gläubigern einer kupierten Publikums-KG grundsätzlich keine Rede sein kann.

Aufgrund des Umstands, dass der Treugeber alleiniger Inhaber des wirtschaftlichen Interesses ist, ist es durchaus nachvollziehbar, dass der Verweis auf die unzweifelhaft bestehende Haftung des Treuhänders teilweise als unbefriedigend empfunden wird. Man könnte insoweit argumentieren, dass dennoch eine Haftungslücke bestehe, da die qualifizierten Treugeber als faktische oder wirtschaftliche Kommanditisten neben dem Treuhänder als echtem Kommanditisten stehen und sie deshalb auch eine Haftungsverantwortung übernehmen müssten. Vermögensrechtlich betrachtet stehen die Treugeber jedoch gerade nicht „neben" dem Treuhänder, sondern „hinter" diesem, da die Summe der den Treugebern zuzurechnenden Einlagen bzw. die gemeinsam übernommene Haftsumme identisch[1654] mit der des Treuhänders ist. An der grundsätzlich bestehenden Haftung des Treuhänders kann sich daher nichts ändern. Sofern man eine Benachteiligung der Gläubiger durch die Einschaltung eines Treuhänders als bloßes technisches Mittel ohne eigenes wirtschaftliches Interesse befürchtet, ist auf Freistellungs- und Ersatzansprüche des Treuhänders gegen die Treugeber zu verweisen. Durch diese wird zunächst die Solvenz des Treuhänders gesichert und weiterhin auch ein direkter Zugriff auf die Treugeber nach Abtretung bzw. Pfändung dieser Ansprüche ermöglicht. Auch insoweit ist eine planwidrige Regelungslücke daher grundsätzlich zu verneinen. Trotz dieses klaren Befunds wird eine analoge Anwendung der §§ 171 ff. HGB auf Treugeberkommanditisten in Literatur und Rechtsprechung mit verschiedenen Begründungen angenommen.

1. Mitgliedschaftliche Stellung und interner Einfluss

Das *OLG Schleswig* stellte zur Begründung der unmittelbaren Außenhaftung allein auf die organisationsrechtliche Einbindung der Treugeber in das Innenverhältnis der Gesellschaft und den damit verbundenen internen Einfluss ab. Aufgrund des gesellschaftsrechtlichen Bandes zur Gesellschaft müssten sie sich die ausgeführten Geschäftsführungshandlungen zurechnen lassen.[1655] Es ist jedoch nicht ersichtlich, warum sich aus der rein intern wirkenden organisationsrechtlichen Einbindung eine Außenwirkung ergeben sollte. Insofern verweist der *BGH* zutreffend darauf, dass es keinen zwingenden Zusammenhang von Einwirkungsmacht und Haftung gebe, da auch die absolute Beherrschung einer Personengesellschaft durch einen Gesellschafter keinen Haftungsgrund darstelle.[1656] Die interne gesellschaftsvertragliche Machtverteilung zwischen den echten Gesellschaftern ist ebenso wie die organisationsrechtliche Einbeziehung von Treugebern Gegenstand

1654 Dies gilt natürlich nur vorbehaltlich eines eigenen Anteils des Treuhänders.
1655 OLG Schleswig, NJOZ 2007, 3778, 3785 f.; zust. *Medicus*, EWiR, § 130 HGB, 1/08, 277, 278.
1656 BGH, NZG 2009, 57, 58 unter Verweis auf BGH, NJW 1966, 1309.

privatautonomer Vertragsgestaltung, ohne dass dies Auswirkung auf die zwingenden gesetzlichen Haftungsvorschriften hat oder überhaupt haben könnte.

2. Unzureichende mittelbare Haftung

Es erscheint denkbar zu argumentieren, dass die uneingeschränkte Kommanditistenhaftung des Treuhänders aufgrund seiner rein vermittelnden Stellung nicht als vollwertige Haftung genügt und daher eine Haftungslücke vorliegt, welche es zu schließen gilt. Man könnte insoweit die Solvenz eines Gesellschafters, der die positiven Ergebnisse seiner Gesellschafterstellung nicht behalten darf, grundsätzlich als nicht gesichert bzw. gefährdet ansehen. Gleiches müsste dann allerdings auch gegen jede – wohl unzweifelhaft zulässige – Beteiligung einer GmbH oder UG an einer Personengesellschaft vorgebracht werden. Das Argument einer unzureichenden mittelbaren Haftung könnte daher wiederum nur auf ein Vertrauen des Rechtsverkehrs auf eine hinter dem Treuhänder stehende Kapitalbasis in Gestalt der Treugeber gestützt werden. Der wirtschaftliche Inhaber des Gesellsschaftsanteils ist nach dem Parteiwillen auch tatsächlich der Treugeber. Sämtliche vermögensrechtlichen Vorgänge werden vom Treuhänder auf den Treugeber übergeleitet. Zu diesen Vorgängen zählt auch die Erfüllung von Vermögenspflichten namentlich der Beitragsleistung in Form der Pflichteinlage und die unmittelbare Außenhaftung aufgrund §§ 171, 172IV HGB. Von diesen Ansprüchen muss der Treugeber den Treuhänder freistellen bzw. ihm Ersatz leisten (§§ 675, 670, 257 BGB). Im Falle der Ersatzleistung hat der Treuhänder bereits die relevante Forderung des Gesellschaftsgläubigers erfüllt oder die Außenhaftung durch entsprechende Einlageleistung oder -rückzahlung ausgeschlossen, so dass sich die Frage nach einer Haftungslücke nicht stellt. Allein relevant ist daher der Freistellungsanspruch. Dieser kann (antizipiert) an Gesellschaftsgläubiger abgetreten oder von diesen gepfändet werden, wodurch es jedenfalls zu einer mittelbaren bzw. wirtschaftlichen Außenhaftung des Treugebers kommt. Eine ausfüllungsbedürftige Haftungslücke besteht somit grundsätzlich nicht.

a) Inhaltliche Verschiedenheit

Zu beachten ist jedoch, dass der schuldrechtliche Ersatzanspruch gem. §§ 675, 670, 257 BGB nicht zwingend inhaltsgleich zu dem gesellschaftsrechtlichen Anspruch aus § 171 I HGB ist, da er zum einen an die zusätzliche tatbestandliche Voraussetzung der „Erforderlichkeit" i. S. v. § 670 BGB gekoppelt ist[1657] und diesem Anspruch zum anderen auch Einwendungen aus dem Treuhandverhältnis entgegengehalten werden können.[1658] Somit können der Umfang des Freistellungsanspruchs und der Umfang der gesellschaftsrechtlichen Haftung im Einzelfall inkongruent sein, was

1657 Vgl. *Armbrüster*, S. 380; *Schiemann*, in: FS Zöllner, 503, 511 f.

1658 Vgl. oben § 4 A. I. und zu einer möglichen Einwendungssperre § 4 A. V.; *Blaurock*, S. 217.

dazu führen kann, dass der Gesellschaftsgläubiger für seine primär gegen den Treuhänder gerichtete Forderung aus § 171 I HGB nicht oder nur unvollständige Befriedigung von dem jeweiligen Treugeber verlangen kann. Dass aus diesem Grund aber eine Gesetzeslücke hinsichtlich der Haftung des Treugebers besteht, kann nicht angenommen werden. Vielmehr beruht die Freistellungspflicht gerade auf – zwar dispositiven – gesetzlichen Vorschriften. Es wäre widersinnig, die mittelbare, zumindest teilweise nicht gesellschaftsrechtliche Beteiligung an Personengesellschaften durch Treuhand an Gesellschaftsanteilen grundsätzlich anzuerkennen, die gesetzestypischen Rechtsfolgen aber nicht hinnehmen zu wollen.

b) Zuweisung des Treuhänderrisikos

Aus der geschilderten Diskrepanz zwischen gesellschaftsrechtlicher Außenhaftung und schuldrechtlichem Freistellungsanspruch ergibt sich somit nur die Frage nach der allgemeinen Verteilung der durch Einschaltung eines Treuhänders in dessen Person zusätzlich entstehenden Risiken zwischen Treugebern und Gesellschaftsgläubigern. Grundsätzlich trägt der Treugeber vermittelt durch den Treuhänder das gesamte wirtschaftliche Risiko der Beteiligung. Eine Einschränkung seiner Freistellungspflicht ergibt sich nur bei Fehlern in der Sphäre des Treuhänders, die dazu führen, dass der Anspruch gegen den Treugeber tatbestandlich nicht besteht, aufgrund Pflichtverletzungen gegenüber dem Treugeber nicht oder nur eingeschränkt durchsetzbar ist oder bereits an den Treuhänder geleistete Zahlungen von diesem zweckwidrig verwendet wurden und aufgrund Insolvenz keine Zahlungen mehr zu erlangen sind. Der *BGH* weist das Risiko primär dem Treugeber zu und nimmt hier eine Einwendungssperre zu dessen Lasten an.[1659] Unabhängig davon, wie diese wertende Betrachtung zu entscheiden ist, kann auch bei vollständiger Zuweisung des Treuhänderrisikos an die Treugeber richtigerweise keine Haftung in Analogie zu den §§ 171 ff. HGB angenommen werden, da das Bestehen von Einwendungen wiederum nur Teil des gesetzlich vorgesehenen Haftungssystems ist und somit keine Regelungslücke vorliegt. Entsprechend soll auf die Verteilung des Treuhänderrisikos im Rahmen der Untersuchung der mittelbaren Außenhaftung eingegangen werden.[1660]

c) Erschwerte Durchsetzung

Gleiches gilt auch hinsichtlich der Durchsetzung der nur mittelbaren Haftung. Dass gegenüber der Durchsetzung der unmittelbaren Außenhaftung in diesem Fall unter Umständen ein zweiter Titel erwirkt und ein weiterer Zwangsvollstreckungsakt vorgenommen werden muss, ist letztlich nur die notwendige Folge einer gesetzlich eindeutig vorgesehenen Haftung. Diese Verdoppelung bringt keinen

---

1659 BGH, NJW 2011, 2351, 2354, Rz. 26 ff; BGH, ZIP 2012, 2246, 2248; BGH, ZIP 2012, 2250, 2252; BGH, NJW 2013, 452, 454 f.; vgl. hierzu § 6 C. III.

1660 Siehe § 6 C. III.

offensichtlich unzumutbaren Aufwand mit sich. Zudem ist die doppelte Zwangsvollstreckung leicht durch antizipierte Abtretung der Freistellungsansprüche zu vermeiden.[1661] Als vollstreckende Gläubiger treten regelmäßig die einen geschlossenen Fonds finanzierenden Banken auf. Diese sind somit als Gläubiger von Beginn der Errichtung der Fondsgesellschaft an bekannt, was eine antizipierte Abtretung unproblematisch ermöglicht.[1662]

Zudem ist fraglich, ob die Durchsetzung der mittelbaren Außenhaftung gegenüber der unmittelbaren Außenhaftung überhaupt erschwert ist. Auch die Befürworter einer unmittelbaren Außenhaftung des Treugebers gehen davon aus, dass daneben auch die Außenhaftung des Treuhänders bestehen bleibt. So nimmt *Schäfer*, um eine Haftungsverdoppelung zu vermeiden, eine „Sicherungsfunktion" der Treuhänderhaftung dahin gehend an, dass dieser selbst unmittelbar hafte, sofern er nicht bereit oder in der Lage sei, Namen und ladungsfähige Anschriften der Treugeber zu präsentieren.[1663] In ähnlicher Weise nimmt *Lenders* eine „lediglich faktische Subsidiarität" der unmittelbaren Treugeberhaftung aufgrund der fehlenden Publizität an. Die Gläubiger hätten weiterhin primär auf den Treuhänder zuzugreifen, sofern dies keine außergewöhnlichen Schwierigkeiten mit sich bringe. Anders als bei der mittelbaren Haftung verdoppele sich der Prozess- und Vollstreckungsaufwand nicht.[1664] Beide Autoren erkennen das berechtigte Anonymitätsinteresse von Treugebern zutreffend an.[1665] Diese hätten die nachvollziehbare Erwartung, gegen eine unmittelbare Inanspruchnahme durch Gesellschaftsgläubiger geschützt zu sein.[1666] Es ist davon auszugehen, dass der Treuhänder, sofern nicht ohnehin explizit vereinbart, aus der allgemeinen Interessenwahrungspflicht gegenüber dem Treugeber zur Wahrung von dessen Anonymität verpflichtet ist. Die unmittelbare Inanspruchnahme des Treugebers setzt daher notwendig ein an den Treuhänder oder die Gesellschaft gerichtetes Auskunftsverlangen voraus.[1667] Bei pflichtgemäßer Verweigerung der Auskunft sind somit ebenfalls Prozess und Zwangsvollstreckung notwendig. Unabhängig von der Konstruktion der Außenhaftung als mittelbar oder unmittelbar sind somit doppelte Durchsetzungsprozesse notwendig. Eine Änderung der dogmatischen Grundlage der Treugeberhaftung brächte somit nicht den gewünschten Erfolg.

1661 Siehe auch unten § 5 D. III. 3. a).
1662 Vgl. zur Abtretung § 6 A.
1663 *Schäfer*, ZHR 177 (2013), 619, 640 ff.
1664 *Lenders*, S. 275.
1665 *Schäfer*, ZHR 177 (2013), 619, 622; *ders.*, in MüKo-BGB, § 716, Rn. 12b; *Lenders*, S. 24 ff.
1666 *Schäfer*, ZHR 177 (2013), 619, 623.
1667 Siehe auch § 3 C. II.

3. *Nachträglich entstandene Wertungslücke*

Schäfer befürwortet eine unmittelbare Außenhaftung unter Berücksichtigung der Rechtsprechung zur Innenhaftung des Treugebers. Der *BGH* hat in einem Urteil zur GbR eine unmittelbare gesellschaftsrechtliche Haftung für einen Liquidationsfehlbetrag gem. § 735 BGB angenommen.[1668] Mangels Einschränkungen sei davon auszugehen, dass eine entsprechende Innenhaftung für sämtliche Sozialansprüche bestehen soll.[1669] Durch diese richterrechtliche Haftungserweiterung sei eine „Wertungslücke" zwischen Innen- und Außenhaftung des Treugebers entstanden, welche eine Analogie zu den haftungsbegründenden Normen erforderlich mache, um ein stimmiges Haftungskonzept zu erreichen.[1670]

a) Gesetzesanalogie aufgrund Wertungslücke

Bereits der verwendete Begriff „Wertungslücke" ist kaum verständlich. Er deutet auf einen Bereich oder Raum, welcher frei von Wertungen ist. Wertungen bestehen jedoch nicht aus sich selbst heraus, sondern müssen vorgenommen werden. Eine vollständige und notwendige Abwesenheit von Wertungen ist daher nicht denkbar. Hiermit offenbart *Schäfer* zunächst, dass auch er nicht vom Vorliegen einer für die Gesetzesanalogie erforderlichen Gesetzeslücke ausgeht, welche notwendig der Schließung bedarf. Es erscheint, als solle das aus seiner Sicht rechtspolitisch wünschenswerte Ergebnis einer vollständigen und endgültigen Zuweisung des Treuhänderrisikos zum Anleger unter Umgehung des notwendigen Rechtssetzungsverfahrens hergestellt werden.

Allenfalls könnte ein „Wertungswiderspruch" durch die Anerkennung der unmittelbaren Innenhaftung des Treugebers durch den BGH entstanden sein. Es erscheint bereits äußerst zweifelhaft, ob aufgrund eines möglicherweise bestehenden Wertungswiderspruchs von den klaren gesetzlichen Vorgaben abgewichen werden sollte oder überhaupt könnte. Näher läge es, an dem gesetzlich vorgesehenen System der unmittelbaren Außenhaftung des Treuhänderkommanditisten gem. § 171 HGB und der nur vermittelten Außenhaftung des Treugebers gem. §§ 675, 670 BGB de lege lata festzuhalten. Die Konsequenz eines festgestellten Wertungswiderspruchs zwischen gesetzlich vorgesehener mittelbarer Außenhaftung und richterrechtlich entwickelter unmittelbarer Innenhaftung wäre richtigerweise die Korrektur der Rechtsprechung zur unmittelbaren Innenhaftung.[1671]

1668 BGH, NZG 2011, 1432, 1433 ff. bestätigt durch BGH, NZG 2013, 379, 381; BGH, WM 2013, 603, 605.

1669 *Schäfer*, ZHR 177 (2013), 619, 628 f.; siehe dazu bereits § 3 D. II.

1670 *Schäfer*, ZHR 177 (2013), 619, 636 ff.

1671 Siehe dazu § 7 D. I.

b) Anerkennung einer neuen Gesellschafterklasse

Zu einem anderen Ergebnis gelangt man möglicherweise, wenn man – entgegen der *hier vertretenen Ansicht*[1672] – die Rechtsprechung des *BGH* bezüglich der unmittelbaren Innenhaftung als rechtstechnisch möglich und inhaltlich zutreffend bewertet und damit auch die Figur des reinen Innengesellschafters oder Gesellschafters beschränkten Rechts bzw. beschränkter Haftung anerkennt.[1673] Dann könnte eine Gesetzeslücke hinsichtlich der Außenhaftung dieser Gesellschafterart angenommen werden, welche möglicherweise der Schließung bedürfte. Letztlich soll der Treugeber nach der Rechtsprechung aber gerade Innengesellschafter sein, weshalb die fehlende Außenhaftung bzw. die fehlende Eigenschaft als Zuordnungssubjekt von Rechten und Pflichten im Außenverhältnis gerade entscheidendes Wesensmerkmal dieser neuen Gesellschafterart sein müsste. Einen Innengesellschafter, der auch im Außenverhältnis unmittelbar haftet, ist kein Innengesellschafter. Die Widersprüchlichkeit der Argumentation *Schäfers* offenbart sich darin, dass er hinsichtlich einer Beschränkung der Gleichstellung von Treugebern und Kommanditisten nur auf die Haftung abstellt.[1674] Rechtfertigung für die unmittelbare Außenhaftung solle aber gerade die unmittelbare Innenhaftung aufgrund Gleichstellung durch mitgliedschaftliche Einbeziehung in den Gesellschafterverband im Innenverhältnis sein.[1675]

c) Gleichlauf Innen- und Außenhaftung

Die Notwendigkeit der Begründung einer unmittelbaren Außenhaftung durch analoge Anwendung der §§ 171 HGB auf qualifizierte Treugeber sieht *Schäfer* in Situationen, in denen der Treuhänderkommanditist hinsichtlich einer Leistungspflicht gleichzeitig sowohl der Innen- als auch der Außenhaftung unterliegt.[1676] Zu dieser Haftungssituation kommt es zum einen vor haftungsbefreiender Leistung der Einlage, da der Kommanditist bis dahin sowohl vertraglich gegenüber der KG als auch gesetzlich (§ 171 I HGB) gegenüber ihren Gläubigern haftet, und zum anderen im Falle der Auszahlung von Scheingewinnen aufgrund bösgläubig aufgestellter unrichtiger Bilanz. In diesem Fall haftet der Kommanditist nach §§ 812 ff. BGB gegenüber der KG und gem. §§ 171 I, 172 IV HGB gegenüber ihren Gläubigern.

Seit der *BGH*[1677] von einer unmittelbaren Innenhaftung auch des Treugebers gegenüber der KG ausgeht, müsse nach Ansicht *Schäfers* hieraus notwendig auch die unmittelbare Außenhaftung folgen, um einen Gleichlauf zu erreichen. Schon die unmittelbare Innenhaftung, wie sie vom BGH angenommen wird, ist

1672 Vgl. dazu § 3 D. II.
1673 So BGH, NZG 2011, 1432, 1433 ff.
1674 *Schäfer*, ZHR 177 (2013), 619, 636.
1675 *Schäfer*, ZHR 177 (2013), 619, 634 ff.
1676 *Schäfer*, ZHR 177 (2013), 619, 634 f.
1677 BGH, NZG 2011, 1432, 1434; zustimmend *Schäfer*, in: MüKo-BGB, § 705, Rn. 92.

richtigerweise abzulehnen.[1678] Eine unmittelbare Innenhaftung könnte möglicherweise in Analogie zu den entsprechenden gesetzlichen Haftungsvorschriften überzeugend begründbar sein. Insofern fehlt es in der KG jedoch bereits an gesetzlichen Haftungsvorschriften im Innenverhältnis zwischen Gesellschaft und Kommanditisten.[1679] Dennoch soll im Folgenden vom Bestehen dieser unmittelbaren Haftung ausgegangen werden, da befürchtet werden muss, dass dies für die Praxis nunmehr feststeht.

aa) Anspruch auf Einlageleistung

Sofern man also entgegen der *hier vertretenen Ansicht* dem *BGH* folgt und eine unmittelbare Innenhaftung des Treugebers als „echtem" Gesellschafter mit beschränkten Rechten für die Einlage annimmt, ergibt sich, dass die KG den Treugeber direkt in Anspruch nehmen kann und die Gesellschaftsgläubiger auf die Abtretung oder Pfändung des Freistellungsanspruchs angewiesen sind. Es besteht mithin unzweifelhaft ein Unterschied. Ein Wertungswiderspruch, insbesondere ein solch eklatanter Widerspruch, der es rechtfertigen würde, trotz Fehlens einer echten Regelungslücke von den gesetzlich eindeutig geregelten Haftungsfolgen abzuweichen, ist jedoch nicht ersichtlich. Ganz im Gegenteil ist die unterschiedliche Haftungsdurchsetzung gerade angezeigt. Die Annahme der unmittelbaren Innenhaftung durch den BGH gründet auf der Einordnung des Treugebers als auf das Innenverhältnis beschränkter Gesellschafter.[1680] Dieser steht mit der Gesellschaft – insoweit übereinstimmend mit der *hier vertretenen Ansicht* – in unmittelbarer vertraglicher Beziehung, was eine unmittelbare Haftung durchaus rechtfertigen könnte.[1681]

Gegenüber den Gesellschaftsgläubigern tritt der Treugeber nach dem Willen der Parteien hingegen nicht in Erscheinung. Er ist insbesondere – auch nach der Einstufung als echter Gesellschafter durch den *BGH* – anders als der Kommanditist nicht in das Handelsregister einzutragen.[1682] Einer unmittelbaren Inanspruchnahme ist daher notwendig ein Auskunftsersuchen beim Treuhänder vorgelagert. Sofern dieser seiner Interessenwahrungspflicht gegenüber den Treugebern nachkommt und deren Anonymität wahrt, müssten die Gläubiger gerichtlich gegen ihn vorgehen, wobei insoweit schon das Bestehen einer Anspruchsgrundlage zweifelhaft ist.[1683] Es fehlt daher an der unmittelbaren rechtlichen Beziehung zwischen Treugeber und Gesellschaftsgläubiger, welche die unmittelbare Haftung im Innenverhältnis

1678 Siehe dazu § 3 D. II.
1679 Siehe dazu § 7.
1680 Vgl. BGH, NZG 2011, 1432, 1434.
1681 Vgl. zur unmittelbaren Innenhaftung § 7.
1682 Jedenfalls enthalten die Einschlägigen Urteile hierauf keinen Hinweis, vgl. BGH, NZG 2011, 1432; BGH, NZG 2012, 1024.
1683 Schon der Auskunftsanspruch der Treugeber untereinander ist umstritten, vgl. § 3 C. II. Insoweit wären allenfalls Ansprüche gegen die Gesellschaft als vertragliche Nebenpflichten gem. §241 II BGB oder aus § 242 BGB denkbar. Gerade

zur Gesellschaft möglicherweise rechtfertigen könnte. Zudem würde sich in praktischer Hinsicht keine Erleichterung ergeben, da sich die Gläubiger ohnehin zunächst an den Treuhänder halten müssten und insoweit die gleiche Situation wie bei der nur mittelbaren Haftung durch Abtretung bzw. Pfändung des Freistellungsanspruchs eintreten würde.

Auch im Insolvenzfall ergibt sich entgegen der Ansicht *Schäfers*[1684] – wiederum unter Zugrundelegung der Rechtsprechung zur unmittelbaren Innenhaftung – kein Wertungswiderspruch, sondern allenfalls ein Unterschied ohne entscheidende Konsequenzen. Verneint man die unmittelbare Außenhaftung, kann der Insolvenzverwalter zwar den Einlageanspruch geltend machen (§ 93 InsO), nicht aber die Haftung analog § 171 I HGB (§ 171 II HGB). Der Treugeber ist hierdurch nicht bessergestellt und im Übrigen an einem möglichst reibungslosen Gleichlauf interessiert. Wo hier „Reibungen" entstehen könnten, ist nicht ersichtlich. Die Leistungspflicht des Treugebers besteht einheitlich gegenüber dem Insolvenzverwalter. Sowohl aus Sicht des Treugebers als auch aus Sicht des Insolvenzverwalters macht es grundsätzlich keinen Unterschied, auf welchen Anspruch der Treugeber leistet. Durch die vom *BGH* angenommene umfassende Einwendungssperre sind beide Ansprüche praktisch inhaltsgleich. Ein Unterschied kann sich nur dann ergeben, wenn der Freistellungsanspruch mangels Erforderlichkeit i. S. v. § 670 BGB tatbestandlich ausgeschlossen ist. Im Falle der Einbeziehung des Treugebers in das Innenverhältnis ist dieser selbst an der Willensbildung beteiligt, so dass ein Fehlverhalten des Treuhänders, welches § 670 BGB ausschließen würde, kaum mehr denkbar ist. Unterschiede würden sich weiterhin ergeben, wenn man keine Einwendungssperre annehmen wollte. Es wäre jedoch widersprüchlich, die Einwendungssperre abzulehnen und aufgrund der sich dann ergebenden Unterschiede zwischen Innen- und Außenhaftung eine unmittelbare Außenhaftung anzunehmen, die in ihren Wirkungen über die Einwendungssperre hinausgeht.

Zudem ist die Innen- und Außenhaftung schon in der Person des Kommanditisten nicht zwingend inhaltsgleich. Für das Außenverhältnis ist allein die im Handelsregister eingetragene Haftsumme entscheidend. Die Innenhaftung richtet sich dagegen allein nach der Höhe der übernommenen Einlagepflicht. Der Kommanditist muss sich nicht zwingend zu einer Einlage verpflichten. In diesem Fall würde sogar eine Außenhaftung ohne gleichzeitige Innenhaftung bestehen. Der Insolvenzverwalter kann in diesem Fall nur den Anspruch im Außenverhältnis nach §§ 171 I, II HGB geltend machen, nicht aber die Rechte im Innenverhältnis nach § 93 InsO.

Schäfer, in: MüKo-BGB, § 716, Rn. 12a ff. lehnt entsprechende Auskunftsansprüche jedoch ab.

1684 *Schäfer*, ZHR 177 (2013), 619, 635.

bb) Rückforderung von Scheingewinnen

Im Falle der Rückforderung von Scheingewinnen, welche aufgrund bösgläubig aufgestellter Bilanz erfolgt sind, haftet der Kommanditist jeweils gesetzlich nach §§ 812 ff. BGB und §§ 171 I, 172 IV HGB. Ist der ausgeschüttete Betrag bereits an den Treugeber geflossen, so sei das Festhalten an der Haftung (nur) des Treuhänders sinnlos.[1685] Die Kommanditistenhaftung werde stark vom Innenverhältnis beeinflusst. Die wiederaufgelebte Haftung müsse gerade den tatsächlichen Empfänger der Leistung treffen, da sie gerade darauf beruhe, dass der Kommanditist der Gesellschaft Haftkapital entziehe. Dies gelte umso mehr, wenn der Treugeber es aufgrund unmittelbarer Einlagepflicht allein in der Hand habe, die Außenhaftung gem. § 171 I Hs. 2 HGB auszuschließen.[1686] Zunächst hat es der Treugeber nicht allein in der Hand die Haftung auszuschließen, er kann nach Ansicht des *BGH* lediglich unmittelbar in Anspruch genommen werden. Die Einlagepflicht des Treuhänders muss daneben fortbestehen. Er muss das Recht haben, die ihn primär treffende Außenhaftung[1687] durch Leistung auf die Einlageverpflichtung auszuschließen. Die Annahme einer unmittelbaren Innenhaftung ausschließlich des Treugebers würde die Ansicht des BGH noch weniger überzeugend machen. Weiterhin ist es unzutreffend, dass das Wiederaufleben der Außenhaftung auf der Entziehung von haftendem Kapital beruht und daher den Empfänger treffen muss. Der Kommanditist ist gesetzlich jedoch nicht verpflichtet, eine Einlage zu leisten. Einen zwingend bestehenden Haftungs- oder Garantifonds wie bei Kapitalgesellschaften gibt es in Personengesellschaft einschließlich der Kommanditgesellschaft nicht. § 172 IV HGB stellt lediglich klar, dass die Außenhaftung nur solange ausgeschlossen ist, wie eine entsprechende Einlage tatsächlich vorhanden ist. Grund der Haftung ist daher anders als in den Kapitalgesellschaften nicht die Tatsache des Empfangs einer Leistung aus dem Garantiefonds (vgl. §§ 31 I GmbHG, 62 I AktG), sondern die Übernahme der Haftungsverpflichtung, welche optional und gegebenenfalls nur temporär durch Einlageleistung ausgeschlossen werden kann. Die Haftung nach §§ 171 ff. HGB ist in rein formeller Weise an die Gesellschafterstellung und die damit notwendig übernommene Haftungsverpflichtung geknüpft, während §§ 31 GmbHG, 62 AktG insoweit nur den tatsächlichen Umstand des Empfangs einer Leistung fordert.[1688] Ist keine Einlage geleistet und werden zusätzlich Scheingewinne empfangen, erhöht sich die Haftung im Außenverhältnis nicht. Hierdurch ergibt sich schon bei einer gesetzestypischen Kommanditgesellschaft ein deutlicher Unterschied zwischen Innen- und Außenhaftung. Von der Notwendigkeit des Gleichlaufs kann daher keine Rede sein.

1685 *Schäfer*, ZHR 177 (2013), 619, 634 f.

1686 *Schäfer*, ZHR 177 (2013), 619, 639.

1687 Diese soll auch bei Annahme der unmittelbaren Außenhaftung des Treugebers fortbestehen soll, vgl. *Schäfer*, ZHR 177 (2013), 640 ff.; ähnlich *Lenders*, S. 275 (faktische Subsidiarität der unmittelbaren Treugeberhaftung).

1688 Vgl. dazu unten § 5 C. II. 2.

cc) Rechtssichere Abgrenzung zum Kommanditisten

Ein Argument gegen die Annahme einer unmittelbaren Außenhaftung von Treugebern liefert *Schäfer*, ohne dies zu merken, selbst. Einer vollständigen Gleichstellung von Treugebern und Gesellschaftern bedürfe es nicht. Diese stoße sich schon an Inhalt und Funktion des Registereintrags und am Erfordernis rechtssicherer Abgrenzung. Beschränke man die Gleichstellung hingegen auf die Haftung, bestünden insoweit keine Bedenken.[1689] Nun beruht die Annahme einer unmittelbaren Außenhaftung jedoch wesentlich auf dem Gleichlauf mit der vom BGH angenommenen unmittelbaren Innenhaftung. Diese Innenhaftung ergibt sich wiederum aus der vollständigen organisationsrechtlichen Gleichstellung des Treugebers im Innenverhältnis. Diese interne Gleichstellung ist somit der Ausgangspunkt der gesamten Diskussion. Ohne diese Integration des Treugebers bricht das Fundament von Schäfers Argumentation vollständig weg. Eine Beschränkung der Gleichstellung auf die Haftung ist mithin unmöglich. Zur Wahrung der rechtssicheren Abgrenzung bleibt somit gerade nur die Verneinung der vollständigen haftungsrechtlichen Gleichstellung.

4. Ergebnis

Entgegen der Argumentation *Schäfers*[1690] ist die Verneinung einer Gesetzeslücke hinsichtlich der Außenhaftung des qualifizierten Treugebers in *Rechtsprechung* und *herrschender Lehre* de lege lata weiterhin zutreffend. Auch die Anerkennung der unmittelbaren Innenhaftung hat hieran nichts geändert. Die Notwendigkeit eines Gleichlaufs von Innen- und Außenhaftung eines Treugebers ist nicht ersichtlich, da ein solcher schon in der Person des Kommanditisten nicht besteht. Insoweit besteht daher auch kein Wertungswiderspruch.

III. Vergleichbare Interessenlage

Wenngleich sich eine planwidrige Regelungslücke hinsichtlich der Außenhaftung des Treugebers nicht feststellen lässt und damit schon die grundlegende Notwendigkeit und Berechtigung für die Begründung einer unmittelbaren Außenhaftung im Wege der Analogie fehlt, soll weiterhin dennoch untersucht werden, ob eine unmittelbare Außenhaftung aus allgemeinen Wertungsgesichtspunkte de lege ferenda wünschenswert erscheint.

1. Immunisierung abgetretener Freistellungsansprüche

Für die Notwendigkeit der Annahme einer unmittelbaren Außenhaftung des Treugebers spricht nach *Schäfer* weiterhin die „zum Schutz der Gläubiger erfolgte

1689 *Schäfer*, ZHR 177 (2013), 619, 636.
1690 *Schäfer*, ZHR 177 (2013), 619, 634 ff.

Immunisierung abgetretener Freistellungsansprüche gegen ihre rechtliche Herkunft aus dem Treuhandverhältnis."[1691] Aufgrund des vom BGH angenommenen umfassenden Ausschlusses sämtlicher Einwendungen aus dem Treuhandverhältnis, sei die mittelbare Außenhaftung nur noch als dogmatisches Rudiment erkennbar. Auch bei persönlich haftenden Gesellschaftern sei ein anerkennenswertes Interesse, statt nach §§ 128, 161 II HGB nur aufgrund abgetretener Freistellungsansprüche zu haften, nicht erkennbar.[1692] Es bleibt unklar, was *Schäfer* zu dem Vergleich von Treugebern eines Kommanditisten mit persönlich haftenden Gesellschaftern in oHG und KG bewogen haben mag und woher die gegen die persönlich haftenden Gesellschafter gerichteten Freistellungsansprüche in diesem Vergleich stammen sollen. Ein Argument lässt sich dieser Aussage nicht entnehmen. Auch die Bezeichnung des Freistellungsanspruchs nach Abtretung bzw. der mittelbaren oder wirtschaftlichen Außenhaftung als dogmatisches Rudiment ist unzutreffend. Durch die vom BGH angenommene – und hier nicht geteilte[1693] – umfassende Einwendungssperre ist der abgetretene Freistellungsanspruch gerade weiter erstarkt. Dass er nunmehr nahezu inhaltsgleich mit einem entsprechenden unmittelbaren Haftungsanspruch im Außenverhältnis ist, macht ihn weder ganz noch teilweise funktionslos. *Schäfer* selbst ist der Ansicht, dass die Außenhaftung des Treuhänders mit sichernder Funktion neben einer unmittelbaren Außenhaftung des Treugebers fortbestehen würde.[1694] Gleiches muss dann für den Freistellungsanspruch gelten. Die Tatsache, dass ein gegebener Anspruch hinsichtlich eines einheitlichen Leistungsinteresses auf andere Weise (fast)[1695] inhaltsgleich durchgesetzt werden kann, macht es weder notwendig, noch kann es rechtfertigen, diesen Anspruch auf eine andere dogmatische Grundlage zu stellen.

Nur rudimentäre Bedeutung könnte umgekehrt gerade dem unmittelbaren Anspruch gegen den Treugeber analog §§ 171 I HGB zukommen. Auch *Schäfer* betont ausdrücklich das Anonymitätsinteresse des Treugebers.[1696] Wollen die Treugeber tatsächlich nach außen anonym bleiben, so werden sie dem Treuhänder die Weitergabe ihrer für die direkte Inanspruchnahme notwendigen Personalien ausdrücklich verbieten und ihn zur Befriedigung der Gläubiger gegen Ersatz- oder

1691 *Schäfer*, ZHR 177 (2013), 619, 636.
1692 *Schäfer*, ZHR 177 (2013), 619, 635.
1693 Siehe § 6 C. III.
1694 *Schäfer*, ZHR 177 (2013), 619, 640 f.; ebenso *Lenders*, S. 275.
1695 Die Einwendungssperre bleibt ohne Wirkung, soweit der Freistellungsanspruch tatbestandlich nicht besteht. Aufgrund der Einbindung des Treugebers in das Innenverhältnis und die Willensbildung der Gesellschaft dürften die Fälle, in denen die Voraussetzungen des § 670 BGB fehlen, kaum Bedeutung erlangen.
1696 *Schäfer*, ZHR 177 (2013), 619, 622; vgl. weiterhin die Kritik an der Rechtsprechung zu Auskunftsansprüchen hinsichtlich Treugebern von *Schäfer*, in: MüKo-BGB, § 716, Rn. 12b f.

Vorschussleistung (§ 670/669 BGB) veranlassen. In praktischer Hinsicht wäre eine unmittelbare Haftung im Außenverhältnis dann bedeutungslos.[1697]

2. *Wille zur Übernahme des Anlagerisikos*

Nicht zu überzeugen vermag weiterhin auch das Argument, dass die Treugeber schließlich das volle wirtschaftliche Risiko der Beteiligung übernehmen wollten.[1698] Diese Aussage ist zwar unzweifelhaft richtig. Die Treugeber wollen sich als Eigenkapitalgeber unmittelbar an dem wirtschaftlichen Ergebnis, mithin an Gewinn und Verlust bis zur Höhe ihrer Einlage beteiligen. Dies müssen sie ferner auch, um in den Genuss der regelmäßig gewünschten steuerlichen Zurechnung aufgrund ihrer Einordnung als Mitunternehmer zu kommen.[1699] Ein Argument für eine Haftungserstreckung im Wege der Analogie liegt hierin nicht. Eine objektiv-rechtliche, gesetzliche Haftung kann schon nicht (allein) durch vertragliche Parteivereinbarungen begründet werden. Umgekehrt bedeutet dies, dass die fehlende Dispositionsbefugnis der Gesellschafter über das Außenverhältnis der Annahme einer gesetzlichen Haftung nicht zwingend entgegenstehen kann.[1700] Jedoch kann auch die Tatsache, dass eine unmittelbare Außenhaftung des Treugebers die Rechtsabwicklung zugunsten der Gläubiger erleichtere und deshalb aus Sicht der Gläubiger nach dem Gedanken des § 328 BGB unbedenklich sei, keine argumentative Wirkung für die Begründung einer entsprechenden unmittelbaren Außenhaftung entfalten.[1701] Es steht gerade die Verteilung des Treuhänderrisikos zwischen Gläubigern und Treugebern in Frage. Insofern kann nicht nur auf die Interessen der Gläubiger Rücksicht genommen werden. Zudem kann mit der Erleichterung der Abwicklung eines Anspruchs nicht der Anspruch selbst begründet oder dessen dogmatische Grundlage ausgewechselt werden.

Aus dem Willen zur Übernahme des vollen Anlagerisikos lässt sich auch nicht auf ein Bedürfnis nach der Begründung einer unmittelbaren Haftung schließen. Zunächst kann der Treuhandkonstruktion im Falle eines persönlich haftenden Treuhänders gerade eine haftungsbegrenzende Funktion dergestalt zukommen, dass der Treuhänder im Innenverhältnis lediglich zum anteiligen oder summenmäßig beschränkten Regress gegenüber den Treugebern berechtigt sein soll.[1702]

1697 Vgl. dazu bereits oben § 5 D. II. 2. b).

1698 Vgl. *Schäfer*, ZHR 177 (2013), 619, 630/637.

1699 Vgl. § 2 B. I. 1. d).

1700 Insoweit zutreffend *Schäfer*, ZHR 177 (2013), 619, 637.

1701 So *Schäfer*, ZHR 177 (2013), 619, 637.

1702 *Schiemann*, in: FS Zöllner, 503, 507 f. verweist auf den Treuhänder in der GbR und den Treuhänderkommanditisten ohne eingetragene Haftsumme. Letzterer Fall erscheint allenfalls temporär denkbar. Sofern er weiterhin die Nichtleistung oder Rückgewähr in Bezug nimmt, stellt sich eher die Frage nach der Erforderlichkeit i.S. d. § 670 BGB und damit nach der tatbestandlichen Gegebenheit des Ersatzanspruchs oder eines Gegenanspruchs des Treugebers aus §§ 280 I, 675 BGB wegen Verletzung von Treuhänderpflichten.

Daher kann im Einzelfall das bewusst und gewollt übernommene Anlagerisiko erst durch das Innenverhältnis zum Treuhänder bestimmet werden.

Die Zuweisung des vollen wirtschaftlichen Risikos an den Treugeber verwirklicht sich weiterhin in allen Fällen bereits vollständig durch die mittelbare Haftung. Unterschiede zwischen unmittelbarer und mittelbarer Außenhaftung ergeben sich nur hinsichtlich des zusätzlichen Täuschungs-, Missbrauchs- und Insolvenzrisikos in der Person des Treuhänders. Dieses Risiko gehört nicht zu dem übernommenen Anlagerisiko des Treugebers. Es kann nicht davon ausgegangen, dass der Treugeber tatsächlich den Willen hat, auch dieses Risiko zu tragen, denn dies würde nichts anderes bedeuten, als dass der Treugeber von vorn herein damit einverstanden war, sich durch den Treuhänder täuschen und dadurch schädigen zu lassen.[1703] Die Zuweisung dieses Risikos zum Treugeber oder zu den Gesellschaftsgläubigern kann nur anhand einer objektiv wertenden Betrachtung erfolgen.[1704]

3. Gleichbehandlung von Treugebern und Kommanditisten

Pfeifle/Heigl halten die unmittelbare Außenhaftung von mittelbar beteiligten Treugebern für zwingend notwendig, um eine Gleichbehandlung mit unmittelbar beteiligten Gesellschaftern herzustellen.[1705] In dem von den Autorinnen in Bezug genommen Fall eines als GbR aufgelegten Immobilienfonds mit direkt und indirekt beteiligten Kapitalanlegern liegt es grundsätzlich nah, beide Gruppen weitest möglich gleich zu behandeln, da beide Anlegergruppen mit ihrer Beteiligung ein einheitliches Interesse verfolgen. Dennoch ist es ebenso offensichtlich, dass beiden Gruppen nach der von ihnen selbst gewählten rechtlichen Einordnung als Gesellschafter oder Treugeber grundsätzlich unterschiedliche Rechtsfolgen aufgrund unterschiedlicher Rechtsstellung treffen können. Dies ist von den Fondsinitiatoren aufgrund der entsprechenden Gestaltung so gewollt und den Anlegern, die insoweit im Rahmen des Beitritts eine entsprechende Wahl treffen, auch zumindest bekannt. In dem von *Pfeifle/Heigl* angeführten Beispiel eines geschlossenen Immobilienfonds in Rechtsform der GbR[1706] bietet die treuhänderische Beteiligung gerade auch die Möglichkeit, eine unbeschränkte persönliche Außenhaftung zu vermeiden und durch eine nur anteilige mittelbare Haftung zu ersetzen. Diese Möglichkeit besteht jedoch auch durch die in der Publikums-GbR von der *Rechtsprechung* zumindest für geschlossene Immobilienfonds anerkannte anteilige

1703 Vgl. auch *Klöhn*, VGR 2012, 143, 158; **aA** wohl BGH, NJW 2011, 2351, 2354, Rz. 26 ff mit Annahme einer umfassenden Einwendungssperre zu Lasten des Treugebers auf vertraglicher Grundlage; krit. zu dieser Methode auch *Schäfer*, ZHR 177 (2013), 619, 631/633.

1704 Diese Betrachtung erfolgt im Rahmen der Untersuchung des Aufrechnungsverbot bzgl. der mittelbaren Außenhaftung, s. § 6 C. III. 6.

1705 *Pfeifle/Heigl*, WM 2008, 1485, 1492.

1706 *Pfeifle/Heigl*, WM 2008, 1485, 1491.

Haftungsbeschränkung auf den jeweils übernommenen Anteil im Gesellschaftsvertrag.[1707] Nur diese Übernahme einer nur beschränkten Haftung entspricht dem offenkundigen Interesse des privaten Kapitalanlegers.[1708] Sieht der Gesellschaftsvertrag einen entsprechenden Ausschluss der gesamtschuldnerischen Haftung nicht vor, dürfte daher bereits von einer ersatzfähigen Aufklärungspflichtverletzung oder von einer unzureichenden Beratung im Rahmen des Beitritts des unmittelbaren Gesellschafters auszugehen sein. Für die Zukunft steht insoweit durch §§ 1, 91, 139 KAGB fest, dass für Kapitalanlagezwecke grundsätzlich nur noch die Rechtsform der Investmentkommanditgesellschaft als Personengesellschaft gewählt werden kann, sofern nicht – wie gerade im Immobilienbereich durchaus denkbar – der Fonds einer eigenen operativen Tätigkeit nachgeht.[1709]

a) Verdoppelung der Zwangsvollstreckung

Zunächst soll eine untragbare Ungleichbehandlung darin liegen, dass die Direktgesellschafter von den Gesellschaftsgläubigern – regelmäßig die finanzierenden Banken – „unverzüglich haftbar gemacht und insofern Zwangsvollstreckungsmaßnahmen eingeleitet werden" könnten. Dagegen sei eine Inanspruchnahme der Treugeber erst nach Titulierung gegenüber dem Treuhänder möglich. Da der Treuhänder eine Vielzahl von Treugebern repräsentiert, werde dieser bei Inanspruchnahme für sämtliche Kapitalanteile der Treugeber aufgrund seines regelmäßig geringen haftenden Gesellschaftskapitals insolvent, was die Zwangsvollstreckung weiter erschwere.[1710]

Dem ist zu entgegnen, dass eine Inanspruchnahme der Direktgesellschafter und entsprechende Zwangsvollstreckungsmaßnahmen ebenfalls erst nach Titulierung möglich sind. Gemeint sein dürfte hier die Tatsache, dass ein Titel gegen den Treuhänder mangels ausreichenden haftenden Kapitals nur zur Abtretung oder Überweisung der Freistellungsansprüche gegen die Treugeber führt. Hinsichtlich dieser Freistellungsansprüche wäre bei fehlender Zahlungsbereitschaft der Treugeber ein weiterer Titel zu erwirken, aus dem letztlich vollstreckt werden könnte. Eine weitere Erschwerung durch Insolvenz des Treuhänders ist nicht ersichtlich, sofern die Gläubiger mit der Erfüllung ihrer Ansprüche durch Abtretung der Freistellungsansprüche der Treugeber einverstanden sind. Insofern berührt die befürchtete Verdoppelung der Zwangsvollstreckung nicht die Interessen der Direktgesellschafter und führt daher auch nicht zur Ungleichbehandlung mit mittelbar beteiligten Anlegern. Es sind zum einen nur die Interessen

---

1707 BGH, NJW 2002, 1642; zur Entwicklung dieser Rspr. *Kübler/Assmann*, § 6 III. 5. c) aa), S. 60 f.

1708 *Pfeifle/Heigl* scheinen jedoch von einer unbeschränkten Haftung auszugehen.

1709 Vgl. das BaFin-Schreiben vom 14.06.2013 zum Anwendungsbereich des KAGB, GZ: WA 41-Wp 2137 – 2013/0001, I. 7. a); sowie ESMA/2012/845, S. 51, Rn. 9 („... not an ordinary company with general commercial purpose..").

1710 *Pfeifle/Heigl*, WM 2008, 1485, 1491.

der Gesellschaftsgläubiger betroffen und zum anderen ist bereits zweifelhaft, ob die Annahme der unmittelbaren Außenhaftung von Treugebern dem Problem der doppelten Zwangsvollstreckung Abhilfe verschaffen kann.[1711] Entsprechende Probleme können zudem schon dadurch behoben werden, dass die Gläubiger sich die Freistellungsansprüche gegen die Treugeber antizipiert abtreten lassen. Gerade bei den angesprochenen fondsfinanzierenden Banken, die bereits bei der Errichtung der Fondsgesellschaft beteiligt sind, ist dies unproblematisch möglich. In der Praxis kommt der Vollstreckungserschwernis daher wohl wenig Bedeutung zu.[1712]

b) Vorrangige Inanspruchnahme der Direktgesellschafter

Pfeifle/Heigl nehmen an, dass die Direktgesellschafter aufgrund der vorangehend dargestellten, möglicherweise notwendigen mehraktigen Zwangsvollstreckung gegen die Treugeber zumindest faktisch vorrangig hafteten. Ausgehend von einer Fonds-GbR mit 2.000 Direktanlegern und 2.000 Treugebern sei es möglich, dass die Direktanleger bereits auf eine Darlehensrückforderung der finanzierenden Bank geleistet hätten und es vor der Einziehungsklage gegenüber den Treugebern durch Verwertung des Fondsobjekts zur vollständiger Rückführung der Darlehensverbindlichkeiten komme. Es bestünden dann 3.999 Ausgleichsansprüche gegen Mitgesellschafter in quotaler Höhe. Eine Inanspruchnahme der Gesellschaft nach § 110 HGB scheide aufgrund Vermögenslosigkeit aus. Somit seien die Treugeber ihrer Zahlung entkommen.[1713]

Es ist nicht auszuschließen, dass es zu dieser unterschiedlichen Haftungssituation zwischen Direktgesellschaftern und Treugebern kommt. Sofern die gesamtschuldnerische Haftung im Gesellschaftsvertrag der GbR zulässigerweise ausgeschlossen wurde, bestehen schon keine Ausgleichsansprüche, da jeder Gesellschafter, einschließlich des Treuhänders, nur entsprechend der Beteiligungsquote in Anspruch genommen werden kann. Ebenso verhält es sich bei der KG. Hier haften die Kommanditisten schon nur auf eine bestimmte Haftsumme.

Besteht eine unbeschränkte persönliche Haftung der Direktgesellschafter einer GbR, was regelmäßig schon dem erkennbaren schutzwürdigen Interesse eines privaten Kapitalanlegers widersprechen dürfte,[1714] ist ebenfalls nicht ersichtlich, wie es zu der befürchteten Folge von 3.999 einzelnen Ausgleichsansprüchen kommen sollte. Zudem schließt es die Annahme dieser Anzahl von Einzelansprüchen von vorn herein aus, dass die Treugeber „der Zahlung entkommen“. Die teilweise Tilgung der Forderung der Bank durch Verwertung des Fondsobjekts ändert nichts am Bestehen der Ausgleichsansprüche der Gesellschafter, die bereits an die Bank geleistet haben. Lediglich die Höhe der Ausgleichsansprüche ändert sich. Wird die

---

1711 Siehe dazu bereits oben § 5 D. II. 2. b).
1712 *Ehlke*, DB 1985, 795, 799/801.
1713 *Pfeifle/Heigl*, WM 2008, 1485, 1491.
1714 Vgl. oben § 5 D. III. 3.

Forderung der Bank durch Gesellschafterzahlungen und Verwertung des Fondsobjekts somit vollständig erfüllt, ohne dass der Treuhänder oder die Treugeber etwas dazu beigetragen haben, so schuldet der Treuhänder den zahlenden Gesellschaftern entsprechende Ausgleichszahlungen.

Hat nur ein Gesellschafter an die Bank geleistet, so schulden daher 1.999 andere Gesellschafter anteilig Ausgleich. Dies entspricht der normalen und gesetzlichen vorgesehenen Haftung in der GbR. Diese Zahl könnte sich durch Zugriff auf die durch den Treuhänder repräsentierten Treugeber zumindest faktisch auf 3.999 erhöhen. Dies kann jedoch kein Argument für eine unmittelbare Haftung der Treugeber sein, da dies gerade der Situation bei unmittelbarer Haftung aller Anleger entspricht und somit allenfalls ein allgemeines Problem der Publikums-GbR ist. Haben dagegen alle Direktgesellschafter mit Ausnahme des Treuhänders auf die Forderung geleistet, so steht 1.999 Gesellschaftern jeweils ein Ausgleichsanspruch gegen den Treuhänder zu. Insofern kommt dem Treuhänder eine aus Sicht der Mitgesellschafter geradezu begrüßenswerte Vereinfachungsfunktion zu, was gerade für die Beibehaltung der mittelbaren Haftung sprechen dürfte.

4. Eingeschränkte Zwangsvollstreckung in den Treuhandanteil

Pfeifle/Heigl sehen die Rechtfertigung der haftungsrechtlichen Gleichstellung von Treugebern und Gesellschaftern auch in der rechtlichen Beurteilung der Zwangsvollstreckung gegenüber dem Treuhänder.[1715] Der *BGH* betrachtet den Treugeber als wirtschaftlichen Inhaber des formalrechtlich dem Treuhänder zustehenden Treugutes und gewährt ihm daher die Rechte aus § 771 ZPO[1716] und § 47 InsO.[1717] Warum hieraus auf die Notwendigkeit einer unmittelbaren Außenhaftung des Treugebers geschlossen werden sollte, bleibt unklar. Diese Rechtsprechung ändert zunächst nichts an der Güterzuordnung. Lediglich die Qualität der schuldrechtlichen Ansprüche aus dem Treuhandvertrag wird aufgewertet hin zu einem die Veräußerung hindernden Recht i. S. v. § 771 I ZPO oder einem persönlichen Recht i.S. v. § 47 InsO. Zutreffend erkennen die Autorinnen, dass mit dieser Rechtsprechung der Treugeber „im Innenverhältnis bereits wie ein Direktgesellschafter“[1718] behandelt wird. Sie scheinen aber zu übersehen, dass die organisationsrechtliche Einbeziehung in das Innenverhältnis und die wirtschaftliche Zuordnung keine Auswirkung auf die – im Außenverhältnis relevante – rechtliche Zuordnung des Treuguts zum Vermögen des Treuhänders hat.[1719]

1715 *Pfeifle/Heigl*, WM 2008, 1485, 1492.

1716 Vgl. BGH, NJW 1954, 190; BGH, NJW 1959, 1223.

1717 Vgl. BGH, WM 2005, 1796.

1718 *Pfeifle/Heigl*, WM 2008, 1485, 1492.

1719 Zumindest missverständlich ist daher die Formulierung bei *Pfeifle/Heigl*, WM 2008, 1485, 1492: „...sofern der Gesellschaftsanteil als Bestandteil des Vermögens des Treuhänders gesehen werden würde...“. Der Anteil ist unzweifelhaft Bestandteil des Vermögens des Treuhänders.

Die genannten Rechte entfalten weiterhin nur dann Wirkung, wenn es sich um gegen den Treuhänder gerichtete Ansprüche handelt, die nicht im Zusammenhang mit seiner Treuhänderstellung stehen. Im Falle eines Gesellschaftsanteils als Treugut könnte der Treugeber diese Rechte daher nur solchen Gläubigern des Treuhänders sinnvoll entgegenhalten, die keine Gesellschaftsgläubiger sind. Verhindert der Treugeber erfolgreich die Zwangsvollstreckung in den Gesellschaftsanteil des Treuhänderkommanditisten, so hat dies nur zur Folge, dass der Gläubiger stattdessen in die Ersatzansprüche des Treuhänders gegen den Treugeber aus §§ 675, 670 BGB vollstreckt. Mit diesem nach Pfändung unmittelbaren Anspruch gegen den Treugeber wäre in letzter Konsequenz wiederum auch eine Vollstreckung in die Ansprüche des Treugebers gegen den Treuhänder, insbesondere in den Anspruch auf Herausgabe des Treuguts, möglich. Eine Haftungslücke ergibt sich jedenfalls nicht.

IV. Zusammenfassung zur anlogen Anwendung der §§ 171 ff. HGB

Eine unmittelbare Außenhaftung von qualifizierten Treugebern ist mangels Bestehen einer Regelungslücke de lege lata nicht begründbar. Die anderslautenden Ansichten bleiben den Nachweis einer bestehenden Haftungslücke schuldig und ersetzen diesen mit wertenden Betrachtungen. Hier wird scheinbar das de lege ferenda gewünschte Ergebnis mit dem de lege lata möglichen vermischt, ohne dies explizit zu erwähnen. Zudem erscheint eine entsprechende haftungsrechtliche Gleichstellung mit Gesellschaftern auch bei wertender Betrachtung nicht geboten. Letztlich verengt sich die Frage nach der Notwendigkeit einer unmittelbaren Außenhaftung auf die Zuweisung des Treuhänderrisikos entweder zum Treugeber oder zu den Gesellschaftsgläubigern. Die Annahme einer unmittelbaren Außenhaftung würde diese Frage pauschal zu Lasten des Treugebers entscheiden. Insofern kann stattdessen vorzugswürdig mit einer mittelbaren Haftung und ggf. einer Einwendungssperre gearbeitet werden, welche grundsätzlich eine differenzierende Einzelfallbetrachtung ermöglicht. Weiterhin würde die Gleichstellung auch im Außenverhältnis erhebliche Abgrenzungsschwierigkeiten zwischen Treugebern und Gesellschaftern mit sich bringen, welche mit den allgemeinen Grundsätzen der Rechtssicherheit und Rechtsklarheit kollidieren würden. Ein unmittelbarer Haftungsanspruch gegen den Treugeber wäre zudem bedeutungslos, solange die Treugeber zur Zahlung bereit sind und die Befriedigung der Gläubiger durch den Treuhänder veranlassen und diesen durch Vorschuss- oder Ersatzleistung entschädigen. Gleiches gilt für die antizipierte Abtretung von Freistellungsansprüchen an Gesellschaftsgläubiger. Sind die Treugeber nicht zur Zahlung bereit, so ergibt sich unter Berücksichtigung der Notwendigkeit eines möglicherweise zwangsweise durchzusetzenden Auskunftsverlangens gegenüber dem Treuhänder oder der Gesellschaft jedenfalls keine prozess- und vollstreckungsrechtliche Erleichterung gegenüber der Durchsetzung der mittelbaren Außenhaftung. Die Annahme einer unmittelbaren Außenhaftung des Treugebers würde weiterhin das Folgeproblem des Verhältnisses zur Haftung des Treuhänders nach sich ziehen. Die Annahme einer subsidiären Haftung des Treuhänders trotz vollwertiger Stellung als Außengesellschafter fehlt wiederum eine tragfähige Grundlage. Es ist nicht ersichtlich wie die Entziehung des Treuhänders als Haftungssubjekt gegenüber den Gläubigern gerechtfertigt werden sollte.[1720]

Aus diesen Gründen ist auch die Einführung der haftungsrechtlichen Gleichstellung von Treugebern und Gesellschaftern im Wege der Gesetzesänderung nicht angezeigt. Ein solcher Treugeber wäre nicht mehr nach materiellen Kriterien von einem Gesellschafter zu unterscheiden. Der Treugeber würde zum bloßen Gesellschafter ohne Registereintragung, so dass sich eine entsprechende Gesetzesänderung nicht auf die Ausgestaltung der Rechtsstellung von Treugebern beziehen müsste, sondern vielmehr eine Abschaffung der Registerpublizität für bestimmte Kommanditisten ausreichen würde. Wiederum ist auf die Bedeutungs- und Funktionslosigkeit einer Außenhaftung ohne Publizität zu verweisen. Denkbar wäre es daher eine Publizitätspflicht nur gegenüber Gesellschaftsgläubigern einzuführen, mithin eine Einzelpublizität statt allgemeiner Registerpublizität. Letztlich muss mit Blick auf die Einführung des § 152 KAGB und Berücksichtigung der entsprechenden Gesetzesbegründung eindeutig konstatiert werden, dass nach dem aktuellen Willen des Gesetzgebers an der Treuhandkonstruktion festgehalten wird und die unmittelbare Außenhaftung nicht gewünscht ist.[1721]

E. Zusammenfassung

Eine unmittelbare Außenhaftung kann allgemein auf vertraglicher Grundlage durch Schuldbeitritt oder Schuldübernahme begründet sein. Auch bei Bestehen einer qualifizierten Treuhand kann jedoch nicht grundsätzlich von einer entsprechenden konkludenten Vereinbarung ausgegangen werden. Der Treugeber ist weiterhin nicht als Gesellschafter einzuordnen, weshalb ihn auch die Gesellschafterhaftung nicht unmittelbar treffen kann. Zudem kann auch ein qualifizierter Treugeber nicht per se als Scheinkommanditist eingeordnet werden. Eine direkte Haftung im Außenverhältnis in Analogie zur Hintermannhaftung im Kapitalgesellschaftsrecht lässt sich mangels Vergleichbarkeit der Haftungsregime nicht überzeugend begründen.

Letztlich überzeugt auch eine Haftung in analoger Anwendung der für den Kommanditisten geltenden Vorschriften nicht. Es fehlt aufgrund der mittelbaren Haftung bereits an einer planwidrigen Regelungslücke. Darüber hinaus besteht richtigerweise auch kein notwendiges Interesse daran, den Treugeber unmittelbar nach Außen haften zu lassen. Daher sollte auch de le ferenda eine solche Außenhaftung des Treugebers nicht eingeführt werden.

1720 Zumindest krit. auch *Schürnbrand*, ZGR 2014, 256, 273 und *Zinger*, BB 2014, 458, 459.
1721 Siehe dazu oben § 5 B. IV.

§ 6 Mittelbare Außenhaftung

Im vorangehenden Abschnitt wurde dargestellt, dass Treugeber nicht unmittelbar im Außenverhältnis gegenüber Gläubigern der KG haften.[1722] Die Außenhaftung gem. § 171 I HGB (ggf. i. V. m. § 172 IV HGB) trifft allein den Treuhänder als echten Gesellschafter der KG. Der einzelne Treugeber ist jedoch verpflichtet den Treuhänder von diesen Ansprüchen anteilig freizustellen. Dieser Anspruch ist regelmäßig im Treuhandvertrag vereinbart und ergibt sich zumindest auch aus §§ 675, 670, 257 BGB.[1723] Durch Überleitung dieser Ansprüche auf die Gesellschaftsgläubiger kommt es zur „mittelbaren" bzw. „wirtschaftlichen" Außenhaftung der Treugeber. Die mittelbare Außenhaftung bildet auch das zentrale Argument der Rechtsprechung gegen eine unmittelbare Außenhaftung von Treugebern. Wohl um dennoch eine inhaltliche Angleichung an die versagte unmittelbare Außenhaftung zu erzielen, verstärkte der *BGH* die mittelbare Außenhaftung um eine umfassende Einwendungssperre zulasten des Treugebers. Insbesondere soll eine Aufrechnung mit Ansprüchen gegen den Treuhänder nicht zulässig sein.

A. Übertragbare Ansprüche des Treuhänders

Die Übertragung der Freistellungsansprüche kann einerseits durch Pfändung (§§ 828, 857 ZPO)[1724] oder durch Abtretung (§ 398 BGB) vom Treuhänder an den jeweiligen Gläubiger geschehen. In der Praxis zeigen sich die Treuhänder zumindest in kupierten Publikumsgesellschaften regelmäßig zur Abtretung bereit. Der Anspruch des Treuhänders auf Freistellung wandelt sich durch Abtretung jedoch zu einem Zahlungsanspruch des jeweiligen Gläubigers, weshalb gem. § 399 Alt. 1 BGB grundsätzlich ein Abtretungsverbot wegen Inhaltsänderung bestehen würde.[1725] Dies würde gem. § 851 ZPO auch die Pfändung verhindern. Die Abtretung des Freistellungsanspruchs an den Gläubiger der zugrunde liegenden Hauptforderung gegen den Zedenten wird jedoch allgemein als zulässig erachtet.[1726] Dies

---

1722 Siehe § 5.

1723 Vgl. § 4 A.

1724 Vgl. BGH, DStR 2001, 858; BGH, NZG 2012, 1024, 1025; BGH, NJW 2011, 2351, OLG Stuttgart, NZG 2010, 716; *Grüneberg*, in: Palandt, § 257, Rn. 1; *Krüger*, in: MüKo-BGB, § 257, Rn. 9; *K. Schmidt*, in: MüKo-HGB, vor § 230, Rn. 59; *Armbrüster*, S. 324; *Henssler*, AcP 196 (1996), 37, 82.

1725 BGH, NJW 1964, 1272, 1273 f.; BGH, WM 1979, 612, 614; BGH, NJW 1993, 2232, 2233.

1726 Vgl. BGH, NZG 2011, 1432, 1435; BGH, NJW 2011, 2351; BGH, NJW 2010, 2197; *Müller*, in: P/W/W, § 399, Rn. 4; *Grüneberg*, in: Palandt, § 399, Rn. 4; *ders.*, in: Palandt, § 257, Rn. 1; *Roth/Kieninger*, in: MüKo-BGB, § 399, Rn. 16; *Krüger*, in: MüKo-BGB, § 257, Rn. 9; *Zöchling-Jud*, in: P/W/W, § 257, Rn. 4; *Wiedemann*, ZIP 2012, 1786, 1791; *Tebben*, ZGR 2001, 586, 613; *Gottschalk*, NZG 2012, 461, 462; **aA** mit guten

bedingt, dass eine Abtretung nur zulässig ist, soweit eine Haftung des Treuhänders für Verbindlichkeiten der Gesellschaft gegenüber dem jeweiligen Gläubiger (Zessionar) besteht.[1727] Ebenso muss auch eine Abtretung an den Insolvenzverwalter der KG zulässig sein, da dieser gem. § 171 II HGB die Rechte der Gesellschaftsgläubiger aus § 171 I HGB ausübt.[1728] Eine Abtretung des Freistellungsanspruchs über den Umfang der tatsächlich bestehenden Haftung des Treuhänders gegenüber dem jeweiligen Drittgläubiger hinaus ist gem. §§ 134 i. v. m. § 399 Alt. 1 BGB nichtig und dürfte eine entsprechende Abtretungsvereinbarung gem. § 139 BGB auch insgesamt nichtig machen.[1729]

Dies hat Auswirkung auf die Auslegung einer Abtretungsvereinbarung. Grundsätzlich ist davon auszugehen, dass nur solche Freistellungsansprüche abgetreten werden sollen, die Forderungen des entsprechenden Zessionars betreffen. Unzutreffend ist daher die Annahme des *OLG München*, dass die Abtretung von Freistellungsansprüchen der Treuhänderin bezüglich Ausgleichsansprüchen der Gesellschaft für Liquidationsverluste ins Leere gegangen sei, weil zuvor eine umfassende Abtretungsvereinbarung auch mit Gläubigern der Gesellschaft getroffen wurde, welche die Treuhänderin ebenfalls in Anspruch genommen haben.[1730] Als übertragbare Ansprüche kommen daher nur Freistellungsansprüche bezogen auf den Anspruch des jeweiligen Gläubigers aus § 171 I HGB (oder ggf. §§ 176, 128 HGB)[1731] in Betracht.

B. Zulässigkeit der Abtretung

Vorangehend wurde dargestellt, dass der Abtretung von Freistellungsansprüchen an die Gläubiger der jeweiligen Hauptforderung grundsätzlich kein Abtretungsverbot wegen Inhaltsänderung i. S. v. § 399 Alt. 1 BGB aufgrund der Wandlung vom Freistellungsanspruch hin zum Zahlungsanspruch entgegensteht.[1732] Darüber hinaus kommen allerdings noch weitere gesetzliche Abtretungsverbote i. S. v. § 399 Alt. 1 BGB in Betracht, welche sich etwa aus der dem Zweck oder der Natur des Treuhandverhältnisses ergeben können.[1733] Zudem können in Treuhandverhältnissen

---

Argumenten *Görmer*, JuS 2009, 7, 11 f.; kritisch auch *Rutschmann*, NZG 2010, 776, 777.

1727 *Roth/Kieninger*, in: MüKo-BGB, § 399, Rn. 16; vgl. auch *Zinger*, BB 2014, 458, 460.

1728 OLG Köln NZG 2009, 543, 544; OLG Stuttgart, NZG 2010, 716, 717; OLG Bamberg, Urt. v. 7.1.2008 – 4 U 84/07, juris-Rz. 21; OLG Düsseldorf, Urt. v. 20.11.2008 – I-6 U 8/08, juris-Rz. 99; OLG Brandenburg, Urt. v. 23.7.2008 – 7 U 230/07, juris-Rz. 33 f.; OLG Koblenz, Urt. v. 11.12.2008 – 6 U 1353/07, juris-Rz. 25.

1729 BGH, NZG 2011, 1432, 1435, Rz. 33.

1730 OLG München, ZIP 2010, 182.

1731 Vgl. wiederum § 4 A. I.

1732 Vgl. § 6 A.

1733 Vgl. allg. zu entsprechenden Abtretungsverboten *Roth/Kieninger*, in: MüKo-BGB, § 399, Rn. 7 ff.

auch vertragliche, insbesondere konkludent vereinbarte, Abtretungsverbote eine Rolle spielen.

I. Gesetzliche Abtretungsverbote, § 399 Alt. 1 BGB

Im Zusammenhang mit den Besonderheiten von Treuhandverhältnissen werden gesetzliche Abtretungsverbote in verschiedener Form diskutiert.

1. Zweckbindung

Ein Abtretungsverbot aufgrund Inhaltsänderung kann sich zunächst ergeben, wenn die Leistung des Treugebers einer Zweckbindung unterliegt.[1734] Der *BGH*[1735] hat eine entsprechende Zweckbindung etwa für den Fall angenommen, dass der Treuhänder zur Erfüllung der Einlageforderung der Gesellschaft bzw. zur Weitergabe der Einlagemittel der Treugeber erst dann berechtigt sein soll, wenn bestimmte Mittelfreigabekriterien zum Schutze der Treugeber erfüllt sind. Im Ergebnis ist der Entscheidung insoweit beizupflichten. An der Einordnung der Mittelfreigabeklausel als Zweckbindung bestehen dagegen Zweifel. Eine solche Klausel betrifft die Frage, wann bzw. ob überhaupt eine Leistung zu erbringen ist. Die antizipierte Abtretung sämtlicher Ersatzansprüche des Treuhänders an die Gesellschaft[1736] war bereits im Gesellschaftsvertrag vorgesehen. Letztlich war es dem Treuhänder vertraglich verboten, die Einlageforderung zu erfüllen. Dieses Verbot muss auch die „Erfüllung“[1737] durch Abtretung erfassen. Daher muss hier eher ein vertragliches Abtretungsverbot i. S. d. § 399 Alt. 2 BGB angenommen werden.

2. Natur des Treuhandverhältnisses

In einem Urteil des *BGH*[1738] zu einer kupierten Publikums-oHG finden sich Überlegungen zu einem umfassenden Abtretungsverbot i. S. d. § 399 Alt. 1 BGB für Rechte des Treuhänders, welches sich möglicherweise aus der Rechtsnatur des Treuhandverhältnisses ergeben soll. Das *Berufungsgericht* hatte festgestellt, dass sich aus der Natur des Treuhandverhältnisses keine Änderung des Leistungsinhalts ergebe, da die zur Freistellung des Treuhänders führende Leistung des Treugebers nach dem Zweck des Treuhandverhältnisses nicht an die Person des Treuhänders gebunden sei.[1739] Eine Argumentation hinsichtlich der Natur des

1734 Vgl. *Grüneberg*, in: Palandt, § 399, Rn. 5.

1735 BGH, NJW 1991, 2906, 2906. Letztlich ging es in dem Urteil jedoch nicht um die Einlageforderung, sondern um die Geltendmachung von Verzugszinsen durch die Gesellschaft.

1736 Diese führt zur „mittelbaren Innenhaftung“, s. dazu § 8.

1737 Wenn auch die Abtretung regelmäßig nur erfüllungshalber erfolgt.

1738 BGH, NJW 2010, 2197, 2198, Rz. 17; vgl. auch *Zinger*, BB 2014, 458, 460.

1739 OLG Karlsruhe, NZG 2010, 151, 153.

Treuhandverhältnisses bereitet bereits deshalb Probleme, da es an einer (gesetzes-) typischen Ausgestaltung des Treuhandvertrags fehlt. Nur wenn man dem Treuhandverhältnis grundsätzlich Verdeckungsfunktion zuschreiben wollte, ließe sich der Ersatzanspruch des Treuhänders als höchstpersönlich und damit als unabtretbar ansehen. Dass auch die Verdeckungsfunktion nicht typischer Inhalt und damit Teil der Natur des Treuhandvertrags sein kann, zeigen bereits die Fälle der qualifizierten Treuhand, bei denen unmittelbare Rechtsbeziehungen zwischen Treugebern und Gesellschaft bestehen. Im konkreten Fall hatte die Fondsgesellschaft zudem Bonitätsnachweise und Selbstauskünfte der Treugeber an die Klagende Bank als Gläubigerin im Außenverhältnis übermittelt.[1740] Nicht selten sind schon die Beitrittsverträge der Treugeber mit Darlehensverträgen mit den finanzierenden Banken des Fonds verbunden. Demgegenüber zeigt die Diskussion über Auskunftsansprüche hinsichtlich der Identität der Treugeber,[1741] dass dem Treuhandvertrag regelmäßig doch eine Anonymisierungsfunktion zukommt; dies gilt zumindest gegenüber außerhalb der Fondskonstruktion (bestehend aus KG, Treuhänder, Treugebern und ggf. finanzierenden Banken) stehenden Personen zukommt. Die Diskussion um ein mögliches gesetzliches Abtretungsverbot erscheint daher verfehlt. Soweit sich Abtretungshindernisse aus dem Treuhandverhältnis bzw. aus dessen Natur ergeben, dürften eher (konkludente) vertragliche Abtretungsverbote gem. § 399 Alt. 2 BGB in Rede stehen,[1742] da es wie gesagt an einer typischen Ausgestaltung des Treuhandvertrags fehlt und daher Art und „Natur" eines vertraglichen Schuldverhältnisses gerade erst durch den Vertrag bestimmt werden.[1743]

3. *Aufrechnungsverbot gegenüber dem Zessionar*

Nach *herrschender Meinung in Rechtsprechung*[1744] und *Literatur*[1745] besteht ein umfassendes Verbot zulasten des qualifizierten Treugebers gegen den Freistellungsanspruch des Treuhänders aufzurechnen. Dieses Verbot soll insbesondere auch die Aufrechnung nach Abtretung dieses Freistellungsanspruchs an die Gesellschaft

1740 OLG Karlsruhe, NZG 2010, 151, 151.

1741 Siehe hierzu § 3 C. II.

1742 Siehe dazu § 6 B. II. 2.

1743 So in anderem Kontext auch *Klöhn*, VGR 2012, 143, 150, Fn. 38.

1744 BGH, NJW 2011, 2351, 2354, Rz. 26 ff; BGH, ZIP 2012, 2246, 2248; BGH, ZIP 2012, 2250, 2252; BGH, NJW 2013, 452, 454 f.; OLG Düsseldorf, DStR 1991, 1532, 1535; OLG Köln, NZG 2009, 543, 544; OLG Koblenz, NZI 2009, 258; OLG Nürnberg, WM 2009, 942; OLG Stuttgart, NZG 2010, 716; OLG Frankfurt, ZIP 2012, 673, 675.

1745 *K. Schmidt*, in: MüKo-HGB, vor § 230, Rn. 59; *Wagner*, in: Erman, § 387, Rn. 34; *Lieder*, in: Oetker, § 105, Rn. 50; *Henze*, in: E/B/J/S, § 177a Anh. B, Rn. 102; *Horn*, in: Heymann, § 161, Rn. 176; *Wertenbruch*, in: HdbPersG, Rn. I 894c; *Stöber*, NZG 2011, 738, 741; *ders.*, NZG 2013, 832, 833 f.; *Gottschalk*, GWR 2011, 325, III. 5.; im Ergebnis auch *Tebben*, VGR 2010, 161, 176; kritisch *Westermann*, in: HdbPersG, Rn. I 153d.

oder ihre Gläubiger erfassen.[1746] Das *OLG Karlsruhe* hat ein entsprechendes Aufrechnungsverbot unter anderem unter Hinweis auf § 399 Alt. 1 BGB abgelehnt. Da erst durch die Abtretung des Freistellungsanspruchs eine Konstellation entstehe, welche ein Aufrechnungsverbot rechtfertigen soll, sei der Treugeber durch die Abtretung indirekt schlechter gestellt. Eine solche Schlechterstellung solle durch § 399 Alt. 1 BGB gerade nicht möglich sein.[1747]

Die Annahme eines Abtretungsverbots unter Hinweis auf ein nicht gesetzlich geregeltes oder sonst auf allgemeine, objektive Wertungen gestütztes Aufrechnungsverbot überzeugt nicht und wird letztlich auch vom OLG Karlsruhe nicht angenommen. Lediglich zur Ablehnung eines Aufrechnungsverbots wird dieser Gedanke unterstützend herangezogen. In den allermeisten Fällen wird durch die Abtretung und die damit einhergehende Wandlung des Freistellungsanspruchs in einen Zahlungsanspruch erst eine Aufrechnungslage gegenüber dem Zessionar hergestellt. In diesem Fall wäre der Treugeber durch die Abtretung zum einen nicht schlechter gestellt und zum anderen wäre die Abtretung der Annahme eines Aufrechnungsverbots notwendig vorgelagert, so dass sich ein Rückschluss verbieten würde. Zudem konnte das OLG Karlsruhe auch die weitere Entwicklung der Rechtsprechung zum Aufrechnungsverbot nicht vorhersehen. Erst nach dieser Entscheidung hat der *BGH* entschieden, dass ein Aufrechnungsverbot auch zwischen Treugeber und Treuhänder gelte.[1748] Auch daher bestünde bereits keine Schlechterstellung des Treugebers durch die Abtretung. Gleiches ergibt sich selbstverständlich, sofern man – wie hier vertreten[1749] – ein Aufrechnungsverbot generell ablehnt.

II. Vertragliche Abtretungsverbote, § 399 Alt. 2 BGB

Vertragliche Abtretungsverbote können ausdrücklich oder konkludent vereinbart werden. Das vertragliche Verbot führt richtigerweise zur absoluten Unwirksamkeit der Abtretung und wirkt nicht nur relativ zwischen Gläubiger und Schuldner.[1750] Dies ergibt sich nicht zuletzt aus § 354a HGB. Diese Vorschrift ordnet an, dass die Abtretung trotz eines vertraglichen Verbots wirksam ist, sofern es sich um ein beiderseitiges Handelsgeschäft i. S. v. §§ 343 f. HGB handelt.[1751] § 354a HGB erfasst jedoch nur die Abtretung von Geldforderungen. Das Interesse des Treuhänders dürfte jedoch regelmäßig auf die Abtretung von Freistellungsansprüchen gerichtet sein. Denkbar wäre es, dass der Treuhänder die Drittforderung erfüllt und sodann

1746 Eingehend dazu § 6 C. III.

1747 OLG Karlsruhe, ZIP 2009, 1810, 1814 f.

1748 BGH, NZG 2012, 1024, 1026.

1749 Siehe § 6 C. III.

1750 So die **hM**, vgl. BGH, NJW 1991, 559, 560; *Roth/Kieninger*, in: MüKo-BGB, § 399, Rn. 49; *Rohe*, in: BeckOK-BGB, § 399, Rn. 20; **aA** *Westermann*, in: Erman, § 399, Rn. 3a.

1751 Vgl. auch *Armbrüster*, S. 327.

den entstandenen Aufwendungsersatzanspruch (§§ 675, 670 BGB) an einen weiteren Drittgläubiger abtritt. Dies würde trotz wirksamer Abtretung eine Pflichtverletzung des Treuhandvertrags darstellen.

1. *Ausdrücklich vereinbarte Abtretungsverbote*

Ein vertragliches Abtretungsverbot kann sich zunächst kraft ausdrücklicher Vereinbarung ergeben. Insofern ist der generelle Ausschluss jeglicher Abtretung als auch die Vereinbarung der Notwendigkeit der Zustimmung des Treugebers denkbar.[1752] Eine ausdrückliche vertragliche Vereinbarung dieser Art konnte bisher keinem der einschlägigen Urteile entnommen werden. *Zinger* nimmt an, dass die Gläubigerbanken einen entsprechenden Ausschluss nicht akzeptieren würden.[1753] Dem üblicherweise bestehenden Anonymitätsinteresse der Treugeber würde ein Abtretungsausschluss dagegen durchaus entsprechen. Im Bereich der verdeckten Treuhandbeteiligungen dürften sich daher entsprechende Vereinbarungen regelmäßig finden lassen. Zumindest ist der Treuhänder hier Dritten gegenüber zur Verschwiegenheit verpflichtet, woraus grundsätzlich auch ein Abtretungsverbot zu folgern ist. *Tebben* verweist diesbezüglich zutreffend auf die aus der Verschwiegenheitspflicht folgende Unabtretbarkeit der Gebührenforderungen von Rechtsanwälten und Notaren.[1754] Durch ein solches Abtretungsverbot kann der Treuhänder allerdings nur solange an der Abtretung gehindert sein, bis der Treugeber ihn auf erste Anforderung nicht freigestellt hat, wobei als Freistellung zur Wahrung der Anonymität hier nur die Vorschussleistung an den Treuhänder nach § 669 BGB in Betracht kommt. Ab diesem Zeitpunkt wäre der Treuhänder auch zur Erhebung der öffentlichen Klage berechtigt, ohne dass die Pflicht zur Anonymitätswahrung dem entgegenstünde. Es besteht dann ein berechtigtes Interesse des Treuhänders die eigene klageweise Inanspruchnahme zu verhindern, welches das Anonymitätsinteresse des Treugebers regelmäßig überwiegt.[1755]

Einem ausdrücklich vereinbarten vertraglichen Ausschluss der Abtretung des Freistellungsanspruchs stehen ferner keine anderweitigen Bedenken entgegen. Eine Gläubigerbenachteiligung durch Vorschieben eines vermögenslosen Treuhänders entsprechend der Situation beim vertraglichen Ausschluss des Freistellungsanspruchs entsteht nicht, da die Forderung nicht in ihrem Bestand betroffen ist und weiterhin beim Treuhänder unter den Voraussetzungen des § 851 II ZPO pfändbar ist.[1756] Aus Sicht des Treuhänders führt ein Abtretungsausschluss lediglich dazu, dass er einer Klage der Gesellschaft oder ihrer Gläubiger ausgesetzt ist. Der Verzicht des Treuhänders auf den Schutz vor Klageerhebung ist unbedenklich,

1752 Abgelehnt in BGH, NJW 2010, 2197, 2198.
1753 *Zinger*, BB 2014, 458, 460.
1754 *Tebben*, VGR 2010, 161, 171.
1755 Vgl. OLG Nürnberg, WM 2009, 942, 943; *Tebben*, VGR 2010, 161, 171.
1756 Vgl. *Müller*, in: P/W/W, § 399, Rn. 16; *Grüneberg*, in: Palandt, § 399, Rn. 10.

da sich an der bestehenden Ersatzpflicht des Treugebers im Ergebnis nichts ändert. Eine Unwirksamkeit dieser Vereinbarung aus allgemeinen Gründen (Sittenwidrigkeit, Treu und Glauben) erscheint daher kaum denkbar.

2. Konkludent vereinbarte Abtretungsverbote

Wenngleich ausdrücklich vereinbarte Abtretungsverbote in der Praxis selten zu sein scheinen, hatte sich die *Rechtsprechung* mehrfach mit der Frage von konkludenten Vereinbarungen dieser Art zu beschäftigen, wobei entsprechende Abtretungsverbote durchgehend abgelehnt wurden.[1757]

a) Mehrgliedrige Treuhand

Für den Bereich der kupierten Publikumsgesellschaften ist dieser Rechtsprechung grundsätzlich beizupflichten. Aufgrund der Vielzahl der übernommenen Treuhandbeteiligungen ist ein überragendes Interesse des Treuhänders an der Abtretung der Freistellungsansprüche für den objektiven, verständigen Treugeber erkennbar. Es kann nicht erwartet werden, dass der Treuhänder ausreichende Kapitalreserven vorhält, um Ansprüche gegen sämtliche hinter ihm stehende Treugeber zunächst selbst zu begleichen und erst dann Ersatz bei diesen zu suchen. Ebenso ist ein Interesse des Treuhänders uneingeschränkt anzuerkennen, sich gegen die massenhafte Klageerhebung gegen seine Person zu schützen. Dies würde zu unverhältnismäßigem Verwaltungsaufwand und Prozesskosten auf Ebene des Treuhänders führen, welche in letzter Konsequenz wiederum von den Treugebern zu erstatten wären, da es sich aus Sicht der Beteiligten insoweit um notwendige Folgekosten der Verwaltungstätigkeit des Treuhänders handeln würde.

Im Verhältnis zu Gesellschaftsgläubigern besteht (anders als bei qualifiziertem Verhältnis zur Gesellschaft)[1758] jedoch typischerweise auch ein erhebliches Interesse der Treugeber daran, anonym zu bleiben. Zudem könnte der Abtretung ein Interesse der Treugeber an der übersichtlichen Gestaltung des Treuhandverhältnisses, welches durch eine Inanspruchnahme durch eine Vielzahl von Gläubigern gestört werden könnte, entgegenstehen.[1759] Insoweit könnte sich durch einfache (§§ 133, 157 BGB) oder objektive Auslegung durchaus ein konkludent vereinbartes Abtretungsverbot i. S. v. § 399 Alt. 2 BGB ergeben. Im Falle der kupierten Publikums-KG kann ein Abtretungsverbot jedoch auch hier nur anerkannt werden, solange die Treugeber ihrer Pflicht zur Leistung des Aufwendungsersatzes nachkommen. Es kann nicht ohne weiteres angenommen werden, dass ein Treuhänder nicht berechtigt sein soll, berechtigten Ansprüchen von Gesellschaftsgläubigern durch

---

1757 BGH, NJW 2011, 2351, 2353; BGH, NJW 2010, 2197, 2198; BGH, NZG 2009, 57; OLG Nürnberg, WM 2009, 942, 943; OLG Stuttgart, NZG 2010, 716, 717; OLG Köln, NZG 2009, 543.

1758 Siehe § 8 A. II.

1759 So OLG Karlsruhe, NZG 2010, 151, 154.

Abtretung seiner Freistellungsansprüche zu entsprechen und sich dadurch massenhafter Klageerhebungen auszusetzen. Ein Abtretungsverbot kann daher allenfalls insoweit angenommen werden, als dass der Treuhänder den Treugebern die Erfüllung des Anspruchs vor Abtretung ermöglichen muss.

b) Zweigliedrige Treuhand

Anders verhält es sich bei Treuhandverhältnissen mit nur einem oder wenigen Treugebern, da die vorangehend genannten Argumente hinsichtlich der mehrgliedrigen Massentreuhand nicht ohne weiteres übertragen werden können. Nach den allgemeinen Auslegungsgrundsätzen der §§ 133, 157 BGB ist es durchaus denkbar, dass ein Treuhänder, der nur einen oder wenige Treugeber repräsentiert, verpflichtet sein soll, den Treugeber vollständig und unbedingt nach außen abzuschirmen und somit gegebenenfalls auch die Klageerhebung gegen sich zu erdulden. Die Verdeckung des Treugebers – auch gegenüber der Gesellschaft – kann hier häufig sogar den Hauptzweck der Treuhand darstellen, was die Annahme eines konkludent vereinbarten Abtretungsverbots erfordert. Insbesondere muss davon ausgegangen werden, dass der Treuhänder in diesen Fällen grundsätzlich bereit ist, den Treugeber vollständig nach außen abzuschirmen und somit Ansprüche Dritter zunächst selbst zu befriedigen und auch abwehrende Prozesse für den Treugeber zu führen.

In der praktisch kaum denkbaren Konstellation einer Vielzahl paralleler, jedoch streng eingliedriger Treuhandbeteiligungen (*zweigliedrige Publikumstreuhand*),[1760] bei der die Treugeber tatsächlich nur in rechtlicher Beziehung zum Treuhänder stehen und möglicherweise keine Kenntnis von weiteren Treuhandverhältnissen ihres Treuhänders haben, dürfte nicht anders zu urteilen sein. Zwar ergeben sich für den Treuhänder die gleichen Probleme wie bei der qualifizierten Massentreuhand. Sofern dies für den einzelnen Treugeber nicht ersichtlich ist, kann dieser Umstand weder in der Vertragsauslegung nach allgemeinen Grundsätzen (§§ 133, 157 BGB) noch bei einer objektiven Vertragsauslegung, sofern es sich um AGB i. S. v. § 305 BGB handelt, berücksichtigt werden.

Liegt im Ergebnis ein konkludent vereinbartes Abtretungsverbot vor, muss dieses den gleichen Grenzen unterworfen sein wie ein ausdrücklich vereinbartes Verbot. Leistet der Treugeber dem Treuhänder auf dessen Aufforderung hin keinen Vorschuss (§ 669 BGB) zur Befriedigung der Gesellschaft und besteht der Hauptanspruch der Gesellschaft gegen den Treuhänder einredefrei, so hat der Treuhänder ein berechtigtes Eigeninteresse den Freistellungsanspruch abzutreten. Dem Treugeber ist es dann nach Treu und Glauben verwehrt, sich auf das Abtretungsverbot

1760 Vgl. zur vom BGH angenommenen zweigliedrigen stillen Publikumsgesellschaft BGH, NJW 2005, 1784, 1786; BGH, NZG 2005, 261, 262; BGH, NZG 2006, 57, 58; Bestätigung von BGH, NZG 2004, 961.

zu berufen, da er es versäumt hat, seinem Interesse an der Verhinderung der eigenen mittelbaren Inanspruchnahme nachzukommen.

C. Aufrechnung durch den Treugeber

Dem Treugeber können aus dem Treuhandverhältnis diverse Einwendungen gegen den Freistellungsanspruch des Treuhänders erwachsen. Ausweislich diverser Gerichtsentscheidungen[1761] kommt der Aufrechnung mit Ersatzansprüchen gegen Treuhänder hierbei die praktisch größte Bedeutung zu. Es ist jedoch bereits fraglich, ob der Treugeber nach Abtretung überhaupt zur Aufrechnung gegenüber einem Gesellschaftsgläubiger befugt ist. Zudem geht die *Rechtsprechung* von dem Bestehen eines Aufrechnungsverbots bzw. einer allgemeinen Einwendungssperre zulasten des Treugebers aus.

I. Aufrechenbare Ansprüche

Die Bandbreite der möglicherweise gegeneinander aufrechenbaren Ansprüche zwischen Treugebern und Gesellschaftsgläubigern wird durch das Erfordernis der Gleichartigkeit i. S. v. § 387 BGB bestimmt. Auf Seiten der Gesellschaftsgläubiger können nur Ansprüche des Treuhänders auf Befreiung von der Außenhaftung als Kommanditist gem. §§ 675, 670, 257 BGB i. V. m. §§ 171 I, 172 IV HGB bestehen, welche trotz Inhaltsänderung vom Befreiungsanspruch zum Zahlungsanspruch und damit entgegen § 399 Alt. 1 BGB an den Gläubiger der jeweiligen Hauptforderung abtretbar sind.[1762] Auf Seiten des Treugebers kommen als gleichartige Zahlungsansprüche nur treuhandbezogene Ansprüche aufgrund Pflichtverletzung des Treuhänders in Betracht. Hierbei handelt es sich regelmäßig um gesetzliche oder bürgerlich-rechtliche Prospekthaftungsansprüche.[1763] Möglich sind ferner auch einfache Schadensersatzansprüche aufgrund Verletzung von Pflichten aus dem Treuhandvertrag (§§ 280, 675 BGB) sowie deliktische Ansprüche, etwa aus § 826 BGB.[1764]

Gesellschaftsbezogene Herausgabeansprüche des Treugebers gem. § 667 BGB,[1765] welche regelmäßig auf die Weiterleitung von Ausschüttungen aus dem Gesellschaftsvermögen gerichtet sind und daher als gleichartig zu Zahlungsansprüchen betrachtet werden können, spielen hierbei keine Rolle. Es ist regelmäßig davon auszugehen, dass der Treuhänder berechtigt oder möglicherweise sogar verpflichtet ist, die ihn im Außenverhältnis in Anspruch nehmenden Gesellschaftsgläubiger mit den von der Gesellschaft erhaltenen Mitteln zu befriedigen und somit

1761 Vgl. hierzu die Nachweise im Folgenden.
1762 Siehe § 6 A.
1763 Siehe § 3 A. IV. 2. d); § 4 B. III., IV.
1764 Siehe § 3 A. IV. 2. a).
1765 Siehe § 3 A. IV. 1.

die Entstehung des Anspruchs aus § 670 BGB gegenüber dem Treugeber von vorn herein zu vermeiden.[1766]

II. Aufrechnungsbefugnis des Treugebers

Die aktuelle *Rechtsprechung*[1767] zur mittelbaren Außenhaftung von Treugebern befasst sich im Schwerpunkt mit der Frage nach einem möglichen Aufrechnungsverbot zulasten des Treugebers, welches im folgenden Abschnitt dargestellt wird.[1768] Diese Urteile lassen fast durchgehend eine Auseinandersetzung mit der vorgelagerten Frage vermissen, ob überhaupt eine Aufrechnungslage zwischen Treugeber und Drittgläubiger besteht. Hieran bestehen bereits erhebliche Zweifel. Vor Abtretung des Befreiungsanspruchs an einen Gesellschaftsgläubiger besteht mangels Gleichartigkeit der gegenseitigen Ansprüche regelmäßig keine Aufrechnungslage zwischen Treugeber und Treuhänder, da es sich zum einen um einen Zahlungsanspruch und zum anderen um einen Freistellungsanspruch handelt. Eine Aufrechnung seitens des Treugebers scheitert somit an der fehlenden Gleichartigkeit im Sinne von § 387 BGB. Die Aufrechnungslage entsteht somit erst durch die Abtretung des Freistellungsanspruchs an den Gesellschaftsgläubiger und die damit verbundene Inhaltsänderung hin zum Zahlungsanspruch. Gemäß § 404 BGB kann der Schuldner dem Zessionar aber nur solche Einwendungen entgegensetzen, welche bereits zur Zeit der Abtretung gegen den Zedenten begründet waren. Eine Aufrechnung des Treugebers gegen den Gesellschaftsgläubiger kann daher nicht gemäß § 404 BGB begründet werden.

1. *Aufrechnungsbefugnis gem. § 406 BGB*

Für die Aufrechnung gegen eine abgetretene Forderung gilt die Spezialvorschrift des § 406 BGB. Es ist umstritten, ob diese Vorschrift die Aufrechnungsbefugnis eines Befreiungsschuldners nach Abtretung trotz fehlender Gleichartigkeit zum Zeitpunkt der Abtretung begründen kann. Der *BGH* ist der Ansicht, dass es einer Aufrechnung gegen eine Forderung, welche sich erst durch die Abtretung in einen Zahlungsanspruch umwandelt, nicht entgegenstehe, dass beide Forderungen im Zeitpunkt der Abtretung noch nicht gleichartig waren. Nach § 387 BGB sei es ausreichend, wenn die Gleichartigkeit erst im Zeitpunkt der Aufrechnungserklärung vorliegt. § 406 BGB enthalte keine Vorschrift über die Gleichartigkeit. Grundgedanke dieser Vorschrift sei es, eine Schlechterstellung des Schuldners zu verhindern. Dies nötige nicht dazu, ihn eventueller Vorteile aus einer Abtretung

1766 Siehe § 4 A. V. 1.

1767 BGH, NJW 2011, 2351, 2354, Rz. 26 ff.; BGH, ZIP 2012, 2246, 2248; BGH, ZIP 2012, 2250, 2252; BGH, NJW 2013, 452, 454 f.; OLG Düsseldorf, DStR 1991, 1532, 1535; OLG Köln, NZG 2009, 543, 544; OLG Koblenz, NZI 2009, 258; OLG Nürnberg, WM 2009, 942; OLG Stuttgart, NZG 2010, 716; OLG Frankfurt, ZIP 2012, 673, 675.

1768 S. u. § 6 C. III.

zu berauben.[1769] In den aktuellen Entscheidungen zur Aufrechnung des Treugebers wird diese Problematik nicht mehr thematisiert, weshalb von einer Fortführung dieser Rechtsprechung auszugehen ist.[1770] Einzig das *OLG Karlsruhe* greift diesen Punkt auf, jedoch ohne sich kritisch damit auseinanderzusetzen.[1771]

Nach der *herrschenden Literaturmeinung* verlange der Schutzzweck von § 406 BGB immer eine Deckungslage zur Zeit der Abtretung oder des Erwerbs der Forderung. Würde man dem Schuldner die Aufrechnung ohne dieses Erfordernis gestatten, ergäbe sich ohne hinreichenden Grund eine ohne die Abtretung nicht mögliche Art der Schuldtilgung.[1772]

Richtigerweise ist der Sinn und Zweck des § 406 BGB zunächst die Erhaltung einer bei Abtretung gegebenen Aufrechnungslage und damit eine Verhinderung der Schlechterstellung des Schuldners durch die Abtretung.[1773] Zudem lässt diese Vorschrift eine Aufrechnung in Ausnahmefällen auch dann zu, wenn die Aufrechnungslage erst nach Abtretung entstanden ist. Dies jedoch nur hinsichtlich einer bei Abtretung fehlenden Fälligkeit.[1774] Insoweit ist der Norm aus Sicht des Schuldners zwar überwiegend begünstigende Wirkung beizumessen. Andererseits sind die Fälle einer zulässigen Aufrechnung bei einer erst nach Abtretung entstehenden Aufrechnungslage genau bezeichnet und begrenzt, weshalb von einer abschließenden Regelung auszugehen ist. Entscheidend gegen eine Aufrechnungsbefugnis des Befreiungsschuldners spricht vor allem die Auswirkung auf den Befreiungsgläubiger. Die Abtretung an den Drittgläubiger erfolgt grundsätzlich lediglich erfüllungshalber. Im Falle der Aufrechnung durch den Befreiungsschuldner nach § 406 BGB erlischt die Forderung des Drittgläubigers somit nicht. Statt Befreiung gegenüber dem Drittgläubiger würde der Befreiungsgläubiger (Treuhänder) somit nur die Tilgung seiner Verbindlichkeit gegenüber dem Befreiungsschuldner (Treugeber) erhalten, was dazu führen würde, dass der Befreiungsgläubiger anstelle des Befreiungsschuldner das Risiko der Übermittlung des Geldes an den Drittgläubiger tragen müsste.[1775] Diese Besserstellung des Befreiungsschuldners und zusätzliche Belastung des Befreiungsgläubigers in Gestalt der Änderung des zur Schuldtilgung

1769 BGH, NJW 1954, 795, 795 f.; zust. *Zinger*, BB 2014, 458, 460.

1770 Vgl. BGH, NJW 2011, 2351, 2354, Rz. 26 ff; BGH, ZIP 2012, 2246, 2248; BGH, ZIP 2012, 2250, 2252; BGH, NJW 2013, 452, 454 f.; OLG Düsseldorf, DStR 1991, 1532, 1535; OLG Köln, NZG 2009, 543, 544; OLG Koblenz, NZI 2009, 258; OLG Nürnberg, WM 2009, 942; OLG Stuttgart, NZG 2010, 716; OLG Frankfurt, ZIP 2012, 673, 675.

1771 OLG Karlsruhe, ZIP 2009, 1810, 1814.

1772 *v. Olshausen*, AcP 182 (1982), 254, 254 ff., 261, 269; *Busche*, in: Staudinger (2005), § 406, Rn. 23; *Grüneberg*, in: Palandt, § 406, Rn. 6; *Rohe*, in: BeckOK-BGB, § 406, Rn. 1; wohl auch *Roth/Kieninger*, in: MüKo-BGB, § 406, Rn. 1; *Stürner*, in: Jauernig, § 406, Rn. 2; speziell zur Treuhand auch *Kapitza*, S. 198.

1773 Vgl. *Grüneberg*, in: Palandt, § 406, Rn. 1.

1774 *Roth/Kieninger*, in: MüKo-BGB, § 406, Rn. 2; *Stürner*, in: Jauernig, § 406, Rn. 2; *Looschelders*, Schuldrecht AT, § 53 V. 2. c).

1775 *v. Olshausen*, AcP 182 (1982), 254, 259.

führenden Leistungserfolgs kann nicht durch § 406 BGB begründet werden. Die Aufrechnungsbefugnis des Treugebers gegenüber Drittgläubigern ist daher abzulehnen.

2. Zurückbehaltungsrecht statt Aufrechnung

Lehnt man die Aufrechnungsbefugnis des Treugebers ab, stellt sich die Frage nach anderen Gegenrechten. Dem Treugeber könnte stattdessen ein Zurückbehaltungsrecht zustehen, welches er unproblematisch auch dem Zessionar gem. § 404 BGB entgegenhalten könnte. Wie bereits dargestellt besteht grundsätzlich ein Zurückbehaltungsrecht des Treugebers gegenüber dem Treuhänder gem. § 273 I BGB.[1776] Jedoch entfaltet dieses Zurückbehaltungsrecht zum einen keine Wirkung in der Insolvenz des Treuhänders, in der sie zu einer der Aufrechnung gleichkommenden, dauerhaften Einrede erstarken würde.[1777] Zum anderen ist davon auszugehen, dass die Gründe, welche die *herrschende Meinung in Rechtsprechung und Literatur*[1778] für ein Verbot der Aufrechnung des Treugebers vorbringt, in gleicher Weise auch die Geltendmachung eines Zurückbehaltungsrechts ausschließen würden, sofern man diese Ansicht denn teilte und zugleich von der Insolvenzfestigkeit des Zurückbehaltungsrechts ausginge.[1779]

Auch soweit in der *Literatur*[1780] anstelle der Aufrechnung des Befreiungsschuldners gegenüber dem Zessionar des Befreiungsanspruchs ein Zurückbehaltungsrecht in Gestalt einer dauerhaften Einrede aufgrund der vereitelten Aufrechnung mit dem Kostenvorschussanspruch gem. § 887 II ZPO angenommen wird, welches dem Befreiungsschuldner bei Vollstreckung des Befreiungsanspruchs statt Abtretung zustehen könnte,[1781] kann nichts anderes gelten. Eine solche Einrede wäre richtigerweise schon nicht insolvenzfest und würde zudem zumindest den allgemeinen Beschränkungen des § 242 BGB[1782] und somit auch dem vom *BGH*[1783] über das reine Aufrechnungsverbot hinaus angenommenen allgemeinen Einwendungsausschluss unterliegen.

Somit ist auch bei Ablehnung der Aufrechnungsbefugnis des Treugebers eine Auseinandersetzung mit dem nach *herrschender Meinung* bestehenden Aufrechnungsverbot bzw. Einwendungsausschluss geboten.

1776 S. o. § 4 A. V. 1.
1777 S. o. § 4 A. V. 2.
1778 Siehe § 6 C. III. 2.
1779 S. o. § 4 A. V. 3.
1780 *v. Olshausen*, AcP 182 (1982), 254, 268 ff.
1781 An der Zulässigkeit der Aufrechnung gegen den Vorschussanspruch, welcher den Befreiungsanspruch durchsetzen soll, bestehen bereits erhebliche Zweifel, vgl. *v. Olshausen*, aaO., 262 ff. mwN zur Gegenansicht.
1782 Vgl. etwa *Sutschet*, in: BeckOK-BGB, § 242, Rn. 76.
1783 BGH, ZIP 2012, 2246, 2248 f.; BGH, ZIP 2012, 2250, 2254.

III. Das Aufrechnungsverbot

Ebenso wie auch im Rahmen der mittelbaren Innenhaftung[1784] stellt sich hier die Frage, ob der Treugeber gegenüber dem Zessionar des Freistellungsanspruchs des Treuhänders mit Ansprüchen gegen den Treuhänder aufrechnen kann. Nach der gesetzlichen Konzeption müssen dem Schuldner grundsätzlich sämtliche Einwendungen erhalten bleiben (§ 404 BGB). Dies gilt unter Beachtung der Einschränkungen des § 406 BGB auch für die Aufrechnungsmöglichkeit. Ein Aufrechnungsverbot bedarf daher der Begründung in Gesetz oder Vertrag. Ein allgemeines, explizit im Gesetz formuliertes Aufrechnungsverbot für Treugeber besteht nicht. Insbesondere findet sich ein solches nicht in den §§ 152 ff. KAGB, welche die Rechtsstellung von Treugebern in der Investmentkommanditgesellschaft regeln. Ausdrücklich formulierte vertragliche Aufrechnungsverbote ließen sich den untersuchten Gerichtsurteilen und Treuhandverträgen ebenfalls nicht entnehmen.

1. Grundlegende Problemstellung

Eine Gegenüberstellung der Situation des Treugebers mit und ohne Aufrechnungsverbot zeigt, dass es letztlich um die Frage geht, wer das durch die Einschaltung des Treuhänders anstelle einer unmittelbaren Beteiligung zusätzliche entstandene Täuschungs- und Insolvenzrisiko in der Person des Treuhänders zu tragen hat: die Treugeber oder die Gesellschaftsgläubiger? Damit steht das hier zu behandelnde Problem in engem Sachzusammenhang zu der im Kapitalmarkt- und Gesellschaftsrecht häufig wiederkehrenden Frage nach dem Verhältnis von Gläubigerschutz und Anlegerschutz. Soweit es um Ansprüche des Treugebers gegen den Treuhänder aufgrund Prospekthaftung geht, welche auf die Aufhebung der mittelbaren Beteiligung gerichtet sind, sind insbesondere Parallelen zur Lehre von der fehlerhaften Gesellschaft unübersehbar.[1785]

Geht man zunächst von der im gesetzlichen Normalfall vorgesehenen Zulässigkeit einer Aufrechnung nach §§ 398, 404, 406, 407 BGB aus, kann sich der Treugeber der Haftung aus abgetretenem Recht gegenüber Gesellschaftsgläubigern ganz oder teilweise entziehen. Prospekthaftungsansprüche des Treugebers bestehen vorbehaltlich eines Mitverschuldens gem. § 254 BGB grundsätzlich in Höhe der Haftung gegenüber Gesellschaftsgläubigern. Andere Gegenansprüche, etwa aus einfacher Verletzung von Pflichten aus dem Treuhandvertrag nach §§ 280, 675 BGB,[1786] können dagegen nur zu einer teilweisen Befreiung des Treugebers führen. Soweit sich der Treugeber der Haftung gegenüber dem Drittgläubiger durch Aufrechnung entziehen kann, bleibt letzterem lediglich der ursprüngliche, möglicherweise teilweise nach § 389 BGB erloschene Anspruch gegen den Treuhänder.

1784 Siehe § 8 C.

1785 Vgl. *Tebben*, VGR 2010, 161, 173 ff. sowie § 4 C.

1786 Zu den Ansprüchen des Treugebers gegen den Treuhänder siehe oben § 3 A. IV.

Typischerweise handelt es sich in der kupierten Publikums-KG um eine Treuhand-GmbH, welche über das Mindeststammkapital hinaus nicht über weiteres Vermögen verfügt, so dass diese, bei Zusammentreffen von (Prospekthaftungs-) Ansprüchen der Treugeber und einer Haftung im Außenverhältnis nach § 172 IV HGB, für welche sie auch von der regelmäßig bereits insolventen KG keinen Ersatz nach § 110 HGB mehr erlangen kann, in kurzer Zeit zahlungsunfähig ist. Das Insolvenzrisiko in der Person des Treuhänderkommanditisten verbleibt dann ebenso wie das jedes echten Kommanditisten bei den Gesellschaftsgläubigern.

Versagt man dem Treugeber hingegen die Aufrechnung gegenüber dem abgetretenen Freistellungsanspruch, bleibt diesem lediglich die Durchsetzung seiner Ansprüche gegenüber der Treuhänder-GmbH als ursprünglichem Schuldner. Das Insolvenzrisiko in der Person des Treuhänders trifft somit allein den Treugeber. Sofern es um Prospekthaftungsansprüche geht, kann es dem Treugeber im Einzelfall zu Gute kommen, dass neben dem Treuhänder je nach anwendbarem Haftungsregime möglicherweise weitere, solvente Prospektverantwortliche haften. Dies könnten beispielsweise die Kapitalverwaltungsgesellschaft, andere Gesellschafter, Initiatoren, Steuerberater, Wirtschaftsprüfer oder Anlagevermittler sein.[1787]

2. Begründungsansätze der herrschenden Meinung

Grundsätzlich ordnet § 406 BGB an, dass der Schuldner auch mit einer ihm gegen den Zedenten zustehenden Forderung gegenüber dem Zessionar aufrechnen kann. Demgegenüber nimmt die *herrschende Meinung in Rechtsprechung*[1788] und *Literatur*[1789] zumindest in Fällen der qualifizierten Treuhand ein Aufrechnungsverbot zu Lasten des Treugebers an.

Anknüpfend an die Rechtsprechung des *III. Senats*[1790], wonach eine Aufrechnung über die gesetzlich oder vertraglich ausdrücklich geregelten Fälle hinaus verboten sei, „wenn nach dem besonderen Inhalt des zwischen den Parteien begründeten Schuldverhältnisses der Ausschluss als stillschweigend vereinbart angesehen werden muss (§ 157 BGB) oder wenn die Natur der Rechtsbeziehung oder Zweck der geschuldeten Leistung eine Erfüllung im Wege der Aufrechnung als mit Treu

---

1787 Zur Prospekthaftung vgl. § 3 A. IV. 2. d) und § 4 B. III, IV. sowie *Klöhn*, VGR 2012, 143, 149.

1788 BGH, NJW 2011, 2351, 2354, Rz. 26 ff; BGH, ZIP 2012, 2246, 2248; BGH, ZIP 2012, 2250, 2252; BGH, NJW 2013, 452, 454 f.; OLG Düsseldorf, DStR 1991, 1532, 1535; OLG Köln, NZG 2009, 543, 544; OLG Koblenz, NZI 2009, 258; OLG Nürnberg, WM 2009, 942; OLG Stuttgart, NZG 2010, 716; OLG Frankfurt, ZIP 2012, 673, 675.

1789 *K. Schmidt*, in: MüKo-HGB, vor § 230, Rn. 59; *Wagner*, in: Erman, § 387, Rn. 34; *Lieder*, in: Oetker, § 105, Rn. 50; *Henze*, in: E/B/J/S, § 177 a Anh. B, Rn. 102; *Horn*, in: Heymann, § 161, Rn. 176; *Stöber*, NZG 2011, 738, 741; *ders.*, NZG 2013, 832, 833 f.; *Gottschalk*, GWR 2011, 325, III. 5.; im Ergebnis auch *Tebben*, VGR 2010, 161, 176; *Schürnbrand*, ZGR 2014, 256, 270.

1790 BGH, NJW 1985, 2820, 2821; *allgM*, vgl. *Dennhardt*, in: BeckOK-BGB, § 387, Rn. 37.

und Glauben unvereinbar (§ 242 BGB) erscheinen lassen", versagt der *BGH*[1791] dem Treugeber die Aufrechnung mit Ersatzansprüchen gegen den Treuhänder gegenüber dem Insolvenzverwalter oder Drittgläubigern der Gesellschaft.

Unklar bleibt die genaue Herleitung dieses Ergebnisses durch den *BGH*, da sowohl die Vertragsauslegung nach § 157 BGB als auch § 242 BGB angeführt werden, welcher einerseits als Basis einer ergänzenden Vertragsauslegung[1792] und andererseits auch als objektive Ausübungsschranke[1793] fungieren kann. *Klöhn* und *Schäfer* unterstellen dem *BGH* eine ergänzende Vertragsauslegung und kritisieren diese zugleich.[1794] Zwar stellt *Klöhn* insoweit zutreffend fest, dass die Alternativverknüpfung („oder") zwischen einer stillschweigenden Vereinbarung, der Natur der Rechtsbeziehung und dem Zweck der geschuldeten Leistung nicht zwingend auf unterschiedliche dogmatische Begründungsansätze hinweist, da richtigerweise auch die Natur eines Rechtsverhältnisses und der Zweck der geschuldeten Leistung durch den jeweiligen Vertragsinhalt bestimmt werden.[1795] Damit ist jedoch noch nichts über eine eventuelle objektive Ausübungsbeschränkung hinsichtlich der Rechte aus diesem Schuldverhältnis gem. § 242 BGB gesagt. Der Alternativverknüpfung kann daher Bedeutung in der Unterscheidung zwischen der Anwendung einer ergänzenden Vertragsauslegung nach §§ 157, 242 BGB[1796] und einer objektivrechtlichen Begründung nach § 242 BGB beigemessen werden.[1797]

a) *Objektivrechtliche Begründung*

Die Herleitung des Aufrechnungsverbots gem. § 242 BGB aus objektiven, gesetzlichen Wertungen findet sich bei verschiedenen *Oberlandesgerichten*, welche bereits zuvor zumindest im Ergebnis mit dem BGH übereinstimmend geurteilt hatten. Einer Aufrechnung solle demnach der zwingende Schutz des haftenden Kapitals nach §§ 171 I, 172 I, IV HGB entgegenstehen.[1798] Wohl unstreitig darf ein Kommanditist

---

1791 So zur Treuhand-KG BGH, NJW 2011, 2351, 2354.

1792 *Schmidt-Kessel*, in: P/W/W, § 242, Rn. 26.

1793 *Grüneberg*, in: Palandt, § 242, Rn. 18 f.; *Schmidt-Kessel*, in: P/W/W, § 242, Rn. 27 ff.

1794 *Klöhn*, VGR 2012, 143, 150; *Schäfer*, ZHR 177 (2013), 619, 631/633; ein vertragliches Aufrechnungsverbot befürwortend dagegen *Stöber*, NJW 2013, 832, 833 f.

1795 *Klöhn*, VGR 201, 143, 150 mit Fn. 38; unzutreffend dagegen die Kritik an *Stumpf*, BB 2012, 1429, 1433.

1796 Nach wohl *herrschender Meinung* stellt die ergänzende Vertragsauslegung keinen Fall der Auslegung gem. § 157 BGB dar. Es handele sich um (Vertrags-) Rechtsfortbildung allein auf Grundlage des § 242 BGB, vgl. *Busche*, in: MüKo-BGB, § 157, Rn. 27 f. mwN.

1797 So auch *Stumpf*, BB 2012, 1429, 1433.

1798 OLG Frankfurt, ZIP 2010, 673, 675; OLG Stuttgart, NZG 2010, 716, 718; OLG Köln, NZG 2009, 543, 544; OLG Nürnberg, WM 2009, 942; OLG Düsseldorf, Urt. V. 20.11.2008 – 6 U 8/08; OLG Bamberg, Urt. v. 07.01.2008 – 4 U 84/07; OLG Düsseldorf, DStR 1991, 1532, 1535.

mangels Werthaltigkeit seiner Forderung bei Insolvenz der KG nicht gegen diese aufrechnen, da die Einlagen den Grundstock der Haftungsmasse bilden und daher bei Gesellschaftskonkurs zunächst zur Befriedigung der Gesellschaftsgläubiger zur Verfügung stehen müssen.[1799] Dieser Vorrang der Ansprüche der Gesellschaftsgläubiger soll dann auch gegenüber den Treugebern gelten. *Einerseits* wird angeführt, der Zweck der durch den Treugeber geschuldeten Leistung schließe eine Erfüllung im Wege der Aufrechnung aus.[1800] Worin genau der Zweck der geschuldeten Leistung liegt und wie dieser bestimmt wird, bleibt offen. Ergänzend wird darauf verwiesen, dass der Treugeber durch die Einschaltung eines Treuhänders grundsätzlich nicht besser stehen solle als bei direkter Beteiligung.[1801] Zudem sei ein Aufrechnungsverbot gerade auch deshalb anzunehmen, um eine planmäßige Zwischenschaltung vermögensloser Treuhänder zum Nachteil der Gläubiger zu verhindern.[1802] *Andererseits* wird eine unmittelbare Geltung des Grundsatzes der Kapitalaufbringung für den Treugeber angenommen, ohne überhaupt eine nähere Begründung für die (teilweise) Unterwerfung auch der Treugeber unter das Haftungssystem der KG zu liefern.[1803]

b) Ergänzende Vertragsauslegung

Der *BGH* hat anders als die Oberlandesgerichte zur Begründung entscheidend auf den in früheren Entscheidungen aufgestellten „Gleichstellungsgrundsatz“[1804] abgestellt. Bei der qualifizierten Treuhand dürfe der mittelbar beteiligte Anleger weder besser noch schlechter stehen als die Kommanditisten, soweit sich dies nicht unvermeidbar aus der Zwischenschaltung eines Treuhänders ergebe. Daher treffe ihn auch das Anlagerisiko, als ob er sich unmittelbar als Kommanditist beteiligt hätte. Die Einbindung der Anleger durch das Treuhandverhältnis erfasse auch die Haftung der Treuhandkommanditistin gegenüber Gesellschaftsgläubigern.[1805] Eine konkrete Bezugnahme auf Vorschriften der jeweiligen Treuhand- und Gesellschaftsverträge findet nicht statt. Dennoch ist davon auszugehen, dass der BGH das Aufrechnungsverbot aus einer ergänzenden Vertragsauslegung herleitet. Hierfür spricht, dass die anderweitige Argumentation des Berufungsgerichts hinsichtlich des nach § 242 BGB zu achtenden Haftungssystems der Kommanditgesellschaft

---

1799 BGH, NJW 1985, 1468, 1469.

1800 OLG Düsseldorf, Urt. V. 20.11.2008 – 6 U 8/08, juris-Rz. 125 ff.; OLG Nürnberg, WM 2009, 942; OLG Düsseldorf, DStR 1991, 1532, 1535.

1801 Vgl. BGH, NJW 1980, 1162, 1163.

1802 OLG Stuttgart, NZG 2010, 716, 718; OLG Düsseldorf, DStR 1991, 1532, 1535.

1803 OLG Bamberg, Urt. v. 07.01.2008 – 4 U 84/07, juris-Rz. 37; OLG Frankfurt, ZIP 2012, 673, 675.

1804 Vgl. BGH, NJW 1980, 1162, 1163; ähnlich in BGH, NJW 1988, 1903.

1805 BGH, NJW 2011, 2351, 2354; ähnlich OLG Nürnberg, WM 2009, 942, 942; OLG Düsseldorf, DStR 1991, 1532, 1535.

nicht aufgegriffen wird und im Übrigen nur auf die rein vertraglich begründete Gleichstellung abgestellt wird.

c) *Einfache Vertragsauslegung*

Zur Unzulässigkeit der Aufrechnung durch den Treugeber gelangte das *OLG Koblenz*[1806] durch einfache Auslegung des Treuhandvertrags. In dem Treuhandvertrag hatten die Treugeber den Gesellschaftsvertrag als für sich verbindlich anerkannt. Der Gesellschaftsvertrag verwies für die Kommanditisten ausdrücklich auf § 172 IV HGB. Hieraus schloss das *OLG Koblenz*, für die Treugeber müssten im Verhältnis zur Treuhänderin die gleichen Grundsätze gelten, wie sie von der Rechtsprechung für die Haftung eines Kommanditisten entwickelt worden sind. Ein Treugeber könne daher gegenüber einem Drittgläubiger, ebenso wie ein Kommanditist gegenüber der KG,[1807] nur mit einer Forderung aufrechnen, soweit diese werthaltig ist. Da die Treuhänderin über kein nennenswertes Vermögen verfügte, ging das Gericht davon aus, dass ihr eine Erfüllung der Forderung nicht möglich sei und die Forderung daher keinen wirtschaftlichen Wert habe. Im Ergebnis folgt das Aufrechnungsverbot auch in diesem Fall aus dem Schutz der Kapitalaufbringung gem. §§ 171 ff. HGB. Anders als bei dem erstgenannten Begründungsansatz wird das Prinzip der Kapitalaufbringung hier aber nicht aufgrund objektivrechtlicher Wertungen allgemein auf Treugeber erstreckt. Die Erstreckung der Kapitalschutzregeln folgt hier aus der angenommenen vertraglichen Unterwerfung der Treugeber im Einzelfall. Eine Aufrechnung soll hier ebenfalls nicht allgemein ausgeschlossen sein, sondern nur bei fehlender Werthaltigkeit der Gegenforderung.

3. *Abweichende Ansichten*

Bereits vor Entwicklung eines Aufrechnungsverbots durch den *BGH* in den zitierten Entscheidungen befasste sich auch *Armbrüster* mit dem vom *OLG Düsseldorf*[1808] erstmals angenommenen Aufrechnungsverbot, welches mit dem Gebot der Kapitalerhaltung begründet wurde. Er lehnt eine Einwendungssperre für den Bereich der Personengesellschaften jedoch entschieden ab.[1809] Ein entsprechender Einwendungsausschluss sei zwar auf Grundlage des allgemeine Rechtsgedankens der §§ 46 V AktG, 9a IV GmbHG zu rechtfertigen; dies gelte aber nur im Kapitalgesellschaftsrecht und auch nur, soweit nicht Einwendungen erhoben werden, die den Bestand des Treuhandverhältnisses betreffen.[1810] Dem Personengesellschaftsrecht sei eine dem Gläubigerschutz dienende Verantwortlichkeit der Gesellschafter für

1806 OLG Koblenz, Urteil vom 11.12.2008 – 6 U 1353/07 = WM 2009, 939 ff.
1807 vgl. insoweit BGH, NJW 1985, 2947, 2948; *Strohn*, in: E/B/J/S, § 171, Rn. 48.
1808 OLG Düsseldorf, DStR 1991, 1532, 1535.
1809 *Armbrüster*, S. 421.
1810 *Armbrüster*, S. 381.

die Kapitalaufbringung und -erhaltung fremd.[1811] In gleicher Weise argumentierte vorher bereits *Fleck*, ließ aber die Möglichkeit offen, die Aufrechnungsmöglichkeit des Treugebers bei Insolvenz des Treuhänders auf den objektiven Wert der Gegenforderung zu begrenzen. Auch der Kommanditist werde bei Aufrechnung gegen die Einlageforderung mit einer nicht mehr vollwertigen Gegenforderung gegen die KG nur in Höhe des objektiven Wertes der Gegenforderung von der Außenhaftung nach § 171 HGB frei.[1812] Dieser Gedanke lasse sich möglicherweise sinngemäß auf den mittelbar beteiligten Anleger übertragen.[1813] Insoweit scheint *Fleck* ebenfalls eine grundsätzliche Gleichstellung bzw. Gleichbehandlung von Treugebern und Kommanditisten, wie sie nun auch der *BGH* zur Begründung des Aufrechnungsverbots anführt, zu erwägen.

Innerhalb der Rechtsprechung weicht nur das *OLG Karlsruhe*[1814] von der Annahme eines Aufrechnungsverbots ab. Zunächst gebe es keinen Gleichstellungsgrundsatz, aus dem folge, dass mittelbar beteiligte Anleger nicht besser stehen dürften als unmittelbar beteiligte Kommanditisten. Die für die Existenz eines solchen Grundsatzes angeführte Entscheidung des *BGH*[1815] betreffe lediglich die Frage des Pflichtenumfangs des Treuhänders. Der Grundsatz der Kapitalerhaltung könne nur gegenüber der Treuhänderin Wirkung beanspruchen. Einer erweiternden Auslegung dieser Vorschriften stünden letztlich die gleichen Argumente entgegen, die auch gegen die unmittelbare Haftung der Treugeber sprechen. Das Vertrauen der Gläubiger auf Erhaltung des Kapitals sei nur insoweit geschützt als diese auf die Eintragung im Handelsregister vertrauen können. Zudem stünden einem Aufrechnungsverbot auch Bedenken im Hinblick auf § 399 Alt. 1 BGB entgegen. Gesichtspunkte der Kapitalerhaltung könnten grundsätzlich nur im Gesellschaftsverhältnis, nicht aber im Treuhandverhältnis eine Rolle spielen. Erst durch die Abtretung an die Gesellschaft bzw. deren Insolvenzverwalter könne dann ein Abtretungsverbot entstehen. Aus der Abtretung resultiere somit indirekt eine Schlechterstellung des Treugebers, welche bereits zur Unwirksamkeit des Forderungsübergangs führen müsse.[1816]

Ähnlich dem OLG Karlsruhe kritisiert *Klöhn*[1817] zunächst die sachliche Begründung eines Aufrechnungsverbots durch den BGH. Der vom BGH angeführte Gleichstellungsgrundsatz finde in dieser Form keine Stütze in der bisherigen Judikatur. In den zur Begründung angeführten Entscheidungen ginge es zum einen um den

1811 Armbrüster, S. 421.

1812 Vgl. hierzu BGH, NJW 1985, 2947, 2948; *Strohn*, in: E/B/J/S, § 171, Rn. 48.

1813 *Fleck*, EWiR § 171 HGB 2/91, 801, 802.

1814 OLG Karlsruhe, ZIP 2009, 1810, 1814 f.; zust. *Bürk*, EWiR § 171 HGB 2/09, 747, 748; *Koller*, in: K/R/M, 7. Aufl., § 105, Rn. 20; *Kindler*, in: K/K/R/M, § 105, Rn. 20; Urteil revidiert durch BGH Urt. v. 22.03.2011 – II ZR 216/09.

1815 BGH, NJW 1980, 1162, 1162 f.

1816 Siehe hierzu oben § 6 B. I. 3.

1817 *Klöhn*, VGR 2012, 143, 153 f.

Umfang der Pflichten des Treuhänders[1818] und zum anderen um die Tatsache, dass die Einschaltung eines Treuhänders nichts an der Eigenschaft der Fondsgesellschaft als Publikumsgesellschaft ändere.[1819] Die Verhinderung der Besserstellung von Treugebern sei niemals Gegenstand einer Entscheidung gewesen. Zudem werde der Gleichstellungsgrundsatz lediglich postuliert, nicht aber begründet.[1820] Auch die dogmatische Herleitung des Aufrechnungsverbots durch Vertragsauslegung könne nicht überzeugen. Insbesondere bei Prospekthaftungsansprüchen, welche regelmäßig auf die Aufhebung des Treuhandvertrags gerichtet seien, könne nicht davon ausgegangen werden, dass ein Aufrechnungsausschluss dem Parteiwillen entspreche. Zudem wäre schon eine entsprechende ausdrückliche Vereinbarung gem. § 309 Nr. 3 BGB nichtig. Des Weiteren ließe sich ein Verbot auch nicht auf anderweitige gesetzliche Wertungen stützen, etwa einen generellen Vorrang des Gläubigerschutzes im Gesellschaftsrecht.[1821] Nur bei Aufrechnung gegen Ersatzansprüche des Treuhänders wegen der Aufbringung der Kommanditeinlage entspreche ein Aufrechnungsverbot dem Parteiwillen und dem Vertragszweck.[1822]

4. *Rechtslage bei einfacher Treuhand*

Die Diskussion über ein Aufrechnungsverbot beschränkt sich auf die qualifizierte Treuhand. Dementsprechend wird eine Einwendungssperre für einfache Treuhandverhältnisse soweit ersichtlich nicht vertreten. In diesen Fällen liegt zunächst schon die Annahme eines zwischen Treuhänder und Treugeber vereinbarten Abtretungsverbots näher. In den allermeisten Fällen dürfte der Treugeber hier auch bereit sein einer Abtretung durch entsprechende Ersatzleistung an den Treuhänder zuvorzukommen, um seine Anonymität zu wahren. Bei verdeckter Treuhand sind zudem mangels Kenntnis grundsätzlich keinerlei Drittinteressen betroffen. Abseits der mittelbaren Beteiligung an geschlossenen Fonds fehlen weiterhin auch Prospekthaftungsansprüche des Treugebers, welche typischerweise die Gegenforderung bilden.

5. *Dogmatische Herleitung eines Aufrechnungsverbots*

Nach den vorangehenden Ausführungen kommen für ein Aufrechnungsverbot des Treugebers zum einen die einfache und ergänzende Vertragsauslegung gem. §§ 157, 242 BGB und zum anderen eine objektive Ausübungsbeschränkung nach Treu und Glauben hinsichtlich des Zwecks der geschuldeten Leistung in Betracht.

1818 Vgl. BGH, NJW 1980, 1162, 1162 f.
1819 Vgl. BGH, NJW 1988, 1903, 1904 f.
1820 *Klöhn*, VGR 2012, 143, 153 f.
1821 *Klöhn*, VGR 2012, 143, 157 ff.
1822 Klöhn, VGR 2012, 143, 157, Fn. 59.

a) *Einfache Vertragsauslegung*

Im Rahmen der grundsätzlich vorrangigen einfachen Vertragsauslegung ist gem. §§ 133, 157 BGB der tatsächliche Wille durch Interpretation des Erklärten zu ermitteln, wobei Widersprüche zu vermeiden sind und ein gerechter Interessenausgleich herbeigeführt werden muss.[1823] Abhängig von dem konkreten Inhalt des jeweils auszulegenden Vertrags kann zumindest nicht von vorn herein ausgeschlossen werden, dass sich ein Aufrechnungsverbot durch einfache Vertragsauslegung im Einzelfall ergeben kann.

Bei Publikumstreuhandgesellschaften stellen die Treuhandverträge jedoch grundsätzlich vorformulierte, einseitig durch die Initiatoren gestellte Vertragsbedingungen und damit AGB gem. §§ 305 ff. BGB dar.[1824] Ein einfache, individuelle Vertragsauslegung nach §§ 133, 157 BGB scheidet dann aus, da AGB objektiv auszulegen sind.[1825] Insoweit ist auf die folgenden Ausführungen zu den objektiven Begründungsansätzen zu verweisen.[1826]

aa) Das Urteil des OLG Koblenz

So hat etwa das *OLG Koblenz*[1827] ein Aufrechnungsverbot in Bezug auf Ansprüche des Treuhänders auf Freistellung von der nach § 172 IV HGB wieder aufgelebten Außenhaftung angenommen. An der Richtigkeit dieses Auslegungsergebnisses bestehen jedoch Zweifel. Die in Bezug genommene Vorschrift des Gesellschaftsvertrags ist in der Entscheidung nicht abgedruckt. Es ist jedoch davon auszugehen, dass insoweit das Wiederaufleben der Außenhaftung der Kommanditisten, wie es § 172 IV HGB anordnet, auch vertraglich vereinbart wurde. Der Gesellschaftsvertrag wurde von den Treugebern lediglich allgemein als verbindlich anerkannt. Aus dem Umstand, dass die Treugeber die Ersatzpflicht des Treuhänders anerkennen, können keine unmittelbaren Rechtswirkungen für die Treugeber selbst folgen. Hierdurch wird nur der – ohnehin gesetzlich vorgesehene – Umfang der mittelbaren Ersatzpflicht der Treugeber bestimmt. Es kann nicht angenommen werden, dass die Treugeber den Willen gehabt haben sich selbst unmittelbar den Haftungsvorschriften der KG zu unterwerfen.

bb) Differenzierung nach Art der Hauptforderung

Ein Aufrechnungsverbot könnte weniger aus einzelnen Regelungen als vielmehr aus einer Gesamtbetrachtung des Treuhandvertrags und des von den Parteien verfolgten Zwecks gefolgert werden. Soweit es um die Aufrechnung gegen Freistellungsansprüche des Treuhänders wegen ursprünglicher Leistung der Einlage

---

1823 Vgl. *Busche*, in: MüKo-BGB, § 157, Rn. 3 ff.
1824 Vgl. § 3 A. IV. 2. b).
1825 BGH, NJW 2010, 2197, 2198, Rz. 14 mwN zur Rspr.
1826 Siehe § 6 C. 5. b) – d).
1827 OLG Koblenz, Urteil vom 11.12.2008 – 6 U 1353/07 = WM 2009, 939 ff.

geht, lässt sich ein Aufrechnungsverbot durch einfache Vertragsauslegung nach dem Willen der Parteien und dem verfolgten Vertragszweck durchaus begründen.[1828] Die Treugeber wollen sich unzweifelhaft als Kapitalgeber betätigen. Zweck der Übernahme ihrer mittelbaren Beteiligung ist es, die KG mit dem nötigen Kapital auszustatten, damit diese ihren vereinbarten Zweck (etwa Erwerb oder Errichtung einer Immobilie, Betrieb eines Windparks, Produktion von Filmen, etc.) erfüllen und im Folgenden die erwartete Rendite ausbezahlen kann. Dieser Zweck wäre nicht erreichbar, sofern einzelne oder alle Treugeber ihre mittelbar übernommene Einlagepflicht durch Aufrechnung erfüllen würden. Zudem dürfte auch den Anlegern klar sein, dass die Treuhand-GmbH regelmäßig nicht in der Lage ist entsprechendes Kapital selbst aufzubringen. Insoweit dürfte die Pflicht zur Erfüllung der mittelbaren Einlagepflicht nur durch Zuführung von Barmitteln als vereinbart angesehen werden und eine Aufrechnung gegen diesen Anspruch grundsätzlich ausgeschlossen sein.

Anders fällt die Bewertung jedoch hinsichtlich solcher Ersatzansprüche des Treuhänders aus, welche aufgrund der wiederaufgelebten Außenhaftung nach § 172 IV HGB entstehen. Hier haben die Treugeber ihre ursprüngliche Einlagepflicht erfüllt und werden nunmehr aufgrund von haftungsbegründenden Ausschüttungen erneut nach § 675, 670 BGB in Anspruch genommen. Hierbei handelt es sich regelmäßig um gewinnunabhängige Ausschüttungen, welche den Treugebern als fester prozentualer Anteil ihrer Einlagesumme jährlich aufgrund vertraglicher Vereinbarung ausbezahlt wird. Insoweit kann nicht argumentiert werden, die Treugeber hätten den Willen diese Mittel in Höhe der übernommenen Einlage zwingend in bar in das Vermögen des Treuhänders bzw. der KG zurückzuführen. Dies ist für die Durchführung des Vertragszwecks nicht mehr erforderlich, zumal entsprechende Ansprüche regelmäßig erst bei Liquidation der Fondsgesellschaft aufgrund Insolvenz geltend gemacht werden. Es kann nicht angenommen werden, dass die Treugeber bei Vertragsschluss den Willen – und der Treuhänder bzw. die Gesellschafter der KG die entsprechende Erwartung – haben zugunsten der Gesellschaftsgläubiger auf die für sie vorteilhafte Vollstreckungs- und Sicherungsfunktion der Aufrechnung[1829] zu verzichten.

cc) Differenzierung nach Art der Gegenforderung

Das vorangehend dargestellte vertragliche Aufrechnungsverbot hinsichtlich der Einlage könnte jedoch abhängig von der Art der Gegenforderung des Treugebers wiederum nicht als vereinbart anzusehen sein. Rein theoretisch können dem einzelnen Treugeber Ansprüche gegen den Treuhänder zustehen, die keinerlei Bezug zum Treuhand- oder Gesellschaftsverhältnis haben. Hierbei handelt es sich um

---

1828 So auch *Klöhn*, VGR 2012, 143, 157, Fn. 59; allgemein auch *Schäfer*, ZHR 177 (2013), 619, 630.

1829 Vgl. zur Funktion der Aufrechnung *Schlüter*, in: MüKo-BGB, § 387, Rn. 1.

allgemeine Schadensersatzansprüche aufgrund Verletzung des Treuhandvertrags gem. §§ 280, 675 BGB bzw. eines vorvertraglichen Schuldverhältnisses (§§ 280 I, 311 III, 241 II BGB) oder um deliktische Ansprüche nach §§ 823 ff. BGB. Hierbei ergeben sich keine Abweichungen von dem vorangehend gefundenen Ergebnis. Jedoch dürfte schon die praktische Relevanz dieser Ansprüche gering sein. Zudem dürften entsprechende Ansprüche bei Aufrechnung gegen den Ersatzanspruch des Treuhänders wegen Leistung der ursprünglichen Einlage zu Beginn des Treuhandverhältnisses noch nicht entstanden sein.

Praktisch bedeutsam sind allein Prospekthaftungsansprüche des Treugebers gegen den Treuhänder aufgrund von Aufklärungspflichtverletzungen.[1830] Diese Ansprüche richten sich gerade gegen den Bestand des Treuhandverhältnisses. Die Annahme der Vereinbarung eines Aufrechnungsverbots beruht jedoch gerade darauf, dass der Treugeber nach dem eigenen Willen und dem Vertragszweck verpflichtet sein soll, die Fondsgesellschaft mit Kapital auszustatten, um die Durchführung des Gesellschaftszwecks zu ermöglichen. Dass der betroffene Treugeber den Willen hat, auch auf solche Einwendungen zu verzichten, die ihn gerade von der Pflicht zur Teilnahme an diesem Vertragszweck entbinden, kann keinesfalls angenommen werden.[1831] Zwar wäre ein entsprechend weitgehender Verzicht auf Einwendungen im Rahmen der Privatautonomie grundsätzlich möglich. Da dies den Parteiwillen jedoch in sich widersprüchlich macht, kann ein entsprechender Verzicht nur ausdrücklich vereinbart werden.[1832] Eine Vertragsauslegung nach §§ 133, 157 BGB darf nicht zu entsprechend widersprüchlichen Ergebnissen führen. Ein Aufrechnungsverbot hinsichtlich dieser Ansprüche stünde in eklatantem Widerspruch zu den Interessen des Treugebers. Es kann ohne ausdrückliche Vereinbarung niemals angenommen werden, dass sich eine Person durch einen Vertrag einverstanden erklärt, sich bei dem Abschluss dieses Vertrags ersatzlos schädigen zu lassen. Auch aus Sicht des Treuhänders dürfte darüber hinaus kein besonderes Interesse an der Vereinbarung eines entsprechenden Aufrechnungsverbots bestehen, da von diesem Verbot nicht der Treuhänder selbst, sondern nur die Gesellschaftsgläubiger profitieren.[1833]

b) Ergänzende Vertragsauslegung

Nur sofern die Auslegungsfrage nicht durch einfache Auslegung zu lösen ist, kann auf die ergänzende Auslegung zurückgegriffen werden. Die ergänzende Auslegung

---

1830 Vgl die einschlägigen Gerichtsentscheidungen: BGH, NJW 2011, 2351, 2354, Rz. 26 ff; BGH, ZIP 2012, 2246, 2248; BGH, ZIP 2012, 2250, 2252; BGH, NJW 2013, 452, 454 f.; OLG Düsseldorf, DStR 1991, 1532, 1535; OLG Köln, NZG 2009, 543, 544; OLG Koblenz, NZI 2009, 258; OLG Nürnberg, WM 2009, 942; OLG Stuttgart, NZG 2010, 716; OLG Frankfurt, ZIP 2012, 673, 675.

1831 So auch *Klöhn*, VGR 2012, 143, 157 f.; *Stumpf*, BB 2012, 1429, 1433.

1832 Vgl. *Klöhn*, VGR 2012, 143, 158.

1833 Vgl. *Stumpf*, BB 2012, 1429, 1433 sowie § 6 C. III. 1.

erlaubt eine Vervollständigung lückenhafter Verträge anhand des nach Treu und Glauben mit Rücksicht auf die Verkehrssitte gem. §§ 157, 242 BGB zu ermittelnden hypothetischen Parteiwillens.[1834] Abzustellen ist auf die Interessenlage und den Vertragszweck im konkreten Fall und auf für das jeweilige Rechtsgeschäft typische Gesichtspunkte.[1835] Insoweit erlaubt die ergänzende Vertragsauslegung eine objektive, normative Ergänzung von bestehenden Vertragslücken.[1836] *Teilweise* wird die ergänzende Vertragsauslegung daher nicht als Vertragsauslegung unter Anwendung von § 157 BGB,[1837] sondern vielmehr als Rechtsfortbildung allein nach § 242 BGB verstanden.[1838] Entscheidend ist, dass es hierbei letztlich nicht zu einer reinen Willensfiktion kommen darf.[1839]

aa) Unbewusste Regelungslücke

Es ist zunächst schon fraglich, ob die Treuhandverträge hinsichtlich der Aufrechnung durch den Treugeber überhaupt eine unbewusste Regelungslücke enthalten. Nur sofern eine solche Vertragslücke überhaupt besteht, darf eine Ergänzung des Vertrags vorgenommen werden. Der Treuhandvertrag besteht im Ausgangspunkt nur zwischen Treugeber und Treuhänder. Das Aufrechnungsverbot soll nach der *Rechtsprechung*[1840] und *herrschenden Literaturmeinung*[1841] aber vor allem gegenüber und zugunsten der Gesellschaftsgläubiger wirken. Auch wenn man den qualifizierten Treuhandvertrag als korporativen Rechtsakt unter Einbeziehung der übrigen Gesellschafter begreift, ändert sich an dieser Bewertung nichts. Auch die Rückforderung haftungsbegründender Ausschüttungen erfolgt mangels Anspruchs der Gesellschaft regelmäßig erst im Liquidationsstadium und daher ebenfalls allein im Gläubigerinteresse. Ein entsprechendes Aufrechnungsverbot wäre im Innenverhältnis zwischen Treugeber, Treuhänder und Gesellschaftern verankert, müsste seine relevante Wirkung aber allein im Außenverhältnis entfalten.[1842] Es

---

1834 *Mansel*, in: Jauernig, § 157, Rn. 4; *Busche*, in: MüKo-BGB, § 157, Rn. 26.

1835 *Wendtland*, in: BeckOK-BGB, § 157, Rn. 28; *Ellenberger*, in: Palandt, § 157, Rn. 2; *Busche*, in: MüKo-BGB, § 157, Rn. 26.

1836 Vgl. *Mansel*, in: Jauernig, § 157, Rn. 4; *Busche*, in: MüKo-BGB, § 157, Rn. 28.

1837 So aber die wohl **hM**: BGH, NJW 2000, 1110, 1114 (st. Rspr.); *Armbrüster*, in: Erman, § 157, Rn. 15; *Mansel*, in: Jauernig, § 157, Rn. 3 f.

1838 *Busche*, in: MüKo-BGB, § 157, Rn. 28 mwN.

1839 BGH, NJW 1965, 907, 907; *Armbrüster*, in: Erman, § 157, Rn. 27; *Busche*, in: MüKo-BGB, § 157, Rn. 26.

1840 BGH, NJW 2011, 2351, 2354, Rz. 26 ff; BGH, ZIP 2012, 2246, 2248; BGH, ZIP 2012, 2250, 2252; BGH, NJW 2013, 452, 454 f.; OLG Düsseldorf, DStR 1991, 1532, 1535; OLG Köln, NZG 2009, 543, 544; OLG Koblenz, NZI 2009, 258; OLG Nürnberg, WM 2009, 942; OLG Stuttgart, NZG 2010, 716; OLG Frankfurt, ZIP 2012, 673, 675.

1841 *K. Schmidt*, in: MüKo-HGB, vor § 230, Rn. 59; *Wagner*, in: Erman, § 387, Rn. 34; *Lieder*, in: Oetker, § 105, Rn. 50; *Henze*, in: E/B/J/S, § 177a Anh. B, Rn. 102; *Horn*, in: Heymann, § 161, Rn. 176.

1842 Vgl. *Klöhn*, VGR 2012, 143, 155.

ist kein Interesse der Vertragsparteien ersichtlich, insoweit besondere, über die dispositiven gesetzlichen Vorschriften hinausgehende Vereinbarungen zum Schutz der Gesellschaftsgläubiger zu treffen. Somit kann auch nicht angenommen werden, dass die Parteien hier einen relevanten Gegenstand des Treuhandvertrags unbewusst und ungewollt nicht mitgeregelt haben.

bb) Vorrang des dispositiven Rechts

Die ergänzende Auslegung soll grundsätzlich vorrangig nach dem dispositiven Recht vorgenommen werden.[1843] Das Recht zur Disposition darf jedoch nicht durch ergänzende Auslegung umgangen werden.[1844] Für Treuhandverträge fehlt es bereits an einer gesetzestypischen Ausgestaltung. Betrachtet man nur die gesetzlichen Regelungen zur Aufrechnung, ist davon auszugehen, dass die Vereinbarung eines Aufrechnungsverbots eine Disposition über die im gesetzlichen Normalfall zulässige Aufrechnung darstellt. Die das Aufrechnungsverbot befürwortende *herrschende Meinung* unterstellt somit jedem Treugeber und Treuhänder den Willen zur Abweichung vom gesetzlichen Normalfall. Dies ist wenig überzeugend. Wollte man annehmen, dass die Parteien überhaupt eine Regelung bezüglich der Aufrechnung treffen wollten und insofern eine ergänzungsbedürftige Lücke vorliegt, so wäre die logische Konsequenz der Rückgriff auf den gesetzlichen Normalfall der grundsätzlichen Zulässigkeit der Aufrechnung. Der Vorrang des dispositiven Rechts spricht insoweit gegen die Annahme eines Aufrechnungsverbots. Letztlich steht er dieser Auslegung aber zumindest nicht zwingend entgegen.

cc) Hypothetischer Parteiwille

Der hypothetische Parteiwille ist auch unter normativen Gesichtspunkten zu bestimmen. Insoweit sind der Grundsatz von Treu und Glauben und die Verkehrssitte zu berücksichtigen. Auch im Wege der ergänzenden Vertragsauslegung sind daher objektive rechtliche Wertungen zu berücksichtigen. Auf entsprechende objektive Wertungen wird im Folgenden bei der Untersuchung der sachlichen Begründung des Aufrechnungsverbots einzugehen sein.[1845] An dieser Stelle ist zunächst festzuhalten, dass eine objektivrechtliche Begründung des Aufrechnungsverbots durch ergänzende Vertragsauslegung – abhängig von dem Ergebnis der folgenden Untersuchung – grundsätzlich möglich ist. Der entscheidende Punkt ist jedoch, dass der auch anhand objektiver Kriterien zu ermittelnde hypothetische Wille keine reine Willensfiktion darstellen darf.[1846] Dies bedeutet, dass ein Aufrechnungsverbot nicht durch ergänzende Vertragsauslegung begründet werden kann, sofern das

---

1843 *Ellenberger*, in: Palandt, § 157, Rn. 4.
1844 *Mansel*, in: Jauernig, § 157, Rn. 3.
1845 Siehe § 6 C. 6.
1846 Vgl. erneut BGH, NJW 1965, 907, 907; *Armbrüster*, in: Erman, § 157, Rn. 27; *Busche*, in: MüKo-BGB, § 157, Rn. 26.

Interesse einer oder aller Vertragsparteien diesem Ergebnis offensichtlich entgegensteht. Schon allgemein betrachtet ist kaum erklärbar, warum ein Interesse einer Partei anzunehmen sein sollte zugunsten einer anderen Personengruppe, zu der sie in keinerlei rechtlicher oder tatsächlicher Beziehung steht, auf bestimmte vorteilhafte Rechtswirkungen und im Ergebnis sogar auf die Durchsetzung geldwerter Forderungen zu verzichten. Die dogmatische Verankerung des Aufrechnungsverbots im vertraglichen Innenverhältnis zwischen Treugeber, Treuhänder und ggf. der übrigen Gesellschafter erscheint bereits deshalb wenig überzeugend, da ein entsprechendes Verbot seine funktionelle Wirkung primär im Außenverhältnis gegenüber Gesellschaftsgläubigern entfaltet.[1847]

Klöhn führt an, dass Treugeber und Treuhänder dann ein Interesse an einem höheren Gläubigerschutz durch Vereinbarung eines Einwendungsausschlusses hätten, wenn dadurch für sie als Gruppe ein Vorteil entstehe. Die sei dann der Fall, wenn der Einwendungsausschluss die Kreditgrundlage der Gesellschaft verbessere und dadurch die Finanzierungskosten der Gesellschaft insgesamt sänken, etwa weil die Gesellschaftsorgane den Umfang der Treugeberhaftung und den Einwendungsausschluss bei den Kreditverhandlungen offenlegten. Letztlich stehe dem aber das überwiegende Anonymitätsinteresse der Treugeber entgegen.[1848] Diesen Ausführungen ist im Ergebnis zuzustimmen. Es bedarf zur Verbesserung der Kreditgrundlage jedoch nicht der Aufdeckung der Identität der einzelnen Treugeber.[1849] Die Kreditgrundlage dürfte sich allein durch die anfängliche Kapitalzufuhr durch die Treugeber verbessern. Ob ein Treugeber über die übernommene Einlage hinaus besonders solvent ist, ist für die Kreditgeber aufgrund der nur beschränkten Haftung unerheblich. Hinsichtlich des ursprünglichen Einlageanspruchs dürfte schon nach einfacher Vertragsauslegung ein Aufrechnungsverbot greifen.[1850] Zudem dürften in diesem Stadium regelmäßig noch keine aufrechenbaren Ansprüche gegen den Treuhänder bestehen. Auch sofern ein Einwendungsausschluss bzw. die bewusste Kommunikation dieses Ausschlusses nach außen die Finanzierungskosten tatsächlich senkt, kann wiederum kein Interesse und daher auch kein (hypothetischer) Wille der Treugeber angenommen werden, auch auf Einwendungen gegen den Bestand des Treuhandverhältnisses zu verzichten. Vielmehr besteht ein eindeutig entgegenstehender Wille der Treugeber.

Gegen die Annahme eines vertraglichen Aufrechnungsverbots spricht ferner § 309 Nr. 3 BGB. In Publikumstreuhandgesellschaften ist grundsätzlich davon auszugehen, dass die Treuhandverträge AGB i. S. v. §§ 305 ff. BGB darstellen. Ein Aufrechnungsverbot kann daher bereits nicht ausdrücklich im Treuhandvertrag vorgesehen werden. Dementsprechend ist es auch ausgeschlossen ein entsprechendes Verbot im Wege der objektiven Auslegung in den Treuhandvertrag hinein

1847 So auch *Klöhn*, VGR 2012, 143, 155.
1848 *Klöhn*, VGR 2012, 143, 155.
1849 So auch *Schürnbrand*, ZGR 2014, 256, 272.
1850 S. o. § 6 C. III. 5. a).

zu lesen. Ein vertragliches Aufrechnungsverbot ist daher nur als vorrangige individuelle Vertragsabrede gem. § 305b BGB möglich. Neben dem einseitig vorgegebenen Treuhandvertrag müsste der Treuhänder daher ein entsprechendes Verbot mit jedem einzelnen Treugeber individuell aushandeln. Insoweit kommt nur eine stillschweigende Vereinbarung in Betracht. Wie oben dargelegt kann ein Aufrechnungsverbot in bestimmten Fällen durchaus dem Interesse des Treugebers und dem Treuhandzweck entsprechen.[1851] Die Annahme einer rechtlich erheblichen stillschweigenden Erklärung eines Treugebers neben dem eigentlichen Treuhandvertrag bzw. als Modifizierung desselben erscheint jedoch zu sehr konstruiert.

Die ergänzende Vertragsauslegung bildet daher keine tragfähige Grundlage für ein allgemeines Aufrechnungsverbot. Nach der Rechtsprechung soll der Treugeber hier haften. Dass er dies tatsächlich nicht will, ist jedoch eindeutig.[1852]

c) Vertrag zugunsten Dritter

Zinger lehnt die Annahme eines im Wege der (ergänzenden) Vertragsauslegung begründeten Aufrechnungsverbots ab. Sofern die Treugeber erklärten, ihnen sei bewusst, dass sie (mit ihrem gesamten Vermögen) gegenüber Gläubigern der Gesellschaft hafteten,[1853] müsse eine Vertragsauslegung zu dem Ergebnis kommen, dass eine unbegrenzte Haftungsübernahme durch echten Vertrag zugunsten der Gesellschaftsgläubiger (§ 328 BGB) begründet worden sei. Dem Treugeber stünden dann gem. § 334 BGB grundsätzlich alle Einwendungen aus dem Deckungsverhältnis zum Treuhänder zu. Eine Aufrechnung gegenüber den Gläubigern komme aber mangels Gegenseitigkeit der Ansprüche nicht in Betracht.[1854] Die Annahme eines Vertrags zugunsten Dritter bedeutet im Ergebnis die Begründung einer unmittelbaren Außenhaftung der Treugeber auf vertraglicher Grundlage.[1855] Dass hierdurch die Frage nach einem Aufrechnungsverbot vermieden wird, ist ebenso zutreffend wie selbstverständlich. Die in Bezug genommene Erklärung der Treugeber vermag jedoch schon deshalb keine Rechtsfolgen zu begründen, da es sich um eine bloße Wissenserklärung ohne rechtlich erheblichen Inhalt handelt.[1856] Ohne dies zu merken liegt *Zinger*, der sich zunächst ausdrücklich gegen eine unmittelbare Außenhaftung ausspricht,[1857] insoweit auf einer Linie mit *Schäfer*, der ebenfalls

1851 S. o. § 6 C. III. 5. a) bb).

1852 So auch *Klöhn*, VGR 2012, 143, 152 ff.; *Schäfer*, ZHR 177 (2013), 619, 631/633; *Stumpf*, BB 2012, 1429, 1433; die Vertragsauslegung als Grundlage ablehnend auch *Zinger*, BB 2014, 458, 461; **aA** wohl *Schürnbrand*, ZGR 2014, 256, 272.

1853 So der Fall in BGH, NJW 2013, 452, 453, Rz. 22.

1854 *Zinger*, BB 2014, 458, 461.

1855 Siehe § 5 A. I.

1856 So zutreffend das OLG Karlsruhe, NZG 2010, 151, 152; vgl. auch § 5 A. I. 2.

1857 *Zinger*, BB 2014, 458, 459.

vermeintliche „Schwächen“ der mittelbaren Außenhaftung durch die Annahme einer unmittelbaren Außenhaftung zu beseitigen versucht.[1858]

d) Objektive Ausübungsbeschränkung

Die dogmatische Grundlage eines Aufrechnungsverbots könnte sich letztlich aus allgemeinen objektivrechtlichen Wertungen ergeben. Es müsste eine sich aus § 242 BGB ergebende objektive Ausübungsbeschränkung hinsichtlich der grundsätzlich bestehenden Aufrechnungsbefugnis eingreifen. Diese Lösung vermeidet die Schwächen der vorangehend dargestellten Anknüpfungspunkte. Insbesondere ist bei rein objektiver Betrachtung auch ein offensichtlich entgegenstehender Wille der Vertragsparteien unbeachtlich. Auf dieser Grundlage kann ein entsprechendes Aufrechnungsverbot daher grundsätzlich bestehen. Voraussetzung hierfür ist aber, dass sich eine sachliche Begründung in Gestalt allgemeingültiger, objektiv-rechtlicher Wertungen finden lässt, welche im Folgenden zu untersuchen ist.

6. Sachliche Begründung einer Ausübungsbeschränkung

Eingangs wurden bereits objektive Begründungsansätze für ein Aufrechnungsverbot dargestellt.[1859] Neben gesetzlichen Wertungen kommen auch richterrechtliche Grundsätze, Vertrauensschutzaspekte und möglicherweise auch rechtsökonomische Erwägungen in Betracht.

a) Gebot der Kapitalerhaltung

Eine objektive Ausübungsbeschränkung, die einer Aufrechnung durch den Treugeber entgegenstehen könnte, wird mit dem *Gebot der Kapitalerhaltung* in der Kommanditgesellschaft begründet, wie es in §§ 171 I, 172 I, IV HGB zum Ausdruck kommt. Das grundlegende Problem dieses Begründungsansatzes besteht darin, dass die grundsätzlich gegenüber dem Treuhänder bestehende Aufrechnungsbefugnis im Innenverhältnis der Treuhand wurzelt, ein Aufrechnungsverbot hingegen Wirkung im Außenverhältnis entfaltet und letztlich dem Gläubigerschutz[1860] dienen soll. Am Außenverhältnis der Gesellschaft ist der Treugeber jedoch in keiner Weise beteiligt. Dies gilt für sämtliche Ausprägungen der Treuhand von der einfachen bis zur qualifiziert-mitgliedschaftlichen Ausgestaltung. Die genannten Haftungsvorschriften betreffen grundsätzlich allein den Kommanditisten.

Eine möglicherweise gebotene Erstreckung des gesetzlichen Haftungssystems auf den Treugeber wurde bereits im Zusammenhang mit der Begründung einer unmittelbaren Außenhaftung diskutiert.[1861] Unabhängig davon, ob eine Anwendung

---

1858 *Schäfer*, ZHR 177 (2013), 619, 634 ff.; vgl. auch § 5 D.
1859 § 6 C. III. 2. a).
1860 Vgl. *K. Schmidt*, in: MüKo-HGB, vor § 230, Rn. 59.
1861 Siehe § 5 B.

der gesetzlichen Kommanditistenhaftung auf den Treugeber begründbar ist, kann an dieser Stelle festgestellt werden, dass diese Erstreckung des Haftungssystems zur Begründung eines Aufrechnungsverbots wenig sinnvoll erscheint, da ein solches Aufrechnungsverbot neben einer dann parallel bestehenden unmittelbaren Außenhaftung bedeutungslos wäre. Insoweit – und *nur* insoweit – kann *Schäfer*[1862] beigepflichtet werden, wenn er ausführt, dass eine mit dem Gebot der Kapitalerhaltung begründete wirtschaftliche (mittelbare) Außenhaftung zu einer rechtlichen Außenhaftung fortzuentwickeln sei.

Für die Annahme eines Einwendungsausschlusses aufgrund Erstreckung des gesetzlichen Haftungssystems auf den Treugeber anstatt einer unmittelbaren Außenhaftung aus gleichen Gründen wird jedoch vorgebracht, dass damit dem Umstand Rechnung getragen werden könne, dass die Abwehr unberechtigter Ansprüche dem Treuhänder wesentlich leichter möglich sei als dem unmittelbar haftenden Treugeber, da letzterer sich zunächst die nötigen Informationen beschaffen müsse.[1863] Verwiesen wird insoweit auch auf die *Rechtsprechung* zur Innenhaftung der Gesellschafter einer Vor-GmbH: Unternehmerisch nicht beteiligten Gesellschaftern sei es gemessen am Interesse der Gläubiger an einer unmittelbaren Außenhaftung nicht zumutbar, sich die für die Abwehr unberechtigter Ansprüche erforderlichen Informationen zuvor bei der Vor-GmbH beschaffen zu müssen.[1864] Die Zumutbarkeit der Informationsbeschaffung ist im Rahmen der Interessenabwägung zwischen Gesellschafter und Gläubiger ein grundsätzlich stichhaltiges Argument. Diese Ansicht übersieht jedoch, dass auch der Treuhänder als Kommanditist nach der gesetzlichen Konzeption nicht an der Geschäftsführung beteiligt (§§ 164, 170 HGB) und damit ebenfalls kein unternehmerisch beteiligter Gesellschafter im oben genannten Sinne ist. Ihnen steht nur ein eingeschränkter Informationsanspruch nach § 166 HGB zu. Dennoch haften Kommanditisten im Außenverhältnis. Eine Erstreckung des Haftungssystems gem. §§ 171 ff. HGB zur Begründung einer Einwendungssperre zu Lasten des Treugebers wird nur unter Hinweis auf die beabsichtigte Gleichstellung von Treugebern und Kommanditisten und mithin nur für die qualifizierte Treuhand befürwortet.[1865] Dem qualifizierten Treugeber steht das Informationsrecht aufgrund Einbindung in den Gesellschaftsverband gleich einem Kommanditisten unmittelbar gegenüber der Gesellschaft zu.[1866] Sofern man eine Erstreckung des Haftungssystems auf den Treugeber annehmen will, kann

---

1862 *Schäfer*, ZHR 177 (2013), 619, 631, 634 ff.

1863 *Armbrüster*, S. 381.

1864 BGH, NJW 1997, 1507, 1509.

1865 OLG Frankfurt, ZIP 2012, 673, 675; OLG Stuttgart, NZG 2010, 716, 718; OLG Nürnberg, WM 2009, 942; OLG Düsseldorf, Urt. V. 20.11.2008 – 6 U 8/08; OLG Bamberg, Urt. v. 07.01.2008 – 4 U 84/07; OLG Düsseldorf, DStR 1991, 1532, 1535.

1866 Vgl. § 3 B. II., insb. 4. a); BGH, NJW-RR 1995, 165, 165 f. (Unterbeteiligung); *Schiemann*, in: FS Zöllner, 503, 510; *K. Schmidt*, in: MüKo-HGB, vor § 230, Rn. 67. Für nur schuldrechtliche Informationsrechte gegenüber der Gesellschaft: *Blaurock*, S. 180; *Henssler*, AcP 1996, 37, 81; *Beuthien*, ZGR 1974, 26, 51.

daher nicht argumentiert werden, dass statt einer unmittelbaren Haftung nur eine Einwendungssperre greife, da einem Treugeber die Informationsbeschaffung anders als einem Kommanditisten unzumutbar sei.

Allenfalls könnte eingewandt werden, der Treugeber habe ein berechtigtes Interesse daran, durch den Treuhänder von unmittelbarer Inanspruchnahme im Außenverhältnis abgeschirmt zu werden und hierdurch auch anonym zu bleiben. Dieses Interesse ist jedoch schon durch die Abtretung des Anspruchs an Gesellschaftsgläubiger irreparabel verletzt und könnte daher nur zur Unzulässigkeit der Abtretung führen.[1867]

b) Rechtsgedanke von §§ 46 V AktG, 9a IV GmbHG

Ein Aufrechnungsverbot solle weiterhin auf den Rechtsgedanken der §§ 46 V AktG, § 9a IV GmbHG gestützt werden können.[1868] Nach diesen Vorschriften haften Personen, für deren Rechnung die Gesellschafter Gesellschaftsanteile übernommen haben, in gleicher Weise wie Gesellschafter für die Kapitalaufbringung. Treugeber in der AG und der GmbH sind daher selbst unmittelbar für die Kapitalaufbringung gegenüber der Gesellschaft verantwortlich. Auch die Kapitalaufbringung steht in Zusammenhang mit der mittelbaren Außenhaftung, da auch die ursprüngliche Nichtleistung einer geschuldeten Einlage gem. § 171 I HGB zur Außenhaftung des Treuhänders führt. Die Konsequenz einer entsprechenden Anwendung der §§ 46 V AktG, 9a IV GmbHG auf Treugeber in Personengesellschaften wäre allerdings eine unmittelbare Innenhaftung gegenüber der Gesellschaft.[1869] Wiederum müssten die Gläubiger der Gesellschaft zunächst gegen diese vorgehen und deren Anspruch gegen die Treugeber pfänden. Auch gegen diesen Anspruch steht den Treugebern grundsätzlich die Aufrechnung zu. Ein Vorteil zur Abtretung des Freistellungsanspruchs des Treuhänders ergäbe sich nicht. Wiederum würde sich die Frage nach einem Aufrechnungsverbot stellen.

Wollte man den Vorschriften lediglich einen allgemeinen Gedanken dahingehend entnehmen, dass der Treugeber letztlich für die Aufbringung der Einlage verantwortlich ist und sich dieser Verantwortung nicht entziehen darf, stellt sich die Situation nicht anders dar als hinsichtlich der vorangehend behandelten Erstreckung der Kommanditistenhaftung.[1870] Vorrangig wäre eine unmittelbare Außenhaftung anzunehmen, wie es etwa *Canaris* befürwortet.[1871] Hierdurch würde ein Aufrechnungsverbot obsolet. Zudem wäre eine Begründung eines Aufrechnungsverbots (oder auch einer unmittelbaren Außenhaftung) mit der

---

1867 Vgl. § 6 B.
1868 *Armbrüster*, S. 381; im Ergebnis jedoch ablehnend *ders.*, S. 421.
1869 Siehe § 7 C. II. 1.; D. I. 2.
1870 Siehe § 6 C. III. 6. a).
1871 *Canaris*, in: FS Fischer, 31, 57 f.

Erstreckung des Personengesellschaftsrechtlichen Haftungssystems sachnäher und daher vorzugswürdig.

Entscheidend ist letzten Endes, dass sich den §§ 46 V AktG, 9a IV GmbHG kein verallgemeinerungsfähiger Rechtsgedanke entnehmen lässt. Es handelt sich um verschuldensabhängige Tatbestände mit spezifischem Bezug zur Gründung von Kapitalgesellschaften und deren zwingenden Schutz der Kapitalaufbringung. Eine eingehende Auseinandersetzung mit diesen Normen erfolgte bereits im Rahmen der Untersuchung der unmittelbaren Außenhaftung.[1872]

c) § 138 BGB

Die Ausübung der Aufrechnung und weiterer Einwendungen des Treugebers, wie etwa Stundung und Forderungserlass, wird *teilweise* als sittenwidrig gem. § 138 BGB eingeordnet.[1873] Es liegt auf der Hand, dass die Ausübung gesetzlich vorgesehener Rechte durch den Treugeber nicht grundsätzlich als sittenwidrig eingestuft werden kann. Im Einzelfall kann eine missbräuchliche Ausübung jedoch nicht ausgeschlossen werden. Die Frage nach der Sittenwidrigkeit der Aufrechnung steht in engem Zusammenhang mit der Frage nach der Zulässigkeit des Ausschlusses des Ersatzanspruchs des Treuhänders.[1874] Wo schon der Ausschluss des Ersatzanspruchs grundsätzlich zulässig wäre, kann die Aufrechnung gegen diesen Anspruch aufgrund der weniger weit gehenden Wirkungen nicht anders bewertet werden. Verschiedene *Oberlandesgerichte* leiten ein Aufrechnungsverbot dennoch – wenn auch nicht ausdrücklich – aus einer grundsätzlich zu befürchtenden sittenwidrigen Schädigung der Gläubiger her. Ein Aufrechnungsverbot sei gerade auch deshalb anzunehmen, um eine planmäßige Zwischenschaltung vermögensloser Treuhänder zum Nachteil der Gläubiger zu verhindern.[1875]

Eine solche planmäßige Zwischenschaltung vermögensloser Treuhänder könnte grundsätzlich schon die gesamte Treuhandgestaltung und nicht nur die Frage der Aufrechnung in die Nähe der Sittenwidrigkeit gem. § 138 BGB rücken. Bei kupierten Publikumspersonengesellschaften kann hiervon jedoch keine Rede sein, da die Vermögenslosigkeit des Treuhänders bzw. die Ausstattung der Treuhandkapitalgesellschaft nur mit dem erforderlichen Mindestkapital die typische und allseits bekannte oder zumindest die aufgrund der Handelsregistereintragung der Treuhand-GmbH für jeden ohne weiteres erkennbare Gestaltung darstellt. Wiederum ist entscheidend, welche Ansprüche überhaupt als aufrechenbare Gegenforderungen in Betracht kommen. Relevant sind hier fast ausschließlich Schadensersatzansprüche gegen den Treuhänder. In der Aufrechnung mit Schadensersatzansprüchen

---

1872 Siehe § 5 C.

1873 *Hueck/Fastrich*, in: Baumbach/Hueck, 19. Aufl., § 1, Rn. 43; vgl. auch *Schaub*, DStR 1996, 65, 67; *Ballerstedt*, JZ 1960, 513, 516 (für Gläubiger-/Konkursanfechtung); *Armbrüster*, S. 380.

1874 S. o. § 4 II.

1875 OLG Stuttgart, NZG 2010, 716, 718; OLG Düsseldorf, DStR 1991, 1532, 1535.

eine bewusste, sittenwidrige Schädigung oder Manipulation zu sehen, erscheint grundsätzlich abwegig.[1876] Erst eine planmäßige, systematische Schädigung der Treugeber durch die Treuhänderin könnte zur Sittenwidrigkeit aufgrund kollusiven Zusammenwirkens zum Nachteil der Gesellschaftsgläubiger führen. Es erscheint jedoch kaum denkbar, dass sich die Treugeber bewusst prophylaktisch durch die Treuhandgesellschaft schädigen lassen, um später die Möglichkeit der Aufrechnung wahrnehmen zu können.[1877]

d) Der sog. „Gleichstellungsgrundsatz"

Zur Begründung eines Aufrechnungsverbots stellt der *BGH*[1878] hauptsächlich auf den sog. „Gleichstellungsgrundsatz" ab. Auch die verschiedenen *Oberlandesgerichte*[1879] ziehen diese Rechtsfigur zumindest ergänzend zur Begründung heran. Nach diesem „Gleichstellungsgrundsatz"[1880] dürfe der Treugeber bei der qualifizierten Treuhandbeteiligung weder besser noch schlechter stehen als der unmittelbar beteiligte Gesellschafter, soweit sich dies nicht unvermeidbar aus der Zwischenschaltung eines Treuhänders ergebe.

Fraglich ist zunächst, ob der viel zitierte „Gleichstellungsgrundsatz" überhaupt als Rechtsgrundsatz im Sinne eines anerkannten, allgemeingültigen Prinzips verstanden werden kann, welches es erlaubt, hierauf die Annahme einer Ausübungsbeschränkung hinsichtlich der zumindest im Ausgangspunkt unzweifelhaft bestehenden gesetzlichen Rechte der Treugeber zu stützen. Weiterhin ist fraglich, ob – das Bestehen eines entsprechenden Rechtsgrundsatzes vorausgesetzt – dieser sog. „Gleichstellungsgrundsatz" geeignet ist, ein Aufrechnungsverbot überzeugend zu begründen.

aa) Bestehen eines allgemeingültigen Prinzips

Der Gleichstellungsgrundsatz kann richtigerweise bereits nicht als allgemein gültiger Rechtssatz im Sinne einer anerkannten Fallgruppe des § 242 BGB betrachtet werden. Wie *Klöhn*[1881] eingehend dargelegt hat, wird der Gleichstellungsgrundsatz in den grundlegenden Entscheidungen[1882] jeweils nicht als tragendes Prinzip des Publikumspersonengesellschaftsrechts oder des Treuhandrechts verwandt. Zudem

---

1876 Ebenso *Armbrüster*, S. 387.

1877 So auch *Tebben*, VGR 2010, 161, 174 f.

1878 BGH, NJW 2011, 2351, 2354, Rz. 26 ff; BGH, ZIP 2012, 2246, 2248; BGH, ZIP 2012, 2250, 2252; BGH, NJW 2013, 452, 454 f.

1879 OLG Düsseldorf, DStR 1991, 1532, 1535; OLG Köln, NZG 2009, 543, 544; OLG Koblenz, NZI 2009, 258; OLG Nürnberg, WM 2009, 942; OLG Stuttgart, NZG 2010, 716; OLG Frankfurt, ZIP 2012, 673, 675.

1880 Vgl. BGH, NJW 1980, 1162, 1163; ähnlich in BGH, NJW 1988, 1903.

1881 *Klöhn*, VGR 2012, 143, 153 f. kritisiert bereits die Heranziehung des Gleichstellungsgrundsatzes im Rahmen der Vertragsauslegung.

1882 BGH, NJW 1980, 1162, 1163; BGH, NJW 1988, 1903, 1904.

werde das „Gleichstellungsargument“[1883] vom BGH nicht begründet, sondern nur als „evident richtige Behauptung“ vorausgesetzt.[1884] Auch das *OLG Karlsruhe*[1885] führt zutreffend aus, dass es keinen Gleichstellungsgrundsatz gebe, aus dem folge, dass mittelbar beteiligte Anleger nicht besser stehen dürften als unmittelbar beteiligte Kommanditisten. Die für die Existenz eines solchen Grundsatzes angeführte Entscheidung des *BGH*[1886] betreffe lediglich die Frage des Pflichtenumfangs des Treuhänders. Tatsächlich betraf diese Entscheidung nur die Frage, ob der Treuhänder im konkreten Fall verpflichtet war, die Anlegergelder im Interesse der Anleger zurückzuhalten und nicht an die bereits insolvenzgefährdete Publikums-KG weiterzuleiten. Auch die Annahme, es gäbe keinen Grund, den Treugeber besser oder schlechter zu stellen, als wäre er unmittelbar beteiligt, hätte einer Begründung bedurft. Die Rechtsstellung eines mittelbar beteiligten Treugebers und die eines Kommanditisten sind zunächst offensichtlich verschieden. Warum diese offensichtliche Verschiedenheit keine Auswirkungen haben soll, kann nicht einfach vorausgesetzt bzw. festgestellt werden.

Ähnlich aber weniger eindeutig ist der Befund bei *Kapitza*,[1887] der sich jedoch nicht mit der Rechtsnatur, sondern nur mit dem Inhalt des Gleichstellungsgrundsatzes befasst hat. Für die Annahme einer bloßen Auslegungsregel sprechen seine Aussagen, der Hauptanwendungsfall des Gleichstellungsgrundsatzes seien im Wesentlichen die Regelungen des Vertragswerks[1888] und der Gleichstellungsgrundsatz entfalte keine unmittelbare Wirkung im Verhältnis zu Dritten.[1889] Letzteres beruht jedoch auf der fehlgehenden Annahme, der Gleichstellungsgrundsatz ergebe sich allein aus dem Anlegerschutzgedanken. Sofern Treuhänder und Initiator die Berufung auf die formal bestehende Aufteilung des Beteiligungsverhältnisses in zwei Rechtsbeziehungen gem. § 242 BGB versagt sein soll,[1890] käme auch die Annahme einer eigenständigen objektiv-rechtlichen Wirkung des Gleichstellungsgrundsatzes in Betracht. Genauso könnte hier ein gem. § 242 BGB (*venire contra factum proprium*) ausgeschlossenes Handeln in Widerspruch zur getroffenen Gleichstellungsabrede gemeint sein. Bereits in der grundlegenden Entscheidung erklärte auch der *BGH*, dass die grundsätzlich anzunehmende Gleichstellung nur vorbehaltlich einer anderweitigen ausdrücklichen vertraglichen Regelung gelten könne.[1891] Der „Grundsatz der Gleichstellung von mittelbaren und unmittelbaren

---

1883 So *Klöhn*, VGR 2012, 143, 151.
1884 *Klöhn*, VGR 2012, 143, 154.
1885 OLG Karlsruhe, ZIP 2009, 1810, 1814 f.; zust. *Bürk*, EWiR § 171 HGB 2/09, 747, 748; *Koller*, in: K/R/M, 7. Aufl., § 105, Rn. 20; *Kindler*, in: K/K/R/M, § 105, Rn. 20; Urteil revidiert durch BGH Urt. v. 22.03.2011 – II ZR 216/09.
1886 BGH, NJW 1980, 1162, 1162 f.
1887 *Kapitza*, S. 43 ff.
1888 *Kapitza*, S. 44.
1889 *Kapitza*, S. 52.
1890 *Kapitza*, S. 47.
1891 BGH, NJW 1980, 1162, 1162; vgl. auch BGH, NJW 1980, 1163, 1163.

Gesellschaftern" bestehe nur in „einer Publikumsgesellschaft mit entsprechender Vertragsgestaltung".[1892] Es handelt sich daher richtigerweise nur um den typischen Vertragsinhalt, welcher bei Unklarheiten im Treuhandvertrag regelmäßig aus der getroffenen Gleichstellungsabrede zwischen Treugeber, Treuhänder und Gesellschaft ermittelt werden kann bzw. muss. Der sog. Gleichstellungsgrundsatz erweist sich damit im Anschluss an *Klöhn* lediglich als „Gleichstellungsgedanke".

Dieser Gleichstellungsgedanke kann allenfalls als allgemeiner Anhaltspunkt bzw. als der durch Auslegung der Gleichstellungsabrede zu ermittelnde typische Inhalt des Treuhandvertrags betrachtet werden, von dem grundsätzlich durch entsprechende Vereinbarung abgewichen werden kann. Es handelt sich nicht um ein allgemeingültiges, tragendes Prinzip des Personengesellschafts- oder Treuhandrechts.

bb) Tragweite des Gleichstellungsgrundsatzes

Unterstellt man entgegen der vorangehenden Ausführungen, dass ein Gleichstellungsgrundsatz als allgemeines Rechtsprinzip besteht und daher grundsätzlich geeignet ist die Rechtsausübungsbefugnis des Treugebers gem. § 242 BGB zu beschränken, stellt sich die Frage, ob aus einer Gleichstellung von mittelbar und unmittelbar beteiligten Gesellschaftern zwingend ein Aufrechnungsverbot im Sinne der Rechtsprechung zu folgern ist.

Eine Gleichstellung kann nur insoweit erfolgen, als dass überhaupt eine (Rechts-)Stellung vorhanden ist. Die Rechtsstellung des qualifizierten Treugebers besteht bereits nur gegenüber dem Treuhänder und darüber hinaus im Innenverhältnis der Gesellschaft durch Einbindung in den Gesellschaftsverband. Der Treugeber ist unzweifelhaft nicht Gesamthänder und daher nicht originäres Zuordnungssubjekt von Vermögensrechten gegenüber der Gesellschaft und haftet dementsprechend nicht im Außenverhältnis.[1893] Eine Gleichstellung von Treugebern und Kommanditisten kann daher nur bezogen auf das Innenverhältnis überzeugen. Aus dieser auf das Innenverhältnis beschränkten Gleichstellung soll nun aber ein Aufrechnungsverbot mit Wirkung im Außenverhältnis folgen. Soweit das Außenverhältnis berührt ist, steht der Treugeber aber weder besser noch schlechter als ein Kommanditist, sondern aufgrund der Vermittlung der Rechte und Pflichten nach außen durch den Treuhänder schlichtweg notwendig „anders".[1894] Ähnlich führt das *OLG Bremen* aus, dass eine Besserstellung von mittelbar Beteiligten gegenüber unmittelbaren Gesellschaftern auf der gesonderten Rechtsbeziehung zum Treuhänder beruhe, von der außerhalb des Treuhandverhältnisses stehende naturgemäß nicht profitieren könnten.[1895] Sofern vorgebracht wird, dass dort, wo der Kommanditist

---

1892 BGH, NZG 2012, 1024, 1027, Rz. 39.

1893 Vgl. § 5.

1894 So Klöhn, VGR 2012, 143, 157.

1895 OLG Bremen, Urt. V. 01.06.2011 – 2 U 59/10, wiedergegeben in BGH, ZIP 2012, 2250, 2253, Rz. 31.

nicht mit Ansprüchen gegen die Gesellschaft gegenüber ihren Gläubigern aufrechnen könne, auch dem Treugeber eine Aufrechnung mit Ansprüchen gegen den Treuhänder versperrt sein müsse, ist dies keinesfalls selbstverständlich oder zwingend aus einer Gleichstellung zu entnehmen. Kommanditist und KG stellen aus Sicht des Gläubigers alternative Schuldner dar, wobei der Kommanditist im Falle der Inanspruchnahme im Außenverhältnis im Innenverhältnis zur Gesellschaft Regress nehmen kann. Treuhänder und Treugeber stehen nicht als alternative Schuldner zur Verfügung. Für den Gläubiger ist zunächst klar, dass er unmittelbar nur den Treuhänder in Anspruch nehmen kann. Dieser vermittelt die Haftung an den Treugeber und kann bei diesem – ähnlich wie der Kommanditist bei der Gesellschaft (§ 110 HGB) – Regress in Form des Aufwendungsersatzes nehmen. Die KG steht aber gerade nicht haftungsabschirmend zwischen ihren Gläubigern und Kommanditisten, wie dies bei Treuhänder und Treugeber der Fall ist.

Denkbar wäre es möglicherweise, ein Aufrechnungsverbot bezüglich gesellschaftsbezogener Ansprüche anzunehmen, also solcher Ansprüche, die dem Treugeber zwar auch durch den Treuhänder vermittelt werden, die aber schon im Gesellschaftsverhältnis angelegt sind und daher auch einem Kommanditisten in grundsätzlich inhaltsgleicher Weise zustehen. Diese Ansprüche spielen jedoch bei der Frage nach einem Aufrechnungsverbot keine Rolle.[1896]

Allein relevant sind hier treuhandbezogene Ansprüche, d. h. solche Ansprüche, die gerade nur aufgrund des Treuhandverhältnisses entstehen und somit einem Kommanditisten nicht in entsprechender Weise zustehen können. Zwar könnte man dem Treugeber eine Aufrechnung einfach deshalb versagen, da dem Kommanditisten schlicht keine treuhandbezogenen Ansprüche zustehen können. Versagt man dem Treugeber die Aufrechnung mit treuhandbezogenen Ansprüchen, steht er insoweit zunächst dem Kommanditisten gleich. Mit dieser Annahme würde man jedoch verkennen, dass einem im Außenverhältnis haftenden Kommanditisten durchaus Ansprüche gegen den jeweiligen Gesellschaftsgläubiger aus anderen, nicht mit der Gesellschafterstellung verbundenen Rechtsverhältnissen zustehen können. In diesem Fall wäre der Kommanditist nicht an einer Aufrechnung gehindert. Aus dem Gleichstellungsgrundsatz kann sich somit auch kein Aufrechnungsverbot für den Treugeber ergeben, da es sich bei seiner Gegenforderung gerade nicht um einen gesellschaftsbezogenen Anspruch handelt.

Diese zumindest teilweise zwingend bestehende, grundsätzliche Unterschiedlichkeit der Rechtsstellung von Treugeber und Kommanditist beachtet offensichtlich auch *Schäfer* nicht, wenn er aus dem Umstand, dass die Treugeber das Anlagerisiko gleich einem Gesellschafter übernehmen wollen, schließt, dass daher auch ein Einwendungsausschluss dem Parteiwillen entsprechen müsse, da bekanntermaßen kein Gesellschafter dem Gläubiger Einwendungen aus seinem Verhältnis zur Gesellschaft entgegenhalten könne.[1897] Dass die Treugeber das Anlagerisiko

1896 S. o. § 6 C. I.
1897 *Schäfer*, ZHR 177 (2013), 619, 629 f.

bzw. Unternehmensrisiko schon aus steuerlichen Gründen übernehmen wollen, steht außer Frage. Die Frage nach einem Aufrechnungsverbot betrifft aber allein das Täuschungs- und Insolvenzrisiko in der Person des Treuhänders und nicht das auf das wirtschaftliche Ergebnis der Beteiligung bezogene Anlagerisiko.[1898]

Es ist bereits nicht denkbar, dass die Gesellschaft den Kommanditisten in gleicher Weise schädigt wie der Treuhänder den Treugeber. Hinsichtlich der – wohl allein relevanten[1899] – bürgerlich-rechtlichen Prospekthaftung ist die kapitalistisch organisierte Gesellschaft nicht Anspruchsgegnerin, sondern nur die dahinterstehenden handelnden Personen. Nur diesen Personen bringe der Beitretende Vertrauen entgegen, da die übrigen Gesellschafter keine Einwirkungsmöglichkeit hätten. Nur diese persönliche Haftung anstelle der Haftung der übrigen Gesellschafter stehe in Einklang mit einer geordneten Auseinandersetzung nach dem Regelwerk der Lehre vom der fehlerhaften Gesellschaft.[1900] Die Verantwortlichkeit der Gesellschaft für die gesetzliche Prospekthaftung gem. §§ 21 ff. WpPG, 20 ff. VermAnlG war umstritten.[1901] Gemäß § 306 KAGB trifft die Ersatzpflicht nunmehr ausdrücklich nur die (interne) Kapitalverwaltungsgesellschaft, deren Betriebsvermögen von dem der Gesellschaft bzw. von dem Kommanditanlagevermögen zu trennen ist (§ 156 KAGB). Die Fondsgesellschaft selbst kommt weiterhin nur als Emittentin in Betracht. Die Aufrechnung des Kommanditisten mit Ansprüchen gegen die Gesellschaft ist somit nicht mit einer Aufrechnung des Treugebers mit Ansprüchen gegen den Treuhänder vergleichbar.

Hieraus ergibt sich, dass bürgerlich-rechtliche Prospekthaftungsansprüche von Kommanditisten nicht gegenüber der Gesellschaft bestehen und eine Aufrechnung gegenüber Gesellschaftsgläubigern oder der Gesellschaft schon mangels Gegenseitigkeit nicht in Betracht kommt. Wiederum könnte man argumentieren, ein Aufrechnungsverbot zulasten der Treugeber sei gerade deshalb notwendig, da es insoweit wiederum eine Gleichstellung herbeiführen würde. Man würde jedoch außer Acht lassen, dass die gegen Treugeber und Kommanditist gerichteten Hauptforderungen elementar verschieden sind. Die fehlende Aufrechnungsmöglichkeit des Kommanditisten ist Folge seiner gesetzlich vorgesehenen unmittelbaren Außenhaftung. Dass die vertraglich angestrebte oder durch einen Gleichstellungsgrundsatz vorgegebene Gleichstellung von unmittelbar und mittelbar Beteiligten keine unmittelbare Außenhaftung in der Person des Treugebers herbeiführt, wurde bereits dargelegt und entspricht zudem der *ganz herrschenden Meinung*.[1902] Warum

1898 Wie hier auch *Schäfer*, ZIP 2012, 2421, 2425: Das Unternehmensrisiko stehe keinesfalls in zwingendem Zusammenhang mit dem Täuschungsrisiko.

1899 Sämtliche Urteile betreffen Ansprüche der Treugeber nach §§ 280 I, 311 II, 241 II BGB aufgrund Aufklärungspflichtverletzungen, vgl. die Nachweise in § 6 C. III. 2.

1900 BGH, NJW 2003, 2821, 2822; BGH, NJW 2013, 155, 156; *Westermann*, ZIP 2002, 240, 245; *Schäfer*, ZIP 2012, 2421, 2423.

1901 Dazu *Weber*, ZHR 176 (2012), 184, 189 f.

1902 S. o. § 5.

auf dem Umweg eines Einwendungsausschlusses aus der rein schuldrechtlichen, mittelbaren Außenhaftung eine gesellschaftsrechtsähnliche „unmittelbare Außenhaftung zweiter Klasse" eingeführt werden sollte, lässt sich nicht recht erklären.

Vielmehr stellt sich die Frage, ob nicht der Schadensersatzanspruch des Treugebers gegen den Treuhänder wegen Aufklärungspflichtverletzung in gleicher Weise ausgeschlossen werden muss wie der entsprechende Ersatzanspruch eines Gesellschafters gegen die Gesellschaft. Wiederum würde die Gleichstellung im Innenverhältnis zudem Wirkung zugunsten der an diesem Rechtsverhältnis nicht beteiligten Gläubiger im Außenverhältnis entfalten. Dieser Umstand dürfte einem Aufrechnungsverbot jedoch nur dann entgegenstehen, wenn man die Grundlage für ein solches Verbot in dem Treuhandvertrag erblickt.[1903] Mittelbar könnte die fehlende Aufrechnungsmöglichkeit der Treugeber nämlich die wirtschaftliche Lage der KG verbessern bzw. die Insolvenzquote der Kommanditisten erhöhen und somit auch Wirkung im Innenverhältnis entfalten. Hierdurch verlagert sich die Frage der Angleichung der Rechtsstellung von Kommanditisten und Treugebern gegenüber Gesellschaftsgläubigern hin zur Frage nach einer allgemeinen wirtschaftlichen Gleichstellung innerhalb der Gesellschaft. Den Befund einer grundsätzlich zumindest teilweise zwingend andersartigen Rechtsstellung von Treugeber und Kommanditisten ändert dies nicht.

Dass Schadenersatzansprüche von Kommanditisten keinen Einfluss auf den Bestand ihrer Beteiligung bzw. ihre Haftung gegenüber Gesellschaft und Gesellschaftsgläubigern haben, ergibt sich daraus, dass die Gesellschaft nach den Wertungen der Lehre von der fehlerhaften Gesellschaft nicht Anspruchsgegnerin sein soll. Es haften nur die handelnden Vertreter persönlich. Dem Treugeber kann mangels Gesellschafterstellung bereits kein Anspruch gegen die Gesellschaft zustehen. Es soll jedoch im Ergebnis die gleiche Wirkung erzielt werden, indem ihm zwar der Anspruch gegen den Treuhänder zugestanden wird, er aus diesem Anspruch aber keine Einwendungen erheben können soll. Insoweit fragt sich, ob zur Begründung des Aufrechnungsverbots nicht ebenfalls auf die Lehre von der fehlerhaften Gesellschaft abgestellt werden sollte oder sogar müsste[1904] und ob dies nicht bedeuten würde, anstelle eines Aufrechnungsverbots bereits den Schadensersatzanspruch wegen Aufklärungspflichtverletzung gegen den Treuhänder zu versagen oder zu beschränken.[1905]

Ein – behaupteter – Gleichstellungsgrundsatz kann nach alldem nicht als Begründung für eine Abweichung vom gesetzlichen Normalfall herangezogen werden. Die (partielle) Gleichstellung kann, soweit überhaupt möglich, allenfalls

1903 Insoweit ablehnend etwa auch *Klöhn*, VGR 2012, 143, 155; vgl. bereits oben § 6 C. III. 5. b) cc).

1904 Siehe insoweit § 6 C. III. 6. f) cc).

1905 Zur Anwendung der Lehre von der fehlerhaften Gesellschaft auf Treuhandbeteiligungen siehe § 4 C. III.

das Ergebnis einer Einschränkung der Rechte des Treugebers sein. Die Begründung für eine entsprechende Einschränkung muss anderweitig gesucht werden.

e) Gleichstellung nach § 152 I 3 KAGB

Hat sich der von der Rechtsprechung angeführte Gleichstellungsgrundsatz zwar nicht als tragfähiger Rechtsgrundsatz, sondern allenfalls als Auslegungsregel erwiesen, so hat die Gleichstellung von unmittelbar und mittelbar beteiligten Anlegern im Anwendungsbereich der Investmentkommanditgesellschaft mittlerweile Eingang in § 152 I 3 KAGB gefunden. Nach aktueller Rechtslage ist die Gleichstellung von Treugebern und Kommanditisten im Investmentfondsbereich gesetzlich vorgeschrieben und kann somit auch als allgemein gültiges Prinzip des Kapitalmarkt- und Gesellschaftsrechts betrachtet werden. Während hinsichtlich einer vertraglichen oder richterrechtlich entwickelten Gleichstellung noch fraglich war, ob und inwieweit eine Gleichstellung von Treugebern und Kommanditist Wirkung im Außenverhältnis entfalten kann, steht nunmehr fest, dass Treugeber nur im Innenverhältnis der Gesellschaft und Gesellschafter zueinander die gleiche Rechtsstellung wie ein Kommanditist einnehmen. Die Frage, ob aus der angeordneten Gleichstellung ein Aufrechnungsausschluss zu folgern ist, ist daher allein unter Berücksichtigung der Interessen von Gesellschaft, Gesellschaftern und Mittreugebern zu beantworten. Dass diese aber auch bei einer Aufrechnung gegenüber Gesellschaftsgläubigern zumindest mittelbar betroffen sind, wurde bereits dargelegt.

Denkbar wäre es zunächst, aufgrund der klaren Begrenzung dieser Vorschrift auf das Innenverhältnis keinerlei Auswirkungen auf vermögensrechtliche Ansprüche anzunehmen. Es spricht viel dafür, nur von einer organisatorischen Gleichstellung auszugehen und die Vorschrift dahin gehend auszulegen, dass dem Treugeber nur sämtliche Verwaltungsrechte unmittelbar zustehen sollen. Primäres Ziel der Vorschrift dürfte die Verbesserung des Anlegerschutzes gewesen sein.[1906] Die vermögensrechtliche Zuordnung kann dagegen nicht ohne Bezug zum Außenverhältnis hergestellt werden. Insoweit ist auf die Überlegungen zur Konstruktion eines Treuhandfonds zu verweisen. Die mitgliedschaftliche Einbindung und damit die Gleichstellung im Innenverhältnis dürfte sich lediglich als Mitgliedschaft in einem organisatorischen Innenverband darstellen, welcher durch die KG als Trägerin des Gesamthandsvermögens nach außen vertreten wird.[1907]

Unabhängig von diesen Überlegungen ist auf die Ausführungen zum Gleichstellungsgrundsatz zu verweisen. Anders als dort kann bezüglich § 152 I 3 KAGB nicht angeführt werden, dass insoweit keine zu beachtende rechtliche Wertung besteht. Die rechtliche Gleichstellung von Treugebern und Kommanditisten ist nunmehr gesetzlich zwingend. Klar ist aber auch, dass der Treugeber hierdurch nicht zum

---

1906 Vgl. § 5 B. V.
1907 S.o. § 3 D. III.

Gesellschafter wird und weiterhin bestimmte Rechte nur durch den Treuhänder vermittelt werden müssen. Die gesetzliche Kodifikation der Gleichstellung bringt somit keine Klarheit über die Auswirkung dieser Gleichstellung. Sie ist jedenfalls nicht geeignet, die grundsätzliche Verschiedenheit der Rechtspositionen zu beseitigen, weshalb die Frage nach einem Aufrechnungsverbot oder einem allgemeinen Einwendungsausschluss durch anderweitige Wertungen begründet werden muss.

§ 152 KAGB könnte zudem gerade gegen die Annahme eines Aufrechnungsverbots angeführt werden. Ausweislich der Gesetzesbegründung zu § 152 II KAGB sollte an der nur mittelbaren Haftung des Treugebers gem. §§ 675, 670 BGB nichts geändert werden.[1908] § 152 II 2, 3 KAGB sieht nunmehr aber einen weitergehenden Schutz des Treugebers vor dem Regressanspruch des Treuhänders vor. Eine haftungsbegründende Ausschüttung bedarf nunmehr einer Aufklärung über die Haftungsfolgen und der Zustimmung des Treuhänders und des hinter ihm stehenden Treugebers. Schon dies spricht gegen eine Einschränkung der Treugeberrechte hin zu einem Aufrechnungsverbot. Nicht explizit geregelt sind die Rechtsfolgen eines Verstoßes gegen diese Vorschriften. Denkbar wäre eine Ersatzpflicht der Gesellschaft. Dies würde bedeuten, dass der Gesetzgeber einen Schutz der Treugeber gerade auch zulasten Dritter (Gesellschafter, Gesellschaft, Gesellschaftsgläubiger) befürwortet. Richtigerweise dürfte aber nur die (interne oder externe) Kapitalverwaltungsgesellschaft für die Aufklärung und damit auch für ihre Unterlassung verantwortlich sein. Dies deckt sich mit der auf die tatsächlich handelnden Vertreter beschränkten bürgerlich-rechtlichen Prospekthaftung nach Ansicht des BGH und weiterhin auch mit der dem KAGB zugrundeliegenden AIFM-Richtlinie, die gerade auf Regulierung der Tätigkeit von Fondsmanagern abzielt (vgl. Art. 1 2011/61/EU).

Insgesamt dürfte jedoch nicht bezweifelt werden, dass das dem § 152 KAGB zugrundeliegende Leitbild eindeutig hin zu einer Stärkung der Position der Anleger zu interpretieren ist. Insbesondere die Modifikation der Kommanditistenhaftung in § 152 III-VI KAGB stärkt die Position der Anleger, einschließlich der mittelbar beteiligten Treugeber, gerade auch auf Kosten der Gläubiger.[1909]

f) Vorrang des Gläubigerschutzes

Wie bereits angesprochen geht es letztlich um die Frage der Risikoverteilung zwischen Treugeber und Gesellschaftsgläubigern. Ein Aufrechnungsausschluss zu Lasten des Treugebers würde sich ergeben, sofern ein Vorrang des Gläubigerschutzes vor dem Anlegerschutz als allgemeines Rechtsprinzip besteht oder sonst aufgrund wertender Betrachtung überzeugen kann.

1908 BT-Drucks. 17/12294, S. 250.

1909 So zu § 152 VI KAGB ausdrücklich auch *Wiedemann*, NZG 2013, 1041, 1043: Der Anlegerschutz verdränge den Gläubigerschutz.

aa) Gesetzlicher Vorrang

Ein Vorrang des Gläubigerschutzes vor dem Anlegerschutz könnte im Gesetz verankert sein. *Klöhn*[1910] verweist als Beispiel für einen ausdrücklichen gesetzlichen Vorrang auf § 510 (b) des „Bankrupcy Code"[1911] der USA, wonach unter anderem Prospekthaftungsansprüche in der Insolvenz der Gesellschaft in bestimmten Fällen nachrangig zu befriedigen sind. Im deutschen Insolvenzrecht lässt sich eine entsprechende Regelung jedoch nicht finden. Der Kapitalanleger gehört mit seinen Prospekthaftungsansprüchen nicht zu den nachrangigen Insolvenzgläubigern gem. § 39 InsO. Soweit über § 39 InsO hinaus ein Rangrücktritt in der Insolvenz oder gar eine allgemeine Beschränkung der Ersatzansprüche getäuschter Anleger vertreten wird, betrifft dies nur die Aktiengesellschaft und wird mit den ihr eigenen Kapitalschutzvorschriften begründet, namentlich dem Verbot der Einlagenrückgewähr gem. § 57 AktG und dem Verbot des Erwerbs eigener Aktien gem. § 71 AktG.[1912] Im Ergebnis übereinstimmend sieht *Schäfer*[1913] die Ansprüche der Anleger nach den Grundsätzen der Lehre von der fehlerhaften Gesellschaft zumindest eingeschränkt.[1914] Die *herrschende Meinung*[1915] lehnt die Annahme eines Vorrangs des Gläubigerschutzes schon für die AG ab. Einerseits wird der geschädigte Anleger bzw. Aktionär insoweit als Drittgläubiger behandelt, weshalb ihn die Kapitalschutzvorschriften nicht treffen sollen.[1916] Andererseits wird die gesetzliche Prospekthaftung als lex specialis oder lex posterior verstanden.[1917]

(1) Prospekthaftung gem. §§ 13, 13a VerkProspG, §§ 20, 21 VermAnlG

Für die KG existieren zudem nur eingeschränkte – und für die übrigen Personengesellschaften überhaupt keine – Kapitalschutzvorschriften. Für Kommanditisten besteht gem. §§ 171 ff. HGB zwar kein Rückgewährverbot hinsichtlich der Einlagen. Eine entsprechende Zahlung bliebe aufgrund der wiederauflebenden Außenhaftung jedoch im Ergebnis ohne Wirkung, sofern sie causa societatis erfolgt. Dass die Kapitalschutzvorschriften der §§ 171 ff. HGB aber nicht auf die Treugeber erstreckt werden können, wurde bereits dargelegt.[1918] Schon deshalb scheidet insoweit die Annahme eines vorrangigen Gläubigerschutzes aufgrund gesetzlicher

---

1910 *Klöhn*, VGR 2012, 143, 159.

1911 US Code, Title 11, Chapter 5.

1912 *Kindler*, in: FS Hüffer, 417, 428 f.; vgl. weiterhin *Bayer*, in: MüKo-AktG, § 57, Rn. 19 ff. mwN zu den einzelnen Ansichten.

1913 *Schäfer*, NZG 2005, 985, 988 ff.; *ders.*, ZHR170 (2006), 373, 375 f., 385 f.; *ders.*, ZIP 2012, 2421, 2421 ff.; *ders.*, ZHR 177 (2013), 619, 632 f.

1914 Dazu sogleich unter § 6 C. III. 6. f) cc).

1915 Vgl. die umfassenden Nachweise bei *Weber*, ZHR 176 (2012), 184, 185 f., Fn. 1.

1916 BGH, NJW 2005, 2450; *Zimmer/Grotheer*, in: Schwark/Zimmer, § 37c WpHG, Rn. 11.

1917 *Groß*, Kapitalmarktrecht, 4. Aufl., § 45 BörsG, Rn. 14; *Merkt/Roth*, in: Baumbach/Hopt, 35. Aufl., § 44 BörsG, Rn. 5; *Bayer*, in: MüKo-AktG, § 57, Rn. 29 ff.

1918 Siehe § 6, C. III. 6. a).

Wertungen aus. Wollte man dennoch eine Unterwerfung des Treugebers unter das Haftungsregime der KG annehmen, so müssten auch die Gegenargumente der herrschenden Meinung zur Rechtslage in der AG übertragen werden. Insbesondere die Annahme der Drittgläubigereigenschaft des Aktionärs hinsichtlich seiner Prospekthaftungsansprüche würde erst recht für einen Treugeber gelten, da dieser tatsächlich – und nicht nur „fingiert" hinsichtlich bestimmter Ansprüche – Drittgläubiger ist. Mag die Einordnung eines Aktionärs oder sonstigen Gesellschafters hinsichtlich seiner (Prospekthaftungs-) Ansprüche als Drittgläubiger zweifelhaft sein,[1919] so kann dies für einen Treugeber, der jedenfalls nicht Gesellschafter der vermögenstragenden KG ist, keinesfalls gelten.

Dennoch sind den Kommanditisten Ansprüche gegen die Gesellschaft regelmäßig verwehrt. Während die Fondsgesellschaft als Emittentin zwar grundsätzlich als Anspruchsgegnerin der gesetzlichen Prospekthaftungsansprüche gem. §§ 13, 13a VerkProspG i. V. m. §§ 44–47 BörsG und §§ 20, 21 VermAnlG vorgesehen war und dies Im Falle einer AG abgesehen von §§ 57, 71 AktG keine besonderen Probleme bereitet, stehen der Verantwortlichkeit einer Publikums-KG gesellschaftsrechtliche Grundprinzipien entgegen. Kommanditanteile sind nicht in gleicher Weise wie Aktien oder Wertpapiere im Allgemeinen übertragbar. Die KG kann zudem ihre eigenen Anteile nicht erwerben, da das Personengesellschaftsrecht eigene Anteile nicht kennt.[1920] Teilweise wird eine Inanspruchnahme daher für unmöglich gehalten.[1921] Andererseits wird statt vollständiger Rückgewähr nur ein Recht zur Austrittskündigung angenommen.[1922]

Der Ausschluss bzw. die Einschränkung der gesetzlichen Prospekthaftungsansprüche gegen Personengesellschaften folgt hier jedoch nicht aus einer gesetzgeberischen Wertentscheidung, sondern aus der Unmöglichkeit der Übernahme eigener Anteile als rechtliche Unmöglichkeit. Das Gesetz sieht ersichtlich eine Verantwortlichkeit der Gesellschaft und damit auch die Möglichkeit der vorrangigen Durchsetzung von Anlegerinteressen vor Gläubigerinteressen vor.

(2) Prospekthaftung gem. § 306 KAGB

Die gesetzliche Prospekthaftung in der Investment-KG könnte nunmehr durch § 306 KAGB eine entsprechende Anpassung erfahren haben, so dass möglicherweise ein gesetzlicher Vorrang des Gläubigerschutzes angenommen werden könnte. Gem. § 306 KAGB haftet die Kapitalverwaltungsgesellschaft ausdrücklich neben den schon bisher verantwortlichen Prospekterlassern und -verantwortlichen. Insofern

1919 Dies ablehnend etwa *Schäfer*, ZIP 2012, 2421, 2427.

1920 *K. Schmidt*, in: MüKo-HGB, § 105, Rn. 92 f.; *Schäfer*, in: Staub, § 105, Rn. 97; *F. Schäfer*, ZGR 2006, 40, 75 f.; anders neuerdings *Priester*, ZIP 2014, 245, 245 ff.; dagegen wiederum *K. Schmidt*, ZIP 2014, 393, 393 ff.

1921 *Ziegler*, DStR 2005, 30, 31 ff.; zweifelnd auch *Mülbert/Steup*, WM 2005, 1633, 1647.

1922 *Ulmer/Dopfer*, BB 1978, 461; *F. Schäfer*, ZGR 2006, 40, 75 f.; *Fleischer*, BKR 2004, 339, 345.

könnte man annehmen, dass sich die vorgesehene Verantwortlichkeit der InvKG dahin geändert hat, dass sie schon nicht mehr als Emittentin verantwortlich ist,[1923] was bei interner Verwaltung voraussetzen würde, dass die interne KVG trotz Identität zur InvKG (§ 17 II Nr. 2 S. 2 KAGB) ein insoweit eigenständiger Schuldner sein kann. Während die eigenständige Schuldnerstellung der internen KVG noch bejaht werden kann, muss die InvKG jedoch weiterhin als Emittentin und damit als Verpflichtete gem. § 306 I KAGB angesehen werden. Nur so lässt sich eine effektive Durchsetzung der Prospekthaftungsansprüche sicherstellen. Die Gesetzesbegründung verweist allein auf die Vorgängernorm des § 127 InvG, gemäß der auch die InvAG selbst Anspruchsgegnerin war. Auf die bereits bekannten Probleme im VerkProspG und VermAnlG geht die Begründung dagegen nicht ein, so dass nicht unterstellt werden kann, dass eine grundlegende Änderung erfolgen sollte.[1924] Überhaupt fällt es schwer, in der Neufassung einen systematisch durchdachten gesetzgeberischen Willen zu erkennen. Selbst wenn man hinsichtlich § 306 KAGB zu einem anderen Ergebnis käme, muss in der Gesamtkonzeption des KAGB dennoch eine Verdrängung des Gläubigerschutzes durch den Anlegerschutz gesehen werden.[1925]

bb) Richterrechtlicher Vorrang

Ein Vorrang des Gläubigerschutzes könnte sich auch aus gefestigten Rechtsprechungsgrundsätzen ergeben. Insoweit geht der *BGH* in *ständiger Rechtsprechung* davon aus, dass die Fondsgesellschaft nicht Anspruchsgegnerin von Ansprüchen aus bürgerlich-rechtlicher Prospekthaftung (§§ 280 I, 241 II, 311 III BGB) aufgrund Täuschung oder Aufklärungspflichtverletzung sein könne, da der Getäuschte nur dem handelnden Vertreter Vertrauen entgegenbringe. Nur dieser Vertreter hafte persönlich anstelle der Fondsgesellschaft, da anders eine geordnete Auseinandersetzung nach dem Regelwerk der Lehre von der fehlerhaften Gesellschaft nicht durchzuführen sei.[1926] Diese Rechtsprechung verweist den Anleger auf die Inanspruchnahme möglicherweise weniger solventer Schuldner. Der Zugriff auf das Gesellschaftsvermögen und die im Außenverhältnis haftenden Gesellschafter wird hierdurch zugunsten der Gläubiger verhindert. Mit dem hinsichtlich der bürgerlich-rechtlichen Prospekthaftung entstehenden eklatanten Widerspruch zwischen der Rechtslage hinsichtlich der Publikumskapitalgesellschaft und der Publikumspersonengesellschaft beschäftigt sich der BGH nicht weiter.

Letztlich kann aus dieser Behandlung der bürgerlichen Prospekthaftung im Publikumspersonengesellschaftsrecht jedoch unmittelbar kein Vorrang des

---

1923 Siehe dazu auch § 4 B. IV. 1.

1924 Vgl. BT-Drucks. 17/12294, S. 283.

1925 So auch *Wiedemann*, NZG 2013, 1041, 1043; allg. zum Aufsichtsrecht des KAGB auch *Wallach*, ZGR 2014, 289, 325; s. weiterhin auch § 6 C. III. 7. b).

1926 BGH, NJW 2003, 2821, 2822; BGH, NJW 2013, 155, 156; zust. *Westermann*, ZIP 2002, 240, 245; *Schäfer*, ZIP 2012, 2421, 2423.

Gläubigerschutzes gefolgert werden, da diese Einschränkung grundlegend auf den Wertungen der Lehre von der fehlerhaften Gesellschaft beruht.

cc) Die Lehre von der fehlerhaften Gesellschaft

Ein Vorrang des Gläubigerschutzes vor dem Anlegerschutz lässt sich unzweifelhaft den Wertungen der Lehre von der fehlerhaften Gesellschaft entnehmen.[1927] Der Gläubigerschutz stellt neben dem Schutz der Mitgesellschafter gerade eine der zentralen Begründungen dieses Rechtsinstituts dar. Nach dem *BGH* beruhe der Ausschluss der Abwicklung ex tunc im „wesentlichen auf der Erwägung, dass den Belangen des Rechtsverkehrs, insbesondere dem Interesse der Gläubiger, aber auch der anderen Genossen und der Genossenschaft selbst, an der Einhaltung des im Beitritt liegenden Haftungsversprechens der Vorrang vor dem Interesse des einzelnen Genossen zukommt". „Wesentlich ist insoweit, daß Kapitalkraft und Kreditwürdigkeit eines Verbandes von der Rechtsbeständigkeit der Beitrittserklärungen seiner Mitglieder entscheidend abhängen und daß hierin zugleich eine unerläßliche Grundlage für das Auftreten des Verbandes im Rechtsverkehr wie für sein inneres Leben zu sehen ist."[1928]

Zunächst stellt sich die Frage, ob der Gläubigerschutz auch gegenüber den Individualinteressen von nur mittelbar beteiligten Anlegern Vorrang genießt, ob also die Lehre von der fehlerhaften Gesellschaft Wirkung auch für Treugeber entfaltet. Dies lässt sich wie bereits gezeigt für qualifizierte bzw. verbandsmäßig organisierte Treugeber bejahen.[1929]

Weiterhin stellt sich dann jedoch die Frage, ob ein Aufrechnungsverbot die überzeugende und sinnvolle Konsequenz einer Anwendung der Lehre von der fehlerhaften Gesellschaft ist. Die Interessen Dritter werden durch die Begrenzung der Ansprüche des Treugebers auf das Abfindungsguthaben bereits berücksichtigt. Es ist nicht ersichtlich, warum darüber hinaus eine Aufrechnung mit diesem begrenzten Anspruch und mit eventuellen anderen Ansprüchen, welche nicht den Beschränkungen der Lehre von der fehlerhaften Gesellschaft unterliegen, ausgeschlossen sein sollte. Der Treugeber wäre damit erheblich stärker belastet als ein Kommanditist. Die Wertungen der Lehre von der fehlerhaften Gesellschaft führen bezogen auf echte Personengesellschafter nur dazu, dass Prospekthaftungsansprüche nicht gegenüber der Personengesellschaft, sondern nur persönlich gegenüber den handelnden Vertretern bestehen.[1930] Anders als dem Kommanditisten, dem neben der Gesellschaft zwingend die handelnden Personen als alternative Schuldner zur Verfügung stehen, kann sich der Kreis der Anspruchsgegner des

1927 Vgl. *Weber*, ZHR 176 (2012), 184, 192 ff., 219 f.
1928 BGH, WM 1976, 475, 476.
1929 Siehe § 4 C. III.
1930 BGH, NJW 2003, 2821, 2822; BGH, NJW 2013, 155, 156; *Westermann*, ZIP 2002, 240, 245; *Schäfer*, ZIP 2012, 2421, 2423.

Treugebers für entsprechende Prospekthaftungsansprüche allein auf den Treuhänder beschränken. Warum ein Treugeber durch ein auf die Wertung der Lehre von der fehlerhaften Gesellschaft gestütztes Aufrechnungsverbot stärker belastet werden sollte als ein Gesellschafter, ließe sich nicht erklären. Plausibel erschiene eher das Gegenteil, nämlich die stärkere Belastung des echten Gesellschafters, da dieser unzweifelhaft Mitglied des vermögenstragenden Verbandes ist.

Somit lässt sich feststellen, dass der Lehre von der fehlerhaften Gesellschaft zwar ein Vorrang des Gläubigerschutzes vor dem Anlegerschutz entnommen werden kann. Befürwortet man aber eine Anwendung der Lehre von der fehlerhaften Gesellschaft auch auf Treugeber, so schließt dies ein Aufrechnungsverbot zwingend aus, da Treugeber gegenüber Kommanditisten sonst erheblich benachteiligt würden. Als Begründung für ein Aufrechnungsverbot zulasten eines Treugebers kann sie nach alledem nicht dienen.

g) *Schutzwürdiges Vertrauen der Gläubiger*

Für die Annahme eines Aufrechnungsverbots könnte ein schutzwürdiges Vertrauen der Gesellschaftsgläubiger in die hinreichende Kapitalausstattung der Gesellschaft auch durch die Treugeber sprechen. Es dürfte unbestritten sein, dass die Treugeber nach der Zielsetzung aller Beteiligten einen wesentlichen oder – je nach Anteil unmittelbar und mittelbar beteiligter Anleger – sogar den alleinigen Beitrag zur Kreditgrundlage der Fondsgesellschaft leisten sollen.[1931] Zumindest den finanzierenden Banken wird daher die Existenz von Treugebern bekannt sein. Fraglich ist aber, ob dies ein schutzwürdiges Vertrauen der Gesellschaftsgläubiger dahingehend begründet, dass sämtliche Gegenansprüche der Treugeber und damit auch täuschungsbedingte oder sogar deliktische Ersatzansprüche hinter den Interessen der Gesellschaftsgläubiger zurückstehen. Dies ist im Grundsatz ganz offensichtlich zu verneinen. Die Gläubiger sind gem. §§ 15, 176 HGB nur in ihrem Vertrauen auf die Richtigkeit des Handelsregisters geschützt. Dieses enthält keinerlei Informationen über mittelbar beteiligte Treugeber und ihre mittelbar übernommenen Einlageverpflichtungen.[1932] Insoweit übereinstimmend – aber wohl zu weit gehend – betont *Schürnbrand*, dass Belange des Gläubigerschutzes bei der stillen Gesellschaft, welche ebenso wie die treuhänderische Beteiligung keine rechtliche Außenwirkung entfaltet, per se keine Rolle spielten.[1933] Auch der *BGH* geht in einer das Aufrechnungsverbot bestätigenden Entscheidung ausdrücklich davon aus, dass Gesellschaftsgläubigern bekannt sein müsse, „dass die Treugeber keine förmlichen Gesellschafter sind und ihnen daher nicht direkt, sondern nur vermittelt über den Treuhandgesellschafter, haften und dass daher Störungen im

1931 Entgegen *Schäfer*, ZHR 177 (2013), 619, 631 wird dies auch von *Klöhn*, VGR 2012, 143, 156 f. nicht bestritten.
1932 So zutreffend auch *Klöhn*, VGR 2012, 143, 156.
1933 *Schürnbrand*, ZGR 2014, 256, 276.

Treuhandverhältnis ihren Zugriff auf das Vermögen der mittelbaren Gesellschafter ggf. erschweren können."[1934]

Eine kreditgebende Bank wird diese Informationen zur Verfügung haben und den Rahmen und die Konditionen eines Kredits hieran orientieren müssen. Da eine Bank nicht die für das Fondsprojekt erforderliche Summe allein unter Hinweis auf die Beteiligung der Treuhand-GmbH mit Mindeststammkapital bereitstellen wird, muss die Gesamtkonstruktion des Fonds einschließlich des Treuhandkapitals durch die Initiatoren offengelegt werden. Hierbei bedarf es nur einer Offenlegung des Umfangs des aufgenommen Treuhandkapitals und keiner namentlichen Nennung einzelner Treugeber, weshalb das Anonymitätsinteresse der Treugeber grundsätzlich nicht entgegensteht.[1935] Schon diese offensichtliche Diskrepanz zwischen der aus dem Handelsregister ersichtlichen und der tatsächlichen Kreditgrundlage dürfte ein Vertrauen der Bank in eine unbedingte Haftung der Treugeber verhindern. Klar ist, dass Treugeber nicht Gesellschafter sind und nicht wie solche haften. Ein Vertrauen kann sich daher nur auf eine rein schuldrechtliche Haftung beziehen. Dies gilt umso mehr, wenn sich die Banken im Voraus die Freistellungsansprüche der Treuhand-GmbH abtreten lassen. Ein schuldrechtlicher Anspruch kann durch Abtretung nur in der Form und nur mit den Einwendungen erworben werden, wie er auch in der Person des Zedenten bestand. Es ist kein Grund ersichtlich, warum die Bank in diesem Fall nur aufgrund der Tatsache, dass die Treugeber die Kreditgrundlage der Fondsgesellschaft darstellen sollen, auf einen Einwendungsausschluss vertrauen dürfen sollte.[1936] Es steht der Bank frei, dieses Risiko bei den Kreditkonditionen zu berücksichtigen.[1937] Es muss davon ausgegangen werden, dass gerade dies auch passiert, da jede Bank über hinreichendes rechtliches Knowhow verfügt. Auch wenn dies nicht der Fall sein sollte, geht es nicht an, die insoweit fehlerhafte Arbeit der Banken zum Nachteil der Treugeber zu korrigieren. Die Annahme eines nicht ausdrücklich vereinbarten Aufrechnungsverbots wäre tatsächlich ein nicht zu rechtfertigendes Zufallsgeschenk für die finanzierende Bank.[1938] Ein strukturelles Schutzbedürfnis der finanzierenden Banken wird man aus Billigkeitserwägungen nicht annehmen können.[1939]

Anders könnte die Bewertung hinsichtlich solcher Gläubiger ausfallen, die ihre zu fordernde Gegenleistung nicht entsprechend der Kreditwürdigkeit der

1934 BGH, ZIP 2012, 2250, 2253, Rz. 34.

1935 So auch *Schäfer*, ZHR 177 (2013), 619, 631; anders *Klöhn*, VGR 2012, 143, 155. Denkbar wäre es natürlich, dass sich die Bank über die Kreditwürdigkeit einzelner, besonders wichtiger Treugeber informieren möchte.

1936 Dies erkennt auch der BGH an: BGH, ZIP 2012, 2250, 2253.

1937 Zu rechtsökonomischen Erwägungen vgl. *Klöhn*, VGR 2012, 143, 161 ff.; aA *Schäfer*, ZHR 177 (2013), 619, 631 ff.

1938 So zutreffend *Klöhn*, VGR 2012, 143, 156.

1939 So *Zinger*, BB 2014, 458, 461.

Fondsgesellschaft anpassen (können).[1940] Ein Handwerker, der eine Bauleistung am Fondsprojekt erbringt, wird seine Entgeltforderung nicht deshalb erhöhen, weil er um die Solvenz seines Vertragspartners fürchtet. Letztlich steht es ihm frei, überhaupt einen Vertrag abzuschließen. Ein Vertrauen auf die Zahlungsfähigkeit der Gesellschaft kann sich wie auch im sonstigen Rechtsverkehr nur auf die Informationen im Handelsregister beziehen. Sollte die Treuhandgestaltung seitens der Geschäftsführer des Fonds überhaupt offengelegt werden, könnte sich allenfalls die Frage stellen, ob die Kapitalausstattung der Gesellschaft mit einfachem Hinweis auf weiteres Treuhandkapital treffend dargestellt ist oder insoweit eine Pflicht zur präzisen Aufklärung über die tatsächliche Verfügbarkeit dieses Kapitals für Gläubiger notwendig wäre. Dann wären Ersatzansprüche des Gläubigers denkbar. Die Notwendigkeit von den allgemeinen Regeln des Vertragsrechts zulasten der Treugeber abzuweichen, ist auch hier nicht ersichtlich. Gleiches gilt auch für unfreiwillige, meist gesetzliche Gläubiger. Hier ist mangels Auswahl des Schuldners bereits ein Vertrauen ausgeschlossen. Zwar wirkt ein fehlender Zugriff auf das Kapital der Treugeber auch hier nachteilig für die Gläubiger. Ein Ausgleich könnte jedoch nur dann in Betracht kommen, wenn sich der unfreiwillige Anspruch gerade aufgrund der nur mittelbaren Beteiligung bzw. aufgrund besonderer, mit dieser Fondskonstruktion einhergehender Risiken ergibt. Auch dies ist nicht ersichtlich.

7. Zwingende Gegenargumente

Die vorangehenden Ausführungen haben aufgezeigt, dass keine objektiven Wertungen oder sonstige Billigkeitserwägungen bestehen, anhand derer ein Aufrechnungsverbot überzeugend begründet werden könnte. Darüber hinaus könnten sich aber Wertungen finden lassen, die der Annahme eines Aufrechnungsverbots zwingend entgegenstehen.

a) Die Wertung des § 309 Nr. 3 BGB

Möglicherweise könnte die gesetzliche Wertung des § 309 Nr. 3 BGB der Annahme eines allein auf objektive Wertungen gestützten Aufrechnungsverbots zwingend entgegenstehen.[1941] Nach dieser Vorschrift ist ein vertraglich vereinbartes Aufrechnungsverbot hinsichtlich unbestrittener oder rechtskräftig festgestellter Forderung in AGB unzulässig. Dass ein vertragliches Aufrechnungsverbot in Treuhandverträgen, die AGB darstellen, damit unzulässig ist, ist ebenso eindeutig wie die Tatsache, dass dies nichts an der grundsätzlichen Zulässigkeit der Vereinbarung vertraglicher Aufrechnungsverbote ändert. Ein allgemeines gesetzliches Prinzip, welches der Annahme eines Aufrechnungsverbots im Einzelfall nach Treu und Glauben entgegenstehen würde, kann dieser Vorschrift jedoch nicht

1940 Zur Berücksichtigung sog. „non-adjusting creditors“ vgl. auch *Klöhn*, VGR 2012, 143, 164, Fn. 81.

1941 Vgl. dazu auch *Klöhn*, VGR 2012, 142, 158 f.

entnommen werden. Die AGB-Vorschriften schützen den Vertragspartner zunächst nur gegenüber dem Verwender selbst. Weiterhin soll der Vertragspartner nur davor geschützt werden, eine Einschränkung seiner gesetzlichen Rechte aufgrund einer wirtschaftlichen, sozialen oder intellektuellen Unterlegenheit hinnehmen zu müssen.[1942] Insofern würde das Recht der Treugeber zur Aufrechnung nur gegenüber dem Treuhänder als Verwender geschützt. Ein Aufrechnungsverbot, wie es der BGH annimmt, ergibt sich aus Erwägungen zur Risikoverteilung zwischen Gesellschaftsgläubigern und Treugebern, die sich als Kapitalanleger mittelbar an der Gesellschaft beteiligen. Eine strukturelle Unterlegenheit, vor der die §§ 305 ff. BGB schützen wollen, besteht für den Treugeber gegenüber den Gesellschaftsgläubigern schon mangels unmittelbarer Rechtsbeziehung nicht.

b) Vorrang des Anlegerschutzes

Ein gesetzlicher Vorrang des Anlegerschutzes dürfte sich nunmehr aus den Vorschriften des KAGB zur Investmentkommanditgesellschaft ergeben. *Wiedemann* formuliert zutreffend und prägnant: „Der Anlegerschutz verdrängt den Gläubigerschutz".[1943]

Die Vorschriften zur (geschlossenen) Investmentkommanditgesellschaft enthalten weitreichende Modifikationen der für die gewöhnliche KG geltenden Vorschriften, welche eindeutig einzig und allein dem Anlegerschutz dienen. So ist vor einer gem. § 172 IV HGB haftungsbegründende Ausschüttung gem. § 152 II KAGB die Zustimmung des betroffenen Kommanditisten einzuholen. Weiterhin ist eine Nachschusspflicht (§ 152 III KAGB), eine Haftung nach § 176 HGB vor Eintragung in das Handelsregister (§ 152 IV, V HGB) sowie eine Nachhaftung bei Ausscheiden des Kommanditisten (§ 152 VI KAGB) und bei Liquidation der Investment-KG (§ 161 III KAGB) zwingend ausgeschlossen. Der Befund des Vorrangs des Anlegerschutzes wird zudem dadurch verstärkt, dass entsprechende Regelungen auch für die offene Investment-KG bestehen (vgl. §§ 127, 132 II KAGB).[1944] Die anlegerschützenden Normen zielen daher nicht nur auf kleine, private Kapitalanleger ab, die sich nur an der geschlossenen Investment-KG beteiligen dürfen (vgl. § 127 I KAGB). Geschützt sind insoweit sogar semi-professionelle und professionelle Anleger (§ 1 XIX Nr. 32, 33 KAGB). Anleger der offenen Investment-KG sollen insbesondere international tätige Unternehmen sein, die auf diese Weise ihre betrieblichen Altersvorsorgevermögen bündeln können (sog. Pension Asset Pooling).[1945]

Auch für Vermögensanlagen außerhalb des Anwendungsbereichs des KAGB (vgl. etwa § 1 VermAnlG) lässt sich feststellen, dass der Gesetzgeber zunehmend

---

1942 Vgl. allgemein zum Normzweck *Basedow*, in: MüKo-BGB, Vorb § 305, Rn. 4 ff.

1943 *Wiedemann*, NZG 2013, 1041, 1043; so allg. zum Aufsichtsrecht des KAGB auch *Wallach*, ZGR 2014, 289, 325.

1944 Der Kommanditist der offenen Investment-KG kann jedoch dem Geschäftsbeginn vor Handelsregistereintragung zustimmen, vgl. § 127 IV KAGB.

1945 Vgl. BT-Drucks. 17/12294, S. 242.

dem Anlegerschutz den Vorrang einräumt. War die BaFin gem. § 4 IV FinDAG bisher nur allgemein dem „öffentlichen Interesse" verpflichtet,[1946] so sieht der Regierungsentwurf eines Kleinanlegerschutzgesetzes vom 12.11.2014 die Einführung von § 4 Ia FinDAG vor, wonach die BaFin ausdrücklich auch dem „Schutz der kollektiven Verbraucherinteressen" verpflichtet sein soll.

Es besteht daher eine eindeutige gesetzliche Wertung zugunsten eines Vorrangs des Anlegerschutzes vor dem Gläubigerschutz und dies sogar ohne Rücksicht auf eine eventuelle strukturelle Unterlegenheit privater Kapitalanleger gegenüber Fondsinitiatoren oder finanzierender Banken, jedoch zugegebenermaßen auch ohne konkreten Bezug zu Prospekthaftungsansprüchen.

c) Verflechtung von Treuhänder und Gläubiger

Gerade zu absurd wirkt die Annahme eines Aufrechnungsverbots, wenn Gesellschaftsgläubiger und Treuhänder kollusiv zusammenwirken, personell eng verflochten oder gar vollständig personenidentisch sind. *Klöhn* plädiert bereits aufgrund rechtsökonomischer Erwägungen gegen ein Aufrechnungsverbot, da die Gläubigerbanken zur Ersatzpflicht führende Prospektfehler aufgrund ihres gegenüber den Anlegern deutlich gesteigerten Knowhows einfacher erkennen könnten.[1947] In den hier gebildeten Fällen geht es über diese Fähigkeit, Prospektfehler zu erkennen, hinaus darum, dass dem durch ein Aufrechnungsverbot geschützten Gläubiger diese Fehler positiv bekannt oder sogar von den handelnden Personen selbst zu verantworten sind.

In einem Fall bejahte der *BGH* dennoch ein Aufrechnungsverbot zulasten der Treugeber, obwohl die Gesellschafter der Treuhänderin und der Gläubigerin personenidentisch waren und die Gläubigerin zudem eine Provision von 25 % der von den Anlegern geleisteten Einlagen für die Ausreichung des Darlehens erhalten hat, über welche die Anleger nicht aufgeklärt wurden.[1948] Das *Berufungsgericht* hatte gestützt auf § 242 BGB in diesem Fall kein Aufrechnungsverbot gegenüber der „insoweit bösgläubigen" Gläubigerin angenommen.[1949] Sofern man ein Aufrechnungsverbot denn überhaupt für begründbar hält, überzeugt hier schon die Ablehnung des Aufrechnungsverbots allein aufgrund der Kenntnis der Gläubigerin von der fehlenden Aufklärung.

IV. Zusammenfassung

Im Falle der Abtretung der Befreiungsansprüche des Treuhänders gegen den Treugeber an Gesellschaftsgläubiger, ist der Treugeber mangels Gleichartigkeit der

1946 Vgl. *Laars*, FinDAG, § 4.

1947 *Klöhn*, VGR 2012, 143, 163.

1948 BGH, ZIP 2012, 2250, 2253, Rz. 32 ff.; abl. *Klöhn*, VGR 2012, 143, 163; *Zinger*, BB 2014, 458, 462.

1949 OLG Bremen, Urt. v. 01.06.2011 – 2 U 59/10.

Ansprüche im Zeitpunkt der Abtretung nicht zur Aufrechnung befugt. Eine Aufrechnungsbefugnis des Treugebers kann in diesem Fall richtigerweise auch nicht mit § 406 BGB begründet werden. Somit dürfte sich die Frage nach einem Aufrechnungsverbot wie es die Rechtsprechung und die herrschende Lehre annehmen in diesen Fällen nicht stellen. Unterstellt man dennoch die Aufrechnungsbefugnis des Treugebers, kann ein allgemeines Aufrechnungsverbot zu Lasten des Treugebers weder im Wege der ergänzenden Vertragsauslegung noch aufgrund allgemeiner objektivrechtlicher Wertungen begründet werden. Insbesondere kann ein solches Verbot nicht auf den sog. „Gleichstellungsgrundsatz" gestützt werden, der bereits kein allgemeingültiges, tragendes Prinzip des Personengesellschafts- oder Treuhandrechts bildet. Lediglich im Einzelfall kann sich bei qualifizierter Treuhand im Wege der einfachen Vertragsauslegung ein Aufrechnungsverbot abhängig vom Gegenstand der Haupt- und Gegenforderung ergeben. Die Ablehnung der Aufrechnungsbefugnis führt freilich regelmäßig zu dem gleichen Ergebnis wie die Annahme eines Aufrechnungsverbots.

D. Verjährung analog § 159 HGB?

Die Frage der Verjährung des Freistellungsanspruchs wurde bereits im Rahmen der Haftung des Treugebers gegenüber dem Treuhänder behandelt.[1950] Bezüglich der mittelbaren Außenhaftung ergeben sich demgegenüber keinerlei Besonderheiten. Der Treugeber kann sich auch gegenüber einem Gesellschaftsgläubiger oder dem Insolvenzverwalter der KG auf die Verjährung des Freistellungsanspruchs des Treuhänders berufen. Diese Einrede ist nicht von dem Einwendungsausschluss erfasst, wie ihn der BGH vertritt, da dieser nur solche Einwendungen betrifft, die allein im Treuhandverhältnis wurzeln und die der Treuhänder dem Drittgläubiger daher ohne Bestehen der Treuhand nicht entgegenhalten könnte, etwa auch Zurückbehaltungsrechte oder die „dolo-agit-Einrede".[1951] Die Einrede der Verjährung ist dagegen unmittelbar mit dem Freistellungsanspruch selbst verbunden. Zu beachten ist, dass eine bestehende Außenhaftung des Treuhänders gem. §§ 171 I, 172 IV HGB einen dauerhaften Zustand darstellt, von welchem er keine Befreiung verlangen kann. Ein Befreiungsanspruch des Treuhänders kann nur bezüglich des Anspruchs der KG auf (Wieder-)Einzahlung der Einlage oder bezüglich eines Anspruchs eines Gesellschaftsgläubigers bestehen. Letzterer Anspruch entsteht jedoch erst mit konkreter Leistungsaufforderung durch den jeweiligen Gläubiger. Erst dann entsteht auch der hierauf gerichtete Befreiungsanspruch. Vorher besteht die Außenhaftung als ein allgemeiner Zustand, der keiner separaten Verjährung unterliegt.[1952] Dieser Haftung können während des Bestehens

1950 Siehe § 4 A. VII.

1951 Vgl. BGH, ZIP 2014, 2246, 2249; BGH, ZIP 2014, 2250, 2253.

1952 Vgl. *K. Schmidt*, in: MüKo-HGB, § 128, Rn. 3; *Habersack*, in: Staub, § 128, Rn. 18; *Roth*, in: Baumbach/Hopt, § 128, Rn. 4; *Hillmann*, in: E/B/J/S, § 128, Rn. 16.

der Gesellschaft ständig neue Gesellschaftsverbindlichkeiten unterlegt werden.[1953] Somit dürfte es grundsätzlich nicht dazu kommen, dass der Befreiungsanspruch vor der Drittforderung verjährt.[1954]

Verschiedene *Oberlandesgerichte* haben dagegen die Auffassung vertreten, der Befreiungsanspruch verjähre nicht gem. §§ 195, 199 BGB, sondern analog § 159 HGB.[1955] Diese Entscheidungen erweisen sich jedoch in mehrerlei Hinsicht als unzutreffend. Eine Analogie scheitert zunächst am Vorliegen einer Gesetzeslücke.[1956] Der Freistellungsanspruch ergibt sich aus Vorschriften des BGB (§§ 675, 570, 257 BGB), weshalb die §§ 195, 199 BGB unzweifelhaft Anwendung finden müssen. Dementsprechend hat sich auch der BGH mit dieser Frage nicht weiter auseinandergesetzt.[1957] Auf die Frage, ob die §§ 195, 199 BGB auch vorbehaltlich anderweitiger Bestimmungen entsprechend auf alle Ansprüche außerhalb des BGB zu erstrecken sind, kommt es deshalb nicht an.[1958] Weiterhin betrafen die Entscheidungen Fälle, in denen der Insolvenzverwalter einer KG gewinnunabhängige Ausschüttungen von den Treugebern zurückgefordert hat. Dieser Anspruch wurde von den Gerichten auf § 172 IV HGB gestützt, welcher einer KG nach dem eindeutigen Wortlaut bereits nicht zustehen kann. Insoweit könnte allenfalls eine Drittgläubigerforderung bis zur Höhe der rückständigen Einlage vom Insolvenzverwalter geltend gemacht werden. Die Rückforderung von Ausschüttungen durch die KG kann hierauf nicht gestützt werden.[1959] Hierfür bedarf es grundsätzlich eines vertraglichen Anspruchs. Insbesondere lebt die ursprüngliche Einlageforderung der KG auch nicht wieder auf.[1960] Es handelte sich somit also um Sozialverbindlichkeiten im Innenverhältnis gegenüber der Gesellschaft. Für diese Forderungen gilt § 159 HGB nach seinem ebenfalls eindeutigen Wortlaut nicht.[1961] Wenn § 159 HGB schon nicht für einen Anspruch gegenüber unmittelbar beteiligten Kommanditisten zur Anwendung kommt, lässt sich eine Anwendung auf mittelbar beteiligte Treugeber erst recht nicht begründen.

1953 OLG Stuttgart, ZIP 2010, 1694, 1697; *K. Schmidt*, in: MüKo-HGB, § 128, Rn. 3.

1954 Vgl. § 4 A. VII. 2. a).

1955 OLG Frankfurt, ZIP 2010, 673, 675; OLG Stuttgart, NZG 2010, 716, 718 f.; OLG Nürnberg, WM 2009, 942, 946 f.

1956 Vgl. Wagner, NZG 2009, 733, 736; *Kindler*, in: K/K/R/M, § 105, Rn. 20.

1957 Vgl. BGH, ZIP 2010, 1299, 1300; BGH, NJW 2010, 2197, 2199.

1958 So aber OLG Stuttgart, NZG 2010, 716, 719. Zur Frage des Anwendungsbereichs von §§ 195, 199 BGB vgl. *Grothe*, in: MüKo-BGB, § 195, Rn. 13 f.

1959 *K. Schmidt*, in: MüKo-HGB, § 172, Rn. 62.

1960 Vgl. hierzu insgesamt § 4 A. III. d).

1961 *K. Schmidt*, in. MüKo-HGB, § 159, Rn. 22.

§ 7 Unmittelbare Innenhaftung

Der Treuhänder haftet als Kommanditist im Innenverhältnis zur Gesellschaft für sog. Sozialansprüche, etwa Einlageleistung, Rückzahlung von Ausschüttungen und Schadensersatz wegen Treuepflichtverletzung. Eine unmittelbare Haftung des Treugebers für diese Ansprüche der Gesellschaft kommt vorliegend insbesondere dort in Betracht, wo zwischen Treugebern und Gesellschaft unmittelbare Rechtsbeziehungen bestehen und der Treugeber daher eine mitgliedschaftliche Stellung im Gesellschaftsverband einnimmt, namentlich bei der qualifizierten Treuhand.[1962] Im Falle eines Liquidationsfehlbetrags hat der *BGH* eine unmittelbare Innenhaftung von mitgliedschaftlich mit einer oHG verbundenen Treugebern unmittelbar aus § 735 BGB bereits bejaht.[1963] An der Richtigkeit dieser Entscheidung bestehen jedoch erhebliche Zweifel.[1964] Zudem sind die §§ 735, 739 BGB nicht auf Kommanditisten anwendbar (§ 167 III HGB). Eine unmittelbare Haftung könnte sich einerseits als derivative, vom Treuhänder abgeleitete Haftung ergeben. Dies erscheint für alle Treuhandarten einschließlich der einfachen Treuhand möglich. Denkbar ist andererseits auch eine originär eigene Haftung des Treugebers, wobei dies allenfalls für die qualifizierte Treuhand möglich erscheint.

A. Die Innenhaftung des Kommanditisten

Der Umfang der mittelbaren Beteiligung des Treugebers und damit auch der Umfang einer möglichen unmittelbaren Innenhaftung sind notwendig durch die Beteiligung und die Innenhaftung des Treuhänders vorgezeichnet. Zunächst ist daher auf die Innenhaftung des Kommanditisten einzugehen. Diese wurde bereits ausführlich dargestellt,[1965] so dass an dieser Stelle ein kurzer Überblick genügt.

I. Einlage

Der Kommanditist ist nicht notwendig zur Leistung einer Einlage in das Gesellschaftsvermögen verpflichtet. Regelmäßig stellt die Einlageleistung jedoch die übernommene Beitrags- bzw. Zweckförderungspflicht i. S. d. §§ 705 BGB, 105 III, 161 II HGB dar. Dies gilt insbesondere in Publikumskommanditgesellschaften, da deren zentraler Zweck gerade in der Kapitalsammlung besteht. Die Pflicht zur Einlageleistung ist somit eine rein vertraglich begründete und klar umgrenzte Pflicht.

1962 S.o. § 3 D.
1963 BGH, NZG 2011, 1432.
1964 Vgl. § 3 D. II.
1965 § 4 III. 2.

Der Kommanditist ist gem. § 167 III HGB nicht verpflichtet, eventuelle Verluste der Gesellschaft auszugleichen. §§ 735, 739 BGB finden keine Anwendung.

Diese Beitragspflicht kann unter engen Voraussetzungen entgegen § 707 BGB; 105 III, 161 II HGB nachträglich erweitert werden.[1966] Für Investmentkommanditgesellschaften ist § 707 BGB gem. §§ 127 III, 152 III KAGB jedoch nicht mehr abdingbar, so dass eine nachträgliche Erhöhung der Beitragspflicht nur noch mit Einverständnis des jeweils betroffenen Kommanditisten selbst vorgenommen werden kann.

II. Liquiditätsausschüttungen und Scheingewinne

Liquiditätsausschüttungen stellen vorweggenommene Entnahmen von zu erwartenden Gewinnen dar.[1967] Eine Rückzahlungspflicht für Liquiditätsausschüttungen kann sich nur aus einer entsprechenden Regelung im Gesellschaftsvertrag ergeben. Fehlt eine entsprechende Regelung, ist die werbende Gesellschaft nicht berechtigt, diese Ausschüttungen zurückzuverlangen. Sofern bei Ausscheiden des Kommanditisten oder Beendigung der Gesellschaft ein entnahmebedingt negatives Kapitalkonto besteht, ist der Kommanditist verpflichtet, die gewinnunabhängigen Ausschüttungen aufgrund ungerechtfertigter Bereicherung gem. §§ 812 ff. BGB zurückzuzahlen. Die gleiche Verpflichtung trifft den Kommanditisten bei Empfang von Scheingewinnen, sofern nicht § 172 V HGB eingreift.[1968] Die Rückzahlungspflicht besteht in diesem Fall jedoch sofort und nicht erst bei Beendigung oder Ausscheiden.

Ist der Treugeber unmittelbarer Empfänger der vorgenannten Leistungen, stellt sich die Frage, ob insoweit eine besondere Begründung oder Überleitung der Haftung vom Treuhänder notwendig ist oder er nicht ohnehin unmittelbar als Empfänger im Sinne der §§ 812 ff. BGB haftet.[1969]

III. Ausgleichsansprüche von Mitgesellschaftern

Sofern ein Gesellschafter der KG von Gesellschaftsgläubigern in Anspruch genommen wird, kann er – subsidiär zum Anspruch aus §§ 110, 161 II HGB gegen die KG – Ausgleich von den Mitgesellschaftern gem. § 426 I 1 BGB verlangen. Dieser Anspruch ist gegenüber Kommanditisten jedoch insoweit ausgeschlossen, als sie ihre Einlage geleistet haben. Eine haftungsschädliche Einlagenrückgewähr führt nicht zu einem Anspruch aus § 426 I 1 BGB im Innenverhältnis,[1970] da § 172 IV HGB nur im Außenverhältnis Anwendung findet.[1971]

1966 § 4 III. 2. b).
1967 § 4 III. 2. d).
1968 § 4 III. 2. e).
1969 Siehe unten § 6 D. I. 3.
1970 OLG Koblenz, NJW-RR 1995, 486, 487.
1971 *K. Schmidt*, in: MüKo-HGB, § 172, Rn. 1.

Auch aus § 426 II BGB folgt nichts anderes: Der zu befriedigende Gesellschaftsgläubiger könnte sich zwar auf § 172 IV HGB berufen und die Kommanditisten auf den vollen Betrag ihrer Haftsumme in Anspruch nehmen. Der Anspruch des Gläubigers geht nach Befriedigung gem. § 426 II 1 BGB jedoch nur insoweit auf den Zahlenden Gesamtschuldner über, als er Ausgleich gem. § 426 I 1 BGB verlangen kann.[1972]

IV. Schadensersatzansprüche

Der Kommanditist kann weiterhin Schadensersatzansprüchen der Gesellschaft ausgesetzt sein. Diese erfordern ein persönliches oder gem. § 278 BGB zugerechnetes Verschulden des Kommanditisten. Besondere Relevanz kommt hier der Verletzung der gesellschaftsrechtlichen Treuepflicht zu.[1973]

Ist der Treugeber durch Vereinbarung einer qualifizierten Treuhand mit unmittelbaren Gesellschafterrechten ausgestattet und somit in den Gesellschafterverband einbezogen, besteht die Besonderheit, dass er selbst der Treuepflicht gegenüber der Gesellschaft in vollem Umfang unterliegt.[1974] Verletzt der Treugeber die ihm selbst gegenüber der Gesellschaft obliegende Treuepflicht, so ist er auch persönlich und unmittelbar Gegner des entsprechenden Schadensersatzanspruchs der Gesellschaft. Einer Zurechnung des Verschuldens an den Treuhänder und eine anschließende Überleitung der Haftung auf den Treugeber bedarf es dann von vornherein nicht.

Soweit der Treuhänder dennoch für den Treugeber im Innenverhältnis zur Gesellschaft handelt und dabei die ihm gegenüber der Gesellschaft obliegende Treuepflicht verletzt, stellt sich jedoch weiterhin die Frage nach einer unmittelbaren Haftung des Treugebers für diese Ansprüche.

B. Meinungsstand zur Innenhaftung des Treugebers

I. Die Rechtsprechung

Eine gesellschaftsrechtliche Innenhaftung des Kommanditisten ist gesetzlich nicht vorgesehen. Dementsprechend lassen sich kaum Gerichtsentscheidungen zu diesem Themenkomplex finden. Aufschlussreich könnte jedoch auch ein Blick auf Entscheidungen zur Fehlbetragshaftung in oHG und GbR sein.

1972 *Bydlinski*, in: MüKo-BGB, § 426, Rn. 38.
1973 § 4 III. 2. c).
1974 § 3 B. III.

1. Liquidationsfehlbetrag

Zur Frage der unmittelbaren Treugeberhaftung für einen Liquidationsfehlbetrag sind bemerkenswerte Entscheidungen sowohl zur qualifizierten Treuhand als auch zur einfachen Treuhand ergangen.

a) Qualifizierte Treuhand

Besonders bemerkenswert ist das *Urteil des II. Senats vom 11.10.2011* zu einer kupierten Publikums-oHG.[1975] Würden künftigen mittelbar beteiligten Anlegern einer Publikumsgesellschaft im Gesellschaftsvertrag bestimmte Rechte und Pflichten eingeräumt und seien damit Gesellschaftsvertrag und Treuhandverträge miteinander verzahnt, so habe der Treugeber im Innenverhältnis die Stellung eines unmittelbaren Gesellschafters. Insoweit deckt sich dieses Urteil mit der *ständigen Rechtsprechung*, dass qualifizierte Treugeber aufgrund der dispositiven Vorschriften im Innenverhältnis „Quasi-Gesellschafter" sein können bzw. so gestellt werden können, „als ob" sie Gesellschafter wären.[1976] Der II. Senat geht nunmehr über die vertragliche Gleichstellung mit echten Gesellschaftern hinaus und behandelt derart qualifizierte Treugeber als tatsächliche Gesellschafter beschränkt auf das Innenverhältnis.[1977] Die qualifizierten Treugeber sollen daher einer unmittelbaren Innenhaftung in direkter Anwendung des § 735 BGB (i. V. m. § 105 III HGB) unterliegen.[1978] Diese Auffassung hat der *II. Senat* in zwei weiteren Urteilen, in denen es jedoch nicht um Haftungsfragen ging, bestätigt und weiterhin ausgeführt, dass der Treugeber auch in gleichem Maße zur Förderung des Gesellschaftszwecks verpflichtet sei.[1979] Da der Kommanditist jedoch keiner gesetzlichen Innenhaftung unterliegt, lässt sich diese Rechtsprechung nicht unmittelbar auf die Kommanditgesellschaft übertragen.

b) Einfache, offene Treuhand

Zu einer unmittelbaren Innenhaftung des Treugebers einer Publikums-oHG gem. §§ 739, 105 III HGB gelangte in erstaunlicher Weise später auch das *OLG Naumburg*.[1980] Erstaunlich ist die Entscheidung deshalb, da das OLG Naumburg zur Begründung nicht auf die vom *BGH*[1981] angenommene unmittelbare Innenhaftung abstellen konnte, da es sich bei dem Treugeber nicht um einen „Quasi-Gesellschafter" mit unmittelbaren eigenen Rechten in der Gesellschaft handelte. Die

---

1975 BGH, NZG 2011, 1432 bestätigt durch BGH, NZG 2013, 379, 381; BGH, WM 2013, 603, 605.

1976 Vgl. BGH, NJW 1987, 2677; BGH, NJW 2001, 2718; BGH, NZG 2009, 57.

1977 Siehe dazu oben § 3 D. II.

1978 BGH, NZG 2011, 1432, 1433 f., Rz. 15 ff.

1979 BGH, NZG 2013, 379, 381; BGH, WM 2013, 603, 605.

1980 OLG Naumburg, Urt. v. 12.06.2013 – 12 U 48-13.

1981 BGH, NZG 2011, 1432, 1433 f.

Treugeber waren nach dem Gesellschaftsvertrag lediglich berechtigt, das Stimmrecht des Treuhänders selbst auszuüben.

Ausdrücklich erkannte auch das *OLG Naumburg* das Fehlen einer entsprechenden qualifizierten mitgliedschaftlichen Stellung des Treugebers im Innenverhältnis der Gesellschaft. Da der beklagte Treugeber den Widerruf seines mittelbaren Beitritts gem. § 3 HaustürWG erklärt hatte, ging das Gericht davon aus, dass der Treugeber dennoch unmittelbarer Anspruchsgegner der Gesellschaft sei. Hierbei stützt es sich auf ein Urteil des *BGH*, nach dem im umgekehrten Fall der Treugeber gem. § 3 HaustürWG aufgrund einer rein wirtschaftlichen Bestimmung des „anderen Teils" im Sinne dieser Vorschrift unmittelbar gegen die Gesellschaft vorgehen könne und nicht nur gegen den Treuhänder.[1982] Ein wesentlicher Punkt in der Begründung dieser Entscheidung war die Tatsache, dass der Treugeber seinen Beitrag unmittelbar auf ein Treuhandsonderkonto des Fonds leistete und die Fondsgesellschaft somit nicht nur „wirtschaftlicher Vertragspartner" des Treugebers, sondern auch tatsächlicher Empfänger der Leistung des Treugebers war, welche dieser letztlich zurückforderte.[1983] Insoweit dürfte ohnehin ein direkter bereicherungsrechtlicher Anspruch des Treugebers gegen den Fonds bestanden haben.[1984]

Im Fall des *OLG Naumburg* waren die Ausschüttungsansprüche des Treuhänders zwar zumindest an den Treugeber abgetreten. Die Fehlbetragshaftung gem. § 739 BGB ist jedoch nicht an den Empfang von Leistungen aus dem Gesellschaftsvermögen geknüpft. Zudem handelt es sich bei § 3 HaustürWG um eine rein verbraucherschützende Norm. Auch deshalb ist es nicht überzeugend, diese Vorschrift zur Haftungserweiterung eines Verbrauchers heranzuziehen. Insgesamt ist eine unmittelbare Haftung auf diesem Wege daher nicht überzeugend begründbar.

2. Einlage

Da sich die Innenhaftung eines Kommanditisten hinsichtlich der Einlage allein aus vertraglichen Vereinbarungen ergibt, kann die Übertragung der vorgenannten Rechtsprechung zur Fehlbetragshaftung auf die KG nicht zur Annahme einer unmittelbaren gesetzlichen Haftung des Treugeberkommanditisten führen. Zu berücksichtigen ist aber das in den genannten Urteilen zu Tage getretene Verständnis der Rechtsstellung des Treugebers als die eines echten Gesellschafters beschränkt auf das Innenverhältnis und die damit zusammenhängende Annahme einer eigenen Zweckförderungspflicht.

Ursprünglich ließen sich in der Rechtsprechung nur Urteile finden, die sich mit der Frage der konkludent vereinbarten Übernahme der unmittelbaren Einlagepflicht durch den Treugeber beschäftigen. Erkennen die Treugeber einen Gesellschaftsvertrag für sich als verbindlich an, welcher den Gesellschaftern aufgibt, die

---

1982 BGH, NJW 2001, 2718, 2719.
1983 BGH, NJW 2001, 2718, 2719.
1984 So *Louven*, BB 2001, 1807, 1808, der auch im Urteil des *OLG Naumburg* zitiert wird.

Rechtsstellung der Treugeber möglichst weit an die der Gesellschafter anzugleichen, so solle keine konkludent übernommene direkte Einlageverpflichtung vorliegen, da Adressat einer solchen Regelung allein die Gesellschafter seien.[1985] Nach Ansicht des *OLG Düsseldorf* sei auch in der wirtschaftlichen Gleichstellung von Treugebern und Gesellschaftern in Treuhand- und Gesellschaftsvertrag nicht die Übernahme einer unmittelbaren Einlagepflicht zu erblicken.[1986] Unklar blieb in beiden Urteilen, ob es sich bei einer möglichen unmittelbaren Einlagepflicht des Treugebers um eine eigene, originär in der Person des Treugebers entstandene Pflicht handeln würde oder insoweit nur die vertragliche Übernahme der persönlichen Einlageschuld des Treuhänders in Frage steht.

Diese Frage hat der *BGH* im Anschluss an die Rechtsprechung zur gesetzlichen Innenhaftung des Treugebers in der Publikums-oHG[1987] nunmehr für die Publikums-KG im ersteren Sinne entschieden.[1988] Sofern die Treugeber im Innenverhältnis zur Gesellschaft die Stellung eines echten Gesellschafters (Quasi-Gesellschafter) erlangt hätten, ergäben sich einerseits unmittelbar gegen die Gesellschaft gerichtete Rechte und andererseits könnten auch „gesellschaftsrechtliche Verpflichtungen im Innenverhältnis die Treugeber unmittelbar treffen“[1989]. Somit könne die Publikums-KG die Einlagezahlungen aus eigenem Recht unmittelbar bei den Treugebern einfordern.

Die Stellung des Treugebers als sog. „Quasi-Gesellschafter“ wurde in diesem Fall dadurch erreicht, dass der Gesellschaftsvertrag in den Treuhandvertrag als dessen Bestandteil einbezogen wurde. Im Gesellschaftsvertrag wurden die Treugeber durchgehend neben den Gesellschaftern erwähnt. Insbesondere bestimmte der Gesellschaftsvertrag, dass die Treugeber entsprechend der geleisteten Einzahlungen am „Vermögen der Gesellschaft beteiligt“ seien.[1990] Diese Regelung spricht stark dafür, den Treugeber als gesamthänderisch mitberechtigten Gesellschafter einzuordnen. Diese Rechtsposition hat wiederum notwendig Außenwirkung, weshalb insofern die Grenze der Vertragsfreiheit überschritten sein dürfte und der Treugeber als echter Vollgesellschafter zu qualifizieren gewesen wäre.[1991] Für die Begründung einer unmittelbaren Innenhaftung eines Treugebers dürfte dieser Entscheidung daher keine große Bedeutung beizumessen sein.

1985 BGH, WM 1983, 598, 598 f.

1986 OLG Düsseldorf, DStR 1991, 1532, 1532; s. dazu auch *Fleck*, EWiR § 171 HGB, 2/91.

1987 BGH, NZG 2011, 1432, 1433 f., Rz. 15 ff.

1988 BGH, NZG 2012, 1342, 1343, Rz. 12 f.; BGH, NZG 2012, 1345, 1346; ebenso die Vorinstanz OLG München, Urt. vom 18.08.2010 – 20 U 2303/10.

1989 BGH, NZG 2012, 1342, 1343, Rz. 12 f.

1990 BGH, NZG 2012, 1342, 1342 (§ 17 3. des Gesellschaftsvertrags).

1991 Vgl. § 3 D. I.

3. *Weitere Sozialansprüche*

Hinsichtlich weiterer Sozialansprüche wie Kondiktionsansprüche wegen empfangener Liquiditätsausschüttungen und Scheingewinne oder Schadensersatzansprüchen aufgrund Treuepflichtverletzung ist soweit ersichtlich bisher keinerlei Rechtsprechung vorhanden. Zwar hat die Rückforderung von Liquiditätsausschüttungen die Gerichte in großem Umfang beschäftigt. Hierbei handelt jedoch regelmäßig der Insolvenzverwalter der KG, der anstelle des problematischen Anspruchs der KG im Innenverhältnis lediglich die Ansprüche der Gläubiger aus §§ 171 I, 172 IV HGB gem. § 171 II HGB ausübt. Diese Fälle betreffen daher formal betrachtet nur die Außenhaftung. Diesbezüglich wurde eine unmittelbare Haftung grundsätzlich abgelehnt.[1992] Unmittelbare Ansprüche gegen Treugeber wurden aber teilweise aufgrund von Insolvenzanfechtung gem. §§ 143, 134 I InsO anerkannt.[1993]

II. Die Literatur

Die Anerkennung der unmittelbaren (gesetzlichen) Innenhaftung von qualifizierten Treugebern durch den *BGH*[1994] hat in der Literatur erstaunlicherweise keinen entsprechenden Widerhall ausgelöst. *Überwiegend* werden unmittelbar übernommene Pflichten des Treugebers für möglich gehalten, ohne näher auf die Rechtsnatur dieses Anspruchs einzugehen[1995] oder der Einordnung des Treugebers als Gesellschafter wird schlicht unkritisch zugestimmt.[1996] *Andererseits* wird ausdrücklich nur eine mittelbare Haftung für die Verpflichtungen des Treuhänders angenommen.[1997] *Schäfer* greift diesen Ansatz des BGH auf, jedoch ohne sich inhaltlich damit auseinanderzusetzen.[1998] So schließt er mangels Angaben des BGH hinsichtlich etwaiger Besonderheiten der Haftung gem. §§ 735, 739 BGB darauf, dass nunmehr von einer unmittelbaren Innenhaftung für sämtliche Sozialansprüche auszugehen sei, etwa für Einlageansprüche, Rückzahlungsansprüche hinsichtlich

---

1992 Vgl. BGH, NJW 2011, 2351; BGH, GWR 2011, 211; BGH, Urt. jew. v. 22. 3. 2011 – II ZR 218/09; II ZR 174/09; II ZR 100/09; II ZR 224/09; II ZR 217/09; II ZR 216/09; II ZR 215/09; OLG Frankfurt, ZIP 2010, 673.

1993 LG Duisburg, Urt. v. 14.08.2008 – 5 S 114/07; OLG Düsseldorf, Urt. v. 20.11.2008 – I-6 U 8/08; offen gelassen in BGH, NJW 2011, 2351, 2354 f.

1994 BGH, NZG 2011, 1432, 1433 f.; BGH, NZG 2012, 1342, 1343, Rz. 12 f.; BGH, NZG 2012, 1345, 1346.

1995 *Roth*, in: Baumbach/Hopt, § 105, Rn. 33 f., Anh § 177a, Rn. 79; *Wertenbruch*, in: E/B/J/S, § 105, Rn. 108; *Koller*, in: K/R/M, 7. Aufl., § 105, Rn. 21 (anders jetzt *Kindler*, in: K/K/R/M, § 105, Rn. 21: Der Treugeber sei dann notwendig Gesellschafter).

1996 *Weitemeyer*, in: Oetker, 3. Aufl. (2013), § 105, Rn. 41; *Gottschalk*, NZG 2012, 461, 462 f.; vor der Rechtsprechung bereits *Lenders*, S. 268 ff., 281 f.

1997 *K. Schmidt*, in: MüKo-HGB, vor § 230, Rn. 88; *Eden*, S. 329 ff., 151 f., 68 ff., scheint eine unmittelbare Innenhaftung in der Personengesellschaft anders als in der Kapitalgesellschaft nicht für möglich zu halten.

1998 *Schäfer*, in: MüKo-BGB, § 705, Rn. 92.

Scheingewinnen und Schadensersatzansprüche wegen Treuepflichtverletzungen.[1999] Diese Einschätzung verwundert, da sämtliche der genannten Ansprüche von grundlegend unterschiedlicher Natur sind. So geht es um die gesellschaftsrechtliche Fehlbetragshaftung (§§ 735, 739 BGB), vertragliche Ansprüche hinsichtlich einer eventuell geschuldeten Einlage, die bereicherungsrechtliche Rückabwicklung von Scheingewinnausschüttungen und eine gesetzliche Verschuldenshaftung für Treuepflichtverletzungen. Zudem setzt sich *Schäfer* nicht damit auseinander, dass eine entsprechende unmittelbare Einlagenhaftung bereits ausdrücklich vom *BGH* bejaht wurde.[2000] Auch *Stari/Beuster* zitieren zunächst die relevanten Entscheidungen des BGH[2001] um zu belegen, dass eine Gleichstellung von Treugebern und Gesellschaftern im Innenverhältnis möglich ist. Noch im gleichen Abschnitt des Aufsatzes konstatieren sie, dass der BGH es bislang noch nicht zu entscheiden gehabt habe, ob „die Fondsgesellschaft den mittelbar beteiligten Anleger wie einen direkt beteiligten Gesellschafter für alle sich aus dem Gesellschaftsverhältnis ergebenden Ansprüche in Haftung nehmen kann".[2002] Sodann gehen sie auf die – bereits vom *BGH* bejahte – unmittelbare Haftung eines Treugebers für einen Liquidationsfehlbetrag ein, beziehen sich hierbei jedoch ausschließlich auf das einschlägige Urteil des *OLG Naumburg*[2003] und kommen zu dem Schluss, dass das OLG Naumburg mit diesem – eindeutig in Widerspruch zur Rechtsprechung des BGH stehenden[2004] – Urteil „konsequent die Rechtsprechung des BGH (...) zur mittelbaren Beteiligung von Anlegern an geschlossenen Immobilienfonds" fortsetze. Die dogmatische Grundlage der unmittelbaren Innenhaftung bestehe in der Kehrseite der vertraglichen Abrede im Gesellschaftsvertrag, durch die dem Treugeber unmittelbare Gesellschafterrechte eingeräumt würden.[2005] Die Begründung einer unmittelbaren Innenhaftung auf vertraglicher Grundlage durch Einbeziehung in das gesellschaftsrechtliche Innenverhältnis, erscheint grundsätzlich möglich. In der von *Stari/Beuster* in Bezug genommenen Entscheidung des *OLG Naumburg* bestanden solche originären Gesellschafterrechte in der Person des Treugebers jedoch nicht. Äußerst fraglich erscheint es auch, ob eine entsprechende vertragliche Verpflichtung der Treugeber angenommen werden kann, wenn diesen nicht originäre

---

1999 *Schäfer*, ZHR 177 (2013), 619, 628 f.

2000 BGH, NZG 2012, 1342, 1343, Rz. 12 f.; BGH, NZG 2012, 1345, 1346.

2001 BGH, NZG 2011, 1432; BGH, NZG 2012, 1342, 1343, Rz. 12 f.; BGH, NZG 2012, 1345, 1346.

2002 *Stari/Beuster*, DStR 2014, 271, 272. Richtig ist diese Aussage freilich insoweit, als dass der BGH tatsächlich nicht über „alle" Ansprüche aus dem Gesellschaftsverhältnis zu entscheiden hatte, sondern nur über einen Liquidationsfehlbetrag i. S. d. § 735 BGB. Es erscheint allerdings auch kein Fall denkbar, in dem ein Gericht über alle möglichen Ansprüche gleichzeitig zu entscheiden hätte.

2003 OLG Naumburg, Urt. v. 12.06.2013 – 12 U 48-13.

2004 Siehe oben § 7 B. I.: Der BGH nimmt eine unmittelbare Innenhaftung gerade nur für mitgliedschaftlich eingebundene Treugeber an.

2005 *Stari/Beuster*, DStR 2014, 271, 274.

Gesellschafterrechte im Gesellschaftsvertrag eingeräumt werden, sondern lediglich im von den Gesellschaftern konsentierten Treuhandvertrag entsprechenden Rechte des Treuhänders übertragen werden.[2006] Gegenüber der Gesellschaft sollen Treugeber und Treuhänder dann als Gesamtschuldner haften.[2007]

Armbrüster sieht zumindest die Möglichkeit einer vertraglichen Verpflichtung des Treugebers gegenüber der Gesellschaft zur Leistung der Einlage und eventuell geschuldeter Nachschüsse.[2008] Diese Verpflichtung könne ausdrücklich oder konkludent erfolgen, wobei hinsichtlich der Annahme einer stillschweigenden Vereinbarung Zurückhaltung geboten sei, da diese regelmäßig den Interessen des Treugebers widerspreche.[2009] Es handele sich hierbei um eine originäre Pflicht des Treugebers, welche sich insbesondere auch aus einer Gleichstellungsabrede ergeben könne.[2010] Obwohl *Armbrüster* auch die gesetzliche Haftung aus § 735 BGB in unmittelbarem Zusammenhang anspricht, beschränkt er seine Ausführungen hinsichtlich der unmittelbaren Innenhaftung des Treugebers auf die vertragliche Einlage- und Nachschusspflicht.[2011] Ob auch er eine (analoge) Anwendung der §§ 735, 739 BGB auf mitgliedschaftlich eingebundene Treugeber befürwortet, bleibt daher unklar. Jedenfalls sei der Treugeber in diesem Fall auch berechtigt Ausgleich nach § 110 HGB bei der Gesellschaft und gegebenenfalls gem. § 426 BGB bei seinen „Mitgesellschaftern" zu suchen.[2012]

Sofern *manche Literaturstimmen*[2013] den mitgliedschaftlich eingebundenen Treugeber per se als echten Gesellschafter qualifizieren, ist klar, dass hiermit auch eine umfassende, unmittelbare und originäre Innenhaftung einhergehen muss. Gleiches muss für die *Stimmen* gelten, welche eine erweiternde Auslegung des Gesellschafterbegriffs[2014] oder, soweit gesetzlich Haftungsvorschriften im Innenverhältnis in Frage stehen, die analoge Anwendung der Außenhaftungsvorschriften befürworten.[2015] Ohne auf die genaue Grundlage der Haftung einzugehen, folgert *Lenders* eine unmittelbare Innenhaftung allgemein aus der mitgliedschaftlichen Stellung des Treugebers. Die Haftung im Innenverhältnis sei anders als

2006 So *Stari/Beuster*, DStR 2014, 271, 274.
2007 *Stari/Beuster*, DStR 2014, 271, 274.
2008 *Armbrüster*, NJW 2009, 2167, 2170 ff.; *ders.*, S. 324 ff.
2009 *Armbrüster*, S. 324.
2010 *Armbrüster*, S. 328.
2011 *Armbrüster*, NJW 2009, 2167, 2172.
2012 *Armbrüster*, NJW 2009, 2167, 2172.
2013 Vgl. *Kindler*, in: FS K. Schmidt, 871, 871 ff.; *ders.*, ZIP 2009, 1146 ff.; *Beuthien*, ZGR 1974, 26, 55 ff.
2014 *Pfeifle/Heigl*, WM 2008, 1485, 1489/1492.
2015 *Schäfer*, ZHR 177 (2013), 619, 634 ff.; wohl auch *Lenders*, S. 268 ff., 281 f.

jene im Außenverhältnis jedoch grundsätzlich subsidiär, weshalb die Gesellschaft vorrangig den Treuhänder in Anspruch nehmen müsse.[2016]

C. Begründung einer derivativen unmittelbaren Innenhaftung

Eine unmittelbare Innenhaftung des Treugebers könnte sich zunächst als abgeleitete Haftung begründen lassen. Soweit ersichtlich besteht ein Konsens dahin gehend, dass zumindest der Treuhänder als Kommanditist ein echter und vollwertiger Gesellschafter in der Außengesellschaft ist. Er ist daher gesamthänderisch mitberechtigt und vermögensrechtliches Zuordnungssubjekt sowohl im Innen- als auch im Außenverhältnis der Gesellschaft. Somit trifft ihn die Innenhaftung gegenüber der Gesellschaft. Hinsichtlich der unmittelbaren Innenhaftung des Treugebers stellt sich somit zunächst die Frage, ob die unzweifelhaft in der Person des Treuhänders bestehende Haftung aufgrund vertraglicher Vereinbarungen oder gesetzlicher Vorschriften auf den Treugeber übergeleitet werden kann oder sogar zwingend auf ihn übergeleitet ist.

I. Vertragliche Haftungsüberleitung

Die vertragliche Begründung einer unmittelbaren derivativen Innenhaftung des Treugebers kann nach allgemeinen schuldrechtlichen Grundsätzen ausdrücklich oder konkludent erfolgen. Hierbei ist insbesondere auch auf den Erklärungswert der häufig verwendeten allgemeinen Gleichstellungsabrede in Treuhand- und Gesellschaftsverträgen einzugehen.

1. Schuldübernahme und Schuldbeitritt

Die Begründung einer unmittelbaren Innenhaftung kann zunächst durch rein schuldrechtliches Rechtsgeschäft mit der KG oder mit dem Treuhänder erfolgen. In Betracht kommt eine für den Treuhänder anteilig befreiende Schuldübernahme i. S. d. § 414 BGB einerseits und ein Schuldbeitritt als Vertrag sui generis i. S. d. § 311 I BGB andererseits.[2017] Im Zweifel ist von einem Schuldbeitritt auszugehen, da der Treuhänder hierdurch nicht von seiner Leistungspflicht befreit und somit die KG nicht belastet wird.[2018] Beide Verträge können auch künftige Forderungen erfassen, sofern die übernommenen Verbindlichkeiten hinreichend deutlich abgegrenzt sind.[2019]

2016 *Lenders*, S. 282. Die Annahme der Subsidiarität legt den Schluss nahe, dass *Lenders* sich hiermit hauptsächlich an der kapitalgesellschaftsrechtlichen Durchgriffshaftung orientiert.

2017 Vgl. *Grüneberg*, in: Palandt, vor § 414, Rn. 1 f.; *Müller*, in: P/W/W, § 415, Rn. 12 ff.

2018 *Grüneberg*, in: Palandt, vor § 414, Rn. 5; *Müller*, in: P/W/W, § 415, Rn. 15.

2019 *Grüneberg*, in: Palandt, vor § 414, Rn. 1 f.

a) Durch Vertrag mit dem Treuhänder

Eine Schuldübernahme zwischen Treuhänder und Treugeber bedarf gem. § 415 I BGB der Genehmigung durch die KG als Gläubigerin. Bei qualifizierter Treuhand, wie sie regelmäßig bei geschlossenen Fonds gegeben ist, steht der Treuhänder den Fondsinitiatoren näher als den Treugebern. Die KG hat schon kein Interesse daran, die regelmäßig kapitalschwache Treuhand-GmbH in Anspruch zu nehmen, weshalb sich zumindest die erforderliche Genehmigung schon im Wege der Auslegung aus den Beitrittsverträgen ergeben dürfte.[2020] Solange die Genehmigung der KG nicht erteilt ist, besteht gem. § 415 III BGB im Zweifel eine Erfüllungsübernahme i. S. v. § 329 BGB durch den Treugeber. Ein Schuldbeitritt könnte sich als echter Vertrag zugunsten Dritter gem. § 328 BGB darstellen.[2021] Im Zweifel wäre hier gem. § 329 BGB jedoch ebenfalls nur von einer Erfüllungsübernahme auszugehen. Die Erfüllung der Zahlungspflichten des Treuhänders durch die Treugeber ist gem. § 267 BGB ohne weiteres zulässig.

Die Annahme einer Schuldübernahme im Wege der Auslegung erscheint jedoch wenig überzeugend. Zwischen Treugeber und Treuhänder besteht bereits der Treuhandvertrag, aus dem sich schon eine nachrangige Ersatz- oder Freistellungspflicht nach §§ 675, 670, 257 BGB ergibt. Eine umfassende Mithaftungsvereinbarung mit dem Treuhänder würde somit einen Einwendungsverzicht des Treugebers bedeuten. Darüber hinaus verliert die tatbestandliche Voraussetzung der Erforderlichkeit gem. § 670 BGB insoweit ihre Bedeutung. Es kann nicht ohne weiteres davon ausgegangen werden, dass der Treugeber auf diese zu seinen Gunsten wirkenden Einschränkungen des Ersatzanspruchs des Treuhänders verzichten will, weshalb grundsätzlich eine ausdrückliche Vereinbarung erforderlich erscheint.

aa) Ausdrückliche Vereinbarung

Verpflichtet sich der Treugeber zur „Leistung der Einlage unmittelbar an die Gesellschaft", ist hierin der ausdrückliche Wille zu sehen, unabhängig von der Ersatzpflicht nach § 670 BGB für genau diese Verbindlichkeit des Treuhänders zu haften. Insofern besteht vorbehaltlich weiterer klarer Indizien für die Begründung eines unmittelbaren Forderungsrechts der KG zumindest eine Erfüllungsübernahme. Findet sich eine entsprechende Regelung in Treuhand- und/oder Gesellschaftsverträgen, die durch wechselseitige Inbezugnahme miteinander verzahnt sind, spricht viel dafür, eine Schuldübernahme anzunehmen. Man könnte insoweit von einer antizipiert erklärten Einwilligung der Gesellschaft ausgehen. Vorzugswürdig erscheint es aber, insoweit schon von einer Schuldübernahme unmittelbar gegenüber der Gesellschaft auszugehen.

2020 Vgl. *Kapitza*, S. 222 zur Übernahme der Einlagepflicht durch den Treugeber durch Auslegung des Treuhandvertrags.

2021 Zu dem dann bestehenden eigenen Anspruch der Gesellschaft siehe § 7 D. 5.

Eine entsprechende Vereinbarung entfaltet jedoch nur die genau bezeichnete Wirkung. Es kann nicht gleichzeitig eine weitergehende allgemeine Verpflichtung im Wege der Auslegung in eine solche Klausel hineingelesen werden. Der Treugeber schuldet bei dieser Vereinbarung nur die einmalige Leistung der Einlage. Kommt es zu Liquiditätsausschüttungen und ist die Gesellschaft aufgrund ausdrücklicher gesellschaftsvertraglicher Vereinbarung zur Rückforderung bis zum Wiedererreichen der Einlage berechtigt[2022], so ist der Treugeber insoweit nicht unmittelbar gegenüber der Gesellschaft verpflichtet.

bb) Konkludente Vereinbarung

Sofern Schuldbeitritt oder Schuldübernahme nicht ausdrücklich vereinbart sind, sind weitere Anhaltspunkte notwendig, die erkennen lassen, dass von der grundsätzlich bestehenden Ersatzpflicht des Treugebers aus § 670 BGB abgewichen werden soll. An eine konkludent erklärte Mithaftungsvereinbarung sind daher hohe Anforderungen zu stellen.

In einer nur an den Treuhänder adressierten Klausel im Gesellschaftsvertrag, welche diesem aufgab, die Rechtsstellung der Treugeber möglichst weit an die Rechtsstellung der Gesellschafter anzugleichen, lag nach zutreffender Ansicht des *BGH* noch nicht die Übernahme einer unmittelbaren Einlagepflicht gegenüber der Gesellschaft.[2023] Sieht der Treuhandvertrag vor, dass die Treugeber „wie ein im Handelsregister eingetragener Kommanditist das anteilige wirtschaftliche Risiko“ tragen und in „gleichem Umfang [...] an Gewinn und Verlust der Gesellschaft“ teilnehmen, so kann hierin keine unmittelbare Mithaftungsvereinbarung gegenüber der KG gesehen werden.[2024] Gleiches gilt für eine allein im Treuhandvertrag begründete Vereinbarung dergestalt, dass die vom Treuhänder im Interesse des Treugebers eingegangenen gesellschaftsrechtlichen Rechte und Pflichten im Innenverhältnis ausschließlich den Treugeber treffen sollen.[2025] Das anteilige wirtschaftliche Risiko wird den Treugebern bereits vollständig durch den Treuhandvertrag über den Treuhänder vermittelt. Eine entsprechende Klausel beschreibt daher nur den typischen Inhalt eines Treuhandvertrags. Somit kann nicht angenommen werden, dass ein entsprechender Wille der Vertragsparteien bestand, etwas an der Haftungssituation zu ändern. Insbesondere kann nicht angenommen werden, dass der Treugeber auf eventuelle Gegenrechte gegen den Treuhänder verzichten wollte.

2022 Vgl. dazu § 4 A. III. 2. d).

2023 BGH, WM 1983, 598, 598 f.; vgl. oben § 3 B. I. 2.

2024 OLG Düsseldorf, DStR 1991, 1532, 1533 f.: Hier sah der Treuhandvertrag vor, dass der Treuhänder auch als Mittelfreigabekontrolleur hinsichtlich der Einlage des Treugebers zu agieren hatte (§ 2 2. des Treuhandvertrags). Dies allein setzt notwendig voraus, dass die Einlage nicht direkt an die Gesellschaft geleistet wird.

2025 Vgl. BGH, NJW 2013, 452, 452; OLG Naumburg, Urt. v. 12.06.2013 – 12 U 48-13.

Sofern sich im Treuhandvertrag gesonderte Regelungen hinsichtlich der Begründung oder des Umfangs des Freistellungsanspruchs, dessen antizipierter Abtretung oder sonstiger Modalitäten einer Haftungsvermittlung durch den Treuhänder finden lassen, spricht dies somit immer mit erheblichem Gewicht gegen die Annahme einer konkludent begründeten Mithaftung des Treugebers gleich welcher Art.

b) Durch Vertrag mit der KG

Ein Schuldbeitritt oder eine Schuldübernahme kann gem. § 311 I BGB bzw. § 414 BGB unproblematisch auch durch Vertrag unmittelbar mit der KG erfolgen. In konstruktivistischer Hinsicht kommt eine Mithaftungsvereinbarung als eigenständiger Vertrag oder als Teil der verbundenen Treuhand- und Gesellschaftsverträge in Betracht.

aa) Eigenständiger Vertrag

Dort, wo Treuhand- und Gesellschaftsvertrag nicht aufeinander Bezug nehmen und daher zunächst keine vertraglichen Beziehungen zwischen Treugeber und der KG allein aufgrund des mittelbaren Beitritts bestehen, wäre eine entsprechende Bevollmächtigung des Treuhänders zur Erklärung der Mithaftung gegenüber der KG denkbar. In der Praxis scheint diese Gestaltung nicht üblich zu sein. In den untersuchten Treuhandverträgen konnte eine entsprechende Vereinbarung nicht festgestellt werden. Regelmäßig findet sich nur die antizipierte Abtretung des Freistellungsanspruchs an die Gesellschaft.

bb) Verzahnung von Treuhand- und Gesellschaftsvertrag

Sind Treuhand- und Gesellschaftsvertrag durch wechselseitige Inbezugnahme miteinander verbunden und besteht somit bereits eine vertragliche Beziehung zwischen dem Treugeber und der Gesellschaft, liegt es nahe, eine entsprechende Vereinbarung anzunehmen. Sehen die Beitrittsverträge etwa ausdrücklich eine direkte Leistung der Einlage des Treugebers an die Gesellschaft vor,[2026] so ist hierin zumindest eine entsprechende Mithaftungsvereinbarung hinsichtlich der anteilig übernommenen Einlageverpflichtung des Treuhänders zu sehen. Da sich der Treuhänder nach seinem und dem Willen der übrigen Fondsinitiatoren regelmäßig nicht auf eigene Rechnung an der Gesellschaft beteiligen will, dürfte regelmäßig eine vollständige Schuldübernahme durch den Treugeber vorliegen, da nicht davon ausgegangen werden kann, dass der entsprechende Treugeberanteil bei Zahlungsausfall des Treugebers trotzdem von dem Treuhänder übernommen werden soll. Sofern die Erhöhung des Kapitalanteils des Treuhänders nicht ohnehin durch die

---

2026 Vgl. die vorangehenden Ausführungen unter § 7 C. I. 1. a) aa).

Erfüllung der Einlageforderung bedingt ist, wäre dieser zur Herabsetzung seines Kapitalanteils bei Nichtleistung des Treugebers berechtigt.

Sehen die Verträge jedoch gleichzeitig die antizipierte Abtretung des Freistellungsanspruchs an die Gesellschaft vor, könnte dies für die Vereinbarung eines bloßen Schuldbeitritts sprechen, da der Freistellungsanspruch durch eine Schuldübernahme insoweit seines wesentlichen Inhalts beraubt würde. Den Interessen der Gesellschaft dürfte jedoch durch eine Schuldübernahme auch dann besser gedient sein, da der Treugeber diesem Anspruch keine Einwendungen gegen den Treuhänder entgegensetzen kann. Zudem wird der dann aus der Schuldnerstellung verdrängte Treuhänder, welcher regelmäßig eine Kapitalgesellschaft mit minimaler Kapitalausstattung ist, von der Gesellschaft als bloßes technisches Mittel zur Vereinfachung eingesetzt und soll bzw. kann nichts zur tatsächlichen Kapitalaufbringung beitragen. Teilweise wird die Haftung des Treuhänders daher bereits auf den Umfang beschränkt, in dem die Freistellungsansprüche gegen die Treugeber rechtlich und wirtschaftlich durchsetzbar sind.[2027]

Auch für den Treugeber dürfte sich keine nachteilige Situation bei Annahme einer Schuldübernahme statt eines Schuldbeitritts ergeben. Im Falle des Schuldbeitritts bliebe zwar die Inanspruchnahme des Treuhänders durch die Gesellschaft möglich. Der Treuhänder würde dann intern Ausgleich vom Treugeber verlangen. Nach dem zwischen dem Treugeber und dem Treuhänder bestehenden Vertragsverhältnis müsste der Treugeber den Treuhänder vollständig entschädigen. Diesem Anspruch könnte er wiederum Einwendungen aus dem Treuhandverhältnis entgegenhalten. Aus Sicht des Treugebers bestünde dann die gleiche, für ihn gegenüber der Schuldübernahme vorteilhafte Haftungssituation wie bei der Inanspruchnahme durch die Gesellschaft aufgrund des abgetretenen Freistellungsanspruchs. Da der Treuhänder jedoch seitens der Gesellschaft nicht als zur Kapitalaufbringung verpflichtet oder überhaupt fähig betrachtet wird, würde es im Falle eines Schuldbeitritts praktisch nicht zur vorrangigen Inanspruchnahme des Treuhänders kommen.

Die Konstruktion einer Schuldübernahme des Treugebers gegenüber der KG durch Verzahnung von Treuhand- und Gesellschaftsvertrag erscheint allerdings problematisch, da es durch diese Verträge zur Integration des Treugebers in ein gesellschaftsrechtliches Innenverhältnis und damit zu einem korporativen Rechtsgeschäft zwischen allen Gesellschaftern kommt. Es besteht jedoch nicht ohne weiteres ein Vertrag zwischen dem Treugeber und der KG als Gläubigerin der von dem Treugeber zu übernehmenden Schuld. Letztlich dürfte an einem Beitritt eines Treugebers auch regelmäßig die KG vertreten durch ihre Organe mitwirken, so dass vorbehaltlich eines entsprechenden Willens der Vertragsparteien auch die Konstruktion einer Schuldübernahme im Verhältnis zwischen Treugeber und KG gelingt. Aufgrund der grundsätzlich anderweitigen Zielsetzung dieser Beitrittsverträge kann eine Schuldübernahme wohl nur ausdrücklich erfolgen und nicht

2027 Vgl. BGH, NJW 2013, 452, 454, Rz. 29.

durch Auslegung gewonnen werden.[2028] Zumindest kann immer eine Übernahme mit dem Treuhänder und eine entsprechende konkludent erklärte Genehmigung angenommen werden.

2. Die Gleichstellungsabrede

Es ist fraglich, ob es über die vorangehend dargestellten ausdrücklichen Fälle der Mithaftungsvereinbarungen hinaus auch durch eine allgemeine vertragliche Gleichstellungsvereinbarung – zumindest konkludent – zur Begründung einer umfassenden, unmittelbaren derivativen Innenhaftung kommt. Vorangehend wurden auch bereits Fragen der konkludent vereinbarten Mithaftung thematisiert. Die nur an den Treuhänder adressierte Verpflichtung, die Rechtsstellung des Treugebers an die eines Gesellschafters anzugleichen, soll nach Ansicht des *BGH* keine unmittelbare Haftung begründen.[2029] Gleiches soll auch gelten, sofern nur die interne Risikozuweisung an den Treugeber geregelt wird.[2030] Welcher Erklärungswert kann aber einer Vereinbarung aller Beteiligten in verbundenen Treuhand- und Gesellschaftsverträgen beigemessen werden, durch die den Treugebern im Innenverhältnis der Gesellschaft und Gesellschafter zueinander die gleiche Rechtsstellung wie einem Kommanditist eingeräumt werden soll?[2031] Eine solche Vereinbarung ist hinsichtlich der hier in Frage stehenden Haftungszuweisung deutlich weniger konkret als die spezifisch auf die Risikozuweisung bezogenen Vertragsklauseln, welche – zumindest in der den Urteilen zugrundeliegenden Form – richtigerweise noch nicht zu einer Übernahme der unmittelbaren Haftung führen. Andererseits lässt die Vereinbarung der rechtlichen Gleichstellung von Treugebern und Kommanditisten im Innenverhältnis – wenngleich in nur unspezifischer Weise – den Schluss auf einen deutlich stärkeren Rechtsbindungswillen hinsichtlich der Übernahme bzw. Übergabe sämtlicher Rechte und Pflichten unmittelbar durch bzw. an die Treugeber zu. Trotz Fehlens einer spezifischen Vereinbarung hinsichtlich einzelner Rechte und Pflichten kommt der allgemeinen Gleichstellungsabrede daher eine stärkere berechtigende und verpflichtende Wirkung zu. Einem Treugeber, der bereit ist im Innenverhältnis die Rechtsstellung eines echten Kommanditisten einzunehmen, kann grundsätzlich die Bereitschaft unterstellt werden, von Gesellschaft und Gesellschaftern unmittelbar für die ihm zuzurechnenden Verpflichtungen in Anspruch genommen zu werden.

2028 Vgl. auch § 5 A. I. 2.

2029 BGH, WM 1983, 598, 598 f.

2030 Vgl. BGH, NJW 2013, 452, 452; OLG Naumburg, Urt. v. 12.06.2013 – 12 U 48-13; OLG Düsseldorf, DStR 1991, 1532, 1533 f.

2031 Vgl. zum Inhalt einer Gleichstellungsabrede mit geringen Unterschieden im einzelnen BGH, NZG 2013, 379, 379 f.; BGH, NZG 2012, 1024, 1024; BGH, DStR 2012, 2396, 2396 f.; BGH, NZG 2011, 1432, 1432; BGH, NZG 2009, 57, 57; BGH, WM 1987, 811, 812.

Es darf jedoch wiederum nicht vergessen werden, dass eine unmittelbare Haftung dem Treugeber die Einwendungen aus dem Treuhandverhältnis gegenüber dem Treuhänder von vorn herein abschneidet. Dies spricht eindeutig gegen die Annahme eines entsprechenden Rechtsbindungswillens hinsichtlich der unmittelbaren Innenhaftung. Berücksichtigt man den Umstand, dass mit der Gleichstellungsvereinbarung nicht nur die unmittelbare Haftung, sondern auch ein unmittelbares Bezugsrecht gegenüber der Gesellschaft entsteht und somit sämtliche Zahlungsflüsse nicht mehr über das Vermögen des Treuhänders abgewickelt werden müssen, so reduzierten sich die möglichen Entstehungsgründe für Einwendungen gegenüber dem Treuhänder bereits erheblich. Sieht das Vertragswerk neben der allgemeinen Gleichstellungsabrede konkrete Vereinbarungen hinsichtlich des Bestehens oder des Umfangs des Freistellungsanspruchs oder dessen Ausschlusses, Erweiterung oder (antizipierten) Abtretung vor, so muss jedoch die mittelbare Haftung als ausdrücklich vereinbart akzeptiert werden. Eine unmittelbare Haftung aufgrund Gleichstellungsabrede kann – wie jeder durch Auslegung zu ermittelnde Vertragsinhalt – trotz vielfach gleichförmiger Vertragsgestaltung nur im Einzelfall angenommen werden.

II. Gesetzliche Haftungsüberleitung

Eine gesetzlich angeordnete Überleitung der Einlagenhaftung des Treuhänders auf den Treugeber könnte sich aus der kapitalgesellschaftsrechtlichen Hintermannhaftung nach §§ 46 V AktG, 9a GmbHG ergeben. Darüber hinaus könnte sich aus der allgemeinen gesetzlichen Gleichstellungsanordnung in § 152 I 3 KAGB eine umfassende derivative Haftung des Treugebers ableiten lassen.

1. Überleitung der Einlagenhaftung analog §§ 46 V AktG, 9a IV GmbHG

Im Kapitalgesellschaftsrecht besteht hinsichtlich der Kapitalaufbringung eine gesetzliche Haftung von Personen, für deren Rechnung die Gesellschafter Gesellschaftsanteile übernommen haben. Insofern wäre es denkbar die Verantwortung für die vertraglich begründete Einlagenhaftung des Kommanditisten in Analogie zu §§ 46 V AktG, 9a IV GmbHG auf den Treugeber zu erstrecken. *Canaris* befürwortet unter Bezug auf die genannten Vorschriften gar eine unmittelbare Außenhaftung von Treugebern.[2032] Richtigerweise kann der gesetzlichen Hintermannhaftung im Kapitalgesellschaftsrecht schon kein verallgemeinerungsfähiger Gedanke entnommen werden.[2033] Es handelt sich um verschuldensabhängige und gründungsspezifische Haftungstatbestände. Zumindest § 9a IV GmbHG wurde vom Gesetzgeber in Kenntnis der allgemeinen Haftungsproblematik eingeführt

2032 *Canaris*, in: FS Fischer, 31, 57 f.; siehe dazu auch § 5 C.
2033 Vgl. *Lenders*, S. 260.

und somit bewusst als stark eingegrenzte Sondervorschrift ausgestaltet.[2034] Auch die Voraussetzungen einer Analogie liegen nicht vor. Das Fehlen entsprechender Haftungsvorschriften im Personengesellschaftsrecht stellt keine planwidrige Regelungslücke dar. Eine Lücke entsteht schon deshalb nicht, da zumindest eine mittelbare Haftung des Treugebers gem. §§ 675, 670 BGB gegeben ist. Wollte man dennoch eine Regelungslücke annehmen, so ist diese jedenfalls nicht planwidrig, da sich das Haftungssystem in Kapitalgesellschaften grundsätzlich von dem in Personengesellschaften unterscheidet. Aufgrund der begrenzten Haftung der Kapitalgesellschaften und der vollständig fehlenden Außenhaftung ihrer Gesellschafter kommt der Kapitalaufbringung und -erhaltung ein überragender Stellenwert zu. Dies rechtfertigt es die Gründungsverantwortung auch auf mittelbar beteiligte Hintermänner zu erstrecken. Das Personengesellschaftsrecht kennt dagegen keine entsprechenden Kapitalschutzregeln. Dem geschützten Garantiefonds der Kapitalgesellschaft steht die persönliche, unbeschränkte Außenhaftung der Personengesellschafter (mit Ausnahme der Kommanditisten) gegenüber. Entgegen *Kindler*[2035] kann daher auch unabhängig von §§ 46 V AktG, 9a IV GmbHG kein allgemeines „rechtsformübergreifendes Prinzip", welches zur Annahme eines Gleichlaufs der Haftung von Treugebern in der GmbH und der KG zwingt, festgestellt werden. Eine detailliertere Auseinandersetzung mit diesem Problemkomplex fand bereits im Rahmen der Untersuchung der unmittelbaren Außenhaftung statt.[2036]

2. Allgemeine Haftungsüberleitung gemäß § 152 I 3 KAGB

Die bereits behandelte vertragliche Gleichstellungsabrede hat für den Bereich der geschlossenen Publikumsinvestmentkommanditgesellschaft nunmehr Gesetzesrang erlangt. § 152 I 3 KAGB bestimmt, dass mittelbar beteiligte Anleger im Innenverhältnis der Gesellschaft und der Gesellschafter zueinander die gleiche Rechtsstellung wie ein Kommanditist haben. Ob hieraus die gesetzliche Anordnung einer vom Treuhänder auf den Treugeber übergeleiteten Innenhaftung gefolgert werden kann, erscheint äußerst zweifelhaft.

a) Gesetzlich angeordnete Mithaftung

Zunächst ist an eine an die vertragliche Verbindung anknüpfende gesetzliche Anordnung der Mithaftung oder Haftungsübernahme durch einen Dritten zu denken. Eine Vorschrift mit entsprechender Wirkung dürfte dem System des Zivilrechts jedoch fremd sein. Während § 152 I 3 KAGB im „umgekehrten" Fall des Gewinnbezugs, bei Annahme einer alleinigen originären Berechtigung des Treuhänders hinsichtlich der Gewinnansprüche gegen die KG, als eine dem System des

2034 Vgl. *Mayer*, in: MüKo-GmbHG, § 2, Rn. 142; *Ulmer*, in: GK-GmbHG, § 2, Rn. 63; *Armbrüster*, GmbHR 2001, 1021, 1027.
2035 *Kindler*, in: FS K. Schmidt, 871, 886 ff.
2036 Siehe § 5 C. II.

Zivilrechts bekannte Legalzession zugunsten des Treugebers verstanden werden könnte,[2037] lassen sich für den hier zu untersuchenden Fall der gesetzlichen Überleitung einer vertraglich übernommenen Leistungspflicht keine vergleichbaren Vorschriften finden.

Die insoweit allenfalls vergleichbaren Haftungsvorschriften §§ 46 V AktG, 9a IV GmbHG setzen ebenso wie § 831 BGB Verschulden voraus. Erstgenannte können daher zumindest als deliktsähnlich bezeichnet werden.[2038] Das Haftungsverhältnis von Treuhänder und Treugeber ließe sich allenfalls entfernt mit dem Verhältnis von Schuldner und Bürge vergleichen. Letztlich soll der Treugeber nach Ansicht der Befürworter einer unmittelbaren Innenhaftung aber nicht nur subsidiär bei Ausfall des Treuhänders, sondern erstrangig neben oder statt diesem haften.[2039] Eine subsidiäre Haftung des Treugebers besteht unstreitig – zumindest mittelbar – bereits aufgrund §§ 675, 670 BGB. Zudem findet sich auch keine gesetzliche Anordnung der Bürgschaft. Diese beruht immer auf entsprechender vertraglicher Verpflichtung. Auch ein Vergleich mit den Vorschriften zur Gesamtschuld scheidet aus. Zwar finden sich gesetzlich angeordnete Gesamtschuldverhältnisse (vgl. § 769 BGB). Hierbei geht es jedoch bereits nicht um die Begründung einer Schuld, sondern lediglich um das Verhältnis mehrerer Schuldner hinsichtlich eines einheitlichen Leistungsinteresses eines Gläubigers. Insoweit kann ein Gesamtschuldverhältnis allenfalls Folge einer Haftung des Treugebers neben dem Treuhänder sein.[2040]

Ausgehend davon, dass sich die zumindest mittelbar vom Treugeber zu tragenden Pflichten in Inhalt und Umfang von der Rechtsposition des Treuhänders ableiten, wäre der Treuhänder insoweit gesetzlich ermächtigt, einen Vertrag zulasten Dritter abzuschließen. Dies stünde offensichtlich in untragbarem Widerspruch zu grundlegenden Prinzipien des Zivilrechts. Hiergegen ließe sich einwenden, dass der Treugeber im Falle der qualifizierten Treuhand bisher selbst auch an den vertraglichen Rechtsbeziehungen zu Gesellschaft und Gesellschaftern beteiligt ist und daher kein Vertrag zulasten Dritter vorliege. § 152 I 3 KAGB stellt die Wirkung der qualifizierten Beteiligung, namentlich unmittelbare Rechte und Pflichten des Treugebers gegenüber der KG, jedoch ohne Rücksicht auf die Mitwirkung des Treugebers am Vertragsschluss gegenüber der KG her. Beteiligt sich ein Anleger mittelbar an einer geschlossenen Investmentkommanditgesellschaft so stehen ihm Rechte

---

2037 Vgl. § 3 B. IV. 1.

2038 Str., vgl. *Ehricke*, in: GK-AktG, § 46, Rn. 8f.; **aA** etwa *Pentz*, in: MüKo-AktG, § 46, Rn. 13 mwN.

2039 Vgl. BGH, NZG 2012, 1342, 1343, Rz. 12 f.; BGH, NZG 2012, 1345, 1346. Vgl. BGH, NZG 2011, 1432, 1433 ff.; BGH, NZG 2012, 1342, 1343, Rz. 12 f.; BGH, NZG 2012, 1345, 1346.; *Schäfer*, ZHR 177 (2013), 619, 640 f. (praktische Sicherungsfunktion der Treuhänderhaftung im Kontext der unmittelbaren Außenhaftung).

2040 Eine gesamtschuldnerische Haftung von Treuhänder und Treugeber vertreten etwa *Stari/Beuster*, DStR 2014, 271, 274.

in bzw. gegenüber der Gesellschaft unmittelbar qua Gesetz zu und zwar theoretisch auch dann, wenn er lediglich einen rein schuldrechtlichen Treuhandvertrag allein mit dem Treuhänder abgeschlossen hat. Problematisch ist wiederum, dass die Übertragung von Mitgliedschaftsrechten der Zustimmung der Gesellschafter bedarf[2041] und die originäre Begründung von Mitgliedschaftsrechten für die Treugeber sogar die Beteiligung am Gesellschaftsvertrag voraussetzt.[2042]

Daher ist fraglich, welche Wirkung § 152 I 3 KAGB zukommt. Denkbar ist, dass lediglich die Zustimmung der Gesellschafter zur Rechtsübertragung fingiert oder ganz entbehrlich wird. Dann würde es bei dem soeben geäußerten Befund bleiben, dass sich bei Annahme einer aus § 152 I 3 KAGB folgenden Mithaftung des Treugebers eine systemwidrige drittbelastende Wirkung des Vertragsverhältnisses zwischen Treuhänder und KG ergäbe. Möglich ist andererseits, dass § 152 I 3 KAGB den bisher zur mitgliedschaftlichen Einbeziehung qualifizierter Treugeber notwendigen kombinierten Treuhand- und Gesellschaftsverträgen ein zwingendes gesetzestypisches Gepräge hin zum neun Vertragstypus des einheitlichen *„Anlegertreuhandvertrags"* gibt.

b) Typisierung der Beitrittsverträge

§ 152 I 3 KAGB könnte nach dem vorangehend gesagten bewirken, dass der Beitritt zu einer geschlossenen Investmentkommanditgesellschaft nur noch durch Abschluss eines gesetzlich typisierten „Anlegertreuhandvertrags" möglich ist, welcher eine Kombination aus Gesellschafts- und Treuhandvertrag darstellen würde. Der Treugeber stünde somit auch bei mittelbarer Beteiligung immer notwendig in (gesellschafts-)vertraglicher Beziehung auch zur KG. Durch diesen Vertrag müsste dem Treugeber die gleiche Rechtsstellung wie einem Kommanditisten verschafft werden.

Problematisch ist insoweit, dass die Rechtsstellung des Kommanditisten zumindest im Innenverhältnis der Gesellschaft weitgehend dispositiv ist. Insofern stellt sich die Frage, ob dem Anlegertreugeber die gesetzestypische Position eines Kommanditisten verschafft werden muss oder ob insoweit lediglich eine Gleichbehandlung bzw. Gleichstellung mit den unmittelbar beteiligten Anlegern in der jeweiligen Investmentkommanditgesellschaft hergestellt werden muss. Für letzteres spricht zum einen, dass die dispositiven Vorschriften der §§ 161 ff. HGB zwar durch §§ 140 ff. KAGB und insbesondere § 152 KAGB eine Modifikation hin zu teilweise zwingenden gesetzlichen Vorschriften erfahren, die Rechtsposition des Kommanditisten jedoch weiterhin dispositiv bleibt. Zudem geht auch die Gesetzesbegründung davon aus, dass der mittelbar beteiligte Anleger lediglich so gestellt werden müsse, „als ob" er direkt beteiligt wäre.[2043] Mithin bewirkt § 152 I 3 KAGB

2041 Siehe § 3 B. II. 4. b).
2042 Siehe § 3 B. II. 4. c).
2043 BT-Drucks. 17/12294, S. 250.

eine Gleichbehandlung mit den übrigen unmittelbar beteiligten Anlegern, wobei die Ausgestaltung dieser einheitlichen Rechtsposition aller Anleger einer Investment-KG vorbehaltlich der Modifikationen in den §§ 140 ff. KAGB in gleichem Maße dispositiv ist wie in der klassischen KG.

Bezogen auf die Frage nach der unmittelbaren Innenhaftung bedeutet dies, dass eine originäre vertragliche Innenhaftung des Treugebers möglich erscheint, sofern man annimmt, dass das Gesetz verlangt, dass der Anlegertreugeber eine direkte gesellschaftsrechtliche Verbindung zur KG bzw. ihren Gesellschaftern eingeht.[2044] Eine gesetzlich angeordnete Überleitung der Haftung des Treuhänders auf den Treugeber lässt sich aus § 152 I 3 KAGB jedoch nicht herleiten.

c) *Cessio legis*

Ein bekanntes Instrument des Zivilrechts ist die Legalzession. Diese stellt den „spiegelbildlichen" Fall der zuvor dargestellten Mechanismen zur Herstellung eines Schuldnerwechsels oder einer Schuldnermehrheit dar. Denkbar wäre es daher, in § 152 I 3 KAGB die gesetzliche Anordnung des (antizipierten) Übergangs der Ersatzforderung des Treuhänders gegen den Treugeber gem. §§ 675, 670 BGB auf die Investment-KG zu sehen. Anlass für den gesetzlichen Forderungsübergang wäre in diesem Fall allein der Abschluss des Beitrittsvertrags durch den Treugeber mit dem Treuhänder. Die Person des privatautonom anvisierten Gläubigers würde kraft Gesetzes und ohne weitergehende Tätigkeit der KG ausgewechselt. Die bisher vorgesehen Fälle der Legalzession wirken jedoch nur unter der Bedingung einer Erfüllung durch den späteren Zessionar (Vgl. §§ 268 III, 426 II, 774, 1142, 1225 BGB). Eine leistungslose Begünstigung des Neugläubigers, wie sie hier vorliegen würde, wäre wiederum systemfremd. Zudem fehlt es an einem hinreichend konkreten Wortlaut der Vorschrift. Auch die Gesetzesbegründung geht lediglich von einem Regress des Treuhänders gegenüber dem Treugeber aus.[2045] Die Regelungswirkung des § 152 I 3 KAGB kann somit nicht als Legalzession hinsichtlich der Ersatzforderung des Treuhänders gegen den Treugeber aus §§ 675, 670 BGB verstanden werden und daher eine gesetzliche Überleitung der Innenhaftung auf den Treugeber nicht begründen.

D. Begründung einer originären unmittelbaren Innenhaftung

Eine unmittelbare Innenhaftung könnte weiterhin originär in der Person des Treugebers begründet sein. Eine solche originäre unmittelbare Innenhaftung könnte sich einerseits aus gesetzlichen Haftungsnormen und andererseits aus vertraglichen Bestimmungen ergeben.

2044 Siehe dazu § 7 D. II. 3.
2045 BT-Drucks. 17/12294, S. 250.

I. Gesetzlich begründete Innenhaftung

1. *Einlage und andere gesellschaftsvertragliche Ansprüche*

Wie eingangs dieses Kapitels dargelegt wurde, unterliegt schon der Kommanditist keiner gesetzlichen Innenhaftung gegenüber der Kommanditgesellschaft. Die Einlageverpflichtung beruht allein auf den Regelungen des Gesellschaftsvertrags. Der Kommanditist ist ohne weiteres nicht verpflichtet, überhaupt eine Einlage zu erbringen. Anders als die persönlich haftenden Gesellschafter in GbR, oHG und KG trifft den Kommanditisten auch keine Fehlbetragshaftung im Falle der Liquidation der Gesellschaft. Die §§ 735, 739 BGB finden auf den Kommanditisten gem. § 167 III HGB keine Anwendung. Wenngleich die Begründung einer originären gesetzlichen Haftung des Treugebers in der GbR in Analogie zu den §§ 735, 739 BGB grundsätzlich denkbar erscheint,[2046] ist dieser Weg für den Treugeberkommanditisten von vorn herein verschlossen. Wo schon keine gesetzliche Haftung des Kommanditisten besteht, kann erst recht keine gesetzliche Haftung des Treugebers angenommen werden. Gleiches muss für sämtliche gesellschaftsvertraglichen Ansprüche der KG gelten, etwa auch dann, wenn ein vertraglicher Rückzahlungsanspruch bezüglich gewinnunabhängiger Liquiditätsausschüttungen besteht.[2047]

Sofern der *BGH* den Treugeber als echten Gesellschafter im Innenverhältnis behandelt und die §§ 735, 739 BGB auf den Treugeber in der GbR unmittelbar anwendet,[2048] kann nur die sich aus diesem Verständnis ergebende Natur der Rechtsstellung des Treugebers bei der Frage nach der originären unmittelbaren Innenhaftung des Treugeberkommanditisten berücksichtigt werden. Insofern kann sich jedoch nur die Frage stellen, ob der Treugeberkommanditist aufgrund der vertraglichen Einbeziehung in das Innenverhältnis der Gesellschaft für die einen Kommanditisten treffenden vertraglichen Ansprüche originär und unmittelbar gegenüber der KG haftet.[2049] Der *BGH* hat eine solch originäre unmittelbare vertragliche Haftung des Treugebers gegenüber der KG in konsequenter Fortführung seiner Rechtsprechung bejaht.[2050]

2. *Analogie zu § 46 V AktG, 9a IV GmbHG*

Eine originär gesetzliche Haftung des Treugebers für die Einlageschuld könnte aus einer Analogie zu §§ 46 V AktG, 9a IV GmbHG zu folgern sein. Sofern sich etwa *Canaris* für eine unmittelbare Außenhaftung ausspricht müsste dies wohl auch

2046 Für eine unmittelbare Anwendung der §§ 735, 739 auf den Treugeber: BGH, NZG 2011, 1432 ff.
2047 Vgl. § 4 A. III. 2. d).
2048 BGH, NZG 2011, 1432, 1433 f., Rz. 15 ff.
2049 Dazu sogleich unter § 7 D. II.
2050 BGH, NZG 2012, 1342, 1343; BGH, NZG 2012, 1345, 1346.

erst recht für die Einlagenhaftung im Innenverhältnis gelten.[2051] Die genannten Vorschriften begründen bereits keine vollständig eigenständige Haftung der Hintermänner. Diese leitet sich grundsätzlich von der Verantwortlichkeit der beauftragten Gründer ab, weshalb allenfalls eine Haftungsüberleitung anzunehmen wäre. Auch soweit *Kindler*[2052] ein „rechtsformübergreifendes Prinzip“ behauptet, welches zur Annahme eines Gleichlaufs der Haftung von Treugebern in der GmbH und der KG zwinge, kann daher keine eigenständige gesetzliche Haftung des Treugebers gefolgert werden. Wiederum muss gelten, dass, wo keine gesetzliche Haftung des Treuhänders besteht, auch die Annahme einer originär gesetzlichen Haftung des Treugebers nicht überzeugen kann. Letztlich überzeugen die vorgebrachten Argumente für eine Analogie bzw. der Annahme eines allgemeingültigen Prinzips jedenfalls nicht. Insoweit kann auf die Ausführungen zur Haftungsüberleitung und zur unmittelbaren Außenhaftung verwiesen werden.[2053]

3. § 152 I 3 KAGB

§ 152 I 3 KAGB könnte begrenzt auf ihren durch § 1 I KAGB vorgegebenen Anwendungsbereich zur Annahme einer originären gesetzlichen Haftung von Treugebern einer geschlossenen Publikumsinvestment-KG führen. Die Vorschrift könnte sich als eigenständige Haftungsnorm darstellen oder zu einer Einordnung von Treugebern als eigenständige Gesellschafterklasse führen.

a) Haftungsnorm

Die unmittelbare originäre Haftung des Treugebers rechtfertigt der *BGH* mit der vertraglichen Gleichstellung und Einbeziehung in das gesellschaftsrechtliche Innenverhältnis. Diese Gleichstellung des Treugebers im Innenverhältnis zu Gesellschaft und Gesellschaftern hat nach Entwicklung dieser Rechtsprechung nun Eingang in § 152 I 3 KAGB gefunden. Bereits diskutiert wurde die Frage, ob sich aus dieser Vorschrift eine zwingende gesetzliche Überleitung der Haftung des Treuhänders auf den Treugeber ergibt.[2054] Unter Berücksichtigung der Rechtsprechung zur unmittelbaren Innenhaftung des Treugebers wäre es denkbar, eine entsprechende originäre Haftung aus § 152 I 3 KAGB herzuleiten. Letztlich kann diese Vorschrift jedoch keine weitergehende Wirkung als die gleichlautende vertragliche Gleichstellungsabrede haben. Wo der Kommanditist nicht unmittelbar gesetzlich haftet, kann auch der Treugeberkommanditist nicht entsprechend haften.[2055]

Möglich wäre dies nur, sofern § 152 I 3 KAGB eine eigenständige Haftungsanordnung enthielte und damit eine selbständige Haftungsnorm allein für

---

2051 *Canaris*, in: FS Fischer, 31, 57 f.
2052 *Kindler*, in: FS K. Schmidt, 871, 886 ff.
2053 Vgl. § 7 C. II. 1.; § 5. D. II.
2054 Siehe § 7 C. II. 2.
2055 **aA** ohne nähere Begründung *Paul*, in: W/B/A, § 152, Rn. 8.

qualifizierte Treugeber darstellen würde. Nach dem Wortlaut kann dieser Vorschrift keine eigenständige haftungsbegründende Wirkung zugemessen werden. Regelungsgehalt ist allein die Angleichung der Rechtsstellung von mittelbar und unmittelbar beteiligten Kapitalanlegern. Es kann daher nicht davon ausgegangen werden, dass für den Treugeber eine gesetzliche Haftung angeordnet werden sollte, wo schon für den Kommanditisten keine zwingende Haftung besteht. Das Gesetz geht eindeutig davon aus, dass die vermögensrechtlichen Beziehungen zwischen Treugeber und Investment-KG trotz Gleichstellung weiterhin durch den Treuhänder vermittelt werden. So ordnet § 152 II 3 KAGB an, dass eine haftungsbegründende Ausschüttung an den Treugeber der Zustimmung des Treuhänders und „zusätzlich" der Zustimmung des Treugebers bedarf.[2056] Ebenso geht die Gesetzesbegründung davon aus, dass der Treugeber im Falle der haftungsbegründenden Ausschüttung nur vom Treuhänder in Regress genommen werden kann.[2057]

b) Schaffung einer neuer Gesellschafterklasse

Dass dic Einordnung von qualifizierten Treugebern als echte Innengesellschafter der KG aufgrund vertraglicher Gleichstellung nicht überzeugen kann, wurde bereits dargelegt.[2058] Eine gesetzliche Anordnung der Gleichstellung, wie sie § 152 I 3 KAGB vorsieht, könnte demgegenüber zur Annahme einer neuen Gesellschafterklasse in der Investment-KG führen.[2059] Mangels gesetzlicher Haftungsvorschriften im Innenverhältnis der KG würde es sich jedoch auch dann um eine vertragliche Haftung handeln.[2060]

4. Kondiktionsansprüche

Soweit es um Kondiktionsansprüche der Kommanditgesellschaft gem. §§ 812 ff. BGB geht, kommt eine originäre unmittelbare Haftung des Treugebers bereits nach allgemeinen schuldrechtlichen Grundsätzen in Betracht. Kondiktionsansprüche der Gesellschaft können sich hinsichtlich der Rückforderung von Liquiditäts- und Scheingewinnausschüttungen ergeben.[2061] Voraussetzung ist zunächst, dass der Treugeber die Auszahlung unmittelbar von der Gesellschaft erhalten hat. Sofern die Auszahlung schon ohne rechtlichen Grund an den Treuhänder erfolgt ist und dieser das Empfangene gem. §§ 675, 667 BGB an den Treugeber weitergibt, ist nur der Treuhänder zur Herausgabe verpflichtet.[2062] Ob tatsächlich unmittelbar

2056 So auch *Paul*, in: W/B/A, § 152, Rn. 15.
2057 BT-Drucks. 17/12294, S. 250.
2058 Siehe § 3 D. II.
2059 So mglw. *Klebeck/Kunschke*, in: B/S/V, 405, § 152 KAGB, Rn. 44: „unmittelbar beteiligter Anleger-Kommanditist".
2060 Siehe dazu § 7 D. II. 4.
2061 Vgl. § 4 A. III. 2. d) und e).
2062 Vgl. BGH, NJW 1961, 1461, 1461; *Sprau*, in: Palandt, § 812, Rn. 55 f.

gegen den Treugeber gerichtete Ansprüche der Gesellschaft gem. § 812 ff. BGB bestehen, hängt wesentlich vom Leistungsgrund aus Sicht der Gesellschaft ab. Für direkte Ausschüttungen der Gesellschaft an den Treugeber kommen diverse Leistungsgründe in Betracht.[2063] Denkbar wären eigene originär gesellschaftsrechtliche Ansprüche sowie derivative, vom Treuhänder abgeleitete Ansprüche gesellschaftsrechtlicher und schuldrechtlicher Natur. Weiterhin kann die direkte Leistung auch nur auf Anweisung des Treuhänders erfolgen.

a) Originär gesellschaftsrechtliche Ansprüche

Nimmt man mit dem *BGH*[2064] an, dass dem Treugeber originär gesellschaftsrechtliche Ansprüche zustehen können, so ergibt sich in diesem Fall zwingend auch ein Kondiktionsanspruch gegen den Treugeber. Bei dieser Betrachtungsweise ist der Treuhänder vollständig aus seiner Rechtsposition gegenüber der Gesellschaft verdrängt, so dass er an der Leistung der Gesellschaft an den Treugeber weder rechtlich noch tatsächlich beteiligt ist. Ein Leistungsverhältnis zum Treuhänder, welches eine Kondiktion alternativ auch bei diesem erlauben könnte, kann bei der Einordnung des Bezugsrechts des Treugebers als originär gesellschaftsrechtlich nicht angenommen werden. Für den Rückgewähranspruch gegen den Treugeber wäre eine Leistung mittelbar über den Treuhänder unschädlich, sofern dieser lediglich als Inkassostelle aufgrund Einziehungsermächtigung fungiert,[2065] wie es in diesem Fall regelmäßig anzunehmen ist.

Für den umgekehrten Fall einer direkten Leistung der Einlage eines Treugebers an eine Fondsgesellschaft und Wegfall des Rechtsgrunds aufgrund Widerrufs des Treuhandvertrags hat der *BGH* jedoch keinen Kondiktionsanspruch des Treugebers gegen die Fondsgesellschaft angenommen, sondern auf ein Rückforderungsrecht des Treugebers gegen die Fondsgesellschaft aus § 3 HaustürWG abgestellt.[2066]

b) Derivative Ansprüche

Als derivative Ansprüche des Treugebers kommen der vom Treuhänder im Wege der Abtretung erworbene gesellschaftsrechtliche Gewinnanspruch und weiterhin eigene schuldrechtliche Ansprüche aufgrund Vertrags zugunsten Dritter gem. § 328 BGB und Schuldübernahme durch die Gesellschaft gem. §§ 414, 415 BGB in Betracht, wobei sich die schuldrechtlichen Ansprüche lediglich inhaltlich von der Rechtsposition des Treuhänders ableiten.

2063 Vgl. § 3 B I. 1.

2064 BGH, NZG 2003, 915, 915.

2065 Vgl. *Sprau*, in: Palandt, § 812, Rn. 55 f.

2066 BGH, NJW 2001, 2718, 2719; krit. *Louven*, BB 2001, 1807, 1808.

aa) Abtretung

Die bereicherungsrechtliche Rückabwicklung von Leistungen auf eine nicht bestehende abgetretene Forderung ist umstritten. *Rechtsprechung*[2067] und *Teile der Literatur*[2068] gehen grundsätzlich von einer Kondiktion beim Zedenten aus, da der vermeintliche Schuldner in erster Linie die Verbindlichkeit aus seinem Rechtsverhältnis gegenüber dem Zedenten erfüllen wolle und die Abtretung sich damit nur als Erfüllungsmodalität vergleichbar mit einer bloßen Leistungsanweisung[2069] darstelle. Nach *weit verbreiteter anderer Ansicht*[2070] komme nur eine Direktkondiktion beim Zessionar in Betracht, da die Zession nicht mit der Anweisung vergleichbar sei. Der Schuldner könne nicht wählen, ob er an den Zessionar oder den Zedenten leiste. Er sei nur dem Zessionar gegenüber verpflichtet. Ob durch die Abtretung eine Tilgungswirkung im Verhältnis zwischen Zedent und Zessionar eintrete, sei für den Schuldner unbeachtlich.[2071]

Die *wohl ganz herrschende Meinung*[2072] stellt zur Bestimmung des Bereicherungsschuldners darauf ab, wem gegenüber der Schuldner einen Leistungszweck verfolgt (Theorie der finalen Leistungsbestimmung). Diese Tilgungsbestimmung ist nach dem objektiven Empfängerhorizont mit Rücksicht auf Treu und Glauben und die Verkehrssitte zu bestimmen. In der hier zu untersuchenden Konstellation ist die Kommanditgesellschaft die Schuldnerin. Der von ihr verfolgte Leistungszweck unterscheidet sich grundsätzlich je nach Art des Treuhandverhältnisses.

(1) Einfache Treuhand

Im Falle der *einfachen Treuhand* – sei sie verdeckt, offen oder gar einvernehmlich – ergeben sich grundsätzlich keine treuhandspezifischen Besonderheiten. Die jeweils für beide Auffassungen vorgebrachten Argumente bleiben identisch. Insofern soll auf diese Streitigkeit nicht näher eingegangen werden.

2067 BGH, NJW 2005, 1369, 1369 f.; BGH, NJW 2006, 1731, 1732.

2068 *Prütting*, in: P/W/W, § 812, Rn. 99; *Sprau*, in: Palandt, § 812, Rn. 66 f.; *Lorenz*, in: Staudinger (2007), § 812, Rn. 41; *Wendehorst*, in: BeckOK-BGB, § 812, Rn. 245 ff.

2069 Insoweit besteht Einigkeit, dass der angewiesene bei dem Anweisenden und nicht bei dem Empfänger der Leistung zu kondizieren hat, vgl. BGH, NJW 2001, 2881, *Stadler*, in: Jauernig, § 812, Rn. 45 f.; *Schwab*, in: MüKo-BGB, § 812, Rn. 67 ff; *Leupertz*, in: P/W/W, 3 812, Rn. 88 ff.

2070 *Schwab*, in: MüKo-BGB, § 812, Rn. 232 ff.; *Medicus/Pertersen*, BR, Rn. 685a; *Buck-Heeb*, in: Erman, § 812, Rn. 36; *Schmidt-Kessel/Hadding*, in: Soergel, § 812, Rn. 253.

2071 *Schwab*, in: MüKo-BGB, § 812, Rn. 232 ff.

2072 BGH, NJW 2005, 60, 60 f.; BGH, NJW 2005, 1356, 1356 f.; *Sprau*, in: Palandt, § 812, Rn. 14 ff., 54 ff.; *Schwab*, in: MüKo-BGB, § 812, Rn. 47 ff; *Wendehorst*, in: BeckOK-BGB, § 812, Rn. 46 ff.; *Prütting*, in: P/W/W, § 812, Rn. 107; Wiese/*Schulze*, in: HK-BGB, § 812, Rn. 22.

(2) *Qualifizierte Treuhand*

Grundlegend anders verhält es sich bei der *qualifizierten Treuhand.* Hier steht der Treugeber schon in unmittelbarer vertraglicher Beziehung zur Kommanditgesellschaft. Nach dem Willen aller beteiligten Parteien, namentlich der Gesellschaft, des Treuhänders und des Treugebers, besteht Einigkeit, dass der Treugeber Leistungsempfänger sein soll. Die Rechtsstellung des Treuhänders ist auf die Position eines bloßen technischen Mittels zur Ermöglichung der mittelbaren Beteiligung ohne eigenes wirtschaftliches Interesse reduziert. Wenn hier die Gesellschaft zwar formal nur aufgrund des abgetretenen Anspruchs des Treuhänders an den Treugeber leistet, so erfüllt sie doch den von allen Parteien beabsichtigten Leistungszweck unmittelbar gegenüber dem Treugeber. Es kann daher nicht argumentiert werden, dass die Gesellschaft tatsächlich primär die nur formal bestehende Verbindlichkeit gegenüber dem Treuhänder erfüllen wolle und deshalb auch nur bei diesem kondizieren könne. Die Zuwendung aus dem Vermögen der Gesellschaft unmittelbar an den Treugeber kann nur als zweckgerichtete Leistung an diesen verstanden werden. Somit kommt in diesem Fall ausschließlich eine Direktkondiktion gegenüber dem Treugeber in Betracht. Auf den vorgenannten Streit über die bereicherungsrechtliche Rückabwicklung kommt es daher im Fall der qualifizierten Treuhand nicht an.

bb) Vertrag zugunsten Dritter

Die Vereinbarung einer direkten Leistung von Gewinn- und/oder Liquiditätsausschüttungen an den Treugeber kann auch als echter bzw. berechtigender Vertrag zugunsten Dritter i. S d. § 328 BGB ausgelegt werden. Fehlt im Deckungsverhältnis zwischen KG und Treuhänder der Rechtsgrund für eine Ausschüttung (Scheingewinn) oder fällt dieser später weg (Liquiditätsausschüttung), ist wiederum fraglich, gegen wen sich der Kondiktionsanspruch richtet, da die versprechende KG simultan an den gem. § 328 BGB selbst forderungsberechtigten Treugeber und zugleich an den gewinnbezugsberechtigten Treuhänder leistet.

Sofern der Vertrag zugunsten des Dritten mit dem Ziel geschlossen werde, auf diese Weise eine bereits bestehende, gegenständlich entsprechende Verbindlichkeit des Versprechensempfängers (hier: Treuhänder) gegenüber dem Dritten (hier: Treugeber) zu tilgen, kann der Versprechende (hier: KG) nach insoweit zutreffender *herrschender Meinung* nur vom Versprechensempfänger kondizieren. Der Fall entspricht grundsätzlich der Anweisung, bei der der Angewiesene nur vom Anweisenden kondizieren kann. Der Dritte darf im Fall des § 328 BGB nicht schlechter stehen, da seine Rechtsposition durch die Begründung eines eigenen Forderungsrechts gerade gestärkt werden soll.[2073] Die *Gegenansicht* nimmt an, dass der Dritte auch dem Bereicherungsanspruch ausgesetzt sein müsse, da er gem. § 334

2073 Vgl. *Schwab*, in: MüKo-BGB, § 812, Rn. 223; *Leupertz*, in: P/W/W, § 812, Rn. 98; *Sprau*, in: Palandt, § 812, Rn. 62; *Wendehorst*, in: BeckOK-BGB, § 812, Rn. 193; *Westermann/Buck-Heeb*, in: Erman, 13. Aufl. (2011), § 812, Rn. 35; *Medicus/Petersen*, BR, Rn. 681.

BGB auch den Einwendungen aus dem Deckungsverhältnis ausgesetzt sei.[2074] Diese allgemeine Folgerung geht schon deshalb zu weit, da § 334 BGB abdingbar ist. Eine Direktkondiktion gegen den Dritten überzeugt aber dann, wenn Deckungsverhältnis und Valutaverhältnis unselbständig zueinander sind und der eigentliche Leistungszweck weit überwiegend oder ausschließlich gegenüber dem Dritten verfolgt wird.[2075] Genauso verhält es sich bei der qualifizierten Treuhand: Genau betrachtet besteht zunächst keine Verbindlichkeit des Treuhänders gegenüber dem Treugeber, welche durch den Vertrag zwischen KG und Treuhänder zugunsten des Treugebers getilgt werden könnte. Der Treugeber ist nur akzessorisch berechtigt. Erst bei tatsächlicher Zuwendung der KG an den Treuhänder entsteht der Herausgabeanspruch des Treugebers gem. § 667 BGB. Durch die zwischen KG und Treuhänder vereinbarte Leistung an den Treugeber wird der lediglich formal bestehende Ausschüttungsanspruch des Treuhänders erfüllt und das Valutaverhältnis zwischen Treuhänder und Treugeber gelangt erst gar nicht zur Entstehung. Nach den Parteiinteressen ist bei qualifizierter Treuhand eindeutig, dass die Ausschüttung einzig und allein dem Treugeber gebührt und somit allein vom Bestand des Deckungsverhältnisses abhängig ist.[2076] Einen Leistungszweck verfolgt die KG daher nur gegenüber dem Treugeber, weshalb auch bei diesem zu kondizieren ist.

Nach *wohl einhelliger Ansicht*[2077] besteht ein direkter Kondiktionsanspruch des Versprechenden gegen den Dritten zudem dann, wenn die Leistung des Versprechensempfängers an den Dritten im Valutaverhältnis unentgeltlich erfolgt. *Einerseits* wird ein direkter Anspruch gegen den Dritten nur unter den Voraussetzungen des § 822 BGB angenommen.[2078] *Andererseits* wird im Rahmen der Bestimmung des bereicherungsrechtlich primär relevanten Leistungsempfängers lediglich der Rechtsgedanke des § 822 BGB herangezogen und ein Anspruch aus § 812 BGB angenommen.[2079] Die Verpflichtung des Treuhänders zur Herausgabe aller in seiner Funktion als Treuhänder erlangten Vermögengegenstände an den Treugeber gem. § 667 BGB erfolgt in jedem Fall unentgeltlich. Es besteht insbesondere kein synallagmatisches Verhältnis zur Vergütung des Treuhänders. Somit besteht sowohl bei *einfacher* als auch bei *qualifizierter Treuhand* immer ein direkter Kondiktionsanspruch der KG gegen den Treugeber. Sofern man diesen Anspruch im Falle der einfachen Treuhand auf § 822 BGB stützt, entfällt dieser freilich im Falle der verschärften Haftung des Treuhänders gem. § 819 BGB. Für die qualifizierte

2074 *Lorenz*, AcP 168 (1968), 286, 294; *Buck-Heeb*, in: Erman, § 812, Rn. 35.
2075 Vgl. *Medicus/Petersen*, BR, Rn. 683; BGH, NJW 1972, 864, 865 f.
2076 Vgl. BGH, NJW 1972, 864, 865.
2077 *Schwab*, in: MüKo-BGB, § 812, Rn. 225 ff. mwN; *Medicus/Petersen*, BR, Rn. 682; *Sprau*, in: Palandt, § 812, Rn. 62; *Lorenz*, JuS 2003, 839, 841.
2078 *Schwab*, in: MüKo-BGB, § 812, Rn. 225; *Stadler*, in: Jauernig, § 812 BGB, Rn. 42 ff.; *Lorenz*, JuS 2003, 839, 841; *Medicus/Petersen*, BR, Rn. 682.
2079 *Sprau*, in: Palandt, § 812, Rn. 62.

Treuhand ergibt sich nach dem oben Gesagten bereits ohne Rücksicht auf § 822 BGB ein Direktanspruch gem. § 812 BGB.

cc) Schuldübernahme

Die Schuldübernahme stellt den spiegelbildlichen Fall zur oben dargestellten Abtretung dar. In beiden Fällen leistet die KG als ursprüngliche bzw. übernehmende Schuldnerin auf eine eigene Verpflichtung gegenüber dem Treugeber. Die zur Abtretung vertretenen Ansichten ließen sich daher grundsätzlich auf den Fall der Schuldübernahme übertragen.[2080] Ein entscheidender Unterschied besteht jedoch darin, dass die KG im Fall der Schuldübernahme die Schuld bewusst an sich zieht. Es kann daher von vorn herein nicht argumentiert werden, dass sich die Leistung an den Treugeber aus Sicht der KG als bloße Erfüllungsmodalität des zugrundeliegenden Anspruchs des Treuhänders gegen die KG darstellt. Sofern die Direktkondiktion im Fall der *qualifizierten Treuhand* für die Abtretung bejaht wurde, muss dies hier erst recht gelten.

Richtigerweise muss es aber auch im Fall der *einfachen Treuhand* bei der Direktkondiktion zwischen KG und Treugeber bleiben,[2081] da gegenüber dem Treugeber (Gläubiger) und dem Treuhänder (Altschuldner) unterschiedliche Leistungsgegenstände erbracht werden. Die Schuldübernahme stellt für sich bereits eine Leistung an den Treuhänder dar, da dieser von seiner Verbindlichkeit gegenüber dem Treugeber unmittelbar befreit wird. Ist das Kausalverhältnis zwischen KG und Treuhänder fehlerhaft, hat dies keine Auswirkungen auf die Wirksamkeit der Schuldübernahme (§ 417 II BGB). Die KG kann diesen Leistungsgegenstand (Befreiung) im Wege der Leistungskondiktion herausverlangen. Der Anspruch richtet sich auf Rückübernahme oder, falls der Treugeber nicht genehmigt oder die Forderung durch Erfüllung gem. § 362 BGB erloschen ist, auf Wertersatz gem. § 818 II BGB.[2082] Mit der Übernahme der Verpflichtung gegenüber dem Treugeber ist der Leistungszweck gegenüber dem Treuhänder somit bereits vollständig erbracht. Mit der Erfüllung der Verpflichtung gegenüber dem Treugeber verfolgt die KG dagegen einen neuen, vollkommen eigenständigen Leistungszweck, weshalb bei nicht bestehender Forderung des Treugebers allein eine Kondiktion bei diesem in Betracht kommt.

c) Leistung ohne Forderungsrecht des Treugebers

Eine direkte Leistung der KG an den Treugeber könnte zunächst durch Anweisung des Treuhänders veranlasst sein. In diesem Fall besteht weder ein Recht

2080 *Schwab*, in: MüKo-BGB, § 812, Rn. 202.

2081 Für Direktkondiktion bei nicht bestehender Schuld auch *Schwab*, in: MüKo-BGB, § 812, Rn. 202. Ebenso bei unwirksamer Schuldübernahme: *Buck-Heeb*, in: Erman, § 812, Rn. 29; *Lorenz*, in: Staudinger (2007), § 812, Rn. 46.

2082 Vgl. *Schwab*, in: MüKo-BGB, § 812, Rn. 203.

des Treugebers, die Leistung zu fordern, noch besteht ein Recht des Treuhänders gegenüber der KG, dass diese die unmittelbare Gewinnausschüttung tatsächlich vornimmt. Die Anweisung dient nur der Abkürzung der Leistungswege. Es ist im Grundsatz wohl *unbestritten*, dass die bereicherungsrechtliche Rückabwicklung im Normalfall entlang der einzelnen vertraglichen Leistungsbeziehungen erfolgt.[2083] Die KG müsste sich daher bei Nichtbestehen oder Wegfall des Rechtsgrunds für eine Ausschüttung an den Treuhänder halten.

Eine gesellschaftsvertragliche vereinbarte direkte Gewinnausschüttung an den Treugeber könnte weiterhin auch als Erfüllungsübernahme bzw. unechter Vertrag zugunsten Dritter gem. § 329 BGB ausgelegt werden.[2084] Dem Treugeber steht dann kein eigenes Forderungsrecht gegenüber der KG zu. Die *herrschende Meinung* behandelt die Erfüllungsübernahme ebenso wie die Anweisung und nimmt grundsätzlich eine Leistung nur jeweils zwischen Übernehmer und Schuldner bzw. Schuldner und Gläubiger an.[2085] Zudem wird ein Direktanspruch gem. § 822 BGB zugelassen.[2086] Dies ist grundsätzlich überzeugend, da der Übernehmende regelmäßig einen Leistungszweck gegenüber dem Schuldner verfolgen wird. Auch aus Sicht des Gläubigers kann sich eine Zuwendung des Übernehmenden grundsätzlich nur als eine Leistung des Schuldners darstellen, da nur gegenüber diesem ein Anspruch besteht.

Ebenso wie beim echten vertrag zugunsten Dritter ist auch hier eine Ausnahme für die *qualifizierte Treuhand* zu machen, da die einzelnen Ansprüche des Treuhänders (Schuldner) gegen die KG (Übernehmerin) und des Treugebers (Gläubiger) gegen den Treuhänder unselbständig sind.[2087] Besteht kein Anspruch des Treuhänders gegen die KG, entsteht auch kein Herausgabeanspruch des Treugebers aus §§ 675, 667 BGB. Andersherum formuliert kann es keinen Anspruch des Treuhänders gegen die Gesellschaft geben, ohne dass ein Herausgabeanspruch des Treugebers entsteht. Alle Beteiligten sind zudem darüber einig, dass der Treugeber der wirtschaftlich allein Berechtigte und damit der wahre Leistungsempfänger sein soll. Im Falle der qualifizierten Treuhand dient die direkte Zuwendung an den Treugeber nicht der Abkürzung der Leistungswege. Vielmehr wird die jeweilige

2083 *Schwab*, in: MüKo-BGB, § 812, Rn. 59 ff.; *Stadler*, in: Jauernig, § 812 BGB, Rn. 35 ff.; *Wiese/Schulze*, in: HK-BGB, § 812, Rn. 24 ff.; *Lorenz*, in: Staudinger (2007), § 812, Rn. 49 ff.; *Medicus/Petersen*, BR, Rn. 675.

2084 Vgl. wiederum § 3 B. I. 1.

2085 BGH, NJW 1979, 157, 157 f.; *Schwab*, in: MüKo-BGB, § 812, Rn. 190; *Wendehorst*, in: BeckOK-BGB, § 812, Rn. 181, 229; *Stadler*, in: Jauernig, § 812 BGB, Rn. 42 f.; *Medicus/Petersen*, BR, Rn. 680; *Schulze*, in: HK-BGB, 8. Aufl., § 812, Rn. 29; **aA** *Lorenz*, JuS 2003, 839, 841; *ders.*, in: Staudinger (2007), § 812, Rn. 45; *Bittner*, in: Staudinger (2014), § 267, Rn. 10.

2086 *Stadler*, in: Jauernig, § 812 BGB, Rn. 42.

2087 *Medicus/Petersen*, BR, Rn. 681 ff. beschränken diese Ausnahme jedoch ausdrücklich auf den echten Vertrag zugunsten Dritter; wie hier im Erg. auch *Lorenz*, in: Staudinger (2007), § 812, Rn. 45.

Leistungsbeziehung zum Treuhänder nur „künstlich" geschaffen, um den tatsächlich angestrebten Leistungszweck zwischen KG und Treugeber zu ermöglichen. Es kann kein Zweifel daran bestehen, dass die KG bei objektiver Betrachtung nur an den Treugeber leisten will und der Treuhänder nur eine formell notwendige Durchgangsstation bildet. Daher kann die Gesellschaft auch hier direkt vom Treugeber kondizieren.

5. Vertrag mit Schutzwirkung zugunsten Dritter

Eine unmittelbare und originär eigene Haftung des Treugebers gegenüber der Gesellschaft könnte sich ergeben, sofern man im Treuhandverhältnis einen Vertrag mit Schutzwirkung zugunsten Dritter erblickt. Eine unmittelbare Innenhaftung wäre dann auch bei der *einfachen Treuhand* möglich, da insoweit allein auf den Treuhandvertrag abgestellt wird und eine unmittelbare rechtliche Beziehung zwischen Treugeber und Gesellschaft nicht erforderlich wäre. Der Vertrag mit Schutzwirkung zugunsten Dritter ist als eigenständiges vertragsähnliches, gesetzliches Schuldverhältnis allgemein anerkannt,[2088] wobei die Rechtsgrundlage umstritten ist. Die *Rechtsprechung*[2089] nimmt überwiegend eine ergänzende Vertragsauslegung gemäß §§ 157, 242 BGB vor, während der wohl überwiegende Teil der *Literatur*[2090] von richterlicher Rechtsfortbildung gem. § 242 BGB ausgeht. Sinn und Zweck dieses Rechtsinstituts ist es, vertragliche Schutzpflichten und damit verbundene Schadensersatzansprüche auf nicht direkt am Vertrag beteiligte Dritte zu erstrecken und somit Schwächen des Deliktsrechts auszugleichen.[2091] Erforderlich ist, dass der Dritte eine besondere Leistungsnähe aufweist, also bestimmungsgemäß derart mit der Leistung in Berührung kommt, dass er den Gefahren einer Schutzpflichtverletzung in gleichem Maße ausgesetzt ist wie der Gläubiger selbst. Weiterhin muss der Gläubiger für den Schutz des Dritten verantwortlich sein. Das Interesse des Gläubigers an der Einbeziehung des Dritten muss wiederum für den Schuldner erkennbar sein. Letztlich darf der Dritte auch keine eigenen Ersatzansprüche haben.[2092]

2088 Grundlegend *Larenz*, NJW 1960, 78 ff.; BGH, NJW 1959, 1676, 1676 f.; vgl. auch *Gottwald*, in: MüKo-BGB, § 328 BGB, Rn. 164

2089 BGH, NJW 1984, 355, 356; BGH, NJW 1994, 2417; ebenso *Grüneberg*, in: Palandt, § 328, Rn. 14; *Jagmann*, in: Staudinger (2009), § 328, Rn 93 ff.; Feldmann/*Löwisch*, in: Staudinger (2012), § 311, Rn. 199; offen gelassen in BGH, NJW 1976, 712; **aA** wohl BGH, NJW 2004, 3035, 3036 f.

2090 *Gottwald*, in: MüKo-BGB, § 328 BGB, Rn. 168; *Stadler*, in: Jauernig, § 328, Rn. 20 f.; *Westermann*, in: Erman, § 328, Rn. 12; *Klumpp*, in: Staudinger (2015), § 328, Rn 96 ff., 103 jew. mwN.

2091 *Grüneberg*, in: Palandt, § 328 BGB, Rn. 13.

2092 Zu den Voraussetzungen vgl. *Gottwald*, in: MüKo-BGB, § 328 BGB, Rn. 178 ff.

a) Die befürwortende Ansicht Köhls zur GmbH

Köhl[2093] vertritt für den Bereich der Kapitalaufbringung im GmbH-Recht die Auffassung, dass die Treuhandbeziehung zwischen Treugeber und Treuhänder Schutzwirkung zugunsten der Gesellschaft entfalte. Es bestehe ein besonderes Näheverhältnis zwischen dem Treuhänder und der Gesellschaft, weshalb dieser ein für den Treugeber erkennbares Interesse an der Einbeziehung der Gesellschaft in den Schutzbereich der Treuhandabrede habe. Die Treuhandkonstellation stelle sich ebenso dar wie das Verhältnis des Geschäftsführers einer Komplementär-GmbH zur Kommanditgesellschaft innerhalb einer GmbH & Co. KG. Auch hier werde die KG in den Schutzbereich des Anstellungsvertrages zwischen Geschäftsführer und Komplementär-GmbH einbezogen,[2094] da die Zielrichtung des Anstellungsvertrags auch auf die Leitung der KG gerichtet sei. Nichts anderes gelte für das Treuhandverhältnis, da die Erfüllung der gesellschaftsrechtlichen Pflichten des Treuhänders von der Erfüllung der treuhandvertraglichen Pflichten des Treugebers abhänge.[2095]

b) Vorliegen der Voraussetzung

Erforderlich ist zunächst eine Leistungspflicht des Treugebers aufgrund des Treuhandvertrags, die die Gesellschaft in gleichem Maße berührt, wie den Treuhänder (Leistungsnähe). Wie bereits dargestellt wurde, erschöpfen sich die Leistungspflichten des Treugebers gegenüber dem Treuhänder in der Entgeltzahlung (§ 675) und der Erstattung von Aufwendungen (§§ 662, 670 BGB bzw. §§ 675, 670 BGB).[2096] Im ersten Fall (Entgeltzahlung) wird die Gesellschaft überhaupt nicht von der Leistung berührt und es bestehen somit keine Schutzpflichten, die auf die Gesellschaft erstreckt werden könnten. Im zweiten Fall (Aufwendungsersatz- bzw. Freistellungsanspruch) lässt sich die Leistungsnähe der KG ohne weiteres bejahen: Die Leistung des Treugebers an den Treuhänder zielt letztlich direkt auf die KG. Der Treuhänder handelt insoweit nur als Vermittler. Dies wird besonders deutlich, wenn der Treugeber dem Treuhänder einen Vorschuss nach § 669 BGB zur Erfüllung seiner gesellschaftsvertraglichen Pflichten leistet.

Weiterhin muss der Treuhänder ein erkennbares Interesse am Schutz der KG haben (Gläubigernähe). *Armbrüster* lehnt dies ab, da der Treuhänder kein eigenes Interesse an der Beteiligung habe, sondern nur seine Pflichten aus dem Treuhandvertrag erfüllen wolle.[2097] Aufgrund der Gesellschafterstellung des Treuhänders obliegt diesem jedoch notwendig auch der Schutz der Gesellschaft. Dies folgt nicht

---

2093 *Köhl*, GmbHR 1998, 119, 122.

2094 Vgl. dazu allgemein *Armbrüster*, S. 227 mwN. Gleiches gelte auch für den Anstellungsvertrag des Geschäftsführers einer Treuhand-GmbH hinsichtlich der Treugeber, so *Henze*, in: E/B/J/S, Anh. B., Rn. 75.

2095 *Köhl*, GmbHR 1998, 119, 122.

2096 § 3 A. V.

2097 *Armbrüster*, S. 386.

zuletzt aus der gesellschaftsvertraglichen Treuepflicht. Der Treuhänder unterliegt insoweit einer doppelten Pflichtenbindung.[2098] Das Interesse des Treuhänders an der Einbeziehung der Gesellschaft in den Schutzbereich ist dem Treugeber auch ohne weiteres erkennbar. Üblicherweise hat der Treugeber darüber hinaus sogar ein eigenes Interesse am Schutz der Gesellschaft, da gerade ihm das wirtschaftliche Ergebnis der Beteiligung zukommen soll.

Es fehlt jedoch letztlich an der Schutzbedürftigkeit der Gesellschaft, da sie eigene Ansprüche geltend machen kann. Ihr gegenüber haftet zunächst der Treuhänder als Gesellschafter. Dies ergibt sich zumindest für die GmbH zwingend aus §§ 19, 24 GmbHG. In der Kommanditgesellschaft besteht eine Innenhaftung der Kommanditisten regelmäßig auf vertraglicher Grundlage. Besteht diese vertragliche Innenhaftung des Treuhänders nicht, verwirklicht sich eine gleichwertige Haftung im Außenverhältnis direkt gegenüber den Gesellschaftsgläubigern, so dass es gar nicht zu einer Inanspruchnahme der KG kommt und diese nicht schutzbedürftig ist. Zumindest kann mittelbar über die Pfändung oder Abtretung der Ansprüche des Treuhänders gegen den Treugeber auch auf diesen zugegriffen werden. Zwischen Treugeber und Treuhänder sowie Treuhänder und Gesellschaft bestehen jeweils vertragliche Hauptleistungspflichten. Diese Hauptleistungspflichten sind durch die vermittelnde Stellung des jeweils beteiligten Treuhänders verknüpft. Es kann daher von vorn herein nicht dazu kommen, dass einer der drei Rechtsträger durch eine Leistungspflicht zwischen den beiden anderen geschädigt wird, ohne dass ein eigener Anspruch oder ein abtretbarer/pfändbarer fremder Anspruch entsteht. Die Schadensverschiebung auf einen anspruchslosen Dritten ist somit ausgeschlossen und die Rechtsfigur des Vertrags mit Schutzwirkung zugunsten Dritter nach ihrem Sinn und Zweck nicht anwendbar.

c) Parallele zur Haftung des Geschäftsführers einer Komplementär-GmbH

Nach der *Rechtsprechung* des Bundesgerichtshofs zur GmbH & Co. KG „ist die Schutzwirkung der Haftung eines Geschäftsführers aus seinem Dienstverhältnis zur GmbH auch (...) auf die Kommanditgesellschaft zu erstrecken".[2099] *Köhl* sieht in der Haftung des Geschäftsführers gegenüber der KG Parallelen zum Treuhandverhältnis. Sowohl Anstellungsvertrag, als auch Treuhandabrede zielten auf die Leitung der KG ab und müssten somit erkennbar Kollisionslagen zum Nachteil der KG auslösen.[2100] Die Erstreckung der Schutzwirkung der Haftung auf die KG ist in der *Literatur* wohl grundsätzlich anerkannt. Uneinigkeit besteht bezüglich

---

2098 Vgl. etwa § 3 A. I.3.

2099 BGH, NJW 1980, 589, 590 f.; BGH, NJW 1980, 1524, 1526 f.; BGH, NJW-RR 2002, 965; vgl. auch oben § 3 A. IV.2. c).

2100 *Köhl*, GmbHR 1998, 119, 122.

der konkreten Haftungskonstruktion.[2101] Unabhängig davon vermag der Vergleich *Köhls* aber nicht zu überzeugen: Zum einen können dem Treugeber zwar regelmäßig bestimmte Gesellschafterrechte des Treuhänders übertragen bzw. originär in seiner Person begründet werden. Hierbei handelt es sich aber regelmäßig nicht um die Geschäftsführung. Die Vereinbarung eines Treuhandverhältnisses zielt regelmäßig nicht auf die Leitung der Gesellschaft. Zum anderen entstehen Interessenkollisionen, welche sich zum Nachteil der Gesellschaft auswirken können, bei der Treuhand eher in der Person des Treuhänders, da dieser eine doppelfunktionale Stellung ähnlich dem Geschäftsführer einer Komplementär-GmbH einnimmt. Mögliches Haftungssubjekt soll aber der Treugeber sein. Bei diesem kann sich zwar ebenfalls ein Interessenkonflikt ergeben, etwa bei Umgehung von Wettbewerbsverboten durch die treuhänderische Beteiligung. Aber auch dann fehlt wiederum die nötige Einwirkungsmacht auf die Geschäftsführung.

d) Übertragbarkeit auf die KG

Folgt man entgegen den obigen Ausführungen der Ansicht *Köhls*, wonach das Treuhandverhältnis Schutzwirkung für die GmbH entfalte, stellt sich die Frage, ob dies in gleichem auch für die KG gelten kann. Zu berücksichtigen ist hierbei, dass es bei dem Institut des Vertrags mit Schutzwirkung zugunsten Dritter um Schadensersatzansprüche aufgrund von Schutzpflichtverletzungen, mithin um eine Art der Verschuldenshaftung geht. *Lenders* geht aus diesem Grund zutreffend davon aus, dass von vornherein nur eine Anwendung im Kapitalgesellschaftsrecht in Betracht kommen könne. Die Gesellschafterhaftung im Personengesellschaftsrecht kenne kein Verschuldenselement. Ein solches sei allenfalls im Kapitalgesellschaftsrecht bei Verstoß gegen die Finanzierungsverantwortung denkbar.[2102] Tatsächlich enthalten die §§ 171 ff. HGB kein Verschuldenselement. Anders normiert etwa § 9a GmbHG eine verschuldensabhängige, deliktsähnliche Haftung gegenüber der GmbH. Das entscheidende Argument gegen die Annahme einer Verantwortung des Treugebers für Erbringung der Einlage aufgrund eines Vertrags mit Schutzwirkung zugunsten Dritter liegt jedoch bereits im Sinn und Zweck dieses Rechtsinstituts. Diese liegen nur in der Erstreckung des Schutzbereichs eines Vertrags, mithin nur in der Begründung von Schutz- und Sorgfaltspflichten. Eine primäre Verantwortlichkeit des Treugebers für die Erbringung der Einlage oder Rückgewähr von Ausschüttungen stellt dagegen eine Leistungsflicht dar.[2103] Eine solche lässt sich weder für das Personen- noch für das Kapitalgesellschaftsrecht durch

---

2101 Vgl. *K. Schmidt*, Gesellschaftsrecht, § 56 IV 3b), S. 1649; *Zöllner/Noack*, in: Baumbach/Hueck, GmbHG, 19. Aufl., § 43, Rn. 66; *Haas*, in: Michalski, GmbHG, § 43, Rn. 266; *Koppensteiner*, in: Rowedder/Schmidt-Leithoff, GmbHG, 4. Aufl., § 43, Rn. 64 ff.; kritisch *Schneider*, in: Scholz, § 43, Rn. 428.; *Hüffer*, ZGR 1981, 348, 354 ff. (für echte Drittwirkung gem. § 328 BGB).

2102 *Lenders*, S. 258.

2103 So auch *Tebben*, S. 396.

einen Vertrag mit Schutzwirkung zugunsten Dritter begründen.[2104] Soweit es um Schadensersatzansprüche geht, bedarf es zumindest bei der qualifizierten Treuhand keiner Erstreckung des Schutzbereichs, da ohnehin vertragliche Verbindungen zwischen Treugeber und Gesellschaft bestehen.[2105]

6. *Insolvenzanfechtung*

In der *Rechtsprechung* wurden teilweise Ansprüche des Insolvenzverwalters aufgrund Insolvenzanfechtung gem. §§ 143, 134 I InsO unmittelbar gegen den Treugeber angenommen.[2106] Hierbei handelt es sich nicht um einen eigentlichen Sozialanspruch der KG im Innenverhältnis. Faktisch kommt es aber in gleicher Weise zur Rückgewähr in das haftende Vermögen der Gesellschaft bzw. die Insolvenzmasse. Der Treugeber haftet dann als Empfänger unmittelbar gegenüber dem Insolvenzverwalter. Dies gilt auch dann, wenn man wie hier davon ausgeht, dass sämtliche vermögensrechtliche Beziehungen grundsätzlich durch den Treuhänder vermittelt werden. In jedem Fall ist der Treugeber der tatsächlich bedachte und der Treuhänder nur eine Zwischenperson. Hat der Treugeber aus dem Gesellschafts- und Treuhandvertrag bereits ein eigenes Forderungsrecht i. S. v. § 328 I BGB, kann schon die Bereitstellung dieses Anspruchs angefochten werden.[2107] Der tatsächliche Leistungsempfänger ist ebenso wie im Rahmen der Kondiktionsansprüche dargestellt[2108] grundsätzlich der Treugeber.

II. Vertraglich begründete Innenhaftung

Eine originäre unmittelbare Innenhaftung des Treugebers könnte weiterhin vertraglich begründet sein. Nach dem hier vertretenen Verständnis von der qualifizierten Treuhand ist der Treugeber nicht Gesellschafter der KG. Grundsätzlich ist davon auszugehen, dass nur der Treuhänder gesamthänderisch mitberechtigter Gesellschafter in der Außen-KG ist und somit etwa die Einlage originär schuldet. Es fragt sich daher, ob der Treugeber dennoch einer originären vertraglichen Verpflichtung unmittelbar gegenüber der KG unterliegen kann.

2104 Ablehnend für GmbH daher auch *Mayer*, in: MüKo-GmbHG, § 2, Rn. 143; *Armbrüster*, S. 386.

2105 Siehe § 7 D. I. 5.

2106 So LG Duisburg, Urt. v. 14.08.2008 – 5 S 114/07; OLG Düsseldorf, Urt. v. 20.11.2008 – I-6 U 8/08; offen gelassen in BGH, NJW 2011, 2351, 2354 f.

2107 Vgl. zur Bestimmung des Empfängers i. S. v. § 134 InsO: *Kayser*, in: MüKo-InsO, § 134, Rn. 14 ff.

2108 Siehe § 7 D. 4.

1. Vertrag zugunsten Dritter, § 328 BGB

Armbrüster sieht – ohne den Treugeber als Gesellschafter oder gar Verbandsmitglied zu betrachten – grundsätzlich die Möglichkeit der Übernahme einer originären vertraglichen Einlagepflicht des Treugebers gegenüber der Gesellschaft.[2109] Diese solle jedoch regelmäßig nicht anzunehmen sein.[2110] Welcher Art diese originäre Verpflichtung sein soll, führt er nicht näher aus. Insoweit dürfte allenfalls ein Vertrag zugunsten Dritter gem. § 328 BGB in Betracht kommen. Im Kontext mittelbarer Gesellschaftsbeteiligungen wird regelmäßig nur von einer Drittbegünstigung des Treugebers durch Vertrag zwischen Treuhänder und Gesellschaft ausgegangen.[2111] Aber auch die Übernahme der Einlagepflicht durch den Treugeber ist auf diese Weise möglich. Sofern ohnehin unmittelbare vertragliche Beziehungen zur KG bestehen, kommt eine Übernahme dieser Pflicht auch durch Vertrag sui generis (§ 311 I BGB) mit der KG in Betracht. Insoweit handelt es sich zwar um originäre Pflichten des Treugebers. Diese dienen jedoch der Begleichung der Einlageschuld des Treuhänders und sind daher nicht vollkommen eigenständig. Insoweit ist auf die obigen Ausführungen zur Schuldübernahme und zum Schuldbeitritt im Rahmen der derivativen Haftung zu verweisen.[2112]

2. Aufgrund mitgliedschaftlicher Rechtsstellung

Vorangehend wurde dargestellt, dass Treugeber etwa für Kondiktions- und Schadensersatzansprüche im Einzelfall eine unmittelbare, originär gesetzliche Haftung treffen kann.[2113] Die originäre Verpflichtung eines Kommanditisten zur Leistung einer Einlage an die Gesellschaft ergibt sich bereits nur aus dem Gesellschaftsvertrag. Allgemein bestimmt § 705 BGB (i. V. m. §§ 105 III, 161 II HGB) nur, dass die Gesellschafter zur Förderung des gemeinsam verfolgten Zwecks verpflichtet sind. Wie der Gesellschafter im Einzelfall seiner Zweckförderungspflicht nachkommt, ist grundsätzlich Gegenstand der Privatautonomie.[2114] Auch der Treugeber kann grundsätzlich unmittelbar am Gesellschaftsvertrag beteiligt sein. Insoweit können Treuhand- und Gesellschaftsvertrag durch wechselseitige Inbezugnahme miteinander verknüpft sein und dem Treugeber mitgliedschaftliche (Verwaltungs-) Rechte unmittelbar in der Gesellschaft verschafft werden. Der Treugeber erlangt auf diese Weise eine qualifizierte, mitgliedschaftliche Stellung im Gesellschaftsverband, jedoch ohne selbst ein echter (Voll-) Gesellschafter zu sein.[2115]

2109 *Armbrüster*, S. 324 ff.
2110 *Armbrüster*, S. 328.
2111 Vgl. etwa *Gottwald*, in: MüKo-BGB, § 328 BGB, Rn. 80.
2112 Siehe § 7 C. I. 1.
2113 S. o. § 7 D. I. 4.-7.
2114 Eine Ausnahme bildet jetzt § 152 VII KAGB, der Sacheinlagen für die Investment-KG verbietet, vgl. auch *Freitag*, NZG 2013, 329, 335.
2115 Vgl. § 3 B.

a) Gesellschaftsrechtliche Beitragspflicht eines Nichtgesellschafters?

Konkret fragt sich, ob eine Verpflichtung zur eigenen Erbringung der Einlageleistung durch den Treugeber möglich ist, ohne dass dieser selbst – und insoweit gegebenenfalls anstelle des Treuhänders – Gesellschafter wird. Als Gesellschafter ist anzusehen, wer sich im Gesellschaftsvertrag zur Förderung des Gesellschaftszwecks durch Beitragsleistung verpflichtet.[2116] Der Rechtsbindungswille hinsichtlich der Einnahme der Position eines Gesellschafters findet somit in der Beteiligung an der Zweckverfolgung Ausdruck.[2117] Der Beitrag zur Verfolgung des gemeinsamen Zwecks erschöpft sich bei einem Kommanditisten regelmäßig in der Leistung der geschuldeten Einlage. Dies stellt somit die „klassische Gesellschafterpflicht"[2118] dar. Betrachtet man dagegen die negative Abgrenzung des *BGH*[2119], nach der kein Gesellschafter sei, wer kein Stimmrecht, kein Gewinnrecht und keinen Liquidationsanteil besitze, könnte man auch zu einem anderen Ergebnis gelangen. Positiv formuliert könnte demnach schon ein nur Stimmberechtigter, dem kein Gewinn- und Liquidationsanteil und damit keine gesamthänderische Beteiligung zustehen, als Gesellschafter betrachtet werden.[2120] Zwar können die Vermögensrechte (§§ 121, 122, 155 HGB) einem Gesellschafter vollständig entzogen sein.[2121] Die Rechtsposition solcher Gesellschafter erschöpft sich jedoch nicht in einem Stimmrecht und wird nicht durch die Einräumung eines solchen begründet. Das konstituierende Element der Mitgliedschaft ist richtigerweise nur die gegenseitige Förderung eines gemeinsamen Zwecks.[2122] Besteht eine originäre, im Gesellschaftsverhältnis wurzelnde Verpflichtung des Treugebers zur Beitragsleistung (in Form der Erbringung der Pflichteinlage), so ist der Treugeber und nicht der Treuhänder Gesellschafter geworden.[2123] Das Treuhandverhältnis ist dann als „unechte" Ermächtigungs- oder Vollmachtstreuhand einzuordnen, soweit der Treuhänder gesellschaftsbezogene Rechte des Treugebers wahrnimmt. Eine Vollrechtstreuhand kommt hinsichtlich der Verwaltungsrechte des Treugebers nicht in Betracht, da

2116 Vgl. *von Ditfurth*, in: P/W/W, § 705, Rn. 2, 13; *Sprau*, in: Palandt, § 705, Rn. 1, 10 ff.

2117 Vgl. *Kübler/Assmann*, § 21 II. 3. c), S. 342.

2118 *Kindler*, in: FS K. Schmidt, 871, 878.

2119 BGH, NJW 1954, 1563, 1563.

2120 Dieser Umkehrschluss ist natürlich nicht zwingend.

2121 Vgl. *Roth*, in: Baumbach/Hopt, § 120, Rn. 23; *Armbrüster*, S. 88.

2122 *Lutter*, AcP 180 (1980), 84, 147; *Flume*, AT 1/1, § 3, S. 37 ff.; *Servatius*, in: Henssler/Strohn, § 705 BGB, Rn. 2; *Schäfer*, in: MüKo-BGB, § 705, Rn. 1, 142, 153 f.; *Priester*, ZIP 2011, 697, 700.

2123 **aA** wohl BGH, NZG 2011, 1432, 1434 zur oHG: Trotz Übernahme sämtlicher Gesellschafterpflichten einschließlich der unmittelbaren Einlageverpflichtung (so zumindest die Annahme des BGH in Rz. 21) durch die beklagte „Treugeberin" sei diese nur „Quasi-Gesellschafterin", d. h. unmittelbare Gesellschafterin nur im Innenverhältnis, geworden. Ähnlich nimmt auch *Kapitza*, S. 225 eine gesellschaftsrechtliche Einlagepflicht des Treugebers an ohne, dass dieser formal betrachtet Gesellschafter sei.

bezüglich des Treuhänders, welcher insoweit kein eigenes wirtschaftliches Interesse verfolgt und keine wirtschaftliche Verantwortung trägt, keine Ausnahme vom Abspaltungsverbot gemacht werden kann.[2124]

Mit dem vorangehenden Befund ist allerdings noch nichts darüber gesagt unter welchen Umständen eine solche originär gesellschaftsrechtliche Pflicht des „Treugebers" angenommen werden kann. An die Annahme einer originären Verpflichtung des Treugebers kraft Vertragsauslegung dürften hohe Anforderungen zustellen sein. So spricht doch bereits die Aufspaltung des Vertragsverhältnisses in Gesellschafts- und Treuhandvertrag deutlich gegen einen auf die Begründung einer echten Gesellschafterstellung gerichteten Rechtsbindungswillen des Treugebers. Gleiches gilt in den Fällen, in denen innerhalb der Beitrittserklärung etwa durch bloßes Ankreuzen zwischen direkter Beteiligung als Kommanditist und indirekter Beteiligung als Treugeber gewählt werden kann.[2125] Erkennen die Treugeber einen Gesellschaftsvertrag für sich als verbindlich an, welcher den Gesellschaftern aufgibt, die Rechtsstellung der Treugeber möglichst weit an die der Gesellschafter anzugleichen, so sieht auch der *BGH*[2126] hierin zutreffend noch keine konkludent übernommene direkte Einlageverpflichtung, da Adressat einer solchen Regelung allein die Gesellschafter sind. Auch aus allgemeinen Gleichstellungsklauseln in den Verträgen kann jedenfalls eine originäre eigene Verpflichtung des Treugebers nicht hergeleitet werden.[2127] Dementsprechend hat das *OLG Düsseldorf* einen direkten eigenen Anspruch eines klagenden Insolvenzverwalters gegen die Treugeber zutreffend verneint.[2128] Der Treuhandvertrag sah in diesem Fall vor, dass der Treugeber „wie ein im Handelsregister eingetragener Kommanditist das anteilige wirtschaftliche Risiko" tragen und in „gleichem Umfang [...] an Gewinn und Verlust der Gesellschaft" teilnehmen soll. Nach dem „in entsprechender Anwendung" auch für die Treugeber geltenden Gesellschaftsvertrag sollten den Treugeber zudem sämtliche Gewinne und Verluste unmittelbar treffen.[2129]

b) Der Treugeber als reiner Innengesellschafter der KG

Der *BGH* nimmt im Falle einer entsprechenden qualifizierten Treuhandgestaltung an, dass der Treugeber der gesellschaftsrechtlich vereinbarten allgemeinen Zweckförderungspflicht unterliege[2130] und daher aus originär eigener Verpflichtung unmittelbar gegenüber der Gesellschaft für die Einlage[2131] und Liquidationsfehlbeträge

2124 Siehe dazu § 3B. II.
2125 Vgl. etwa BGH, NZG 2011, 1432, 1434.
2126 BGH, WM 1983, 598, 598 f.
2127 Zur Frage einer möglichen derivativen Haftung siehe oben § 7C. 2.
2128 OLG Düsseldorf, DStR 1991, 1532, 1533 f.; *Armbrüster*, S. 325 f.; *Roth*, in: Baumbach/Hopt, Anh. § 177a, Rn. 79; *Eden*, S. 52.
2129 OLG Düsseldorf, DStR 1991, 1532, 1533.
2130 BGH, NZG 2013, 379, 381; BGH, WM 2013, 603, 605.
2131 BGH, NZG 2012, 1342, 1343, Rz. 12 f.; BGH, NZG 2012, 1345, 1346.

(§ 735 BGB)[2132] hafte. Dennoch zeigen die verwendeten Begriffe „Treugeberin" und „Quasi-Gesellschafterin", dass es sich um eine von dem echten Außengesellschafter der KG/oHG verschiedene Rechtsstellung handeln soll. Somit behandelt der BGH den qualifizierten Treugeber nur im Innenverhältnis als echten Gesellschafter, jedoch beschränkt auf das Innenverhältnis der Gesellschaft und kreiert damit eine völlig neue, nicht vorgesehene Art von Gesellschaftern. Dieser reine Innengesellschafter in der Außengesellschaft hat sämtliche Rechte und Pflichten hinsichtlich der Verwaltung und des Vermögens der Gesellschaft inne. Er tritt jedoch nach außen nicht in Erscheinung, insbesondere haftet er nicht im Außenverhältnis und ist nicht im Handelsregister einzutragen. Die Frage nach der unmittelbaren Innenhaftung des Treugebers steht in engen Zusammenhang mit der allgemeinen Frage nach der Einordnung der Rechtsstellung des qualifizierten Treugebers. Dementsprechend wurde das Verständnis des BGH von der Rechtsstellung des Treugebers bereits eingehend untersucht.[2133] Grundsätzlich ist es alles andere als abwegig, dem unmittelbar am Gesellschaftsvertrag beteiligten Treugeber auch Vermögenspflichten aufzuerlegen. Letztlich ist eine möglichst weitgehende Angleichung der Rechtsstellung von Treugeber und Kommanditist das erklärte Ziel der Parteien. Der Treugeber will die von ihm unzweifelhaft mittelbar geschuldete Einlage in letzter Konsequenz in das Vermögen der Gesellschaft leisten. Aus rein praktischen Gründen wird sich die tatsächliche Zahlung häufig auch direkt zwischen Treugeber und Gesellschaft vollziehen.[2134] Ob der Treugeber aber als eine eigene Art Gesellschafter qualifiziert werden kann und daher die Einlage als originär eigene gesellschaftsrechtliche Verbindlichkeit schuldet, erscheint äußerst fraglich.

aa) Möglichkeit der Beteiligung reiner Innengesellschafter

Es bestehen zunächst bereits erhebliche Zweifel an der Möglichkeit und Zulässigkeit der Beteiligung von reinen Innengesellschaftern an einer Außengesellschaft. Eine entsprechende Gestaltung dürfte in Widerspruch zum Typenzwang im Gesellschaftsrecht stehen und sich nicht durch Rechtsfortbildung oder Vertragsgestaltung oder -auslegung erreichen lassen.

(1) Typenzwang im Gesellschaftsrecht

Die Einordnung des mitgliedschaftlich eingebundenen Treugebers als Gesellschafter eigener Art, welcher einer eigenen Zweckförderungspflicht unterliegt und, sofern vorhanden, in unmittelbarer Anwendung gesetzlicher Vorschriften haftet, ist mit dem Rechtsformzwang im Gesellschaftsrecht nicht vereinbar.[2135] Das

---

2132 BGH, NZG 2011, 1432, 1433 ff.

2133 Siehe § 3 D. II.

2134 Dies gilt etwa dann nicht, wenn der Treuhänder gleichzeitig als „Mittelverwendungskontrolleur" handelt, vgl. § 2 B. III. 3.

2135 Vgl. bereits § 3 D. II. 2.

Personengesellschaftsrecht kennt nur zwei Arten von Gesellschaftern: den persönlich haftenden Gesellschafter und den Kommanditisten. Deren Rechtsstellung ist teils zwingend durch Gesetz definiert und teils der Vertragsfreiheit preisgegeben. Zwingend Teil jeder Gesellschafterstellung ist die Zweckförderungspflicht. Lediglich deren Inhalt ist dispositiver Natur. Der *BGH* unterwirft den qualifizierten Treugeber dieser Pflicht, was notwendig zumindest die Entstehung der gesetzlich zwingenden Rechte und Pflichten in der Person des Treugebers nach sich ziehen muss. Insbesondere ist jeder Gesellschafter einer Personengesellschaft auch Teil der Gesamthand gem. § 718 I BGB. Die gesamthänderische Mitberechtigung hat als Teil der Vermögenszuordnung zwingend auch Außenwirkung. Gerade im Außenverhältnis soll der Treugeber nach Ansicht des BGH aber nicht auftreten, insbesondere soll er nicht im Außenverhältnis gegenüber Gesellschaftsgläubigern haften.[2136] Übrig bliebe dann nur die Möglichkeit der Annahme eines beschränkt bzw. nur akzessorisch im Innenverhältnis haftenden Personengesellschafters.[2137] Haftungsbeschränkungen auf den eigenen Anteil hat der BGH zwar in der Publikums-GbR ausnahmsweise zugelassen. Einer vollständigen Haftungsabschirmung im Sinne einer „GbR-mbH" wurde unter Hinweis auf den Typenzwang im Gesellschaftsrecht aber zutreffend eine klare Absage erteilt.[2138] Ein Verständnis des Treugebers als Innengesellschafter der KG liefe auf die Anerkennung einer KG mit drei Arten von Gesellschaftern hinaus.[2139] Diese Art der KG war zumindest zur Zeit der Verfassung der relevanten Urteile gesetzlich nicht vorgesehen und ist auch nicht durch § 152 I 3 KAGB geschaffen worden.[2140]

(2) Keine zulässige Rechtsfortbildung

Eine entsprechende neue Art von Personengesellschaftern könnte mit den einschlägigen Urteilen im Wege der richterlichen Rechtsfortbildung geschaffen worden sein.[2141] Insoweit ist ebenfalls der Rechtsformenzwang als grundlegendes Prinzip des Gesellschaftsrechts betroffen. Eine entsprechende Rechtsfortbildung bedürfte gewichtiger Rechtfertigungsgründe.[2142] Die unmittelbare Einlagenhaftung des Treugebers dürfte die Rechtsbeziehungen grundsätzlich zumindest aus Sicht der Gesellschaft erleichtern. Insbesondere werden Einwendungen des Treugebers aus dem Verhältnis zum Treuhänder von vorn herein vermieden. Soweit die bloße Abwicklung der Zahlungsströme und direkte Geltendmachung der Ansprüche der Gesellschaft betroffen sind, lässt sich eine faktische Unmittelbarkeit der Haftung schon durch allgemeine schuldrechtliche Instrumente im Sinne derivativer Haftung

2136 Grundlegend BGH, NZG 2009, 57, 58; siehe weiterhin § 5.
2137 Vgl. auch die insoweit zutreffende Kritik bei *Kindler*, in: FS K. Schmidt, 871, 879 ff.
2138 BGH, NJW 1999, 3483, 3484; BGH, NZG 2005, 209, 210.
2139 Vgl. wiederum auch *Kindler*, in: FS K. Schmidt, 871, 880.
2140 Siehe § 7 D. I. 3. b).
2141 Vgl. bereits oben § 3 D. II. 2.
2142 Vgl. *Wiedemann*, NZG 2013, 1041, 1044.

herstellen.[2143] Ausgehend von der Grundkonstruktion der Treuhand stehen sämtliche Rechte dem Treuhänder zu. Auch wenn man diesem weiterhin die originären Vermögensrechte und -pflichten zurechnet, kann die Gesellschaft mittelbar über den Ersatzanspruch des Treuhänders gem. §§ 675, 670 BGB auf den Treugeber zugreifen. Dies lässt zumindest im Außenverhältnis zu Gesellschaftsgläubigern auch der BGH genügen. Es ist nicht ersichtlich, warum die Haftungsansprüche im Innenverhältnis zwingend direkt durchgesetzt werden müssten. Schon insoweit ist die Notwendigkeit für eine richterliche Rechtsfortbildung nicht ersichtlich. Berücksichtigt man weiterhin den erklärten Willen der Treugeber, die sich regelmäßig bewusst für eine mittelbare Beteiligung gerade im Gegensatz zur direkten Beteiligung als echter Gesellschafter entschieden haben, so verletzt der BGH ohne triftigen Grund die grundrechtlich geschützte Privatautonomie. Der Rechtsprechung muss der Weg einer Rechtsfortbildung in diesem Fall versperrt sein. Eine neue Art von Gesellschaftern kann nur durch den Gesetzgeber eingeführt werden.[2144]

(3) Keine zulässige vertragliche Vereinbarung

Die vorangehenden Ausführungen verdeutlichen auch, dass die vom BGH angenommene Rechtsstellung des Treugebers nicht durch privatautonome Parteivereinbarung hergestellt werden kann bzw. eine einfache Vertragsauslegung zu diesem Ergebnis führen könnte. Anleger, die sich für eine nur mittelbare Beteiligung entscheiden, beabsichtigen hierdurch regelmäßig anonym zu bleiben. Weiterhin spielt auch die abschirmende Wirkung des Treuhänders gegenüber Gesellschaftsgläubigern (und im Falle der einfachen Treuhand auch gegenüber der KG) eine Rolle. Diese Ziele sind bei Beteiligung als Gesellschafter nicht zu erreichen, so dass schon kein entsprechender Rechtsbindungswille unterstellt werden kann. Während sich die Rechtsstellung eines persönlich haftenden Gesellschafters hinsichtlich der nach außen wirkenden Organstellung durch Entziehung der Geschäftsführungsbefugnis und Vertretungsberechtigung noch entsprechend beschränken lässt, ist dies hinsichtlich der Handelsregistereintragung und Außenhaftung unzweifelhaft nicht möglich.[2145] Eine vertragliche Vereinbarung dahin gehend, der KG als Innengesellschafter beizutreten, d. h. als Gesellschafter ohne Außenhaftung und ohne Handelsregistereintragung, wäre daher unwirksam.

bb) Folgen der Einordnung des Treugebers als Gesellschafter

Die Qualifikation des Treugebers als Gesellschafter zieht weiterhin auch eine Reihe von Folgeproblemen nach sich. Zunächst muss der genaue Umfang der Rechte und Pflichten eines reinen Innengesellschafters bestimmt werden. Die Zurechnung von Rechten und Pflichten hat wiederum Auswirkungen auf den den Treugeber

2143 Siehe § 7 C. I.
2144 So auch *Wiedemann*, NZG 2013, 1041, 1045; vgl. auch § 7 D. II. 4.
2145 Vgl. insgesamt oben § 3 D. II. 1.

repräsentierenden Treuhänder. Ebenso bestehen Zweifel hinsichtlich der Möglichkeit einer rechtssicheren Abgrenzung von Treugebern, Innengesellschaftern und Gesellschaftern.

(1) Rechtsstellung eines reinen Innengesellschafters

Zunächst erscheint die Beantwortung der Frage nach der Rechtsstellung eines Innengesellschafters klar. Ihm gebühren alle Rechte und Pflichten, die nur das Innenverhältnis betreffen. Da die Vermögenszuordnung grundsätzlich Außenwirkung entfaltet, müsste der Treuhänder weiter Inhaber des Gesamthandanteils sein. Dies würde in logischer Konsequenz bedeuten, dass der Treuhänder auch Inhaber der Vermögensrechte und -pflichten ist. Dem Innengesellschafter stünden lediglich die Verwaltungsrechte in der Gesellschaft zu. Insoweit entspricht seine Rechtsstellung der eines qualifizierten Treugebers nach bisherigem und auch hier weiterhin vertretenem Verständnis. Der Innengesellschafter soll aber zudem die Einlagepflicht tragen. Insofern leistet er in ein Gesamthandsvermögen, an dem er selbst keine Berechtigung hat. Dies erscheint unbillig, weshalb dem Innengesellschafter auch die Gewinnbezugsrechte zugebilligt werden müssten. Auch diese vollziehen sich schließlich nur im Innenverhältnis. Hiermit ist die klare Trennlinie zwischen unzweifelhaft allein im Innenverhältnis wirksamen Verwaltungsrechten und nach außen wirkenden Vermögensrechten verwischt. Letztlich zeichnet sich die Rechtsposition des Innengesellschafters allein dadurch aus, dass er nicht im Außenverhältnis haftet und nicht in Handelsregister einzutragen ist. Die vertragliche Herstellung einer beschränkten Haftung von Personengesellschaftern ist systemwidrig. Insoweit kann wiederum auf die Rechtsprechung zur „GbRmbH“ verwiesen werden.[2146]

(2) Aushöhlung der Rechtsstellung des Treuhänders

Als Kehrseite der soeben beschriebenen Rechtsstellung des Innengesellschafters ist auch diejenige des Treuhänders zu betrachten, da ihr Schicksal notwendig mit der Rechtsstellung des Innengesellschafters verknüpft ist. Ein mehr an Rechten auf Seiten des Innengesellschafters führt zu einer Beschneidung der Rechte des Treuhänders. Ausgehend von der Zuweisung aller Verwaltungs- und Gewinnrechte zum Innengesellschafter bliebe der Treuhänder als Außengesellschafter mit einer vollkommen ausgehölten Rechtsposition zurück. Er bliebe Zurechnungssubjekt des Gesellschaftsanteils und müsste im Außenverhältnis die Haftung übernehmen, während die Gewinne unmittelbar dem Treugeber zufließen würden. Im Falle eines Treuhänderkommanditisten erschiene dieses möglicherweise noch tragbar, da die Haftung beschränk ist und grundsätzlich eine zumindest anfängliche Kapitalaufbringung stattfindet. Handelt es sich aber um einen persönlich haftenden

2146 BGH, NJW 1999, 3483, 3484; BGH, NZG 2005, 209, 210.

Gesellschafter, wäre es wohl kaum hinnehmbar, sämtliche Gewinne vorbei an dem haftenden Vermögen des Treuhänders direkt an die Innengesellschafter fließen zu lassen.

(3) Fehlen einer rechtssicheren Abgrenzung

Weiterhin dürfte eine Abgrenzung von Innengesellschafter und Außengesellschafter nicht in der notwendigen klaren und rechtssicheren Weise möglich sein. Die oben beschriebene Rechtsposition des Innengesellschafters unterscheidet sich vom gesetzestypischen Außengesellschafter nur durch die fehlende Außenhaftung, welche sich nicht allein an materiellen Kriterien bestimmen lässt. Allein die Bezeichnung des jeweiligen Gesellschafters würde über Haftung oder Nichthaftung im Außenverhältnis bestimmen und dem nachfolgend eine Registereintragung erfordern. Es stünde zu befürchten, dass sich zukünftig keine GbR oder oHG mehr finden ließe, in der nicht lediglich eine einzelne GmbH als alleiniger Außengesellschafter und im Übrigen nur Innengesellschafter verbunden sind.

Eine rechtssichere Abgrenzung zwischen Treugebern und Gesellschaftern lässt sich dadurch erreichen, dass die originäre, gesellschaftsrechtliche Mitberechtigung der Treugeber auf Verwaltungsrechte beschränkt bleibt. Mitglied der Gesamthandsgesellschaft ist allein der Treuhänder. Diesem müssen dann auch alle Vermögensrechte und Vermögenspflichten, insbesondere eine vereinbarte Einlageleistung, originär zustehen bzw. auferlegt sein.

c) Die qualifizierte Treuhand als Publikumsinnengesellschaft

Die vorangehenden Ausführungen behandeln die Frage einer möglichen unmittelbaren Innenhaftung unter dem Gesichtspunkt der qualifizierten Treugeberstellung als mitgliedschaftliche Rechtsstellung in der vermögenstragenden Außen-KG. Nach vorzugswürdigem neuerem Verständnis bildet jedoch nicht diese KG, sondern ein aus sämtlichen Anlegern bestehender Innenverband den wesentlichen Bezugspunkt. Der Treugeber ist unmittelbares Mitglied dieser Publikumsinnengesellschaft, welche das unternehmensrechtliche Zentrum der Konstruktion eines geschlossenen Fonds darstellt. Insofern stellt sich die Frage nach der Möglichkeit der Beteiligung Dritter bzw. reiner Innengesellschafter in einer Personenaußengesellschaft nicht mehr. Die dem Treugeber unmittelbar zustehenden Verwaltungsrechte sind solche in der Innengesellschaft. Die Wirkung der Ausübung dieser Rechte wird durch den Treuhänder auf die Außen-KG übertragen, die den innenverband nach außen vertritt. Der Innenverband hat hierbei kein Vermögen. Ihm wird lediglich das Vermögen der Außen-KG als „virtuelles Gesamthandsvermögen" zugeordnet. Die vermögensrechtlichen Beziehungen zwischen dem Treugeber und der tatsächlich vermögenstragenden Außen-KG werden vollständig durch den Treuhänder vermittelt. Insoweit kommt eine unmittelbare, originäre Haftung des Treugebers etwa für die Einlage nicht in Betracht.

3. *Aufgrund schuldrechtlicher Verpflichtung*

Es ist dem Treugeber unzweifelhaft rechtlich möglich, sich durch einen rein schuldrechtlich zweiseitigen Vertrag gegenüber der Gesellschaft zu gewissen Leistungen zu verpflichten. Sofern hiermit aber die Erfüllung einer durch die treuhänderisch verwaltete mittelbare Beteiligung des Treugebers entstandenen Einlagepflicht erreicht werden soll, kann es sich nicht um eine vollständig eigenständige Verpflichtung handeln. Geht man wie hier vertreten davon aus, dass die vereinbarte Einlagepflicht nur den Treuhänder als Gesellschafter trifft, so stellt sich eine entsprechende schuldrechtliche Verpflichtung als Schuldbeitritt oder Schuldübernahme dar.[2147] Möglich ist zwar die eigenständige Schuldbegründung in Form eines abstrakten Schuldversprechens gem. §§ 780, 781 BGB. Hieran kann der Treugeber grundsätzlich kein Interesse haben. Eine Auslegung des Beitrittsvertrags kann nur hin zu Schuldbeitritt oder –übernahme erfolgen, da mit der Direktleistung des Treugebers an die Gesellschaft nach dem eindeutigen Parteiwillen nur die Erfüllung der anteiligen Einlagepflicht des Treuhänders beabsichtigt ist. Sieht man mit dem *BGH*[2148] den Treugeber ohnehin als originär zur Leistung der Einlage Verpflichteten an, besteht bereits keine Grundlage für die Annahme einer weiteren Verpflichtung gegenüber der Gesellschaft. Ein abstraktes Schuldversprechen könnte zur Beseitigung von Einwendungen des Treugebers vereinbart werden. Es kann jedoch nicht angenommen werden, dass dies bereits bei der ursprünglichen Begründung der zugrunde liegenden Einlageverpflichtung von den Parteien gewollt ist.

4. *Aufgrund § 152 I 3 KAGB*

Die Rechtsprechung des BGH zur unmittelbaren Innenhaftung qualifizierter Treugeber könnte durch die Einführung des § 152 I 3 KAGB eine Legitimation für die Zukunft erfahren haben. Die Schaffung einer entsprechenden dritten Gruppe von Gesellschaftern, welche der *BGH* schon bisher angenommen hat, könnte nunmehr in ordnungsgemäßer gesetzlicher Weise durch Einführung von § 152 I 3 KAGB vollzogen worden sein.

Die Vorschrift ordnet an, dass der mittelbar beteiligte Anleger im Innenverhältnis der Gesellschaft und der Gesellschafter zueinander die gleiche Rechtsstellung wie ein Kommanditist innehat. Die bisher übliche vertragliche Gleichstellungsabrede, welche den *BGH* zur Einordnung des Treugebers als Gesellschafter veranlasst hat, ist somit Gesetz geworden und die Rechtsstellung des Treugebers einer Investmentkommanditgesellschaft hat eine gesetzliche Ausformung erhalten.

2147 S. o. § 7 D. I. 1.
So im Ergebnis wohl auch *Wiedemann*, WM 2014, 1985, 1988: Für einen unmittelbaren Zahlungsverkehr genüge eine schuldrechtliche Gleichstellung. Die Binnenhaftung werde jedoch nur nach Inhalt und Umfang im Beitrittsvertrag festgelegt (*ders.*, WM 2014, 1985, 1990).

2148 Vgl. BGH, NZG 2012, 1342, 1343, Rz. 12 f.; BGH, NZG 2012, 1345, 1346.

Es ist allerdings fraglich, ob diese Rechtsstellung des Treugebers tatsächlich die eines Innengesellschafters ist. Hinsichtlich der offenen und geschlossenen Investmentkommanditgesellschaften haben die Vorschriften der §§ 124 ff., 149 ff. KAGB unzweifelhaft gesellschaftsrechtliche Regelungswirkung. Insbesondere werden die Rechte und Pflichten des Kommanditisten in anlegerschützender Weise modifiziert. Weiterhin ist davon auszugehen, dass § 152 I 3 KAGB zumindest zu einer typisierten Gestaltung der zur mittelbaren Beteiligung notwendigen Treuhand- und Gesellschaftsverträge hin zu einem einheitlichen „Anlegertreuhandvertrag“ führt.[2149] Die Beteiligung des Treugebers an einem gesellschaftsrechtlichen Innenverhältnis ist nunmehr gesetzlich vorgeschrieben, da dem Treugeber nur auf diese Weise originäre Verwaltungsrechte eingeräumt werden können. Aufgrund dieser gesetzlich vorgesehenen Beteiligung des Treugebers am Gesellschaftsvertrag, erscheint eine Qualifikation des Treugebers als Gesellschafter eigener Art zumindest nicht vollkommen abwegig.

Aus § 152 I 3 KAGB kann jedoch richtigerweise nicht gefolgert werden, dass der Treugeber als reiner Innengesellschafter der geschlossenen Investmentkommanditgesellschaft zu qualifizieren ist. Vielmehr steht der Wortlaut dieser Einschätzung eindeutig entgegen. Ausdrücklich sieht die Vorschrift nur „mittelbar beteiligte Anleger“ vor. Bei Einordnung des Treugebers als Innengesellschafter, wäre dessen Beteiligung jedoch nicht mehr „mittelbar“ oder so, „als ob er direkt [...] beteiligt ist“.[2150] Gestützt wird dieser Befund davon, dass das Gesetz eine nur mittelbar über den Treuhänder erfolgende Abwicklung der Vermögensrechte und -pflichten vorsieht. So bedarf die Haftungsbegründende Ausschüttung zunächst der Zustimmung des Treuhänders bzw. allgemein des Kommanditisten und nur „zusätzlich“ der des empfangenden mittelbar beteiligten Treugebers (§ 152 II 3 KAGB). Ausdrücklich hält der Gesetzgeber auch an der nach herrschender Meinung nicht bestehenden Außenhaftung von Treugebern fest.[2151] Es kann dem Gesetzgeber kaum unterstellt werden, mit dieser Vorschrift eine beschränkt oder nicht haftende Gesellschafterklasse einführen zu wollen.

Auch sofern man die Investmentkommanditgesellschaft als eigenständige neue Gesellschaftsform begreifen würde, hätte eine beschränkte Außenhaftung ausdrücklicher klarer Regelungen, insbesondere hinsichtlich eines geschützten haftenden Garantiekapitals vergleichbar mit den Regelungen zur AG und GmbH bedurft. Die Schaffung einer neuen Gesellschafterklasse hätte zudem detaillierte Regelungen zum genauen Pflichtenumfang des Treugebers und insbesondere auch zur dadurch erheblich veränderten Rechtsstellung des Treuhänders erfordert.[2152] Weiterhin wäre auch ein reiner Innengesellschafter in das Handelsregister einzutragen, da gem. §§ 106 II Nr. 1, 161 II, 162 HGB der Name „jedes Gesellschafters“ einzutragen ist. Die Gesetzesbegründung rechtfertigt die Zulässigkeit der mittelbaren Beteiligung

2149 Vgl. § 7 C. II. 2. c).
2150 BT-Drucks. 17/12294, S. 250.
2151 BT-Drucks. 17/12294, S. 250.
2152 Vgl. § 3 D. II. 3.

jedoch gerade mit der Erleichterung aufgrund der fehlenden Eintragungspflicht.[2153] Auch insoweit hätte es einer weiteren Gesetzesänderung bedurft. Nach alledem kann nicht davon ausgegangen werden, dass der Gesetzgeber mit nur einem Satz (§ 152 I 3 KAGB) eine derart weitreichende Veränderung des Gesellschaftsrechts herbeiführen wollte. Dies ergibt sich zudem auch aus § 149 KAGB, nach dem die Investment-KG lediglich einen Unterfall der KG bildet.[2154] Die Gesetzesbegründung stellt klar, dass „keine neue Gesellschaftsform geschaffen" wird.[2155]

Den Vorschriften des KAGB zur mittelbaren Beteiligung muss vielmehr rein anlegerschützende Wirkung beigemessen werden. Es soll sichergestellt werden, dass die Rechte des Treugebers denen eines Kommanditisten entsprechen. Ausdrücklich nennt die Gesetzesbegründung nur die Geltung von „Schutzvorschriften und (...) Informationspflichten" zugunsten der Anleger.[2156] § 152 I 3 KAGB bewirkt keine Veränderung der haftungsrechtlichen Stellung von Treugebern. Wie bereits dargelegt hat § 152 I 3 KAGB weiterhin auch keine von der Gesellschafterstellung unabhängige haftungsbegründende Funktion und bewirkt auch keine zwingende Haftungsüberleitung vom Treuhänder auf den Treugeber.[2157]

5. Schadensersatzansprüche

Eine originäre gesetzliche Innenhaftung des Treugebers kann sich weiterhin in Gestalt von Schadensersatzansprüchen ergeben. Es wurde bereits dargestellt, dass auch der Treugeber als Nichtgesellschafter Adressat der gesellschaftsrechtlichen Treuepflicht sein kann.[2158] Dies ergibt sich im Falle der qualifizierten Treuhand zwingend, wenn man den Treugeber wie hier vertreten als Verbandsmitglied versteht. Weiterhin ist eine Bindung des Treugebers an die Treuepflicht auch dann zu bejahen, wenn man insoweit an das Bestehen einer qualifizierten Einwirkungsmacht bzw. die Korrelation von Einwirkungsmacht und Verantwortung anknüpft.[2159] Soweit der Treugeber an die Treuepflicht gebunden ist, kann er im Falle der Verletzung dieser Pflicht unmittelbar gegenüber der Gesellschaft schadensersatzpflichtig sein. Eine unmittelbare Haftung des Treugebers kommt weiterhin selbstverständlich auch aufgrund deliktischer Handlungen i. S. d. §§ 823 ff. BGB in Betracht, wobei diese Verletzungshandlungen nicht notwendig im besonderen Näheverhältnis zwischen Gesellschaft und Treugeber wurzeln und daher unter Umständen keinen Fall der Innenhaftung darstellen.[2160]

2153 BT-Drucks. 17/12294, S. 250.
2154 Vgl. *Klebeck/Kunschke*, in: B/S/V, 405, § 149 KAGB, Rn. 5 ff.
2155 BT-Drucks. 17/12294, S. 249.
2156 BT-Drucks. 17/12294, S. 250.
2157 S. o. § 7 C. II. 2., D. I. 3.
2158 S. o. § 3 B. III. 1.
2159 Vgl. allgemein *Hüffer/Koch*, Gesellschaftsrecht, § 8 III. 1., S. 80 f.; *K. Schmidt*, GesRt, § 20 IV, S. 587 ff.
2160 Insoweit handelt es sich freilich um einen Fall der originären *gesetzlichen* Haftung.

§ 8 Mittelbare Innenhaftung

Allgemein betrachtet unterliegen Gesellschafter im Innenverhältnis zur Gesellschaft einer Haftung für sämtliche Sozialansprüche. Hierunter fallen zunächst die Pflicht zur Erbringung der vereinbarten Beitragsleistung, regelmäßig in Form einer Kapitaleinlage und einschließlich einer eventuell später beschlossenen Erhöhung dieser Beitragsleistung im Sinne einer Nachschusspflicht,[2161] sowie der Anspruch auf Rückzahlung von bezogenen Scheingewinnen und gewinnunabhängigen Liquiditätsausschüttungen.[2162] Zu diesen Sozialansprüchen gehören weiterhin auch Schadensersatzansprüche aufgrund Verletzung der innergesellschaftlichen Treuepflicht. Neben den Sozialansprüchen sind weiterhin deliktische Schädigungen aufgrund persönlichen oder zugerechneten Verschuldens denkbar, welche eine unmittelbare Haftung begründen können.[2163] Abseits dieser deliktischen Ansprüche kennt das Personengesellschaftsrecht keine mit den kapitalgesellschaftsrechtlichen Regeln (vgl. §§ 9a I, 19, 24, 30, 31 GmbHG; 46, 57, 62 I AktG) vergleichbare gesetzliche Innenhaftung;[2164] insbesondere bestehen keine mit §§ 9a IV GmbHG, § 46 V AktG vergleichbaren gesetzlichen Haftungstatbestände für sog. „Hintermänner“, zu denen insbesondere auch Treugeber zählen.[2165]

Vorangehend wurde bereits dargestellt, dass die primäre Haftung für diese Ansprüche unabhängig von Art und Ausgestaltung des Treuhandverhältnisses grundsätzlich den Treuhänder als Gesellschafter trifft und der Treugeber dem Treuhänder jedenfalls nach §§ 675, 670 BGB ersatzpflichtig ist.[2166] Somit kommt eine „mittelbare“ oder auch „wirtschaftliche“ Innenhaftung des Treugebers gegenüber der KG in Betracht, welche durch – regelmäßig erfüllungshalber[2167] erfolgende – Abtretung der Ersatzansprüche des Treuhänders an die Gesellschaft entsteht. Häufig ist eine antizipierte Abtretung dieser Ansprüche bereits im Treuhandvertrag vereinbart.[2168] Die mittelbare Innenhaftung gleicht weitestgehend der mittelbaren Außenhaftung,[2169] weshalb im Wesentlichen nur noch auf gegebene Unterschiede beider Haftungsarten und etwaige Besonderheiten der mittelbaren Innenhaftung einzugehen ist.

2161 Zu den Voraussetzungen einer Nachschusspflicht s. o. § 4 A. II. 2. b).

2162 Siehe § 4 A. II. 2. d)-e).

2163 Siehe § 4 A. II. 2. c).

2164 Vgl. *Armbrüster*, S. 417.

2165 Vgl. *Fastrich*, in: Baumbach/Hueck, § 9a, Rn. 4.

2166 S. o. § 4 A. I.; § 3 A. V.

2167 So auch *Kümmerlein*, S. 160; *Armbrüster*, S. 328; **aA** wohl *Köhl*, GmbHR 1998, 119, 121.

2168 Vgl. *Kapitza*, S. 226.

2169 Zur mittelbaren Außenhaftung siehe § 6.

A. Abtretbare Ansprüche

Eine mittelbare Innenhaftung des Treugebers besteht aufgrund seiner aus §§ 675, 670, 257 BGB oder direkt aus dem Treuhandvertrag resultierenden Freistellungspflicht für alle gegen den Treuhänder gerichteten Ansprüche im Innenverhältnis zur KG, welche durch die treuhänderische Beteiligung begründet sind und an die KG abgetreten werden. Aufgrund § 399 Alt. 1 BGB können nur Freistellungsansprüche bezüglich Forderungen der KG an diese abgetreten werden. Die hiermit verbundene Inhaltsänderung vom Freistellungsanspruch hin zum Zahlungsanspruch wird nur bei Abtretung an den Gläubiger der Drittforderung zugelassen.[2170]

Von zentraler Bedeutung ist hier zunächst der Einlageanspruch der Gesellschaft. Dieser Anspruch trifft auch bei der qualifizierten Treuhand originär nur den Treuhänder als echten Gesellschafter.[2171] Das Bestehen und die Höhe dieses Anspruchs richten sich nach der im Gesellschafts- oder Beitrittsvertrag durch den Treuhänder im Auftrag des Treugebers übernommenen Pflicht zur Leistung einer solchen Einlage. Diese Pflicht besteht nicht per se. Möglich ist es auch, dass der Kommanditist lediglich eine Haftsumme übernimmt, ohne im Innenverhältnis tatsächlich zur Leistung einer Einlage in das Gesellschaftsvermögen verpflichtet zu sein. Zu denken ist in diesem Bereich etwa an die Beteiligung von Personen ohne eigenes wirtschaftliches Interesse aufgrund ihrer Reputation.[2172] Weiterhin ist auch bei Beteiligungen im familiären Bereich, etwa zwecks vorweggenommener Erbfolge, an Fälle zu denken, bei denen die Kommanditisten nicht zur Kapitalausstattung der Gesellschaft aufgenommen werden sollen. Gleiches dürfte auch für den reinen Schlichtungsgesellschafter gelten.[2173] Im praktisch wohl bedeutendsten Fall der geschlossenen Fonds dient die Aufnahme der Anleger hingegen gerade der Kapitalaufbringung, weshalb regelmäßig eine Einlagepflicht vorliegen wird.[2174] Zu einer Abtretung des Anspruchs des Treuhänders auf Befreiung von der Einlageverbindlichkeit dürfte es in der Praxis jedoch äußerst selten kommen. Regelmäßig ist der Treuhänder zur Erhöhung seines Kapitalanteils bei Aufnahme neuer Treugeber als Anleger berechtigt. Diese Erhöhung wird der Treuhänder immer erst nach Empfang der entsprechenden Mittel vom Treugeber durchführen, um eine

2170 Vgl. § 6 A.

2171 BGH vom 7.3.1983, WM 1983, 598, 598 f. (insoweit nicht abgedruckt in BGH, NJW 1983, 1729); *Armbrüster*, S. 325 f.; *Roth*, in: Baumbach/Hopt, Anh. § 177a, Rn. 79; *Eden*, S. 52.

2172 S. o. § 2 B. I. 2.

2173 S. o. § 2 B. I. 4. und 6.

2174 Häufig liegen die Pflichteinlagen dabei deutlich über den eingetragenen Haftsummen, so *Zacher*, DStR 1996, 1813, 1813. In Abschreibungsgesellschaften liegt die Pflichteinlage dagegen häufig unterhalb der Haftsumme, vgl. *Wacker*, in: Schmidt, § 15a EStG, Rn. 120 ff.

Außenhaftung nach § 172 IV HGB zu vermeiden.[2175] Unter bestimmten Voraussetzungen können auch Kommanditisten zu Nachschüssen als Erweiterung der Beitragspflicht verpflichtet werden. Gemäß §§ 127 III, 152 III KAGB ist die Begründung von Nachschusspflichten durch Gesellschafterbeschluss für die Investmentkommanditgesellschaft nunmehr ausgeschlossen.[2176]

Von größerer Bedeutung sind daher abtretbare Freistellungsansprüche, welche gegen den Treuhänder gerichtete Ansprüche auf Rückforderung von gewinnunabhängigen Ausschüttungen und Scheingewinnen[2177] sowie Schadensersatzansprüche der Gesellschaft betreffen, sofern bei letzteren Ansprüchen die Erforderlichkeit der Aufwendungen i. S. d. § 670 BGB bejaht werden kann.[2178]

Daneben besteht auch der reine Aufwendungsersatzanspruch des Treuhänders aus §§ 675, 670 BGB. Dieser entsteht jedoch erst mit Befriedigung der Gesellschaft durch den Treuhänder. Für diesen Zahlungsanspruch des Treuhänders kommt eine Abtretung zwar ohne weiteres in Betracht. Die Abtretung würde jedoch der Erfüllung einer Verbindlichkeit des Treuhänders gegenüber der KG dienen, welche nicht im Verhältnis zu dem jeweiligen Treugeber begründet ist. Insofern handelt es sich nicht um den typischen Fall der mittelbaren Innenhaftung

B. Zulässigkeit der Abtretung

Hinsichtlich der Zulässigkeit der Abtretung von Freistellungsansprüchen kann wiederum im Wesentlichen auf die Ausführungen zur mittelbaren Außenhaftung verwiesen werden.[2179] Die Interessenlage ist hier weitestgehend gleich. Lediglich im Bereich der vertraglichen Abtretungsverbote ergeben sich Änderungen: Für den bedeutenden Bereich der qualifizierten Beteiligungen gilt, dass der Treugeber in unmittelbare Beziehungen zur KG tritt. Ein Anonymitätsinteresse, welches bei verdeckter Treuhand und auch bei qualifizierter Treuhand im Verhältnis zu Gesellschaftsgläubigern durchaus zur Annahme von Abtretungsverboten führen könnte,[2180] ist im Verhältnis zur KG nicht vorhanden. Soweit es sich um qualifizierte Treuhandverhältnisse handelt, wäre die Vereinbarung eines Abtretungsausschlusses aus Anonymitätsgründen aufgrund der unmittelbaren Rechtsbeziehungen zur Gesellschaft vorliegend sinnlos. Bei Ansprüchen der Gesellschaft

---

2175 Es ist grundsätzlich davon auszugehen, dass der Treuhänder zur Vermeidung der Außenhaftung verpflichtet ist. Versäumt er dies schuldhaft, wäre zunächst die Erforderlichkeit der Aufwendung i. S. v. § 670 BGB fraglich. Zumindest besteht ein Ersatzanspruch aus § 280 BGB aufgrund Verletzung von Pflichten aus dem Treuhandvertrag.

2176 S. o. § 4 A. II. 2. b).

2177 S. o. § 4 A. II. 2. d), e).

2178 S. o. § 4 A. II. 2. c).

2179 § 6 B.

2180 Vgl. § 6.

gegen qualifizierte Treugeber dürfte die Abtretung der Freistellungsansprüche durch den Treuhänder zur Vereinfachung der Verwaltung gerade auch den Interessen der Treugeber entsprechen.

C. Aufrechnung und Aufrechnungsverbot

Als aufrechenbare Ansprüche des Treugebers kommen zunächst sämtliche vermögensrechtlichen Ansprüche gegenüber dem Treuhänder in Betracht. Wie bereits dargestellt wurde,[2181] können diese Ansprüche in gesellschaftsbezogene und treuhandbezogene Ansprüche aufgegliedert werden. Gesellschaftsbezogen sind all diejenigen Ansprüche, welche aus §§ 675, 667 BGB erwachsen. Hierzu gehören solche Ansprüche, die den Treuhänder verpflichten, alles, was er als Gesellschafter im Auftrag des Treugebers empfängt, an den Treugeber herauszugeben. Demgegenüber wurzeln die treuhandbezogenen Ansprüche allein im Verhältnis zwischen Treuhänder und Treugeber. Es handelt sich um allgemeine Ersatzansprüche wegen Vertragspflichtverletzung sowie um Prospekthaftungsansprüche im engeren Sinne (§ 306 KAGB) und im weiteren Sinne (§§ 311 II, 241 II, 280 I BGB). Für eine Aufrechnung sind allein die treuhandbezogenen Ansprüche relevant.[2182]

Grundsätzlich ist auch hier davon auszugehen, dass es gem. § 404 BGB bereits an der Aufrechnungsbefugnis des Treugebers fehlt, da zur Zeit der Abtretung noch keine Aufrechnungslage bestand.[2183] Dennoch geht die *Rechtsprechung* davon aus, dass der Treugeber grundsätzlich aufrechnen könne, dieser Aufrechnung sowie sämtlichen Einwendungen aus dem Verhältnis zum Treuhänder jedoch ein Verbot entgegenstehe.[2184] Nach der *hier vertretenen Ansicht* lässt sich ein solches Aufrechnungsverbot im Bereich der mittelbaren Außenhaftung aus objektiven Wertungen nicht begründen.[2185]

Dagegen kann die interessengerechte Vertragsauslegung im Bereich der mittelbaren Innenhaftung bezogen auf die Einlage bei isolierter Betrachtung der Hauptforderung grundsätzlich zur Annahme eines Aufrechnungsverbots führen. Die Treugeber verpflichten sich dazu, die KG mittelbar mit Kapital auszustatten. Die Kapitalsammlung bildet den Hauptzweck des Vertrags. Dieser Zweck wäre nicht zu erreichen, sofern sich einzelne Treugeber von dieser Verpflichtung durch Aufrechnung mit persönlichen Forderungen gegen den Treuhänder befreien könnten.[2186] Betrachtet man aber die Gegenforderung des Treugebers, muss diese Einschätzung revidiert werden. Die Gegenforderung besteht regelmäßig in einem Prospekthaftungsanspruch gegen den Treuhänder. Diese Ansprüche richten sich gerade gegen den Bestand des Treuhandverhältnisses aus dem ein Aufrechnungsverbot

2181 Siehe oben § 3 A. IV.

2182 Vgl. § 6 C. I.

2183 Vgl. § 6 C. II.

2184 Vgl. § 6 C. III. 2.

2185 Vgl. § 6 C. III. 6.–7.

2186 § 6 C. III. 5. a) bb).

gefolgert werden soll. Dass der betroffene Treugeber den Willen hat, auch auf solche Einwendungen zu verzichten, die ihn gerade von der Pflicht zur Teilnahme an diesem Vertragszweck entbinden, kann keinesfalls angenommen werden.[2187] Auch ein vertragliches Aufrechnungsverbot ist daher abzulehnen. Die Folgen der Ablehnung eines Aufrechnungsverbots werden dadurch minimiert, dass auf den verbandsmäßig eingebundenen Treugeber die Lehre von der fehlerhaften Gesellschaft anzuwenden ist, durch welche entsprechende Ansprüche beschränkt oder sogar ganz ausgeschlossen sein können.[2188]

D. Verjährung

Die Verjährung des Freistellungsanspruchs, die auch der KG nach Abtretung durch den Treuhänder entgegengesetzt werden kann, wurde bereits im Kontext der Haftung des Treugebers gegenüber dem Treuhänder untersucht.[2189] Sie richtet sich nach den allgemeinen Vorschriften der §§ 195, 199 BGB. Soweit es um Ansprüche auf Rückzahlung von Ausschüttungen geht, dürfte der Verjährungsbeginn dieses Anspruchs und des hierauf gerichteten Freistellungsanspruchs grundsätzlich ohnehin einheitlich sein.[2190] Soweit es um den Einlageanspruch der Gesellschaft geht, kann es durchaus zu einem unterschiedlichen Beginn der Verjährungsfrist kommen. Hierdurch entstehen jedoch keine derart schwerwiegenden Wertungswidersprüche, dass eine Abweichung von der gesetzlichen Konzeption notwendig erscheint, wie sie der *BGH*[2191] im Falle persönlich haftender Treuhänder vornimmt.[2192] Hier besteht die Besonderheit, dass bei noch ausstehender Einlage eine Außenhaftung des Treuhänders besteht. Wird der Treuhänder im Außenverhältnis in Anspruch genommen, entsteht insoweit ein eigener Freistellungsanspruch. Die Befriedigung des Drittgläubigers führt dann zur Erfüllung der Einlageforderung.[2193]

Die analoge Anwendung von § 159 HGB auf Freistellungsansprüche bezüglich der Innenhaftung des Treuhänders[2194] kann schon deshalb nicht überzeugen, da diese Vorschrift nicht für Sozialansprüche im Innenverhältnis gegen den Kommanditisten gilt.

2187 § 6 C. III. 5. a) cc).

2188 § 4 C. III.

2189 § 4 A. VII.

2190 § 4 A. VII. 2. c).

2191 BGH, ZIP 2010, 1299, 1300; BGH, NJW 2010, 2197, 2199.

2192 § 4 A. VII. 2. b).

2193 Vgl. § 4 A. VII. 2. a).
Teilweise wird bereits die Befriedigung eines Gesellschaftsgläubigers als Einlageleistung bewertet (so etwa *Schilling*, in: Staub (4. Aufl.), § 171, Rn. 1, 14; *Kübler/Assmann*, §8 III. 2. b), S. 108). Die **hM** lässt erst die Aufrechnung mit dem Ersatzanspruch aus § 110 HGB als Einlageleistung genügen: BGH, NJW 1984, 2291, *K. Schmidt*, in: MüKo-HGB, § 171, Rn. 50; *Roth*, in Baumbach/Hopt, § 171, Rn. 8.

2194 So etwa OLG Frankfurt, ZIP 2010, 673, 675; OLG Stuttgart, NZG 2010, 716, 718 f.; OLG Nürnberg, WM 2009, 942, 946 f.

§ 9 Zusammenfassung in Thesen

1. Das Abspaltungsverbot für Gesellschafterrechte gilt nicht für sog. qualifizierte Treugeber, die in das gesellschaftsrechtliche Innenverhältnis kraft vertraglicher oder gesetzlicher Gleichstellung mit einem Kommanditisten einbezogen sind. Diesen Treugebern können daher auch Verwaltungsrechte in der Gesellschaft, einschließlich des Stimmrechts, als originär eigene Rechte eingeräumt werden (vgl. § 3 B., insb. § 3. B. II). Dies gilt insbesondere auch für mittelbar an einer Investmentkommanditgesellschaft beteiligte Treugeber.
2. Im Verhältnis zur Gesellschaft, an der die Beteiligung besteht, ist der Treugeber auch bei Gleichstellung mit den Kommanditisten im Innenverhältnis weder als echter und vollwertiger Gesellschafter im Außen- und Innenverhältnis der Gesellschaft noch als echter Gesellschafter beschränkt auf das Innenverhältnis einzuordnen. Die Rechtsposition ist als Innenmitglied sui generis zu verstehen, auf die die gesetzlichen Vorschriften jedenfalls keine direkte Anwendung finden können (vgl. § 3 D. I.-III.). Im Verhältnis zu den Mittreugebern – und ggf. unter Einschluss des Treuhänders und der Kommanditgesellschaft – können die Treugeber einen Innenverband bilden, der insbesondere in Fondskonstruktionen das eigentliche relevante Zuordnungssubjekt im Innenverhältnis bildet (vgl. § 3 D. IV.).
3. Der sog. „Gleichstellungsgrundsatz", wonach der qualifizierte Treugeber weder besser noch schlechter als ein unmittelbar beteiligter Kommanditist stehen dürfe, kann – außerhalb des Anwendungsbereichs der gesetzlichen Gleichstellung gemäß § 152 I 3 KAGB – nicht als allgemeingültiges, tragendes Prinzip des Personengesellschafts- oder Treuhandrechts verstanden werden (vgl. § 6. C. III. 6 d), e)).
4. Der Treugeber ist dem Treuhänder gemäß §§ 675, 670, 257 BGB zum Ersatz von Aufwendungen bzw. zur Befreiung von Verbindlichkeiten verpflichtet. Diese Ansprüche können vertraglich teilweise oder vollständig ausgeschlossen werden. Ein solcher Ausschluss ist insbesondere nicht per se sittenwidrig (vgl. § 4 A. I., II.).
5. Aus §§ 675, 670, 257 BGB folgt ein einheitlicher Ersatzanspruch des Treuhänders, welcher sich nach Befriedigung des Drittgläubigers von einem Befreiungs- zu einem Wertersatzanspruch wandelt. Dieser einheitliche Anspruch unterliegt einer einheitlichen Verjährung und kann entgegen der Ansicht des BGH grundsätzlich vor der zugrundeliegenden Drittforderung verjähren. Im Bereich der Treuhandbeteiligungen an Kommanditgesellschaften dürfte häufig ein Gleichlauf der Verjährung vorliegen und im Übrigen regelmäßig keine schwerwiegenden Wertungswidersprüche auftreten, weshalb eine Korrektur des Verjährungsgleichlaufs nicht angezeigt ist. In anderen Fällen dürfte sich ein Verjährungsgleichlauf häufig aus (objektiver) Vertragsauslegung ergeben (vgl. insgesamt § 4 A. VII.).

6. Der Treugeber ist grundsätzlich berechtigt mit eigenen Ansprüchen gegen die Ersatzansprüche des Treuhänders aufzurechnen. Bereits das vom BGH für Treugeber entwickelte allgemeine Aufrechnungsverbot gegenüber Drittgläubigern des Treuhänders überzeugt nicht (vgl. § 6 C. sowie § 9 Nr. 10). Selbst wenn man die Ansicht des BGH teilen würde, ließe sich eine Übertragung dieses Aufrechnungsverbots auf das Treuhandinnenverhältnis, welche dem Treugeber auch eine Aufrechnung gegenüber dem Treuhänder versperren würde, allenfalls im Falle der Insolvenz des Treuhänders begründen (vgl. § 4. A. V.).
7. Die Lehre von der fehlerhaften Gesellschaft ist auf die Rückabwicklung fehlerhafter Beteiligungen an qualifizierten und mehrgliedrigen Treuhandverhältnissen anwendbar und schränkt auch die Geltendmachung von Schadensersatzansprüchen gegen den Treuhänder ein (vgl. § 4 C. III.).
8. Den Treugeber trifft eine mittelbare Außenhaftung in Gestalt der Ersatzansprüche des Treuhänders gemäß § 675, 670, 257 BGB. Der Treuhänder ist grundsätzlich berechtigt, diese Ersatzansprüche an seine Gläubiger abzutreten. Gesetzliche Abtretungsverbote bestehen nicht und folgen insbesondere nicht aus der Natur des Treuhandverhältnisses. Aus dem erkennbaren Anonymitätsinteresse der Treugeber dürften regelmäßig konkludent vereinbarte Abtretungsverbote zu folgern sein. Im Bereich der Publikumstreuhand dürften diese Verbote jedoch nur insoweit bestehen, als dass den Treugebern die Erfüllung des Ersatzanspruchs vor Abtretung zur Wahrung ihrer Anonymität ermöglicht werden muss (vgl. insgesamt § 6 B.).
9. Nach Abtretung der Befreiungsansprüche des Treuhänders gegen den Treugeber an Gesellschaftsgläubiger ist der Treugeber mangels Gleichartigkeit der Ansprüche im Zeitpunkt der Abtretung entgegen der Ansicht des BGH nicht zur Aufrechnung gegenüber den Gesellschaftsgläubigern befugt. Auch aus § 406 BGB folgt in diesem Fall richtigerweise keine Aufrechnungsbefugnis des Treugebers (vgl. § 6 C. II.).
10. Nimmt man mit dem BGH dennoch eine Aufrechnungsbefugnis des Treugebers an, kann ein allgemeines Aufrechnungsverbot, welches dem Treugeber die Aufrechnung gegenüber Drittgläubigern des Treuhänders versagt, entgegen der Ansicht des BGH jedoch nicht überzeugend begründet werden. Ein solches Aufrechnungsverbot zu Lasten des Treugebers kann sich nur bei qualifizierter Treuhand und nur im Einzelfall im Wege der einfachen Vertragsauslegung abhängig vom Gegenstand der Haupt- und Gegenforderung aus den zugrundeliegenden Verträgen ergeben (vgl. § 6 C. III. 5. a)). Eine Begründung im Wege der ergänzenden Vertragsauslegung erscheint ausgeschlossen. Ferner lässt sich ein Aufrechnungsverbot auch nicht aus objektiven rechtlichen Wertungen folgern (vgl. insgesamt § 6 C. III.).
11. Eine unmittelbare Außenhaftung des Treugebers gemäß den für den Treuhänder bzw. die Kommanditisten geltenden Vorschriften besteht nicht, da der Treugeber auch bei Einbeziehung in das gesellschaftsrechtliche Innenverhältnis durch weitmöglichste vertragliche Gleichstellung mit einem Kommanditisten nicht als echter Gesellschafter verstanden werden kann (vgl. § 5 B. I-IV.).

Gleiches gilt auch im Anwendungsbereich der gesetzlichen Gleichstellung von Treugebern und Treuhänder im Anwendungsbereich des KAGB (vgl. § 5 B. V.). Weiterhin ist der (qualifizierte) Treugeber nicht per se ein Schein-Kommanditist und unterliegt damit nicht grundsätzlich der Rechtsscheinhaftung (vgl. § 5 B. VI).

12. Eine unmittelbare Außenhaftung lässt sich auch in Analogie zu den §§ 171 ff. HGB nicht begründen. Es fehlt aufgrund der bestehenden mittelbaren Haftung bereits an der erforderlichen Regelungslücke. Zudem ist auch eine vergleichbare Interessenlage nicht gegeben, weshalb auch de lege ferenda eine unmittelbare Außenhaftung nicht eingeführt werden sollte (vgl. § 5 D.). Auch eine Übertragung der Hintermannhaftung aus dem Kapitalgesellschaftsrecht überzeugt nicht (vgl. § 5 C.).
13. Eine unmittelbare derivative Innenhaftung des Treugebers gegenüber der Gesellschaft kann regelmäßig nur aufgrund ausdrücklicher vertraglicher Vereinbarung mit dem Treuhänder oder der Gesellschaft angenommen werden. Die Annahme einer konkludent übernommenen Innenhaftung muss in den treuhandtypischen Vertragsgestaltungen regelmäßig ausscheiden (vgl. § 7 C. I. 1.). Dies gilt auch im Falle einer vertraglich vereinbarten allgemeinen Gleichstellung von Treugeber und Treuhänder (sog. „Gleichstellungsabrede") (vgl. § 7 C. I. 2.). Auch eine gesetzliche Überleitung der Innenhaftung auf den Treugeber kann – insbesondere auch gemäß § 152 I 3 KAGB – nicht angenommen werden (vgl. § 7 C. II.).
14. Eine originär in der Person des Treugebers entstehende unmittelbare gesetzliche Innenhaftung ergibt sich nur aufgrund allgemeiner schuldrechtlicher Prinzipien in Gestalt von Kondiktionsansprüchen gem. §§ 812 ff. BGB. Nach Abtretung von Ansprüchen des Treuhänders an den Treugeber, im Falle von Verträgen zwischen Treuhänder und Gesellschaft zugunsten des Treugebers und im Falle der Schuldüberahme durch die Gesellschaft verfolgt die Gesellschaft sowohl bei einfacher als auch bei qualifizierter Treuhand jeweils einen Leistungszweck gegenüber dem Treugeber und kann daher direkt bei diesem kondizieren (vgl. § 7 D. I. 4.). Die Einordnung des Treuhandverhältnisses als Vertrag mit Schutzwirkung zugunsten der Gesellschaft überzeugt dagegen nicht (vgl. § 7 D. I. 5.).
15. § 152 I 3 KAGB bewirkt keine Veränderung der unmittelbaren Haftungsbeziehungen zwischen Treugebern und der Gesellschaft. Die Vorschrift begründet weder eine unmittelbare gesetzliche Innenhaftung (vgl. § 7 D. I. 3.), noch führt sie zu einer Überleitung der vertraglichen Innenhaftung des Treuhänders auf den Treugeber (vgl. § 7 D. II. 4.). Auch eine zwingende Haftungsüberleitung vom Treuhänder auf den Treugeber kann aus dieser Norm nicht gefolgert werden (vgl. § 7 C. II. 2.).
16. Die Annahme einer originär durch den Treugeber übernommenen unmittelbaren vertraglichen Innenhaftung muss regelmäßig ausscheiden, da der Treugeber sich hierdurch unmittelbar selbst an der gegenseitigen Förderung des gemeinsamen Gesellschaftszwecks der Gesellschafter beteiligen würde und

somit als echter Gesellschafter einzuordnen wäre. Es kann jedoch regelmäßig nicht angenommen werden, dass der Treugeber einen entsprechenden Rechtsbindungswillen zur Beteiligung als echter Vollgesellschafter in der Gesellschaft hat. Entgegen der Ansicht des BGH kann der Treugeber auch nicht als reiner Innengesellschafter verstanden werden (vgl. § 7 D. II. 2.).

17. Eine mittelbare Innenhaftung des Treugebers gegenüber der Gesellschaft besteht aufgrund des Ersatzanspruchs des Treuhänders gegen den Treugeber gemäß §§ 675, 670 BGB. Dieser Anspruch ist an die Gesellschaft abtretbar. Konkludent vereinbarte Abtretungsverbote sind anders als im Kontext der mittelbaren Außenhaftung regelmäßig nicht anzunehmen. Der Treugeber ist gemäß § 404 BGB grundsätzlich nicht befugt, mit Ansprüchen gegen den Treuhänder aufzurechnen. Nimmt man mit dem BGH dennoch eine Aufrechnungsbefugnis des Treugebers an, kann ein allgemeines Aufrechnungsverbot entgegen der Ansicht des BGH jedoch nicht überzeugend begründet werden (vgl. insgesamt § 8.).

Literaturverzeichnis

Althammer, Christoph Der Widerruf notariell beurkundeter Fondsbeitritte und die Modalitäten der Rückabwicklung, BKR 2003, S. 280–286.

Altmeppen, Holger „Dritte" als Adressaten der Kapitalerhaltungs- und Kapitalersatzregeln in der GmbH, Festschrift für Bruno Kropff, Düsseldorf 1997, S. 641–667.

Altmeppen, Holger Anmerkung zu BGH ZIP 2011, 323, II ZR 187/09, ZIP 2011, S. 326–328.

Altmeppen, Holger Pflicht zur Herausgabe der Gesellschafterliste einer Fondsgesellschaft?, NZG 2011, S. 1321–1327.

Altmeppen, Holger Anmerkung zu BGH, Urt. v. 5. 2. 2013 – II ZR 134/11, ZIP 2013, S. 576–577.

Andres, Dirk, Leithaus, Rolf Insolvenzordnung, 3. Auflage, München 2014.

Armbrüster, Christian Grundlagen und Reichweite von Wettbewerbsverboten im Personengesellschaftsrecht, ZIP 1997, S. 261–273.

Armbrüster, Christian Zur uneinheitlichen Stimmrechtsausübung im Gesellschaftsrecht, Festschrift für Gerold Bezzenberger zum 70. Geburtstag am 13. März 2000, Berlin 2000, S. 3–21.

Armbrüster, Christian Die treuhänderische Beteiligung an Gesellschaften, Köln/Berlin/Bonn/München 2001.

Armbrüster, Christian Gesellschaftsrecht und Verbraucherschutz – zum Widerruf von Fondsbeteiligungen, Vortrag, gehalten vor der Juristischen Gesellschaft zu Berlin am 29. September 2004, Berlin 2005.

Armbrüster, Christian Kapitalanleger als Verbraucher? Zur Reichweite des europäischen Verbraucherschutzrechts, ZIP 2006, S. 406–415.

Armbrüster, Christian Der Gesellschafter hinter dem Gesellschafter – zur Treugeberhaftung in der Personengesellschaft, ZIP 2009, S. 1885–1890.

Armbrüster, Christian Haftung des Treugebers für Gesellschaftsschulden bei fehlerhaftem Fondsbeitritt, NJW 2009, S. 2167–2173.

Armbrüster, Christian Nachschusspflicht im Personengesellschaftsrecht, ZGR 2009, S. 1–30.

Armbrüster, Christian Grenzen der Gestaltungsfreiheit im Personengesellschaftsrecht, ZGR 2014, S. 333–363.

Armbrüster, Christian/Joos, Michael Zur Abwicklung fehlerhafter stiller Beteiligungen, ZGR 2004, S. 189–198.

Arndt, Jan-Holger/Voß, Thorsten Verkaufsprospektgesetz, 1. Auflage, München 2008.

Asmus, Thomas/Markwardt, Karsten Der anonyme Quasi-Gesellschafter, ZIP 2012, S. 1581–1590.

Assmann, Heinz-Dieter/Schütze, Rolf A. Handbuch des Kapitalanlagerechts, 4. Auflage, München 2015.

Ballerstedt, Kurt Zur Rechtsstellung des Auftraggebers eines Strohmannes nach GmbH-Recht, JZ 1960, S. 513–518.

Bälz, Ulrich Treuhandkommanditist, Treuhänder der Kommanditisten und Anlegerschutz, Für eine organschaftliche Publikumstreuhand, ZGR 1980, S. 1–100.

Barth, Peter/Gelsen, Hermann Die Sicherheitsleistung der GmbH für Kredite, die Dritte den Gesellschaftern der GmbH gewährt haben, DB 1981, S. 2265–2267.

Baumbach, Adolf/Hopt, Klaus J. Handelsgesetzbuch – mit GmbH & Co. KG, Handelsklauseln, Bank- und Kapitalmarktrecht, Transportrecht (ohne Seerecht), 38. Auflage, München 2018.

Baumbach, Adolf/Hueck, Alfred GmbHG, 21. Auflage, München 2017.

Baur, Fritz/Stürner, Rolf Sachenrecht, 17. Auflage, München 1999.

Bayer, Walter Die Haftung des Beirats im Recht der GmbH und der GmbH & Co. KG, Festschrift für Uwe H. Schneider zum 70. Geburtstag, Köln 2011, S. 75–88.

Bayer, Walter/Riedel, Jens Kapitalbeteiligungen an Personengesellschaften und Anlegerschutz, Zugleich ein Beitrag zur Dogmatik der fehlerhaften stillen Gesellschaft, NJW 2003, S. 2567–2572.

Beckmann, Klaus/Scholtz, Rolf-Detlev/Vollmer, Lothar Investment, Ergänzungslieferung 4/2018, Berlin 2018.

Beck'scher Online-Kommentar BGB, Hrsg.: Bamberger, Heinz/Roth, Herbert/Hau, Wolfgang/Poseck, Roman, 46. Edition, Stand: 01.05.2018

GmbHG, Hrsg.: Ziemons, Hildegard/Jaeger, Carsten, 35. Edition, Stand 01.02.2018.

ZPO, Hrsg.: Vorwerk, Volkert/Wolf, Christian, 28. Edition, Stand: 01.03.2018.

Berg, Hans Verträge mit Drittschutzwirkung und Drittschadensliquidation, JuS 1977, S. 363–367.

Berger, Hanno/Steck, Kai-Uwe/ Lübbehüsen, Dieter Investmentgesetz, Investmentsteuergesetz, München 2010.

Beuthien, Volker Treuhand an Gesellschaftsanteilen, ZGR 1974, S. 26–85.

Bippus, Birgit Elsa Einheitlichkeit der Mitgliedschaft und Selbständigkeit der Beteiligung in der Personengesellschaft, AcP (195) 1995, S. 13–34.

Blaurock, Uwe Unterbeteiligung und Treuhand an Gesellschaftsanteilen, Formen mittelbarer Teilhabe an Gesellschaftsverhältnissen, Baden-Baden 1981.

Blaurock, Uwe Handbuch stille Gesellschaft, Gesellschaftsrecht, Steuerrecht, 8. Auflage, Köln 2016.

Blaurock, Uwe Vollzug der unentgeltlichen Zuwendung einer neu begründeten Unterbeteiligung, NZG 2012, S. 521–525.

Böhme, Andreas Die Vertretung der extern verwalteten Investmentkommanditgesellschaft, BB 2014, S. 2380–2385.

Braun, Eberhard Insolvenzordnung (InsO), 7. Auflage, München 2017.

Breuer, Johannes Treuhandverhältnisse im Gesellschaftsrecht, MittRhNotK 1988, S. 79–96.

Brömmelmeyer, Christoph Fehlerhafte Treuhand? – Die Haftung der Treugeber bei der mehrgliedrigen Treuhand an Beteiligungen, NZG 2006, S. 529–533.

Brox, Hans/Walker, Wolf-Dietrich Allgemeines Schuldrecht, 37. Auflage, München 2013.

Busse, Andreas Zur Problematik von Stimmbindungsverträgen bei Personengesellschaften, BB 1961, S. 261–264.

Caemmerer, Ernst von Das Problem des Drittschadensersatzes, ZHR (127) 1965, S. 241–279.

Canaris, Claus-Wilhelm Die Vertrauenshaftung im deutschen Privatrecht, München 1971.

Canaris, Claus-Wilhelm Die Verdinglichung obligatorischer Rechte, Festschrift für Werner Flume zum 70. Geburtstag, Köln 1978, S. 371–427.

Canaris, Claus-Wilhelm Die Vertrauenshaftung im deutschen Privatrecht, München 1971.

Coing, Helmut Die Treuhand kraft privaten Rechtsgeschäfts, München 1973.

Czaplinski, Paul Abfindungs- und Schadensersatzanspruch nach den Grundsätzen der fehlerhaften Gesellschaft bei mehrgliedriger stiller Gesellschaft, GWR 2013, S. 512–513.

Däubler, Wolfgang Die treuhänderische Abtretung des GmbH-Geschäftsanteils, GmbHR 1966, S. 243–248.

Demleitner, Andreas Aufsichtsrechtliche Folgen eines verkannten AIF, BB 2014, S. 2058–2061.

Schulze, Reiner Handkommentar Bürgerliches Gesetzbuch, 9. Auflage, Baden-Baden 2017.

Drygala, Tim Anwendbarkeit des AGB-Gesetzes auch auf Gesellschaftsverträge – eine Nebenwirkung der Richtlinie über mißbräuchliche Klauseln in Verbraucherverträgen?, ZIP 1997, S. 968–971.

Ebenroth, Carsten Thomas/Boujong, Karlheinz/Joost, Detlev/Strohn, Lutz Handelsgesetzbuch, 3. Auflage, München 2014.

Ebermann, Frank Die Verwaltungstreuhand an GmbH-Anteilen, Köln 1970.

Eden, Siegfried Treuhandschaft an Unternehmen und Unternehmensanteilen, Recht, Steuer, Betriebswirtschaft, 3. Auflage, Berlin 2007.

Ehlke, Michael Zur Behandlung von Treugeber und Treuhänder an einem GmbH-Anteil, Zugleich Besprechung des Urteils des OLG Hamburg vom 27.4.1984, DB 1984, 1515, DB 1985, S. 795–803.

Emde, Thomas/Dreibus, Alexandra Der Regierungsentwurf für ein Kapitalanlagegesetzbuch, BKR 2013, S. 89–102.

Emde, Thomas/Dornseifer, Frank/Dreibus, Alexandra/ Hölscher, Luise Investmentgesetz, München 2013.

Ensthaler, Jürgen/Bandasch, Georg Gemeinschaftskommentar zum Handelsgesetzbuch mit UN-Kaufrecht, 7. Auflage, Neuwied 2007.

Ensthaler, Jürgen/Kluge, Vanessa „FRIZ" – Das Ende der Schuldverschreibung?, BB 2010, S. 2835–2839.

Erbs, Georg/Kohlhaas, Max Strafrechtliche Nebengesetze, Band 4, 198. Ergänzungslieferung, München 2014.

Erfurter Kommentar zum Arbeitsrecht Hrsg. von Müller-Glöge, Rudi/Preis, Ulrich/Schmidt, Ingrid, 18. Auflage, München 2018.

Erman, Walter Verwaltung der Rechte eines Kommanditisten durch einen persönlich haftenden Gesellschafter der KG, Festschrift für Hans Carl Nipperdey zum 70. Geburtstag, München/Berlin 1965, S. 277–296.

Erman, Walter BGB, Handkommentar mit AGG, EGBGB, ErbbauRG, HausratsVO, LPartG, ProdHaftG, UKlaG, VAHRG und WEG, 15. Auflage, Köln 2017.

Esch, Günter Die Unterbeteiligung an Handelsgesellschaftsanteilen, NJW 1964, S. 902–907.

Esch, Günter Einheitlichkeit der Personengesellschaftsbeteiligung, BB 1993, S. 664–668.

Esch, Günter Das Dogma der Einheitlichkeit der Personengesellschaftsbeteiligung, BB 1996, S. 1621–1627.

Esser, Josef/Schmidt, Eike Schuldrecht Allgemeiner Teil, Teilbd. 2, Durchführungshindernisse und Vertragshaftung, Schadensausgleich und Mehrseitigkeit beim Schuldverhältnis, 7. Auflage, Heidelberg 1993.

Fischer, Carsten/Friedrich, Till Investmentaktiengesellschaft und Investmentkommanditgesellschaft unter dem KAGB, ZBB 2013, S. 153–163.

Fischer, Robert Die unwiderrufliche Stimmrechtsvollmacht in der GmbH, GmbHR 1952, S. 113–116.

Fleck, Hans-Joachim Anmerkung zu OLG Düsseldorf, Urt. v. 28.3.1991 – 6 U 163/90, EWiR § 171 HGB 2/91.

Fleck, Hans-Joachim Stimmrechtsabspaltung in der GmbH?, Festschrift für Robert Fischer, Berlin/New York 1979, S. 107–129.

Fleck, Hans-Joachim Der Grundsatz der Kapitalerhaltung – seine Ausweitung und seine Grenzen, Festschrift 100 Jahre GmbH-Gesetz, Köln 1992, S. 391–419.

Florstedt, Tim Der „stille Verband", Köln 2007.

Flume, Werner Allgemeiner Teil des Bürgerlichen Rechts, 1. Band, 1. Teil, Die Personengesellschaft, Berlin [u.a.] 1977.

Flume, Werner Allgemeiner Teil des Bürgerlichen Rechts, 1. Band, 2. Teil, Die juristische Person, Berlin/Heidelberg [u.a.] 1983.

Flume, Werner Allgemeiner Teil des Bürgerlichen Rechts, 2. Band, Das Rechtsgeschäft, 4. Auflage, Berlin 1992.

Friedl, Markus J./Hartwig-Jacob, Mauricio Frankfurter Kommentar zum Schuldverschreibungsgesetz, Frankfurt 2013.

Friehe, Christian-Friedrich Die Unterbeteiligungsgesellschaft an Mitgliedschaften in Personalgesellschaften, Köln 1973.

Geibel, Stefan J. Die Lehre von der fehlerhaften Gesellschaft als Beschränkung von Schadensersatzansprüchen?, BB 2005, S. 1009–1015.

Gernhuber, Joachim Die fiduziarische Treuhand, JuS 1988, S. 355–363.

Gieseke, Horst Besondere Probleme bei der „mittelbaren Beteiligung" an einer Publikums-KG durch einen Treuhand-Kommanditisten, DB 1984, S. 970–973.

Goette, Wulff Fehlerhafte Personengesellschaftsverhältnisse in der jüngeren Rechtsprechung des Bundesgerichtshofs, DStR 1996, S. 266–271.

Groß, Wolfgang Kapitalmarktrecht, 6. Auflage, München 2016.

Grossfeld, Bernhard Zivilrecht als Gestaltungsaufgabe, 1. Auflage, Heidelberg/Karlsruhe 1977.

Grundmann, Stefan Der Treuhandvertrag insbesondere die werbende Treuhand, München 1997.

Grunewald, Barbara Haftung für fehlerhafte Geschäftsführung in der GmbH & Co. KG, Abhandlung zu BGHZ 75 S. 21 = BB 1980, S. 120, BB 1981, S. 581–586.

Grunewald, Barbara Gesellschaftsrecht, 5. Auflage, Tübingen 2002.

Gschwendtner, Hubertus Nießbrauchbestellung am Anteil einer Personengesellschaft, NJW 1995, S. 1875–1876.

Habersack, Mathias Die Mitgliedschaft, Subjektives und „sonstiges" Recht, Tübingen 1996.

Habersack, Mathias Anmerkung zu OLG Stuttgart, Urt. v. 15. 1. 2001 – 6 U 35/00, ZIP 2001, S. 327–330.

Habersack, Mathias Anmerkung zu EuGH, Urt. v. 15. 4. 2010 – Rs C–215/08, ZIP 2010, S. 775–776.

Habersack, Mathias/Mülbert, Peter O./Schlitt, Michael Handbuch der Kapitalmarktinformation, 2. Auflage, München 2013.

Habersack, Mathias/Schürnbrand, Jan Verwirkung des Widerrufsrechts aus einem Verbraucherdarlehensvertrag bei fehlerhafter Widerrufsbelehrung, ZIP 2014, S. 749–757.

Hachenburg, Max Gesetz betreffend die Gesellschaften mit beschränkter Haftung (GmbHG), 8. Auflage, Berlin/New York 1992.

Hagen, Horst Die Drittschadensliquidation im Wandel der Rechtsdogmatik, Ein Beitrag zur Koordinierung von Rechtsfortbildungen, Frankfurt am Main 1971.

Handkommentar Bürgerliches Gesetzbuch Hrsg.: Schulze, Reiner, 9. Auflage, Baden-Baden 2017.

Hegmanns, Ekkehard Die Sicherung des Treugebers bei Treuhandverträgen für Geschäftsanteile, ZIP 1989, S. 900–902.

Heidel, Thomas Aktienrecht und Kapitalmarktrecht, 4. Auflage, Baden-Baden 2014.

Heidel, Thomas/Schall, Alexander Handelsgesetzbuch, 1. Auflage, Baden-Baden 2011.

Heining, Arnold Treuhand an GmbH-Anteilen, GmbHR 1954, S. 98–103.

Heinrichs, Helmut Das Gesetz zur Änderung des AGB-Gesetzes Umsetzung der EG-Richtlinie über mißbräuchliche Klauseln in Verbraucherverträgen durch den Bundesgesetzgeber, NJW 1996, S. 2190–2197.

Henssler, Martin Treuhandgeschäft. Dogmatik und Wirklichkeit, AcP (196) 1996, S. 37–87.

Henssler, Martin/*Strohn*, Lutz Gesellschaftsrecht, 3. Auflage, München 2016.

Herfs, Achim Einwirkung Dritter auf den Willensbildungsprozess der GmbH. Eine Untersuchung von Mitwirkungsrechten Dritter im Entscheidungsbereich der Gesellschafter aufgrund von Satzungsrechten, Stimmbindungsverträgen oder Verpflichtungen der GmbH, Baden-Baden 1994.

Herring, Frank/Loff, Detmar Die Verwaltung alternativer Investmentvermögen nach dem KAGB-E, DB 2012, S. 2029–2036.

Herrmanns, Marc Übertragung von Mitgliedschaftsrechten an Dritte – Gestaltungsmöglichkeiten und -grenzen, ZIP 2005, S. 2284–2290.

Hesselmann, Malte/Mueller-Thuns, Thomas/Tillmann, Bert Handbuch GmbH & Co. KG, Gesellschaftsrecht, Steuerrecht, 21. Auflage, Köln 2016.

Heymann, Ernst/ Handelsgesetzbuch, Band 2: Zweites Buch – §§ 105–237, 2. Auflage, Berlin/New York 1996.

Hoeren, Thomas Datenschutz und Auskunftsansprüche des Treugebers bei der Publikums-KG, ZIP 2010, S. 2436–2440.

Hofmann, Achim Die Rechtsstellung des Treugebers in der kupierten Publikums-KG, Göttingen 1985.

Holler, Lorenz Der „gläserne" Treugeber-Kommanditist? – Zum Anspruch des Kapitalanlegers auf Anonymität im Gesellschafts- und Kapitalmarktrecht, ZIP 2010, S. 2429–2436.

Hölters, Wolfgang Aktiengesetz, 3. Aufl., München 2017.

Hopt, Klaus J. Kapitalmarktrecht (mit Prospekthaftung) in der Rechtsprechung des Bundesgerichtshofes, Festschrift 50 Jahre Bundesgerichtshof, München 2000, S. 497–547.

Hopt, Klaus J./Hehl, Günther Gesellschaftsrecht, 5. Auflage, München 2011.

Hopt, Klaus J./Christoph H. Seibt Schuldverschreibungsrecht, Köln 2017.

Hopt, Klaus J./Wiedemann, Herbert Großkommentar Aktiengesetz, 4. Auflage, Berlin 2013.

Huber, Ulrich Anmerkung zu BGH, Urteil vom 04.04.1968 – II ZR 26/67, JZ 1968, S. 791–794.

Huber, Ulrich Vermögensanteil, Kapitalanteil und Gesellschaftsanteil an Personalgesellschaften des Handelsrechts, Heidelberg 1970.

Hueck, Alfred Anmerkung zum Urteil des BGH vom 10.11.1951, JZ 1952, S. 115–116.

Hueck, Alfred Anmerkung zu BGH JZ 1960, 490, JZ 1960, S. 491–492.

Hueck, Alfred Das Recht der offenen Handelsgesellschaft, 4. Auflage, Berlin/New York 1971.

Hüffer, Uwe Die Publikumspersonengesellschaft und das Problem des Anlegerschutzes, JuS 1979, S. 457–465.

Hüffer, Uwe Organpflichten und Haftung in der Publikums-Personengesellschaft, Besprechung der Entscheidungen BGH BB 1980, 546 und BGHZ 75, 321, ZGR 1981, S. 348–363.

Hüffer, Uwe/Koch, Jens Aktiengesetz, 13. Auflage, München 2018.

Hüffer, Uwe/Koch, Jens Gesellschaftsrecht, 8. Auflage, München 2011.

Immenga, Ulrich Die Minderheitsrechte des Kommanditisten, ZGR 1974, S. 385–426.

Jauernig, Othmar Bürgerliches Gesetzbuch, 17. Auflage, München 2018.

Joussen, Edgar Die einheitliche Mitgliedschaft in Personengesellschaften – Mehrfachmitgliedschaft bei Anteilserwerb aus verschiedenen Gesellschafterstämmen?, DB 1992, S. 1173–1175.

Junker, Michael Das „wirtschaftliche Eigentum" als sonstiges Recht im Sinne des § 823 Abs. 1 BGB, AcP (193) 1993, S. 348–363.

Kallmeyer, Harald Abtretungsverpflichtung aus formloser Erwerbstreuhand? Zugleich Besprechung der Entscheidung des III. Senats des BGH v. 4.11.2004 – III ZR 172/03, GmbHR 2006, S. 66–68.

Kapitza, Martin Die Rechtsstellung der Treugeber in geschlossenen Immobilienfonds in der Form der kupierten Publikumskommanditgesellschaft, Berlin 1996.

Kessal-Wulf, Sibylle Die Innenverbände. Am Beispiel Publikumsgesellschaft, Franchising, Mitarbeiterbeteiligung und Betriebsverband, Frankfurt/Berlin/Bern/New York/Paris/Wien 1995.

Kiethe, Kurt Gesellschaftsrechtliche Einflußnahme und Initiatorenstellung – Aspekte der Haftung Dritter aus Prospekt bei Kapitalanlagegesellschaften, NZG 1999, S. 858–868.

Kindler, Peter Der Gesellschafter hinter dem Gesellschafter – Zur Treugeberhaftung in der Personengesellschaft, Zugleich Besprechung BGH v. 11.11.2008 – XI ZR 468/07, ZIP 2008, 2354, ZIP 2009, S. 1146–1149.

Kindler, Peter Der Kommanditist hinter dem Kommanditisten – Zur Treugeberhaftung in der Insolvenz der Publikums-GmbH & Co. KG, Festschrift für Karsten Schmidt zum 70. Geburtstag, Köln 2009, S. 871–891.

Kindler, Peter Gesellschaftsrechtliche Grenzen der Emittentenhaftung am Kapitalmarkt – Eine Nachlese zum Fall „EM.TV" vor dem Hintergrund zwischenzeitlicher Entwicklungen, Festschrift für Uwe Hüffer zum 70. Geburtstag, München 2010, S. 417–430.

Kindler, Peter/Libbertz, Simone Gesellschaftsrechtliche Grenzen des Verbraucherschutzes: Die Anwendung der Haustürgeschäfterichtlinie und der Lehre von der fehlerhaften Gesellschaft auf den Beitritt zu einer Publikumspersonengesellschaft, NZG 2010, S. 603–606.

Kirsten, Walter/Matheja, Kurt Treuhand und Treuhänder im Steuerrecht, Steuerl. Treuhand, Treuhänderschaft u. Organschaft, 2. Auflage, Herne/Berlin 1978.

Kiss, Michael Anlegerschutz bei geschlossenen Immobilienfonds in der Rechtsform der kupierten Publikums-KG, Münster 2006.

Klein, Franz Abgabenordnung, 13. Auflage, München 2016.

Klöckner, Stefan Wirksamkeit der Stimmabgabe eines Treuhänders in der Publikums-Gesellschaft, BB 2009, S. 1313–1318.

Klöhn, Lars Treuhandkonstruktionen bei Publikumspersonengesellschaften, Das Aufrechnungsverbot nach BGHZ 189, 45 und BGH, NZG 2012, 1024, VGR – Gesellschaftsrecht in der Diskussion 2012, Köln 2013, S. 143–169.

Koenig, Ulrich Abgabenordnung, Kommentar, 3. Auflage, 2014.

Köhl, Dietmar Die Ausfallhaftung von Hintermännern bzw. Treugebern für nicht geleistete Stammeinlagenzahlungen, GmbHR 1998, S. 119–125.

Koller, Ingo/Kindler, Peter/Roth, Wulf-Henning/Morck, Winfried Handelsgesetzbuch, Kommentar, 8. Auflage, München 2015.

Krause, Martin/Klebeck, Ulf Fonds(anteils)begriff nach der AIFM-Richtlinie und dem Entwurf des KAGB, RdF 2013, S. 4–12.

Krauss, Henning Die Haftung von Treugeber-Kommanditisten fehlgeschlagener geschlossener Fonds, GWR 2009, S. 185–190.

Krenzel, Joachim Treuhand an Kommanditanteilen – Unter besonderer Berücksichtigung der Pflichtenbindung des Treuhänders in der kupierten Publikums-Kommanditgesellschaft, Frankfurt am Main/New York 1991.

Kübler, Friedrich/Assmann, Heinz-Dieter Gesellschaftsrecht, 6. Auflage, Heidelberg/München/Landsberg 2006.

Kuhn, Ottmar Strohmanngründung bei Kapitalgesellschaften, Tübingen 1964.

Kümmerlein, Hartmut Erscheinungsformen und Probleme der Verwaltungstreuhand bei Personenhandelsgesellschaften 1971.

Laars, Reinhard Finanzdienstleistungsaufsichtsgesetz, 4. Auflage, Baden-Baden 2017.

Lange, Hermann/Schiemann, Gottfried Handbuch des Schuldrechts, Band I: Schadensersatz, 3. Auflage, Tübingen 2003.

Larenz, Karl Lehrbuch des Schuldrechts, Allgemeiner Teil, 14. Auflage, München 1987.

Larenz, Karl/Canaris, Claus-Wilhelm Lehrbuch des Schuldrechts, Besonderer Teil, Halbband 2, 13. Auflage, München 1994.

Lehmann, Michael Die ergänzende Anwendung von Aktienrecht auf die Gesellschaft mit beschränkter Haftung, Köln 1970.

Lenders, Rudolf Treuhand am Gesellschaftsanteil, Die Einbindung des Treugebers in das gesellschaftliche Organisationsgefüge, Frankfurt am Main 2004.

Lessner, Jan/Klebeck, Ulf Zur Arbeitgeberfähigkeit der GbR, ZIP 2002, S. 1385–1389.

Leuering, Dieter Die Neuordnung der gesetzlichen Prospekthaftung, NJW 2012, S. 1905–1910.

Liebich, Dieter Treuhand und Treuhänder im Wirtschaftsrecht, Herne/Berlin 1966.

Liebich, Dieter/Mathews, Kurt Treuhand und Treuhänder in Recht und Wirtschaft, Ein Handbuch, Herne 1983.

Löhnig, Martin Treuhand, Interessenwahrnehmung und Interessenkonflikte, Tübingen 2006.

Looschelders, Dirk Schuldrecht, Allgemeiner Teil, 11. Auflage, München 2013.

Lorenz, Werner Gläubiger, Schuldner, Dritte und Bereicherungsausgleich, AcP (168) 1968, S. 286–317.

Lorenz, Werner Bereicherungsrechtliche Dreiecksbeziehungen, JuS 2003, S. 839–845.

Loritz, Karl-Georg Ein neuer Sonderweg bei Rückabwicklung stiller Gesellschaften, DB 2004, S. 2459–2460.

Loritz, Karl-Georg/Rickmers, Benedikt Unternehmensfinanzierung im Kapitalmarkt und Kapitalanlagegesetzbuch bei operativ tätigen Unternehmen, NZG 2014, S. 1241–1250.

Louven, Christoph Anmerkung zu BGH II ZR 304/00 vom 02.07.2001, BB 2001, S. 1806–1809.

Lüdicke, Jochen/Arndt, Jan-Holger Geschlossene Fonds, Rechtliche, steuerliche und wirtschaftliche Aspekte von Immobilien-, Schiffs-, Flugzeug-, Solarenergie-, Private-equity- sowie Lebensversicherungsfonds und anderen geschlossenen Fondsprodukten, 5. Auflage, München 2009.

Lutter, Marcus/Hommelhoff, Peter GmbH-Gesetz, 19. Auflage, Köln 2016.

Lüttge, Jörg W. Die zulässige Mehrfachbeteiligung an einer Personengesellschaft, NJW 1994, S. 5–11.

Markwardt, Karsten Keine Anonymität in der Gesellschaft bürgerlichen Rechts, BB 2011, S. 643–648.

Markwardt, Karsten/Kracke, Jannes Auf dem Prüfstand: Das Widerrufsrecht nach § 11 Abs. 2 VermAnlG, BKR 2012, S. 149–152.

Markwardt, Manfred Rechtsgeschäftliche Treuhandverhältnisse bei Personalhandelsgesellschaften, Marburg 1973.

Marotzke, Wolfgang Die Nachlaßzugehörigkeit ererbter Personengesellschaftsanteile und der Machtbereich des Testamentsvollstreckers nach dem Urteil des Bundesgerichtshofs vom 14. Mai 1986, AcP (187) 1987, S. 223–246.

Marotzke, Wolfgang Gegenseitige Verträge im neuen Insolvenzrecht, 3. Auflage, Neuwied/Kriftel/Berlin 2001.

Martis, Rüdiger Aktuelle Entwicklungen im Recht der Haustürgeschäfte, MDR 2003, S. 961–970.

Maulbetsch, Hans-Chr. Beirat und Treuhand in der Publikumspersonengesellschaft, Bonn 1984.

Medicus, Dieter/Lorenz, Stephan Schuldrecht I, Allgemeiner Teil, 19. Auflage, München 2010.

Medicus, Dieter/Petersen, Jens Bürgerliches Recht, Eine nach Anspruchsgrundlagen geordnete Darstellung zur Examensvorbereitung, 24. Auflage, München 2013.

Meister, Burkhardt W. Die Sicherheitsleistung der GmbH für Gesellschafterverbindlichkeiten, WM 1980, S. 390–401.

Mentz, Alexander Der Niessbrauch an oHG- und KG-Mitgliedschaftsrechten, Frankfurt am Main 1972.

Milatz, Jürgen E./Sonneborn, Andrea Nießbrauch an GmbH-Geschäftsanteilen: Zivilrechtliche Vorgaben und ertragsteuerliche Folgen, DStR 1999, S. 137–143.

Mock, Sebastian Die fehlerhafte mehrgliedrige stille Gesellschaft Zugleich Anmerkung zu BGH v. 19. 11. 2013, II ZR 320/12 und II ZR 383/12 (Teil I), DStR 2014, S. 536–540.

Mock, Sebastian Die fehlerhafte mehrgliedrige stille Gesellschaft Zugleich Anmerkung zu BGH v. 19. 11. 2013, II ZR 320/12 und II ZR 383/12 (Teil II), DStR 2014, S. 598–602.

Mülbert, Peter O. Die rechtsfähige Personengesellschaft, AcP (199) 1999, S. 38–103.

Mülbert, Peter O./Steup, Steffen Emittentenhaftung für fehlerhafte Kapitalmarktinformation am Beispiel der fehlerhaften Regelpublizität – das System der Kapitalmarktinformationshaftung nach AnSVG und WpPG mit Ausblick auf die Transparenzrichtlinie, WM 2005, S. 1633–1654.

Müller, Florian Die Haftung des Hintermanns bei der Strohmann – GmbH, Saarbrücken 1972.

Müller, Klaus J. Nachschusspflicht der Gesellschafter einer KG und Ausschließung aus wichtigem Grund bei Verweigerung von Nachschüssen, DB 2005, S. 95–96.

Müller-Freienfels, Wolfram Die Vertretung beim Rechtsgeschäft, Tübingen 1955.

Münchener Handbuch Münchener Handbuch des Gesellschaftsrechts, Band 1 und 2, 4. Auflage, München 2014.

Münchener Kommentar Münchener Kommentar zum Aktiengesetz,

Band 1, 4. Aufl., München 2016

Band 4, 4. Aufl., München 2016,

Münchener Kommentar zum Bürgerlichen Gesetzbuch,

Band 1, 7. Aufl., München 2015,

Band 2, 7. Aufl., München 2016,

Band 3, 7. Aufl., München 2016,

Band 4, 7. Aufl., München 2016

Band 5/1, 7. Aufl., München 2017,

Band 6, 7. Aufl., München 2017,

Band 7, 7. Auflage, München 2017,

Band 10, 7. Auflage, München 2017.

Münchener Kommentar zum Handelsgesetzbuch,

Band 1, 4. Auflage, München 2016,

Band 2, 4. Auflage, München 2016,

Band 3, 3. Auflage München 2012.

Münchener Kommentar zur Insolvenzordnung,

Band 1, 3. Aufl., München 2013,

Band 2, 3. Aufl., München 2013.

Münchener Kommentar zur Zivilprozessordnung,

Band 1, 5. Auflage, München 2016,

Band 2, 5. Auflage, München 2016.

Musielak, Hans Joachim/Voit, Wolfgang Zivilprozessordnung mit Gerichtsverfassungsgesetz, Kommentar, 15. Auflage, München 2018.

Oetker, Hartmut Kommentar zum Handelsgesetzbuch (HGB), 5. Auflage, München 2017.

Olshausen, Eberhard v. Zur Aufrechnung gemäß § 406 BGB gegen Geldschuldbefreiungsansprüche nach deren Abtretung an den Drittgläubiger, AcP (182) 1982, S. 254–269.

Palandt, Otto Bürgerliches Gesetzbuch, 77. Auflage, München 2018.

Patzner, Andreas/Döser, Achim/Kempf, Ludger J. Investmentrecht – Investmentgesetz, Investmentsteuergesetz, 1. Aufl., Baden-Baden 2012.

Paul, Wolfgang Die datenschutzrechtliche Umsetzung der zivilrechtlichen Auskunftsansprüche in der Publikums-KG, GWR 2011, S. 225–231.

Paulick, H. Die Unterbeteiligung in gesellschaftsrechtlicher und steuerrechtlicher Sicht, ZGR 1974, S. 253–295.

Peters, Frank Zum Problem der Drittschadensliquidation, AcP (180) 1980, S. 329–372.

Peters, Freia Treuhand und Unterbeteiligung an Gesellschaftsanteilen, Eine vergleichende Betrachtung für den Bereich des Gesellschafts- und des Steuerrechts, Frankfurt am Main/New York 2003.

Peters, Sönke Der gesellschaftsrechtliche Grundsatz der Einheitlichkeit der Mitgliedschaft, Frankfurt am Main/New York 2000.

Petzold, Rolf Nießbrauch an Kommanditanteilen und GmbH-Geschäftsanteilen, GmbHR 1987, S. 381–389.

Petzold, Rolf Nießbrauch an Personengesellschaftsanteilen, DStR 1992, S. 1171–1177.

Pfeifle, Dorothee/Heigl, Ilka Treugeberhaftung, WM 2008, S. 1485–1492.

Pohlmann, Petra Verzicht auf die aufschiebende Bedingung einer GmbH-Anteilsübertragung, NJW 1999, S. 190–192.

Preuße, Thomas SCHVG – Gesetz über Schuldverschreibungen aus Gesamtemissionen, Kommentar, Berlin 2011.

Priester, Hans-Joachim Transparenz contra Anonymität bei Treugeber-Innengesellschaften, Bemerkungen zum Urteil des BGH v. 11.1.2011 – II ZR 187/09, ZIP 2011, S. 697–702.

Priester, Hans-Joachim Eigene Anteile bei Personengesellschaften, ZIP 2014, S. 245–250.

Prütting, Hanns/Wegen, Gerhard/Weinreich, Gerd BGB Kommentar, 7. Auflage, Köln 2012.

Raiser, Thomas/Veil, Rüdiger Recht der Kapitalgesellschaften, Ein Handbuch für Praxis und Wissenschaft; Aktiengesellschaft, Kommanditgesellschaft auf Aktien, Gesellschaft mit beschränkter Haftung, Übernahmerecht, Umwandlungsrecht, Konzernrecht, Internationales Gesellschaftsrecht, Europäisches Gesellschaftsrecht, 5. Auflage, München 2010.

Reich, Norbert Funktionsanalyse und Dogmatik bei der Sicherungsübereignung, AcP (169) 1969, S. 247–270.

Reichert, Jochem GmbH & Co. KG, 7. Auflage, München 2015.

Reinelt, Ekkehart Haftung aus Prospekt und Anlageberatung bei Kapitalanlagefonds, NJW 2009, S. 1–8.

Reuter, Dieter Möglichkeiten und Grenzen gesellschaftsrechtlicher und kapitalmarktrechtlicher Maßnahmen mit dem Ziel einer verbesserten Eigenkapitalversorgung der deutschen Wirtschaft, Eine Nachlese zum 55. Deutschen Juristentag, Festschrift für Walter Stimpel zum 68. Geburtstag am 29. November 1985, Berlin/New York 1985, S. 645–672.

Rödder, Thomas Persönliche Zurechnung und sachliche Qualifikation von Einkünften bei der Treuhandschaft, DB 1988, S. 195.

Röhricht, Volker/Graf v. Westphalen, F. Handelsgesetzbuch, 4. Auflage, Köln 2014.

Roth, Günter H./Altmeppen, Holger Gesetz betreffend die Gesellschaften mit beschränkter Haftung (GmbHG), 8. Auflage, München 2015.

Roth, Günter H./Thöni, Wilfried Treuhand und Unterbeteiligung, Festschrift 100 Jahre GmbH-Gesetz, Köln 1992, S. 245–287.

Roth, Herbert Pfändung und Verpfändung von Gesellschaftsanteilen, ZGR 2000, S. 187–222.

Rowedder, Heinz/Schmidt-Leithoff, Christian Gesetz betreffend die Gesellschaften mit beschränkter Haftung (GmbHG), 6. Auflage, München 2017.

Rüthers, Bernd Die privatautonome Gestaltung der Vererbung des Anteils an einer Offenen Handelsgesellschaft durch eine beschränkte Nachfolge-klausel, AcP (169) 1969, S. 263–285.

Rutschmann, Frank Treuhänder in GbR-/OHG-Publikumsgesellschaften – Zur Außenhaftungsfreistellung und ihrer Verjährung, DStR 2010, S. 555–560.

Rutschmann, Frank Inanspruchnahme des mittelbaren Gesellschafters aus abgetretenem Recht durch Gläubiger der Fondsgesellschaft, NZG 2010, S. 776–778.

Saenger, Ingo Zivilprozessordnung, FamFG, Europäisches Verfahrensrecht, Handkommentar, 7. Auflage, Baden-Baden 2017.

Schäfer, Carsten Stimmrechtslose Anteile in der GmbH, Teil 1 – Zulässigkeit und Bildung stimmrechtsloser Anteile, GmbHR 1998, S. 113–119.

Schäfer, Carsten Die Lehre vom fehlerhaften Verband, Grundlagen, Verhältnis zum allgemeinen Vertragsrecht und Anwendung auf Strukturänderungen, Tübingen 2002.

Schäfer, Carsten Nachschusspflichten bei Personengesellschaften, VGR – Gesellschaftsrecht in der Diskussion 2007, Köln 2008, S. 137–152.

Schäfer, Carsten Haustürwiderruf und fehlerhafte Gesellschaft. Besprechung des Urteils BGH NJW 2010, 3096 „FRIZ II", ZGR 2011, S. 352–360.

Schäfer, Carsten Vom Einstimmigkeitsprinzip zum treupflichtgetragenen Mehrheitsentscheid im Personengesellschaftsrecht, ZGR 2013, S. 237–272.

Schäfer, Carsten Zu Fragen der Treugeberhaftung bei qualifizierten Treuhandbeteiligungen an Publikumspersonengesellschaften, ZHR (177) 2013, S. 619–642.

Schäfer, Frank A. Stand und Entwicklungstendenzen der spezialgesetzlichen Prospekthaftung, ZGR 2006, S. 40–78.

Schaub, Bernhard Treuhand an GmbH-Anteilen, DStR 1995, S. 1634–1639.

Schaub, Bernhard Treuhand an GmbH-Anteilen – Treuhandgefahren für den Treugeber, DStR 1996, S. 65–69.

Schiemann, Gottfried Haftungsprobleme bei der Treuhand an Gesellschaftsanteilen, Festschrift für Wolfgang Zöllner, Köln/München [u.a.] 1998, S. 503–519.

Schlarmann, Josef Die Rechtsprechung des BGH zu Publikumspersonengesellschaften, BB 1979, S. 192–196.

Schlitt, Michael Die Informationsrechte des stillen Gesellschafters in der typischen stillen Gesellschaft und in der stillen Publikumspersonengesellschaft, Berlin 1996.

Schlosser, Hans Außenwirkungen verfügungshindernder Abreden bei der rechtsgeschäftlichen Treuhand, NJW 1970, S. 681–687.

Schmidt, Karsten Die obligatorische Gruppenvertretung im Recht der Personengesellschaften und der GmbH, Probleme der sog. Vertreterklausel, ZHR (146) 1982, S. 525–554.

Schmidt, Karsten Fehlerhafte Gesellschaft und allgemeines Verbandsrecht, Grundlagen und Grenzen eines verbandsrechtlichen Instituts, AcP (186) 1986, S. 421–452.

Schmidt, Karsten Quotenhaftung von BGB-Gesellschaftern, Bemerkungen zum Urteil des BGH vom 16. 12. 1996, NJW 1997, S. 2201–2206.

Schmidt, Karsten Stimmrecht bei Anteilsnießbrauch, Besprechung des Urteils BGH NJW 1999, 571, ZGR 1999, S. 601–612.

Schmidt, Karsten Sozialansprüche und actio pro socio bei der „GmbH & Still". Zur Binnenverfassung der mehrgliedrigen stillen Gesellschaft, Festschrift für Gerold Bezzenberger zum 70. Geburtstag am 13. März 2000, Berlin 2000, S. 401–414.

Schmidt, Karsten Die BGB-Außengesellschaft: rechts- und parteifähig, Besprechung des Grundlagenurteils II ZR 331/00 vom 29. 1. 2001, NJW 2001, S. 993–1003.

Schmidt, Karsten Gesellschaftsrecht, 4. Auflage, Köln/Berlin/Bonn/München 2002.

Schmidt, Karsten Zur Gesellschafterhaftung in der „Innen-KG" – Bemerkungen zur typisch-atypischen stillen Gesellschaft, NZG 2009, S. 361–364.

Schmidt, Karsten Struktur und Transparenz einer Treugeber-Innengesellschaft, Thesen zum Urteil des BGH vom 11.01.2011 – II ZR 187/09, NZG 2011, 276, NZG 2011, S. 361–367.

Schmidt, Karsten Treuhand, Unterbeteiligung und § 723 Abs. 3 BGB, – Wiederbegegnung mit einem BGH-Urteil und mit offen gebliebenen Rechtsfragen, Festschrift für Günther H. Roth zum 70. Geburtstag, München 2011, S. 709–720.

Schmidt, Karsten Abwicklung einer „Innen-Kommanditgesellschaft" als Kapitalgesellschaft & Co., ZIP 2014, S. 1457–1464.

Schmidt, Karsten Die Innenkommanditgesellschaft – wirklicher Verband und virtueller Rechtsträger, ZHR (178) 2014, S. 10–54.

Schmidt, Karsten Personengesellschaften: neu gedacht?, ZIP 2014, S. 493–499.

Schmidt, Karsten Register-Unfähigkeit der GmbH & Still, NZG 2014, S. 881–885.

Schmidt, Ludwig Einkommensteuergesetz, 37. Aufl., München 2018.

Schnauder, Franz Regimewechsel im Prospekthaftungsrecht bei geschlossenen Publikumsfonds, NJW 2013, S. 3207–3213.

Schneider, Herbert Über die Unterbeteiligung an Anteilen an einer Personengesellschaft als stille Gesellschaft, Festschrift für Philipp Möhring zum 65. Geburtstag, 4. 9. 1965, München [u.a.] 1965, S. 115–125.

Scholz, Franz Kommentar zum GmbH-Gesetz,

Band 1, 12. Auflage, Köln 2018,

Band 2, 11. Auflage, Köln 2014,

Band 3, 11. Auflage, Köln 2015.

Schönle, Herbert Rechtsprobleme der Gründung einer Strohmann-GmbH, GmbHR 1960, S. 17–22.

Schröder, Jan Stimmrechtskonsortien unter Aktionären: Gesellschafts- und erbrechtliche Probleme, ZGR 1978, S. 578–607.

Schürnbrand, Jan Publikumspersonengesellschaften in Rechtsprechung und Literatur, ZGR 2014, S. 256–283.

Schwab, Martin Einwendungsdurchgriff bei kreditfinanziertem Erwerb einer Gesellschaftsbeteiligung, Besprechung des Urteils BGHZ 156, 46, ZGR 2004, S. 861–901.

Schwark, Eberhard/Zimmer, Daniel Kapitalmarktrechts-Kommentar, 4. Auflage, München 2010.

Sester, Peter/Voigt, Daniel Anspruch auf Offenlegung der Identität von Mitgesellschaftern, Zugleich eine Besprechung des BGH-Beschlusses vom 21. 9. 2009 – II ZR 264/08, NZG 2010, 61, NZG 2010, S. 375–379.

Siebert, Wolfgang Das rechtsgeschäftliche Treuhandverhältnis, Ein dogmatischer und rechtsvergleichender Beitrag zum allgemeinen Treuhandproblem, 2. Auflage, Marburg 1933.

Siebert, Wolfgang Einmann-GmbH und Strohmann-Gründung, BB 1954, S. 417–419.

Soergel, Hans Theodor Bürgerliches Gesetzbuch mit Einführungsgesetz und Nebengesetzen, 13. Auflage, 1999–2014.

Sojka, Jürgen Der Schutz mittelbarer Gesellschaftsbeteiligungen gegen beeinträchtigendes Verwaltungshandeln der Gesellschafter, Köln 1992.

Söll, Helmut Probleme bei der Vertragsgestaltung geschlossener Immobilienfonds in der Rechtsform der KG bzw. GmbH & Co. KG mit Treuhandkommanditisten, Köln 1989.

Staub, Hermann Handelsgesetzbuch,

Band 2 (§§ 105–144), 3. Auflage, Berlin 1973

Band 2 (§§ 105–237), 4. Auflage, Berlin 2004.

Band 3 (§§ 105–160), 5. Auflage, Berlin 2009,

Band 4 (§§ 161–236), 5. Auflage, Berlin 2015

Staudinger, J. von Kommentar zum Bürgerlichen Gesetzbuch, Aktualisierung bis 01.07.2018, Berlin.

Steinbeck, Anja Zur „Einheitlichkeit“ der Mitgliedschaft in einer Personengesellschaft, DB 1995, S. 761–765.

Stimpel, Walter Zum Auszahlungsverbot des § 30 Abs. 1 GmbHG, Die Befreiung vom handelsbilanziellen Denken und die Unzulässigkeit von Vermögenszuwendungen an Gesellschafter gegen hinausgeschobene schuldrechtliche Ausgleichsverpflichtungen, Festschrift 100 Jahre GmbH-Gesetz, S. 335–361.

Suberg, Christina Wirksamkeit von Immobilien-Treuhandmodellen, Baden-Baden 2007.

Suchomel, Jan-Ulf Konkurrenz von § 20 VermAnlG und bürgerlich-rechtlicher Prospekthaftung bei fehlerhaftem Prospekt, NJW 2013, S. 1126–1132.

Sudhoff, Heinrich GmbH & Co. KG, 6. Auflage, München 2005.

Tebben, Joachim Unterbeteiligung und Treuhand an Gesellschaftsanteilen, Baden-Baden 2000.

Tebben, Joachim Die qualifizierte Treuhand im Personengesellschaftsrecht, ZGR 2001, S. 586–614.

Tebben, Joachim Gesellschaftsvertraglicher Schutz gegen Treuhand- und Unterbeteiligungen an Gesellschaftsanteilen, Zugleich Anmerkungen zu BGH v. 10.05.2006 – II ZR 209/04, GmbHR 2006, 875, GmbHR 2007, S. 63–69.

Tebben, Joachim Der Treuhandkommanditist, VGR – Gesellschaftsrecht in der Diskussion 2010, Köln 2011, S. 161–179.

Teichmann, Arndt Gestaltungsfreiheit in Gesellschaftsverträgen, München 1970.

Thurnher, Viktor Die Treuhand bei Unternehmensverbindungen, DB 1994, S. 1709–1714.

Trstenjak, Verica EuGH Generalanwältin Verica Trstenjak, Schlussanträge v. 8. 9. 2009 – Rs. C–215/08, ZIP 2009, S. 1902–1911.

Ulbrich, Clemens Die Unterbeteiligungsgesellschaft an Personengesellschaftsanteilen, Göttingen 1982.

Ulmer, Peter Zur Bedeutung des gesellschaftsrechtlichen Abspaltungsverbots für den Nießbrauch am oHG- (KG-) Anteil. Festschrift für Hans-Joachim Fleck zum 70. Geburtstag am 30. Januar 1988, Berlin/New York 1988, S. 383–400.

Ulmer, Peter Gesellschafterhaftung gegenüber der GmbH bei Vorteilsgewährung unter Verstoß gegen§ 30 Abs. 1 GmbHG, S. 363–389.

Ulmer, Peter Zur Treuhand an GmbH-Anteilen: Haftung des Treugebers für Einlageansprüche der GmbH?, ZHR (156) 1992, S. 377–393.

Ulmer, Peter Zur Treuhand an GmbH-Anteilen, Notwendige Differenzierung zwischen einfacher (verdeckter) und qualifizierter (offener) Treuhand, Festschrift für Walter Odersky, München 1996, S. 873–896.

Ulmer, Peter Hundert Jahre Personengesellschaftsrecht – Rechtsfortbildung bei OHG und KG, ZHR (161) 1997, S. 102–132.

Ulmer, Peter/Habersack, Mathias/Löbbe, Marc GmbHG – Großkommentar, 2. Auflage, Tübingen 2013–2016.

Verannemann, Peter Schuldverschreibungsgesetz einschließlich U.S.A und England, 2. Auflage, München 2016.

Voigt, Daniel Freier Zugang zu Anlegerdaten?, NZG 2011, S. 256–258.

Vosberg, Till/Klawa, Patrick Anmerkung zu BGH 19.11.2013 – II ZR 383/12, EWiR 2014, S. 69–70.

Wagner, Eberhard Rechtsgeschäftliche Unübertragbarkeit und § 137 S. 1 BGB – Zur Teleologie einer „Fundamentalnorm“, AcP (194) 1994, S. 451–478.

Wagner, Klaus-R. Zur aktuellen Rechtsprechung des II. Zivilsenates des BGH betreffend stille Beteiligungen im Kapitalanlagemodell, NZG 2005, S. 499–502.

Wagner, Klaus-R. Keine Haftung mittelbar Beteiligter, NZG 2009, S. 213–215.

Wagner, Klaus-R. Zum Rückgriffsanspruch gegen mittelbar beteiligte Kapitalanleger, NZG 2009, S. 733–736.

Wagner, Klaus-R. Anlegerschutzverbesserung und „Grauer Kapitalmarkt“, NZG 2011, S. 609–613.

Wagner, Klaus-R. Aktuelle Fragen und Probleme bei Publikumspersonengesellschaften, NJW 2013, S. 198–203.

Wagner, Klaus-R. Haftungsrisiken bei mittelbarer Beteiligung an geschlossenen Fonds, GWR 2013, S. 7–13.

Wallach, Edgar Die Regulierung von Personengesellschaften im Kapitalanlagegesetzbuch, ZGR 2014, S. 289–328.

Wälzholz, Eckardt Aktuelle Gestaltungsprobleme des Nießbrauchs am Anteil an einer Personengesellschaft, DStR 2010, S. 1786–1790.

Weber, Andreas Vormitgliedschaftliche Treubindungen – Begründung, Reichweite und Vorauswirkung gesellschaftsrechtlicher Treuepflichten, München 1999.

Weber, Andreas Kapitalmarktinformationshaftung und gesellschaftsrechtliche Kapitalbindung – ein einheitliches Problem mit rechtsformübergreifender Lösung?, ZHR 176 (2012), 184–220.

Weber-Grellet, Heinrich Die Gesamthand – ein Mysterienspiel?, AcP (182) 1982, S. 316–334.

Weipert, Lutz Gesellschafterinformationsrechte in der Kommanditgesellschaft, DStR 1992, S. 1097–1102.

Weipert, Lutz Zum Problem der Bedingungskongruenz im Verhältnis zwischen Publikums-Kommanditgesellschaft, Treuhandkommanditist und Kapitalanleger. Eine Anmerkung zu BGH, Urteil v. 24. Februar 1992 – II ZR 89/91 – „HTG III", ZHR (157) 1993, S. 513–518.

Weitnauer, Wolfgang/Boxberger, Lutz/Anders, Dietmar KAGB, Kapitalanlagegesetzbuch, 2. Auflage, München 2017.

Wertenbruch, Johannes Die Haftung von Gesellschaften und Gesellschaftsanteilen in der Zwangsvollstreckung, Köln 2000.

Wertenbruch, Johannes Rückabwicklung einer Kapitalanlage in Form einer stillen Gesellschaft – Urteilskomplex „Göttinger Gruppe", NJW 2005, S. 2823–2826.

Wertenbruch, Johannes Begründung von Nachschusspflichten in der Personengesellschaft, DStR 2007, S. 1680–1684.

Wertenbruch, Johannes Status und Haftung des Treugebers bei der Personengesellschafts-Treuhand, NZG 2013, S. 285–289.

Wertenbruch, Johannes Negative Kapitalkonten und Bürgschaften finanziell überforderter Gesellschafter, NZG 2013, S. 1321–1326.

Westermann, Harm Peter Vertragsfreiheit und Typengesetzlichkeit im Recht der Personengesellschaften, Berlin/New York 1970.

Westermann, Harm Peter Gesellschaftsbeitritt als Verbraucherkreditgeschäft?, Teil II: Rückabwicklung einer Fonds-Beteiligung bei Widerruflichkeit oder bei der Geltendmachung von Beitrittsmängeln, ZIP 2002, S. 240–250.

Westermann, Harm Peter Der EuGH zur (fehlerhaften) Beteiligung an einem geschlossenen Immobilienfonds, DZWiR 2010, S. 265–269.

Westermann, Harm Peter/Wertenbruch, Johannes Handbuch der Personengesellschaften, Gesellschaftsrecht, Steuerrecht, Sozialversicherungsrecht, Verträge und Formulare, Loseblatt, 70. Ergänzungslieferung, Köln, Stand März 2018.

Wiedemann, Herbert Die Übertragung und Vererbung von Mitgliedschaftsrechten bei Handelsgesellschaften, München 1965.

Wiedemann, Herbert Grundfragen der Unternehmensverfassung, ZGR 1975, S. 385–432.

Wiedemann, Herbert Anteilsumwandlung und Mehrfachbeteiligung in der Personengesellschaft, Festschrift für Wolfgang Zöllner, Köln/München [u.a.] 1998, S. 635–650.

Wiedemann, Herbert Treuhand an einer Mitgliedschaft – Gedanken zur Einzel- und Sammeltreuhand im Personengesellschaftsrecht, ZIP 2012, S. 1786–1791.

Wiedemann, Herbert Alte und neue Kommanditgesellschaften, NZG 2013, 1041–1046.

Wiedemann, Herbert Stille Publikumsgesellschaften, WM 2014, S. 1985–1990.

Wiedemann, Herbert/Wank, Rolf Begrenzte Rationalität – gestörte Willensbildung im Privatrecht, JZ 2013, S. 340–345.

Wiegand, Wolfgang Die Entwicklung des Sachenrechts im Verhältnis zum Schuldrecht, AcP (190) 1990, S. 112–138.

Wiesner, Georg Zur Haftung des Treugeber-Kommanditisten bei der qualifizierten Treuhand, Festschrift für Peter Ulmer zum 70. Geburtstag am 2. Januar 2003, Berlin 2003, S. 673–681.

Winterstein, Manfred Die Unterbeteiligung an OHG-und KG- Anteilen als stille Gesellschaft, Hamburg 1969.

Wolfer, Hendrik Anspruch auf Daten von Mitgesellschaftern in Personengesellschaften? – Ein Überblick über die Rechtsprechung nach BGH, Az. II ZR 187/09, GWR 2011, S. 77–79.

Wolfer, Hendrik Auskunftsansprüche des mittelbar beteiligten Anlegers an einer Publikums-KG auf Daten seiner Mitgesellschafter und Zulässigkeit Kommunikation regelnder Vertragsklauseln, NZG 2011, S. 854–856.

Wolff, Hans-Jürgen Der Treuhänderkommanditist, Köln 1966.

Wollenhaupt, Markus/Beck, Rocco Das neue Kapitalanlagegesetzbuch (KAGB), Überblick über die Neuregelung des deutschen Investmentrechts nach der Umsetzung der AIFM-RL, DB 2013, S. 1950–1959.

Zacher, Thomas Alte und „neue" Haftungsrisiken für Publikumskommanditisten und Treugeber, DStR 1996, S. 1813–1818.

Zetzsche, Dirk/Preiner, Christina Was ist ein AIF?, WM 2013, S. 2101–2110.

Ziegler, Ole Die Prospekthaftung am nicht-organisierten Kapitalmarkt im Spannungsverhältnis zu personengesellschaftsrechtlichen Grundsätzen, DStR 2005, S. 30–34.

Zinger, Georg Die Haftung des Treugebers bei der Treuhand an Personengesellschaftsanteilen, BB 2014, S. 458–462.